大国通史丛书

总主编 钱乘旦

日本通史
A History of Japan

王新生 主编

【第二卷】

古代卷

王海燕 著

江苏人民出版社

图书在版编目(CIP)数据

日本通史. 第二卷, 古代卷 / 王海燕著. — 南京：
江苏人民出版社, 2023.5
(大国通史丛书)
ISBN 978 - 7 - 214 - 27605 - 6

Ⅰ. ①日… Ⅱ. ①王… Ⅲ. ①日本—历史 Ⅳ.
①K313.0

中国版本图书馆 CIP 数据核字(2022)第 192200 号

书　　　名	日本通史　第二卷　古代卷	
主　　　编	王新生	
著　　　者	王海燕	
策　　　划	王保顶	
责 任 编 辑	朱晓莹　陈　茜	
装 帧 设 计	刘葶葶	
责 任 监 制	王　娟	
出 版 发 行	江苏人民出版社	
地　　　址	南京市湖南路 1 号 A 楼,邮编:210009	
照　　　排	江苏凤凰制版有限公司	
印　　　刷	江苏凤凰新华印务集团有限公司	
开　　　本	652 毫米×960 毫米　1/16	
印　　　张	193　插页 24	
字　　　数	2 566 千字	
版　　　次	2023 年 5 月第 1 版	
印　　　次	2023 年 5 月第 1 次印刷	
标 准 书 号	ISBN 978 - 7 - 214 - 27605 - 6	
定　　　价	880.00 元(全 6 卷)	

(江苏人民出版社图书凡印装错误可向承印厂调换)

目　录

第一章　飞鸟时代的政治过程

第一节　推古女王时期的治政

一、佛教的兴隆

飞鸟及其周边地区位于奈良盆地东南部,即现在的奈良县高市郡明日香村的中心部。严格地讲,作为古代政治舞台的飞鸟地区,北起雷丘,南至岛庄的飞鸟川东岸一带,东西 0.5 公里、南北 2 公里,范围非常狭窄。习惯上,推古女王时代建造的丰浦宫、小垦田宫的所在地也被划入飞鸟地区的范围,亦即香具山以南的飞鸟川两岸流域。7 世纪,飞鸟及其周边地区成为王宫的所在地,也就是王权的中枢地。

敏达大王的王后——炊屋姬(亦称额田部皇女)与敏达大王是同父异母的兄妹,其母是苏我稻目的女儿坚盐媛。炊屋姬"姿色端丽,进止轨制"[1],18 岁嫁给敏达大王。崇峻五年(592),崇峻大王被暗杀后,在以苏我马子为首的群臣支持下,39 岁的炊屋姬登上王位,是为推古女王。即位后,推古女王立厩户皇子为皇太子,任命苏我马子为大臣。

---

[1] 「日本書紀」推古即位前紀。

厩户皇子的父亲是用明大王,母亲是与用明大王同父异母的穴穗部间人王女。因为穴穗部间人王女的母亲是苏我稻目之女小姊君,所以厩户皇子与推古女王、苏我马子三者之间有着很深的血缘关系。厩户皇子本人有4位妻子,其中1位是推古女王的女儿,1位是苏我马子的女儿。在这种血缘和联姻的关系下,推古女王、厩户皇子和苏我马子共同构筑了推古女王时朝的政治特点,即"三驾马车"的政治。

推古女王即位后,首先推出的政策就是兴隆佛教。推古二年(594),推古女王诏令"兴隆三宝",于是,群臣"各为君亲之恩,竞造佛舍"①。推古三十二年(624),为了掌握寺院及僧尼的情况,"校寺及僧尼,具录其寺所造之缘,亦僧尼入道之缘及度之年月日";普查的结果是,当时的寺院数已发展到46所,僧有816人、尼有569人,僧尼共1385人。②

在推古女王时期建成的诸寺中,飞鸟寺亦称法兴寺、元兴寺,是日本最早的伽蓝。用明二年(587),用明大王死后,围绕着王位继承人的选定,物部守屋与苏我马子双方发生了军事冲突。当时,面对强盛的物部守屋军,苏我马子一方的军队怯弱害怕,几度退却,为了鼓舞军队的士气,厩户皇子用白胶木做了一尊四天王像,放在自己的头上,发誓"今若使我胜敌,必当奉为护世四王,起立寺塔";苏我马子也随之发誓"凡诸天王、大神王等助卫於我,使获利益,愿当奉为诸王与大神王,起立寺塔,流通三宝"③。在打败物部守屋之军以后,为了履行自己的誓言,苏我马子决定在飞鸟之地建造寺院。崇峻元年(588),百济向倭国赠送了佛舍利、僧侣,以及寺工、露盘(佛塔顶上相轮的底部)博士、瓦博士、画工等与寺院建造有关的技能工。随后,飞鸟寺的建造正式开始。崇峻三年(590),为了飞鸟寺的建设,进山采伐寺院建筑用材;崇峻五年(592),建造佛堂和步廊。推古元年(593)时,佛舍利被放入了飞鸟寺的刹柱心础中,建造刹柱。推古四年(596),飞鸟寺建成,苏我马子的儿子善德担任寺司,高

---

① 『日本書紀』推古二年二月丙寅条。
② 『日本書紀』推古三十二年九月丙子条。
③ 『日本書紀』崇峻即位前紀。

句丽僧慧慈、百济僧慧聪开始住锡飞鸟寺。推古十三年（605），推古女王诏令厩户皇子、苏我马子及诸王、诸臣，共同发愿，"造铜、绣丈六佛像各一躯"，并且命令鞍作鸟为造佛之工。[①] 推古十四年（606），1 丈 6 尺的铜佛像和绣佛像各 1 座一并完成，被安置在飞鸟寺的金堂内。1196 年，飞鸟寺遭遇火灾，寺塔被烧毁。1956—1957 年，奈良国立文化财研究所对飞鸟寺遗迹进行了考古发掘，判明飞鸟寺的伽蓝为一塔三金堂，即金堂和塔被回廊环绕，塔居中，其东、西、北三面配置东金堂、西金堂、中金堂。此外，塔中还出土大量的金铜制品、玉类制品等遗物。

相比之下，厩户皇子发愿的四天王寺的建造时间稍晚，始于推古女王即位以后。[②] 四天王寺位于难波（大阪市），四天王寺的伽蓝与飞鸟寺不同，为一塔一金堂，并且塔和金堂南北排列在同一条直线上。推古三十一年（623），新罗派遣使节赠送佛像、金塔、舍利和佛具等物，除佛像以外，其他各物都被安置在四天王寺。近年来，不少学者认为四天王寺的创建时间甚至晚于斑鸠寺。

斑鸠寺是厩户皇子发愿的另一所寺院。推古九年（601），厩户皇子在斑鸠之地（奈良县斑鸠町）兴建宫室，并于推古十三年（605）移住斑鸠宫。在斑鸠宫的近旁，厩户皇子创建了斑鸠寺。斑鸠寺又称法隆寺，关于该寺的创建时间，文献史料没有明确的记录。根据《上宫圣德法王帝说》《法隆寺伽蓝缘起并流记资财帐》的记载，推古六年（598），推古女王请厩户皇子在宫中讲说《胜鬘经》和《法华经》，听者皆大欢喜，于是推古女王就将播磨国的地赐给了厩户皇子，但厩户皇子并没有将地据为己有，而是布施给了法隆寺。这一记事，《日本书纪》也有记载，但发生时间却是推古十四年（606）。[③] 无论是 598 年说还是 606 年说，至少可以认为

---

① 『日本書紀』推古十三年四月辛酉朔条。
② 『日本書紀』推古元年是歳条载，"始造四天王寺於難波荒陵"。
③ 『日本書紀』推古十四年七月条："天皇請皇太子，令講勝鬘経。三日説竟之。"推古十四年是歳条："是歳，皇太子亦讲法華経於冈本宫。天皇大喜之，播磨国水田百町施于皇太子。因以納于斑鸠寺。"

在606年以前,法隆寺(斑鸠寺)就已存在了。

虽然兴佛政策使得寺院与僧尼的数量不断增加,但是在佛教传入尚不满百年的倭国,僧尼们对于作为修行者应遵守的戒律的认识极其不足。推古三十二年(624)四月,一僧侣执斧殴打祖父。当时,厩户皇子亦已过世,推古女王听闻此事后,召见苏我马子,宣布诏令:"夫出家者顿归三宝,具怀戒法。何无忏忌,辄犯恶逆。今朕闻有僧以殴祖父。故悉聚诸寺僧尼,以推问之。若事实者,重罪之。"①在推古女王的旨意下,全体僧尼不仅被集中审问,而且还被集体问罪。就在所有的僧尼都惶恐不安,不知如何是好的时候,在倭国滞留了20余年的百济僧观勒上表推古女王,叙述佛教传至倭国的时间尚短,僧尼们尚未学习"法律"的现状,请求除殴打祖父的僧侣一人以外,赦免其他僧尼。推古女王采纳了观勒的意见,但以"道人尚犯法,何以诲俗人"为由,开始建立僧官制度,设置僧正、僧都和法头官职,其中僧正、僧都负责检查监督僧尼的行为,法头则负责监督寺院的财政。② 推古女王任命的首任僧正就是观勒③,而僧都和法头则由在家的俗人担任,展现出推古王权将佛教置于王权之下统制的意图。同年(624)九月,作为掌控佛教措施的环节之一,推古王权对每一座寺院的建造由来和每一僧尼出家的缘由、日期进行了调查并记录在册。

如后所述,推古王权的大兴佛教政策渗透到当时的内政外交领域,不仅在内政改革中可以看到佛教思想的影响,而且在推古王权对隋王朝及朝鲜半岛的外交中,佛教也起到相当重要的作用。

二、遣隋使与冠位十二阶

自478年倭王武派遣使者出使中国的刘宋王朝以后,倭国与中国皇

① 『日本書紀』推古卅二年四月戊申条。
② 『日本書紀』推古卅二年四月戊午条。坂本太郎等编『日本古典文学大系・68・日本書紀下』推古三十二年四月戊午条头注、岩波書店1960年、210—211頁。
③ 根据《日本书纪》记载,推古三十三年(625)正月,高句丽僧惠灌至倭国,推古朝廷也任命惠灌为僧正。显然,来自百济、高句丽的高僧在推古朝的僧官制度中发挥了重要的作用。

帝王朝的国交往来就中断了。589 年,隋王朝统一了中国。在 581 年隋朝刚刚建立伊始,朝鲜半岛的百济、高句丽都迅速作出反应,派出使节朝贡,接受隋皇帝的册封。但是由于当时隋朝尚未完成统一的大业,因此百济、高句丽两国实行"两面外交",同时也与南朝陈通好,而且似乎更友好于陈朝。① 隋王朝统一全国后,百济迅速以送还漂至耽罗国(济州岛)的隋战船为名,遣使奉表,祝贺隋文帝平灭南朝陈。对此,隋文帝深表嘉许,免除了百济的每年朝贡。② 而高句丽的反应却与百济成正反对照,由于害怕隋王朝的进攻,高句丽平原王加紧军备和囤积粮食。于是,590 年隋文帝在给高句丽王的国书中,指责高句丽王"虽称藩附,诚节未尽",并要求其"守藩臣之节,奉朝正之典",表示如若不守"藩臣之节",就要废其王位,派官人治理其地。③ 面对隋王朝的强硬姿态,高句丽平原王做出妥协,意欲向隋王朝奉表陈谢,可是却突然亡故。因此真正接受隋王朝册封的是平原王之子,高句丽与隋朝之间的紧张关系得以暂缓。594 年,新罗也派出使节入隋朝贡,接受册封。至此,以隋王朝为中心的东亚国际关系格局基本形成。这种国际情势的变化对于与朝鲜半岛诸国有着密切往来的倭国来说,是不容忽视的现实。

推古八年(隋开皇二十年,600 年),推古王权也开始向隋王朝派出使节,由此中断了约 100 年的倭国和中国王朝之间的通交关系重新开启。根据《隋书》倭国传的记载,倭国使节到达隋王朝后,隋文帝命令官员向使节询问倭国的当地风俗,于是倭国使节回答:"倭王以天为兄,以日为弟,天未明时出听政,跏趺坐,日出便停理务,云委我弟。"隋文帝听后,认为"太无义理,训令改之"。显然,无论是倭国对天、日的认识,还是倭王的听政风俗,都与当时中国的礼制思想有着相当大的距离,因此站在中国礼制立场的隋文帝会加以训示。关于这次遣隋使

---

① 堀敏一「隋代東アジアの国際関係」、唐代史研究会編『隋唐帝国と東アジア世界』、汲古書院 1979 年、113—137 頁。

② 参见《隋书》百济传。《三国史记》百济本纪五·威德王三十六年条。

③ 参见《隋书》高丽传。

的派遣,日本的史料上没有任何记载。不过,或许正是由于这次遣隋使与隋王朝的接触,使得推古王权认识到有必要吸收中国的治政理念,加快内政改革的脚步。

首先推行的改革措施是冠位十二阶制度。推古十一年(603)十二月,推古王权决定实施建立官人身份秩序的冠位十二阶。其具体内容是:阶名以德、仁、礼、信、义、智为基本序列,分别加上"大"或"小"字构成十二等,即自高向低的冠位顺序是大德、小德、大仁、小仁、大礼、小礼、大信、小信、大义、小义、大智、小智;同时规定冠的形状是"以当色绀缝之,顶撮总如囊,而著缘焉",而冠饰髻花只能在元日时佩戴。① 不过,在《隋书》倭国传中,冠位十二阶的阶名顺序略有不同,分别是德、仁、义、礼、智、信。

冠位十二阶制实际上主要授予中央豪族、部分地方豪族以及特殊技能者等,而占据倭王权中枢的王族以及大臣苏我马子一族都位于冠位十二阶之上,不在冠位秩序之列中。② 因此,冠位十二阶的实施范围并不广泛。与以往实施的授予各氏族的世袭的姓不同,冠位十二阶制的授予对象不是氏族,而是个人。不同氏姓的人可能被授予同一冠位,同一氏姓的人也可能被授予不同的冠位,并且冠位不世袭,只限于本人一代。可以说,冠位十二阶制是朝着打破世袭的氏姓制,建立中央集权的官僚制方向迈出的第一步。

根据《日本书纪》记载,冠位十二阶制实施4个月之后,于推古十二年(604)四月,厩户皇子撰写了"宪法十七条"③。宪法十七条是推古王权推出的道德性规范,兼取儒家、法家和佛家等思想,除了延续"笃敬三宝"(第2条)的方针以外,更是在以大王为中心的君(王)、臣(王臣、群臣、群卿百寮、任官者)、民(百姓、人民)构成的政治秩序框架下,强调大王的唯

---

① 『日本書紀』推古十一年十二月壬申条。
② 黛弘道「冠位十二阶考」,『律令国家成立史の研究』,吉川弘文館1982年、304—320页。
③ 由于在文献史料中,只有《日本书纪》记载了"宪法十七条"的全文内容,而且还有后人添笔润色的痕迹,因此关于"宪法十七条"是否是厩户皇子亲自所撰,很久以来学界一直存在争议。

一性,提出"君则天之,臣则地之"(第3条),"国非二君,民无两主"(第12条)等伦理规范理念,规定人与人之间的不同名分等级、社会地位和权利义务,要求群臣遵守"以礼为本"(第4条),"君言臣承"(第3条),"早朝晏退"(第8条),"明察功过,赏罚必当"(第11条),"背私向公"(第15条),"夫事不可独断,必与众宜论"(第17条)等规定①。

"宪法十七条"制定之后,同年(604)九月,推古王权又发布了改正朝礼的诏令。根据《三国志·魏书·倭人传》的记载,日本列岛的原有习俗是:当社会地位低的人遇见社会地位高的人时,地位卑微者需要恭敬地或者蹲下或者俯跪,两手着地,以表示身份的差别。推古王权将固有传统的跪礼与中国式的立礼相结合,规定出入宫门时,两手着地、两腿跪地,匍匐行进,过了门槛后,则可以站立行走。

在相继推出冠位十二阶制、"宪法十七条"等意欲建立官人制度的新举措以后,推古十五年(隋大业三年,607),推古王权再次向隋王朝派出了使节,即遣隋使小野妹子一行。关于此次日本的遣隋使,《隋书·倭国传》中有记载:"大业三年,其王多利思比孤遣使朝贡。使者曰:'闻海西菩萨天子,重兴佛法,故遣朝拜,兼沙门数十人来学佛法'。其国书曰:'日出处天子,致日没处天子,无恙云云'。帝览之不悦,谓鸿胪卿曰:'蛮夷书有无礼者,勿复以闻'。"

"倭王姓阿每,字多利思比孤,号阿辈鸡弥",倭王名字的汉字是根据音读表记的。关于倭王名字的含义,《通典》注解为"天儿"的意思。② 在倭国使节递呈的国书中,倭王自称为"日出处天子",而对称隋炀帝为"日没处天子",不仅如此,倭国使节在陈述倭国派遣遣隋使的缘由时,也只是一味地强调隋朝皇帝的"重兴佛教",反映出推古王权意图以兴隆佛教为通交理由,谋求与隋王朝对等的外交方针。倭国国书的"无礼"措辞引起了隋炀帝的不快,但是隋炀帝并没有因此断绝与倭国的往来,而是于

① 『日本書紀』推古十二年四月戊辰条。
② 《通典》边防一·倭。

翌年(608)派遣鸿胪寺掌客、文林郎裴世清出使倭国。

推古十六年(608)四月,裴世清和小野妹子等人经由百济,抵达倭国的筑紫(今九州)。推古王权即刻派出官人前往筑紫迎接,同时在难波(今大阪市一带)为隋使建筑新的客馆。两个月后,裴世清一行乘船经濑户内海抵达难波津,推古王权不仅任命专事接待的官人,而且还派出盛大的装饰船队"设仪仗,鸣鼓角"[1]迎接。裴世清等人在难波滞留了一个半多月后,前往推古女王的王宫(小垦田宫)所在地的飞鸟地区。数日后,在小垦田宫举行了隋使递交国书及信物仪式。7世纪以前,朝鲜诸国使节的"表疏""调物"的呈奏几乎都是在王宫所在地以外的客馆中进行的。[2] 因此,隋使递交国书及信物的仪式,可以说是倭国第一次在王宫内举行的外交仪式。这既折射出推古王权对隋使的重视,也表明中央集权制性质的外交礼仪开始形成。

在小垦田宫举行的隋使递交国书及信物仪式上,厩户皇子及诸王、诸臣都头带有金髻花装饰的冠,盛装出席。前已叙述,金髻花是正月元日仪式的特定冠饰。由此再次佐证推古王权非常重视隋使的到来。当裴世清辞行归国之际,推古王权又派遣小野妹子等人作为送使,护送裴世清返回隋王朝。这也是倭王权第3次派出的遣隋使,随行人员中包括留学生、学问僧共8人。此次小野妹子也携带了倭王致隋皇帝的国书,其中倭王的自称更改为"东天皇",对隋皇帝的称呼变为"西皇帝",尽管称呼上的用词与前次国书不同,但是"东"与"西","天皇"与"皇帝"依然都是对等性的言辞。[3] 另一方面,在裴世清递呈的隋皇帝给倭王的国书中,隋皇帝认为倭王派遣使节至隋王朝的举动是"远修朝贡",并给予了称赞。[4] 换句话说,隋皇帝明确地将倭国视为从属性的朝贡国,推古王权

---

① 《隋书》倭国传。

② 鍋田一「六・七世紀の賓礼に関する覚書—『日本書紀』の記載について」、『滝川政次郎博士米寿記念論集・律令制の諸問題』、汲古書院1984年、407—408頁。

③ 『日本書紀』推古十六年九月辛巳条。

④ 『日本書紀』推古十六年八月壬子条。

的对等性外交意识始终没有得到隋王朝的承认，这也是处于当时东亚世界中心位置的隋王朝的必然态度。

推古二十二年（614），推古王权派出了以犬上君御田锹为首的第 4 次遣隋使。618 年，隋王朝灭亡，唐王朝建立，推古王权与隋王朝的通交就此结束。推古三十一年（623），亲身经历了隋唐之变的僧侣惠齐、惠光以及药师惠日、福因等遣隋学问僧、留学生，学业已成，返回倭国，并上奏推古王权："大唐国者，法式备定之珍国也。常须达"[①]，建议倭王权与唐王朝通交。这些归国的学问僧、留学生把在隋唐王朝学到的知识，带入倭王权并传授给统治阶层，在倭国走向中央集权制国家的过程中，起到了重要的作用。

三、与朝鲜三国的往来

在推古王权的对外关系中，除了隋王朝外，朝鲜半岛诸国同样占有极其重要的位置，《隋书》倭国传就记载："新罗、百济皆以倭为大国，多珍物并敬仰之，恒通使往来。"新罗、百济视倭国为大国的隋书记载，或许是来自倭国遣隋使的自夸性描述，但推古王权与朝鲜半岛诸国的遣使往来确是事实。

尽管加耶地区诸国早已灭亡，但"任那问题"却是推古王权对朝鲜半岛关系中的一个主题。推古八年（600），也就是推古王权第 1 次派出遣隋使的同年，倭国以"救任那"为理由，派出号称万余兵的军队，攻打新罗，迫使新罗求和。倭国派出遣新罗使，提出要求新罗每年朝贡倭国的条件后，方才从新罗撤兵。之后，推古王权在"任那问题"上，依然延续对新罗采取强硬的军事对立方针，一方面集结兵力，计划攻打新罗，另一方面向高句丽、百济派出使节寻求支持。推古十年（602）二月，倭国集兵 2 万 5 千人于筑紫，任命来目皇子（厩户皇子的同母弟）为"击新罗将军"，

---

① 『日本書紀』推古三十一年七月条。

准备远征新罗,但是由于来目皇子卧病于筑紫,导致讨伐新罗行动搁浅。翌年(603),来目皇子病亡,他的哥哥当摩皇子被任命为"征新罗将军"。可是,就在当摩皇子前往筑紫的途中,因当摩皇子的妻子又不幸亡故,所以他原路返回,最终征讨新罗的计划不了了之。此后,推古王权对新罗的强硬态度似乎有所变化,倭国与新罗的关系开始好转,也有不少新罗人移民到倭国。

推古十八年(610),新罗派遣的使节抵达倭国。这是603年倭国停止攻击新罗计划后的首次新罗来使。《日本书纪》推古十八年七月条载:"新罗使人沙喙部奈末竹世士,与任那使人喙部大舍首智买到于筑紫。"从这一史料可知,在新罗派遣的使节中,有冠以"任那使"头衔的成员,这表明新罗在"任那问题"上,对倭国作出了让步的姿态。此后,新罗时常同时以新罗、"任那"两国之名遣使与倭国通交,一时间倭国与新罗两国的关系趋于平稳。

推古三十一年(623),倭国与新罗的关系再起波澜,起因仍然是"任那问题"①。当时,推古女王有意征讨新罗,但是群臣中出现了稳健派与主战派两个阵营。稳健派主张不必急于讨伐,宜先派使节试探新罗之意;主战派则力主纠集军队讨伐新罗。推古王权决定先采纳稳健派的意见,派遣使节吉士磐金等人前往新罗交涉。倭国使节抵达新罗后,新罗作出妥协,同意继续向倭国朝贡新罗、"任那"两国之调,并在吉士磐金等人准备归国之时,派出使节随同前往倭国。但是在倭国内,主战派却急于出兵,等不及吉士磐金等人归国,就派出数万人军队征讨新罗。恰巧,吉士磐金等人的归国船正在新罗的港口等待候风和海流,突然看到数量众多的倭军船队,新罗使节愕然之至,中断了前往倭国的计划,吉士磐金等人的努力功亏一篑。倭军到了朝鲜半岛南部以后,新罗王迫于无奈服从了倭国的意志。吉士磐金等人归国后,苏我马子得知和平手段也能达

① 『日本書紀』推古三十一年是歳条载:"新罗伐任那,任那附新罗。於是,天皇将討新罗"。

到预期的目的时，后悔出兵太急。推古王权之所以要"复兴任那"，其目的是要获取"任那之调"的经济利益。在确保经济利益之后，推古王权开始以使节往来为倭国与新罗之间的主要通交手段。

另一方面，推古王权同时也与高句丽、百济两国保持着国交往来。在倭国与高句丽、百济通交中，僧侣、佛法等佛教因素起着非常重要的媒介作用。6世纪以来，百济就不断地向倭国派遣五经博士、僧侣、易博士、历博士、医博士、采药师、乐人等技能人员。推古三年（595），高句丽僧慧慈和百济僧慧聪相继到达倭国弘扬佛教，二人被并称为"三宝之栋梁"。推古十年（602），百济僧观勒携带历本、天文地理书以及遁甲方术书，从百济渡海至倭国。推古王权挑选出书生数人，分门别科地向观勒学习，有人学习历法，有人学习天文遁甲，还有人学习方术。观勒住锡于飞鸟元兴寺（飞鸟寺）二十余年，推古三十二年（624）被任命为僧正。推古十三年（605），高句丽王听说推古女王要造铜、绣佛像后，送给倭国黄金三百两。推古十八年（610），高句丽王又送来高僧昙征、法定。其中，昙征不仅精通五经，而且还在日本列岛始造碾硙。除了僧侣们带来的知识、技术以外，动物也出现在高句丽和百济的使节送来的赠品之中，例如对于倭王权来说，属于珍稀动物的骆驼、驴、羊等①。

推古十七年（609）四月，百济僧道欣、惠弥为首的僧侣11人、俗人75人奉百济王的命令前往隋王朝，但由于当时隋王朝内有乱，道欣一行无法入隋，只好决定乘船返回百济，他们在返回百济的途中，船漂至九州岛。② 是时，推古王权遣人询问百济僧等人为何而来，当得知是漂流而至后，则派专人护送百济僧等人返回百济。仅从此事例就可以看出，推古王权的对百济关系延续了6世纪以来的友好方针。

---

① 《三国志·魏志·倭人传》载："其地无牛、马、虎、豹、羊、鹊"。
② 『日本書紀』推古十七年四月庚子条。

第二节　皇极女王的即位与让位

一、推古女王遗言与王位继嗣之争

推古三十年(622),厩户皇子病亡[1]。四年后(626),苏我马子也赴他界。最后,推古三十六年(628),推古女王病故。至此,推古王权的"三驾马车"政治的首要人物相继辞世。推古女王临终前,分别召见了田村皇子(敏达大王之孙)和山背大兄皇子(厩户皇子之子),留下了暧昧的遗言。她对田村皇子说:"天下大任,本非辄言,尔田村皇子慎以察之,不可缓";而对山背大兄则是叮嘱道:"汝独莫喧譁,必从群言,慎以勿违。"[2]田村皇子和山背大兄二人都是具有继承王位资格的皇子。当时,在王位继承人问题上,大王的意志并不具有绝对的权威性,王位继承的最终人选是由群臣合议确定的。[3]然而,推古女王临终前对两位皇子谆谆教诲,并且言谈内容似乎也是有关治政的遗言,这就使得支持田村皇子派和支持山背大兄派之间在政治上的对立走向表面化。

推古女王死后的半年里,女王的葬礼亦已结束,可是新大王的人选却迟迟未有明确的结果。当时的大臣苏我虾夷(苏我马子之子)支持田村皇子,期望将田村皇子推上王位,但又唯恐群臣不服,于是在自宅宴请群臣。当宴会即将结束时,苏我虾夷让阿倍麻吕询问群臣:田村皇子和山背大兄皇子二人,谁应该成为新大王? 对此,群臣的态度各有不同,其中 5 人支持田村皇子,3 人支持山背大兄,1 人没有明确表态。苏我虾夷看到群臣意见不统一,知道无法顺利地推行自己的意愿,当日只好作罢。之后,苏我虾夷又独自去问他的叔父境部摩理势的意见,结果境部摩理

---

[1] 关于厩户皇子的亡故时间,《日本书纪》记为推古二十九年(621),但是法隆寺金堂释迦像光背铭、法起寺塔婆露盘铭等金石文资料都记为壬午年(推古三十年)。

[2] 『日本書紀』舒明即位前紀。

[3] 吉村武彦「古代の王位継承と群臣」、『日本古代の社会と国家』、岩波書店 1996 年、105—124 頁。

势的态度是支持山背大兄,不支持田村皇子。这时,有志于王位的山背大兄,得知苏我虾夷意欲支持田村皇子为王位继承人的消息后,即刻派人向苏我虾夷表示不理解选择田村皇子的理由。对于山背大兄的质问,苏我虾夷借群臣之口回答说:田村皇子继承王位是群臣遵循推古女王遗言之意而决定的,并非是苏我虾夷的私心。然而,山背大兄始终不服,围绕着王权继承问题,山背大兄派与田村皇子派陷入了胶着的状态。

为了打破僵局,苏我虾夷派人前往境部摩理势之处,试图说服他改变主意,转而支持田村皇子。但是境部摩理势非常不满苏我虾夷的做法,当时苏我氏一族正在为苏我马子造墓,境部摩理势盛怒之下毁坏了"墓所的庐寝",坚决不从苏我虾夷之意,住进了泊濑王(山背大兄的同父异母弟)的宫中。对此,苏我虾夷极其恼怒,派群臣知会山背大兄,请他不要藏匿境部摩理势。由于不希望因此事导致天下大乱,山背大兄劝说境部摩理势不要违背苏我虾夷之意。无奈之下,境部摩理势返回了自己的家中。但是不久,苏我虾夷就派兵围攻境部摩理势的家,致使境部摩理势父子丧命。由此,在苏我虾夷不遗余力的支持下,田村皇子终于登上了王位,即舒明大王。

二、皇极女王的即位

舒明大王即位后,立宝皇女为王后。宝皇女是敏达大王的曾孙女,曾经是高向王(用明大王之孙)之妻,后再嫁舒明大王。宝皇女与舒明大王共育有二男一女。

舒明二年(630)八月,倭国首次向唐王朝派出了使节。与朝鲜半岛的三国相比,倭国的遣唐使首发时间晚了十年左右。[①] 倭国的第1任遣唐使是犬上御田锹(亦表记为犬上三田耜)、药师惠日等人。犬上御田锹一行于631年抵达唐王朝,向唐太宗献上了方物。对于远道而来的倭国

---

① 619年,高句丽开始向唐朝派出使节;621年,高句丽、新罗、百济三国分别派使朝贡唐朝;624年,朝鲜半岛三国分别接受唐朝的册封。

遣唐使，唐太宗"矜其道远，敕所司无令岁贡"①，并派遣新州刺史高表仁出使倭国。然而，出使倭国的高表仁，却因为"无绥远之才，与其王争礼，不宣朝命而还"②。从倭国的视角来看，争礼之事似乎并不仅是唐使与倭王之间个人争执的问题，而是与当时倭王权对唐的对等性外交意识有关。③ 其后，在20余年时间里，倭国都再也没有向唐王朝派遣使节，与唐王朝的国交处于中断状态。

舒明大王时期，继续推行兴隆佛教的方针。推古三十一年（623），随遣隋使前往中国留学的学问僧惠齐、惠光以及药师惠日、福因等人，在中国经历了隋唐王朝的交替以后，返回倭国，曾上奏并建议推古王权：当时滞留在唐王朝的倭国遣隋留学生、学问僧都已完成学业，应该唤他们归国。但是，直至舒明大王时代（629—641），学问僧灵云、僧旻、惠隐、惠云、清安（南渊请安）以及学生高向玄理等遣隋的留学生和学问僧才陆陆续续地返回倭国。其中，僧旻、惠隐、清安（南渊请安）和高向玄理都是推古十六年（608）前往隋王朝，在中国滞留时间长达20年以上甚至30年以上。④ 他们为倭王权带来了有关中国佛教的最新信息。

舒明十一年（639）七月，舒明大王宣布在百济河边同时建造百济宫和百济大寺，并依照劳役的来源地分配劳力，即来自西国的劳役建造宫殿，来自东国的劳役建造寺院。1997年，在吉备池废寺遗址（奈良县樱井市），发现了7世纪的巨大寺院遗迹，学者们推断该遗迹就是百济大寺的所在地。百济大寺是佛教公传以来，由大王建造的第一所寺院，这意味着一直与佛教保持距离的大王开始意欲掌握佛教的宗教权。⑤

---

① 《旧唐书》倭国传。
② 《通典》卷185·边防·倭。关于高表仁未"宣朝命而还"，各文献记载相同，但"与其王争礼"这一点，《旧唐书》倭国传所载的是"与王子争礼"。
③ 西嶋定生「七世紀の東アジアと日本」、井上光貞ら編『隋唐帝国の出現と日本』、学生社1981年、7—45頁。
④ 灵云、僧旻于舒明四年（632），惠隐、惠云于舒明十一年（639），清安（南渊请安）、高向玄理于舒明十二年（640）归国。
⑤ 田村圆澄「舒明大王と仏教」、『飛鳥・白鳳仏教史』、吉川弘文館1994年、192—205頁。

百济大寺尚在建设中,舒明十三年(641)十月,舒明大王就离开了人世。翌年(642)正月,王后宝皇女继承王位,成为继推古女王之后的第二位女王,是为皇极女王。即位后的皇极女王继续百济大寺的建造事业。

皇极女王即位后,依旧以苏我虾夷为大臣。《日本书纪》记载,皇极女王即位之年(642),倭国各地大旱,村村"或杀牛马祭诸社神,或频移市,或祷河伯"乞雨,但都不见效果,于是苏我虾夷提出"可於寺寺转读大乘经典,悔过如佛所说,敬而祈雨"①。然而,尽管苏我虾夷亲自烧香发愿,但佛教式请雨法见效甚微,仅仅下了微雨。八月,皇极女王亲自祈雨,在南渊河畔,"跪拜四方,仰天而祈,即雷大雨,遂雨五日"②。在此,成书于8世纪的《日本书纪》的编纂者,运用对比佛教祈雨仪式与传统祭祀祈雨的手法,通过叙述大王祈雨仪式的灵验性,在强调大王的权威性的同时,也为皇极女王披上了一层神秘的色彩。十二月,停置在殡宫一年多的舒明大王棺枢,终于下葬。这表明皇极王权已经度过了新旧王权交替的不稳定时期。

在皇极王权中,苏我虾夷、苏我入鹿父子先后就任大臣之位,具有其他群臣不可相比的权势。皇极元年(642),苏我虾夷父子"尽发举国之民并百八十部曲",建造双墓,分别是苏我虾夷墓("大陵")和苏我入鹿墓("小陵"),并且动用上宫(厩户皇子)的"乳部之民,役使茔兆所"③。皇极二年(643),苏我虾夷因病不能上朝,私自将大臣之冠(紫冠)传给自己的儿子苏我入鹿,由此苏我入鹿接任大臣位。皇极三年(644),苏我虾夷父子在甘梼冈(位于奈良县明日香村的丘)双双建造住宅,苏我虾夷家称为上宫门,苏我入鹿家称为谷宫门,其子女称为王子。住宅周围作城栅,门旁建兵库,每门都有防火设施,始终派人持兵器守护住宅。此外,苏我虾夷还在另一处建造住宅,"穿池为城,起库储箭"。每当苏我虾夷出入时,

---

① 『日本書紀』皇極元年七月戊寅条。
② 『日本書紀』皇極元年八月甲申朔条。
③ 『日本書紀』皇極元年是歳条。

经常有 50 名兵士守卫①。对于苏我虾夷父子的权势,王族中的不少人都积有不满。

另一方面,苏我虾夷父子也在王族中物色王位继承人,以求苏我氏的权势能够不断地延续下去。当时,在具有王位继承资格的诸位皇子中,山背大兄、古人大兄和中大兄三人是最有力的候选者。其中,古人大兄和中大兄都是舒明大王的儿子,古人大兄的母亲是苏我马子之女法提郎媛,而中大兄的母亲是皇极女王。皇极二年(643),苏我入鹿想拥立古人大兄为王位继承人。为了排除山背大兄的势力,苏我入鹿派出将兵围攻山背大兄所在的斑鸠宫,兵力只有数十人的山背大兄一方奋力抵抗。在双方的混战中,山背大兄率领妃妾及子弟趁乱逃出,苏我入鹿军放火烧了斑鸠宫,并误以为山背大兄已葬身火海,遂撤兵退去。躲过一劫的山背大兄初时隐身于山中,但后来不听属下的劝告,下山住进了斑鸠寺。苏我入鹿得知消息后,再次派遣军队包围斑鸠寺,身处绝境的山背大兄及其子女、兄弟姐妹、妃妾被迫无奈一同选择了自尽之路。对于苏我入鹿逼迫山背大兄致死的行为,连他父亲苏我虾夷都嗔骂道:"极甚愚痴,专行暴恶,你之身命不亦殆乎"②。结果被苏我虾夷说中,苏我入鹿最终是身首异处。

三、乙巳政变与皇极女王让位

如前所述,苏我入鹿欲立古人大兄为王位继承人。在这种情势下,对于王位继承的另一有力竞争者——中大兄来说,如果不消除苏我虾夷父子的势力,不仅中大兄继承王位的可能性渺远,而且大王的威势也会被削弱。这时,中大兄遇到了中臣镰足(亦称中臣镰子)。

中臣镰足出身于世代负责王权祭祀的中臣氏,"幼年好学,博涉书

---

① 『日本書紀』皇極三年十一月条。
② 『日本書紀』皇極二年十一月丙子朔条。

传,每读太公六韬,未尝不反复诵之",并追随从大唐归来的僧旻学习周易①。中臣镰足虽然承袭了中臣氏名,却没有就任祭祀神祇之职,而是选择了称病隐居。中臣镰足一度曾将反苏我虾夷父子的希望寄托在轻皇子(后为孝德大王)身上,但很快便判断出轻皇子不足以谋大事,于是另觅贤主,"历见王宗,唯中大兄雄略英彻,可与拨乱"②。不过,中臣镰足迟迟没有接近中大兄的机会。皇极三年(644)的一天,中大兄在飞鸟寺的榉树下踢球(蹴鞠),鞋子随球而飞,恰在这时,中臣镰足偶然经过,他拾起中大兄踢飞的鞋子,送到中大兄的面前,二人终得相见。关于中大兄和中臣镰足二人相识过程的叙述,尽管后人修饰的色彩浓重,但是也说明二人偶然相识的可能性比较大。相识以后,二人志同道合,密切往来,成为反苏我虾夷父子势力的核心人物。

为了谋略大事,中臣镰足建议中大兄策略结婚,迎娶苏我仓山田麻吕(苏我马子之孙,即苏我入鹿的堂兄弟,以下略称"仓山田麻吕")的长女,意图通过政治联姻,集结反苏我虾夷父子的势力。中大兄言听计从,中臣镰足亲自做媒。但在婚约之夜,仓山田麻吕的长女被人掳走,就在仓山田麻吕不知如何是好之时,其次女知晓父亲之忧后,主动提出嫁给中大兄,使这桩策略婚姻得以实现。

皇极四年(645)六月,中大兄秘密地告知岳父仓山田麻吕,要利用"三韩进调"之日,借仓山田麻吕唱读三韩表文之机,除掉苏我入鹿。仓山田麻吕欣然同意。六月十二日,中大兄谎称此日是"三韩上表"日,众人皆信以为真。这一日,皇极女王、古人大兄、苏我入鹿等人都聚集到皇极女王所在的王宫(飞鸟板盖宫)的"大极殿"。苏我入鹿为人多疑,平时都是昼夜佩剑在身,但当日,中臣镰足事先安排了宫中的艺能之人,诱使苏我入鹿解剑入殿。同时,中大兄命令关闭所有的宫门。"三韩上表"仪式开始后,仓山田麻吕唱读"三韩表文",而中大兄和中臣镰足等人手持

---

① 『藤氏家伝』上卷。
② 『藤氏家伝』上卷。

长矛、弓矢等武器隐藏在殿旁。依照计划,在仓山田麻吕唱读"三韩表文"之时,佐伯子麻吕和葛城稚犬养网田二人应该冲出去刺杀苏我入鹿。但是他们二人因为惧怕苏我入鹿的威势,迟迟未能出剑。眼看表文快要读完,却仍不见佐伯子麻吕等人动手,仓山田麻吕不禁汗流浃背,声颤手抖。对此,苏我入鹿觉得奇怪,询问仓山田麻吕:你为何战栗? 仓山田麻吕回答:近侍大王前,不禁流汗。隐藏在一旁的中大兄见状,意识到不能再拖延时间了,于是亲自冲了出去,佐伯子麻吕等人也紧随其后,一起出其不意地用剑刺伤了苏我入鹿的头和肩。苏我入鹿惊慌而起,佐伯子麻吕挥剑又斩断了苏我入鹿的一只脚。受伤的苏我入鹿倒在了皇极女王面前,叩头说:"臣不知罪,乞垂审察。"面对突发事件,皇极女王大惊失色,向中大兄询问缘故。中大兄回答说:苏我入鹿"尽灭王宗,将倾天位",岂能让苏我入鹿替代大王?[1] 中大兄如此一说,皇极女王无言以对,只有起身离开了现场。没有得到女王庇护的苏我入鹿,死在了佐伯子麻吕等人的剑下。这一年(645)的干支是乙巳,因此学界将该事件称之为"乙巳政变"。

杀死苏我入鹿之后,中大兄当日就率领王族、群臣等众人,聚集在苏我虾夷家宅对面的飞鸟寺里,准备军事对抗来自苏我虾夷一方的攻击,并派人将苏我入鹿的尸体送到苏我虾夷的家中。苏我虾夷得知苏我入鹿被杀的消息后,也在集结兵力,布阵备战。但是,就在"乙巳政变"发生的翌日(十三日),苏我虾夷在焚烧史书(《天皇记》《国记》)和珍宝之后,选择了自尽。曾经权势煊赫不可一世的苏我虾夷父子,就这样以横死的形式离开了政治舞台。

苏我虾夷死后的第二天(十四日),皇极女王决定让位,并提出把王位传给中大兄。中大兄没有即刻答复女王,而是先询问中臣镰足的意见。中臣镰足认为:在中大兄之上还有同父异母的兄长古人大兄,如果中大兄即位的话,则不符合身为人弟的谦逊之心,因此对于中大兄而言,

---

① 『藤氏家传』上卷。

继承王位的时机还不成熟，不如让中大兄的舅舅轻皇子即位，这样中大兄就会赢得人心。中大兄听从了中臣镰足的建议，向皇极女王表明了推辞王位的态度。于是，皇极女王禅位于轻皇子（即孝德大王）。

在"乙巳政变"以前，前大王死后，是经群臣合议选定王位继承人的，而且新大王即位时，由群臣向新大王献上象征王位的宝器。但在皇极女王让位、轻皇子即位的过程中，不仅没有群臣合议这一环节，而且象征王位的玺绶也是由皇极女王亲手交给孝德大王的。因此对于王权的发展，皇极女王让位可以说是具有划时代的意义。

第三节　齐明女王的权威

一、孝德王权的内政改革与遣唐使派出

孝德大王即位后，尊皇极前大王为皇祖母尊，立中大兄为皇太子，阿倍内摩吕（亦表记为阿倍内麻吕）为左大臣，苏我仓山田麻吕（亦称苏我仓山田石川麻吕）为右大臣，中臣镰足为内臣，并任命从唐王朝留学归来的僧旻和高向玄理为国博士。新政权的成员阵容确定后，孝德大王、皇极皇祖母尊和中大兄召集群臣在飞鸟寺西的大槻树下，一同对天神地祇盟誓："自今以后，君无二政，臣无贰朝。若贰此盟，天灾地妖，鬼诛人伐。皎如日月。"[1]根据《日本书纪》的记载，盟誓之后，新政权始用年号"大化"。[2]

大化元年（645）八月，新政权宣布"东国国司诏"，命令派遣到东国的"国司"进行人口与田地的调查，以及统一管理兵器。九月，新政权派遣使者到地方诸国，统计人口数目。此外，新政权还设置钟匮之制[3]和男女

---

① 『日本書紀』孝德即位前纪六月乙卯条。

② 考古学者至今为止发现的大宝元年（701）以前的木简，其所记的纪年都为干支记法。

③ 钟匮之制是倾听民众申诉的制度，即当有诉讼之时，应该先由伴造或尊长者审理，然后再上奏朝廷，但是如果伴造或尊长者不审的话，则将诉讼文书放入朝廷设置的匮中，直接上奏至大王处，大王写下年月，然后明示群臣，若有怠慢或不正情况，可以撞击设置在朝廷的钟。

之法①。十二月，新政权决定迁都难波长柄丰碕宫。《日本书纪》记载，当时的人们相传"自春至夏，鼠向难波，迁都之兆也"②，以自然现象喻示新政权迁都的合理性。

大化二年（646）元旦，新政权发布"改新之诏"（史称"大化改新"）。由于"改新之诏"的内容存在与后世的律令条文相同或相似的部分，因此关于"改新之诏"的可信性，日本古代史学界曾经有过激烈的论争。虽然《日本书纪》编纂者根据自己所处年代的律令条文，可能对孝德大王的诏令原文做过某些修改、润色，"改新之诏"的部分改革措施也可能是在后世才实现的，但是孝德新政权确实曾经推行过一系列改革，这一点是不容置疑的。

在新政权推行的诸项改革中，第一个重要措施就是废止部民制、屯仓制以及有力豪族私有田、私有民的旧有制度，实行依据位阶等要素的食封制。在发布"改新之诏"之后，同年（646）八月，孝德王权再一次发布诏令：废止所有隶属王族、有力豪族的部，其部民归为"国家民"，并且决定要"改去旧职，新设百官及著位阶，以官位叙"③。翌年（647），孝德王权制定了七色十三阶冠位制，具体如下④：

一、织冠。有大小二阶。以织为之，以绣裁冠之缘，服色并用深紫。

二、绣冠。有大小二阶。以绣为之，其冠之缘、服色并同织冠。

三、紫冠。有大小二阶。以紫为之，以织裁冠之缘，服色用浅紫。

四、锦冠。有大小二阶。其大锦冠以大伯仙锦为之，以织裁冠之缘。其小锦冠以小伯仙锦为之，以大伯仙锦裁冠之缘。服色并用真绯。

五、青冠。以青绢为之，有大小二阶。其大青冠以大伯仙锦裁冠之缘。其小青冠以小伯仙锦裁冠之缘。服色并用绀。

---

① 男女之法的内容是：良人之间所生子，归父亲；良人与奴或婢之间所生子，归奴或婢；奴婢之间所生子，归母亲；寺院的仕丁，原则上参照良人之法，但如果仕丁被视为奴婢，则参照奴婢之法。

② 『日本書紀』大化元年十二月癸卯条。

③ 『日本書紀』大化二年八月癸酉条。

④ 『日本書紀』大化三年是歳条。

六、黑冠。有大小二阶。其大黑冠以车形锦裁冠之缘。其小黑冠以菱形锦裁冠之缘。服色并用绿。

七、建武。初位，又名立身。以黑绢为之。以绀裁冠之缘。

此外，冠的钿（冠正面的饰物）也是区分冠位高低的标志。小锦冠以上的钿为金银；大小青冠的钿为银；大小黑冠的钿为铜；建武无钿。在推行新冠位制的过程中，当时的左大臣阿倍内麻吕、右大臣苏我仓山田麻吕二人似有抵触情绪，他们依然坚持佩戴"古冠"①。大化五年（649）二月，孝德王权对七色十三阶冠位制作了进一步的细化，制定出十九阶冠位制。十九阶冠位包括大织、小织、大绣、小绣、大紫、小紫、大花上、大花下、小花上、小花下、大山上、大山下、小山上、小山下、大乙上、大乙下、小乙上、小乙下、立身。同年三月，阿倍内麻吕和苏我仓山田麻吕相继离世，由此推行新冠位制的阻力完全消失。

新政权采取的第二个重要改革措施是废止国造制，建立评制。"改新之诏"的第二条规定了京师、畿内国、郡等行政区划的设置。但是，当时表记地方行政单位的汉字并不是"郡"，而是"评"。② 评的设置打破了旧有国的领域区划③。每一评设置长官（评督）和次官（助督）二官职，多由原来的国造或地方伴造等地方豪族担任。孝德新政权的评制，虽然残留着旧有国造制的统治体系，但是评制的实施重新界定了旧有国造的统辖范围，并设置整齐划一的地方官职，从而起到削弱旧有国造阶层政治

---

① 『日本書紀』大化四年四月辛亥朔条。所谓的"古冠"，是指推古女王时代制定的十二阶冠。

② 9世纪的《皇太神宫仪式帐》中，有"难波朝庭天下立评"之句。"难波朝庭"即是指孝德政权。此外，在金石文、木简等资料中，也都有"评"字出现。

③ 根据《常陆国风土记》记载，常陆地区原有新治、筑波、茨城、那珂、久慈、多珂6国，但在己酉年（649）和癸丑年（653），孝德王权派遣的使者（总领）重新区划了常陆地区，设立新治、白壁、筑波、河内、信太、茨城、行方、那珂、香岛、久慈、多珂、石城12评。新立的评与旧有的国相比，新治、白壁、筑波、河内、茨城、那珂、久慈、多珂、石城9评的区划范围都各在某一旧有国的领界之内，其对应关系是新治、白壁两评——新治国，筑波、河内两评——筑波国，茨城评——茨城国，那珂评——那珂，久慈评——久慈国，多珂、石城两评——多珂国；而信太、行方、香岛3评的区划范围则横跨复数个旧有国的领域，其对应关系是信太评——筑波、茨城两国，行方评——茨城、那珂两国，香岛评——那珂、海上两国。

势力、强化中央政权对地方的直接控制的作用。

新政权的第三个重要举措是改废旧有的社会习俗。在宣布"改新之诏"之后不久,孝德王权对民众的殡葬、婚姻关系等社会生活方面的固有习俗作出了新的规制。例如,倭国的固有殡葬习俗是当人死亡之时,生者或"自殉,或绞人殉及强殉亡人之马,或为亡人藏宝於墓,或为亡人断发刺股而诔"等等①,孝德王权根据中国的薄葬理念,规定废除殉葬等旧俗。此外,孝德王权还制定了体现社会等级的尊卑有别的新葬制,即②:

1. 王以上的墓,其内长九尺、阔五尺,其外域方九寻、高五寻,役一千人,七日完成。其葬时帷帐等用白布,有辒车。

2. 上臣的墓,其内长阔及高皆准於上,其外域方七寻、高三寻,役五百人,五日完成。其葬时帷帐等用白布,担而行之,即以肩担舆而送。

3. 下臣的墓,其内长阔及高皆准於上,其外域方五寻、高二寻半,役二百五十人,三日完成。其葬时帷帐等用白布,亦准於上。

4. 大仁、小仁的墓,其内长九尺、高阔各四尺,不封使平,役一百人,一日完成。

5. 大礼以下、小智以上的墓,皆准大仁,役五十人,一日完成。

6. 凡王以下、小智以上的墓,宜用小石,其帷帐等宜用白布。庶民亡时收埋於地,其帷帐等可用麁布,一日莫停。

又如,关于男女婚姻关系中的女性权利,孝德王权规定:被前夫解除婚姻关系的女性,经年再嫁人后,其前夫不得向后夫索取财物;男女之间有婚约,但尚未成婚之时,女性另嫁他人,男性不得向女方及所嫁之人索取财物;守寡女性再嫁或者女性初嫁之时,不得向新婚夫妇索取财物;丈夫因被妻子所嫌,不得恼羞成怒强以妻子为婢;丈夫怀疑妻子的贞操,请官司裁决时,不得无凭无据判决,等等。在《日本书纪》记载的孝德诏令

---

① 『日本書紀』大化二年三月甲申条。
② 『日本書紀』大化二年三月甲申条。

中,把所有应废止的旧有习俗统称为"愚俗",折射出新政权决心移风易俗的意志。

以上的改革措施,都是以孝德诏令的形式发布的,但中大兄对制定改革措施的影响力不可忽视。例如大化二年(646)三月,新政权在实施废止子代、名代制之前,孝德大王咨问中大兄的意见:群臣所有的部民,昔日大王所置的子代,王族所有的名代,及其屯仓是否应该依旧设置?中大兄认为"天无双日,国无二王",只有大王才能"兼并天下,可使万民",并且以身示范,除了食封制规定的可以拥有的仕丁数和保留部分子代·名代(入部)及其民以外,把其所有的子代·名代(入部)之民 524 口以及屯仓 181 处返回给孝德政权。① 正是由于中大兄的积极推动,孝德新王权作出了要废止部民制、屯仓制等旧有制度的决定。

此外,孝德政权仍然延续着兴隆佛教的方针。645 年乙巳政变后,孝德大王召集僧尼发布诏令,在明言兴隆佛教的同时,还向僧尼们强调苏我稻目和苏我马子父子二人的崇佛分别是源于钦明大王和敏达大王的旨意,也就是向僧尼们宣布大王对佛教的主导权。在对僧尼和寺院的管理方面,新政权设置了十师制,任命狛大法师、福亮、惠云、常安、灵云、惠至、僧旻、道登、惠邻、惠妙 10 人为十师,负责教导众僧修行释教;自大王至地方的有力豪族(伴造)建造的所有寺院中,如果有无力经营者,新政权将给予经济上的援助。此外,还设立由俗家人担纲的法头之职,其职责是巡行诸寺,校验各寺院所拥有的僧尼、奴婢、田亩等人员与财产。由此,新政权可以直接管理、统制僧侣和寺院。

在积极推行内政改革的同时,孝德王权重新开启与唐王朝的通交,积极摄取大陆王朝的制度、学问、宗教等文化元素。白雉四年(653),即大化改新之后的第 7 个年头,孝德王权同时派出了两个遣唐使团,分乘船只,同时出发,前往唐王朝。其中,以大使吉士长丹、副使吉士驹为首的 121 人使节团乘坐的船安全抵达唐王朝,吉士长丹等人"奉对唐国天

---

① 『日本書紀』大化二年三月壬午条。

子,多得文书、宝物"①,并于翌年(654)七月平安归国,受到孝德王权的嘉褒;而以大使高田根麻吕、副使扫守小麻吕为首的120人使节团乘坐的船只,在前往唐王朝的途中,于萨摩竹岛附近不幸遇难,只有5人侥幸得以逃生返回倭国。②

白雉五年(654),孝德王权再次派出以押使高向玄理、大使河边麻吕、副使药师惠日为首的遣唐使,分乘2艘船只,取道新罗,抵达山东半岛北岸的莱州,然后再至唐王朝的政治中心——长安城,觐见唐高宗。当时,唐朝的东宫监门郭丈举向遣唐使"悉问日本国之地里及国初之神名",了解倭国的风土人情③。押使高向玄理,是大陆移民的后裔,曾作为遣隋留学生在隋唐王朝学习,于舒明十二年(640)返回倭国,"乙巳政变"之后,受到孝德王权的重用,拜为"国博士"。他对孝德王权的内政与对外关系都做出过贡献,但在这次出使唐王朝的使命中,客死于中国。除了遣唐留学生、学问僧继续留在唐朝学习以外,大使河边麻吕等人于齐明元年(655)八月回到倭国。

在兴隆佛教的基本方针下,孝德王权相继派遣学问僧前往朝鲜半岛或中国留学,汲取汉译佛教学问。大化四年(648),向"三韩"(高句丽、百济、新罗)派遣学问僧;白雉四年(653),道光、惠施、觉胜、辨正、道昭、定惠、道观等15位学问僧随同遣唐使前往唐王朝,其中道昭在唐从师于玄奘三藏学习,深受三藏的喜爱,道昭归国时,三藏赠送了舍利、经论等。道昭之后,智通、智达两僧侣于齐明四年(658),受王命搭乘新罗船前往唐王朝,也至玄奘门下留学。

二、齐明女王的重祚与大兴土木

前已叙述,大化元年(645)年末,孝德大王迁都难波。自推古女王以

---

① 『日本书纪』白雉五年七月是月条。
② 『日本书纪』白雉四年五月壬戌条、同年七月条。
③ 『日本书纪』白雉五年二月条。

来,历代大王即位后,都非常重视新王宫的建造。但是,孝德王权之前的各代大王基本上都选择在飞鸟地区建造新王宫。① 孝德王权将王权的政治中心——王宫建在飞鸟地区之外,可以说是新政权摆脱旧有制度,推行改革措施的重要环节。

难波位于古代日本的交通要道,南临大和川,北靠上町台地,台地的西侧是面向濑户内海的冲积地,东侧是大阪平原的生驹山地。同时,难波还是倭王权与中国王朝、朝鲜半岛交流的沿海门户。迁都难波后的孝德大王,并没有即刻建造新宫,而是辗转于前朝所建或是旧建筑翻新的若干个宫殿。白雉元年(650),孝德王权终于确定新宫——难波长柄丰碕宫的宫址,开始进行拆迁及营建新宫。翌年(651)年底,难波长柄丰碕宫的建造尚未全部完成,但孝德大王就已移居进新宫。白雉三年(652),前代大王宫殿不可比拟的、壮观的难波长柄丰碕宫全部竣工,折射出孝德王权通过新宫的建造,将大王权势视觉化的意图。

宏伟王宫的出现与孝德王权的礼仪制度建设密切相关。大化三年(647),孝德王权宣布实施新的礼法,规定凡是有位的官人在早晨的"寅时"就必须按位序,分左右两列,候于宫城的南门外,待太阳初出时(即"卯时")进入朝廷,在各自的厅内处理相关政务,并随时听候大王的召示。

同时,孝德大王的王宫也是举行佛事法会的场所,即佛教以佛事法会等形式拥护王权,意味着佛教仪式开始向国家行事的方向发展。白雉二年(651)十二月的除夕,为了孝德大王迁入难波长柄丰碕宫,2100 余名僧尼在味经宫举行安宅法事,读一切经,夜晚点燃 2700 余盏明灯,念《安宅经》《土侧经》等经②。白雉三年(652)四月,还是在难波长柄丰碕宫中,

---

① 推古女王的小垦田宫、舒明大王的冈本宫、皇极女王的板盖宫都建在飞鸟地区。唯一例外是冈本宫因火灾烧毁后,舒明大王于舒明十一年(639)在百济川岸边营造了百济宫。

② 『日本书纪』白雉二年十二月晦条。关于《安宅经》和《土侧经》,天平五年(733)的写经目录中,有『土侧经』『安宅要妙神咒经』(「正倉院文書」,转引自东京大学史料编纂所编『大日本古文書』(編年文書)卷 24、21—22 页);天平十三年 (741)闰三月廿一日的经卷勘注解,记录了『安宅墓土恻经』的经名(「正倉院文書」,『大日本古文書』(編年文書)卷 7、501 页)。

举行讲读《无量寿经》的佛事,其时惠隐为主讲者,惠资为论义者,听众则是千人沙门;十二月除夕,在难波长柄丰碕宫请"天下"的僧尼,设斋、布施以及举行燃灯佛事。

但是,难波长柄丰碕宫作为王权政治中心的时间并不长。白雉四年(653),孝德大王与中大兄之间似乎出现了矛盾。中大兄向孝德大王表达了欲迁回飞鸟地区的愿望。孝德大王没有准允中大兄的请求。但是,中大兄依然率领母亲皇极皇祖母尊、胞妹间人王后(孝德大王的王后)、胞弟大海人皇子以及公卿大夫百官等众人,从难波返回飞鸟地区,住在位于飞鸟地区的河边行宫。中大兄率众离开难波,尤如孝德大王被架空,使得孝德产生了舍弃王位的想法。这一事件显示出中大兄在孝德王权中的举足轻重的强势地位。白雉五年(654)十月,孝德大王患染病疾,中大兄率领皇极祖母尊、间人王后、大海人皇子和公卿等人前赴难波宫探望,但是不久孝德大王就永辞人世。翌年(655)正月,皇极皇祖母尊在飞鸟板盖宫再次登上王位,即为齐明女王。

重祚以后的齐明女王,在飞鸟及其周边地区大兴土木工程。重祚当年(655)就在小垦田之地建造宫阙,但因为用于营造的木材甚多腐朽,最终致使宫殿工事中途停止。同年冬天,齐明女王所在的飞鸟板盖宫遭遇火灾。翌年(656),齐明女王在飞鸟冈本修建宫室,即后飞鸟冈本宫。此后,齐明女王又动用大量的财力和物力,在田身岭(多武峰)上营造两槻宫(亦称天宫),并且驱使劳役穿凿水渠,用舟船200只运输山石,在田身岭上累石建造垣墙。耗资巨大的土木工程,受到了世间的批评,有人批评道:"狂心渠,损费功夫三万余矣。费损造垣功夫七万余矣。宫材烂矣。山椒埋矣";亦有人指责:"作石山丘,随作自破"。[1] 齐明四年(568),苏我赤兄曾向有间皇子(孝德大王之子)列举齐明女王的三大失政,一是"大起仓库,积聚民财";二是"长穿渠水,损费公粮";三是"於舟载石,运

---

[1] 『日本書紀』齐明二年是歳条。

积为丘"。① 由此可见，齐明女王热衷兴建土木的程度。

近年来，飞鸟地区发现了不少7世纪的苑池遗迹，例如石神遗址的须弥山石、石人像以及方形池，水落遗址的漏刻台，飞鸟池东方遗址的狂心渠，酒船石遗址的龟形石造物苑池遗迹等，都佐证了《日本书纪》有关齐明女王大兴工事的记载。

三、远征虾夷

实际上，齐明女王的土木建造并不单是出于其个人的享乐需求，也是为了展示王权的权威，建设以宫殿为中心的礼仪空间。石神遗址、水落遗址等遗址都位于飞鸟寺的西北或西侧，根据《日本书纪》的记载，飞鸟寺以西一带是齐明王权飨宴虾夷人等的场所。所谓的虾夷，是指活动在日本本州岛东北地区的原住民。《宋书》记录的倭武王上表文中有如下内容："封国偏远，作藩于外，自昔祖祢，躬擐甲胄，跋涉山川，不遑宁处。东征毛人五十五国，西服众夷六十六国，渡平海北九十五国，王道融泰，廓土遐畿，累叶朝宗，不愆于岁。"②

倭武王上表文提及的"毛人"就是指东北地区的虾夷人。③ 虾夷人的语言及生活方式不同于倭人，"男女并椎结文身，为人勇悍"。虾夷人活跃的地区，土地肥沃广大，狩猎是虾夷人赖以生存的重要经济活动。④ 尽管倭武王的上表文不乏夸张之意，但反映出自5世纪以来，倭王权就欲将统治领域延伸至虾夷人之地。

历代倭王权对待虾夷人的策略都是军事武力征服与怀柔政策兼而有之。《日本书纪》记载，敏达十年（581）闰二月，虾夷首领绫糟率数千人对抗倭国，敏达王权明确表示：对待虾夷，遵循前例，凡武力对抗者杀，降

---

① 『日本書紀』齐明四年十一月壬午条。
② 《宋书》倭国传。
③ 『日本書紀』敏達十年闰二月条记载："虾夷数千寇于边境，由是召其魁帅绫糟等魁帅者，毛人也。"
④ 『日本書紀』景行二十七年二月壬子条。

服者赦。于是,绫糟等人"惧然恐惧",面对山岳,歃血而盟誓:"臣等虾夷,自今以后,子子孙孙,用清明心,事奉天阙。"①另一方面,虾夷人对倭王权亦是时而武力抗争,时而妥协臣服。舒明九年(637),舒明王权以虾夷不臣服为由,派遣上毛野形名率兵武力征讨虾夷;在上毛野军与虾夷人的军事对抗过程中,虽然最终上毛野军战胜虾夷人,但虾夷人也曾一时间令上毛野军陷入困境,显示出以狩猎为生业的虾夷人的善战能力。

皇极元年(642),皇极女王即位后不久,就在王宫飨宴臣服于倭王权的虾夷人。孝德时期,在邻近虾夷的地区设置城栅,迁移边民作为栅户居住,防止虾夷人的进攻。齐明女王重祚王位后,更是积极推行征服虾夷的政策。齐明元年(655),在难波的宫殿,飨宴臣服的北越虾夷 99 人和东陆奥虾夷 95 人,并授栅养虾夷 9 人及津刈(津轻)虾夷 6 人冠阶。②齐明四年(658)至齐明六年(660),齐明王权先后三次派遣阿倍比罗夫率兵远征虾夷,进一步扩大统治领域。

第一次远征是齐明四年(658)四月,阿倍比罗夫率船师 180 艘讨伐齶田(秋田)、渟代(能代)等地,齶田等地的虾夷人"望怖乞降"。阿倍比罗夫的军船停留在齶田浦,齶田虾夷的首领恩荷誓言臣服倭王权,被授予冠位及管辖渟代、津轻的官职。③同年七月,虾夷 200 余人至飞鸟地区"诣阙朝献",齐明王权予以"飨赐瞻给有加于常"的优遇。④

第二次远征是齐明五年(659)三月,阿倍比罗夫再次率领船师 180 艘征讨虾夷。阿倍比罗夫聚集饱田(秋田)、渟代、津轻等地的虾夷人及其俘虏 400 余人于一处,设宴大飨赐禄。并用五色彩帛装饰一艘船,祭祀当地的神祇⑤。

第三次远征是齐明六年(660)三月,阿倍比罗夫率船师 200 艘,讨伐

---

① 『日本書紀』敏達十年闰二月条。
② 『日本書紀』齐明元年七月己卯条。
③ 『日本書紀』齐明四年四月条。
④ 『日本書紀』齐明四年七月甲申条。
⑤ 『日本書紀』齐明五年三月是月条。

肃慎。① "肃慎"之语源自中国古典,原指中国东北地区的先民。关于阿倍比罗夫讨伐的肃慎是何少数族集团,学界存在着不同的见解。根据《日本书纪》记载,齐明四年(658),阿倍比罗夫就曾经讨伐肃慎,献罴2头,罴皮70张。② 此外,关于齐明五年的阿倍比罗夫第二次远征虾夷,《日本书纪》也收录了另一种版本,阿倍比罗夫与肃慎交战而归,俘虏了肃慎人39人。③ 齐明六年,阿倍比罗夫征讨肃慎时,阿倍比罗夫一方的兵力中,还包括陆奥虾夷和渡岛虾夷人,而且是依靠虾夷人才找到肃慎人的行踪的。在征服过程中,阿倍比罗夫首先以彩帛、兵器、铁器等物,对肃慎人实施怀柔政策,但未能成功;最终使用军事武力迫使肃慎人降服。同年(660)五月,作为第三次远征的战果,阿倍比罗夫献"夷"50余人,齐明王权在飞鸟地区的石上池边,"作须弥山,高如庙塔",飨宴肃慎47人。④

此外,虾夷人还是倭王权对外关系中的重要"道具"。齐明五年(659),齐明王权派出的遣唐使以"陆道奥虾夷男女二人示唐天子",引起唐高宗对虾夷风土的关注;当唐高宗问及虾夷人有几类时,遣唐使回答:"类有三种,远者名都加留,次者麁虾夷,近者名熟虾夷。今此熟虾夷,每岁入贡本国之朝。"⑤ 显然,在中国王朝的夷狄观念影响下,齐明王权通过虾夷人向唐王朝显示倭王权统治力向外延及的程度。同时,遣唐使的回答也反映出虾夷人存在多个部落,各部落与倭王权之间的关系有亲疏远近之区别。

四、齐明女王的亲征

在齐明女王大兴土木、北征虾夷的同时,朝鲜半岛的高句丽、百济、

---

① 『日本書紀』齐明六年三月条。
② 『日本書紀』齐明四年是歳条。
③ 『日本書紀』齐明五年三月是月条。
④ 『日本書紀』齐明六年五月是月条。
⑤ 『日本書紀』齐明五年七月戊寅条。

新罗三国之间的角力亦日趋激烈。642 年,百济义慈王亲率军队大举进攻新罗,与高句丽和亲通好,切断新罗通向唐王朝的朝贡之路。受到百济军事攻击的新罗,一方面向唐王朝告急,另一方面派遣使者向高句丽求援,但遭到高句丽的拒绝。为了摆脱被高句丽、百济夹击的危险境地,新罗向唐王朝寻求军事上的援助。唐王朝虽然没有应允新罗的军事请求,但是派遣使者前往百济、高句丽,告诫两国,晓示祸福。不过,百济、高句丽并没有遵从唐王朝的意志,依然继续采用军事武力,"竞举兵戈"攻击新罗①。655 年正月,高句丽与百济联兵侵入新罗的北部边境,新罗派遣使节向唐王朝请求救援。二月,唐高宗发兵讨伐高句丽。660 年,唐王朝决定讨伐与高句丽联合的百济,命令左武卫大将军苏定方率领十万大军与新罗军会合,讨平百济。② 唐和新罗的联军大破百济国,百济义慈王向唐军投降。其后,苏定方留下部将刘仁愿及一万兵士镇守百济旧都泗沘城,自己带着百济王及其王族臣僚等俘虏胜利返师。不久,义慈王即患病而亡。

百济亡国后,百济的旧将鬼室福信、僧侣道琛率众占据了周留城(锦江口附近)继续与唐军对抗,意欲复国。齐明六年(660)十月,鬼室福信派遣使者向倭国献上唐人俘虏 100 余人,请求倭国提供军事上的援助。当时,百济王子余丰璋(亦称扶余丰,义慈王之子)作为人质滞留在倭国,百济的旧臣们欲立余丰璋为国王,因此鬼室福信的使者还请求迎余丰璋回朝鲜半岛。③ 对于鬼室福信的乞援,齐明女王"欲为百济,将伐新罗"④,不仅决定派遣救援军,下令造船、备诸军器,而且还意欲亲征。齐明七年(661)正月,60 余岁的齐明女王率领中大兄皇子、大海人皇子等人,自难波出发,乘船前往九州岛。

---

① 《旧唐书》百济传。
② 《旧唐书》新罗传。关于苏定方所领军队的人数,《三国史记》记载为十三万人(《三国史记》新罗本纪·太宗王七年三月条)。
③ 『日本書紀』齐明六年九月条、十月条,齐明七年四月条、十一月条。《旧唐书》百济传。
④ 『日本書紀』齐明六年是歳条。

齐明女王的船行至备中(冈山县)的大伯海时,身怀六甲的大田姬皇女临产诞下一女。其后,女王的船靠至位于四国岛的伊豫熟田津(今爱媛县松山市),女王一行前往石汤行宫。同年(661)三月下旬,女王的船终于抵达娜大津(今博多湾),女王住进了磐濑行宫(亦称长津宫)。四月,鬼室福信再次向倭国派遣使者,请求让王子余丰璋返回朝鲜半岛。五月,齐明女王迁居朝仓橘广庭宫(位于今福冈县朝仓郡)。但是不久,女王周围的近侍者中,病死者甚多。由于建造朝仓橘广庭宫时,曾经砍伐神社的树木,因此当时的人们认为是神祇发怒致使众人病亡。七月,齐明女王本人也染上疾患,病亡在亲征之路上。

齐明女王亡后,中大兄皇子素服称制。女王的棺柩从朝仓橘广庭宫移至磐濑行宫,中大兄皇子亦随之迁居磐濑行宫,继续实施出兵朝鲜半岛的计划。同年(661)八月,中大兄皇子派遣将兵前往朝鲜半岛,"救於百济",并送去必要的武器和粮食;九月,授予百济王子余丰璋织冠(倭国的冠位),并遣将兵五千余人护送余丰璋及其妻子等人返回朝鲜半岛,余丰璋一踏入百济旧地,鬼室福信迎接稽首,拥立余丰璋为王。[1] 翌年(662),倭国对外政策的基轴是"救百济","为救百济,修缮兵甲,备具船舶,储设军粮"[2]。这一年,倭国给鬼室福信送去武器、粮食等军用物资,共计矢十万支、丝五百斤、绵一千斤、布一千端、稻种三千斛等[3],并给余丰璋送去布三百端[4]。

663年三月,倭国派遣军队讨伐新罗,两万七千名兵士被分为前、中、后三军,其中后军的将领之一就是三次北征虾夷的阿倍比罗夫。[5] 六月,倭军攻下了新罗的沙鼻岐、奴江二城。八月,倭国又派兵1万余人越海至朝鲜半岛。[6] 在锦江口,倭军与唐军发生激战,即白村江之役。这场战

---

① 「日本書紀」天智即位前紀。
② 「日本書紀」天智元年是歳条。
③ 「日本書紀」天智元年正月丁巳条。
④ 「日本書紀」天智元年三月癸巳条。
⑤ 「日本書紀」天智二年三月条。
⑥ 「日本書紀」天智二年八月甲午条。

役的结果加快了倭国中央集权制确立的进程。

第四节　白村江之役的战败

一、白村江①之役

百济虽已亡国,但是百济的旧臣们却一直抱有复兴亡国的愿望。661 年,百济旧臣鬼室福信、道琛等引兵包围刘仁愿驻守的百济旧都。带方州刺史刘仁轨率领唐与新罗联合军前往解救刘仁愿之困。鬼室福信军在熊津江口设障欲阻拦刘仁轨军,但不敌唐军与新罗军的合力出击,节节退走,加上水涨桥狭窄,战死并溺死者万余人。由此,鬼室福信军的都城之围终被瓦解,鬼室福信等人亦退据任存城(忠清南道大兴附近)。此后,僧侣道琛自称领军将军,鬼室福信自称霜岑将军,招收徒众,其势力逐渐扩大。

为了唐军的休军养威,刘仁轨请新罗王派兵应对百济旧臣之军,但是新罗军却未能歼灭对手。就在此时,百济旧臣之间发生内部争斗,鬼室福信突然杀死道琛,并吞并道琛的兵众,掌握了实权。

662 年,刘仁愿、刘仁轨等率领留镇旧百济之地的唐军与新罗军,大破鬼室福信等势力盘踞的若干个城栅。同时,刘仁愿还向唐朝廷奏请增加兵力,于是唐高宗发兵七千人增援,由左威卫将军孙仁师统领渡海至熊津。另一方面,在百济旧臣组成的势力中,鬼室福信专擅兵权,而被倭国扶植为王的扶余丰主掌祭祀,但是鬼室福信与扶余丰之间相互猜忌。663 年六月,鬼室福信称患疾,计划等扶余丰前来问候时,趁机杀死他。然而,扶余丰事先得知了鬼室福信的计谋,率领自己的亲信抢先暗杀了鬼室福信。其后,扶余丰为了抗击唐军,派遣使者前往高句丽及倭国请兵支援。

---

① "白村江"是《日本书纪》的表记,位于锦江的河口,中国史料中的表记是"白江",《三国史记》中记为"伎伐浦"。

　　另一方面,刘仁轨之军与孙仁师率领的唐援军会合后,兵势大振。于是,诸将军商议攻打扶余丰势力的作战方案,众多将领认为应该集中兵力进攻水陆要冲——加林城,但刘仁轨认为:"兵法避实击虚。加林险而固,攻则伤士,守则旷日。周留城百济巢穴,群聚焉。若克之,诸城自下。"①663 年八月,孙仁师、刘仁愿以及新罗王金法敏统帅陆军,刘仁轨等率领水军及粮船同向周留城方向聚集。这时,援助扶余丰一方的倭国军队也正在渡海前赴朝鲜半岛的途中。

　　八月十七日,唐军与新罗军组成的联合军中的陆军,抵至周留城的城下,包围了周留城,水军 170 艘战船,阵列于白村江。二十七日,倭国援军的船师抵达白村江的江口,遭遇刘仁轨率领的大唐水军。两军相遇交战,倭军不敌落败,而唐军则坚阵而守。翌日(二十八日),倭军诸将与扶余丰不观气象,只是一厢情愿地认为只要抢先出击,必能攻破唐军之阵。于是,倭军诸将率领着前日败战后的不整兵卒,攻打坚守阵地的唐水军。唐军迎战,左右夹击包围倭船师。片刻之间,倭军败北,落入江水中溺死者众多,导致倭水的船舻轴无法回旋,倭军的将领朴市田来津仰天声叹,"切齿而嗔,杀数十人,於焉战死"②。据《旧唐书》记载,此次一战,唐军焚烧了倭军船 400 艘,当时的情景是"烟焰涨天,海水皆赤"③。在岸上守阵的扶余丰之军的精骑也被唐和新罗联合军的陆军所破,扶余丰侥幸脱身而逃,与数人乘船逃往高句丽。九月,留守在周留城的王子扶余忠胜等人率众降于唐军,其他诸城也都降顺。孙仁师与刘仁愿等胜利还师返回大唐;刘仁轨率兵镇守百济旧地。

　　随着百济的名实皆亡,包括百济的王族、贵族、僧侣等各个阶层的许多百济人,移民日本列岛。这些百济移民,大部分被倭王权集中安置在难波、近江和东国④等地,也有部分移民没有被王权掌握,分散在日本列

---

① 『三国史記』百済本紀・義慈王二十年二月条。
② 『日本書紀』天智二年八月己酉条。
③ 《旧唐书》刘仁轨传。
④ 东国是指伊势、美浓以东的诸国。

岛的各地①。

二、天智王权的内政建设

白村江战役的惨败，对倭王权的冲击非比寻常，尤其是给国内的政治结构带来了深刻的影响。以中大兄为首的倭王权充分意识到实施内政改革的必要性。

白村江败战后不久，天智三年(664)二月，大海人皇子在中大兄的授意下，宣布了内政改革措施。由于664年是甲子年，因此大海人皇子所宣的措施被称为"甲子之宣"。

大海人皇子宣布的改革措施主要如下：

(1) 实施冠位二十六阶制度，将大化五年制定的冠位十九阶增至为二十六阶。新的二十六阶冠位具体为：大织、小织、大缝、小缝、大紫、小紫、大锦上、大锦中、大锦下、小锦上、小锦中、小锦下、大山上、大山中、大山下、小山上、小山中、小山下、大乙上、大乙中、大乙下、小乙上、小乙中、小乙下、大建、小建。

(2) 整合氏族，设立氏等级，将诸氏划分为大氏、小氏、伴造氏三个不同的等级，并向诸氏的氏上(氏族之长)授予象征其氏等级的器物，即大氏的氏上获赐大刀，小氏的氏上获赐小刀，伴造的氏上则获赐干楯和弓矢。同时，有限地恢复部民制，允许各氏拥有民部和家部②。

"甲子之宣"的内政改革措施中，冠位阶数的增加意味着群臣的上下秩序进一步细化，也就是更加趋向官人化。另一方面，通过氏的等级及氏上制的设置，形成以氏上为中心，以氏人为成员的氏，尽管依然是以氏和民部制为基础的，但也反映出中大兄王权推进集权化，重组氏族组织，统合诸氏的意图。

---

① 田中史生「「帰化人」へのみち」、『倭国と渡来人—交錯する「内」と「外」—』、吉川弘文館 2005年、199—210 頁。

② 《日本书纪》天武四年二月己丑条："诏曰:甲子年诸氏被给部曲者,自今以后,皆除之",由此学界一般认为"甲子之宣"提及的民部即为部曲。家部相当于后世律令制下的家人或氏贱。

　　除了上述措施以外,天智三年(664)至天智六年(667)的三年时间里,在北部九州及濑户内海沿岸的各个重要的交通要冲地,建造了军事防御性山城,形成防备唐军来袭的防御体系。由于这些山城的形制大多模仿朝鲜半岛的山城,并且其中的若干个山城就是由百济移民建筑的,因此人们也常常将这些军事性山城称为"朝鲜式山城"。

　　天智六年(667)三月,中大兄王权决定迁都,将王宫的所在地从飞鸟地区移至近江(今滋贺县)。与地处奈良盆地的飞鸟地区相比,新的政治中心地(近江大津宫)依临比叡山、琵琶湖,其地理位置相对远离濑户内海,但更近东国。关于迁都近江的理由,史料上没有明确记载。不过,迁都近江之举却引起了比较大的社会反响,"是时,天下百姓不愿迁都,讽谏者多,童谣亦众。日日夜夜失火处多"①,反映出原政治中心的飞鸟地区在迁都前后的社会不安定景象。

　　值得注意的是,在迁都近江之前,倭王权对于唐王朝的戒备已经放松,开始了使节往来。天智四年(665)九月,以朝散大夫沂州司马上柱国刘德高为首的唐朝使节团抵达倭国,总人数254人。② 同年十二月,刘德高等人离开倭国时,倭王权派出守大石等人作为送使,与唐使一同前往大唐。天智六年(667)即迁都近江之年的十一月,唐驻百济的镇将刘仁愿派遣熊津都督府熊山县令上柱国司马法聪送守大石等人返回倭国,而司马法聪归国时,天智王权又派出送使伊吉博德、笠诸石,送唐使返回朝鲜半岛。

　　在推行内政改革措施过程之中,以及重启与唐王朝的使节交往之后,摒除反对意见、坚持迁都近江的举措似乎象征着从白村江败战阴影走出的新王权的确立。事实上,迁都近江的翌年,即天智七年(668)正月,以皇太子身份摄政7年之久的中大兄终于正式即位,是为天智大王。

---

① 『日本書紀』天智六年三月己卯条。
② 『日本書紀』天智四年九月壬辰条。

　　登上王位后的天智大王继续推行内政建设的措施。据《藤氏家传》上卷记载,天智大王曾经命令中臣镰足"撰述礼仪,刊定律令。通天人之性,作朝廷之训"。天智九年(670),不仅制定了有关朝廷礼仪等的规定,而且为了能够更好地掌握统治范围内的民众信息及控制民众的移动,天智王权出台了编制户籍的措施。由于这一年的干支是"庚午",因此史称"庚午年籍"。"庚午年籍"现已散佚,其具体内容虽无法知晓,但是其影响久远。根据后世的律令规定,律令制国家编制的户籍一般只被保存30年,而"庚午年籍"需要永久保存①。在后世的律令制国家时期,"庚午年籍"被视为诸氏姓的根本,经常被视作处理氏姓变更、身份变更的重要参考依据②。

　　天智十年(671)正月,天智大王宣布了与王位继承有着密切关联的重要任命,即大友皇子为太政大臣,苏我赤兄为左大臣,中臣金连为右大臣,苏我果安、巨势人、纪大人为御史大夫。这一任命实际上是确立了以皇子大友皇子为权力中心的构架,显示出天智大王将自己的儿子大友皇子作为自己后继者的意图。在此之前,倭王权的王位继承依然是以兄弟同世代优先相承为基本原则的,因此天智大王推进父子相承的王位继承方式,可以说是走向中央集权化的重要举措之一。

　　然而,尽管大友皇子本人博学广识,具有文武才干,其资质甚至被唐使刘德高赞叹为"风骨不似世间人,实非此国之分"③,但是天智大王的同母之弟大海人皇子同样兼备文武之才,精通天文遁甲,受到天智大王的器重,不仅如前所述,"甲子之宣"是由大海人宣布的,而且天智大王将自己的两个女儿鸬野皇女和大田皇女嫁给大海人皇子。《日本书纪》记载,天智大王即位后,立大海人皇子为东宫,显然是有将大海人视为王位继承人之意。不过,根据《藤氏家传》上卷的记事,天智大王即位后不久,天

---

① 『養老令』戸令。
② 例如,和铜六年(713),依据"庚午年籍",居住于赞岐国的物部乱等26人的身份从"饲丁之色"恢复至良人。又如,和铜七年(714),也是根据"庚午年籍",寺人姓的人得以改姓为物部。
③ 『懐風藻』淡海朝大友皇子二首。

智大王与大海人皇子二人之间出现了不和,在天智大王宴请群臣的一次欢宴上,大海人皇子用长枪戳穿地板,被激怒的天智大王欲杀大海人皇子,只是由于中臣镰足的固谏,事情才被平息下来。

天智八年(669)十月,中臣镰足病逝①,能够斡旋天智大王和大海人皇子二人关系的人不复存在。后值壬申政变("壬申之乱")时,大海人皇子在急往东国的途中,曾感叹道:"若使大臣生存,吾岂至於此困哉"②。

天智十年(671)九月,天智大王身体欠佳,卧床不起。至十月,鉴于自己的病情加重,天智大王安排身后事,派遣苏我安麻吕前去召唤大海人皇子入宫。使者苏我安麻吕一向与大海人皇子过往甚密,因此他在大海人皇子去见天智大王之前,私下告知大海人皇子要小心应对。当大海人皇子来到天智大王的病榻前时,天智大王以自己病重为由,向大海人皇子表达了让权之意:"朕疾甚,以后事属汝。"③事先得到苏我安麻吕提醒的大海人皇子怀疑天智大王话中有诈,也是以自己身体多病,无法保社稷为理由推辞,提出"愿陛下举天下附皇后,仍立大友皇子宜为储君。臣今日出家,为陛下欲修功德"④。听到大海人皇子无欲于王位,愿意出家修道的一番话,天智大王颇感安心,即刻同意大海人皇子出家。在大津宫内的佛殿,大海人剃掉鬓发,成为沙门。天智大王随即派人送袈裟给大海人皇子。同时,大海人皇子所拥有的兵器也尽被没收。之后,大海人皇子向天智大王提出离开近江前往吉野修行佛道的请求;天智大王欣然准允,大海人皇子即刻从近江出发。其时,苏我赤兄、中臣金连等支持大友皇子的重臣,目送大海人皇子离开近江。天智大王任由大海人皇子离开近江之时,绝没有想到日后将会发生日本历史上著名的"壬申政变"。

---

① 在中臣镰足弥留之际,天智大王派遣大海人皇子前往中臣镰足家,宣布授予中臣镰足大织冠和大臣位,赐姓为藤原氏(『日本書紀』天智八年十月庚申条,『藤氏家伝』上卷)。

② 『藤氏家伝』上卷。

③ 『日本書紀』天智十年十月庚辰条。

④ 『日本書紀』天武即位前紀。

第五节　天武王权的建立

一、军事内乱——"壬申政变"

大友皇子被任命为太政大臣后，就统揽朝政，并得到了苏我赤兄等人的辅弼。天智大王病重期间，苏我赤兄、中臣金连、苏我果安、巨势人、纪大人五人更是两次盟誓，表示要坚定地奉仕在大友皇子的周围。其中，第一次盟誓是在大津宫内的佛像前，与大友皇子一起共六人，大友皇子誓言，六人同心，若有违者，必遭天罚；与之相应，苏我赤兄等五人泣血而誓，奉天智大王的诏令随从大友皇子，若有违者，将遭四天王及天神地祇的惩罚，断子绝孙，家门必亡，等等。第二次盟誓则是在天智大王的病榻前，似有天智大王临终前"托孤"之意。同年(671)十二月，天智大王辞世。

天智大王死后，大友皇子的近江朝廷与身在吉野的大海人皇子之间似乎是和平相处了一段时间。672年五月，追随大海人皇子的一位舍人，因私事前往美浓，得知大友皇子的近江朝廷以建造天智陵墓的名义，向美浓、尾张两国征调人夫，而且还给被征的人夫配发了武器。这位舍人回到吉野后，向大海人皇子汇报了这一情况，并且认为近江朝廷的举措目的是针对大海人皇子的，如若不早日躲避，则必有危险。同时，又有人向大海人皇子奏报：从近江至飞鸟地区的沿途要地，近江朝廷都设置了关卡，并且下令阻碍大海人皇子的私有粮食的运输。听到上述报告后，大海人皇子决定结束隐遁，正面对抗近江朝廷，并为自己的行动找出正当性的理由，即声称自己之所以"让位遁世"，只是为了"治病全身，永终百年"，然而面对可能有的杀身之祸，再也无法沉默了。①

六月二十二日，大海人皇子派遣3位出身于美浓的舍人前往大海人皇子的军事、经济据点——美浓国安八磨评(岐阜县大垣市安八郡)，指示汤沐令多品治，让其先发该郡的兵力，然后通过国司调集其他兵力，急

---

① 『日本書紀』天武元年五月是月条。

赴不破道①,控制交通要路。二十四日,大海人皇子自身要从吉野前往东国,但考虑到路途中可能会遇到来自近江朝廷的阻扰,为了及早地到达东国,大海人皇子派人向在飞鸟古京的近江朝廷的留守司请求驿铃(即可以利用驿家官马的许可证),但是飞鸟古京的留守司予以拒绝。听到无法获得驿令的消息后,大海人与其妃鸬野皇女(后为持统女帝),以及其子草壁皇子、忍壁皇子,带着舍人20余人和女官10余人,即刻从吉野出发向美浓方向行进。出发之时,除了鸬野皇女一人乘轿以外,包括大海人皇子自己在内,其他人都是徒步行走的。途中遇驮米之马,方得骑马代步。一行人日夜兼程,中途不断有加入者,大海人皇子一行人的队伍逐渐扩大。二十五日,从近江逃脱出来的高市皇子(大海人皇子之子)与大海人皇子一行会合,继续行至伊势的铃鹿(三重县铃鹿郡),大海人皇子得到盟军的支援,队伍壮大,于是派遣军兵控制了铃鹿道②。之后,大海人皇子一行继续急行军,甚至暴雨中也不停步。二十六日晨,大海人皇子一行抵达朝明评(三重县三重郡)。在得知己军控制了不破道的消息后,迅即派高市皇子在不破指挥军事。与此同时,大海人皇子又分别派人前往东山道、东海道方面,进一步调集兵力,扩大军势。二十七日,大海人皇子让鸬野皇女留在桑名,自己应高市皇子的请求,前往不破,与高市皇子会合。这时,尾张国守率领2万兵力加入大海人皇子的队伍,大海人皇子将其军力分布在各个要道上。

　　大海人皇子进入东国的消息传到近江朝廷,群臣纷纷惊愕,朝廷内外震动。其时,大友皇子向群臣询问应对策略。有人建议,应立刻集聚骑兵追击大海人皇子。但大友皇子却没有听从此计,而是向东国、倭京(飞鸟地区)、筑紫、吉备等地派出使者征调兵力。然而,近江朝廷派出的各路使者却屡屡受挫。其中,筑紫大宰和吉备国守二人都是曾跟从过大海人皇子的人,因此筑紫大宰以戍边之要,兵力不能削弱为由,婉言拒绝

---

① 不破道位于近江、美浓两国国境一带,是畿内通往东国的要道之一,后在此设置不破关。

② 铃鹿道与不破道一样,都是畿内通往东国的要道。

出兵；而派往吉备的使者怀疑吉备国守谋反，拔刀杀了吉备国守，自然也无法得到军事支持。另外，前往东国的使者在不破道遇到大海人皇子军的伏兵，仅一人得以脱身逃回近江。唯有派往倭京的使者调集到兵力，但在正要从倭京向近江运兵之际，想投奔大海人皇子的大伴吹负等人诈称高市皇子的大军驰到，近江朝廷调集的军士闻风丧胆，四处散逃，近江朝廷的使者也或被杀，或被抓。由此，近江朝廷向各地征调兵力的计划落空，这也意味着近江朝廷没有得到各地的地方豪族的支持。相反，大海人皇子一方的支持者却不断增多，军势益壮。

672 年七月二日开始，大海人皇子一方的军队（简称大海人军）分兵两路，一路自铃鹿山地向倭京进军，一路从不破直接进军近江。为了在战斗中分辨敌我，大海人军的将士一律穿赤色上衣。同时，近江朝廷一方的军队的目标也是两个，其中之一是直接攻打不破，但在军队的行进途中，发生了内讧，导致军队不战自乱，停滞不前；另一个目标是夺回被大海人皇子一方占领的飞鸟古京（倭京）。

进军近江的大海人军一路上屡战屡胜，七月二十二日兵临濑田河（滋贺县大津市濑田）河岸。其时，大友皇子及其群臣也是隔岸大布军阵。两军交战，箭如雨下，大海人军的勇士强行渡河，杀入敌阵，于是近江朝廷军溃败如山倒，大友皇子虽然得以逃命，但走投无路，群臣散亡，唯有两三人跟随，最终大友皇子以自缢的方式结束了生命。

在争夺飞鸟古京的大和战场，大海人军最初不敌近江朝廷军，只是近江朝廷军因顾虑飞鸟古京可能会有伏兵，才没有乘胜攻占飞鸟之地。直至大海人军的援军赶到，方得扭转战局，取得最后胜利。

这场大海人皇子和大友皇子叔侄之间围绕着王位继承的军事对抗，最后以大海人皇子一方的胜利而告结束。八月二十五日，大海人皇子命令高市皇子宣判近江朝廷群臣所犯的罪状，并加以惩处，近江朝廷的左右大臣等首脑层的少数人或被杀，或被流放，但是对于其他人，则予以赦免。672 年的干支为壬申，所以此次大海人皇子用武力推翻以大友皇子为首的近江朝廷的政变事件，史称"壬申之乱"。

二、天武王权的新政

天武元年(672)九月十二日，大海人皇子凯旋返回飞鸟地区。在离宫性质的岛宫暂住三天后，移居冈本宫。冈本宫是大海人皇子的母亲齐明大王曾经居住过的后飞鸟冈本宫。天智大王迁都近江后，在倭京(飞鸟地区)设置官司——留守司，管理飞鸟地区的宫殿，其中就包括后飞鸟冈本宫。大海人皇子移居冈本宫后，便在冈本宫之南开始建造新的宫室，即飞鸟净御原宫。672年年底，新宫落成，大海人皇子迁居新宫。

天武二年(673)二月，大海人皇子于飞鸟净御原宫即位，是为天武天皇①。在壬申政变中立下汗马功劳的有功之臣们也都被封爵、褒赏。同年(673)闰六月，新罗向倭国同时派出了祝贺天武天皇即位的贺腾极使和吊唁天智大王的吊丧使。对于来使目的不同的新罗使节，天武朝廷采取了不同的待遇。对待吊丧使，只是在筑紫宴请并赐禄使节，然后让使节从筑紫原路返回新罗；而对于贺腾极使，则召唤其入京，并在难波飨宴并赐物使节，向外国使节昭示天武天皇的新平天下的即位，即新王朝的建立。

军事政变的胜利，使得天武天皇的个人权威达到顶点，为天武天皇实施一系列新政举措奠定了基础。天武新政的主要措施列举如下：

1. 完善中央集权化的官僚体制

天武天皇在其十数年的治世期间，推行的许多措施都为日后的律令制确立打下了基础，其中构筑中央集权化官僚体制就是显著特点之一。

天武二年(673)五月，天武天皇向公卿、大夫及诸臣、连并伴造等发布诏书，宣布："夫初出身者，先令仕大舍人。然后选简其才能，以充当

---

① 关于"天皇"称号的形成时间，学界内有推古朝说、天智朝说、天武·持统朝说和文武朝说，目前天武·持统朝说被作为一般通说，即天武是第一代使用"天皇"称号的君王。1998年，在位于奈良县明日香村的飞鸟池遗址中，出土了写有"天皇"的木简，由于同一出土遗址中还发现了其他被认定为天武朝时期的木简，因此该"天皇"木简被视为"天皇"称号形成于天武·持统朝之说的佐证。

职。又,妇女者,无问有夫无夫及长幼,欲进仕者听矣。其考选准官人之例。"①

这一诏令虽然没有言及官人出身的区别,但却是面向公卿大夫及诸臣、连及伴造等特定社会阶层,即出身于畿内豪族的官人任用及女官选任的规定。男性官人,初进入仕途时,必须首先担任负责宫中护卫或杂役的大舍人之职,然后再根据各人的才能,分配至相应的官司任职;而女性官人,则无需问其婚姻状况及年龄长幼,只要有进入仕途的愿望,即可任用;无论是男性官人,还是女性官人,其考课选叙的方法是相同的。

天武五年(676)四月,天武朝廷就出身于畿内以外的地方豪族的官人任用方法也作了相关规定:"外国人欲进仕者,臣、连、伴造之子及国造子听之。唯虽以下庶人,其才能长亦听之。"②

所谓的"外国",就是泛指畿内以外的地方。根据上述规定,对于有意进入仕途的出身于地方的人,如果是臣姓、连姓及伴造、国造等地方有力豪族的子弟,即可任用;如果是非出身于有力豪族的庶人,若是才能殊长,也可任用。显然,在天武朝的任用官人体系中,出身是官人任用的首要原则,但也开始考虑官人才干的重要性。

关于官人考课选叙(即所谓的考选)的方法,天武七年(678)十月,天武天皇发布了相关的诏令:"凡内外文武官,每年,史以上其属官人等,公平而恪勤者,议其优劣,则定应进阶。正月上旬以前,具记送法官。则法官校定,申送大辨官。"③也就是说,朝廷每年都要对文武官人的勤务进行年终考核;公平和恪勤是考核标准的两个要素,即官人的个人能力和表现。考选权在各个官司。各官司对于下属官人的能力和表现作出优劣的评定,并决定每位官人应晋升的位阶级数。在每年的正月上旬以前,各官司须将考选的结果送至法官(相当于后世的式部),法官审核相关材料之后,再申送大辨官。

---

① 『日本書紀』天武二年五月乙酉朔条。
② 『日本書紀』天武五年四月辛亥条。
③ 『日本書紀』天武七年十月己酉条。

上述的官人考选方法，虽然强调了官人的才能，但并没有言及官人的出身是否会影响考选结果。天武十一年（682）八月，天武朝廷明确族姓出身在官人考选中的重要性，强调："凡诸应考选者，能检其族姓及景迹，方后考之。若虽景迹行能灼然，其族姓不定者，不在考选之色。"①

在官人考选之际，首先要确认官人的族姓及才干表现，如若官人所归属的氏族即所谓的族姓出身不确定，则即使其才干表现显著，也不能被纳入考选对象范围。由此，将氏族与官人集团的统制相结合，走向一体化。这也是天武朝廷对氏族政策的一个重要环节。②

前已叙述，自天武七年（678）以后，各官司每年都要进行考选，即官人每年都有晋升位阶的可能性。但是，位阶数依然采用 664 年甲子之宣所定的二十六阶，随着官人的不断晋升，最终会出现位阶数不够的情况，为此天武十四年（685）正月，天武朝在"八色之姓"的身份秩序框架下，更改了冠位名，大幅度地增加位阶数。③ 新的冠位名采用了明、净、正、直、勤、务、追、进八字，具体位阶制如下：

① 诸王以上的位阶：明位二阶、净位四阶，每阶有大、广，共十二阶。

② 诸臣的位阶：正位四阶，直位四阶，勤位四阶，务位四阶，追位四阶，进位四阶，每阶有大、广，共四十八阶。

新的位阶制共有六十位阶，并明确区分皇亲与诸臣的位阶。在新的位阶制中，除了诸王、诸臣以外，天武天皇的皇子草壁皇子、大津皇子、高市皇子、忍壁皇子等诸皇子也都被授予了净位。只有天武天皇和皇后高居于位阶秩序之上，显示了以天皇为中心的集权秩序的确立又向前迈进了一大步。

---

① 『日本書紀』天武十一年八月癸未条。
② 在该规定出台前后，天武十年（681）九月和天武十一年（682）十二月相继诏令，敦促尚未确定氏上的诸氏各自选定氏上人选，并向官司登录；同时，掌握氏族的成员与规模，防止诸氏为了扩大己氏的人数而接收非己族者归附。
③ 坂上康俊「律令制の形成」、大津透等編『岩波講座日本歴史・第 3 巻・古代 3』、岩波書店 2014 年、1—34 頁。

新的位阶制建立后,同年(685)七月,天武朝廷规定了与新位阶制相应的朝服之色,从视觉上明确区分官人秩序(如表)。

表1-1　冠位名与朝服色对照表

冠位名	朝服色
明位	朱色
净位	朱色
正位	深紫色
直位	浅紫色
勤位	深绿色
务位	浅绿色
追位	深葡萄色
进位	浅葡萄色

除了官人以外,官司也是官僚制的重要构成要素[1]。天武朝的中央官司包括太政官、法官、理官、大藏、兵政官、刑官、民官以及宫内官、左右大舍人、左右兵卫、内命妇、膳职等诸机构。其中,太政官是直属天皇的机构,与法官、理官、大藏、兵政官、刑官、民官六官司为上下级关系。[2]

2. 制定"八色之姓"

如前所述,在天武朝的官僚体制中,氏姓(族姓)出身与官人秩序密切相关。因此,在不断完善中央集权化官僚体制的同时,天武朝廷也实施了一系列加强对氏族统制的举措。天武四年(675)二月十五日,天武天皇发布诏令,废止甲子之宣规定的部曲(民部)制,并取缔皇亲、诸臣及诸寺院将山泽、林野、陂池占为私有性财产的行为[3],取而代之的是实施

---

[1] 吉川真司「律令官僚制の基本構造」,『律令官僚制の研究』,塙書房1998年、29—52頁。

[2] 法官、理官、大藏、兵政官、刑官、民官六官司的上申文书,经大辨官送至太政官合议,再上奏天皇;另一方面,天皇敕令经太政官,大辨官传至六官司(吉川真司「律令太政官制と合議制」,『律令官僚制の研究』,塙書房,998年、53—75頁)。

[3] 『日本書紀』大化元年九月甲申条:"其臣连等、伴造、国造各置己民,恣情驱使。又,割国县山海、林野、池田,以为己财,争战不已。"该史料记述了有力豪族争夺山海、林野、池田等生产资源为己有的现象。

食封制①。

天武十三年（684）十月，天武朝廷出台了变革旧有的社会身份秩序的举措，宣布："更改诸氏之族姓，作八色之姓，以混天下万姓。一曰真人，二曰朝臣，三曰宿祢，四曰忌寸，五曰道师，六曰臣，七曰连，八曰稻置。"②

与臣、连、造、君、直、史、县主等氏姓构成的旧有社会身份秩序相比，新定的"八色之姓"不单是对旧有的族姓进行重组整合，而且还新立了皇亲氏族阶层。仅从《日本书纪》所记载的具体赐姓事例来看，"八色之姓"各姓的主要授予对象范围如下：

① 真人，新定之姓，主要授予与历代大王有近亲关系的后裔；

② 朝臣，新定之姓，主要授予旧有的臣姓及君姓中的有力氏族；

③ 宿祢，新定之姓，主要授予旧有的连姓中的有力氏族；

④ 忌寸，新定之姓，主要授予旧有的连姓及直姓中的有力氏族；

⑤ 道师，新定之姓，无赐姓事例；

⑥ 臣，旧有族姓，没有被授予新姓的氏族的旧姓保留；

⑦ 连，旧有族姓，没有被授予新姓的氏族的旧姓保留，以及授予旧有的造、直、史、首、县主、吉士等姓中的部分氏族；

⑧ 稻置，新定之姓，无赐姓事例。

在八色之姓构成的新的身份等级体制中，皇亲氏族位于其他有力豪族之上，这不仅凸显皇亲社会地位的显贵，而且更重要的是显示出天武天皇意欲以皇亲势力抑制其他豪族的政治势力，建立以天皇为中心的集权政治。在天武朝时期，没有皇族以外的豪族进入国政中枢的事例。

---

① 所谓的食封制，就是依据位阶、官职、功绩等因素，赐与官人相应数目的封户（食封户），从封户上缴的税中，依照一定的收取比率作为官人的收入。前已叙述，食封制是大化改新措施之一，但其对象只是"大夫以上"特定范围。例如白雉五年（654）七月，赐予吉士长丹封户200户（『日本書紀』白雉五年七月是月条）。天武五年（676），对于食封制下的诸王、诸臣的封户，进行了大调整，停止倭京以西的国的封户，给予倭京以东的国的封户。
② 『日本書紀』天武十三年十月己卯条。

3. 礼制的建设

天武王权在推进中央集权化官僚体制的过程中,作为巩固官僚制的手段之一,不断摸索中国式的礼仪制度的建设。

据《日本书纪》记载,天武四年(675)正月,自元日至二十三日举行了一系列正月节日行事(如表)。在此之前,元日朝贺礼仪、正月七日节会和正月十七日射礼虽已时有举行,但作为正月之节礼仪一括举行尚属首次,并被日后的律令制国家礼仪制度继承。天武四年的元日朝贺礼仪的仪式共进行了两天,即元日献物仪式与二日群臣朝拜仪式。元日献物仪式上的舍卫女、堕罗女、百济王善光、新罗仕丁等人,虽然或是偶然漂至日本列岛者,或是亡命于日本列岛者,而非外国使者,但是他们被作为元日朝贺礼仪的组成元素,是与日后的律令制国家元日朝贺礼仪中的"蕃夷使者,陈列左右"①理念相关联的。

表 1-2　天武四年正月行事

日	行事
元日	大学寮诸学生、阴阳寮、外药寮及舍卫女、堕罗女、百济王善光、新罗仕丁等,进呈药及珍异等物。
二日	皇子以下百寮诸人拜朝。
三日	百寮诸人、初位以上进薪。
七日	在朝廷,赐宴群臣。
十七日	在西门庭,公卿大夫及百寮诸人、初位以上参列射礼。大倭国献瑞鸡,东国献白鹰,近江国献白鹞。
二十三日	祭祀、奉币诸神社。

在天武朝时期,正月朝贺礼仪的群臣朝拜仪式举行的日期,除了天武四年的正月二日外,还有天武五年正月朔日、天武十年正月三日等事例,映现出天武王权在礼制建设过程中的不断调整与尝试。

---

① 『続日本紀』大宝元年正月乙亥朔条。

在整备体现君臣关系的礼仪制度过程中,天武王权对固有习俗也加以礼制化的改革。天武八年(679)正月,关于正月拜贺对象范围,发布诏令规定除了天皇以外,诸王、诸臣及百寮官人,只能向兄姊以上血亲及所属氏的氏上行拜贺之礼。天武十一年(682)八月,规定了礼仪用语。同年九月,又宣布取消跪礼和匍匐礼,一律改用立礼。前章已叙述,跪礼是倭国的固有习俗,推古王权结合中国式的立礼,施行匍匐礼。孝德王权曾试图全面实施立礼,然而更改固有习俗并非一朝一夕就能实现的。律令制国家形成以后,大宝四年(704)正月和庆云四年(707)十二月,依然诏令停止跪伏之礼,即是佐证。

4. 完善神祇祭祀体系

壬申政变时,大海人皇子屡屡向神祇祈愿,借以鼓舞己方的士气。例如,在从吉野急奔东国的途中,遥拜伊势神宫(位于三重县伊势市),祈求天照大神护佑其胜利;在野上行宫筹谋军事行动时,雷雨大作,于是祈愿天神地祇扶助己军,停止雷雨。

在《古事记》《日本书纪》的神代卷中,天照大神是具有日神(太阳神)和王族祖神双重性格的女神,是居住在高天原(天上世界)诸神中的最高神,派自己的孙子琼琼杵尊(迩迩芸命)从高天原降到筑紫日向高千穗,统治苇原中国(地上世界)。天武二年(673)四月,天武天皇以自己的女儿大来皇女为斋王,前往伊势神宫奉仕,强调天照大神对其的护佑。此后,在天武四年(675)和朱鸟元年(686),天武天皇都曾派遣其他的皇女前往伊势神宫。天照大神被奉为皇祖神的同时,祭祀天照大神的伊势神宫也就被赋予了保佑天皇统治持久、稳定的性质。随之,伊势神宫的地位日渐提高,诸神社则列于其后。

天武朝时期,神祇祭祀体系也逐渐地被完善。天武十年(681)正月,作为元日行事,朝廷向诸神祇奉币。不仅如此,同月,天武天皇诏令畿内及诸国,修理神社的社殿。神社是祭祀神祇设施的总称。最初的神社形态,是在山麓、河边等露天场所举行神祇祭祀,树木、岩石等自然物被视为神祇降临的神座。其后,祭祀神祇的地方逐渐开始设有建筑物,与之相应,神祇也变成常住于神社的神灵。原本不同的地区或氏族,其神社供奉的神祇各有不同,神祇祭祀权也是掌握在地方有力豪族手中的。但是,天武天皇全国性地统一修缮神社的措施,意味着全国的神社一律地被纳入中央集权体制之下,即各地不同的神祇体系被一统,天皇成为拥有全国最高祭祀权的人,通过信仰的纽带,中央政权对地方社会的统治进一步稳固。

此外,在古代社会,自然环境的变化是左右农作物丰欠的决定性因素。因此,祈愿丰收或感谢收获的祭神活动,就成为农耕社会不可欠缺的恒常行事。天武朝时期,大尝祭、新尝祭、广濑大忌神·龙田神祭等体现天皇统治正当性且具有农耕对策性质的祭祀确立,并被律令制神祇体系承袭。

新尝祭是在收获季节举行的祭祀,通过向诸神供奉当年的新谷,感谢神祇的佑护。天武朝之前,新尝祭虽早已存在,但却不是独属于大王的行事,皇子及大臣以下等各阶层都可各自举行新尝祭;天武朝时期,随着集权化体制的完善,新尝祭成为天皇的祭祀,群臣供奉参列。[①] 另一方面,天武五年(676),新创相尝祭,原本各自举行的地方有力豪族的新尝祭被规制在统一时间里举行。[②] 天皇在即位后首次举行的新尝祭,亦称大尝祭。天武二年(673)十二月,天武天皇举行了大尝祭。

天武四年(675)四月,朝廷派遣使者分别前往广濑河曲(位于今奈良县北葛城郡)和龙田立野(位于今奈良县生驹郡),祭祀大忌神和风神。同年(675)七月,又一次祭祀广濑大忌神和龙田风神。由此,每年两次的广濑大忌神祭和龙田风神祭确立,二者常常同时举行。其中,大忌神祭是祈祷山谷之水滋润水田、五谷丰收的祭祀;风神祭是祈愿风调雨顺的祭祀。

---

① 佐佐田悠「記紀神話と王権の祭祀」、大津透等編『岩波講座日本歴史・第 2 卷・古代 2』、岩波書店 2014 年、287—322 頁。
② 菊池照夫「相嘗祭の祭祀形態について」、『延喜式研究』15 号、1998 年、1—17 頁。

5. 强调佛教护国的理念

天武朝时期,佛教拥护王权、国家的性质进一步被强化,佛教的地位被升至与神祇同样的高度。① 天武二年(673)三月,天武天皇即位后不久,就开始了在川原寺的抄写一切经事业。天武四年(675)十月,朝廷派遣使节寻觅一切经。天武六年(677)八月,在飞鸟寺设斋会,读一切经,天武天皇亲临飞鸟寺的南门礼拜佛教三宝。

在佛教的诸经典中,护国经典《金光明经》《仁王经》受到特别的重视。《仁王经》(全称《仁王般若波罗蜜经》)的护国品叙述了该经的护国作用,即当王遇到一切诸难时,只要讲读此经,诸鬼神就会佑护王的国土。② 同样,《金光明经》四天王品讲述了如果国王尊崇该经典,那么四天王就会佑护国王统治的国土,即君主的信仰是四天王佑护国家安宁的前提。

天武五年(676)十一月,朝廷向地方诸国派出使者,讲说《金光明经》和《仁王经》。天武九年(680)五月,在宫中以及京内(飞鸟地区)的 24 所寺院,首次举行了《金光明经》的讲经会;朱鸟元年(686)七月,在宫中,100 名僧侣诵读《金光明经》。自中央至地方的统一的读经举措,是天武王权利用佛教护国思想,强调佛教对王权统治的护佑。

在王权的推动下,佛教从中央至地方的传播更为广泛。天武十四年(685)三月,天武天皇诏令诸国"每家作佛舍,乃置佛像及经,以礼拜供养"③。至持统六年(692),全国的寺院数目达到 545 所。④

另一方面,对寺院、僧尼的统制体系也日趋完善。天武九年(680)四月,诸寺院被分为官治与非官治两类,除了国大寺二、三座以及飞鸟寺以外,其余的寺院皆为非官治寺;对于非官治寺院中的有食封寺,其享受的

---

① 例如,天武五年(676),夏季大旱,朝廷派遣使者前赴四方,献奉币帛,向诸神祇祈雨,同时也请诸僧尼向佛祈雨。
② 『仁王般若波羅蜜経』護国品(『大正藏経』卷八)。
③ 『日本書紀』天武十四年三月壬申条。
④ 『扶桑略記』持統六年九月条。

食封待遇年限被规定为 30 年。①

天武十二年(683)三月,设置僧正、僧都、律师僧官之职,统管僧尼。律令制下的僧纲制初现雏形。僧尼的得度②权也逐渐地被天皇掌控,天武六年(677)八月,诏令亲王、诸王及群臣,每人赐出家人名额 1 人,其出家者无论男女长幼,都度其出家,以参加斋会;天武九年(680)十一月,天武天皇生病,100 人出家为僧。此外,天武八年(679)十月,对僧尼的服装之色作了规定,并要求僧尼常住寺内。天武朝的僧尼统制措施是日后的僧尼令形成的基础。

6. 强化中央军事力

在壬申政变中,无论是大海人皇子一方还是大友皇子一方都不仅依靠自己的亲兵作战,而且还尽可能地动员各地方军事力量。胜利后的天武天皇,深知军事对于稳固王权统治的重要性。天武四年(675),天武天皇诏令:所有诸王以下,初位以上的官人,每人都要配备武器。天武十三年(684),天武王权更是明确地提出"凡政要者军事也"的理念,要求文武官人,必须"习用兵及乘马","马、兵并当身装束之物,务具储足"③。有马者,为骑兵;无马者,为步卒。可以说,这些措施起到了强化中央军事力量的作用。

此外,天武十四年(685),天武天皇向各地诸国发布诏令:"大角、小角、鼓吹、幡旗及弩抛之类,不应存私家,咸收于郡家。"④

其中,大角、小角、鼓吹、幡旗、弩和抛都是军队的装备,禁止地方豪族私自收藏,全部收公,意味着天皇控制全国的军队调动权,抑制从属于地方

---

① 『日本书纪』天武九年四月是月条。大寺是指天皇发愿建立的寺院,包括大官大寺(原百济大寺,又称高市大寺)、川原寺(弘福寺)等(田村圆澄『飛鳥・白鳳佛教史』下、吉川弘文館 1994年、82—85 頁)。食封是贵族、神社、寺院等的重要经济来源,对贵族、神社、寺院等,朝廷指定一定区域的乡户为封户。律令制下,封户每年所交的调庸全部和田租的 1/2 要支付给封主。天平十一年(739)五月,封户的田租也全部付给封主。

② 得度是指脱离俗家人的身份,出家为僧尼。

③ 『日本书纪』天武十三年閏四月丙戌条。

④ 『日本书纪』天武十四年十一月丙午条。

豪族的军事组织的发展,是日后的律令制国家的军团制确立的前奏。

除了上述举措以外,天武朝时期,对于货币的流通也出台了改革措施。天武十二年(683)四月,天武天皇连续发布诏令"自今以后,必用铜钱,莫用银钱"①和"用银莫止"②。由此可知,天武朝时期,虽然明文禁止银钱的使用,但却允许银的流通。直至后述的持统朝时期,音博士、书博士、医博士、咒术博士、阴阳博士等具有技能的人才都曾屡屡被朝廷赐银。关于天武朝的银钱和铜钱的实态存在许多不明之处。1991年以来,在藤原京遗迹、飞鸟池遗迹等7世纪末至8世纪初的遗迹中,出土了大量的铜钱,其状是圆形铜钱,中央开有方孔,方孔的上下铸有"富本"二字,左右各配有七曜文(7个点),学界称之为"富本钱"。关于富本钱的性质,学界主要存在两种观点:一是,富本钱即是天武朝发行的铜钱;一是基于至今为止尚没有发现富本钱流通的证据,因此认为富本钱属于厌胜钱性质。另外,关于天武天皇诏令所提及的银钱,有不少学者认为就是在飞鸟等地区考古发现的无文银钱(银制圆板,中央有小孔)。

第六节　持统女皇执政

一、持统女皇即位

天武天皇的皇后鸬野赞良皇女,是天智大王的次女。根据《日本书纪》记载,齐明三年(657),时值13岁的鸬野皇女嫁给了大海人皇子。天武天皇即位后,鸬野皇女被立为皇后,从此"佐天皇定天下,每於侍执之际,辄言及政事,多所毗补"③。

天武天皇在世时,为了防止自己百年之后,出现诸皇子争夺王位的情况,于天武八年(679)五月,在壬申政变之前居住过的吉野宫之庭,召

---

① 『日本書紀』天武十二年四月壬申条。
② 『日本書紀』天武十二年四月乙亥条。
③ 『日本書紀』持統称制前紀・天武二年条。

集鸬野皇后及草壁皇子、大津皇子、高市皇子、河岛皇子（天智之子）、忍壁皇子、芝基皇子（天智之子）等共同盟誓，史称"吉野誓盟"。其中，诸皇子的誓词如下："天神地祇及天皇证也，吾兄弟长幼并十余王，各出于异腹，然不别同异，俱随天皇敕，而相扶无忤。若自今以后，不如此盟者，身命亡之，子孙绝之。非忘非失矣。"[1]

在诸皇子一一盟誓之后，天武天皇和鸬野皇后也发誓要对诸皇子一视同仁，如若违背誓言，则忽亡其身。参加盟誓的诸皇子中，只有草壁皇子一人是鸬野皇后所生。天武十年（681）二月，草壁皇子被立为皇太子，并开始摄理政务。

但是，天武天皇似乎更喜欢大津皇子。天武十二年（683）二月，21岁的大津皇子也被允许参与朝政。大津皇子的母亲大田皇女是鸬野皇后的同母姐姐，同为天智天皇之女，因此从血统上看，大津皇子与草壁皇子相当，而且大津皇子"状貌魁梧，器宇峻远，幼年好学，博览而能属文，及壮爱武，多力而能击剑"[2]，不但文武双全，倍受天武天皇宠爱，而且在朝廷的声望也很高。无疑，大津皇子是王位继承的有力竞争对手。朱鸟元年（686）七月，病中的天武天皇敕令："天下之事，不问大小，悉启于皇后及皇太子。"[3]由此可以看出，草壁皇子尚不具备独自驾驭政治的能力，需要皇后的有力护航。

朱鸟元年（686）九月，天武天皇病故。在飞鸟净御原宫的南庭建造了天武天皇的殡宫，举行相应的殡宫礼仪[4]。此时，草壁皇子并未能继承王位，而是由鸬野皇后称制。不久，即朱鸟元年十月二日，川（河）岛皇子密告大津皇子"谋反"。大津皇子被捕，最终被赐死，自尽时年仅24岁。

---

① 『日本書紀』天武八年五月乙酉条。
② 『懐風藻』大津皇子四首。
③ 『日本書紀』朱鳥元年七月癸丑条。
④ 殡宫礼仪是指在天皇（大王）死后直到埋葬入墓为止的期间内，以停放前天皇（大王）棺椁的殡宫为主要舞台所举行的种种礼仪。天武的殡宫礼仪主要由发哭（发哀）、诔、奉奠、奏乐（歌舞）等诸仪式构成。（参见王海燕：《古代日本的都城空间与礼仪》，浙江大学出版社2006年，第174—177页。）

大津皇子的主要追随者也被流放。大津皇子的死,可以说为草壁皇子扫清了通向王位之路的重要障碍。但是,草壁皇子却迟迟没有即位,似乎表明其继承王位的时机尚未成熟。而且,天武天皇的棺椁也迟迟未被入葬,殡宫礼仪延续了两年多,直至 688 年十一月才结束。在长达两年多的殡宫礼仪持续期间,草壁皇子多次率领众臣出现在殡宫举行相应的仪式,其中的目的似乎是力图通过天武天皇的神威,树立草壁皇子王位继承人形象,确保王权平稳地向新的政治秩序过渡。

天武天皇的葬礼结束,意味着草壁皇子终于等来继承王位的时机,但是天有不测风云,草壁皇子却于 689 年四月突然因病而亡,时年 28 岁。当时,草壁皇子的儿子轻皇子(亦称珂瑠皇子,后为文武天皇)年纪尚幼,只有 7 岁。在这种无可奈何的情势下,鸬野皇后最终登上天皇位,于 690 年正月举行了即位仪式,是为持统女皇。

二、净御原令的制定和实施

持统女皇延续了天武天皇的构建中央集权律令国家的事业,在其即位的前一年(689)六月,向诸官司颁布了"令一部廿二卷"①。该令被称为净御原令。天武十年(681)二月,天武天皇曾在大极殿宣布:"朕今更欲定律令,改法式。"②由此,开始编纂净御原律令,历经八年的时间终于完成。净御原令已经散佚,具体内容无法完整得知,但根据《日本书纪》等文献史料可知,净御原令的篇目至少包括考仕令、户令、官员令、衣服令等。

净御原令规定的官司制,除了延续天武朝的大辨官、法官、理官、大藏、兵政官、刑官、民官、宫内官等官僚机构外,恢复了天智朝曾设置的太政大臣、左右大臣三职;并将天武朝的纳言之职分为大纳言、中纳言、小纳言三职;同时设置了大宰、国司等地方官职。

在官人制方面,关于考课选叙方法,相对官人每年都有可能晋升冠

---

① 『日本書紀』持统三年六月庚戌条。
② 『日本書紀』天武十年二月甲子条。

位阶的天武朝规定,持统女皇于持统四年(690)四月发布诏令,规定官人须每积累到一定的年限,才能依据考课的评价成绩晋升冠位阶,"有位者限六年,无位者限七年";每年考课的基准依据出勤情况分为九等,只有每年考课的平均成绩在四等以上者才真正具有晋升冠位阶的资格;另外,在晋升官人冠位阶时,净御原令的考仕令规定,从"善"(勤务态度)、"最"(职掌胜任否)、"功"(功绩)、"能"(才能)和氏姓大小等方面进行评价,进而授予相应的冠位阶。①

同时,持统四年四月,还对官人朝服的颜色作了修改。新的规定中,除了明位没有言及以外②,其他位阶的官人朝服之色具体如下表。这一朝服之色的规定,基本上被大宝元年(701)实施的大宝律令所承袭。

表 1-3　持统四年官人朝服之色规定

冠位阶		朝服色
净位	大壹以下、广贰以上	黑紫
	大参以下、广肆以上	赤紫
正位		赤紫
直位		绯
勤位		深绿
务位		浅绿
追位		深缥
进位		浅缥

在民政方面,净御原令宣布后,持统三年(689)八月,中央朝廷命令地方诸国于该年之冬制作户籍。但是该命令似乎没有被施行。翌年(690)九月,持统女皇再次诏令诸国调查户口,制作户籍,并且明确须依据净御原令的户令规定编制户籍。690 年的干支为庚寅,因此该年制成

---

① 『日本書紀』持统四年四月庚申条。此外,净御原令实施后,位阶授予时,不再采用以往的授冠方式,而是改为授予位记(位阶授予证明书)方式,即从以冠显示等级转化为以文书表示等级。
② 在现存的史料中,没有授予明位的事例。

的户籍史称为"庚寅年籍"。这是继"庚午年籍"之后，第二次全国性编制户籍。

编制户籍是统治者掌控民众以及向民众征收租税的基本簿账。庚寅年籍完成以后，持统六年（692）九月，在畿内地区开始施行班田制①，朝廷派遣班田使，实施班田收授。

三、藤原迁都

持统女皇即位后不久，还继承了天武天皇的另一个未完成事业，也就是开始着手建造新宫都。如前所述，7世纪以后，历代大王的王宫大多建于飞鸟及其周边地区，同时在这一地区还分布着不少与王权相关的佛教寺院及中央豪族住宅等设施，由此自然而然地形成了宫都空间，也就是史料上所称的倭京②。但是，由于倭京并非规划而成，加之以大王为顶点的集权化尚在形成过程中，因此大王宫与豪族宅之间在视觉上并没有一体化地表现秩序空间。也就是说，由于豪族的宅地不是大王所赐，而是豪族自己势力的根据地，豪族宅与大王宫是相互独立的存在，因此位于倭京的大王宫，其象征绝对权威的作用无法发挥到淋漓尽致的程度。随着律令制国家建设的推进，体现中央集权政治体制的规划性宫都的建设也就被提上了日程。

天武五年（676），为了建设新宫都（新城），对于新宫都用地范围内的田园，无论是公有地还是私有地都不允许耕作，任其荒芜。不过，这一造都计划最终被搁浅。直至六年之后，天武十一年（682）三月，天武天皇再提新城之事，派遣官人前赴新城察看地形，依然计划以新城为都。不仅如此，天武天皇还亲自巡幸新城，选定新城中的宫室之地。新城的具体位置，史料上没有明确记载，目前学界一般认为新城就是持统天皇迁至

---

① 班田制是以中国的均田制为范本、以国有土地制为原则的律令制国家的基本田制。

② "倭京""倭都"及"古京"等名词，散见在《日本书纪》的白雉四年（653）至天武元年（672）记事中。

的藤原京①。"藤原京"一词并不是历史名称,文献史料上在新城之后出现的京名是"新益京",只是因为新益京内的王宫名为藤原宫,为了称呼上的方便,现在的学者一般将藤原宫周围的条坊遗迹所界定的范围统称为藤原京。

天武天皇去世时,新宫都的建设尚未动工。持统四年(690)十月,太政大臣高市皇子率领公卿百寮官人一同察看藤原宫选址地。其后,同年十二月,持统女皇亲自视察藤原宫选址地,亦是公卿百寮官人跟随。翌年(691)十月,派遣使者举行镇祭新益京仪式。持统六年(692)正月,持统女皇视察新益京的道路;五月,派遣使者举行镇祭藤原宫仪式,并遣使者向伊势、大倭、住吉、纪伊4位大神献币,奉告建造新宫之事。经过多年的筹备和建造,新宫终于建成。持统八年(694)十二月,持统女皇从飞鸟之地迁都至藤原宫。

藤原宫遗址位于现今的奈良县橿原市,其周围自然环境是三面环山,东有香具山、西有亩火山(亩傍山)、北有耳成山。《万叶集》所收录的《藤原宫御井歌》,将香具山、亩火山、耳成山比喻为"春山""瑞山"和"神山"。② 藤原宫建造所需的木材是通过水路、陆路从近江国等地运至藤原之地的。根据考古发掘调查,藤原宫的宫域范围,东西长925米,南北宽907米,宫墙上共开有12个宫城门(每面3门)。宫域内有大极殿院、朝堂院、内里、官衙等遗迹。③ 藤原宫是体现神格化的天皇权威的视觉性象征,当时有诗咏道:吾大王,高照日之皇子,藤原地治国,高殿如神坐,天地亦缘许。④

以藤原宫为中心的藤原京,关于其京域范围,日本考古学者的推论几经发展。目前作为通说,一般认为藤原京的平面呈正方形,东西约5.3

---

① 林部均「藤原宫と『藤原京』—条坊制导入期の古代宫都の一样相—」、『古代学研究』第147号、1999年8月、21—42页。
② 『万叶集』1—52。
③ 寺崎保广「藤原宫の调查」『藤原京の形成』、山川出版社2002年、16—36页。
④ 『万叶集』1—50・藤原宫之役民作歌(大意)。

公里,南北亦约 5.3 公里,是以《周礼》考工记所述的理想型都城为范本营建的王都,藤原宫位于藤原京的中央,即正方形的中心。[①]　此外,根据文献史料和考古发掘调查,藤原京内还存在"市"[②]。藤原京的宫都地位只维持了 16 年,和铜三年(710)被平城京所代替。藤原京是古代日本最早的规划性宫都,在日本都市制发展史上具有重要的意义。

[①] 小泽毅「古代都市『藤原京』の成立」、『考古学研究』44—3、1997 年、52—71 頁。中村太一「藤原京と『周礼』王城プラン」、『日本歴史』582 号、1996 年、91—100 頁。
[②] 『続日本紀』慶雲二年六月丙子条。奈良国立文化財研究所『飛鳥藤原宮発掘調査出土木簡概報』2、1975 年、13 頁。

第二章　奈良时代的政治与社会

第一节　大宝律令的制定

一、持统女皇让位

奈良时代是指以平城京（今奈良县奈良市）为政治中心的历史时代，其间，虽然也有短暂的恭仁宫、难波宫、紫香乐宫的迁都时期，但平城京的中心地位始终没有被摇撼。

持统十年（696）七月，一直担负着持统女皇左膀右臂作用的高市皇子去世。此时，草壁皇子之子轻皇子亦已成长，持统女皇似乎认为立轻皇子为皇位继承人的时机到来，于是召集群臣（"王公卿士"）至宫中，商议选定日嗣（皇位继嗣者）之事，但是群臣各有心仪的候选者，众议纷纭，意见不统一，就在这时，葛野王（天智大王之孙，大友皇子之长子）进言道："我国家为法也。神代以来，子孙相承，以袭天位。若兄弟相及，则乱从此兴。仰论天心，谁能敢测。然以人事推之，圣嗣自然定矣。"[1]

葛野王这番话的中心思想是否定"兄弟相及"的王位继承原则，主张

---

[1] 『懷風藻』葛野王二首・葛野王伝。

58

要遵循"子孙相承"原则确定王位继承人。所谓"子孙相承"的含义是指王位须由父传子或者祖传孙。前已叙述,长期以来,兄弟相及一直是倭王权的王位继承原则,因此葛野王所言的"神代以来,子孙相承,以袭天位"并不符合事实。葛野王发言之后,弓削皇子(天武天皇之子)就欲提出异议,但被葛野王制止。不过,葛野王的"子孙相承"一番话却正合持统女皇的心意,因为葛野王说出了持统女皇的心声,为持统女皇传位给其嫡孙轻皇子的行为提供了正当性依据。所以,葛野王不仅得到持统女皇的褒言,称其是一言定国,而且还受到特别的拔擢,位阶和官职都得到晋升。

持统十一年(697),在持统女皇的意志下,轻皇子被立为皇太子。同年八月,持统女皇让位给皇太子,轻皇子即位,是为文武天皇,时年 15 岁。这样年少的即位者,在以往王位继承中是没有前例的。或许是年轻天皇的威望尚不足以压众,让位后的持统女皇以太上天皇的身份在幕后支持文武天皇治政,继续对政治发挥影响力,形成天皇和太上天皇二者共治"天下"的政治体制。①

文武天皇"天纵宽仁,愠不形色,博涉经史,尤善射艺"②,其在位的时间不长,仅有十年(697—707),但却是日本律令制国家的律令制度确立的重要时期。

二、大宝律令的制定

文武天皇即位后不久,就开始了新律令的编纂事业。参加的编纂人员以天武天皇的皇子刑部亲王为首,藤原不比等、粟田真人、下毛野古麻吕、伊岐博德、伊余部马养、萨弘恪等通晓法典、学问以及了解唐王朝情况的官人皆在其中。新律令以唐王朝的永徽律令为范本,令完成于文武四年(700),律的完成是在大宝元年(701)。因新律令于大宝年间开始实

---

① 春名弘昭「太上天皇制の成立」、『史学雑誌』99—2、1990 年、157 — 194 頁。
② 『続日本紀』文武即位前紀。

施,故称之为"大宝律令"。

大宝律令有律 6 卷,令 11 卷,现已散佚,只能根据后世的《令集解》等史料复原其中的一部分。在律令体制下,天皇的权力不受律令的法的约束,律令中也没有限制天皇权力的规定。天皇握有国家的官制权、官吏任命权、军事权、刑罚权、外交权以及与王位继承有关的大权。[①] 不过,在律令体制下,太政官被赋予了审议国政的权力,这在一定程度上间接地制约了天皇的专制权力。

文武五年(701)三月,对马岛贡金,以此为契机,中央朝廷制定年号为"大宝"。同时,开始依照新令,改制官名、位号等。大宝令规定的位阶,明确区别对待亲王、诸王和诸臣:

亲王:明冠,一品至四品,共 4 阶。

诸王:净冠,正一位至从五位下,共 14 阶。

诸臣:a. 畿内出身的官人,即内位,总和 30 阶。

正冠,正一位至从三位,共 6 阶;

直冠,正四位上至从五位下,共 8 阶;

勤冠,正六位上至从六位下,共 4 阶;

务冠,正七位上至从七位下,共 4 阶;

追冠,正八位上至从八位下,共 4 阶;

进冠,大初位上至少初位下,共 4 阶。

b. 畿外出身的官人,即外位,总和 20 阶[②]。

直冠—进冠,外正五位上—外少初位下,共 20 阶。

其中,五位以上的贵族,其位阶通过父子荫位制世传子孙[③]。由于日本没有引入中国的科举制度,所以荫出身者是律令官僚制的官人层的重

---

① 石母田正「国家機構と古代官僚制の成立」、『日本の古代国家』、岩波書店 1986 年、181—275 頁。

② 神龟五年(728)以后,对畿内出身的官人也授予外五位(神龟五年三月廿八日格)。

③ 荫位制模仿唐的资荫制,是对三位以上位阶者之子、孙和五位以上位阶者之子授予一定位阶的制度。

要来源之一。此外，大宝令明确规定，位阶的授予是不授冠，而是授予位记。位阶授予方式有三种：一是内外五位以上，敕授，即以天皇的意志授位；二是六位以下内八位以上，以及外七位以上，奏授，即太政官向天皇奏上，得到天皇许可后授位；三是外八位以及内外初位，太政官判授，即太政官授位。

另外，大宝令模仿唐的勋官制，也设置勋位，主要是授予有军功者的荣誉爵位。勋位有十二等，在参朝列位时，勋一等至勋十二等的位次分别相当于位阶的正三位至从八位下。荫位制也适用于勋位，但是勋位与位阶的升叙及官职的任官无关，无位带勋者与升叙是无缘的。

大宝令亦对表现官人身份秩序的朝服之色作了规定，即：

亲王四品以上及诸王、诸臣一位者：黑紫；

诸王二位以下至诸臣三位以上者：赤紫；

四位者：深绯；

五位者：浅绯；

六位者：深绿；

七位者：浅绿；

八位者：深缥；

初位者：浅缥。

除了朝服的颜色以外，根据令制规定，官人朝服的装束统一为漆纱冠、绮带、白袜、黑革履和白袴①。

为了使朝野上下加深对大宝律令的了解，更好地理解律令条文，在文武四年（700）至大宝二年（702），文武朝廷广泛宣传新令，一方面命令官人习读令文，另一方面派遣使者向中央诸官司和地方诸国的官人以及寺院的僧人等讲解新令。

大宝律令的实施标志着新国家体制的确立。《续日本纪》记录了文

---

① 关于白袴，五位以上者是白缚口袴，六位以下者是白胫裳。

武五年(701)元日朝贺礼仪的具体情景:"天皇御大极殿受朝。其仪,于正门树乌形幡,左日像、青龙、朱雀幡;右月像、玄武、白虎幡。蕃夷使者,陈列左右。文物之仪,於是备矣。"[①]

无论是青龙、朱雀、白虎、玄武等幡旗,还是"蕃夷"使者的出席,无一不是以天皇为顶点的新国家体制的盛势体现,即所谓的"文物之仪,於是备矣"。同时,文武朝廷重新开启与唐朝的国交,派遣使节前往唐王朝,并对唐王朝首次使用"日本"国号。

日本律令制国家的构筑中,不仅有"律"与"令",而且还有"礼"。所谓"夫礼者,天地经义,人伦镕范也。道德仁义,因礼乃弘。教训正俗,待礼而成"[②]。文武天皇即位不久,就于文武元年(697)闰十二月,对正月拜贺之礼的适用范围,在净御原令的基础上再次强调了规定:"禁正月往来行拜贺之礼。如有违犯者,依净御原朝庭制决罚之。但听拜祖、兄及氏上者。"[③]

"祖"是父辈以上的尊称。与前述的净御原令相比,正月拜贺之礼的适用范围从"兄姊以上亲及己氏长"缩小规制至"祖、兄及氏上",其中"氏长"与"氏上"的含义相同,是指朝廷所定的氏之长,而"兄姊以上亲"的范围变成限于"祖、兄"的范围,意味着在亲族之间的正月拜贺礼中,作为被拜贺对象的女性所占比例进一步缩小。

文武二年(698)八月,规定朝廷仪式之礼法,虽然细节不明,但可以看出文武朝廷对整备礼法的重视。[④] 大宝四年(704)正月,文武朝廷重申停止百官跪伏之礼。此外,文武天皇治世年间,在礼法建设方面,大宝元年(701),开始引入祭祀孔子的释奠之礼;庆云三年(706),出台"大射禄法",规定在正月十七日射礼中,依据官人的位阶和箭中成绩,赐予不同标准的赏禄,进一步强调礼仪体现官人秩序的性质,等等。

[①] 『続日本紀』大宝元年春正月乙亥朔条。
[②] 『続日本紀』慶雲三年三月丁巳条。
[③] 『続日本紀』文武元年閏十二月庚申条。
[④] 『続日本紀』文武二年八月癸丑条「定朝儀之礼,語具別式」。

就在内政和外交进入新时代之际，大宝二年（702）十二月十三日，持统太上天皇病重，为祈愿太上天皇病愈，大赦天下，并度 100 人出家，且命令藤原京周边的大倭、河内、摄津、山背四国讲金光明经。二十二日，持统太上天皇亡故，享年 58 岁。临终前留下丧事从简的遗嘱："勿素服举哀，内外文武官厘务如常，丧葬之事务从俭约"①。不过，文武天皇依然为持统太上天皇营造殡宫，举行殡宫礼仪。大宝三年（703）正月元日，朝廷没有举行恒例的元日朝贺礼仪，而是亲王及百寮官人等拜于持统太上天皇的殡宫。同年（703）十二月，根据持统太上天皇的遗言，实施火葬，其骨灰与天武天皇合葬。

持统太上天皇葬礼结束后的翌年（704）五月，备前国（今冈山县东南部）献上神马，其时，藤原宫的上方出现祥瑞——庆云②，以此为由，年号由"大宝"改为"庆云"。所谓祥瑞的出现，不过是统治者借以强调君德的具备以及统治正当性的机会，而在持统太上天皇葬礼之后的改元，也意味着文武天皇独掌大权的时代到来。然而，就在改元之年（704），夏季发生了旱灾，导致五谷不登。朝廷采取了免除当年田租、课役等的应灾措施。对于当时的灾荒，文武天皇于庆云二年（705）四月发布诏令，将旱灾发生、谷物歉收、民众饥馑等灾害原因与其自身的德行相连，强调自身的德力不足以感及上天。显然，古代天皇的统治理念汲取了中国的天人感应思想。

庆云四年（707）六月，年仅 25 岁的文武天皇因病离开人世。临终前，与持统太上天皇一样，文武天皇也留下简化殡丧礼仪的遗诏。同年（707）十一月，文武天皇被火葬。三年后，和铜三年（710），都城迁至平城京，日本历史进入奈良时代。

---

① 『続日本紀』大宝二年十二月甲寅条。
② 关于庆云的形状，治部式大瑞条载，"状若烟非烟，若云非云"。

第二节　过渡性女皇的时代

一、元明女皇与元正女皇之政

1. 元明女皇即位

庆云三年(706)十一月,病中的文武天皇屡次有意让位于自己的母亲阿闭皇女,但是阿闭皇女固辞不受。庆云四年(707)六月,文武天皇病逝。七月,阿闭皇女以文武天皇的遗诏为据,即天皇位,是为元明天皇。

元明天皇为天智大王的四女,是持统女皇的同父异母妹妹,适嫁年龄时成为草壁皇子妃。元明天皇之所以被推上皇位,一是与文武之子首皇子年纪尚少有关,当时首皇子只有 7 岁;二是文武天皇在世时期,虽有嫔妃,但始终未立皇后。然而,与以往的女王、女皇不同,因为草壁皇子不曾继承过皇位,元明天皇本人并非是先王的遗孀,在文武时代,作为天皇母亲的阿闭皇女只是被称为"皇太妃"①。因此,元明天皇就非常有必要阐述其继位的正当性。

元明天皇的即位之诏首次提及与皇位继承法有关的"不改常典",称"不改常典"由天智大王首创,是"与天地共长、与日月共远"的不可更改之法,并且强调持统天皇即是依据"不改常典"让位给文武天皇的。② 为元明天皇日后可以让位给孙子首皇子(后为圣武天皇)的皇位祖孙相继的正当性埋下了伏笔。同时,在即位之诏中,元明天皇还强调了自身的继位是遵循文武天皇的遗诏,其目的是为使国家政事平稳长久,保证"不改常典"永不动摇。

元明天皇即位后,针对在官司、官人中,跪伏礼等旧俗仍然存在的"进退无礼""忘礼"现象,再次强调建立中国式礼秩序的重要性,"凡为政

---

① 藤原宫遗址和藤原京遗址出土的木简中,发现数枚写有"皇太妃宫"的木简。
② 『続日本紀』慶雲四年七月壬子条。

之道，以礼为先。无礼言乱，言乱失旨”①。由此可以看出，律令制国家形成以后，礼仪制度的推行与完善依旧任重道远。除了礼秩序以外，尽管大宝律令已经实施 10 年左右，但是诸官司、诸官人对律令尚未掌握与理解，“制法以来，年月淹久，未熟律令，多有过失”②，为此元明时代出台了一系列整肃且纠正官司或官人的有违律令规定的行为，例如，和铜元年（708），针对式部没有遵循律令规定录用下级官人，朝廷决定对于那些没有认识到错误的式部官人们加以严惩，“式部史生以上，若能知罪自首者，免其罪；终隐执不首者，准律科罪”③；和铜五年（712），元明天皇发布诏令，指示弹正台每月三次巡察诸官司，纠正违令现象。

庆云五年（708）正月，武藏国献上和铜（自然形成的铜），元明天皇以和铜是天地之神献奉瑞宝为理由，将年号由“庆云”改为“和铜”。同年（708）二月，开始着手铸造新钱和建设新京的两项重要事业。

2. 平城京的建造

律令制国家确立后，与之相应的都城建设也随之提上日程。庆云四年（707）二月，文武天皇曾经召集五位以上的群臣，商议迁都事。但是不久，文武天皇即患病辞世，都城建造事业由元明天皇继承。和铜元年（708）二月，元明天皇宣布在平城之地建造新都的诏令。在诏令文中，元明天皇阐述了迁都的理由：一是，京师作为皇宫及中央官僚机构所在的律令制国家的政治中心，迁都之举是依从王公大臣建言的决定，而非元明天皇个人的独断行为；二是，都城之基的永固象征统治之业的无穷，是关系到安邦治国的国家大事，中国的“殷王五迁”和“周后三定”就是建都安国之例；三是，平城之地，其自然地势经过“卜世相土”，确定是“四禽叶图，三山作镇，龟筮并从，宜建都邑”的风水宝地。④

为了新都城的建造，迁都诏令宣布之后，同年（708）三月，朝廷设立

---

① 『続日本紀』慶雲四年十二月辛卯条。
② 『続日本紀』和銅五年五月乙酉条。
③ 『続日本紀』和銅元年四月癸酉条。
④ 『続日本紀』和銅元年二月戊寅条。

了临时机构——造宫省,专门负责新都的宫殿建造事宜。九月二十日,元明天皇亲自巡幸平城之地,视察宫殿的地形;三十日,又设立了另一临时机构——造平城京司,负责建造平城京的事宜。十月,朝廷派遣宫内省卿(宫内省最高长官)前往伊势神宫,向天照大神供奉币帛,报告营造平城宫之事。

另一方面,新都建造的开工,首先需要新都规划地内的原住户拆迁。和铜元年(708)十一月,在京域划定范围内的90余原民家迁出,并给予相应的搬迁费(布、谷)。十二月,在建造新宫(平城宫)之地举行镇祭行事。其后,征调诸国役民开始进行建设新都的工事。由于新都规划地内存在若干座古坟,因此在新都建设的过程中,难免需要削平某些古坟。①和铜二年(709)十月,元明天皇发布诏令:如果遇到破坏古坟的情况,要"随即埋敛,勿使露弃",并且加以祭祀,"以慰幽魂"。②

为了防止建设新都给国家的政治和经济带来隐患,元明天皇在迁都之诏中,特别规定建造新都所需的物资必须"随事条奏",并要求待秋收之后再造道路和桥梁。但是,在建设新都的实际过程中,不断有被征役民因不堪繁重劳役而逃亡,"迁都易邑,摇动百姓,虽加镇抚,未能安堵"③。

在迁都之诏中,元明天皇就意识到新都是"作之者劳,居之者逸"④。建造新都,除了大量的劳力以外,还需要大量的财力。和铜元年二月,元明朝廷新设立了催铸钱司,开始着手货币("和同开珎"⑤)的铸造。五月首先发行了"和同开珎"银钱;七月,命令近江国铸造"和同开珎"铜钱;八月,发行"和同开珎"铜钱。和铜二年(709)八月,宣布废止银钱,铜钱成为唯一合法的流通货币。

和铜三年(710)三月,元明天皇正式从藤原宫迁入平城宫。当时,平

① 平城宫北接市庭古坟,该古坟原为前方后圆坟,因平城宫的建造,前方部被削平。还有在平城宫内,第二次大极殿也是建在被削平的神明野古坟之上的。
② 『続日本紀』和铜二年十月癸巳条。
③ 『続日本紀』和铜二年十月庚戌条。
④ 『続日本紀』和铜元年二月戊寅条。
⑤ 圆形铜钱的中央开有方孔,方孔的上下左右以顺时针的顺序铸有"和同开珎"四文字。

城宫的宫墙尚还没有造好,许多设施的建设是在元明天皇平城迁都以后逐步完工的。

新都的建设造成了当时朝廷的财政乏力,为了使铜钱能够回流朝廷,再次投入朝廷的官费支出中,和铜四年(711),朝廷制定了蓄钱叙位法。所谓的蓄钱叙位法,实际上就是朝廷卖位阶,根据买位阶人的现位阶的高低和出钱的多少,规定其进阶的幅度,即①:

(1)现位阶是从六位以下—从八位下者,蓄钱有一十贯以上者,进位一阶叙;廿贯以上进二阶叙。

(2)现位阶是初位以下者,每有五贯进一阶叙。大初位上进位至从八位下时,以一十贯为入限;大初位下以下—少初位下者,至大初位上的进位,每有五贯进一阶叙。

(3)现位阶是五位以上及正六位者,有十贯以上者,临时听敕。

同时,为了防止人们不择手段购买位阶,对于借钱买位阶者,不仅其钱没官,而且买卖双方都要受到徒刑(劳役刑)一年的刑罚。另外,私自铸造钱币的现象本来就一直存在,元明朝廷预测到实施蓄钱叙位法可能会使私铸钱现象更为泛滥,因此在推出蓄钱叙位法的同时,还出台了加重对私铸钱者判刑的规定,"凡私铸钱者斩,从者没官,家口皆流。五保知而不告者与同罪"②。

由于平城京位于奈良盆地的北部,自元明天皇710年迁都平城京开始,至784年桓武天皇迁都长冈京止的74年间,一般称之为奈良时代,是日本律令制国家的发展时期。

3. 修史事业

推古二十八年(620)时,推古王权开始了《天皇记》《国记》的编纂事业③,但是乙巳政变时,苏我虾夷临死前将《天皇记》《国记》投入火中焚烧,虽然一个名叫船史惠尺的人从火中抢出了《国记》,但《天皇记》却已

---

① 『続日本紀』和銅四年十月甲子条。
② 『続日本紀』和銅四年十月甲子条。
③ 《天皇记》是记录天皇系谱、事迹的实录;《国记》是有关推古朝以前的倭国历史的记述。

化为灰烬。天武天皇即位后,闻听当时流传的《帝纪》及《本辞》的各种版本叙述与事实不符,于是在天武十年(681)三月命令川岛皇子、忍壁皇子等12人,编纂《帝纪》以及上古的诸事。其时,有一舍人,名叫稗田阿礼,年纪28岁,为人聪明,能够过目不忘、记忆超群,于是天武天皇命令稗田阿礼诵习"皇帝日继"(《帝纪》)及"先代旧辞"(《本辞》)。

天武天皇辞世后,《帝纪》和《本辞》的编纂中断。直至和铜四年(711)九月,元明天皇诏令太安万侣,撰录稗田阿礼所诵的《帝纪》和《本辞》。太安万侣经过仔细选定整理,最后撰录成《古事记》,于和铜五年(712)正月呈献朝廷。

《古事记》是日本最早的典籍,正文分上、中、下三卷,所述时代自天地开辟始,迄止于推古朝。其中,上卷为神话传说;中卷记述神武至应神的15代大王的系谱传说传承;下卷记录仁德至推古的18代大王的系谱传承。由于《古事记》全书的1/3是神话传说,而2/3的王统传承记述中,也有不少英雄征战、情爱悲恋的故事以及百余首歌谣,所以与奈良、平安时代编纂的其他正史相比较,《古事记》的文学性稍强些。但是,《古事记》的成书意味着皇统谱的完成,即以天皇家为中心,描述王权的形成及其继承,以及走向统治顶点的正当性。

《古事记》成书之后,和铜六年(713)五月,元明朝廷命令各地编纂地方志性质的史籍——《风土记》,要求各地献上的《风土记》,其内容必须包括:① 属下的郡乡之名,且要用好名字;② 当地的特产,如矿产、草木、禽兽、鱼虫等;③ 土地的肥沃、贫瘠状况;④ 山川、平原名称的由来;⑤ 当地的古老传承和趣闻轶事。根据元明天皇的诏令,各地开始了风土记的编纂,但完成时间不等,文辞也不统一。现存的风土记中,完书最早的是《播磨国风土记》,成书于灵龟二年(716)以前。各地风土记的撰进是中央朝廷加强对地方社会的掌握与统治的表现。

《古事记》完成后,和铜七年(714),元明朝廷进一步推动修史事业,开始了国史的编撰。6年后,养老四年(720)五月,《日本纪》(即《日本书纪》)问世,呈献给元明天皇之后的元正天皇。

4. 元正女皇的即位与让位

和铜七年(714)六月，文武天皇之子首皇子年满 14 岁，举行了元服仪式，并被立为皇太子。翌年(715)正月元日，首皇子身着礼服首次参加了元日朝贺仪式。八月，左京职献上灵龟①。九月，元明天皇让位，成为太上天皇。继承皇位的人并不是皇太子首皇子，而是首皇子的姑姑冰高内亲王，是为元正天皇。

冰高内亲王是草壁皇子与阿闭皇女(元明天皇)的长女，为文武天皇的姐姐。关于让位于冰高内亲王的理由，根据元明天皇的让位之诏，主要有如下三点②：

① 元明天皇自身执政九年，虽然"朕君临天下，抚育黎元，蒙上天之保休，赖祖宗之遗庆，海内晏静，区夏安宁。然而兢兢之志，夙夜不怠。翼翼之情，日慎一日，忧劳庶政"，如今"精华渐衰，耄期斯倦"，身心疲惫，意欲"深求闲逸，高踏风云，释累遗尘，将同脱履"，卸下重任；

② 本欲让位于皇太子(首皇子)，但皇太子尚是"年齿幼稚，未离深宫"，难以胜任"庶务多端、日理万机"的天皇之位；

③ 冰高内亲王"早叶祥符，夙彰德音，天纵宽仁，沈静婉娈，华夏载伫，讴讼知归"，是继承皇位的合适人选。

从元明天皇所陈述的让位理由来看，让位给冰高内亲王的最重要原因是因为首皇子尚年幼。但是，当时的首皇子已 15 岁，其父文武天皇就是 15 岁即位的，故"年齿幼稚"的理由难免容易使人联想到当时朝内可能存在阻碍首皇子即位的因素。③ 因此学界一般认为，抑或是为了确保首皇子日后能够顺利继承皇位，元明天皇选择了年已 36 岁的冰高内亲王过渡性地继承皇位。不过，也有学者注意到元正天皇一生未婚的事实，推测

---

① 『続日本紀』霊亀元年八月丁丑条"(灵龟)长七寸、阔六寸，左眼白、右眼赤，颈著三公，背负七星，前脚并有离卦，后脚并有一爻，腹下赤白两点。相次八字。"

② 『続日本紀』霊亀元年九月庚辰条。

③ 当时，在具有皇位继承资格的候选人中，不仅天武天皇的皇子舍人亲王、新田部亲王都还健在，而且父母皆为皇族的天武之孙也是大有人在，他们的辈分都高于首皇子。而且文武天皇的皇子也不是只有首皇子一人。

元正天皇在冰高内亲王阶段的不婚是政治性的选择，即其必须要待命于皇位继承者的位置，以保证草壁皇子—文武天皇—首皇子的草壁系王统的延续。[①] 日后，元正天皇在其让位之诏中，明言她的继位的最终目标是依据"天智天皇的万世不改常典之法"，将皇位传给"我之子"（首皇子）。[②]

在元明天皇宣布让位之诏的翌日，元正女皇于平城宫的大极殿受禅即位，即位之诏中，明确阐明"朕钦承禅命，不敢推让，履祚登极，欲保社稷"[③]。"欲保社稷"一语，或许就有稳固草壁系王统之意。同时，前述的左京职所献的灵龟被视为祥瑞，年号由和铜改为灵龟。

元正天皇即位初期，左大臣是石上麻吕，右大臣是藤原不比等。灵龟三年（717）三月，左大臣石上麻吕病故后，右大臣藤原不比等（首皇子的外祖父）的势力逐渐如日中天。养老二年（718），藤原不比等奉元正天皇敕令，主持对大宝律令进行修订的事业。参加修订大宝律令事业的人员有矢集虫麻吕、阳胡真身、大和长冈、盐屋吉麻吕、百济人成等，其中，大和长冈是刚从唐王朝学习法制归来的明法家。修订之后的新律令，因完成于养老年间，故一般称之为"养老律令"[④]，但是养老律令的真正实施时间是在天平胜宝九岁（757）。

养老三年（719）六月，首皇子开始听朝政；九月，元正天皇敕令舍人亲王和新田部亲王辅佐首皇子。舍人亲王、新田部亲王二人都是天武天皇的儿子，由他们辅佐首皇子，可以说是为首皇子登上皇位铺平了道路。

养老四年（720）八月，藤原不比等病重，为了祈愿其病愈，元正天皇大赦天下，命令平城京内的48所寺院转读药师经。然而，藤原不比等却

---

① 荒木敏夫「天皇としての女帝―元明・元正」、『可能性としての女帝』、青木书店 1999 年、196—237 頁。

② 『続日本纪』神龟元年二月甲午条。

③ 『続日本纪』灵龟元年九月庚辰条。

④ 该律令由律 10 卷共 13 篇和令 10 卷共 30 篇构成。现如今，律，残存名例律上（全部）、卫禁律（部分）、职制律（全部）、贼盗律（全部）和斗讼律（部分）；令，除了仓库令和医疾令以外，其他令篇都以转引的方式残存在 9 世纪成书的律令注释书《令义解》和《令集解》中。养老律令在形式上始终是国家的基本法，直至江户时代结束。

不日病亡。元正天皇"深悼惜焉。为之废朝,举哀内寝,特有优敕,吊赙之礼异于群臣"①。

藤原不比等死后,天武天皇之孙长屋王从大纳言晋升至右大臣,成为众臣的首席。长屋王的父亲就是在壬申政变及持统时期承担重任的高市皇子,母亲是御名部皇女(天智大王的女儿,元明天皇的同母姐姐)。从血统上来看,长屋王本人就具有继承皇位的资格。自大宝四年(704)开始登上政治舞台,至养老二年(718),长屋王已经成为政治地位仅次于藤原不比等的人物。甚至连藤原不比等也无法忽视长屋王的势力,将自己的一个女儿嫁与长屋王。藤原不比等死后,虽然他的儿子们受到元正天皇的宠爱和重用,官至要职,长子藤原武智麻吕与次子藤原房前都进入朝廷决策机构,参与议政,但当时他们的势力尚不足以撼动长屋王在朝廷的政治地位。

养老五年(721)五月,元明太上天皇身体不豫。十月,感到自己不久将要离开人世的元明太上天皇,召唤长屋王和藤原房前至自己的病榻前,托嘱后事:丧事简化;政事一同平日;加强天皇周边的警卫,以备不虞。显然,元明太上天皇担心自己过世后出现政局不稳的情况。同时,在元正天皇任命藤原房前为内臣的诏令中,起句就是"凡家有沈痼,大小不安,卒发事故者",透现出当时政治飘浮着的不安气氛。诏令还明确了内臣的职责是"计会内外,准敕施行,辅翼帝业,永宁国家"②。十二月,61岁的元明太上天皇过世,朝廷即刻派遣使者固守三关(美浓国的不破关、伊势国的铃鹿关、越前国的爱发关),以防发生政变。这一戒严措施也显示出当时政情确实不是风平浪静的。

养老六年(722)正月,元明太上天皇逝世后仅一个月,在五位以上的官人中,就发生了诬告谋反和指责元正天皇的事件。依照律法,诬告者与指责者被处斩刑,但由于首皇子的奏言,刑罚降为流放。该事件的发

---

① 『続日本紀』養老四年八月癸未条。
② 『続日本紀』養老五年十月戊戌条。

生,佐证了元明太上天皇生前的担忧并非多虑,换句话说,失去元明太上天皇的元正天皇,其权威性受到了挑战。另外,在该事件中还应注意的是,依循首皇子的意见,受刑者得以保全性命,反映出元正朝廷意在昭示首皇子的君德,树立首皇子的权威性。

养老七年(723)十月,有左京人献上白龟,长一寸半、宽一寸,两眼并赤。治部省判断白龟是"天地灵贶,国家大瑞",为此,元正天皇诏令百官"同庆斯瑞",献白龟的人也从无位之人升至从六位上的官人。[1] 并以"天地贶大瑞物显来"为契机,翌年(724)二月,元正天皇让位,24 岁的首皇子即位,是为圣武天皇,定年号为神龟。[2]

5.《日本书纪》编纂事业的完成

如前所述,养老四年(720),由天武之子舍人亲王主持编纂的《日本书纪》大功告成。自天武天皇时代的修史事业开始,历经近 40 年,经历不同编纂者之手,日本的第一部正史终于完成。

《日本书纪》的体例借鉴了中国的史书,采用编年体记述各代大王(天皇)的治绩,但也没有绝对地按照年月日顺序,在各代大王(天皇)纪之首,都有即位前纪之篇,叙述大王(天皇)的世系、即位的经由等内容。全书正文 30 卷,系图 1 卷,其中,卷 1—卷 2 为神代卷,由高天原神话、出云神话、日向神话 3 大部神话构成,每部神话都由一系列神话组成,表达国土形成、领土神授等思想,以阐述天皇家系谱的神圣性及王权统治的正当性;卷 3—卷 9,叙述传承上的初代大王神武至神功皇后的各代,传说色彩浓厚;卷 10—卷 14,叙述应神至雄略的各代大王,即中国史籍记载的倭五王时代;卷 15—卷 16,记述清宁至武烈各代大王,即出自仁德王统的最后几代王;卷 17—卷 30,记述时代自继体大王直至持统天皇治政的持统十一年(697)。

由于编纂时间长久、编纂人员更替,《日本书纪》各卷的风格不尽统

---

[1]『続日本紀』養老七年十月乙卯条。
[2]『続日本紀』神亀元年二月甲午条。

一。与《古事记》相比,《日本书纪》所涉及的史料范围更为丰富,不仅有帝纪、本辞,而且还有诸氏传承的记录、当事人的个人手记或记录、寺院的缘起、有关百济的记录以及中国史书等等;在文字表述方面,《日本书纪》以流畅的汉文体为主体,随处可见以《史记》《汉书》《后汉书》等中国史书、汉籍的文句对叙述进行文笔润色,这也成为《日本书纪》的特色之一。①

在《日本书纪》中,各卷所依据的史料充分程度不同,因此编纂者对各卷的润色程度也不尽相同。例如,《日本书纪》用了比较多的笔墨描述了大化改新的一系列政治过程,但是改新之诏的内容中,有不少文字与大宝律令条文相同或相似,明显是编纂者的润色,显示出编纂者的历史认识,即意图将律令国家体制的端绪追溯至大化改新时期,同时树立中大兄皇子(天智大王)和中臣镰足(藤原不比等之父)的形象。作为律令制国家组织编纂的正史,《日本书纪》的重要作用是为编纂时期的以天皇为顶点的中央集权体制服务,即叙述树立古代天皇制及律令制国家正当性或正统性形象的历史。

二、奈良时代的政治波澜

1. 光明子立后

即位后的圣武天皇,首先委以长屋王朝政重任,授其正二位,任命其为左大臣。其后,即发布敕令尊称自己的母亲藤原宫子为"大夫人"。后因长屋王上奏"大夫人"之称不符合律令(公式令)的规定,故改尊称为"皇太夫人"。藤原宫子是藤原不比等的长女,文武天皇即位后,成为文武天皇的夫人。② 自大宝元年(701),首皇子(圣武天皇)出生后,由于藤原宫子患忧郁病,母子二人不曾相见。直至天平九年(737)十二月,在玄昉法师的治疗下,藤原宫子与圣武天皇才终得相见。其间,灵龟二年

---

① 坂本太郎等校注『日本古典文学大系·67·日本书纪上』解说、岩波書店1974年、12—23頁。
② 令制规定,天皇的后妃称呼有皇后、妃、夫人、嫔。其中,妃二员,位阶四品以上;夫人三员,位阶三位以上;嫔四员,位阶五位以上(《后宫职员令》)。

(716),16 岁的首皇子与 16 岁的藤原光明子缔结婚姻。藤原光明子是藤原宫子的同父异母妹妹,为藤原不比等的三女。

神龟元年(724),圣武天皇即位后,藤原光明子成为夫人。在天皇的后宫中,夫人的地位次于皇后、妃。根据令制规定,只有四品以上位阶的内亲王(天皇的姊妹及皇女)才有资格成为妃,因此对于非皇亲出身的藤原光明子来说,似乎不可能成为妃,更不用说皇后了。但是,圣武天皇以及藤原光明子的兄弟们却想打破这一束缚。

自养老二年(718),18 岁的藤原光明子生下女儿阿倍内亲王以后,直至神龟四年(727)闰九月,藤原光明子才诞下了其与圣武天皇的第一个皇子,可谓是盼望已久的男孩。为庆贺小皇子诞生,圣武天皇大赦天下,不但对百官赐物,而且凡是与小皇子同日出生的婴儿也被赐予布、绵及稻。太政官及八省等中央官司都纷纷上表,祝贺小皇子的诞生,并献上玩物等。小皇子出生后的第 33 天,圣武天皇就宣布:新诞生的皇子为皇太子。如此幼小的皇子被立为皇太子,这是此前历代闻所未闻的事。在众臣拜贺皇太子的行列中,没有长屋王的身影。然而,天有不测风云,翌年(728)八月,皇太子患病不愈,圣武天皇下令造观音造像 177 躯并写经 177 卷,礼佛转经,大赦天下,希望皇太子能恢复健康。然而,这些措施终未能挽救小皇太子的生命,九月,实足尚不满 1 岁的皇太子不幸夭折。根据令制规定,7 岁以下夭折者是"无服之殇",因此早夭的小皇太子不具备举行丧礼的资格,应于一周之内下葬。圣武天皇甚为哀悼可惜,为此废朝三天,并且"在京官人以下及畿内百姓素服三日,诸国郡司各于当郡举哀三日"①。

这一年(728),圣武天皇的另一夫人县犬养广刀自生下了皇子安积亲王。因此可以想象,小皇太子的早逝及安积亲王的诞生,使得围绕着皇位继承者的诸政治势力之间的对立深刻化。小皇太子夭折后,事隔五个月,发生了著名的"长屋王之变"事件。

---

① 『続日本紀』神龟五年九月壬子条。

　　神龟六年(729)二月十日,左京人从七位下漆部君足、无位中臣宫处东人以及漆部驹长 3 人密告长屋王"私学左道,欲倾国家"。当夜,式部卿藤原宇合(藤原不比等的三男)等人率领六卫府①的兵士包围了长屋王邸宅。十二日,长屋王被迫自尽,其妻吉备内亲王以及吉备内亲王所生的王子们也一同自尽。

　　长屋王的正妻吉备内亲王是草壁皇子与元明天皇的次女,文武天皇的姊妹,即圣武天皇的姑姑。从血统上看,吉备内亲王所生的王子们所具有的皇家血统不弱于圣武天皇。长屋王及吉备内亲王等人自尽后,圣武天皇特别强调:吉备内亲王无罪,可以依照通例葬送,而长屋王虽为罪人,但也"莫丑其葬矣"②。其后,所谓的长屋王的同党中,除了 7 人被判流放以外,其他人都得到赦免。而且本应被连坐问罪的长屋王的兄弟、姊妹、子孙及妾,不问男女,也都被免罪。朝廷不问罪大多数事件相关人员的举措,透视出下级官人密告长屋王谋反事不过是"长屋王之变"事件发生的一个契机或借口。正史《续日本纪》在天平十年七月丙子条的记事中,直接使用"诬告"一词定性"长屋王之变",即长屋王是被人诬陷致罪的。③

　　"长屋王之变"以后,藤原氏④势力逐渐成为朝中的政治中心。藤原不比等长子藤原武智麻吕从中纳言升任大纳言。同年(729)六月,京职大夫从三位藤原麻吕(藤原不比等的四男)等向朝廷献龟,长五寸三分,

---

① 神龟五年八月,新设中卫府,与令制下的五卫府,共称六卫府。
② 『续日本纪』天平元年二月辛未条、壬申条、癸酉条、甲戌条。
③ 《续日本纪》天平十年七月丙子条载:"左兵库少属从八位下大伴宿祢虫子,以刀斫杀右兵库头外从五位下中臣宫处连东人。初,子虫事长屋王,颇蒙恩遇。至是适与东人任于比寮,政事之隙,相共围碁。语及长屋王,愤发而骂,遂引剑斫而杀之。东人即诬告长屋王事之人也。"但是,在奈良市的平城京左京三条二坊的邸宅遗迹(长屋王邸宅遗迹)出土的大量木简中,不少木简上,把长屋王记为"长屋亲王",长屋王宫记为"长屋皇宫"。根据律令的规定,只有天皇的兄弟姊妹及天皇的儿女才可以被称为亲王或内亲王。长屋王不是亲王,在现实中却使用"亲王"称号。此外,成书于 9 世纪的《日本灵异记》也称长屋王为"亲王"。长屋王的"亲王"称号可能是天皇对他的优遇,亦可能是长屋王势力扩大的表现。
④ 前已叙述,藤原氏的祖先是中臣镰足。藤原不比等是镰足的次子,文武二年(698)八月,文武天皇诏令,藤原朝臣之姓专属不比等这一支(『续日本纪』文武二年八月丙午条)。

宽四寸五分,其背有文"天王贵平知百年"①。八月五日,以大瑞(龟)出现为名,将年号改为"天平"。5 天之后,圣武天皇宣布立藤原光明子为皇后。

前已叙述,只有内亲王才有资格成为天皇的妃。虽然令制没有有关皇后的规定,但从以往的皇后例来看,都是内亲王成为皇后的。因此,出身于非皇亲之家的藤原光明子被立为皇后,可谓是前所未有。圣武天皇在立后诏令中,阐述了选择光明子的三个理由②:

① 光明子是皇太子的母亲,应该立她为皇后。

② 元明太上天皇的敕令:光明子的父亲藤原不比等对天皇家恪勤忠诚,以"净明心"奉仕,如若光明子没有犯错或犯罪的话,我儿(指圣武天皇)对她是不可以"舍忘"的。通过六年来的观察,光明子没有犯任何过错或罪恶,因此授予其皇后之位。

③ 仁德大王的王后磐之媛命是葛城曾豆比古女儿,因此以臣下之女为皇后是有先例的,并非是今日的新政事。

在上述理由中,第①条的皇太子已经夭折;第②条的元明太上天皇的敕令,只是要求圣武天皇对光明子不离不弃,而没有说要立光明子为后;第③条的仁德大王是 5 世纪初的倭王,其时的倭王权还处于首长联合体阶段,葛城氏是与倭王家相匹敌的大豪族,属于政治联姻。显然,圣武天皇所言的立光明子为皇后的理由,其说服力并不是十分充足、无懈可击的。如若长屋王在世,或许他会是阻碍光明子成为皇后的人物,当初圣武天皇母亲藤原宫子的尊称"大夫人",就是由于长屋王的直言而改为"皇太夫人"的。这抑或就是深藏在"长屋王之变"背后的原因之一。

天平三年(731)八月,藤原不比等的三男藤原宇合和四男藤原麻吕成为议政官的新补参议,由此藤原不比等的四个儿子全部进入议政官之列,而且藤原武智麻吕位于众臣之首,藤原房前兼任中务卿,藤原宇合兼

---

① 『続日本紀』天平元年六月辛酉条。
② 『続日本紀』天平元年八月壬午条。

任式部卿,藤原麻吕兼任兵部卿,藤原氏四兄弟成为朝廷中枢决策机构的主导者,加上皇后光明子,藤原氏势力达到了新的高点。

2. 藤原广嗣之乱与频繁迁都

天平六年(734)二月朔日,圣武天皇亲临平城宫的南门——朱雀门,观览男女 200 余人的歌会(歌垣)行事,皇亲中的风流者也参与其中,平城京内的人们聚集观赏,一副歌舞升平的景象。但是同年(734)四月,发生了大地震,"坏天下百姓庐舍,压死者多,山崩川壅,地往往拆裂不可胜数"①,皇家山陵、有功王墓以及各国的神社都有受损的情况。圣武天皇屡屡发布诏令,阐述天地之灾恐是因为政事有阙,在反省自身的德政的同时,要求臣下尽职尽责。然而,天灾接连不断。

发生大地震的翌年,天平七年(735)的夏季,在大宰府管辖的地区内流行豌豆疮(天花),许多民众染上此疫,卧床不起,死亡者众多。为了救治染病的民众,圣武朝廷采取了派遣使者赈济灾民,并为灾区送去汤药治疗方案等应对措施,此外圣武天皇还诏令奉币给大宰府的神社,向诸神祇祈祷,同时命令大宰府内的诸寺院诵读金刚般若经;为了防止疫病从大宰府向东蔓延至本州岛,命令自长门国(今山口县)以东的诸国的国司官人斋戒,举行道飨祭祀仪式。

天平九年(737)四月,大宰府管辖内的诸国再次疫疮(天花)蔓延,致使众多民众死亡。圣武朝廷依照天平七年措施来应对疫情,但是祈祷山川、奠祭神祇都没有灵验效果,疫病向东侵入平城京,又逢旱灾。圣武天皇遂发布诏令自责,并大赦天下。可是,疫病依然猖獗,甚至影响到中央官僚机构的正常运行。在这场疫病中,死亡人数不可胜计,除了民众之外,不少官员、贵族也相继染疾而亡,其中就包括藤原不比等的 4 个儿子,致使藤原氏的势力跌入低谷。

藤原氏四兄弟死后,圣武天皇开始重用非藤原氏势力的人。皇族出身的橘诸兄成为中央决策机构的首班。橘诸兄原是葛城王,与皇后光明

---

① 『続日本紀』天平六年四月戊戌条。

子(后世通称为"光明皇后",以下使用通称)是同母异父兄妹,天平八年(736)被赐其母之姓橘宿祢,降为臣籍。为庆祝赐姓一事,元正太上天皇、圣武天皇和光明皇后在皇后宫设宴款待橘诸兄,由此可见橘诸兄是光明皇后信赖的人,并非是与藤原氏对立的人物。此外,从唐王朝归来的遣唐留学生吉备真备、留学僧玄昉也进入政界,成为橘诸兄政权的两员大将。这时,藤原氏四兄弟的儿辈大多年纪尚轻,只有藤原武智麻吕的长子藤原丰成一人进入议政官。

橘诸兄政权的非藤原氏色彩使藤原氏感觉到失去政治地位的危机。藤原宇合的儿子藤原广嗣的反应尤为激烈。藤原广嗣曾任式部少辅,兼任大养德守(大和国守),但因"在京中谗乱亲族"①,被左迁至九州,担任大宰少式一职。赴任大宰府后的藤原广嗣,不满非藤原氏势力集团主持朝政,曾于天平十二年(740)八月,上表圣武天皇,"指时政之得失,陈天地之灾异"②,认为灾异的不断发生是因为失政,而之所以失政则是由于朝廷重用了玄昉、下道真备(吉备真备)等人,因此要求罢逐二人。九月三日,藤原广嗣在九州起兵。朝廷即刻任命大野东人为大将军、纪饭麻吕为副将军,调集东海、东山、山阴、山阳、南海五道兵 1 万 7 千人③,讨伐藤原广嗣。由于藤原广嗣军中有九州的少数族隼人,因此九月四日,朝廷召集在平城京内的 24 名隼人④,由橘诸兄宣布敕令,分别授予不同的官位,派往讨伐藤原广嗣军的前线。

朝廷征讨军的总部设在长门国(山口县西部、北部)。九月二十一日,大将军大野东人派长门国丰浦郡少领额田部广麻吕,率精兵 40 人为先头阵;二十二日又派佐伯常人、安倍虫麻吕,率 24 名隼人及 4 千军士为第二阵,分别渡过关门海峡,进入丰前国。二十五日征讨军迅速控制丰前国全域。二十九日,圣武天皇向大宰府管辖之内的诸国官人和民众

---

① 『続日本紀』天平十二年九月癸丑条。
② 『続日本紀』天平十二年八月癸未条。
③ 『続日本紀』天平十二年九月丁亥条。
④ 『続日本紀』天平十二年九月戊子条。

发布敕符,指控"逆人"藤原广嗣在少年时代开始就凶恶,长大后越发奸诈,在京城时,谗乱亲族,因此将其远迁至九州,期望他能改心;然而"今闻擅为狂逆,扰乱人民,不孝不忠,违天背地,神明所弃,灭在朝夕";如果有人与广嗣"同心起谋",但如今若"能改心悔过,斩杀广嗣",则赏赐官位。[①] 圣武天皇的这一敕符被复制数千张,遍散大宰府管辖内的诸国。

十月上旬,藤原广嗣军集1万余兵力于板柜川,与6千余兵力的朝廷军交战[②]。对战伊始,藤原广嗣亲率隼人军为先锋,企图编木为船渡河,但是却被朝廷军的弓箭阻止。于是,藤原广嗣军与朝廷军隔河对峙。朝廷军采用攻心战术,首先让本军中的隼人向藤原广嗣军内的隼人及士兵喊话劝降;然后敕使佐伯常人等人直接呼喊藤原广嗣10次,直至藤原广嗣出现在阵前,敕使等人指责藤原广嗣起兵反乱,而藤原广嗣则重申自己的目的只是请朝廷罢用玄昉和下道真备二人。虽然攻心战术未能弱化藤原广嗣本人的意志,但是却瓦解了藤原广嗣军中的士气,隼人和士兵陆陆续续渡河向朝廷军投降。在朝廷军的紧逼下,藤原广嗣及其弟藤原纲手走投无路,一同乘船西逃,他们的船从肥前国松浦郡值嘉岛(长崎县五岛列岛)出发,幸得东风走了4天,就在已经望见耽罗岛(济州岛)时,由于风向突变,船被吹回值嘉岛。十月二十三日,藤原广嗣在值嘉岛被捕。十一月一日,在肥前国松浦郡,藤原广嗣及其弟同被斩首,藤原广嗣之乱平息。

就在藤原广嗣之乱结束的前夕,圣武天皇却离开平城京,前往东国巡行。圣武天皇自知此次东国巡行不合时宜,于是将自己的行程告知给前方指挥军队镇压反乱的大将军大野东人,希望战斗在前线的将领不要惊怪。圣武天皇突然决定离开平城京的理由不明,而且在藤原广嗣之乱结束后,也未返回平城京,而是决定迁都,在山背国相乐郡恭仁乡(京都府木津川市相乐郡加茂町)建造新都恭仁京。天平十三年(741)元日,在

---

① 『続日本紀』天平十二年九月癸丑条。
② 『続日本紀』天平十二年十月壬戌条。

恭仁宫的宫墙尚未建造的情况下,以帷帐围绕充当宫墙,举行了朝贺礼仪。但是在迁都恭仁京的初期,许多官人仍然居住在平城京,为此,圣武天皇于天平十三年(741)闰三月下令:"自今以后,五位以上不得任意住于平城"①,这才使官人们移住恭仁京,并带动平城京的东西二市搬迁至恭仁京。

　　然而,在恭仁京和恭仁宫尚未建好的情况下,天平十四年(742)八月,圣武天皇又命令,在近江国甲贺郡紫香乐郡(滋贺县甲贺市信乐町)营造离宫。天平十五年(743)的年底,由于巨大的造宫费用,使得朝廷不得不决定停止恭仁宫的建造。天平十六年(744),圣武天皇又开始策划迁都难波之事,并就此征求百官的意见,结果,赞成继续以恭仁宫为都的官人181人,主张迁都至难波的官人153人②,显示出多数官人不愿频繁迁都。于是,圣武天皇派人就迁都之事询问东西二市的市人的意见,结果市人们也是大多数不愿意再次迁都,只有2人愿意迁都,而且是1人主张难波,1人主张返回平城京。③ 尽管大多数的官吏和市人不愿意再次迁徙,但是圣武天皇依然决定离开恭仁宫,行幸难波宫。在难波宫短暂停留1个多月后,圣武天皇又移居紫香乐宫。

　　天平十七年(745)四月以后,紫香乐宫附近常常发生山火。此外,近畿及中部地区还接连不断地发生地震。在古代,灾异往往被视为统治者失政的象征。在这严峻的形势下,朝廷再次考虑迁都,询问中央官僚机构的官人以及平城京的僧人的意见,此时所有的人都希望回迁平城京。在众望所归下,圣武天皇于天平十七年五月返回平城京。但是三个月后,同年(745)八月,圣武天皇再次离开平城京,行幸难波宫。不过,不到一个月,圣武天皇即从难波返回平城,彻底还都平城京。

　　3. 孝谦女皇即位与让位

　　天平十年(738)正月,圣武天皇发布了册立皇太子的诏书,宣布阿倍

---

① 『続日本紀』天平十三年闰三月乙丑条。
② 『続日本紀』天平十六年闰正月乙丑朔条。
③ 『続日本紀』天平十六年闰正月戊辰条。

内亲王为皇太子。圣武天皇在 11 岁的儿子安积亲王还健康活着的情况下，却立 21 岁的女儿阿倍内亲王为皇太子，实属非比寻常。究其缘由，似乎只有一个理由，就是阿倍内亲王的母亲是光明皇后。天平十六年（744），17 岁的安积亲王因脚病突然亡故，这意味着圣武天皇的男系血脉就此断绝，同时对于皇太子阿倍内亲王而言，一位有力的皇位继承竞争者消失。

立女性皇太子，在日本历史上也是从未有过的事例。可以想象，对于阿倍内亲王任皇太子，一定会有人反对。天平十七年（745）九月，当时还在难波宫的圣武天皇身患重病，围绕着皇位继承者的拥立，出现了不稳的政治情势。橘诸兄之子橘奈良麻吕完全无视阿倍内亲王已是皇太子的事实，欲以圣武天皇尚未立皇嗣为由，暗中活动策划拥立黄文王（长屋王之子）为皇位继承人。① 为了防止政变，圣武天皇甚至召集所有具有皇位继承资格的二世王（即天武、天智的孙辈）至难波，并派遣使者将放置在平城宫的铃印（指驿铃、天皇印章［内印］和太政官印［外印］）移放到难波。虽然圣武天皇很快病愈，政局平稳，但是反对阿倍内亲王的势力并没有消失，这也与日后发生的"橘奈良麻吕政变"有着密切关联。

天平二十年（748）四月，69 岁的元正太上天皇病逝。翌年（749）四月，年号改为天平感宝元年。同年（749）闰五月，圣武天皇迁出平城宫，入住药师寺。七月二日，圣武天皇以自己身体不堪天皇之任为由让位，32 岁的阿倍内亲王于平城宫大极殿即位，是为孝谦天皇。即位当日，孝谦天皇即将年号改为"天平胜宝"，并对太政官进行了新的人事任命。除了橘诸兄依然是众臣的首班以外，藤原武智麻吕的长子藤原丰成、次子藤原仲麻吕，藤原房前的三男藤原八束、四男藤原清河，以及橘诸兄之子橘奈良麻吕也都是中央中枢决策机构的成员。

孝谦天皇与元正天皇同样，始终未婚，也就没有自身的后嗣。孝谦天皇即位后，并没有马上确定皇位继承人。天平胜宝八岁（756）五月，56

---

① 『続日本紀』天平宝字元年七月庚戌条。

岁的圣武太上天皇病逝,弥留之际留下遗诏:以道祖王(天武天皇之孙,新田部亲王之子)为皇太子。但是,道祖王在皇太子位置上还不到一年,就被废黜了。天平胜宝九岁(757)三月,孝谦天皇以道祖王"身居谅暗,志在淫纵,虽加教敕,曾无改悔"[1]为由,决定废道祖王的皇太子之位。在宣布废皇太子之前,孝谦天皇召集群臣询问:是否可以废黜先帝遗诏所立的皇太子? 由于是先帝的遗诏,群臣一同上奏,不敢违背圣武太上天皇的顾命之旨。但是孝谦天皇不顾群臣的反对,认为"国以君为主,以储为固",依然一意强行废皇太子。[2]

道祖王被废后,孝谦天皇又征求群臣的意见:应该立谁为新皇太子?对此,群臣中出现不同意见:一是右大臣藤原丰成、中务卿藤原永手等人,推举道祖王之兄盐烧王;一是摄津大夫文室宝努等人主张立池田王(天武天皇之孙,舍人亲王之子)。只有大纳言藤原仲麻吕一人没有推举任何人,而是表示听从孝谦天皇的意见,谀颂道:"知臣者莫若君,知子者莫若父,唯奉天意所择者耳。"[3]于是,孝谦天皇开始历数诸位具有皇位继承资格的二世王(天武、天智的孙辈):船王,"闺房不修";池田王,"孝行有阙";盐烧王,"太上天皇责以无礼";只有大炊王"虽未长壮,不问过恶,欲立此王"。[4] 面对如此坚持自己意志的天皇,群臣只有唯命是听,表示赞同。25 岁的大炊王被立为皇太子。

孝谦天皇强势的后盾之一是她的母亲光明皇太后。孝谦天皇即位后,光明皇后的身份升至皇太后。圣武天皇在让位之时,曾诏令百官要以奉仕圣武天皇之心,奉仕光明皇太后。而且象征天皇权力的驿铃及天皇御玺也放在光明皇太后宫。与之相应,原有的皇后宫职机构,变为执

---

[1] 『続日本紀』天平宝字元年三月丁丑条。

[2] 在日后的立大炊王为新皇太子的敕令中,孝谦天皇又一次指责道祖王身为皇太子:"王谅暗未终,陵草未干,私通侍童,无恭先帝;居丧之礼,曾不合忧;机密之事,皆漏民间。虽屡敕教,犹无悔情,好用妇言,稍多很戾。忽出春宫,夜独归舍,云'臣为人拙愚,不堪承重'。"(『続日本紀』天平宝字元年四月辛巳条)

[3] 『続日本紀』天平宝字元年四月辛巳条。

[4] 『続日本紀』天平宝字元年四月辛巳条。

行、传达光明皇太后的命令的新机构——紫微中台。① 紫微中台独立于
太政官,可以直接命令诸官司,而且保管着象征孝谦天皇权威的铃印。
紫微中台的长官——紫微令由藤原房前的次子藤原仲麻吕兼任。光明
皇太后对藤原仲麻吕非常器重。天平胜宝九岁(757),新设紫微内相一
职,拥有"掌内外诸兵事"的权限,其官位及待遇都相当于大臣,由藤原仲
麻吕担任。②

　　藤原仲麻吕生性聪颖,尤精于算之术。借助光明皇太后的权势,藤
原仲麻吕逐渐成为握有政治实权的人物。此外,藤原仲麻吕与被立为皇
太子的大炊王的关系非同一般,大炊王的妻子粟田诸姉原是藤原仲麻吕
的儿媳,后藤原仲麻吕的儿子亡故,粟田诸姉被藤原仲麻吕许配给大炊
王,并且由此大炊王居住进藤原仲麻吕的宅第——田村第③。

　　藤原仲麻吕的权势越来越大,独掌军枢机之政,由此在皇亲、贵族中
引发不满。天平胜宝九岁(757)六月底,藤原仲麻吕接到了密告:有人计
划谋杀皇太子大炊王和藤原仲麻吕。于是,藤原仲麻吕拘捕了密谋政变
的主要人员——橘奈良麻吕等人及其追随者。前已叙述,橘奈良麻吕是
橘诸兄的儿子。天平胜宝七岁④(755)十一月,圣武太上天皇病重,也曾
有人密告橘诸兄言辞无礼,稍有谋反之心,但是圣武太上天皇不咎此事,
橘诸兄知晓此事后,辞去了左大臣之职。与其父不同,橘奈良麻吕意欲
通过武力包围田村第,除藤原仲麻吕,废皇太子大炊王,然后至光明皇太

---

① 天平元年(729),光明子成为皇后之后,专门为其设置了皇后宫职。随着光明子变为皇太后,
　皇后宫职也相应升格为紫微中台,其名称源自唐朝的影响:武则天的中台和唐玄宗的紫
　微省。
② 『続日本紀』天平宝字元年五月丁卯条。
③ 藤原仲麻吕的田村第位于平城京左京四条二坊,亦被称为田村宫。天平宝字元年(757)五
　月,孝谦女皇以改修宫殿为名,移居田村第。在天平宝字元年之前,孝谦女皇就曾住过藤原
　仲麻吕的田村第。例如天平胜宝四年(752)四月,在东大寺大佛开眼会仪式结束后,当晚,孝
　谦女皇没有回宫中,而是住在了田村第。此外,孝谦女皇、光明皇太后也曾行幸在田村第举
　行的宴会。
④ 天平胜宝七年,孝谦天皇下令,"改天平胜宝七年为天平胜宝七岁"(『続日本紀』天平勝宝七
　年正月甲子条)。

后宫,夺取铃印,让右大臣藤原丰成宣布号令,迫使孝谦天皇下台,在盐烧王、道祖王、安宿王、黄文王四王中选一人为新君主。在策划政变的过程中,橘奈良麻吕曾率众人于太政官的庭院,拜天地,结盟誓言。位于平城宫内的太政官是律令制国家的最高官僚机构,橘奈良麻吕等人盟誓的地点选择在太政官的庭院,反映出此次未遂政变是来自当时在律令制国家中枢内的反孝谦天皇、反藤原仲麻吕势力的宫廷政变。关于谋划政变的原因,橘奈良麻吕自述道:藤原仲麻吕"行政甚多无道","造东大寺,人民苦辛",为此"氏氏人等,亦是为忧",因此而企划起兵。① 橘奈良麻吕所言的东大寺的营造,始于圣武天皇时代,但圣武天皇让位时,东大寺的造寺、造佛事业并没有完成,孝谦天皇继承了东大寺的造寺、造佛事业。在东大寺的造寺、造佛事业中,藤原仲麻吕不过是具体的执行者而已。从橘奈良麻吕自供理由可以看出,随着光明皇太后、孝谦女皇越来越倚重藤原仲麻吕,其他贵族对己族的存亡存在着忧患意识。

对于橘奈良麻吕未遂政变相关人员的处罚,光明皇太后曾表示盐烧王、安宿王、黄文王、橘奈良麻吕、大伴古麻吕五人之罪可免,但孝谦女皇却认为死罪可免,远流罪难免。而实际上,最后,黄文王、道祖王、大伴古麻吕等人"杖下死";安宿王及妻子被流放至佐渡岛;其他参与者或死,或流、处刑者达443人。② 右大臣藤原丰成也受牵连,被左迁至大宰府。③

橘奈良麻吕未逐政变事件处理完毕后,同年(757)八月,孝谦天皇将年号改为天平宝字。天平宝字二年(758)八月,孝谦天皇让位,皇太子大炊王即位,是为淳仁天皇。孝谦天皇在让位之诏中,阐述了两点让位理由:一是天皇闻天下之政,看天下之事,治政劳重,荷重力弱,年长日久,不堪长期的天皇之任的重负;二是作为人子之理,对皇太后光明子不能

---

① 『続日本紀』天平宝字元年七月庚戌条。
② 『続日本紀』宝亀元年七月癸未条。但《续日本纪》没有记载孝谦女皇及藤原仲麻吕政权对橘奈良麻吕的最终处置。
③ 根据《续日本纪》记载,虽然被朝廷左迁至大宰府,但是藤原丰成到了难波后,称病没有去大宰府,在难波居住八年后,随着藤原仲麻吕的失势,藤原丰成官复原职(『続日本紀』天平神護元年十一月条)。

昏定晨省,心中日夜不安,让位后,可以尽人子之理侍奉皇太后。淳仁天皇即位后,尊称孝谦太上天皇为"宝字称德孝谦皇帝",尊称光明皇太后为"天平应真仁正皇太后"。由此开启了以光明皇太后、孝谦太上天皇、淳仁天皇与藤原仲麻吕为政治中心的时代。

4. 淳仁天皇与孝谦太上天皇的矛盾

淳仁天皇即位后,将中央官僚机构及部分官职的名称改为儒家思想风格的名称,新旧名称对应如下:

表 2-1 官职、机构新旧名称对照表

旧名称	新名称
太政官	乾政官
太政大臣	大师
左大臣	大傅
右大臣	大保
大纳言	御史大夫
紫微中台	坤政官
中务省	信部省
式部省	文部省
治部省	礼部省
民部省	仁部省
兵部省	武部省
刑部省	义部省
大藏省	节部省
宫内省	智部省

淳仁天皇深知自己之所以能够登上皇位,与藤原仲麻吕的支持密不可分,因此重用藤原仲麻吕。藤原仲麻吕的权势愈益强大。在上述的新官名体制下,藤原仲麻吕最初被任命为大保,并且为了奖赏他在挫败橘奈良麻吕未遂政变中的功绩,淳仁天皇赐名藤原仲麻吕"惠美押胜",即

改名为藤原惠美押胜，"惠美"之意是"泛惠之美，莫美於斯"，"押胜"之意是"禁暴胜强，止戈静乱"。[①] 天平宝字四年（760）正月，藤原惠美押胜官至大师（太政大臣），开启了皇族以外的人成为太政大臣的先例。此外，淳仁天皇还赐予藤原惠美押胜拥有私铸钱、私出举（高利贷稻）及用自己的私印替代公印等特权，其政治地位登峰造极。

但是，无论是淳仁天皇的治政还是藤原惠美押胜的权势，如果没有光明皇太后和孝谦太上天皇的认可，都无法延续。[②] 天平宝字四年（760）六月，60 岁的光明皇太后病亡。原有的"力"的平衡被打破，孝谦太上天皇与淳仁天皇之间的矛盾逐渐表面化，尤其是道镜出现后，激化了二者的矛盾。

天平宝字五年（761）十月，朝廷决定迁都至位于近江国的保良宫（京）。保良宫（京）因位于平城京的北面，故被称为北京。近江是藤原惠美押胜的势力根据地，藤原惠美押胜及其父藤原武智麻吕都曾担任过近江国的国守。迁都保良，可以说是藤原惠美押胜力图巩固其权势的决策之一。

天平宝字六年（762）四月，孝谦太上天皇在保良宫患病，其时宫中的内道场禅师道镜[③]尽心侍奉，深得孝谦太上天皇的宠幸。对于孝谦太上天皇与道镜的亲密关系，淳仁天皇时常进言忠告，致使孝谦与淳仁之间的不和加深。同年（762）五月下旬，还都平城京，淳仁天皇与孝谦太上天皇同时从保良宫回到了平城京，但是二人却并没有同时返回平城宫居

---

① 『续日本纪』天平宝字二年八月甲子条。

② 天平宝字三年（759），淳仁天皇接受光明皇太后的旨意，拟追赠自己亲生父亲舍人亲王的尊号"崇道尽敬皇帝"，尊亲生母亲当麻夫人为"大夫人"，兄弟姐妹为"亲王"，然而在向孝谦太上天皇上奏时，孝谦指示淳仁应该婉转地谢绝光明皇太后的厚意，于是淳仁又遵从孝谦之意向光明皇太后表示谢绝。但是，后来在光明皇太后的劝说下，淳仁最终为了自己的父母接受了光明皇太后的旨意（《续日本纪》天平宝字三年六月庚戌条）。又如，在天平宝字四年（760）正月的叙位仪式和正月七日仪式，孝谦太上天皇与淳仁天皇同时出现在群臣和渤海国使节面前（『续日本纪』天平宝字四年正月丙寅条、丁卯条、己巳条）。由此可以看出，孝谦太上天皇虽然让位给淳仁天皇，却始终不认可皇统的更替，这为日后激烈的权力斗争埋下了伏笔。

③ 道镜出身于河内国的弓削氏，知晓梵文，通达禅定，故得以进入宫中的内道场，成为禅师。

住,淳仁天皇返回了平城宫,居住中宫院,而孝谦太上天皇则入法华寺出家了。孝谦太上天皇与淳仁天皇之间的矛盾暴露于世。六月三日,孝谦太上天皇召集五位以上的官人于朝堂,直言其出家的原因是淳仁天皇对她不敬,并且明确表明要在政事上与淳仁天皇分权:"朕应发菩提心缘在念,是以出家成为佛弟子,但政事上,常祀小事今帝(指淳仁天皇)掌行,国家大事赏罚等由朕掌管。"①由此预示着淳仁天皇的权限被缩小,孝谦太上天皇重掌大权。

天平宝字七年(763)九月,藤原惠美押胜派的少僧都慈训法师被免职,由道镜出任少僧都之职。对于道镜的得宠,藤原惠美押胜非常不安,意识到自己的权势有被削弱的危险,于是紧握军事权,安排自己的儿子和女婿就任军事上的要职,并控制军事战略重地伊势、美浓、越前三国(三关所在国)。天平宝字八年(764)九月,藤原惠美押胜担任"都督四畿内、三关、近江、丹波、播磨等国兵事使",掌兵自卫,并且依据诸国试兵之法②,向管辖之内的诸国征调兵士,轮番上京,集结至都督府,练习武艺。

藤原惠美押胜不断增加调兵人数的行为,被告密者报告给孝谦太上天皇。孝谦太上天皇接到消息后,迅速采取了先下手为强的策略。九月十一日,派人去中宫院,收回放在淳仁天皇那里的驿铃和内印。藤原惠美押胜获知消息后,即刻命自己的儿子藤原惠美训儒麻吕率人夺回了驿铃和内印。孝谦太上天皇得到急报后,也极速派军杀死藤原惠美训儒麻吕,反夺回驿铃和内印。同时,孝谦太上天皇下达敕令宣布:"太师正一位藤原惠美朝臣押胜并子孙,起兵作逆,仍解免官位,并除藤原姓字已毕。其职分、功封等杂物,宜悉收之。即遣使固守三关。"③

在这严峻情势下,藤原惠美押胜顾不上淳仁天皇,携带太政官印,率

---

① 『続日本紀』天平宝字六年六月庚戌条。
② 藤原惠美押胜原本上奏的是:依据诸国试兵之法的规定,每国二十人,每五天轮番。但是事后,藤原惠美押胜擅自以太政官符号令,动员更多人数的兵士,策谋举事。
③ 『続日本紀』天平宝字八年九月乙巳条。

领同党,奔向自己的势力根据地——近江国。由于孝谦太上天皇派出的官军抢先切断了藤原惠美押胜前往近江国的必经之桥(势田桥),藤原惠美押胜改道前往其另一势力根据地——越前国,然而藤原惠美押胜的精兵无法攻下爱发关,只好原路返回。在近江国的高岛郡三尾埼,藤原惠美押胜军与官军交战不敌,死伤众多。藤原惠美押胜见获胜无望,乘船逃亡,在官军的水陆两路的夹击下,藤原惠美押胜军溃败,最后藤原惠美押胜及其妻子被官军抓获,被斩首。

藤原惠美押胜死后,在橘奈良麻吕未逐政变中被左迁的藤原丰成,官复右大臣之职。九月二十日,孝谦太上天皇布告天下,列举藤原仲麻吕(藤原惠美押胜)"以奸诈之心,发兵倾动朝廷,夺铃印,复掠皇位"等谋叛罪行①。十月九日,孝谦太上天皇派兵数百人包围了淳仁天皇所在的中宫院,措手不及的淳仁天皇还没来得及穿戴整齐,就被剥夺了天皇之位,降为大炊亲王,并被幽禁在淡路岛上。翌年(765)十月,不甘于淡路岛幽禁生活的大炊亲王,企图逃跑,但是被抓回,不久身亡。

5.称德女皇与道镜

淳仁天皇被废后,孝谦太上天皇重祚,再次登上天皇之位,是为称德天皇。765年正月,改年号为天平神护,象征"洗涤旧秽,与物更新"②。称德天皇治世六年,《续日本纪》的评价是:"道镜擅权,轻兴力役,务缮伽蓝,公私雕丧,国用不足,政刑日峻,杀戮妄加"③。这样的酷评主要是因为称德天皇对僧侣道镜的宠用。天平宝字八年(764)九月,藤原仲麻吕(藤原惠美押胜)之乱平息后,称德天皇即刻任命道镜为大臣禅师,其理由是"出家的天皇,应该配出家的大臣"④。翌年(765)闰十月,道镜更是位高至太政大臣禅师,相当于世俗政权内的太政大臣。

天平神护二年(766)十月,隅寺(海龙王寺)的毗沙门天像中,出现佛

①『続日本紀』天平宝字八年九月甲寅条。
②『続日本紀』天平神護元年正月己亥条。
③『続日本紀』宝亀元年八月丙午条。
④『続日本紀』天平宝字八年九月甲寅条。

舍利①,于是称德天皇将舍利的出现归于道镜劝行、教导的结果,并以此为由,任命道镜为法王,其地位准同于天皇,其住处称为法王宫,并专门配置法王宫职机构;并且赋予道镜以度缘权,即所有僧尼的度缘(发给得度者的公验)上所盖的印章是道镜印。此外,称德天皇还建立了以道镜为中心的法王体系,模仿议政官机构,在法王之下设置由法臣(相当于大臣或大纳言地位)、法参议大律师(相当于参议地位)构成的组织。

不婚的称德天皇重祚后,围绕着皇位继承者的选定,诸政治势力之间暗潮涌动。天平神护元年(765)八月,和气王(舍人亲王之孙)觊觎皇位,让擅长巫鬼术的纪益女诅咒称德天皇与道镜。最终,和气王以谋反罪被判死罪。神护景云三年(769)五月,县犬养姊女与不破内亲王、冰上志计志麻吕(盐烧王与不破内亲王的儿子)被诬告谋反,县犬养姊女与冰上志计志麻吕被流放,不破内亲王被驱逐出平城京。同年(769)九月,时任大宰主神一职的习宜阿曾麻吕谄媚于道镜,伪称宇佐八幡神指示:"令道镜即皇位,天下太平"②。道镜闻言,欣喜若狂,即刻报告称德天皇。于是,称德天皇自称八幡神使者托梦给她:让她派遣尼法均去宇佐聆听大神(宇佐八幡神)的神托。由于担心法均身体虚弱,不堪远途劳累,女皇改派法均的弟弟和气清麻吕前往位于九州的宇佐八幡神社,接受神的旨意。在和气清麻吕临行之前,道镜对和气清麻吕明言告知:大神之所以请人去,盖为告知我即位之事,如若你如是说,则高官厚禄。然而,和气清麻吕带回来的神旨却是:"我国家开辟以来,君臣定矣。以臣为君,未之有也。天之日嗣必立皇绪。无道之人宜早扫除。"③

和气清麻吕报告的上述神旨,使觊觎皇位的道镜大怒。为此,和气清麻吕先是被贬官、左迁,后来又遭除名、流放;其姐姐法均也被还俗、流放。不久,称德天皇发布诏令表达自己对皇位继承人选定的想法,其中

① 根据《续日本纪》神护景云二年十二月甲辰条记载,"心性无常、好学左道"的基真把数粒珠子放入毗沙门天像中,道镜"欲炫耀时人",伪称佛舍利出现。
② 『続日本紀』神护景雲三年九月己丑条。
③ 『続日本紀』神护景雲三年九月己丑条。

引用了圣武天皇诏令的语句："皇位是天授的,没有得到天授的人就是坐上皇位,也保不住皇位,即使是我立的皇太子,如果无德,也会被别人取代皇太子地位。"①道镜的天皇梦彻底破灭。

神护景云三年(769)十月十七日至十一月九日,称德天皇行幸位于道镜出生地河内国弓削乡的由义宫,并以由义宫为西京。翌年(770)三月以后,女皇身体不豫,不问朝政,也不会见任何臣下,只有一名女官出入寝殿,传达奏事。八月,称德天皇病亡,古代日本女皇的历史结束②。失去政治靠山的道镜,在称德天皇的葬送礼仪结束后,就被发遣到下野国药师寺(栃木县),宝龟三年(772),道镜死在下野国,依照庶人的规格被埋葬。

6. 光仁天皇即位与皇统交替

由于称德天皇生前没有立皇太子,因此在女皇生命结束时,议政官的主要成员即刻商议皇位后继人问题。在围绕着皇位继承问题的政治争斗中,承继天武血脉的有力的皇位继承候选人,大多都成了争斗的牺牲品,所以最终天智之孙白壁王被选立为皇太子,由左大臣藤原永手以称德遗诏的名义公布于世。

770年十月,白壁王即位,是为光仁天皇,同时,以祥瑞白龟出现为由,改年号为宝龟。由此,天皇的血统开始由天武系移向天智系。

光仁天皇即位时,已是62岁高龄,他的正妻是圣武天皇之女井上内亲王,这也是他被选为皇位继承人的一个重要原因。即位后,光仁天皇立井上内亲王为皇后,井上内亲王所生的兼有天智系、天武系血脉的他户亲王被立为皇太子。然而,宝龟三年(772)三月,井上皇后以诅咒天皇的罪名被废;五月,皇太子他户亲王也被废黜为庶人。宝龟四年(776)十月,光仁天皇的姐姐难波内亲王亡故,也被说成是井上内亲王的厌魅所致,于是井上内亲王和他户亲王母子二人被幽禁在大和国宇智郡(奈良

①『続日本紀』神护景云三年十月乙未朔条。
② 称德女皇之后的下一位女皇的出现是在近世的宽永六年(1629),即明正女皇。

县五条市），至宝龟六年（775）四月，二人同时死去。宝龟四年（773）正月，光仁天皇的另一个儿子山部亲王被立为皇太子。山部亲王的母亲是百济系移民的下级氏族的女性高野新笠，所以山部亲王是与天武系王统毫无关联的皇太子。

天应元年（781）四月，病重的73岁的光仁天皇让位，皇太子山部亲王即位，是为桓武天皇。这一年的年末，光仁太上天皇故去。翌年（782）闰正月，发生了冰上川继企图谋反的事件。冰上川继的从者私带兵器闯入宫中，被捕以后，供出冰上川继计划集结众人，于闰正月十日从平城宫北门进入宫中，推翻桓武朝廷。冰上川继的父亲是盐烧王（天武之孙），母亲是不破内亲王（圣武之女），也就是说，冰上川继是承袭天武系血统的人物。桓武天皇派人抓捕了冰上川继，并将其发配到伊豆。冰上川继的母亲、姊妹以及姻亲、平生知友也都受到事件的牵连，或被流配，或被左迁。至此，具有皇位继承资格的天武系王统的人都被清除，王统从天武系向天智系的交替完成。

桓武天皇在即位之诏中，强调光仁天皇是依照天智所定之法（即"不改常典"）把皇位传给自己的，以此说明自己继承皇位的正当性。另外，在延历四年（785）和延历六年（787），桓武天皇两次在河内国的交野举行祭祀天神的礼仪。郊祀祭天本是中国皇帝通过祭祀天神昊天上帝表现其统治正当性、正统性的重要礼仪，桓武以前的历代天皇从未举行过郊外祭祀天神的仪式。桓武天皇举行祭祀天神仪式，似乎是要用基于中国天命思想的礼仪，展现其皇统的正统性，以求政治上的安稳。

延历三年（784）五月，桓武天皇决定迁都，在山背国相乙训郡长冈村建设新都。同年（784）十一月，未待长冈京完全建好，桓武天皇就入住了长冈宫。长冈京位于京都盆地的西北部，在今京都府向日市、长冈京市附近，是桂川、宇治川、木津川等河流的汇合处，也是通向东山、北陆、山阴、山阳等地的陆路要冲。桓武天皇在列举其迁都长冈的理由时，其中之一就是长冈京所处的水陆之便的地理位置。不过，桓武天皇迁都的最主要原因恐怕还是出于政治上的多方面考虑，为了强化政权的统治基盘,视觉性体现王朝的更替。

延历四年(785)九月二十三日夜晚,正在监督长冈京建设的中纳言兼式部卿藤原种继被暗箭射中,翌日身亡。藤原种继是藤原宇合之孙,颇受桓武天皇器重,朝廷"中外之事"的决策都与他有关。在迁都决策上,藤原种继不仅是最早建议迁都长冈的人,而且作为造长冈宫使,也是推动迁都事业的主要人物。藤原种继被暗杀时,桓武天皇恰好不在长冈京,当事件发生后,桓武天皇迅速返回长冈京,抓获参与暗杀事件者。[①]经过审问后,与暗杀事件相关的官人或被斩或被流放。在审讯中,参与暗杀事件者供出皇太子早良亲王事先也知晓暗杀藤原种继计划。如此一来,早良亲王的皇太子之位就难保了。

早良亲王是桓武天皇的同胞弟弟,早年出家为僧,后成为东大寺的禅师,与平城京的佛教势力关系密切。桓武天皇即位后,立早良亲王为皇太子。但是,早良亲王向来与藤原种继不合,尤其是在建设长冈京的计划中,对于平城京的寺院采取了不迁移的方针,似有排除平城京佛教势力的可能,若真是如此的话,则可以推测迁都事加深了早良亲王和藤原种继之间的矛盾。因此藤原种继的死必然会牵连到早良亲王,他被关入乙训寺。拘禁中的早良亲王,10多天未能进食,之后在流放淡路岛的途中身亡。其后,被立为皇太子的人是桓武天皇的嫡长子安殿亲王。

延历七年(788)以后,宫中连续遭遇凶灾,桓武天皇的夫人及皇太后、皇后相继病亡。再加上风雨不调,屡有饥荒,尤其是延历九年(790)还发生了疫病(天花)流行,可谓是"国哀相寻,灾变未息"[②]。延历十一年(792)六月十日,皇太子安殿亲王久病不愈,占卜其原因,结果被告知是因为早良亲王的怨灵作祟。虽然朝廷派遣使者前往淡路,对早良亲王的灵魂进行谢罪,但是灾异依旧不断。长冈京的建设也是

---

① 根据《日本纪略》记载,参与暗杀藤原种继计划的人有大伴继人、佐伯高成等以大伴氏、佐伯氏为中心的数十名官人(『日本纪略』延暦四年九月丙辰条)。
② 『続日本紀』延暦九年闰三月壬午条。

进度迟缓,"十载未成功,费不可胜计"①,于是,桓武天皇断然决定废都长冈京。延历十二年(793)正月,朝廷开始着手新京平安京的建设,平安时代即将来临。

第三节　奈良时代的社会

一、身份与户籍

日本律令制下的身份,既有如良贱制的依据血缘关系的世袭身份,也有如僧侣或官人的仅限于一代的个人身份。② 其中,良贱制是律令制国家模仿唐代身份制度,把民众分为良人(良民)和贱人(贱民)两大社会集团的身份制度。贱人又被分为五等:陵户、官户、家人、公奴婢(官奴婢)、私奴婢,被称为"五色之贱"③。陵户是看守天皇、皇族陵墓的人,由诸陵司管辖。④ 官户和公奴婢(官奴婢)是在诸官司从事杂役的人,由宫内省官奴司管辖。家人和私奴婢都是从属于贵族或豪族等私家性质的贱民,家人的地位高于私奴婢。

为了规定贱人的身份,令制规定,良人与贱人不得通婚,即使贱人之间也必须是当色为婚,即同类身份者才能通婚。但实际上,在奈良时代的社会里,良贱通婚是屡见不鲜的,延历八年(789),朝廷允许良贱通婚所生之子的身份全部为良人。⑤

律令制国家对全体民众身份的掌控是通过户籍来实现的。关于户籍的作成,令制规定:"凡户籍六年一造,起十一月上旬,依式勘造。里别为卷,总写三通,其缝皆注其国其郡其里其年籍,五月卅日内讫。二通申

---

① 『日本後紀』延暦十八年二月乙未条。
② 吉田武彦「古代の社会編成」、『日本古代の社会と国家』、岩波書店 1996 年、143—166 頁。
③ 養老令・户令。
④ 在《大宝令》中,陵户的身份不是贱人,而是属于良人的杂户(隶属于官司的技术集团)(『令集解』職員令・诸陵司所引的〈古记〉)。
⑤ 『続日本紀』延暦八年五月己未条。

送太政官,一通留国。"①

　　也就是说,原则上,户籍每六年更新一次,每里作成一卷(骑缝处注明国名、郡名、里名以及户籍作成的年份),每卷共写三份,其中一份留在国府,二份送太政官②。虽然令制规定"户籍六年一造",但实际上,因为朝廷方面的种种原因,户籍更新的间隔大于六年的情况也是颇为常见的。新户籍的作成需时半年,一般在造籍之年(略称籍年)的十一月上旬开始,至翌年的五月三十日以前完成。

　　不少奈良时代的户籍,尚遗存在正仓院文书③中,下面摘录的养老五年(721)的下总国仓麻郡意布乡户籍所记的藤原部金弟户就是其中一例④:

　　　　户主藤原部金弟、年肆拾陆岁、　　　　　正丁　　课户

　　　　　　母藤原部若卖、年柒拾陆岁、　　　　　耆老

　　　　　　妻藤原部伊良卖、年肆拾叁岁、　　　　丁妻

　　　　　　妾大伴部伎奴古卖、年叁拾肆岁、　　　丁妾

　　　　　　男藤原部宇麻吕、年柒岁、　　　　　　小子　　嫡子

　　　　　　男藤原部安麻吕、年叁岁、　　　　　　绿儿　　嫡弟

　　　　　　男藤原部赤麻吕、年贰岁、　　　　　　绿儿

　　　　　　男藤原部鸟麻吕、年壹岁、　　　　　　绿儿

　　　　　　女藤原部樱卖、年拾贰岁、　　　　　　小女　　嫡女

　　　　　　女藤原部小樱卖、年拾岁、　　　　　　小女

　　　　　　女藤原部真樱卖、年叁岁、　　　　　　绿女

　　　　　　从子藤原部伊奈波、年贰拾捌岁、　　　正丁

　　　　　　　　　　(中略)

---

① 養老令・户令。

② 送往太政官的两份中,一份送中务省,一份送民部省(职员令)。

③ 正仓院位于奈良市,内有北、中、南三个高床式仓库,保藏着圣武天皇生前心爱之物以及东大寺的寺宝、文书等奈良时代的文物。其中,正仓院所藏的文书又被总称为正仓院文书。

④ 『正倉院文書』正集二十一,转引自东京大学史料编纂所『大日本古文書』(编年文书)卷1、295—297 页。(略记为『大日本古文書』1,295—297。以下注释引用『大日本古文書』史料时,皆采用相同的略记法。)

奴古猨、年伍岁、

婢黑卖、年叁拾玖岁、

婢估留卖、年玖岁、

口二小子

口壹拾陆不课　　口三绿儿

合口贰拾

口二丁女

口一次女

口二小女

口二绿女

口一耆女

口一奴

口二婢

口肆课　　　　口三正丁

口一少丁

从上例首先可以看出,良人是有姓的,而身为贱人的奴婢无姓。其次可知,户籍的记载内容包括每户的户主姓名、成员姓名、与户主的关系、年龄、丁中老小、每户课口总数、不课口总数等。丁中老小亦称丁中制,是区别良人承担国家的赋税、兵役、劳役的年龄分段,"凡男女三岁以下为黄,十六以下为小,廿以下为中,其男廿一为丁,六十一为老,六十六为耆"①。课口是朝廷课赋、课役的对象,包括中男、正丁、老丁、残疾②。然而皇亲及八位以上官人、男年十六岁以下、荫子③、耆老、废疾④、笃

---

① 養老令·户令。大宝令的用语略有不同,"黄"为"绿","中男"为"少丁"。律令的年龄原则是虚岁。

② 残疾指患有一目盲、两耳聋、手无二指、足无三指、手足无大拇指、秃疮无发等病疾者。

③ 荫子指五位以上官人之子和三位以上官人之孙。

④ 废疾指患有痴、哑、侏儒、腰背折、一支废(一只手臂或腿脚断)等病障者。

疾①、妻、妾、女、家人、奴婢，则不属于赋役负担者的范围，是为不课口。不过，有关课口年龄的规定也不是一成不变的，朝廷也时有调整。例如，天平胜宝九岁（757）四月，朝廷以体恤民众的劳苦为由，缩小了赋役负担者的范围，将中男、正丁的下限规定年龄向上调大一岁，即"以十八岁为中男，廿二为正丁"②。天平宝字二年（758）七月，又进一步将老丁、耆老的下限规定年龄下调一岁，即"以六十为老丁，以六十五为耆老"③。

除了户籍以外，律令国家还编制有关每户人口信息的基本账簿——计帐。计帐的存在是因为户籍的更新时间间隔太长，每六年甚至更长时间的间隔，显然无法使朝廷及时掌握各国的户数变化，以及每户的成员数和课口数等信息的变化。这样不仅会对朝廷每年的课税、课役的征收产生不利的影响，而且也会使律令国家对民众的掌控力减弱。

计帐一年一造。首先，在每年的六月三十日以前，民户的户主必须向其所在地的行政官衙提交记有户口姓名、年龄等信息的文书——手实；其次，官衙对民户交上来的手实进行整理核实。如果某户的全体成员都已离开了原籍，则转抄旧户籍或旧计帐中的有关该户的信息，并在当年计帐中注明该户不在的缘由④；然后，根据整理核实的民户信息，按照朝廷规定的格式作成计帐，于八月三十日以前，送至太政官。⑤

根据现存的计帐实例可知，官衙作成的计帐文书形式大致分为三种，即一是计帐手实，二是计帐历名，三是计帐（大计帐）。

计帐手实是指以民户上交手实或者地方官衙誊写民户手实而作成的名簿，每里一卷。一般认为，计帐手实由郡衙作成，其记载格式不统

---

① 笃疾指患有癫痫、精神异常、二支废（手臂腿脚有两只废）等病障者。
② 『類聚三代格』卷十七·蠲免事·天平勝宝九岁四月四日太政官符。
③ 『類聚三代格』卷十七·蠲免事·天平宝字二年七月三日太政官符。
④ 根据《令义解》户令解，造成"全户不在乡"的缘由有举户赴任、浮逃未获除账等。
⑤ 養老令·户令。井上光贞等编『律令』户令·補註18a，555—556頁。

一①，既有以列记户主以及户成员的姓名、年龄、丁中老小等信息为基本的实例，也有类同后述的计帐历名格式的实例。

计帐历名，是官衙对民户手实进行整理核实之后，誊清作成的名簿，每里一卷，不但记载户主及户成员姓名、年龄、丁中老小等基本信息，而且还载明户口变动情况及变动原因等。现存的许多计帐历名，都有与户口变动相关的追记、注记等，使得律令国家能够动态地、及时地掌控民户的变化与人的流动。②

计帐（大计帐）是记载与调、庸征收量有关的课户数、课口数等统计数据，不涉及民户的个人信息，而且还有注记当年（计帐作成年）数据与前一年度数据的差别，以使朝廷能够把握税收量的变化。

以下列举现存的奈良时代计帐实例三例，皆遗存在正仓院文书中。

例一：天平三年（731）近江国志贺郡计帐所记的大友但波史族吉备麻吕户的手实③。

> 户主大友但波史族吉备麻吕、年卌一、　　　正丁　　　健儿
> 　妻上主寸诸足女、年卌一、　　　　　　　丁妻
> 　女大友但波史族佐美女、年十、　　　　　小女
> 　女大友但波史族伊夜玉、年十六、　　　　小女
> 　女大友但波史族虫玉女、年廿三、　　　　丁女
> 　大田史多久米、年卌四、
> 　妻大友寸主族宿奈尼女、年卅九、　　　　丁女
> 　男大田史君足、年廿二、　　　　　　　　正丁
> 　男大田史君麻吕、年十四、　　　　　　　小子
> 　　　　（后略）

---

① 平川南「地方官衙における文書の作成・保存・廃棄——近江国計帳・出土計帳—」、『漆紙文書の研究』、吉川弘文館1989年、119—154頁。

② 参见渡边晃宏「籍帳制」，平川南等編『文字と古代社会1 支配と文字』，吉川弘文館2004年、116—147頁。

③ 『大日本古文書』（編年文書）1，440—441。

例二：神龟三年(726)山背国爱宕郡云下里计帐所记载的出云臣广足户计帐历名①。

户主少初位上出云臣广足户

　　去年帐定良口贰拾伍人 男七 女十八

　　帐后新附柒人 绿子一 小女四 丁女三

　　今年计帐定见良大小口叁拾贰人 男八 女廿四

　　不课口贰拾柒人 旧十九 新八

　　　　男叁人 资人一 耆老一 绿子一

　　　　女贰拾肆人 妻一 小女七 丁女十五 耆女一

　　课口伍人

　　　　见不输贰人 少丁

　　　　见输叁人 正丁

　　输调钱贰拾柒文

户主少初位上出云臣广足、年陆拾玖岁、耆老、右颊黑子

　　妻锦部饭手卖、年陆拾壹岁、老妻　右颊黑子

　　男出云臣真床、年叁拾肆岁、正丁　和铜五年逃出云国

　　男出云臣山村、年贰拾陆岁、正丁　右耳下黑子、大政大臣家位分资人

　　男出云臣槻麻吕、年贰拾伍岁、正丁

　　男出云臣秦胜、年贰拾岁、少丁　和铜五年逃因幡国海郡

　　女出云臣志豆加比卖、年贰拾壹岁、丁女　左颊黑子

　　　　　（中略）

户主少初位上出云臣广足户别项

　　大石主寸百岛、年叁岁、　绿子

　　宾人阿美卖、年肆拾壹岁

　　大石主寸广田卖、年拾贰岁

　　大石主寸小养卖、年拾岁

---

① 『大日本古文書』(编年文书)1、358—361。

大石主寸真养卖、年捌岁

大石主寸广椅卖、年伍岁

宍人刀自卖、年叁拾柒岁

　　右柒人割来附余户乡户主宍人荒海户口

从上述内容可以看出该计帐历名由三部分构成:

① 在标题性的户主名之下,首先是统计数据部分,包括去年(神龟二年)计帐作成时的户口数(良口 25 人)、去年计帐以后的户口变动(新来 7 人)、今年(神龟三年)计帐作成时的户口数(32 人)、不课口总数(27 人)及其内详(男 3 人、女 24 人)、课口总数(5 人)及其内详(免税 2 人、课税 3 人)、应纳调钱的总数(27 文);

② 历名记载,一行一行地列记户主以及户成员的姓名、年龄、与户主的关系、丁中老小、身体特征等;

③ 别项记载,注记去年计帐以后户口变动的原因,即大石主寸百岛等 7 人从余户乡宍人荒海户移入出云臣广足户。大石主寸百岛等 7 人的名字在历名部分中已经出现过,因此别项部分只是简略地列记出 7 人的姓名、年龄等。

例三:阿波国计帐的残存部分①。

都合今年计帐新旧定见户伍仟陆拾捌

　户壹伯参拾不课_{乘去年七}

　　户壹伯贰拾壹旧

　　　户壹八位

　　　户壹拾捌耆老

　　　户参拾小子

　　　户伍笃疾

　　　(后残缺)

其中,"户壹伯参拾不课_{乘去年七}"是指:今年不课户数 130 户,比去年

---

① 『正倉院文書』正集三十七,『大日本古文書』(編年文書)1、549—550。

多 7 户。

从上述户籍和计帐的实例可知,户的构成成员之间可以不存在血缘关系,并且户内可能存在若干个家①。户是律令制下的最基本的行政单位。

在编户的基础上,律令制国家进一步实施五十户一里制以及五保制。所谓的五保制,就是五户相保,如果某一户的家里有远客来访住宿,或者保内有人出远门,都要告知同保的人;如果保内有人犯法,也要上报,若知情不纠弹,则要受到惩处;如果保内的某户全体成员逃跑,则令其他四户追寻逃跑户的行踪,若三年没有抓到逃跑者,则逃跑者的信息从计帐中消除,在未除帐之前,其他四户要与逃跑者的亲族一起承担连带责任,负担逃跑户应缴的税。

二、民众与土地

在日本律令制国家的君—臣—民的社会关系中,对于大多数民众来说,农业是重要的生业。律令制国家模仿中国均田制实施的口分田制度,通过班田收授(略称班田制),将国家支配的水田作为口分田,分配给民众耕作。口分田授予对象是 6 岁以上者。口分田的分配原则是:"凡给口分田者,男二段,女减三分之一。五年以下不给。其地有宽狭者,从乡土法,易田倍给,给讫。具录町段及四至。"②

也就是说,男性与女性的受田标准不同,男子 2 段③;女子则比男子少 1/3,是男子的 2/3,即 1 段 120 步。在现实中,不同地区,其田地的多寡存在着差异,即所谓的"其地有宽狭"。关于宽与狭的标准,有如下说明:"受田足二段者为宽,不足者为狭"。"男女口分既有定法,若乡土少田者,不可必满其数,故云从乡土法。"④

即,如若国、郡内,受田者的受田数额可以达到令制规定的受田标准

---

① 一户之内不计有多少家,即使有 10 家也是一户(『令集解』户令所引〈古记〉)。
② 養老令·田令。
③ 段是土地面积的单位,长 30 步,宽 12 步,面积为 360 步(1 步大约为 3.3 平方米)。
④ 『令義解』田令。

数额，那么就属于宽乡；反之，受田者的受田数额无法达到令制规定的受田标准，则属于狭乡。各地的班田是依据当地的土地实际情况而进行的。另外，田地也有瘠薄、肥沃之别。"易田倍给"中的"易田"系指需要隔年轮作的瘠薄之地。这种土地原则上允许加倍班给，例如应该受田 2 段者，可以受易田 4 段。[①]

在班田制中，贱民也有受田的资格。依据田令规定，陵户、官户以及官奴婢的受田数与良人相同；家人、私奴婢的受田数是良人的 1/3。[②] 养老七年（723），朝廷将奴婢的受田年龄提高至 12 岁以上。[③] 延历十一年（792），废止了班给奴婢口分田的制度[④]。

根据令制规定，口分田是六年一班。由于口分田一经班给，原则上就不能更改，因此所谓的六年一班，主要是对新达到受田年龄的人（即生益）或者被户籍遗漏但又出现者（即隐首）等班给口分田。所受的口分田，由受田者终身耕作，但不能世袭，受田者死后，其所有的口分田要于班年交公，重新班给他人。如果田地被水侵蚀，则可以无需等到班年，即可将新出之地（因河流改道而形成的可以耕作的田）、乘田（剩余田）班给遭受水侵的家庭。根据令制的规定，口分田禁止买卖，但可以租借给他人耕作，租借年限为一年。此外还规定，人们不得将口分田布施给寺院，或者卖与寺院。

班田制实施以后，随着人口的逐渐增多，可以用于班田收授的田以及农作必不可少的灌溉设施也渐显数量不足。为了增加耕田数量，律令制国家开始循序渐进地推行鼓励开垦荒地的政策。和铜四年（711）十二月，元明朝廷允许一般民众开垦空闲地，但必须在事前得到太政官的许可。养老六年（722）闰四月，元正朝廷宣布开发"良田一百万町"的计划，命令诸国的国司、郡司征发人夫，课役 10 天，目标是开垦膏腴之地良田

---

① 『令義解』田令。
② 養老令·田令。
③ 『続日本紀』養老七年十一月癸亥条。
④ 『類聚国史』田地·口分田·延暦十一年十月庚戌条。

一百万町，开垦时所需的口粮和工具由官衙提供，对于不积极响应开垦的国司、郡司，立即解任。同时，元正朝廷对于开垦荒野、闲地并收获杂谷的民众，实行奖励措施，其中包括：若新垦地收获杂谷 3000 石以上，赐勋位六等；3000 石以下、1000 石以下，免除课役，若位阶已是八位以上者，加勋一转（计算勋功的单位）。[1]

养老七年（723）四月，为了进一步鼓励民众开垦新的耕地，元正朝廷推出"三世一身法"，即开垦者在开垦新田时，如若新建了灌溉设施，则开垦者三世代（本人、子、孙，或者子、孙、曾孙）拥有对新垦田的使用权和收益权；如果新垦田利用了旧有的灌溉设施，那么对新垦田的使用权和收益权只限于开垦者本人一代，其死后，垦田要交公。"三世一身法"的实施，可以激发民众开垦新田的积极性，但由于三世或一身期满后，垦田要交公，然后作为口分田班给他人，因此当临近三世或一身期满之时，垦田就开始被疏于耕作，最终再次被荒废。为了解决垦田复荒的现象，天平十五年（734）五月，圣武朝廷修正了"三世一身法"，决定对垦田采取国家永不收公的政策，即"垦田永年私财法"。该法在宣告垦田作为私有田，永不收公的同时，还对贵族、官人、庶人按身份等级规定可以拥有的垦田面积[2]。但是，贫穷的民众连自己的生活都难以保障，又如何能够拥有自己的垦田呢?! 与之相比，中央贵族、寺院凭借着自己的财力优势，与国司、郡司结合，占定大量的垦田地，驱使民众开发。

三、民众的生产活动

1. 农耕

农业是日本律令制国家经济的根本基础。当时，日本的农业以稻作种植为主，兼作麦、豆等多种农作物栽培。稻作耕田有两种，一种是弥生

---

[1] 『続日本紀』養老六年閏四月乙丑条。
[2] 各阶层可以拥有的垦地面积：一品及一位 500 町；二品及二位 400 町；三品、四品及三位 300 町；四位 200 町；五位 100 町；六位以下、八位以上 50 町；初位以下至于庶人 10 町；郡司的大领、少领 30 町，主政、主帐 10 町（『続日本紀』天平十五年五月乙丑条）。

时代以来的湿田农业；二是 5 世纪后半叶引进的大陆系干田耕作。湿田是指地下水位高的湿地，一年四季都有积水，只适合于水稻的栽培。干田是指地下水位低、排水良好的水田，在非灌溉时期，田的表面干燥，水稻收获后，还可以种植小麦等其他谷物，被称为二毛作田。干田可以多种作物栽培，粮食总产量又比湿田高，所以人们一方面在开垦新田之时，以干田为理想目标；另一方面则尽可能地采用排水等改良土壤的技术，使湿田干田化。①

奈良时代，稻的品种大致上分为早稻、中稻、晚稻三大类，已出现具体的品名稻，如"和佐"（早稻）、"白和世"（早稻）、"长非子"（中稻）、"古僧子"（晚稻）、"地藏子"（晚稻）等。② 水稻种植过程一般是育苗、移栽（插秧）、收割，但在湿地新垦田的水稻种植则采用直播（直接播种于水田中）稻作技术。③

在律令国家的农业生产中，水稻耕作以外，旱田杂粮种植也占有重要的地位。为了防备自然灾害造成的饥馑，律令制国家在各地设置了义仓，用以储存备荒之粮，以"分富赈贫，其情合义"④。义仓储存的备荒粮，主要是粟、大麦、小麦、大豆、小豆等旱田农作物。关于义仓内的粮食的来源，令制具体规定如下："凡一位以下及百姓杂色人等皆取户粟，以为义仓。上上户二石、上中户一石六斗、上下户一石二斗、中上户一石、中中户八斗、中下户六斗、下上户四斗、下中户二斗、下下户一斗。若稻二斗、大麦一斗五升、小麦二斗、大豆二斗、小豆一斗，各当粟一斗。皆与田租同时收毕。"⑤

义仓的粮食由各地的官衙管理，不能用于放贷。

---

① 冈本明郎「農業生产」、近藤義郎等编『日本の考古学Ⅴ 古墳時代』下、河出書房新社 1980 年、25—45 頁。
② 平川南「米作国家の始まり」、『日本の歴史 第 2 卷 日本の原像』、小学館 2008 年、64—98 頁。
③ 冈本明郎「農業生产」、近藤義郎等编『日本の考古学Ⅴ 古墳時代』下、河出書房新社 1980 年、25—45 頁。
④ 『令義解』賦役令。
⑤ 養老令・賦役令。

为了推进广种杂粮,8世纪以后,律令制国家采取积极鼓励旱田耕作的政策。灵龟元年(715)十月,元正天皇发布诏令,鼓励天下民众在水田耕作的同时兼种杂粮,还特别指出最容易长期保存的粟,是诸谷中最好的谷物;并且,允许民众交纳租税时,可以用粟替代稻。养老三年(719)九月,元正天皇诏令宣布:分配给天下民户旱田,1町以上、20町以下不等,每段征收粟3升作为地租("地子")。① 当时,日本各地遭遇旱灾饥荒,因此给陆田的政策可以说是应对自然灾害的措施之一。同样作为旱灾的对策,养老六年(722)七月,因为该年夏季无雨,苗禾不长,元正朝廷命令各地的国司劝导民众种植晚稻、荞麦及大麦、小麦,储存粮食,以备年荒。养老七年(723)以后,要求诸国每年须向朝廷上报其国的大麦、小麦耕种面积以及收获量。这一要求表明,作为"救乏之要"的麦在律令国家经济中的地位变得越来越重要。9世纪后,黍、稗、大豆、小豆以及胡麻等旱田农作物,也成为中央朝廷鼓励民众因天之时、就地之利的种植对象。

稻谷、杂粮之外,桑纻、果树、蔬菜等的种植也受到律令制国家的重视。持统七年(693),就采取"劝殖桑、纻、梨、栗、芜菁等草木,以助五谷"的鼓励政策。② 其中,桑、纻是制作绢、布的原料;梨、栗、芜菁(青菜)等属于果实蔬菜类。如同后述,律令制国家从中央派往地方的国守,其重要职责之一是劝其所管辖的民众务农种桑。例如奈良初期,曾经参与编纂大宝律令的一位官员,名叫道首名,于和铜六年(713),前赴九州地区官任筑后守兼肥后守,其间指导民众耕营,种果菜以及兴筑池塘用于灌溉。

种植桑纻、果树、蔬菜等经济作物的地被称为园地。令制的规定中,关于民众拥有园地的面积,没有统一的规定。园地原则上是允许被世世代代继承的,只有出现绝户(户内之口不存一人)的情况时,才有必要归还国家。园地的拥有者也可以把园地租赁他人耕种,或卖与他人,但必

---

① 『続日本紀』養老三年九月丁丑条。
② 『日本書紀』持統七年三月丙午条。

须上报相关官司备案。至于奈良时代的园地里所栽培的作物,根据长屋王家木简①可以略知一二,即在长屋王家的御田、御园中,所种植的农作物种类包括菁菜、萝卜、芹、莴苣、茄子、葵等品种。

2.纺织

根据中国的文献史料《三国志·魏志·倭人传》记载,"(倭人)种禾稻,苎麻,蚕桑,缉绩,出细苎、缣绵",并且倭国使节向曹魏进献的物品中有班布、倭锦、绛青缣、绵衣、帛布等纺织物。由此可知,3世纪中叶以前,日本列岛就已开始运用机织技术,生产麻织物、绢织物等。②

奈良时代,纺织物的品种已有多种,既有用蚕丝织成的平纹织物绢、绝,也有用麻线织成的平纹织物布,还有以特殊技法织出的花纹绢织物锦、绫、罗等。③ 其中,锦、绫、罗等高级织物,最初只能在大藏省织部司管辖的宫廷工房生产④,后来这种技术逐步推广到地方各国。和铜四年(711)闰六月,朝廷派遣织部司的技术官人——负责锦绫罗花样织成技法的挑文师前往地方各国,传授锦、绫制作的技法。翌年(712)七月,又命令伊势、尾张、三河、骏河、伊豆、近江、越前、丹波、但马、因幡、伯耆、出云、播磨、备前、备中、备后、安艺、纪伊、阿波、伊豫、赞岐等21国生产锦、绫。即使制作高级织物的技法传到地方,锦、绫、罗的生产也不是在普通民众家中进行的,而是由国衙组织,在国衙的工房内完成的。国衙的财政支出中也有与锦、绫、罗等织物生产相关之项。例如,越前国的天平五年(733)财政支出中,有一项是购入锦织机2具、罗织机2具、绫织机9具

---

① 长屋王家木简是指考古学者于1988年在平城京左京三条二坊的邸宅遗迹发现的木简群。这些木简是反映长屋王家生活的重要资料。

② 根据考古学调查,在许多弥生时代的遗迹中,出土了麻或绢的平纹织物以及纺织工具。日本学者太田英藏氏依据奈良县唐古遗迹、静冈县登吕遗迹等弥生时代遗迹的出土物,复原了由纬打具、经开口具、纬越具、经卷具、部卷具和机台构成的原始织机(太田英藏「紡織具」、和島誠一編『日本の考古学Ⅲ弥生時代』、河出書房新社1980年、260—269頁)。

③ 调物的织物种类中,还有糸和绵,糸是绢丝,绵是蚕丝制成的丝棉。

④ 织部司有直接管辖的锦绫织户和绢织人。正仓院文书中,记有"织锦绫罗手"的称法(天平十七年八月十七日内匠寮解,载『大日本古文書』[編年文書]2、458)。

及综(织机附件)、绢丝等,其费用支出的来源是郡稻。① 又如,天平六年尾张国正税账记载,锦生 4 人织锦 3 匹,共支付食料稻 182 束 4 把;绫生 52 人织绫 52 匹,共支付食料稻 416 束。② 显然,锦、绫、罗织物生产中,由地方诸国支付织人们的粮食。

作为赋税调庸物上交的平纹织物,宽度是被统一规定的,即绢或𫄸的幅宽是 2 尺 2 寸,布是幅宽 2 尺 4 寸,而且调庸物虽然是向每一课丁征收的人头税,但上交的单位是匹或端,1 匹调绢或𫄸长 5 丈 1 尺,是六名课丁之调的和,1 端调布长 5 丈 2 尺,是两名课丁之调的和。③ 平纹织物在普通民家日常所用的织机上是可以织出的,但是令制规定的幅宽与长度,却是普通民众个体无法实现的,因此调庸织物的生产是有组织进行的,工房往往设在郡衙或地方豪族居宅内。④

布、绢织物生产的原料分别是麻线⑤和绢丝。绢丝的原材料是蚕丝。各地所产绢丝的质地存在着差异,依照品质被分为上丝、中丝和粗丝三个等级。⑥ 其中,上丝与中丝用于织绢,粗丝用于织𫄸。延历十八年(799)七月,有昆仑人乘小船漂至三河国,在其所携带的随身物中,"有如草宝者,谓之绵种"⑦。所谓的绵种即是木绵。翌年(800),在纪伊、淡路、阿波、赞岐、伊豫、土佐以及大宰府管内的诸国开始试种木绵。纺织的原

---

① 天平五年"越前国郡稻帐",『大日本古文書』(编年文書)1、466。
② 『大日本古文書』(编年文書)1、609。天平十年骏河国正税账中也有记载:"绫罗合 27 匹,织生 27 人,共支付食稻 216 束。"见『大日本古文書』(编年文書)2、116—117。
③ 養老令・賦役令。根据《续日本纪》等史料记载,调绢或𫄸有宽幅和窄幅之分,窄幅调绢或𫄸,1 匹长 6 丈,宽 1 尺 9 寸(『続日本紀』養老三年五月辛亥条)。
④ 東村純子「繢物と紡績」,上原真人等编『列島の古代史 5　専門技能と技術』,岩波書店 2006 年、201—230 頁。
⑤ 麻线是由大麻、苎麻等麻类植物的纤维做成的。麻类植物主要分布在日本列岛东部的尾张、三河、甲斐、相模、武藏、安房、上总、下总、常陆、上野、下野、越前、加贺等国。
⑥ 伊势、三河、近江、美浓、但马、美作、备前、备中、备后、安艺、纪伊、阿波为上丝国;伊贺、尾张、远江、若狭、越前、加贺、能登、越后、丹波、丹后、因幡、伯耆、出云、播磨、长门、赞岐、伊豫、土佐、筑前、筑后、肥前、肥后、丰前、丰后、日向为中丝国;骏河、伊豆、甲斐、相模、武藏、上总、下总、常陆、上野、下野为粗丝国(『延喜式』主计寮式)。
⑦ 『日本後紀』延暦十八年七月是月条。

材料中又增加了新品种，但木棉种植的真正盛行是在室町时期以后。

3. 渔捞与制盐

日本列岛四面环海，内有众多江湖、河川。在古代，以出海捕鱼、制盐为生业的渔民被称为"海部""海人""白水郎""安万"等。《万叶集》是成书于奈良时代的歌集，其中收录了不少有关渔民的歌。

河川是农业的根本，同样也是渔业的基本。如同《出云国风土记》所记述的出云大川（斐伊川下游）流域："河之两边，或土地丰沃，五谷桑麻，稔颇枝，百姓之膏腴园也。或土体丰沃，草木丛生也。则有年鱼、鲑、麻须、伊具比、魴、鳢等之类，潭湍双泳。自河口至河上横田村之间，五郡百姓便河而居。"① 即，出云大川的两岸，或宜于耕作，是民众生活富裕的保证；或是草木丛生，河中的年鱼（小香鱼）、鲑鱼、麻须（鳟鱼）、伊具比（石斑鱼）、魴鱼、鳢（鳗鱼）等丰富资源，亦使民众乐居在河之畔。

古代人们的捕捞活动在不少文献史料中可以略见一二，例如依据《常陆国风土记》，常陆国（今茨城县）的山田川，多有腕臂大的年鱼，人们经常捕捞；又，地名助川的地方原名为遇鹿，后人们取河中鲑鱼为生，因之改名。② 又如，位于日本海沿岸的出云国（今岛根县），"山野滨浦之处，鸟兽之楼，鱼贝海菜之类良繁多"③，仅岛根郡的栗江埼，水产品的品种就有入鹿（海豚）、和尔（鲨鱼）、鲻鱼、须受枳（鲈鱼）、近志吕（鲸鱼）、镇仁（黑鲷）、白鱼、海鼠、鳙虾、松（海藻）等。位于岛根郡的朝酌促户渡是大桥川上的一个渡口，据《出云国风土记》载："朝酌促户渡，东有通道，西有平原，中央渡，则筌亘东西。春秋入出，大小杂鱼临时来凑，筌边驱骇，风压水冲，或破坏筌，或制日腊，于是被捕大小杂鱼，滨噪家阗，市人四集，自然成鄽矣。"④

筌是捕鱼竹器，在春秋两季的渔期，渔民使用筌捕捞大小杂鱼，家中

① 『出雲国風土紀』出雲郡。
② 『常陆国風土記』久慈郡。
③ 『出雲国風土記』総記。
④ 『出雲国風土記』島根郡。

满是所捕之鱼和滨之藻,引来商人买卖,久而久之自然形成鱼市。

律令制规定的赋税调物品种中,鳆、坚鱼、乌贼、螺、熬海鼠、杂鱼楚割、杂脯、紫菜、杂海菜、海藻、滑海藻、海松、凝海菜、杂腊、海藻根、未滑海藻、泽蒜、岛蒜、鳆鲊、贻贝鲊、白贝苴、辛螺头打、贻贝后折、海细螺、棘甲蠃、甲蠃、杂鲊、近江鲋等水产品也在其中①。平城京遗迹出土的木简中,就有反映地方向中央贡纳水产品的木简。由于自然环境的不同,各地水产品的特产也有所不同,例如山城国和近江国的冰鱼,山城国的鲈鱼,和泉国的鲷、鯵,近江国的鳟、鲋、阿米鱼等②。

除捕捞外,制盐也是沿海地区渔民的重要生产活动。盐不仅是人类生存的必需物质,而且在古代日本的祭祀活动中,盐也是不可缺少的道具。日本列岛上的制盐活动可以追溯到弥生时代中后期,在沿海地区发现不少制盐用土器以及制盐遗迹,以濑户内海沿岸各县的古坟时代制盐遗址数为例,山口县约10处,爱媛县约30处,广岛县约60处,冈山县约100处,香川县约90处,德岛县约10处,兵库县约20处。③平城宫、平城京遗址出土的木简中,也有不少是调盐荷札,其中尾张、三河、若狭、能登、纪伊、淡路、备前、备后、备中、周防、安艺、伊予、赞岐等诸国都向中央贡纳盐。这在文献史料中也有所佐证,如《日本后纪》记载,备前国儿岛郡的民众以烧盐为生业,以盐充当赋税调庸之物。④

古代日本的制盐技术以土器制盐为主,使用土器或铁釜煎熬海水从而得到散状盐。⑤ 考古学发掘出土的各时代制盐土器比较多,但制盐铁釜却发现很少。在"长门国正税账"中记载了有关制盐铁釜的信息:"煎

---

① 養老令・賦役令。
② 『延喜式』内膳司式。
③ 大山真充「瀬戸内海の製塩」,松原弘宣編『古代王権と交流6 瀬戸内海地域における交流の展開』,名著出版1995年,第117—140页。
④ 『日本後紀』延暦十八年十一月甲寅条。
⑤ 大山真充「瀬戸内海の製塩」,松原弘宣編『古代王権と交流6 瀬戸内海地域における交流の展開』。

盐铁釜一口,径五尺八寸,厚五寸,深一寸。"①

另外"周防国正税账"记载了制盐炉灶:"盐灶一口,径五尺九寸,周一丈七尺七寸。"②

四、货币的使用

日本列岛上的货币使用可以追溯到 7 世纪后半叶,并且,银钱先于铜钱存在。当时,银的来源主要有二:一是朝鲜半岛,新罗使常常携带金银等物至日本列岛③,《日本书纪》的编纂者将新罗称之为"金银之国"④;二是日本列岛本土,天武三年(674),对马国献上银,"凡银有倭国,初出于此时"⑤;又,7 世纪末时,伊予国也成为出银之国⑥。

律令制国家形成后,如前所述,和铜元年(708)先后发行了"和同开珎"银钱和"和同开珎"铜钱。诸物交换之时,依据物价使用银钱和铜钱,如果物价为银钱四文以上,则使用银钱;物价为银钱三文以下,则使用铜钱。⑦ 银钱发行后不久就出现了私铸钱,这对律令制国家经济秩序的影响是非同寻常的。对此,元明朝廷于和铜二年(709)正月出台了对私铸银钱的惩罚规定:"国家为政,兼济居先,去虚就实,其理然矣。向者颁银钱,以代前银,又铜钱并行,比奸盗逐利,私作滥铸,纷乱公钱。自今以后,私铸银钱者,其身没官,财入告人。行滥逐利者,加杖二百,加役当

---

① 「長門国正税帳」、『寧楽遺文』上卷、東京堂出版 1977 年、264 頁。
② 「周防国正税帳」、『寧楽遺文』上卷、東京堂出版 1977 年、262 頁。
③ 『日本書紀』天武八年十月甲子条、天武十年十月乙酉条、朱鳥元年四月戊子条、持統二年二月辛卯条等。
④ 『日本書紀』神功皇后摂政前紀仲哀九年十月辛丑条。
⑤ 『日本書紀』天武三年三月丙辰条。
⑥ 『日本書紀』持統五年七月壬申是日条載:"伊予国司田中朝臣法麻呂等献宇和郡御馬山白银三斤八两,鉟一笼。"鉟系未经提炼的白银。
⑦ 关于银、银钱和铜钱的换算标准,和铜年间的情况不详,根据《续日本纪》,只知谷 6 升=铜钱1 文(和铜四年五月己未条);布 1 常=铜钱 5 文(和铜五年十二月辛丑条)。养老五年(721)规定,银钱 1 枚=铜钱 25 枚,银 1 两=铜钱 100 枚(养老五年正月丙子条)。养老六年(722)变更换算标准,银 1 两=铜钱 200 枚(养老六年二月戊戌条)。

徒,知情不告者,各与同罪。"①

同年(709)八月,银钱被废止。翌年(710)九月,元明朝廷宣布"禁天下银钱"②,从法令上完全禁止银钱的使用。不过,银钱似乎依然在流通。养老五年(721),允许"天下百姓以银钱一当铜钱廿五,以银一两当一百钱"使用③。天平元年(729)四月规定,各国输送兵卫物资时,实物与银的比值是:上绝一匹抵充银二两;上丝小二斤、庸绵小八斤、庸布四段、米一石并充银一两。④

前已叙及,和铜四年(711),实施蓄钱叙位法的同时,朝廷也强化了对私铸铜钱的惩罚力度。但实际上,私铸钱现象屡禁不止,商品交易流通中,官钱与私铸钱混杂。为了杜绝私铸钱的铸造,私铸钱的原材料也被禁止,灵龟二年(716),敕令大宰府在其管内禁止买卖、隐藏私铸钱的原材料——白蜡。然而,流通于商品交易的私铸钱越来越多,甚至天平宝字四年(760)三月,朝廷以"私铸稍多,伪滥既半"为由,发行新货币"万年通宝"(铜钱)、大平元宝(银钱)、开基胜宝(金钱)。⑤ 律令制国家对私铸钱者一直采取严惩的方针,即使是在大赦天下之时,犯私铸钱罪的人基本上都不在赦免范围之内。

律令制国家负责铸造货币的官司是铸钱司,在河内、长门、周防等国都曾设有铸钱司。此外,近江、播磨、大宰府也曾铸造过铜钱⑥。铜钱铸造的前提是原材料有保证。古代日本的铜矿主要分布在周防、长门、因幡、武藏、安芸、备中、丰前、石见、美作、备后、山城等国。奈良时代,周防、长门二国是最重要的产铜国;此外,因幡、武藏二国也是主要出铜地。

---

① 『続日本紀』和銅二年正月壬午条。
② 『続日本紀』和銅三年九月乙丑条。
③ 『続日本紀』養老五年正月丙子条。
④ 『続日本紀』天平元年四月庚午条。
⑤ 『続日本紀』天平宝字四年三月丁丑条。万年通宝"以一当旧钱(和同开珎)之十";大平元宝"以一当新钱(万年通宝)之十";开基胜宝"以一当银钱(大平元宝)之十"。
⑥ 根据《続日本纪》记载,和铜元年(708)七月,朝廷令近江国铸造和同开珎铜钱;和铜三年(710)正月,大宰府和播磨国分别献上和同开珎铜钱。但是,近江国、大宰府和播磨国是否设置了铸钱司,史料没有明确记载。

《续日本纪》天平二年三月丁酉条载:"周防国熊毛郡牛岛西汀、吉敷郡达理山所出铜,试加冶炼,并堪为用,便令当国采冶,以充长门铸钱。"根据这条史料可知,对于作为铸钱原材料的铜是有一定要求的,在采冶之前,首先在产铜地要进行试冶炼,只有符合铸钱要求后,才可以开始采掘、冶炼,供给铸钱司。

长门等诸产铜国每年供给铸钱司的铸钱原材料是定额规定的,如《延喜式》明确规定,备中、长门、丰前等诸国每年要采掘、贡送铸钱的铜铅原材料,即所谓的铸钱年料的数量:备中铜 800 斤;长门铜 2516 斤 10 两 2 分 4 铢,铅 1516 斤 10 两 2 分 4 铢;丰前铜 2516 斤 10 两 2 分 4 株,铅 1400 斤。① 但是,铸钱司每年铸造发行铜钱的数量并不一定,是随着需要量而变化的,因此诸产铜国供给的铜有时会无法满足铸钱的需求量。延历十五年(796)十二月,为了确保铸钱的原料,甚至禁止铜饰腰带的流行。

天平神护元年(765),发行"神功开宝"新钱,与万年通宝同价使用。这样,当时并行流通的货币除了万年通宝、和同开珎以外,又增添了一种。宝龟三年(772),宣布万年通宝、神功开宝与和同开珎等价,同时禁止和同开珎的使用。但由于民众依然储蓄旧钱——和同开珎,因此宝龟十年(779)再次允许和同开珎与万年通宝、神功开宝并行使用。延历十五年(796),开启平安时代的桓武政权,发行了新钱"隆平永宝",新钱以一当旧钱十,并对和同开珎、万年通宝、神功开宝三种旧钱的使用加以限期,即自翌年(797)起,限以四年,然后废止旧钱使用。进入平安时代后,还发行了以下货币:富寿神宝(弘仁九年,818)、承和昌宝(承和二年,835)、长年大宝(嘉祥元年,848)、饶益神宝(贞观元年,859)、贞观永宝(贞观十二年,870)、宽平大宝(宽平二年,890)、延喜通宝(延喜七年,907)、乾元大宝(天德二年,958)。

_____

① 『延喜式』主税寮式上。

五、古代的村

律令制国家的地方行政机构，最初实行国、郡、里制。律令制规定，每里五十户，设里长一人，职责范围是检校户口、课租税、催赋役等。但是，灵龟年间(715—717)，增加乡一级行政单位，地方行政变为国—郡—乡—里四级结构。天平十二年(740)左右，里一级行政单位被取消，地方行政再次恢复至三级结构，即国—郡—乡。

一般认为，全部或部分保留至今的《播磨国风土记》《常陆国风土记》《出云国风土记》《肥前国风土记》《丰后国风土记》，这5国的风土记都是依据和铜六年诏令于奈良时代完成的。[①] 因此地方行政的国—郡—乡—里四级结构也反映在风土记的记载中，举例如下：

(1)出云国共有9郡62乡181里：

意宇郡　11乡33里；岛根郡　8乡24里；
秋鹿郡　4乡12里；楯缝郡　4乡12里；
出云郡　8乡23里；神门郡　8乡22里；
饭石郡　7乡19里；仁多郡　4乡12里；
大原郡　8乡24里。

(2)肥前国共有11郡70乡187里

基肆郡　6乡17里；养父郡　4乡12里；
三根郡　6乡17里；神埼郡　9乡26里；
佐嘉郡　6乡19里；小城郡　7乡20里；
松浦郡　11乡26里；杵岛郡　4乡13里；
藤津郡　4乡9里；彼杵郡　4乡7里；
高来郡　9乡21里。

[①]《播磨国风土记》完成时间最早，成书于灵龟二年(716)以前；其次是《常陆国风土记》，养老二年(718)以前完成；此后，《出云国风土记》于天平五年(733)，《肥前国风土记》《丰后国风土记》于天平十一年(739)以前相继完成。

(3) 丰后国 8 郡 40 乡 110 里

日田郡　5 乡 14 里；球珠郡　3 乡 9 里；

直入郡　4 乡 10 里；大野郡　4 乡 11 里；

海部郡　4 乡 12 里；大分郡　9 乡 25 里；

速见郡　5 乡 13 里；国埼郡　6 乡 16 里。

从上述数字可以看出，每乡所管辖的里数并不是划一的。以出云国饭石郡为例，所属 7 乡，其中熊谷、三屋、饭石、多弥、须佐 5 乡，每乡由 3 里构成；波多、来岛 2 乡，每乡由 2 里构成。在《出云国风土记》中，关于所辖的各乡、里有如下记录：

出云

合　神社　叁佰玖拾玖所

　　　　（中略）

玖郡　乡陆拾贰所里一百八十一　余户肆　驿家陆　神户漆里二十一

　意宇郡　乡壹拾壹里卅三　余户壹　驿家叁　神户叁里六

　岛根郡　乡捌里廿四　余户壹　驿家壹

　秋鹿郡　乡肆里一十二　神户壹里一

　楯缝郡　乡肆里一十二　余户壹　神户壹里一

　出云郡　乡捌里廿三　神户壹里二

　神门郡　乡捌里廿二　余户壹　驿家贰　神户壹里一

　饭石郡　乡漆里一十九

　仁多郡　乡肆里一十二

　大原郡　乡捌里廿四

右件乡字者　依灵龟元年式　改里为乡　其乡名字者　被神龟三年民部省口宣　改之

其中出现了"余户肆""余户壹"的记载，所谓的"余户"，是以"五十户为一里"为原则编里后，所产生的剩余户。余户数若是大于或等于十户，则编成一里，置里长一人；若是不满十户，则寄附于大里。[1]

---

[1]『令集解』户令・为里条・義解、師説、釈説。

　　律令制国家规定的地方行政组织中，并没有"村"，但是在文献史料和考古资料中，屡见有关"村"的记载，从中可以窥见律令制国家时代的地方社会的生活实态。在成书于奈良时代的《风土记》中，记录了大量的村名，根据《常陆国风土记》《出云国风土记》《播磨国风土记》的记载，可以列举其中一部分的村名如下：

常陆国　新治郡　笠间村

　　　　信太郡　雄栗村、能理波麻村、浮岛村

　　　　行方郡　曾尼村、板来村、布都奈村、大生村

　　　　那贺郡　片冈村

　　　　多珂郡　饱田村

　　　　久慈郡　大伴村

出云国　意宇郡　黑田村、山田村

　　　　秋鹿郡　渡村

　　　　楯缝郡　多久村

　　　　出云郡　多义村、佐杂村

　　　　神门郡　曾纪村、（余户里）门立村

　　　　饭石郡　烧村

　　　　仁多郡　辛谷村、横田村、比比理村

　　　　大原郡　引沼村、斐伊村、汤渊村、毛间村、介末村

播磨国　贺古郡　阿闭村、高宫村、酒屋村、赘田村、馆村、神前村

　　　　印南郡　六继村、宅村

　　　　饟磨郡　手苅村、草上村、新罗训村、高濑村、丰国村、英保村

　　　　揖保郡　佐佐村、阿豆村、越部村、泉村、桑原村、狭野村、大田村、伊都村

　　　　赞容郡　御井村、盐沼村

　　　　宍禾郡　矢田村、宇波良村、比良美村、川音村、庭音村、盐村、土间村、敷草村、波加村、伊和村

神前郡　　磨布理村

讬贺郡　　荒田村

贺毛郡　　长亩村、品迟部村、玉野村

美囊郡　　御宅村

上述的村名，不少是作为郡界或当地的传承而被提及的。显然，出现在传承神话中的村，很可能是在编户制实施之前就存在已久的自然集落。此外，正史中也记录了许多村名，例如《续日本纪》就记载了"山边郡竹溪村"（天平十二年十月壬午条）、"松浦郡值嘉岛长野村"（天平十二年十一月丙戌条）、"甲贺郡紫香乐村"（天平十四年八月癸未条）、"摄津国御津村"（天平胜宝五年九月壬寅条）、"乙训郡长冈村"（延历三年五月丙戌条）等等。根据日本学界的通说，相比较行政管理层面的、基于编户制的乡或里，村是人们实际生活的集落空间，即律令制国家时期的村，是地缘结合的自然集落。①

考古发掘也证实了古代自然村落的存在。现在的歧阜县富加町羽生附近，是古代御野国加毛郡半布里的所在地。从该地的自然景观，包括住居遗址、古坟分布、灌溉水渠等因素考察，学者们认为古代的半布里是由三个不同的区域构成的。1977 年，考古学者对其中之一的夕田区域进行了两年的发掘调查，确认这是一处 8 世纪时的村落遗址。由此，学者们推测，半布里的另外两个区域似乎也应存在相同时期的村落，分别是不同集团的居住地②。

村有村长。唐招提寺古文书中，保留了一份宝龟七年（776）的备前国津高郡津高乡陆田买卖券，该文书记录了津高乡将土地卖给唐招提寺的缘由及土地的所在地、面积等，是津高乡与唐招提寺之间土地买卖的

---

① 鬼頭清明「文献から何がわかるか」、『古代の村』、岩波書店 1985 年、25—39 頁；宮滝交二「村落と民衆」、吉川真司等編『列島の古代史 3 社会集団と政治組織』、岩波書店 2005 年、51—54 頁；吉田孝「律令時代の氏族・家族・集落」、『律令国家と古代の社会』、岩波書店 1983 年、123—197 頁。

② 鬼頭清明「文献から何がわかるか」、『古代の村』、岩波書店 1985 年、32—33 頁。

正式文书,其中文书上所记的土地买卖见证人之一,是"村长寺广床"①。此外,"村长"用语也见于考古资料,例如平城宫东院地区遗址出土的木简中,有一枚是天平胜宝七岁(755)五月的但马国养父郡老左乡贡进赤米五斗的荷札(货签)木简,其上所记的贡进人是"村长语部广麻吕"。②不在律令制国家行政体系范畴内的村长,其选出方法不明,但可能是由村内享有威望的人担任的。③

根据《令集解》,律令制国家时期,村村有神社。每年,与农业相关的春天祭田等祭祀之日,村人集聚在神社,村社的社首主持祭祀,宣告国家法令,举行中国式的尊长养老礼仪——乡饮酒礼。④ 显然,在村社举行的祭祀,不单是农耕社会的信仰,而且还通过共同饮食仪式,表现礼秩序和加强村共同体的凝聚力。换句话说,村社是向位于社会组织末端(即,村落)的民众渗透律令制国家统治理念及宣传法令的重要空间。⑤ 村社祭祀时的费用和酒食,皆来自村人的进献。

由上可知,律令制国家时期的地方社会组织,既有"国—郡—里(乡)"的行政组织,也存在村落共同体,二者相互交织,构成了地方诸集团的秩序。

第四节　民众的社会负担

一、租、调、庸

律令制国家的经济体系是维持国家机构正常运转的重要前提,然而对于民众来说,贡租、赋税等却是沉重的社会负担。民众的社会负担多

---

① 『大日本古文書』(編年文書)6、591—592。
② 木簡学会『木簡研究』第 4 号、木簡学会 1982 年、92 頁。
③ 鬼頭清明『古代の村』、岩波書店 1986 年、34—35 頁。
④ 『令集解』儀制令・春時祭田条所引「古記」。
⑤ 律令制国家时期,在交通要道或道路沿途树立牓示牌也是向民众传达法令的手段之一。2000 年 9 月,位于石川县津幡町的加茂遗址就出土了一枚嘉祥年间(848—851)的牓示札木简,是加贺郡司下达给深见村的文书(郡符)木简。

种多样,本节拟对田租、庸、调、徭役、高利贷等方面,作简要的叙述。

1. 田租

田租是农民的主要负担之一。律令制下的田租,首先是依据田的面积来计算的。根据养老令·田令的规定,田每段收租稻 2 束 2 把,每町收租稻 22 束。束、把都是带穗稻(颖稻)的计量单位,1 束=10 把。令制田租规定中所采用的束把单位,是以田 5 步的年产量为 1 束(1 步=方 5 尺)的,故又称之为不成斤束。庆云三年(706),令制的田租法被修改成"段租一束五把,町租一十五束"①。表面上看,田租数额有所减少,但实际上庆云三年的田租改正法采用的计量标准是 1 步=方 6 尺,由此 1 束的重量也发生变化,称之为成斤束。成斤 15 束大约是不成斤 21.6 束。因此,庆云三年的田租法改正法实质上并没有改变令制规定的田租数额。②

前已叙述,田有膏腴、贫瘠之分,因此田本身的生产力也各有差别。律令制下的田被分为上田、中田、下田、下下田 4 个等级,以标准年产量来看,上田每町可产稻 500 束,中田 400 束,下田 300 束,下下田 150 束。③ 田地的品质决定着租率(田租占田年产量的比例)的高低,也就意味着民众的田租负担轻重不一。

田租的征收,每年从九月开始,十一月三十日以前结束。律令制国家并不是对所有的田地征收田租,对于口分田、垦田、位田、功田、赐田、郡司职田等征收田租,但对于职田、官田、公田、寺田、神田等则不征收。另一方面,被征收田租的人不是田的所有者,而是田的实际耕作者。虽然令制规定的租稻是颖稻,但由于稻谷比颖稻更易于长期保存,因此租稻有颖稻和稻谷两种,"凡颖与谷资用不同,国家之贮谷是为要"④。

---

① 『令集解』田令集解所引〈古記〉。
② 青木和夫等校注『新日本古典文学大系　続日本紀』慶雲三年九月丙辰条補注、岩波書店 1998 年、376—377 頁。
③ 『延喜式』主税式。
④ 『類聚三代格』卷八·不動動用事·寬平三年八月三日太政官符。

　　根据令制规定,诸国征收上来的租稻,其中一部分舂米,运往京城,作为诸中央官司的食粮,由宫内省大炊寮掌管;而大部分则被保存在当地国郡的正仓中,称为正税(大税)。作为正税的稻谷分为不动谷、动用谷和出举稻三部分。不动谷的实施,始于和铜元年(708),当时的元明朝廷命令诸国郡设置"不动之仓"保存稻谷①,以作为"远年之储,非常之备,寻常之时不可辄用"的储备粮②。不动仓的钥匙由中央官司保管。相比之下,动用谷主要用于以天皇恩赐、自然灾害等为由的赈给,虽然也存放于正仓,但是可以动用的稻谷是由国司管理的。出举稻则是用于放贷的颖稻。

　　2. 调与庸

　　调和庸是赋税的基本税目。"赋者,敛也。调庸及义仓,诸国贡献物等为赋"③,也就是说,调、庸是以实物缴纳的税。令制规定的调物分为正调、调杂物和调副物三大类,各类调物的品种具体如下④:

　　正　调:绢、𬘓、糸、绵、布

　　调杂物:铁、锹、盐、𬶍、坚鱼、乌贼、螺、熬海鼠、杂鱼楚割、杂脯、紫菜、杂海菜、海藻、滑海藻、海松、凝海菜、杂腊、海藻根、未滑海藻、泽蒜、岛蒜、𬶍鲊、贻贝鲊、白贝俎、辛螺头打、贻贝后折、海细螺、棘甲赢、杂鲊、近江鲋、煮盐年鱼、煮坚鱼、坚鱼煮汁

　　调副物:紫、红、茜、黄连、东木绵、安艺木绵、麻、熟麻、䔧、黄蘖、黑葛、木贼、胡麻油、麻子油、荏油、曼椒油、猪脂、脑、漆、金漆、盐、杂腊、坚鱼煎汁、山姜、青土、橡、纸、筐柳、席、苫、鹿角、鸟羽、砥、簀、荐、樽

① 和铜元年闰八月十日太政官符:"大税者,自今已后,别定不动之仓,以为国贮之物。"(『延曆交替式』)
② 『類聚三代格』卷八・不动动用事・宽平三年八月三日太政官符。
③ 『令義解』赋役令。
④ 養老令・赋役令。

　　显然，正调的主体是织物；而作为正调替代物品的调杂物，除了铁、锹、盐以外，皆是水产品；调副物则是只向正丁征收的赋税，品种较杂，既有盐、杂腊、坚鱼煎汁、山姜、杂腊调味料的食品，又有紫、红、茜、青土、橡等染料，木绵、麻等是用于祭祀道具的材料，胡麻等油脂类为灯火用或工艺用材料和纸、席等为日用品。①

　　正调的征收是以计帐为基础，以全体课丁（课口）为征收对象，是针对个人（课丁）征收的人头税。课丁交纳的调物的具体品种，各地在上述正调或调杂物的品种范围内，依据本地的特点，可以任选一种。关于调的赋课标准，令制对京、畿内地区和畿外地区的规定有所不同②：

　　a. 畿外地区

　　正丁：一人负担的调的数额为：绢或絁八尺五寸，或糸八两，或绵一斤，或布二丈六尺；如果以调杂物交纳调税的话，铁十斤，或锹三口（每口三斤），或盐三斗，或鳆十八斤，或坚鱼三十五斤，或乌贼三十斤，或螺三十二斤，或熬海鼠二十六斤等等。

　　次丁和老丁：负担的调是正丁的二分之一。

　　中男：负担的调是正丁的四分之一。

　　b. 京、畿内地区

　　调物被统一规定为布③，调的数额也是畿外地区的减半，即，

　　正丁：一人，调布一丈三尺。

　　次丁、老丁：负担的调是正丁的二分之一。

　　中男：负担的调是正丁的四分之一。

　　调副物只限于正丁，赋课标准大约是正调的三十分之一。④ 如以调杂物和调副物都有的盐、杂腊、坚鱼煎汁三品为例，调杂物的赋课标准是

①直木孝次郎「贄に関する二、三考察―古代税制史の一側面」、『飛鳥奈良時代の研究』、塙書房 1975 年、285—309 頁。
② 養老令・賦役令。
③ 和銅开珎发行后，京・畿内地区的调物被调钱所代替（『続日本紀』和銅五年十二月辛丑条）。
④ 井上光貞等編『日本思想大系　律令』賦役令・調副物条の頭注、岩波書店 1976 年、250 頁。

正丁 1 人,盐 3 斗,杂腊 6 斗、坚鱼煎汁 4 升;调副物的赋课标准是正丁 1 人,盐 1 升、杂腊 2 升、坚鱼煎汁 1 合 5 夕。①

养老元年(717)十一月,调副物和中男的调被废止,取而代之的是新税目——中男作物。中男作物是:每年先由主计寮对中央诸官司的必需物品的实际需求量作一估算,然后依据各国的特产,下达至各国,由各国的中男完成物品的进纳。中男作物的品种繁杂,不少品种与调副物或调杂物的品种相同。根据《延喜式》主计寮式,中男作物的品种包括:

绢、纸、红花、东木绵、苧、斐纸麻、谷皮、茜、熟麻、蔂、黄蘗皮、黑葛、鹿脯、猪脯、肠腊、雉腊、短鳆、薄鳆、火干年鱼、押年鱼、煮干年鱼、乌贼、干鲔、杂鱼楚割、许都鱼皮、鲐皮、与治鱼刺、久惠脯、杂鱼腊、楚割鲑、内子鲑、鲑、鹿鲊、猪鲊、鲑脊肠、鲭、酱小鰯、阿米鱼、大鰯鲊、手纲鲊、坚鱼、鲋鲊、鲑鲊、酱鲋、鳆鲊、腐耳鳆、肠渍鳆、鲑子、渍盐年鱼、鲊年鱼、贻贝鲊、杂鱼鲊、鲑冰头合作、煮坚鱼、煎汁、贝鲭鲊、与理度鱼腊、蒜、紫菜、海松、鹿角菜、大凝菜、海藻、小凝菜、杂海菜、滑海藻、海藻根、海老、漆、金漆、胡麻油、麻子、苼、㯮椒油、海石榴、吴桃、闭美油、猪膏、橡、麻子、吴桃子、生栗子、山姜、芥子、蜀椒子、椎子、平栗子、捣栗子、破盐、砥、鹿角、龟甲、叶荐、管荐、二人席、苫、四人韩荐、六人防壁、簀,等等。

与调的赋课对象是正丁、次丁和中男不同,庸的赋课对象是正丁和次丁。令制规定,正丁每年要服 10 天岁役,但可以通过代纳物抵充实际的征役,此代纳物即为庸。令制规定劳动力与代纳物之间的换算标准是 1 天役＝布 2 尺 6 寸,10 天役＝布 2 丈 6 尺。② 当然,庸物的品种并不只有布一种,诸国可以选择本地特产作为庸物贡纳。③ 次丁的岁役是正丁的 1/2,因此次丁的庸也是正丁的 1/2。不过,京、畿内地区则不在征收岁役之庸的范围之内。

---

① 1 斗＝10 升,1 升＝10 合,1 合＝10 夕。

② 養老令·賦役令。庆云三年(706),正丁和次丁的岁役之庸被减半(『続日本紀』慶雲三年二月庚寅条,『令集解』賦役令所引慶雲三年二月十六日格)。

③《令義解》賦役令:"其收庸者,须随乡土所出,不可以布为一例"。

　　诸国征收的调庸物须运往京城。调庸物的征收、进纳,一般从每年的八月中旬开始,由于各国距离京城的远近程度不同,诸国调庸物进京所需的时间也不尽相同,因此朝廷给诸国规定的时间期限也不同。地方诸国与京城的距离,按远近不同,分为近国、中国、远国三类,其具体划分如下①:

近国　伊贺、伊势、尾张、参河、丹波、因幡、备前、阿波、纪伊、赞岐、近江、三野、若狭、但马、播磨、淡路;

中国　远江、伊豆、相模、信野、越中、骏河、甲斐、飞騨、越前、伯耆、出云、备中、伊予、备后;

远国　上总、常陆、武藏、下总、上野、下野、陆奥、佐渡、周防、石见、土左、越后、安艺、长门、隐岐、筑紫。

　　令制规定,近国十月末、中国十一月末、远国十二月末以前须完成调庸物的贡纳。但是,调丝的进纳时间比较特殊,被定在七月末以前。

　　调庸是律令制国家财政的重要财源。各地送至京的调物,文书上的计纳由民部省主计寮负责,实物则放在大藏省,主要用于中央官司行政运转的各种支出及对诸神的奉币等方面。而庸物最初由民部省管理,自庆云三年(706)起,庸物中的织物等首先全部收纳于大藏省,然后再依据一年的消费量,将部分织物送至民部省;庸物中的米、盐等则存贮于民部省。庸物主要用于充给中央诸官司内勤务的卫士、仕丁、采女等所需的粮食消费,以及支付雇役的雇直等。

　　除了令制规定的调物之外,在藤原宫遗迹与平城京、平城宫遗迹出土的木简中,还发现明确写着"大赘"或"御赘"的贡物标牌。赘有两种含义,一是指供神的神馔;二是指诸国贡进的天皇食膳食品。"御赘"是为后者,即贡纳给天皇的食品。赘制度是独立于调的贡纳食品制度,其品种包括生鲜食品、海藻、水果、鸟肉等时令性的山珍海味。

---

① 『令集解』赋役令所引〈古記〉。

二、徭役

上述的调庸物从诸国运往京城,其搬运人夫(运脚,亦称脚夫)的派出是由"庸调之家"(即交纳调庸者)平均分担的,而且人夫往返路上的食粮也要由人夫自己负担。不少运送调庸物的人夫到了京城以后,由于食粮不足,无法返回故乡,或滞留在京都,或倒在返乡的路上。这种调庸物运送的劳役,是律令制国家向民众课征各种力役的其中之一。

"役者,使也。岁役、杂徭等为役也。"①日本律令制国家向民众课征各种各样的徭役,使得民众负担沉重,疲敝不堪。在此选择 4 种徭役简略介绍如下。

1. 岁役

律令制国家每年对畿外诸国的正丁和次丁分别课征 10 天和 5 天的岁役。所谓的岁役,是指"于京役之,即不给公粮"②。也就是说,被征岁役的课丁要自备食粮,前往京城为朝廷从事力役。

课丁赴役之日,其所在国的国司长官首先亲自点检,并查看课丁自备的岁役日及往返路程的食粮是否周全,然后发遣课丁赴役。令制规定,赴役的正丁其服岁役的时间如果超过了 10 天,则被称为"留役者",其超役日的食粮由官方提供。留役者的服役时间总计不得超过 40 天,满 30 天者,其租调全免;未满 30 天者,按照超役天数计算折免租调。次丁二人等同正丁一人,因此次丁服岁役的天数满 15 天者,其租调全免。③

前已叙述,律令制国家存在代纳制,规定不服役者以贡纳庸物抵除岁役。另外,还有代役制,不服役者可以雇其所在国所在郡的人代役,也可以派遣家人代役。

---

① 『令義解』赋役令。
② 『令義解』赋役令。
③ 『令義解』赋役令。

2. 雇役

雇役是律令制国家强制性的有偿雇佣劳役,凡中央朝廷进行造宫、造寺等大规模土木工事之际,都会强制性地从各地征发雇佣劳动力。雇役的报酬(雇直)和食粮,朝廷是以庸物支付的。根据雇民赴役的季节,雇直给予的标准分别是:四月至七月,4 天布一常(长一丈三尺);二月至三月、八月至九月,5 天布一常;十月至十二月、正月,6 天布一常。①

朝廷雇佣役丁之际,首先由木工寮等相关官司向太政官提出所需物资与雇民的预算。然后,经过主计寮复审,太政官向诸国分摊雇役,并于七月三十日之前上奏天皇。律令制下,雇民的赴役时间,原则上是在十月一日至二月三十日的农闲期,但也允许朝廷在农忙期征用雇民从事朝廷的土木建设。令制规定,雇民一人的劳动时间,农闲期不能超过 50 天,农忙时不能超过 30 天。② 因此,诸国的雇民被分为前、中、后三组,30 天或 50 天一换,交替劳役。

雇役是强制性的苦役,因此经常会发生雇民逃亡的现象,例如在平城宫、平城京的建设中,"诸国役民劳於造都,奔亡尤多,虽禁不止"③,致使至和铜四年(711),平城宫的宫墙还未造成。

在朝廷举行大规模土木工事时,除了强制性征役的雇役以外,还存在另一种雇佣方式,称为"和雇",即以当时当乡的佣金价格征用役民。延历四年(785),桓武天皇建造长冈宫之时,就曾采用和雇方式,雇佣诸国民众 314000 人④。

3. 兵役

兵役也是劳役的一种。征兵时间一般在每年计帐作成之时进行。养老令·军防令规定,征兵之时,点兵率是"同户之内,每三丁取一丁"。这是针对多丁户而立的规定。"若户内少丁者,亦须通取他户,即一国之

---

① 養老令·営繕令。
② 養老令·賦役令。
③『続日本紀』和銅四年九月丙子条。
④『続日本紀』延暦四年七月癸丑条。

丁,总为三分,取其一分之义。"①根据现存的奈良时代的户籍,三丁至五丁取一丁的情况比较多,因此不少学者认为,律令制国家的征兵原则是一户一兵②。

设在各地的军团是律令兵制的基本组织。军团的长官是军毅,凡兵满 1000 人者,大毅一人、少毅二人;600 人以上者,大毅一人、少毅一人;500 人以下者,只设毅一人。③ 军毅之下还设有校尉、旅帅、队正,分别统领兵 200 人、100 人、50 人。兵士 50 人为一队,5 人为一伍。兵士分为两种:一是使用弓箭与马匹的骑兵;一是步兵。

每一军团所在之地,设有军团厅舍、兵舍、兵粮库、武器库等设施。关于诸国军团的训练,庆云元年(704)规定,每一军团的兵士分为十番(10 组),交替勤务、习武训练,每番 10 天。④ 也就是说,一个兵士一年的训练时间大约 30 多天,其他时间在家务农。勤务、训练时期,兵士自备食粮,其个人使用的武器原则上也是自备的。除了勤务、习武以外,兵士还被作为人夫,从事军团粮仓兵库的维修、城堤的修理工事等力役。

诸国军团的兵士会被派往京城或西边九州岛的筑紫担负勤务、守备任务。其中,被派往京城的兵士,称之为"卫士";被派往守边的兵士,称之为"防人"。上京的卫士分属于卫门府、左右卫士府,负责宫门、宫内的警备和杂役。卫士在京服役的年限,大宝令的规定不详,但是卫士常常壮年时离家服兵役,归乡时已是白发人,不少卫士怀乡心切,结伴逃亡。为此,养老六年(722)二月规定,卫士在京勤务的期限缩短为三年。之后,天平宝字元年(757)开始实行的养老令中,卫士上京的期限统一规定为一年。此外,卫士在京的食粮由朝廷从庸的财政收入中支出,其他生活费用由卫士的故乡以物或钱的形式支付。

---

① 『令義解』軍防令。
② 直木孝次郎「一戸一兵士の原則と点兵率」、『飛鳥奈良時代の研究』、塙書房 1981、262—267 頁。
③ 『令義解』軍防令。
④ 『続日本紀』慶雲元年六月丁巳条。

防人守边的任期为三年。虽然令制规定防人来自诸国军团的兵士，但实际上，多是来自东国的兵士。从东国前往九州，路途遥远，要经过陆路和海路才能到达目的地。一般情况是，东国防人首先走陆路到难波津，然后从难波津坐船前往筑紫。从所在国到难波津，路途所需食粮，由防人自备，而从难波津出发以后，开始由公粮支付。

防人除执行守边任务以外，还要从事农耕，以保障食粮自给。进入圣武朝以后，律令制国家的防人制度开始逐渐发生变化：

a. 天平二年(730)，停止从诸国(不包括东国)征发防人；

b. 天平九年(737)，停止向筑紫(不包括大宰府)配备防人，敕令防人回归本乡，差使筑紫人卫戍壹岐、对马二岛；

c. 天平宝字元年(757)，停止从东国征发防人，由西海道兵士补充防人司，镇守边戍；

d. 天平神护二年(766)，在大宰府数次请求恢复东国防人制度之后，朝廷集结留在筑紫的东国防人配戍；

e. 延历十四年(795)，除壹岐、对马以外，废止防人制，以当地的兵士守卫边戍；

f. 延历二十三年(804)，壹岐的守戍也以本岛兵士替代防人；

g. 大同元年(806)，朝廷将在近江国的虾夷俘虏640人作为终身性的防人，迁移至大宰府；

h. 天长三年(826)，因为"兵士名备防御，实是役夫，其穷困之体令人忧烦"[1]，大宰府管内的兵士制被废止，取而代之的是统领、选士("富饶游手之儿")，防人制崩溃。

4. 杂徭

除了中央朝廷的力役、兵役以外，民众还要负担来自地方国司的课徭，即杂徭。杂徭是指律令条文中没有明文规定的力役，"调庸之外，国

---

① 『類聚三代格』卷十八・統領選士衛卒衛士仕丁事・天長三年十一月三日太政官符。

中诸事,不论大小,总为杂徭"①。例如每年朝廷所需的草药采集、官船修理、皇亲及五位以上官人葬礼的送葬夫,以及临时的"作新池堤及仓库、他界路桥、御贽獦赟送、公使上下递送从马"②等等。

关于杂徭的天数,养老令·赋役令规定,每人每年的总天数不得超过 60 天。但国郡司对民众的课徭常常是每年必满 60 天,繁重的力役和杂徭使得民众疲敝不堪。天平宝字元年(757)八月,掌握朝政的藤原仲麻吕,将杂徭天数的上限从 60 天减半至 30 天。③ 然而,随着藤原仲麻吕的失势,杂徭天数的上限又恢复到 60 天④。延历十四年(795)闰七月,桓武天皇下令"薄赋轻徭",杂徭天数再次减半,以 30 天为限⑤。

三、出举(高利贷)

出举是一种有息借贷制。出举物以稻、粟为主,也有布、钱等财物。稻的出举,分为公出举和私出举两类。公出举是指国郡在春夏播种时,将官稻⑥借贷给农民,等秋收后,再将本稻和利稻一并收回。私出举则是寺社、富豪阶层等以私有稻借贷给他人。令制规定,公出举的利率不超过 50%,私出举的利率可以达到 100%。⑦

公出举的实施,最初的目的是促使贫困的农民能够维持农业的再生产,同时也可以确保国家的田租征收。⑧ 因此,当民众苦于高利率,无力偿还出举而离家逃亡的情况日渐增多时,为了社会的安定,朝廷便会出

---

① 『令義解』赋役令。
② 『令集解』赋役令所引用的「古記」。
③ 『続日本紀』天平宝字元年八月甲午条。
④ 吉田孝「雑徭制の展開過程」,『律令国家と古代の日本』,岩波書店 1983 年、349—410 頁。
⑤ 『三代類聚格』第十七卷・蠲除事・延暦十四年闰七月十五日敕。
⑥ 官稻是正税、杂官稻等总称。杂官稻,又称杂色官稻、杂稻,储存于郡的正仓中,包括郡稻、驿起稻、兵家稻等,其出举利稻的用途特定。
⑦ 養老令·雑令。
⑧ 公出举的始见事例可以追溯到天武时代。在天武四年(675)四月壬午之诏中,有"诸国贷税,自今以后,明察百姓,先知富贫,简定三等,仍中户以下应与贷"的规定。

台减免出举利率的措施。例如，和铜四年(711)十一月，元明天皇命令诸国三年之内无息出举正税稻，同时规定私出举的利率不得超过 50%；[①]养老四年(720)三月，关于出举事，太政官的上奏文中，叙及如下内容[②]：

第一，指出"比来百姓例多乏少，至于公私不辨者众。若不矜量，家道难存"，请求命令诸国，"每年春初出税，贷与百姓，继其产业，至秋熟后，依数征纳，其稻既不息利"；

第二，请求命令诸国将正税稻以外的官稻出举利率，从 50% 调整为 30%；

第三，因"百姓之间，负稻者多，缘无可还，频经岁月，若致切征，因即逃散"，请求"限养老二年以前，无论公私，皆从放免，庶使贫乏百姓，各存家业"；

第四，请求继续执行和铜四年颁布的出举私稻利率不得超过半倍(50%)的政策。

圣武朝以后，公出举的目的已从最初的促进农业再生产，开始转向利润的追求。公出举的利稻被正式纳入国家财政的收入体系。神龟元年(724)三月，朝廷命令七道诸国，依据国的大小，每年专门拿出 4 万束以上、20 万束以下的正税稻实施出举，由此获得的利稻用于支付朝集使(每年一次上京报告地方政务的使人)在京的粮食和非时差使(临时的使人)的粮食，以及向京担夫(运送交易杂物等的担夫，不包括庸调运脚)的往返粮食等[③]。这意味着不管民众有没有借贷稻种的需要，各国每年都要出举一定量的正税稻。在公出举的利稻作为律令国家的财源的前提下，私出举则受到限制。天平九年(737)九月，宣布全面禁止私出举。但是现实中，私出举却很难消失，在民间仍存在以钱财的名目出举颖稻。延历十八年(799)，重又允许私出举。

---

① 『続日本紀』和銅四年十一月壬辰条。
② 『続日本紀』養老四年三月己巳条。
③ 『続日本紀』神亀元年三月甲申条。

按照律制的规定,国司是不能擅自借贷官稻,以谋取私利的。[1] 但是,公出举的具体操作者是国司等地方官吏,他们常常利用律令制国家允许国司借贷官稻(即一定量的官稻以无息贷与国司),将所借贷来的官稻用于出举,获得的利稻却归国司个人所用。由此,一部分公出举的利稻变相地成为律令制国家分配给国司的财富。天平六年(734),圣武朝廷规定:国司每年可以借贷官稻的定额是"大国十四万以下,上国十二万以下,中国十万以下,下国八万以下",如果超过规定之数,则将"依法科罪"[2]。天平十年(738)三月,国司借贷官稻制被废止。

在天平六年(734)至天平十一年(739)期间,官稻的种类逐渐被单一化,皆纳入正税的范畴之内。[3] 与之相应,公出举也被统一为正税出举。天平十七年(745)十月,朝廷根据国的大小,规定各国出举正税稻(亦称论定稻)的定额数,但是所定的各国出举正税的具体定额不详。在平安时代编纂实施的《弘仁式》《延喜式》中,有各国出举正税的定额规定,《弘仁式》是65万束至1万5千束不等(不包括对马、多褹二岛),《延喜式》是60万3千束至1万5千束不等(不包括对马、多褹二岛)。各国出举正税稻(论定稻)的利稻,基本上用于该国向中央进纳的贡物以及国衙诸项经费等的财政支出。

设置正税稻(论定稻)之后,同年(745)十一月,朝廷又在诸国设置公廨稻。所谓公廨稻,是在论定稻之外,从正税中另拨出一定数额的颖稻作为本稻出举。诸国公廨稻的定额,也是依国的大小分等的,大国四十万束,上国三十万束,中国二十万束(但,大隅、萨摩两国各四万束),下国十万束(但,飞驒、隐岐、淡路三国各三万束,志摩国、壹岐岛各一万束)。[4] 出举公廨稻而获得的利稻,首先填补"官物之欠负未纳",其次充置"国之储物",

---

[1] 职制律规定:"凡贷所监临财物者,坐脏论。若百日不还,以受所监临财物论。"

[2] 『续日本纪』天平六年正月丁丑条。

[3] 天平六年(734)正月,除驿起稻、兵家稻以外,诸国的杂色官稻全都被纳入正税。天平十一年(739)六月,驿起稻被纳入正税;同年九月,兵家稻也被纳入正税。

[4] 『续日本纪』天平十七年十一月庚辰条。

最后余下的部分,依照官职的大小分配给国司,作为国司的收入,其分配的标准是:"长官六分,次官四分,判官三分,主典二分,史生一分。其博士、医师准史生例。员外官者,各准当色。"①

　　9世纪以后,诸国国内的所有课丁(课口)都被划进公出举对象的范围,至此,公出举发展成为强加于民众的贷与制度。②

---

① 『続日本紀』天平宝字元年十月乙卯条。

② 大同三年(808)九月,关于东山道出举正税事,太政官指示民部省:"凡出举正税者,总计国内课丁,量其贫富,出举百束以下十束以上,依差普举,不须偏多,各为二春夏均给。"(『類聚三代格』卷十四・出举事・大同三年九月廿六日太政官符民部省)

第三章　平安时代的政治与经济

第一节　平安时代的政治风云

一、平安时代的肇始

　　平安时代是以平安京(今京都府京都市)为政治中心所在地的历史时代,一般认为起始于 794 年的平安京迁都,迄至于 12 世纪末。在近 400 年期间,贵族政治的形成、发展以及衰退是平安时代历史的重要组成部分。

　　延历十三年(794)十月,桓武天皇从长冈京移至平安京,同时宣布迁都之诏。平安京位于京都盆地北部,三面环山(北山、东山、西山),东有鸭川,西有桂川,南有宇治川,所谓"山河襟带,自然作城"①。大约在距今 2 万至 3 万年前的旧石器时代,即有人类活动在京都盆地。至绳文时代,人类就开始在京都盆地居住。飞鸟时代,京都盆地在山代国的管辖范围之内。奈良时代,由于与平城京所在的奈良盆地相隔于奈良山丘陵,山代国的汉字表记改为"山背国",意为山后之国,是位于畿内的一国。

①『日本紀略』延曆十三年十一月丁丑条。

山背国位于交通要冲,水陆交通便利。桓武之后的平城天皇曾赞言平安京是"水陆所凑,道理惟均"①。山川秀丽、四通八达的地理,可以说是利于律令制国家统治的立都之地。此外,山背国是秦氏等大陆移民系氏族的势力范围,这或许也是与百济移民系氏族有着血缘关系的桓武天皇定都山背国的原因之一。迁都平安京之后,山背国的汉字表记改为"山城国"。

桓武天皇将新都取名为平安京,意在祈望平安京能成为平安乐土,象征以天皇为顶点的中央集权统治永世安稳,国泰民安。延历十四年(795)正月十六日,桓武天皇赐宴侍臣,席间的群臣们且歌且舞,赞颂平安京的壮丽,并表达长久奉仕天皇之心。

相比较以平城京为政治中心所在地的奈良时代,平安时代不仅持续时间长,而且无论是在政治、经济、文化方面,抑或社会信仰等方面,都有所变貌并具独自的特质。

在平安时代的数百年历史中,统治阶层的政治权力斗争、地方下级官人的不满、灾害的发生等政治、社会不稳定因素,使得平安时代并不总是太平盛世。

二、皇位继承的变化

1. 兄弟相继的葛藤

延历二十五年(806)三月,桓武天皇病亡离世。兴作土木建设平安京和军事征服东北虾夷是桓武天皇治政期间的两大事业,虽然在当时给民众带来深重的负担,但也为平安时代的历史奠定了基础。桓武天皇有后妃 20 多人,所生子女也不在少数。其中,安殿亲王和神野亲王是由皇后藤原乙牟漏所生的同父同母兄弟。桓武死后,首先继位的是皇太子安殿亲王,即平城天皇。

即位后的平城天皇勤奋治政,实施了有关官制、中下级官人待遇等

---

① 『日本後紀』大同元年七月甲辰条。

方面的一系列改革措施。但或许是由于患有"风病",平城天皇性格多猜忌。例如,怀疑同父异母弟弟伊豫亲王及其母亲藤原吉子谋反,于大同二年(807),将伊豫亲王母子二人幽禁在大和国的川原寺,不给食物,导致伊豫亲王母子二人最终服毒自尽。

大同四年(809)四月,平城天皇因受"风病"困扰,寝膳不安,决定生前让位,自己退居至太上天皇之位。继承皇位的是平城天皇的同母弟,身为皇太弟的神野亲王,是为嵯峨天皇。即位后的嵯峨天皇迅速将平城太上天皇的儿子高岳亲王立为皇太子。

退位后的平城太上天皇,带着宠爱的藤原药子迁居至旧都平城京。藤原药子的父亲就是在长冈京建设工地上被暗杀的藤原种继。藤原药子原是中纳言藤原绳主的妻子,并且育有三男二女。在平城太上天皇还是皇太子安殿亲王的时代,藤原药子将长女嫁给了安殿亲王。其后,藤原药子以女官的身份进出东宫,与安殿亲王暗通款曲,被桓武天皇发觉,而被驱逐出宫。安殿亲王成为平城天皇之后,又把藤原药子召回宫内。平城天皇让位之时,藤原药子已经是后宫十二司的内侍司的尚侍,位至正三位。如后所述,尚侍的职责不仅是常侍天皇身边,照顾天皇的生活,而且还肩负着天皇与中央官僚体系之间的联络,是居住在宫殿深处的天皇向臣下表达自己意志的重要咽喉。加之,由于平城天皇的爱宠,藤原药子对于朝廷的政务要事,都可以畅所欲言。可以说,藤原药子是对平城时代政治具有影响力的女性。

为了平城太上天皇移居平城旧京,朝廷动员畿内诸国的众多劳役在平城京旧址上建造宫殿。然而,身在平城旧京的平城太上天皇并没有失去参与朝政之事的欲望,借助藤原药子及其兄长藤原仲成之力,一部分公卿及太政官的外记局也迁至平城旧京,形成"二个朝廷"的情势。平城太上天皇在平城旧京发布诏令,干涉政事。如此政令出自二门,实际上就是太上天皇与天皇并立在权力的顶端,同时也削弱了天皇的权威性。这种情形,在8世纪的孝谦太上天皇与淳仁天皇之间也曾出现,结果是孝谦天皇重祚皇位。因此,平城太上天皇对权力的执著,必然引起其与嵯峨天皇之间的不和。

大同五年(810)九月,平城太上天皇命令嵯峨天皇从平安京迁都至平城旧京。一旦迁都,就意味着向世人公示太上天皇在主导政事,即政治中核从天皇转向太上天皇。然而,嵯峨天皇表面上做出顺从平城太上天皇意志的姿态,甚至以迁都平城旧京事为名,设置了造宫使之职,但暗中却加紧采取措施,排除平城太上天皇所依仗的藤原仲成、藤原药子兄妹二人。藤原仲成当时任右兵卫督一职,是右兵卫府的长官,握有一定的军权。因此,嵯峨天皇下令逮捕了留在平安京的藤原仲成,并解除了藤原药子的尚侍职。然后,宣言平安京是"万代之宫"的所在地,迁都平城旧京是扰乱天下之行为。

嵯峨天皇的举措,激怒了平城太上天皇。太上天皇与藤原药子一同率领从人,欲亲自前往东国集兵对抗,但因被嵯峨天皇一方的军队阻挡,未能如愿。同时,被抓的藤原仲成也被人射杀。自知大势已去的平城太上天皇,选择了遁入佛门之路。藤原药子深知事后所有的罪责都将推在她的身上,于是仰毒自杀身亡。这一事件史称"药子之变",或称"平城太上天皇之变"。

"药子之变"平息后,嵯峨天皇废黜了皇太子高岳亲王,立自己的同父异母弟大伴亲王为皇太弟,改年号为弘仁。另一方面,出家后的平城太上天皇依然居住在平城旧京,再也不插手政事,平静地度过了余生,于天长元年(824)七月去世,享年51岁。

"药子之变"事件后,嵯峨天皇的权威再也没有受到任何人的挑战。在其治政期间,律令制施行以来的各项单行法令被整理、编纂,集成新的法典《弘仁格式》。同时,一系列的唐风化政策也被推行,例如弘仁九年(818),宫廷礼仪、男女服装等都依照唐法改定;弘仁十一年(820),仿照中国皇帝的服装之制,规定了天皇在各仪式上的服装,即元日朝贺礼仪,着装"衮冕十二章",而朔日受朝、平日听政、接见外国使者和大小宴会等仪式,着装"黄栌染衣"。此外,《内里仪式》《内里式》等仪式书籍也相继编成。敕撰汉诗集《凌云集》《文华秀丽集》也分别于弘仁五年(814)和弘仁九年(818)完成。

此外,嵯峨天皇还创设了在日后的摄关政治时代发挥着重要作用的两个新官司:一是藏人所,一是检非违使。藏人所设于弘仁元年(810)三月,当时是"药子之变"的前夕,为了对抗平城太上天皇掌控着的尚侍(内侍司)——天皇与太政官之间的信息传递通道,使嵯峨天皇的命令能够迅速准确地传达至以太政官为首的官僚机构,以及太政官等的信息及时送达嵯峨天皇处,建立了这个联络天皇与太政官的新官司。与内侍司不同,藏人所的官人是男性,并且是由其他官司的官人兼任,由天皇直接任命。

检非违使的创设时间不明,但根据现存的文献史料可知,弘仁七年(816)时即已存在。嵯峨天皇时代的检非违使,其主要职责是维护平安京的治安秩序,管辖范围也仅限于平安京内。检非违使出现之前,平安京的治安秩序主要是白天由京职维持,夜间由卫府巡查。此外,弹正台也担负着巡察京中,纠弹非违的职责。但是弘仁三年(812)以后,饥馑、疫病频频袭击平安京,给京内的治安带来不稳定因素。因此需要对由京职、卫府、弹正台构成的律令制京中治安维持体系加以补充,于是检非违使应需而生。检非违使的官人多由卫门府的官人兼任。

弘仁十四年(823)四月,嵯峨天皇让位,兄弟相继,皇太弟大伴亲王即位,是为淳和天皇。嵯峨天皇让位之时,平城太上天皇尚在世,开创了"一帝二太上皇"的先例。当时,日本列岛疫病横行,亡者甚多,平安京也因饥馑而人人饥乏。在民众遭受灾害之际,嵯峨天皇却不听右大臣藤原冬嗣①的劝言,坚持让位,究其原因,恐怕不仅是嵯峨天皇的归闲之志,而且还存在中国的天人感应思想的影响,即灾异是人政有失的表现。淳和天皇即位后,迅速遣使平安京的左右京,赈济病民。

嵯峨天皇在让位之时,主动放弃太上天皇的称号,将自己列入臣下

---

① 在嵯峨天皇治政时期,在政治上,藤原氏北家(藤原不比等之子藤原房前一支的家系)受到重视,藤原房前的曾孙藤原冬嗣成为朝廷议政官的首席。藤原冬嗣之子藤原良房迎娶嵯峨天皇之女源洁姬。

之列。对此,淳和天皇赠送嵯峨"太上天皇"称号。经过几番推辞、奉赠的过程,嵯峨最终接受了"太上天皇"的称号。显然这是吸取了平城太上天皇的教训,通过天皇赐予太上天皇的称号,显示出太上天皇的地位是由天皇所赐,而不是与天皇并立。尽管嵯峨太上天皇表面上完全退出政治舞台,没有直接干涉国政,但依然具有相当的政治影响力。

淳和天皇即位后,在选择皇位继承人选时,没有选择自己的长子恒世亲王,而是将侄子正良亲王立为皇太子。正良亲王是嵯峨天皇与橘嘉智子皇后所生之子。实际上,嵯峨天皇膝下皇子皇女众多。弘仁六年(815)五月,嵯峨天皇以皇子皇女过多造成国家财政负担为由,赐姓源朝臣给一部分皇子皇女,将他们降为臣籍。同年(815)七月,立夫人橘嘉智子为皇后。因此,在弘仁六年时,嵯峨天皇就已特别对待正良亲王,给予其嫡子身份。

天长十年(833)二月,淳和天皇让位,叔侄相继,皇太子正良亲王即位,是为仁明天皇。同样,仁明天皇在决定皇位继承人时,最终也没有选择自己的皇子道康亲王,而是将淳和太上天皇的次男恒贞亲王立为皇太子。也就是说,此时的皇位继承预想依然是延续着叔侄相继的构图。另外,随着仁明天皇的即位,再次出现"一帝二太上皇"(嵯峨太上天皇、淳和太上天皇、仁明天皇)的格局。

承和七年(840)五月,淳和太上天皇逝去,皇太子恒贞亲王失去了重要的后盾。承和九年(842)七月十五日,嵯峨太上天皇辞世。数日前,橘嘉智子太皇太后接到阿保亲王(平城天皇之子)的密告书信称:春宫坊带刀(护卫皇太子的武官)伴健岑、但马权守橘逸势等人正在密谋,计划一旦嵯峨太上天皇亡故,则拥护皇太子恒贞亲王前往东国,纠集兵力谋反。橘嘉智子太皇太后接到密告后,即刻召唤藤原良房(藤原冬嗣之子),通过藤原良房通知仁明天皇。嵯峨太上天皇亡故后,仁明天皇即刻派遣军兵逮捕了伴健岑、橘逸势等人。受此次事件的牵连,恒贞亲王的皇太子之位被夺,支持恒贞亲王的高官们或被免职,或被左迁;奉仕恒贞亲王的身边人也被流放。取而代之的是,藤原良房的权势扩大,仁明天皇的皇子道康亲王(藤原良房的外甥)被立为皇太子。皇位继承走向父子相继，从此嵯峨直系王统独占皇位的继承权。这一事件被称为"承和之变"。

2. 幼帝即位

嘉祥三年(850)三月，仁明天皇离世。皇太子道康亲王即位，是为文德天皇。正史《续日本后纪》对仁明天皇的评价是：睿哲聪明，擅长经史、汉音、文藻、书法、弓射、乐器、医术等众艺。[①] 其中，未提及仁明天皇的治政，这或许与藤原良房逐渐主导政治有关。

就在仁明天皇下葬之日(嘉祥三年三月二十日)，文德天皇与藤原明子(藤原良房的女儿)所生的皇子惟仁亲王诞生。同年(850)十一月，只有8个月大的惟仁亲王被立为皇太子。惟仁亲王是文德天皇的四男，之所以能够越过兄长3人成为皇太子，唯一的理由就是他是藤原良房的外孙。

即位后的文德天皇，热心于政事，但是因为体弱多病，很多政务的处理需要依靠藤原良房之力。齐衡三年(856)十一月，文德天皇派遣大纳言藤原良相、右大辨清原岑成、左京大夫菅原是善、右中辨藤原良绳等重臣到河内国交野郡的柏原野，举行祭天仪式。此举的动机，显然是为了强调天皇的权威性。天安元年(857)二月，右大臣藤原良房越过左大臣一职，直接升任为太政大臣。这是藤原氏的第二位太政大臣。[②] 文德天皇治政期间，整顿纲纪，宪法严峻，明政天下，这其中可以说也有藤原良房辅政的贡献。

天安二年(858)八月，32岁的文德天皇去世，只有9岁的皇太子惟仁亲王即位，是为清和天皇。这是日本历史上第一次出现幼帝。年幼的清和天皇自然是不具备处理朝政的能力，在其背后真正掌握大权、总揽朝政的人是他的外祖父、太政大臣藤原良房。由此摄政关白政治开始。

贞观六年(864)，清和天皇15岁。这一年的正月元日，清和天皇举

---

① 『続日本後紀』嘉祥三年三月癸卯条。
② 藤原氏的第一位太政大臣是藤原仲麻吕，被称为大师。太政大臣是天皇的师范，"佐王论道，以经纬国事，和理阴阳"，是"有德之选，非分掌之职"(『令義解』職員令·太政大臣条)。

行了元服仪式。元服仪式的举行,标志着清和天皇已经成年,具有亲理国政的能力。这也就意味着藤原良房辅佐幼帝的职责应该完结。实际上,藤原良房也已年逾60岁,是步入高龄的老人。

藤原良房除了清和天皇的母亲藤原明子以外,并无其他子女,为了家业传承,他把兄长藤原长良的儿子藤原基经收为养子。清和天皇元服后,藤原长良的女儿藤原高子也进入清和天皇的后宫。贞观十年(868)十二月,藤原高子诞下了贞明亲王。贞观十一年(869)二月,只有3个月大的贞明亲王被立为皇太子。

贞观八年(866)闰三月十日夜晚,平安宫内的朝堂院正门——应天门火光冲天,一时间应天门尽被烧毁,并且殃及东西两旁的楼观。比宫门烧毁更严重的政治事件接踵而至。火灾后,时任大纳言伴善男出于个人的恩怨,诬告应天门火灾的主谋是左大臣源信(嵯峨天皇之子)所为。幸亏藤原良房及时介入,源信才免于一死。事情并未因源信免于责罚而停止。同年(866)八月,又有人告发说,伴善男父子才是应天门火灾的真正主凶。虽然伴善男否认自己与应天门之火有关,但是他的从者却在拷问中,供出了伴善男父子就是应天门火灾的主谋。

朝廷严厉地惩处伴善男等人,伴善男被流放,其资财田宅被没收。这一事件通称为"应天门之变"。

在处理应天门之变期间,清和天皇宣敕:太政大臣藤原良房"摄行天下之政"[①]。这一宣敕表明,藤原良房的权势,得到了成年后的清和天皇的认可。贞观十三年(871)二月,清和天皇在紫宸殿首次听政。四月,清和天皇再次发布敕令,宣布藤原良房的待遇等同于"三宫"(也称"三后",即太皇太后、皇太后、皇后的总称)。此后,藤原良房的权势更加兴盛。

总体上看,在藤原良房的主导下,清和朝的政治是稳定的。其间,编纂实施了《贞观交替式》《贞观格式》,而且还编撰完成正史《续日本后纪》。这在日本文化史上,是一个标志性的阶段。

---

① 『日本三代実録』貞観八年八月辛卯条。

贞观十四年(872)九月,69岁的藤原良房辞世,清和天皇开始亲政。辅政者是藤原良房的养子藤原基经,清和天皇也将朝廷的大小政事尽悉委于藤原基经。贞观十八年(876)十一月,27岁的清和天皇以身体频病疲弱,不堪朝政重负为由,突然让位给皇太子贞明亲王。即位的贞明亲王是为阳成天皇,当时只有9岁,是藤原基经的外甥。清和天皇在让位诏书中,明确敕令藤原基经辅佐幼主,"摄行天子之政"①。在被委任为摄政时,藤原基经曾经上表推辞说:"代天治民者,人君也;导君从天者,人臣也"②,建议让皇太后(藤原高子)临朝听政,辅佐幼主。清和天皇没有采纳藤原基经的建议,于是藤原基经接受任命,摄行万机。

元庆四年(880)十二月四日,清和太上天皇病亡。清和太上天皇弥留之际,阳成天皇遵从清和太上天皇的旨意,任命藤原基经为太政大臣。

元庆六年(882)正月,阳成天皇15岁,举行元服仪式。元服后的阳成天皇似乎没有兴趣亲理政务,抑或是深知年轻的自己即使亲政,也无法摆脱舅舅藤原基经的制约。

在日本正史的记载中,阳成天皇是一位行为肆意的君主。例如,阳成天皇好马,就在宫中秘密地饲养马匹,并经常将擅长养马或马术的下级官人召入宫内。又如,元庆七年(883)十一月,在宫中,阳成天皇杀死了奶妈的儿子。为此,藤原基经将经常出现在阳成身边的下级官人驱逐至宫外。翌年(884)二月四日,年仅17岁的阳成天皇向藤原基经表达了让位的意愿,藤原基经以天皇本人的意愿无法逆忤为由,即刻同意阳成天皇让位。阳成天皇没有子嗣,于是藤原基经及其他公卿在具有皇位继承资格的候选人中,选定55岁的时康亲王为新的天皇,是为光孝天皇。

3. 光孝皇统的确立

光孝天皇是仁明天皇的三男,从小聪明,好读经史,性格宽仁,尤擅

---

① 『日本三代実録』貞観十八年十一月廿九日是日条、元慶四年十二月四日是日条。
② 『日本三代実録』貞観十八年十二月甲辰朔条。

人事。事实上，自光孝天皇即位之后，直至今日的平城天皇，历代天皇都属于光孝皇统。

光孝天皇深知高龄的自己之所以能够登上皇位，是与藤原基经的意愿密不可分的，因此如何定位藤原基经的政治地位与待遇，是摆在光孝天皇面前的非常重要的政事。由于光孝天皇是具有执政能力的成年的天皇，因此无法设置辅佐幼帝那样的摄政之职。

在光孝天皇即位前，藤原基经的官职已是太政大臣。在律令制的规定中，太政大臣一职是没有具体的职掌内容的。为此，如何能使太政大臣具有实质性的权力？光孝天皇召集文人官僚以及法律方面的专家，专门讨论太政大臣的具体职掌。讨论的最终结果是，众人认为太政大臣相当于唐王朝的"三师三公"，位于亲王之上，没有具体的职掌，但是"无所不统"，可以统管一切。于是，光孝天皇据此发布诏书宣布：太政大臣藤原基经具有辅弼天皇、总领百官的重任，无论是上奏天皇的事，还是天皇下宣的事都必须先咨禀藤原基经。由此，光孝天皇赋予藤原基经的权限，虽然不像摄政那样可以代行天皇大权，但是却能介入天皇对国政的决定和实施，与后述的"关白"的职能相似。

光孝天皇即位后，与藤原基经有关的另一项举措，是迎藤原基经的妹妹藤原淑子入宫，同时将自己即位前所生的所有皇子、皇女 29 人降为臣籍，赐姓源氏。

勿庸多言，藤原基经是期盼光孝天皇和藤原淑子之间能诞生新的皇子的。然而，仁和三年（887）八月，光孝天皇亡故，藤原基经的期望落空。光孝天皇在临终前，指定已降为臣籍的七男、21 岁的源定省为皇位的继承人。由此，源定省重又恢复亲王的身份，被立为皇太子。定省的母亲是班子女王，与藤原氏没有直接的系谱性关系。光孝天皇弥留之际，在病榻前，右手握着藤原基经，左手拉着定省，恳请藤原基经要辅弼定省，教育定省应听候藤原基经的扶植。光孝天皇死后，定省即位，是为宇多天皇。

仁和三年十一月，即位后的宇多天皇，赋予藤原基经"关白"的权限，一如光孝朝时期，朝廷的政事无论大小都"关白於太政大臣（藤原基经）"①。"关白"一词源于中国，意为通达百官的上奏事宜和天皇的下宣事宜。根据宇多天皇诏令，藤原基经实际上是保持了光孝时期的一切权力。对于此诏令，藤原基经礼节性地上表推辞。接到藤原基经的推辞后，宇多天皇让参议、文学博士橘广相起草敕答，再次请藤原基经接受任命，辅弼朝政。藤原基经原本是礼节性的推辞，并非真意。可是橘广相受命起草的敕答文中，使用了"以阿衡之任为卿（藤原基经）之任"②一句，而无"关白"一词。此敕答文一出，藤原基经见无"关白"职名，顿生不满。于是藤原基经再次上表推辞，并对"阿衡"的具体职掌提出了疑问："阿衡"之任是否等同于"关白"？

　　"阿衡"一词源自中国，原指殷代宰相伊尹，后来被用作三公的官名。由于藤原基经的态度似乎责疑，因此围绕着"阿衡"的职掌，朝内文臣分成了两大阵营，双方都引据中国王朝之例阐述自己的观点。一部分（其代表是藤原佐世）认为，自殷周以来，"阿衡"之任就无具体的职掌，其中包含有不干预政事之语义；另一部分（其代表就是橘广相）认为，"阿衡"虽是三公称号，但只是在周代没有职掌，后世的三公的职掌，是无所不统的。文臣们争论着，却难以作出统一的定论。在此情况下，宇多天皇派左大臣源融前往劝说藤原基经，希望藤原基经能够接受诏令。但是藤原基经却态度坚决，表示不确定"阿衡"的含义，不能行政。宇多天皇无奈之下做出了妥协，于仁和四年（888）六月，再发诏令，承认"阿衡"之任确实是没有具体的职掌，并且强调他的本意并非是"阿衡"之任，而是让藤原基经"关白万政"③。这一诏令满足了藤原基经的欲望，而把事件的责任推到了宇多天皇的近臣橘广相的身上。橘广相成为违背圣旨之人。这一年（888）十月，橘广相失宠，藤原基经却如愿以偿，确保了其关白的政治地位。该事件史称"阿衡事件"。

---

① 『政事要略』年中行事卅・御画事附阿衡事・賜摂政大臣関白萬機詔。
② 『宇多天皇御記』仁和四年六月条。
③ 『政事要略』年中行事卅・御画事附阿衡事・仁和四年六月二日詔。

以"阿衡事件"为契机,开创了太政大臣即是关白的先例。换句话说,这一时期,作为摄政或关白的前提条件,都是要先成为律令制下的太政大臣。

第二节　摄政·关白制的确立

一、宇多天皇亲政时代

藤原基经于宽平三年(891)正月亡故,宇多天皇终于可以自主地行使天皇的权力了。首先,不再设置关白之职,并且将"阿衡事件"中支持藤原基经的藤原佐世左迁至东北边境任陆奥守。然后,重用出身学者世家的菅原道真,任命菅原道真为藏人所的长官藏人头,也就是最接近天皇的男性官人。

宇多天皇亲政后,进行了一系列的国政改革,一般称之为"宽平之治"①。宽平三年(891),藤原基经死后不久,即发布法令,禁止院宫王臣家所派出的使者与地方富豪层勾结。所谓的院宫王臣家,是因天皇的特权而强势的少数的皇族、贵族集团的家政机构,其中"院"是指太上天皇的家政机构;"宫"是指春宫坊和中宫职,分别是东宫和三后(皇后、皇太后、太皇太后)的家政机构;"王臣家"是指亲王一品至四品,及诸王、诸臣三位以上的家政机构,但也有指五位以上家政机构的情况。平安时代以来,随着天皇权力的不断强化,院宫王臣家也利用特权不断地扩大私有土地及财产。尤其是承和年间(834—848)以后,院宫王臣家以扩大私有财产为主轴,开始直接强势地进入地方社会。至宇多天皇时代,院宫王臣家问题变得更为严重,例如院宫王臣家的使者与地方豪富层结合,将应送往中央官司的调庸物等送至院宫王臣家。院宫王臣家掠夺公有财产的作法,直接扰乱了律令制国家的统治。为了确保律令制国家的税收,宇多天皇的国政改革中,发布了一系列抑制院宫王臣家活动的相关

---

① "宽平",宇多朝年号,889 年至 898 年间。

法令,同时还整顿国司的地方行政,强调国司长官的责任,对于调庸的未贡进,只追究国司中官位最高的长官的责任。

在中央官僚机构方面,调整精简合并部分官司。宽平八年(896),中务省的内药司并入宫内省的典药寮,式部省的散位寮并入式部省本省,宫内省的主油司与主殿寮合并,园池司与内膳司合并,左右兵库与兵部省的造兵司、鼓吹司合并为兵部省的兵库寮。同时,藏人所、检非违使的职能逐渐扩大,其中藏人所开始向内廷性质的官司发展,制定《藏人式》及设置藏人所管辖下的龙口武者①等都是宇多天皇时代的举措。

宽平五年(893),宇多天皇立长男敦仁亲王为皇太子。当时宇多天皇的后宫中,既有藤原基经的女儿,也有菅原道真的女儿,还有橘广相的女儿,但是宇多天皇与菅原道真商量的结果却是选择了藤原高藤的女儿所生的皇子敦仁亲王。藤原高藤是藤原冬嗣系的旁支,由此可以看出宇多天皇在皇位继承方面,既考量了以往皇位继承与藤原冬嗣血统有关的倾向,同时又不选择藤原基经血脉的特色。两年之后,宇多天皇曾想让位给皇太子,但被菅原道真劝阻,理由是让位之大事,不可操之过急。

宽平九年(897)七月,皇太子敦仁亲王年13岁时,举行元服仪式。就在同一天,31岁的宇多天皇让位,敦仁亲王即位,是为醍醐天皇。让位之时,宇多天皇送给醍醐天皇《宽平御遗诫》,从政治、经济、礼仪及日常生活等各个方面具体地叮咛规诫13岁的新天皇,由此也折射出宇多天皇对国政依然抱有强烈的控制欲望。

昌泰二年(899)十月,宇多太上天皇落发出家,在平安京的东寺灌顶堂接受灌顶,成为法皇,并于十一月在东大寺(位于平城京)的戒坛院受戒。表面上看,让位后的宇多太上天皇似乎浸心于佛教,不问政事。但事实上,居住于平安宫外的宇多太上天皇仍然关心并影响着朝廷的政治。

---

① 龙口位于清凉殿的东北,是天皇所居的内里的雨水汇集向外流的场所。龙口武者是在龙口附近,身持弓箭警卫清凉殿的武者。10世纪以后,天皇在位时的龙口武者中的大多数,在天皇退位成为太上天皇后,随之成为院(太上天皇的御所)的武者所的武者。

宇多天皇在让位之际,曾令藤原时平和菅原道真二人辅佐年幼的新天皇,并且在《宽平御遗诫》中,也叮嘱醍醐天皇要重用藤原时平和菅原道真二人。藤原时平是藤原基经的儿子。当时,藤原时平就任大纳言,菅原道真为权大纳言。但在藤原时平和菅原道真二人之间,宇多天皇则是始终更为重用、信任菅原道真。

昌泰二年(899)正月,醍醐天皇任命藤原时平为左大臣,菅原道真为右大臣。菅原道真是学者世家而非上层贵族的出身,被任命为右大臣,实为少见。此事所以能够实现,自不必说是宇多太上天皇的影响力起着关键的作用。然而,菅原道真的晋升,招致了贵族甚至文人学者的不满,同为文人学者的三善清行在昌泰三年(900)就曾写信给菅原道真,劝其辞职、隐退。

菅原道真将一个女儿嫁给了醍醐天皇的弟弟齐世亲王。昌泰四年(901)正月,菅原道真突然遭到左迁,被贬为大宰权帅,其被左迁的理由是醍醐天皇、藤原时平等怀疑他企图废黜醍醐天皇,拥立自己的女婿齐世亲王。

已经出家的宇多太上天皇(亦称宇多法皇)听到菅原道真被左迁的消息后,急忙动身赶往内里要见醍醐天皇。可是行至宫门,却被卫士挡拒在门外。显然醍醐天皇与藤原时平早就预料到宇多太上天皇会出来保护菅原道真。见不到醍醐天皇,宇多太上天皇最终也就未能如愿挽回菅原道真的命运。延喜三年(903)二月,菅原道真在大宰府逝去,终年59岁。

菅原道真的左迁,意味着醍醐天皇与左大臣藤原时平联手削弱了宇多太上天皇对国政的影响力。之后,以左大臣藤原时平为首的政权成立,曾遭宇多太上天皇等猛力反对的藤原时平妹妹藤原稳子的入宫事也终于得以实现。同年(901)七月,改元为延喜,由此开启了延喜、天历时代。

二、延喜、天历时代

1. 延喜之治
醍醐时代虽然时有矛盾和曲折,但总体上看,治政多有建树,在日本历史上被称为"延喜之治"①。

延喜二年(902)三月,朝廷发布了一系列有关整顿国司职责懈怠及抑制院宫王臣家扩大私有土地活动等的法令,其中包括:

① 应听交替一度延期事;

② 应调庸精好事;

③ 应禁止田租征颖事;

④ 应停止临时御厨并诸院诸宫王臣家厨事;

⑤ 应禁制诸院诸宫并王臣家占固山川薮泽事;

⑥ 应禁断诸院诸宫王臣家假民私宅号庄家贮积稻谷等物事;

⑦ 应停止敕旨开田并诸院诸宫及五位以上买取百姓田地舍宅、占请闲地荒田事;

⑧ 应勤行班田事;

⑨ 应依式修造前司时破损官舍、驿家、器仗、池堰、国分二寺、神社事。

上述的④⑤⑥⑦是与院宫王臣家有关的法令,其中⑦也被称为延喜庄园整理令。根据这些法令的内容也可知,当时的院宫王臣家问题主要有:占定山川薮泽;以设在地方的庄家为据点,违法私营田等;买取百姓(富豪层)田地舍宅;侵占空闲地、荒废田等。这些扩展私有大土地的行为结果就是庄园的形成,冲击律令制下的土地制度,因此延喜二年的法令的目的是维持律令体制下的公有土地制,抑制院宫王臣家庄园的扩大,阻断院宫王臣家与地方富豪层的结合。但是,如若院宫王臣家的活动不妨碍国司的国务,则不被禁止,可以一如既往地进行。这也是法令效果甚微的原因之一。

此外,从停止临时御厨及停止敕旨开田(亦称敕旨田)的法令来看,除了院宫王臣家以外,天皇的家政机构(内膳司、内藏寮)同样进行扩大

---

① "延喜",醍醐朝年号之一,901年至923年间。

天皇领庄园的活动，也是危及律令制的政治问题。①

　　延喜二年法令中的①②③⑧⑨则是针对国司的怠政行为，采取的严肃地方行政的措施。当时无论是班田制，还是租调庸制的实行都处于松懈的状态，与院宫王臣家问题同样，使律令制国家财政体系濒于危机。因此上述法令的出台意在重振律令体制，但是实际效果并不理想。

　　"延喜之治"在文化方面也有诸多成就。例如，记述天安二年（858）八月至仁和三年（887）八月的官撰史书《日本三代实录》完成；编纂《延喜格式》，以重振律令制为目的②；敕撰和歌集《古今和歌集》完成，等等。

　　延喜三年（903），藤原稳子生下了皇子保明亲王。翌年（904），保明亲王被立为皇太子。然而，延喜九年（909）四月，年仅 39 岁的藤原时平亡故。关于其死因，史书并没有具体记载，但后世的史书提到藤原时平是由于菅原道真的怨灵作祟而亡的。对菅原道真怨灵的恐惧，困扰着当时的朝廷。

　　藤原时平死后，他的同母弟弟——藤原忠平的政治地位不断提升。昌泰三年（900），藤原忠平曾一度被任命为参议，但是不久他就辞任参议，把机会让给了他的叔父藤原清经，自己则担任右大辨一职。延喜八年（908），藤原忠平重新出任参议，此后历经权中纳言、中纳言、大纳言的官职变迁，并于延喜十四年（914）升任为右大臣，成为太政官的首席。

　　延喜十四年（914），朝廷向公卿、大夫（四位、五位官人的统称）广泛征求对国政的意见。其中，文人官僚三善清行提出了"意见十二个条"，对重振律令制国家提出了建议。三善清行"意见十二个条"的要点如下③：

---

① 吉川真司「院宮王臣家」、『日本の時代史 5　平安京』、吉川弘文館 2002 年、145—185 頁。
②《延喜格》和《延喜式》统称为《延喜格式》，是律令国家时代的最后一次律令格式的编纂。延长五年（927）十一月，左大臣藤原忠平等献上《延喜格》12 卷，《延喜式》50 卷。其中，《延喜格》的开始实施是在延喜八年（908）。
③『本朝文粋』「善相公〈意見十二箇条〉」。

1. 应消水旱,求丰穰事;

2. 请禁奢侈事;

3. 请敕诸国随见口数,授口分田事;

4. 请加给大学生徒食料事;

5. 请减五节妓员事;

6. 请依旧增置判事员事;

7. 请平均充给百官季禄事;

8. 请停止依诸国少吏并百姓告言诉讼,差遣朝使事;

9. 请置诸国勘籍人定数事;

10. 请停以赎劳人补任诸国检非违使及弩师事;

11. 请禁诸国僧徒滥恶及宿卫舍人凶暴事;

12. 重请修复播磨国鱼住泊事。

上述"意见十二个条"的内容涉及当时的土地状况、贵族的奢侈、中下级官员的待遇、地方的政治与治安等方面,既体现出三善清行对再振律令制国家的热情,也反映出当时的自然灾害频繁、奢侈成风、地方统治不力、官人待遇不公允等现实状况。

延喜二十三年(923)三月,年已 21 岁的保明皇太子病亡。坊间都在传言:皇太子病亡乃是菅原道真的怨灵在宫内作祟。为此,朝廷于同年(923)四月专门发布敕令:撤销左迁菅原道真的诏书,恢复其右大臣的称号,并追赠为正二位官位。

保明亲王死后,醍醐天皇立 3 岁的庆赖王为皇太子,庆赖王是保明亲王的皇子,其母亲是藤原时平的女儿。年号由延喜改至延长。但是,延长三年(925)六月,年仅 5 岁的庆赖王也夭折了。同年(925)十月,藤原稳子所生的另一个儿子宽明亲王被立为皇太子。

延长八年(930)六月二十六日,雷落至清凉殿的柱子,当场就有人被雷击中死亡,有人被击伤。同时,紫宸殿也出现被雷击中的伤亡人员。醍醐天皇受到惊吓,一病不起。九月,醍醐天皇病情加重,让位于皇太子宽明亲王。宽明即位,是为朱雀天皇。让位七日后,醍醐太上天皇病亡。

2. 天历之治

朱雀天皇的母亲是藤原稳子,因此藤原忠平是天皇的舅舅。朱雀天皇就是在藤原忠平的宅第内出生的。只有 8 岁的朱雀天皇,自然无力治政,于是醍醐天皇在让位诏书中,命令左大臣藤原忠平保辅幼主,摄行政事。由此,藤原忠平以摄政的身份,代行天皇大权。

承平六年(936),藤原忠平晋升为太政大臣。翌年(937),朱雀天皇15 岁,行元服仪式。但此后,藤原忠平仍任摄政。天庆四年(941),朱雀天皇诏令,效仿仁和三年(887)宇多天皇任命藤原基经为关白事,将"万机巨细,百官总己,皆关白于太政大臣"[①]。据此,藤原忠平停任摄政,出任关白,其地位、权限直追他的父亲藤原基经。

朱雀天皇在位期间(930—946),日本国内的治安不稳,群盗、海贼此起彼伏,其中著名的平将门之乱(935—940 年)和藤原纯友之乱(936—941 年)就是这一时期的反乱(后述)。在藤原忠平的主导下,朝廷成功地平息了日本国内的内乱。

天庆九年(946)四月,24 岁的朱雀天皇突然让位,皇太子成明亲王即位,是为村上天皇。村上天皇是朱雀天皇的同母弟弟,母亲也是藤原稳子,即位时,年已 21 岁。村上天皇即位后,藤原忠平的儿子藤原实赖成为左大臣,另一个儿子藤原师辅成为右大臣。太政大臣藤原忠平自身则继续身居关白之位,辅弼村上天皇。

天历三年(949)八月,藤原忠平去世,时年 70 岁。其后,村上天皇亲政,没有再任命关白。村上天皇的亲政时代,与前述的醍醐天皇亲政时代一同,被后人称为"圣代"。不过,村上天皇亲政时代虽然没有设置关白,但政权的主导者是左大臣藤原实赖和右大臣藤原师辅二人。此外,藤原实赖和藤原师辅都非常积极地与天皇联姻,尤其是藤原师辅,不仅自身娶了村上天皇的姐姐康子内亲王,而且他的女儿藤原安子还是村上天皇的皇后,生有宪平、为平、守平三位亲王,其中宪平亲王出生不久,即

---

① 『日本紀略』天慶四年十一月廿八日条。

被立为皇太子。

村上天皇亲政时代,政权安稳,宫廷文化繁荣,《后撰和歌集》以及仪式书《清凉记》《新仪式》等都是这一时期撰定的。

3. 平将门之乱

平将门(?—940)出身于皇族血统家庭,是桓武天皇的第五代孙。他的祖父高望王,被朝廷赐平姓,从王族降至臣籍,并被任命为上总介,离开平安京,前往上总国任官。此后,平高望(高望王)及其子孙以上总国为中心,在东国地区发展势力。平将门的父亲是平高望的三子平良持(又称平良将),曾任镇守府将军。镇守府是律令制国家设在陆奥国的制御虾夷人的军事机构,其长官就是镇守府将军,由擅长武艺的官人担任。

平将门年少的时候,与堂兄弟平贞盛一同从坂东前往平安京,成为藤原忠平的从者。当时,地方豪族的子弟,往往通过进京与上层贵族结成主从关系,进而获得位阶、官职。但是,武艺高强的平将门在藤原忠平家奉仕多年之后,并未获得任何官位,自平安京返回了故乡。回到故乡后的平将门,发现已故父亲平良持遗留下来的土地被大伯父平国香(平高望的长子,官职为常陆国的大掾)占据。

承平五年(935)二月,围绕着平良持留下的土地的所有权问题,在常州石田(茨城县筑西市),平将门与平国香、源护(平国香的岳父,前常陆国大掾)之间发生了直接的军事冲突。结果,平将门一方取得胜利,平国香以及源护的三个儿子被杀。当时,在平安京的平国香的儿子平贞盛已官任左马允(左马寮的三等官),听到消息后,急匆匆地从平安京返回故乡,欲与平将门和解,但是未能如愿。

平将门的另外两位伯叔平良正和平良兼也是源护的女婿,他们先后选择了与平将门对立的立场。承平五年十月,平良正与平将门各率兵士,在新治郡(茨城县结城郡)交战。平将门胜利。战败的平良正不甘心失败,说服了平良兼(官职为下总国的介)加入反平将门的阵营。之后,二人又将平贞盛也拉入了同一阵营。承平六年(936)七月,平良兼、平良正及平贞盛的三方联合兵力与平将门军激战,结果仍是平将门取胜。正当平将门与其伯叔们火拼之时,源护向朝廷告发了平将门。于是,朝廷发出太政官符,召唤源护、平将门进京询问。同年十月,平将门先于源护进京,力陈罪不在己,结果被从轻判罪。翌年(937)正月,朱雀天皇元服,实行大赦,平将门被赦,重回故乡。

返回故乡后,平将门与伯叔们之间的战火再次燃烧。承平七年(937)八月,平良兼军与平将门军两次交战,平良兼一方皆取得胜利,并且平将门的妻子(平良兼的女儿)也被平良兼一方抓捕。为了扭转劣势,平将门重整旗鼓,积聚力量。九月,双方再战,但平将门并未能消灭平良兼势力。十一月,朝廷向平良兼等人下达了追捕平将门的太政官符。由此,平氏一族的内部争执开始转化为官与贼的对立关系。平良兼收买了平将门的一个手下(名叫丈部子春丸),摸清了平将门的武器装备及其夜宿之处等情报。十二月的一天,获得情报的平良兼率兵夜袭平将门,但因平将门一方的英勇对战,平良兼军被击退。天庆元年(938)二月,平贞盛前往平安京向朝廷申诉平将门的罪状。平贞盛在得到追捕平将门的太政官符之后,返回了坂东,但是诸国的国司没有人理会平贞盛手中的太政官符。天庆二年(939)六月,平良兼病故去世。

就在平氏一门的内部纠纷似乎要接近尾声之时,在武藏国和常陆国发生了两起事件,改变了平将门的命运。其中一起事件是武藏国的国司与郡司间的纠纷。纠纷的一方是武藏权守兴世王和武藏介源经基,二人都是降为臣籍的皇族后代;另一方是足立郡司武藏武芝,他同时还兼任武藏国衙的判官代职(从事一般具体事务)。天庆元年(938),兴世王和源经基二人商定要在正职武藏守到来之前,以巡视为名,进入足立郡征收官物。武藏武芝对此表示反对,认为武藏守到来之前巡视国内没有前例,拒绝他们到足立郡巡视。兴世王、源经基在斥责武藏武芝身为郡司对国司无礼的同时,身带武器强行进入了足立郡。武藏武芝隐入山中。兴世王一行对武藏武芝的宅舍以及民舍进行了掠夺。其后,武藏武芝几番要求归还被掠的私物,但是兴世王等人不仅拒绝归还,而且还进行着与武藏武芝交战的准备。听闻此事的平将门决定出面调停。天庆二年二月,平将门率兵进入了武藏国,说服兴世王与武藏武芝二人,达成了和解。可是,武藏武芝的部下却包围了源经基的营所。逃出的源经基认为这是平将门和兴世王等人要合谋杀害自己,便急赴平安京向朝廷控告兴世王和平将门谋反。对于源经基的告发,平将门向朝廷提交了申述自己无罪的书状。就在中央决策层对平将门是否是谋反问题反复讨论没有结果的时候,常陆国发生的另一事件使得平将门的立场站到了朝廷的对立面。

时任常陆国介的藤原维几,为了完成征收官物的任务,多次催促当地豪族藤原玄明交纳贡物,并责令藤原玄明到国府走一趟。藤原玄明一贯藐视官府,被官府描述为"素为国之乱人,为民之毒害也","见其行事则甚于夷狄,闻其操则伴于盗贼",对于藤原维几下达的命令,藤原玄明置若罔闻,采取了"对悍为宗,敢不府向"的态度①。于是,藤原维几向太政官申请追捕令,准备逮捕藤原玄明。得知消息的藤原玄明在携妻逃向平将门的根据地——下总国丰田郡的途中,袭击了位于常陆国行方、河内两郡内的国衙正仓,并将抢夺的官物悉数运入平将门的营所。藤原维几要求平将门交出藤原玄明。平将门不仅拒绝了藤原维几的要求,而且于天庆二年十一月率兵进入常陆国,要求常陆国司收回追捕藤原玄明的命令。遭到拒绝后,平将门军包围常陆国府,抓捕了藤原维几,夺得常陆国的国印和正仓的钥匙,火烧建筑。平将门的这一行动意味着他走向对抗朝廷的道路。

这时,武藏权守兴世王对平将门说:"虽讨一国,公责不轻,同虏掠坂东,暂闻气色者",即讨伐一国,已犯下重罪,不如乘势一同占领坂东诸国,暂观形势。平将门回答道:我所想的是以坂东八国为开始,进而占领京城;先夺诸国的印镒,掌握八国。② 战略议定后,天庆二年十二月,平将

---

① 『将門記』。
② 『将門記』。

门相继率兵占领下野、上野两国的国府，驱逐了朝廷派任的两国国司。在上野国的国府，平将门宣称受八幡大菩萨的托宣，成立新政权，自称"新皇"，任命自己的兄弟及部下为坂东诸国的国司。

平将门自任"新皇"的消息，迅速传到平安京。朝廷任命的坂东"诸国长官，如鱼惊，如鸟飞，早上洛京"，"京官大惊，宫中骚动"。① 这时，在西日本的濑户内海沿岸，藤原纯友反乱的消息也传到了朝廷。以藤原忠平为首的中央决策层彻夜讨论对策。天庆三年（940）正月元日，朝廷任命了东海、东山、山阳三道的追捕使；十一日向东海、东山两道诸国下达了太政官符宣称：杀平将门者，赏赐五位以上官位及相应的土地；十九日，任命参议藤原忠文为讨伐平将门的"征东大将军"。

天庆三年正月中旬，为了讨伐平贞盛和藤原为宪（藤原维几之子），平将门率兵向常陆国进发。在常陆国，尽管平将门军抓获了平贞盛等人的妻子，但始终未发现平贞盛、藤原为宪等人的踪迹，于是除了留下少数兵力以外，平将门解散了自己的军队，让大多数的士兵返乡春耕。趁此机会，平贞盛与下野押领使藤原秀乡合作，率兵攻击平将门。经过几番的交战，最终兵力不足的平将门不敌藤原秀乡和平贞盛联军，于天庆三年二月十四日中箭身亡，其成立的独立王国也随之消失。

4. 藤原纯友之乱

关于藤原纯友的出身，学术界有两种看法：一是认为他是大宰大贰、筑前守藤原良范的儿子；一是认为他是伊予国的豪族高桥友久的儿子，后成为藤原良范的养子。1980 年以前，后者观点基本上是主流，但是1981 年以后，前者观点逐渐变得有力。② 藤原良范的父亲藤原远经与藤原基经是亲兄弟，同为藤原长良（藤原冬嗣长子）之子，后来藤原基经成为藤原良房的养子。因此从血缘关系上看，藤原良范与藤原忠平是堂兄弟关系。

---

① 『将门记』。
② 松原弘宣『藤原纯友』、吉川弘文馆 1999 年、7—12 頁。

　　承平元年(931)起,在濑户内海沿岸,海贼再度活跃。濑户内海的水上交通是其沿岸地区的诸国与平安京联络的重要手段。为了镇压海贼,朝廷采取了一系列的对应措施:承平二年(932),朝廷任命了追捕海贼使;翌年(933),向诸国派遣了警固使;承平四年(934),派遣兵库允在原相安率领诸家兵士以及武藏国的兵士追剿海贼,并再次任命追捕海贼使。但是朝廷的武力投入,并未能抑制海盗的活动。承平四年的年末,海贼掠夺了伊予国喜多郡的正仓稻谷。

　　位于四国岛的伊予国,地处濑户内海西端要冲,其周边的点点小岛,既是渔民舟船的停泊地,也是所谓的"海贼"活跃地,因此在"强盗""海贼"群起的时候,被朝廷认为是"海贼"群居之地。藤原纯友率众反乱的出发地就是伊予国。关于藤原纯友与伊予国的关联始于何时,由于文献史料的局限,不得而知。《吏部王记》[1]承平六年(936)三月条记载,伊予国的前掾藤原纯友率众从平安京前往伊予国,进行掠夺活动。又,《日本纪略》及《扶桑略记》所引的《纯友追讨记》等史料也将藤原纯友称为"前伊予掾"或"伊予掾"。因此,藤原纯友曾任伊予掾(国司中的三等官)是确定无疑的。根据律令制的规定,伊予国是上国,掾是相当于从七位的官职,职责"纠判国内,审署文案,勾稽失,察非违"[2],也就是负责地方治安的官职。

　　那么,藤原纯友是何时成为海贼的? 如若依照《吏部王记》的记载,藤原纯友似乎是在承平六年(936)三月成为海贼的[3]。《日本纪略》承平六年六月条也记载,藤原纯友结党,屯聚伊予国的日振岛,有千余艘船,抄劫官物私财;朝廷令伊予守纪淑人追捕,纪淑人实施怀柔政策,令藤原纯友及其部下降服。这与《吏部王记》的记事可以相互佐证,承平六年六

① 米田雄介等校訂:『史料纂記吏部王記』,続群書類従完成会1974年。《吏部王记》是重明亲王(醍醐天皇之子)的日记。重明亲王出生于延喜六年(906),死于天历八年(954),亲经藤原纯友之乱。他的日记实际上已经散佚,《史料纂集》所收的《吏部王记》是搜集的逸文。
② 『令集解』職員令。
③ 福田豊彦「藤原純友とその乱」、『日本歴史』第471号、1987年8月、1—21頁。

月的藤原纯友已经是海贼首领。但是,若是根据《本朝世纪》天庆二年(939)十二月廿一日条的记载,承平六年六月,藤原纯友尚遵照朝廷的旨意追捕海贼。文献记载上的混乱,使得学者们对于藤原纯友反乱的性质有着不同的看法①。不过,藤原纯友从一名官人演变成"海贼",这一点是可以确定的。

据史料记载,天庆二年(939)年末,藤原纯友率领其属下的随兵武装集团,乘船从伊予国出发,欲至海上。藤原纯友的举动首先引起伊予国官民的骚动,伊予国守纪淑人极力劝阻藤原纯友,但藤原纯友却执意行动。于是,伊予国向中央朝廷报告了藤原纯友的行为。接到消息的朝廷,向摄津、丹波、但马、播磨、备前、备中、备后等濑户内海沿岸的诸国下达了召唤藤原纯友上京的太政官符。同时派遣藤原纯友的外甥藤原明方前往伊予国与藤原纯友之处了解情况。同年(939)十二月二十六日,备前介藤原子高在入京的途中,于摄津国的须岐驿(兵库县芦屋市附近)被藤原纯友的兵卒袭击、被俘;藤原子高的儿子被杀。同时,被俘的还有播磨介岛田惟干。藤原子高的从者飞驰至平安京,将事件报告给朝廷,公卿们立刻聚集在太政大臣藤原忠平的邸宅,商量对策。翌年(940)正月元日,朝廷任命小野好古为山阳道追捕使。二十日,"西国兵船多来,备中军逃散"的消息传到了朝廷。② 这些兵船是否是藤原纯友军,史料上并没有明确记载。不过,三十日,朝廷决定授予藤原纯友从五位下的位阶。因此,即使袭击备中国的兵船是藤原纯友军,朝廷对藤原纯友的态度似乎也是以安抚为主。

天庆三年(940)二月三日,藤原明方返回平安京,带回了伊予国的解文和藤原纯友的申文。翌日(四日),朝廷命令正在向西进发的小野好古

---

① 福田豊彦「藤原純友とその乱」。小林昌二「藤原純友の乱再論」(『日本歴史』第 499 号、1989 年 12 月、1—19 頁)。松原弘宣「藤原純友」。下向井竜彦「警固使藤原純友——承平六年における藤原純友の立場の再検討を通して」(『芸備地方史研究』第 133 号,1981 年)。同氏「武士たちの英雄時代」(『武士の成長と院政』、講談社 2001 年、43—95 頁)、等。
② 『貞信公記記抄』天慶三年正月廿日条。

暂时停止前进。但是,五日,淡路国上报朝廷:贼徒袭击淡路国、夺取兵器等。二十二日,小野好古向朝廷报告藤原纯友乘船在濑户内海活动。为了防止藤原纯友军从水路上京,朝廷派兵加固交通要道的防卫。三月四日,朝廷任命追捕南海凶贼使。四月十日,小野好古向朝廷报告:在山阳道,疑似凶贼四起。直至此时,朝廷始终未明确地指称藤原纯友是海贼。但是随着平将门之乱的平息,朝廷开始集中力量对付濑户内海沿岸的海贼问题。

天庆三年(940)六月,朝廷将藤原纯友定性为"暴恶士卒"①,命令山阳道追捕使小野好古追捕藤原纯友。此后,藤原纯友军与官军屡屡发生军事冲突。八月,赞岐国、伊予国被袭,备后国、备前国的船被烧等;十月,大宰府追捕使在原相安所率之兵被打败;十一月,周防国的铸钱司被烧;十二月,土佐国的八多郡被袭。为了制服藤原纯友军,朝廷向诸国征兵,集结兵力。进入天庆四年(941)以后,朝廷军相继地平息了赞岐、伊予二国内的藤原纯友军。但是,藤原纯友本人亲率的队伍进入大宰府管辖内继续活动,夺取大宰府的财物,火烧大宰府。五月,在大宰府的博多湾,朝廷军采取了从陆海两路夹击藤原纯友军的策略,一举决一死战。结果,藤原纯友军大败,藤原纯友本人也乘船逃走。六月十一日,备前、备中、淡路三国向朝廷报告:藤原纯友舍弃船舟逃跑,怀疑其进入了平安京。但是,六月二十日,藤原纯友就被伊予国的警固使橘远保擒住,然后被处死。

藤原纯友死后,其残部依然分散在九州岛,与官军对抗。直至同年(941)的十一月,藤原纯友之乱才彻底被平息,朝廷宣布"今月以后,天下安宁,海内清平"②。与平将门的无位无官相比,藤原纯友是任用国司出身,在他的部下中,下级官人出身的人也不乏其数。如果说平将门之乱是源自地方豪族与国司之间的矛盾,那么藤原纯友之乱则是下级官人对

---

① 『贞信公記抄』天慶三年六月十八日条。
② 『日本紀略』天慶四年十一月今月条。

朝廷的不满的爆发①。这或许就是相比平将门之乱，朝廷投入了比较多的兵力，用了比较长的时间才完全平息了藤原纯友之乱的原因吧。

三、摄关体制的常态化

康保四年(967)五月，在位 21 年的村上天皇去世，是年 42 岁。18 岁的皇太子宪平亲王即位，是为冷泉天皇。冷泉天皇即位时，外祖父藤原师辅和母亲藤原安子都已离世，并且冷泉天皇曾患有精神方面的疾病，亲政似有困难，因此即位后不久的冷泉天皇诏令任命左大臣藤原实赖为关白。同年(967)十一月，藤原实赖升任为太政大臣，同时右大臣源高明升为左大臣，大纳言藤原师尹(藤原师辅之弟)升为右大臣。翌年(968)八月，改年号为安和。

冷泉天皇即位后，首先面临的问题是皇位继承人的人选事。冷泉天皇有两个同母弟，一是为平亲王，一是守平亲王。当时，为平亲王 16 岁，守平亲王 9 岁。若是依照年龄顺序，为平亲王被立为皇太子本是无可非议的，但为平亲王已是源高明的女婿。源高明是醍醐天皇的皇子，因母亲身份低，被赐姓源氏，降为臣籍。藤原师辅曾先后将两个女儿嫁给源高明，村上天皇也与源高明有着良好的关系。著名的仪式书《西宫记》就是源高明撰写的。

对于藤原氏来说，如果为平亲王成为皇太子，则源高明在未来就有可能成为外戚，或许这是藤原氏不希望看到的情景。最终，以村上天皇在世时提出的意愿为名，安和元年(968)九月，年幼的守平亲王被立为皇太子。

冷泉时代启幕伊始围绕着权力的争斗就暗流涌动，预示着这一时代的政情不稳定。除了上述的藤原氏与源高明之间的较力以外，藤原氏内部也是明争暗斗，例如，关白藤原实赖在日记《清慎公记》中，记述了作为外戚不善之辈的藤原伊尹(藤原师辅的长子)的无止境的升官欲望，及右

---

① 下向井竜彦「武士たちの英雄時代」、『武士の成長と院政』、43—95 頁。

大臣藤原师尹等人内定人事之事等,这些都使藤原实赖感觉到自己是没有实权的关白("扬名关白")。

安和二年(969)三月,左马助源满仲、前武藏介藤原善时等人,密告中务少辅源连、橘繁延等人谋反。得此密告,右大臣藤原师尹以下诸公卿迅速参入内里商议,并派遣检非违使逮捕了橘繁延等人。经过拷问,橘繁延等人伏罪。左大臣源高明因此次谋反事件受到牵连,被冠以拥立为平亲王谋反的嫌疑,被贬职为大宰权帅。左大臣一职由藤原师尹接任。这一事件史称"安和之变"。

"安和之变"以后不久,安和二年(969)八月,冷泉天皇让位,在位时间只有2年。11岁的皇太子守平亲王即位,是为圆融天皇。太政大臣藤原实赖被任命为摄政,辅佐幼主。同时,冷泉天皇的年仅2岁的皇子师贞亲王(藤原伊尹的外孙)被立为皇太子。翌年(970)五月,藤原实赖以71岁高龄逝去。藤原实赖之后,身为皇太子外祖父的右大臣藤原伊尹,越过左大臣藤原在衡,成为摄政。

天禄三年(972),14岁的圆融天皇元服。同年(972)十一月,摄政藤原伊尹病亡。其后,藤原伊尹的同母弟弟藤原兼通和藤原兼家二人之间虽有竞争,但藤原兼通胜出,从权中纳言直接升任内大臣,并于翌年(973)二月,将女儿藤原媓子送入圆融天皇的后宫。5个月后,藤原媓子被立为圆融天皇的皇后。天延二年(974),藤原兼通成为太政大臣,继而圆融天皇发布诏令,任命藤原兼通为关白。

贞元二年(977)十一月,藤原兼通病亡。藤原兼通病重时,把关白职让给了时任左大臣的藤原赖忠(藤原实赖之子),而不是自己的亲弟弟藤原兼家。天元元年(978)十月,关白藤原赖忠升任为太政大臣,藤原兼家也晋升为右大臣。藤原赖忠之女藤原遵子、藤原兼家之女藤原诠子相继进入圆融天皇的后宫。天元三年(980)六月,虽然藤原诠子诞下怀仁亲王,但是在天元五年(982)三月,圆融天皇却立藤原遵子为皇后。

永观二年(984),圆融天皇让位,皇太子师贞亲王即位,是为花山天皇。花山天皇即位后,藤原兼家的外孙怀仁亲王被立为皇太子。虽然太政大臣藤原赖忠继续就任关白,但是实权掌握在花山天皇的舅舅、藤原义怀(藤原伊尹之子)手里。

宽和元年(985)七月,花山天皇因痛失宠妃藤原忯子(病亡),意欲出家。藤原兼家乘机谋划让花山天皇退位、怀仁亲王即位之事。藤原兼家的四男藤原道兼是近侍花山的五位藏人,他极力鼓动花山天皇出家,并表示要追随花山天皇一同出家。宽和二年(986)六月二十三日晚,花山天皇被藤原道兼秘密带出宫,直奔位于山科的元庆寺。同时,藤原兼家的另外两个儿子藤原道隆、藤原道纲将放在清凉殿的象征天皇权威的神玺和宝剑转移到怀仁亲王所在的凝花舍。二十四日,藤原义怀等人追寻到元庆寺时,花山天皇业已出家,无奈之下,藤原义怀等人也追随出家。如此,藤原兼家将外孙怀仁亲王推上皇位,使自己成为外戚。

即位的怀仁亲王,是为一条天皇,年仅 7 岁。藤原兼家出任摄政,代替天皇处理朝政。当时,作为右大臣的藤原兼家,其官职位于太政大臣藤原赖忠和左大臣源雅信之下,因此对于藤原兼家来说,等待太政大臣之位的空出,需要相当长的时日。为了急速提升自己的政治地位,在就任摄政后不久,藤原兼家就辞去了右大臣一职,同时把摄政的地位提高至相当于三宫(太皇太后、皇太后、皇后),高于三公(太政大臣、左大臣、右大臣)的位置。由此,摄政不仅脱离了律令制的大臣体系,而且其地位超越所有的官职。

此后,藤原兼家一族作为天皇的外戚,长期独占摄政或关白之位,以摄政、关白为中心的政治体制达到顶峰。藤原兼家的儿子藤原道隆、藤原道兼、藤原道长都曾以摄政或关白的身份活跃在政治舞台上。尤其是藤原道长身为一条、三条(藤原兼家的外孙)、后一条(藤原道长的外孙)三代天皇的外戚,势力无可比拟,开启了摄关政治的全盛时代。

四、藤原道长时代

永祚二年(990)正月,11 岁的一条天皇举行了元服仪式。五月,藤原兼家从摄政变为关白。在成为关白的数日后,藤原兼家出家,其长男内大臣藤原道隆继任关白之位。但是,藤原道隆的关白尚未达到 20 日,其地位就由关白改为摄政。正历二年(991)七月,藤原道隆辞去内大臣,专任摄政一职。正历四年(993)四月,一条天皇 14 岁,藤原道隆辞去摄政,再次就任关白。

长德元年(995)四月,藤原道隆病亡。临终前,藤原道隆希望能将关白之位传给自己的儿子藤原伊周,但没有得到一条天皇的同意。最后,右大臣藤原道兼继任关白之位。这一年(995),疫病肆虐,尤其是四、五月间,仅中纳言以上的公卿就死亡 8 人。① 藤原道兼也未能幸免,坐在关白之位的时间不过 10 余日就患病而亡。藤原道兼死后,当时的内大臣藤原伊周与权大纳言藤原道长成为关白后继者的强有力候选人。

藤原道长作为藤原兼家的末子,出生于康保三年(966),与道隆、道兼、超子(冷泉天皇女御②)、诠子(圆融天皇女御)为同母所生。藤原兼家执权以后,藤原道长的官位不断高升。永延二年(988)正月,没有经过参议一职,只有 23 岁的藤原道长直接晋升为权中纳言。三年后,正历二年(991)九月,官就权大纳言。与藤原伊周相比,藤原道长的背后有其姐姐,一条天皇的母亲东三条院诠子的支持,同年(991)十一月,东三条院从宫中搬出,没有回到自己的私宅(东三条殿),而是住进了藤原道长的宅第。

藤原道兼死后,在东三条院诠子的推动下,藤原道长被赐予内览的权限,即太政官上申天皇的文书,先由藤原道长审阅。六月,藤原道长升任右大臣,地位高于内大臣藤原伊周。七月二十四日,在商量政务的阵座(后述)时,藤原道长与藤原伊周之间发生了口角,场面宛如斗乱。三天以后,藤原道长的从者与中纳言藤原隆家(伊周之弟)的从者,在平安京的七条大路上发生了对战。其后,发生藤原道长的随身被藤原隆家的

---

① 『日本纪略』长德元年五月廿九日条。
② 女御,平安时代以后,替代律令制下的妃、夫人、嫔,成为后宫的一种身份、地位和称号。

从者杀害的事件,以及高阶成忠(藤原伊周的外祖父)请阴阳师诅咒藤原道长的事件。藤原道长与藤原伊周叔侄之间的对立日益激烈化。就在这时,袭击花山法皇事件使得藤原伊周、藤原隆家兄弟二人自断了各自的政治前途。

藤原伊周与已故太政大臣藤原为光的女儿通好,但误以为花山太上天皇(法皇)同时也与该女子有染。长德二年(996)正月十六日,在藤原为光的宅第,藤原伊周、藤原隆家二人为了恫吓花山太上太皇,让从者箭射花山,结果箭射穿了花山太上天皇的衣袖,射死了在场的花山太上天皇的两个童子。二月十一日,一条天皇敕令明法博士勘定藤原伊周、藤原隆家的罪名。三月末,东三条院诠子不豫,疑是被人诅咒,风传在诠子住处的地板下发现了人偶诅咒物(厌物)。四月一日,法琳寺(位于京都市宇见区)报告,藤原伊周私自修行太元帅法(密教修法)。这一连串事件最终导致藤原伊周、藤原隆家等人被左迁,四月二十四日,藤原伊周被贬为大宰权帅,藤原隆家被任命为出云权守。对此,藤原伊周躲进中宫定子(藤原伊周的妹妹)的御所,称重病拒绝前往大宰府。数日后,朝廷派人强行搜查中宫御所,藤原隆家被抓,藤原伊周逃逸。中宫定子因为住所被搜,感到莫大的耻辱,遂出家为尼。藤原伊周虽然逃脱了中宫御所的搜查,但数日后,返回平安京。最终,前赴谪所,敕使相送。

同年(996)七月,藤原道长升任左大臣,开始其执权时代。长保元年(999)十一月七日,藤原道长的长女彰子进入一条天皇的后宫。恰在这一天,中宫定子诞下了一条天皇的长男敦康亲王。翌年(1000)二月,彰子成为中宫,原来的中宫定子改称为皇后。宽弘五年(1008)九月,在藤原道长的宅第,中宫彰子诞下了敦成亲王。翌年(1009)十一月,彰子又生下敦良亲王。

一条时期,藤原道长并没有成为摄政或关白,而是一直停留在左大臣的位置上,其与一条天皇的关系也是良好的。长保元年(999)六月,内里发生火灾,一条天皇移步至位于宫外的一条院。七月十一日,朝廷决定重建内里。但是内里的建设需要人力与物力,也需要加强社会的稳定,因此一条天皇在征求藤原道长的意见之后,宣布了"新制十一条"①,显示出一条天皇对国政的兴趣。

宽弘八年(1011)六月十三日,病重的一条天皇让位给 36 岁的皇太子居贞亲王,居贞践祚,是为三条天皇。当日,一条天皇的次男敦成亲王被立为皇太子。一条天皇让位后,落发出家,数日后,亡逝,年仅 32 岁。

三条天皇也是藤原道长的外甥,其父是冷泉太上天皇,其母为藤原超子(藤原兼家的三女)。三条天皇即位后,曾打算发布诏令任命藤原道长为关白,但被藤原道长拒绝,最后只赋予了藤原道长的内览职权。此外,还给予藤原道长乘牛车出入平安宫的待贤门、上东门两门的特权。宽弘九年(1012)二月,藤原道长的女儿藤原妍子成为三条天皇的中宫。然而,同年(1012)四月,三条天皇不顾藤原道长的反对,将藤原济时(藤原师尹之子)的女儿藤原娍子立为皇后。从中可以看出,三条天皇与藤原道长之间存在着对立。

长和三年(1014)年末,三条天皇患有眼疾,于是藤原道长以天皇的病情为由,频频催促三条天皇让位,但三条天皇坚持不退位。长和四年(1015)十月,三条天皇眼病恶化,藤原道长被授予准摄政的职权。准摄政,虽然没有摄政称号,但其职限如同摄政。直至长和五年(1016)正月,三条天皇才让位给 9 岁的敦成亲王。敦成亲王是藤原道长的外孙,即位后,是为后一条天皇。同时,天皇的外祖父藤原道长就任摄政,三条天皇与藤原娍子所生的敦明亲王被立为皇太子。同年(1016)十二月,藤原道长辞去左大臣职务。

宽仁元年(1017)三月,藤原道长的儿子藤原赖通升任为内大臣后,藤原道长迅速上表辞去摄政,由 26 岁的藤原赖通接任摄政。同年五月,

---

① "新制十一条"的主要内容是:1. 应慎神事违例事;2. 应重禁制神社破损事;3. 应重禁制佛事违例事;4. 应悬加修理定额诸寺堂舍破损事;5. 应重禁制僧俗无故住京及号车宿京舍宅事;6. 应重禁制无故任意触秽辈事;7. 应重禁制男女道俗着服事;8. 应重禁制以金银薄泥画扇、火桶及六位用螺钿鞍事;9. 应重禁制六位以下乘车事;10. 应重禁制诸司、诸卫官人飨宴、碁手辈事;11. 应重禁制计帐、主税二寮官人称前分勘料、多求赂遗、抑留诸国公文事(『新抄格敕符抄』神事諸家封户・雜事・長保元年七月廿七日太政官符)。

三条太上天皇病亡。稍后,失去后盾的敦明亲王主动辞去皇太子之位,被赋予尊号小一条院,准照太上天皇的待遇,赐予其年禄。不久,藤原道长把自己的女儿藤原宽子嫁给了小一条院。空出的皇太子之位,由后一条天皇的同母弟弟敦良亲王填补(后为后朱雀天皇)。十二月,藤原道长被任命为太政大臣。

宽仁二年(1018)正月,11 岁的后一条天皇元服。二月,藤原道长辞去太政大臣之职。三月,藤原道长的三女藤原威子进入后一条天皇的后宫;十月,威子被立为皇后,称为中宫。至此,藤原道长"一家立三后"①。身为三代天皇的外戚,藤原道长的势力无人比拟。治安元年(1021),藤原道长的四女藤原嬉子嫁给皇太子敦良亲王。万寿二年(1025)八月,嬉子诞下了亲仁亲王(后为后冷泉天皇),藤原道长一家的外戚权势势不可挡。万寿四年(1027)十二月,因为背疮的毒气侵入全身,62 岁的藤原道长走完了他的人生之路。

其后,藤原赖通作为后一条、后朱雀、后冷泉三朝的摄政或关白,近50 年间保持了藤原道长一系的政治地位。治历三年(1067)十二月,藤原赖通辞去关白之职。翌年(1068)四月,藤原赖通的弟弟藤原教通继任关白,但两天后,后冷泉天皇亡故,35 岁的尊仁亲王即位,是为后三条天皇。后三条天皇与后冷泉天皇是异母兄弟,母亲是后朱雀天皇的皇后贞子内亲王(三条天皇之女)。也就是说,后三条天皇与藤原氏之间不存在外戚关系,虽然其后,藤原氏的摄政、关白依然存在,但是外戚藤原氏独占政权的摄关政治开始走向太上天皇主导国政的院政时代。

五、走向院政时代

摄关政治时代,天皇生前让位的现象比较普遍。一般情况下,新天皇即位后,向让位的天皇赐予"太上天皇"的称号。太上天皇与天皇的血

---

① 《小右记》宽仁二年十月十六日条。三后是指道长的长女彰子(一条天皇的中宫)、次女妍子(三条天皇的中宫)、三女威子(后一条天皇的中宫)。

缘关系基本上是父子或兄弟，如若太上天皇想介入国政，由于其自身对政治不具有直接的影响力，只能通过天皇或摄政才存在可能性。

10 世纪后半叶，冷泉天皇与圆融天皇的子孙曾轮流交替地登上天皇之位，由于太上天皇与天皇不是父子关系，因此也就避免了太上天皇利用父子关系影响政治的可能性。但是随着三条天皇之子敦明亲王辞退皇太子之位，冷泉和圆融两皇统交替的皇位继位方式结束，也就意味着出现太上天皇与天皇是父子的情况是在所难免的。

藤原氏的外戚政策无法继续的直接理由，是被送入后冷泉天皇的后宫的藤原赖通及藤原教通的女儿没有生下皇子。① 后三条天皇继位后，立自己的皇子贞仁亲王为皇太子，于是为了重新建立外戚关系，藤原赖通之子藤原师实将养女藤原贤子送入东宫。藤原贤子受到了贞仁亲王的宠爱。

然而，后三条天皇在其 20 多年的皇太子时代，备受藤原赖通、藤原教通兄弟二人的冷眼，因此登上天皇位后，尽管依然任命藤原赖通为关白，但重用源师房、大江匡房等非藤原氏贵族，不受关白左右。没有外戚束缚的后三条天皇，积极亲政，发布延久庄园整理令，设置记录庄园券契所，制定延久宣旨枡等，实施了一系列的改革措施。

延久四年(1072)十二月，后三条天皇因身患疾病，同时也为了防止摄关政治的复归，决定让位给 20 岁的贞仁亲王。在让位的同时，后三条天皇还指定贞仁亲王的异母弟，年仅 2 岁的皇子实仁亲王为皇太弟。贞仁亲王即位，是为白河天皇。延久五年(1073)五月，后三条太上天皇因病逝去。

白河天皇的母亲是藤原茂子，藤原公成的女儿，藤原能信②的养女。加之，白河天皇立藤原贤子为中宫(皇后)，因此对于反藤原氏的势力来说，很希望白河天皇能够尽早让位给皇太弟实仁亲王，但是白河天皇却不情愿让位给实仁亲王。延久六年(1074)及翌年(1075)，藤原赖通和藤

---

① 永承四年(1049)三月，进入后冷泉天皇后宫的藤原教通女儿欢子虽有怀孕，但是死产。其后，藤原赖通的女儿宽子进入后冷泉天皇的后宫，但始终没有怀孕生子。
② 藤原能信是藤原赖通的异母弟弟，是支持后三条天皇即位的功臣。

原教通兄弟二人先后故去。当时,藤原赖通之子藤原师实与藤原教通之子藤原信长都是关白后继者的有力竞争者,二者互不妥协,最终白河天皇介入,任命藤原师实为关白,体现了天皇的主导权。此后的摄政或关白皆由藤原师实一族父子直系相继世袭。

应德二年(1085),实仁亲王因病亡故。翌年(1086),白河天皇立自己的 8 岁皇子善仁亲王为皇太子,并且当日让位,其后以太上天皇的身份(称白河院)掌握治政大权。一般认为,这是"院政"的开始。所谓的院政,就是太上天皇代行天皇大权,直接行天下之政。院政初期,白河太上天皇特别强势。

善仁亲王即堀河天皇,其母亲是藤原贤子,由此藤原氏再次成为外戚,藤原师实成为摄政。白河太上天皇与藤原师实的关系良好,关于国政之事,常常征求藤原师实的意见。宽治三年(1089),11 岁的堀河天皇举行元服仪式。翌年(1090),藤原师实由摄政转为关白。宽治八年(1094),藤原师实辞去关白之职,他的儿子藤原师通继任关白。成年后的堀河天皇,被后人称为"末代的贤王",积极亲政,与藤原师通的关系良好。对于白河太上天皇,藤原师通曾明言,在已退位的天皇门前,没有必要下车行臣下之礼。显然,白河太上天皇在退位后的初期并未显示出其强势。然而,承德三年(1099),38 岁的藤原师通突然亡故。由于藤原师通的儿子藤原忠实年纪尚轻,政治经验不足,没能即刻就任关白。长治二年(1105),藤原忠实被任命为关白。但是,嘉承二年(1107),29 岁的堀河天皇病亡。

堀河天皇死后,白河太上天皇下诏指定堀河天皇的皇子宗仁亲王即位,鸟羽天皇诞生。当时,鸟羽天皇只有 5 岁,其母亲是藤原实季的女儿。鸟羽天皇的外祖父藤原实季已于宽治五年(1091)十二月辞世,藤原实季之子藤原公季作为外戚希望能成为摄政,但是白河太上天皇却任命藤原忠实为摄政,由此开创了非外戚任摄政的先例,即原由外戚担任的摄政一职,脱离了外戚关系,世袭就任摄政或关白职务的摄关家成立。同时,白河太上天皇指定皇位继承人,抑制外戚势力,将摄关家置于太上天皇权威之下,都显示出白河太上天皇(院)居于权力的顶端,是统合各种势力的存在。

保安元年(1120),因藤原忠实与鸟羽天皇私下计划让藤原忠实的女儿藤原勋子入后宫,激怒了白河太上天皇,藤原忠实的内览职权被停止,相当于变相地被罢免了关白,藤原忠实只有隐居至宇治。保安四年(1123),鸟羽天皇让位,其皇子显仁亲王即位,是为崇德天皇。但白河太上天皇依然掌握大权。大治四年(1129),执政57年(在位14年,让位后43年)的白河太上天皇去世,终年77岁。

白河太上天皇死后,院政被鸟羽太上天皇(院)继承,鸟羽院政同样是太上天皇一人执天下之政的专制性权力。此后,院政常态化,日本历史进入中世时代。

第三节　贵族与政务

一、政

9世纪中叶以后,随着藤原氏、源氏等特定的氏逐渐独占政权的中枢要职,太政官的官职趋向世袭化。同时,近侍天皇的近臣集团也趋向贵族化,成为以摄关家为中心的名门贵族子孙的晋升途径之一。与政权走向贵族化相应,政务处理方式也发生了变化。

太政官是统辖国政的机构,由议政官、外记局(相当于议政官的秘书局)、左右辨官局(负责议政官与诸司、诸国之间的行政事务联络)等组成。其中,审议国政的议政官由太政大臣、左大臣、右大臣、大纳言、中纳言以及参议(参议的位阶为四位以上)构成。平安时代以后,议政官的官人总称为"公卿"。律令制国家的许多行政命令都是以太政官符的形式发布的。诸司、诸国向太政官上申、报告诸事宜,太政官向诸司诸国下达决裁。其中,重大事宜由天皇做出裁定。天皇或太政官对诸司、诸国上奏的事务做出指示和决定的政务处理体系,即是"政"。

律令制下的朝廷政务，理论上是天皇每日出席早朝，在大极殿听政，直接对中央诸司、地方诸国上奏的重大事宜做出决定。但在史料记载中，天皇每日亲临大极殿出席早朝的记载甚少。在平安宫的布局中，大极殿之南设有朝堂院，早朝时，朝堂院是臣下着座或列立的场所。如果天皇出席早朝，可以从大极殿直接看到臣下在朝堂院处理政务的情景。根据现存的仪式书，平安时代前期，朝廷一般行政的政务处理流程大致是①：早朝时，官人们进入朝堂院，就座各自位置（朝座②），处理各官司的日常政务；辨官（辨、史）向中纳言以上申读请求裁决的上奏文书（略称申文）；公卿听政，根据申文上奏事项，公卿逐项经行"议政"（若左大臣和右大臣都没有上朝，则由大纳言主持议政），最后以大臣的名义作出处理的意见。除此以外，中务省、式部省、兵部省三省的代表可以在辨官的引导下，参加公卿听政，直接申读请求裁决的事项。③ 对于某些重大政务，如果公卿无法做出最后的决定，则需上奏天皇，由天皇做出最终裁定。

延历十一年（792）十月，朝廷对五位以上官人的上朝出勤日（上日）的计算方法，改为不仅要统计五位官人在朝堂院上朝的天数，而且还有计算其在内里上朝的天数。这说明在当时，五位官人上朝的场所除了朝堂院以外，还有内里。也就是说，天皇听政的场所从大极殿移至内里。随着天皇听政空间的变化，诸官司的官人也没有必要每天都去朝堂院处理政务。《延喜式》规定，每年的十一月至翌年的二月，朝廷的政务处理不在朝堂院举行，而是在各官司的曹司举行；而在三月和十月，也只有一日、十一日、二十一日 3 天在朝堂院举行政务处理。

天皇在内里的听政场所，平安前期是内里正殿的紫宸殿，至平安中、后期，则变为内里的清凉殿。实际上，多数天皇的听政变成了旬政，即每月的一日、十一日、十六日、二十一日举行听政仪式。当然，平安时代也

---

① 参照『儀式』朝堂儀。
② 朝座是诸官司设在朝堂院的座。不是所有的官司在朝堂院都有朝座，神祇官、卫府等官司是没有朝座的。另一方面，在朝堂院设有亲王们的朝座。
③ 中务省、式部省、兵部省三省也可以不经辨官，经外记，直接申读请示事项。

有少数天皇坚持每日听政,但是自文德天皇以后,就没有每日勤政的天皇了。10 世纪以后,天皇听政的次数更少,多数天皇每年只是在二孟旬(孟夏的四月一日和孟冬的十月一日)形式地举行听政仪式。即使是每年仅有两次的听政仪式,天皇也会经常不出席。

随着天皇亲自听政的次数越来越少,朝廷的日常政务就由太政官机构处理,即公卿听政。太政官曹司厅是太政官的事务室,位于平安宫朝堂院的东侧,在此,辨官受理、审议诸司诸国的上申事宜①。弘仁十三年(822),公卿听政的场所,从太政官曹司厅移至位于内里近旁的太政官侯厅(即外记厅)。在外记厅举行的公卿听政,也称为外记政。外记政,除停政日、休息日以外,原则上,每日都应该举行。在政务处理的流程方面,除了空间不同以外,外记政与太政官曹司厅的公卿听政大体上相同,即辨官首先读需要公卿决裁的申文内容,然后公卿展开议论,最后以上卿(出席公卿听政的官位最高者)的名义作出决定。外记政听政结束后,参加外记政的公卿及相关官人移步至外记厅南面的侍从所(南所)工作餐,同时继续处理申文。在外记政和南所决定不了的诸司诸国的申文,或者上奏天皇,由天皇决裁;或者呈给其他上卿决定;或者在内里举行阵申文时处理。工作餐结束后,公卿参入内里,或在阵座(紫宸殿东北廊)听政,即阵申文;或向天皇上奏诸司诸国的申求;或举行阵定(后述)。

元庆八年(884),位于内里的左近卫府的阵②也成为辨官上呈诸司诸国申文,公卿议政的场所,并且规定如若公卿一早参入内里,则就不可再去南所(侍从所)议政,而是宜于左近卫府阵进行议政。在左近卫府阵的公卿听政,亦被称为阵申文。阵申文出现后,外记政和南所申文依然存在。但相比之下,阵的位置离天皇居所更近,而且多数情况下,阵申文的上卿(当日出席听政的官位最高的公卿)也比外记政和南所申文的上卿官位高。10 世纪以后,阵申文的上卿是大臣,而外记政和南所申文的上

---

① 辨官把来自诸司、诸国的申文分为上呈公卿和自主处理两大类,这一过程称为结政。
② 左近卫府的阵,是警卫内里的左近卫府官人们的集结场所——日华门北、宜阳殿的西厢,后移到紫宸殿东北廊南面。阵申文时,设置公卿之座。

卿是大纳言或中纳言。此外,阵申文决定不了的事宜,则由大臣上奏天皇,由天皇决裁。

10世纪后半叶以后,外记政的举行次数渐次减少,每月七八次,或每月三四次的情况时有发生。针对因公卿及少纳言等的缺席导致外记政无法举行的现象,安和二年(969),首次发布了须勤行外记政事的法令。由于南所申文的举行是以外记政的举行为前提的,因此南所申文的举行次数也随着外记政的减少而减少。至11世纪前半叶,阵申文也发展至偶尔举行的程度。"政"的政务处理方式走向衰退。

二、定

除了"政"以外,太政官的政务处理体系还有"定",即公卿合议国政的会议。根据定的举行场所,"定"的类别可具体分为阵定、御前定、殿上定等。阵定,又称仗议,公卿在位于内里的近卫府的阵(主要是左近卫府的阵,紫宸殿东北廊)就座,集体磋商政务。御前定是公卿会集于清凉殿东孙庇,在天皇临席之处,集体磋商政务。殿上定是公卿在清凉殿南庇的殿上间举行的定。其中,最频繁举行的是阵定。阵定的流程大致如下[①]:

(1)通知阵定日期。奉天皇的敕令,上卿(出席阵定的官位最高者)派遣外记,前往各公卿之处,通知举行阵定的日期。

(2)阵定举行前,辨官或外记准备相关的纸质材料。如若天皇已下达阵定的议题,则太政官事务局的辨官要在阵定举行之前,查阅相关事宜的先例,或者由外记调查近例,并作成文书;如若对地方诸国上呈的事宜,天皇已有"可定申"敕旨的,辨官也要查寻相关的先例。

(3)阵定当日,公卿集体合议政事。诸公卿就座阵座后,先由上卿传达天皇敕旨;如有文书,则在诸公卿之间传阅,或由兼任大辨的参议宣读文书;然后,在座的诸公卿依照官位,自低向高依次表述自己的意见。诸

---

① 参照『西宫记』卷七·阵定事。『江家次第』卷十八·阵定事。

公卿的意见,由大辨一一记录,并撰成"定申旨"("定文"),递交给藏人头上奏天皇。如若是"轻事",则无需撰写"定文",只作口头上奏即可。

根据文献史料记载的阵定事例可知,阵定的议题范围广泛,涉及神佛事的举行或停止、刑事的裁判、宫殿的营造、宋商人的安置、"异国凶贼"(刀伊人)来袭的对策、诸司诸国申请的杂事、受领功过等事关政治、经济、对外关系及地方统治等方面的重大国策。例如宽弘二年(1005)四月十四日的阵定如下[①]:

阵定议题:审议来自大宰府大贰、上野介、加贺守、因幡守等诸国司长官申请的诸事项,其中:

大宰府 5 项:①"请令修造大宰府及管内国、岛神社物宝、诸寺堂塔佛像等事";②"请任前例,停止出纳所司以当任贡上物越纳往年未进事";③"请任前例调庸杂物违期不进管内国、岛司停釐务,诚傍辈事";④"请任前例,进纳调绢率分杂染绢并绵代练用绢事";⑤"请从当年计历事"。

上野国 3 项:①"请因准傍例,一任间纳官、封家调庸布端别充六十文、商布段别充廿文进济事";②"请因准傍例,赐押领使官符於下野、武藏、上总、下总、常陆等国捕纠凶贼,兼赐随兵廿人事"。③"请兼被赐官符,停止邻国国司并随兵郎等恣越来残灭所部事";

加贺国 2 项:①"请任前例,被裁许举国二个年给复事";②"请依国国例,一任间纳官、封家调绢定别充钱六百文辨济事"。

因幡国 2 项:①"请任代代例,一任间神寺院宫家封户充调绢代定别钱五百文、庸绵屯别卅文进济事";②"请因准先例,被裁许举国给复一年调庸杂物事"。

公卿在对上述 12 项事项的审议中,对于大部分的申请事项,公卿们的意见都是一致的。但是对于大宰府提出的第 2 条事项,公卿们的意见产生了分歧,有的公卿认为应该驳回,有的公卿认为可以批准大宰府的

---

① 『平安遺文』439 · 条事定文「平松文書」、588—591 頁。『小右記』寬弘二年四月十四日条。

申请，双方的分歧意见，一并被记录在定文中。详细罗列公卿不同意见的定文，将上奏天皇，由天皇裁定。即使公卿们取得一致的意见，天皇也可以不采纳公卿的意见，而是依照自己的想法做出判断。因此，阵定并不是决定国策的最后阶段，公卿的各种意见仅作为参考意见，以定文形式集中上奏天皇，天皇有权否定公卿们的意见。

此外，有些议题可能出现在多次的阵定上，反复进行讨论，直至做出决定。例如，长德四年（998）十二月十四日，在伊势国，发生了前下野国守平维衡与同族平致赖各自率众互相射杀事。随着该事处理的进展，在同年（998）十二月二十六日以及翌年（999）五月五日、七月二十二日、十二月十五日的阵定上，此事都成为公卿们讨论的议题之一。

如果遇到事关重大的议题时，则举行御前定或殿上定。例如，平将门之乱时，天庆二年（939）十二月，常陆、上野、下野国衙遭到袭击，朝廷上下恐慌，于是在内里的清凉殿的殿上召开公卿合议会，商议应对措施。

在摄关时代，阵定是公卿对国政决裁具有话语权的重要舞台。摄政或关白并不参加阵定，阵定的最高责任者（首席上卿）是左大臣（又称一上）。举行阵定时，如果左大臣无法出席，则出席阵定的右大臣以下的公卿中，官位最高者作为上卿主持阵定。不过，具有就任上卿资格的官人，必须是官居中纳言以上者，即大臣、大纳言和中纳言。在摄政或关白兼任左大臣的情况下，则右大臣成为一上。

院政时代以后，太上天皇的权力中心——院御所也成为公卿议政的场所之一。随着太上天皇对朝政的主导作用的强化，院御所定逐渐成为公卿合议的主要形式，阵定、御前定、殿上定也随之衰退。

三、奏事

在律令制规定中，奏事是指太政官将诸司、诸国的上申文书（"解"）上奏天皇，即太政官奏的一种形式。平安时代以后，太政官向天皇上奏诸司、诸国的上申文书的政务，略称为官奏。摄政时代，摄政替代天皇接受官奏；关白的情况下，奏文在上呈天皇之前，先送关白阅览（内览）。

　　藤原道长时代，奏事作为一种新的政务处理方式，是指诸司诸国的上申文书不经过太政官的公卿审议，由辨官交给藏人直接上奏天皇。同样，摄政替代天皇接受奏文；关白的情况下，奏文在上呈天皇之前，先送关白内览。

　　奏事的政务处理方式，是省略了公卿合议环节，由天皇直接裁决，只有在必要的时候，才联络上卿。换句话说，议政官所涉及的政务被减少，而天皇、摄政或关白所关联的政务增加。这意味着太政官的权能逐渐弱化，天皇及摄政或关白握有的政务实权却趋向增强。院政时期，奏事成为主要的政务处理方式，直接上奏对象为太上天皇。

第四节　地方统治的变化

一、受领

　　国司和郡司是律令制国家地方统治的官僚机构。其中，郡司是以郡领为长官，由书生、田领、税长等郡杂任担负征税等具体行政。8世纪后半叶，各地频频发生郡司管理的正仓被放火事件。这些事件中，既有为了争夺郡领之位，与现任郡领对立的豪族势力所为，也有现任的郡司官吏为了掩盖挪用官稻的行为而火烧虚空的仓库。此外，各地贡进中央的调庸物的品质，也频有粗劣且多不中用的现象。在这种状况下，中央朝廷的应对是强化国司对郡司的统治力。

　　宝龟六年(775)六月规定，地方诸国贡进调庸时，必须派遣目职以上的官人作为"专当国司"入京。延历四年(785)五月规定，对于贡进品质粗劣的调庸物的国，该国的专当国司将被解任且永不任用，并且同国国司的其他官人承担连带责任，也要被减级科罪；同时追究相关郡司的责任，解任并断其谱第①。弘仁三年(812)以后，郡司的任用依从国司的判断意见。弘仁十三年(822)，允许国司可以不受郡司定员的限制，任命拟

---

① 8世纪的郡领任用原则的特点是"谱第之选"，即出身于郡领世家者优先被任用，子孙相袭郡领之职。

任郡司,先试用三年,再决定是否任命为正式的郡司。由此,国司对于郡司任用的主导权逐渐确立。

9 世纪以后,调庸的迟纳、未纳以及品质粗恶等现象更趋严重,直接影响到中央朝廷财政的稳定。尽管朝廷屡屡重申强调要依据有关的律法,严肃追责调庸的粗恶之罪或未进之罪,不过,见效甚微,怠慢或不畏律法的国司、郡司仍然不在少数。针对这种状况,天长元年(824),开始推行良吏政治,清廉、有才能且有政绩的良吏成为理想的国司形象。

由于地方滞纳调庸的累计数目庞大,为了减轻诸国的现任国司的负担,承和十三年(846)八月,现任国司每年应补交纳调庸的比例有了一定的调整,即现任国司每年除了交纳当任的调庸任务以外,再要补纳其历代前任累计下来的欠纳调庸总数的 1/10。但是,对于现任国司来说,即使只承担补纳前任未进调庸总数的 1/10,也几乎等同或超过当任的调庸数目。在这种情形下,现任国司往往也采取滞纳调庸的态度,不仅不补交前任未纳的部分,而且当任的调庸任务也没有全部完成。至 9 世纪中叶,地方诸国都有欠纳调庸的情况,长者数十年,短者五六年。[1] 因此,诸国未进调庸的数目逐年累积,致使朝廷的国库匮乏,中央财政遭遇困难。

为了确保中央财政收入,仁和四年(888)七月二十三日太政官符规定,在前任国司与后任国司交接时,如若前任国司在任期内没有完成调庸杂物任务,则后任国司不给前任国司出具证明交接事务完毕的文书(解由状),而是出具说明前任国司政务存在问题的"不与解由状";对于前任国司未进的调庸部分,不问后任国司的责任。另一方面,卸任的前任国司,若是没有得到后任国司的解由状,就无法顺利地转任下一官职。也就是说,国司任期内是否完成规定的调庸任务,直接与国司的个人政务审查及其升迁挂钩。

宽平八年(896)六月,进一步规定,如果国司的长官没有证明其已经

---

[1] 『政事要略』卷五十一·交替雑事·調庸未進·齐衡二年五月十日太政官符。

完成任期内的全部调庸任务的文书（即所谓的"调庸总返抄"），则中央朝廷不受理他的解由状。这一政策的实施，意味着承担调庸贡进责任的官人，由国司的全体成员转向国司的长官个体。宽平九年（897）四月，国司长官的责任更加明确地被强调，即一国的政务（出举、收纳、计帐、朝集之政），由长官（受领）差遣属下（任用）分头担当，若有调庸未进、正税未纳等情况发生，则"怠在长官，责非任用"，并说"立此一例，以明受领、任用之别"。① 即，对于调庸未进的责任，朝廷只追究国司中官位最高的长官——受领国司（略称受领）②的责任，而不苛求任用国司（略称任用，指国司中的介、掾、目）的连带责任。

在一国的政务责任越来越集中于受领一人之身的同时，除了征税权以外，任国之内的其他行政之权也集中在受领一人手里，对于国司所使用的地方统治手段等，中央朝廷采取了不干涉的态度。如前述的三善清行提出的"意见封事十二个条"中，第八条是"请停止依诸国少吏并百姓告言诉讼差遣朝使事"，认为除了谋反、大逆的告言以及诉讼以外，假若朝廷一听到任用或者百姓状告官长（受领），就派出使节严厉调查、处理的话，将会有损于官长的权威性，导致受领在处理地方政务时，只是固守正法（律令法）而无法完成公事。换句话说，只要受领能完成征税等政务，朝廷对受领所采取的手段不加过问。

进入 10 世纪以后，朝廷评定受领政绩的主要标准，已不是清廉和才能，而是调庸等贡纳物的完成与否。受领在任期结束后，首先返回平安京，在任下一新官职之前，需要接受太政官对其任期内的政绩的审查。对于受领任期内的政绩，由公卿们在阵定上审定，即受领的功过定。"功过之定，朝之要事也。"③公卿对受领政绩的判断，是依据受领自身提出的

---

① 『類聚三代格』卷五・交替并解由事・寛平九年四月十九日太政官符。
② 一般情况下，国司中官位最高的人是守。上总、常陆、上野三国是亲王任国（亲王出任国守的国），由于亲王太守并不亲往任国赴任，所以国的次官——介成为受领。又，受领的原意是指国司前后任交接时，后任从前任手里接收国的全部资产。
③ 『北山抄』卷十・吏途指南「勘出事」。

功过申文，以及主计寮、主税寮、勘解由使的勘申状等书面文书而议定的。其中，主计寮的勘申状，用于确认受领在任期内是否完成贡纳调庸、杂谷等任务；主税寮的勘申状，用于确认受领在任期内的正税、封户田租交纳等政务方面是否有问题；勘解由使的勘申状，用于确认前后任受领交接时是否有不正的问题。受领只有通过了功过定，才有可能得到位阶晋升等赏赐，获得更好的官职之位。因为"受领功过定"的重点在调庸、租税的完成，所以受领在其任国内统治也是以征税这一财政因素为主轴的，为了达到目的，可以不择手段，清廉的"良吏政治"逐渐消失。反映受领苛政的著名史料，是永延二年（988）的"尾张国郡司百姓等解"。该解文诉讼尾张国的国守藤原元命，在其任职的三年内，"责取非法官物并滥行横法"，其罪状多达 31 条，涉及任意增收税，官物私有化，怠慢国的政务，其子弟、郎等在国内横行暴力等方面；上诉解文请求太政官裁定，期望罢免藤原元命之职，任命"良吏"出任尾张国的国守。① 藤原元命最终被解任。

受领的任期一般是四年，但也有超过四年的，陆奥国、出羽国的受领任期是五年。次任受领的候补人选大致可以分为"新叙"和"旧吏"两类。② 新叙是指没有受领任职经历的，但具有受领候补资格的藏人、式部丞、民部丞、外记、史、检非违使等官人；旧吏是指曾有过受领任职经历，并在卸任时通过"受领功过定"审查的官人。公卿拥有推荐受领候选人的权力，但是最终的任命权掌握在天皇或摄政或关白手中。例如宽弘三年（1006）十月，在决定备后守的后任者时，有 30 个人提出了希望出任该职的申请，公卿从中选出六七个人作为候选人；可是藤原道长不同意公卿选出的候选人，认为公卿选出的候选人，不但人数多，而且都属于旧吏或新叙之人，命令公卿们重新推举候选人，并规定可以选出旧吏 3 人、功者 1 人。于是，公卿重新推荐源为义、源政职、源兼澄 3 名候选人，但是

---

① 『平安遗文』第 339 号・尾张国郡司百姓等解（宝生院文书）、473—485 页。
② 大津透「平安时代の地方官职」、山中裕等编『平安贵族の環境』、至文堂 1994 年、161—179 页。

当时的内大臣藤原公季不同意源兼澄,推举了源兼忠。其后,4名候选人的申文一并上奏给一条天皇。最终,一条天皇任命源政职为备后守。又如长和三年(1014)十二月,左大臣藤原道长和皇后藤原娍子对翌年(1015)的但马守、备中守的任命,都作了明确的指示,公卿们的议定只是遵照左大臣和皇后的意志,走走过场而已。[1]

　　摄关政治时代,受领被视为是可以获得财富的官职,即所谓"拜一国者,其乐有余,金帛满藏,酒肉堆案,况转任数国乎"[2]。因此,希望出任受领的人不计其数,无论是旧吏,还是新叙,都需要等待很长时间才能获得受领任官的机会,旧吏大约为五六年,新叙则需七八年以上。[3] 在这种情况下,无论对于希望就任受领者,抑或已经就任受领者来说,与握有受领任官候选人推荐权及受领功过审查权的摄政或关白、公卿之间的关系,就变得十分重要,而送礼则是建立、维系这种关系的重要手段之一。宽仁二年(1018)六月,藤原道长建造邸宅,诸国的受领都被分摊了任务,其中伊予守源赖光甚至把自己家中的家具全都献给了藤原道长。又,同年(1018)十二月,备前守藤原景济送给藤原道长米五百石,送摄政藤原赖通米三百石。[4] 另一方面,摄政或关白、公卿一族或者是他们的家司,就任受领的现象也不在少数。例如藤原道长和藤原赖通的家司藤原惟宪,历任因幡守、甲斐守、近江守、播磨守以及大宰大贰等官职。长元二年(1029)七月,从大宰府卸任的藤原惟宪,返回平安京时,随身珍宝不计其数,并献白鹿给当时的关白藤原赖通。此外,公卿的庶子任职受领的情况同样不少,因此公卿不仅可以通过家司受领,间接地获取受领财富,而且还可以通过自己一族的人出任受领而直接地获取受领财富。[5]

---

[1] 『小右記』長和三年十二月廿日条。

[2] 『本朝文粹』卷六・天元二年七月廿三日条「平兼盛奏状」。

[3] 玉井力「10—11世紀の日本——摂関政治」、朝尾直弘等編『岩波講座日本通史』第6卷、岩波書店1995年、51—54頁。

[4] 『小右記』寛仁二年十二月三日条。

[5] 加藤友康「摂関政治と王朝文化」、加藤友康編『日本の時代史6　摂関政治と王朝文化』、吉川弘文館2002年、55—69頁。

受领赴任时，往往带着家人、郎等（也称郎党，是受领的从者）一同前往任国。受领的郎等执行政务的机构是各种"所"，例如田所、税所、调所、检非违所等。10世纪中叶以后，虽然律令制的四等官制依然存在，但已经形骸化，不少被任命为国司的官人，并不亲自前去任国赴任，而是派遣自己的子嗣或者擅长公文的郎等，作为代官（目代）前赴任国，自己只是遥任而已。与之相应，受领的子嗣、郎等作为受领统治的左膀右臂，成为诸国国政的执行主体。受领赴任的随行人员中，不仅有"能书者""堪能武者"等从者，而且还有祈祷佛护佑受领的僧侣。此外，受领抵达任国后，在初行政事时和前后任交替政事时，都要先拜神，择吉日。显然，神、佛的护佑是受领对地方统治必不可少的要素之一。

二、征税制度的变化

1. 赋税的地税化

律令制下的调、庸是人头税，因此课丁数的增减，直接影响律令制国家的财政收入。9世纪以后，由于沉重的赋税负担致使大批的班田农民逃亡，以及国司在籍账上虚报课丁人数，使得课丁数显著减少。在现存的平安时代以后的户籍中，女性、耆老居多，男丁却非常少。而根据令制的规定，女性和耆老是不在调庸征收对象的范围之内的。

面对课丁数减少的现实，为了保障国家的财政收入，以土地为课税对象的赋税征收方式相应而生。

从人头税至土地税的演变，是一个渐进的过程。弘仁十四年（823）二月，由于大宰府管内的自然灾害不断，五谷不丰，并且疫病流行，为了重振大宰府的地方财政，在大宰府管内地区采取了设置公营田的措施。即，当时的大宰府管内的9国共有口分田65677町、乘田10910町，从中抽出口分田5894町、乘田6201町的良田作为公营田，由官府直接经营，征役徭丁耕种，并支付徭丁报酬及食粮，以正税充稻种；秋收以后，公营田收获颖稻5054120束，其中返还稻种，支付徭丁报酬及食粮，修理沟池、官舍的费用，以及调庸费用等，共支出3973699束，剩余1080421束皆纳入官库（正仓），成为大宰府的地方财政收入。① 凡是耕作公营田的徭丁，其对应的人头税（调庸）是被"免除"的，实际上是用公营田收获中的调庸费用抵充，购入调庸之物贡进中央。②

公营田的设置，作为重建灾后大宰府地方财政的措施，最初规定只试行 4 年。但是，大宰府管内的肥后国，在试行 4 年之后，依然继续设置公营田，其理由是"浇季之民穷弊殊甚，若无营田之利润，必阙调庸之输贡"③。由此可知，公营田的利润成为调庸贡纳的前提，显然在保证中央财政和地方财政方面，公营田起到了一定的作用。但也应该看到，公营田的效应是以增加农民的负担为代价的，这也是公营田无法成为永制的根本原因。④

10 世纪以后，以田地为调庸赋课单位的事例，始见于承平二年（932）的丹波国牒，东寺领有的丹波国多纪郡大山庄的预僧平秀、势丰等人，每人被课以余部乡的调绢 2 丈，平秀、势丰等人拒交调绢，并遁隐山中，由此他们每人被郡司查封了 200 束稻。郡司给出的理由是：余部乡本无地，乡内民众的口分田都在他乡，依照惯例，余部乡的调绢是向口分田所在地的田地承包者（"勘百姓等"）征收的，因为"播本帐"（与耕作有关的账簿）上记着平秀、势丰等人的名字，所以向他们征收调绢。⑤ 前已叙述，律令的田令规定，身居少地或无地之郡乡的民众，其被班给的口分田可能在毗邻的郡乡或更遥远的地方，即所谓的遥受。由于居住地与所受田分田的远距离，分得遥受口分田的百姓，常常无法前往亲耕。因此，登录在户籍上的口分田受田者与口分田的实际耕作者可能是不一致的，口分

---

① 『類聚三代格』卷十五·弘仁十四年二月廿一日太政官奏。
② 弘仁十四年二月廿一日太政官奏中，关于调庸之物的购入程序的注释是："今须调庸者夏月以正税充宽价而交易，秋收之后以营田之获返纳"（『類聚三代格』卷十五）。即在物价便宜的夏月，先以正税购入调庸之物，秋收之后，再以公营田的收获稻返还正税。
③ 『類聚三代格』卷十五·斉衡二年十月廿五日太政官符。
④ 森田悌「弘仁十四年公営田について」，『平安時代政治史研究』，吉川弘文館 1978 年、134—155 頁。
⑤ 『平安遺文』240 号·丹波国牒、354—355 頁。

田耕作者因承包了口分田而成为调绢的收取对象。这就意味着赋课的对象已不是登记在户籍的课丁，而是土地。[①] 又根据永延二年（988）的"尾张国郡司百姓等解"可知，在当时的尾张国，也是以土地作为调绢的赋课单位的，每 2 町 4 段料田，课调绢 1 疋，代米 4 石 8 斗。[②]

与调庸同时土地税化的还有公出举。据史籍记载，大同三年（808），"出举正税者，总计国内课丁，量其贫富，出举百束以下、十束以上，依差普举"[③]。这一史料表明，平安时代初期，诸国的公出举的实施对象范围是其国内的成年男子（课丁）。但是，随着土地兼并的趋势，公出举的实施基准单位逐渐地发生了变化，从课丁转向田地。弘仁十三年（822）十二月，时任中纳言良岑安世上疏，针对河内国到处分布着诸家庄园，形成"土人"（登录在河内国户籍上的人）数少、"京户"（登录在左右京户籍上的户）过多的状况，请求河内国的公出举以耕地面积为基准，"不论京户、土人，营田一町者，出举正税卅束"。[④]良岑安世的上疏请求得到了朝廷的准允。又，根据宽平六年（894）二月太政符记载，纪伊国因其国民众"不堪躬耕，沽却口分田"，导致"良田多归富豪之门，出举徒给贫弊之民，收纳难济，官物自失"，上书请求允准其国采取"准量田畴之数，班举买耕之人"之法，纪伊国的请求得到了肯定的裁定："不论土浪、贵贱，准耕田数，段别五束以上，班举正税。"[⑤]即，依据耕田之数，向田地的买者或耕种者出举正税。

2. 负 名 体 制

随着各种赋税的地税化，以土地税为主轴的课税体制逐渐形成。为

---

① 佐藤泰弘「古代国家徵税制度的再编」、『日本史研究』33 号、1990 年、81—120 頁。
② 『平安遺文』339 号·尾張国郡司百姓等解、473—485 頁。
③ 『類聚三代格』卷十四·大同三年九月廿六日太政官符。
④ 『類聚国史』卷八十三·弘仁十三年十二月甲寅条。
⑤ 『類聚三代格』卷十四·出举事·宽平六年二月廿三日太政官符。"不论土浪、贵贱"中的"浪"指的是浮浪人，换句话说，对那些原本不用负担出举的、租地耕作或者开垦田地的浮浪人，也强制性地实施出举正税。浮浪人是指离乡背井逃亡的人，在其原籍地，被称为"逃亡"者，而在其现住地，则被称为"浮浪"者。

了确保土地税的征收,掌握所辖国内可以征税的田数以及负税者的名字,成为诸国国司(受领)特别重视的政事。为此,受领向国内的每一个郡派遣自己的子弟、郎等作为检田使,进行实地调查,了解水田、旱田、荒田等的实际状况,确定每郡内可以课税的田数,并以郡为单位,分别作成各郡的马上账和检田目录。马上账是检田使骑马检田作成的账簿,记录条里的每一坪的土地利用状况,以及耕田的面积、收获状况(得田或损田)、耕作人名等信息。检田目录是以马上账为基础的统计账簿,其内容包括郡的总田数、得田数、损田数等。由于可以课税的田数,即所谓的公田数,直接关联税收的数额,所以在检田时,有些检田使尽可能地增加公田数。长和二年(1013),检田使在田头调查时,将弘福寺(位于今奈良县明日香村)的寺领田全部视为公田,使得弘福寺也要交税,为此弘福寺提出申诉;最终,经国司判决,弘福寺被收公的田地"不论作否,皆为寺田之"①。又如,根据前述的永延二年(988)的"尾张国郡司百姓等解",国守藤原元命的检田使将"一段之田者勘注三、四段,五、六段者付帐七、八段",甚至把四五十町的田定为九十余町②。

虽然田地成为课税对象的基准,但是交纳税物的依然是人。因此,纳税人与田地之间的对应关系就成为国司征税的不可欠缺的依据。由此出现了以"名"为征税单位的负名体制,即国衙使用承包公田耕作经营、纳税人的名字对其国内的公田进行编"名",公田的承包者被称为"负名",也称"田堵"。前叙的承平二年(932)的丹波国牒文中,东寺领有的丹波国多纪郡大山庄的预僧平秀、势丰等人,就是因为其名在"播本帐",所以负有纳税的义务。

在负名体制中,名的规模大小没有固定限制,既可以是不同所有者或耕作者的田地集中成一个名,也可以是同一所有者或耕作者的田地构成一个名。负名所承包田地的位置(条里坪)、面积,以及应纳税田数和

---

① 『平安遗文』第 473 号・大和弘福寺牒案、642—645 页。
② 『平安遗文』第 339 号・尾張国郡司百姓等解。

课税额,都详细地记载在国司征税所依据的基本资料——负田检田账中。作为田地的承包者,负名不仅承担纳税的义务,同时也是农业生产的组织者。成书于11世纪中叶的藤原明衡著作《新猿乐记》,虚构了一个人物——出羽权介田中丰益,是只以农耕为生业而无其他生业的田堵("大名田堵"①),其经营的名的土地面积有数町,关于其经营田地的情况是这样描写的:"(田中丰益)兼想水旱之年,调锄、锹,暗度腴迫之地,缮马把、犁,或於堰塞、堤防、沟渠、畦畷之功,育田夫农人,或於种莳、苗代、耕作、播殖之营,劳五月男女之上手也。所作稙、稚、粳、糯,苅颖胜他人,舂法增每年。加之,园畠所莳麦、大豆、大角豆、小角豆、粟、黍、穄、荞麦、胡麻,员尽登熟。春以一粒虽散地面,秋以万倍□纳藏内。"②从这段描述可以看到,田堵可能不是田地的直接耕作者,但是作为经营者,也需要直接涉及农业生产,为了秋后的丰收,必须通盘考虑农具的调配与修理、灌溉设施的建设、田夫农人的组织与使用,以及水旱田的耕种等诸方面的问题。

　　总之,负名体制是受领直接掌握负名的征税体制,负名是否能够按时贡纳税物直接关系到受领的政绩评价,因此每当秋收之时,为了确保税收,受领就要向郡、乡派遣收纳使,监查负名的纳税。

　　3. 新的税制

　　在律令制国家,季禄、位禄等官人的给予,是以调庸之物支付的现物禄。但由于调庸未进情况日益严重,造成中央财政支付官人给予的困难。为了解决调庸物不足的情况,10世纪初,被称为"年料别纳租谷"的新税目登场,以诸国正仓的租谷替代调庸物,支付官人们的禄。并非所有的国都要贡纳年料别纳租谷,根据《延喜式》民部省式规定,伊贺、伊势、骏河、伊豆、甲斐、相模、武藏、上总、下总、常陆、信浓、上野、下野、能登、越中、越后、丹后、但马、因幡、伯耆、出云、石见、长门、纪伊、淡路25

---

① 根据所承包的名的规模大小,田堵有大名田堵、小名田堵之分。
② 『新猿楽記』三君夫出羽権介田中豊益。

国,每年依照太政官符,负担年料别纳租谷。

除了官人的给予以外,在中央官司劳役的卫士、仕丁们的食粮,也因庸物的未纳出现不足。为了填补食粮的欠缺,一种"年料租春米"新税目被设置出来。与年料别纳租谷同样,年料租春米也不是所有的国都负担的税。尾张、三河、远江、近江、美浓、若狭、越前、加贺、丹波、播磨、美作、备前、备中、备后、安艺、赞岐、伊豫、土佐 18 国,每年依据太政官符,将田租稻谷中的一部分春米贡进平安京,其运输费用也从各国的正税中支出。

负担年料别纳租谷的 25 国与负担年料租春米的 18 国没有重叠,作为同是以补填调庸物不足为目的的税目,平衡性地加负给各国。此外,诸国在贡纳年料别纳租谷和年料租春米时,被允许不限于当年的新稻谷,可以动用不动谷,

另外,为了保证国家举行神事、佛事、宫中行事等礼仪所需的经费,天历六年(952)九月规定,地方各国所负担的调庸、中男作物、交易杂物等的 1/10,单独交纳至位于大藏省的率分所,由太政官统一管理。此新征税方法称为正藏率分制。正藏率分制实施后,伊始的 1/10 的比率,其后变为 2/10。[1] 而且,为了确保正藏率分之物的贡纳,正藏率分成为受领功过定的审查要项。由此,受领不敢怠慢正藏率分物的进纳,但也造成本末倒置的现象,即受领完成正藏率分物的贡纳,却懈怠其他 8/10 的调庸、交易杂物等物的进纳,致使中央财政的仓廪空竭。面对这种情形,天禄元年(970),中央朝廷命令播磨、越前、美作、赞岐、土佐、备前、尾张、纪伊、安艺等国,每年在规定的时间内贡纳一定数额的调庸物,以用于御斋会、春秋季御读经、赈给、施米等行事的举行。即,在以往的税制框架中,确保某些特定的仪式或行事的举行费用。

此外,在举行天皇践祚大尝祭、行幸等临时的大行事,或者内里营

---

[1]《江家次第》卷四·定受领功课事·率分条的〈傍书〉载:"率分公事物也,依官破立勘文注之。或抄云,调庸杂物十分之二,每年别纳充无止公用也。"

造、宫墙修补等大规模建造事业时,经费上的运作也是头等大事。随着国库的空乏,在摄关时期,新的筹措临时经费方法出现,即以行事所召物为中心的临时召物制。行事所是临时设置的财政机构,通过召物的形式向诸国征收举行大行事或大建造事业所需的物品。诸国被分配的召物负担量,是依据各国的生产力和负担力而确定的。[①] 由于当时握有国衙财政支出权的人是受领,因此行事所召物制实际上是向受领临时赋课的制度。[②] 受领进纳的召物,从其任国首先运至位于平安京或平安京附近的受领的京宅或纳所(仓库),由受领的驻京代表(弁济使或纳所预)进行管理。诸官司需要现物时,就派遣使者到指定的弁济所或纳所,向弁济使或纳所预出示命令其国支出必要物品的官方文书(切下文、切符),然后取得物资。不仅是召物,实际上,正藏率分、调庸等贡纳物也都存放在受领的京宅或纳所之中,诸官司可以凭官方文书(切下文)随时提取。也就是说,受领的京宅或纳所成为中央财政运作的重要环节[③]。

10 世纪以后,律令制下的租调庸制度也发生了变化,逐渐地转变为官物、临时杂役体系。官物是以公田官物率法为课税基准的税目,由见米(现物的米)、准米(绢、布等)、颖稻、油等品目构成。所谓的公田官物率法,是指每段田的课税额,由诸国的受领各自决定掌握,因此各国的税率是不同的,例如永承、天喜年间(1046—1058)的大和国,税率是每段公田米 1 斗、颖稻 6 束[④];保安年间(1120—1124)的伊贺国,税率是每段公田见米 3 斗、准米 1 斗 7 升 2 合、油 1 合、见稻 1 束、颖 2 束[⑤]。在实际的

---

① 寺内浩「貴族政権と地方支配」、歴史学研究会、日本史研究会編『日本史講座 3 中世の形成』、東京大学出版会 2004 年、35—64 頁。

② 大津透「平安時代収取制度の研究」、『日本史研究』第 339 号、1990 年、3—46 頁。

③ 参照勝山清次「収取体系の転換」(朝尾直弘ら編『岩波講座日本通史』第 6 巻、岩波書店 1995 年、143—174 頁)、佐藤泰弘「受領の成立」(吉川真司編『日本の時代史 5 平安京』、吉川弘文館 2002 年、101—144 頁)、大津透「平安時代収取制度の研究」(『日本史研究』第 339 号,1990 年,3—46 頁)。

④ 『平安遺文』第 693 号・大和国大田犬丸田結解(825—826 頁)、第 708 号・大和国大田犬丸名結解(838 頁)。

⑤ 『平安遺文』第 1958 号・伊賀国在庁官人解、1711—1712 頁。

官物贡纳时,准米、见米、颖稻都可以用绢织物、木材、盐等物代纳。11 世纪中叶以后,诸国逐渐形成各自特有的产业结构,并将各国的特产作为官物贡纳中央。① 除了官物以外,其他的课税统称临时杂役。与官物不同的是,临时杂役直至 10 世纪末,其赋课形态仍是人头税。11 世纪初以后,呈现地税化的临时杂役与官物之间的区分变得模糊,由此使得课税体系再次改变,走向中世的课税体系。

三、初期的庄园

前已叙述,天平十五年(743)的"垦田永年私财法"实施后,官人或民众被允许开田占地。其中,贵族、豪族更是通过开垦、购买、寄进②等手段,获得大量的垦田,拥为己有。天平胜宝元年(749),寺院的开田占地,领有垦田地也被正式许可。其后,寺院也加入大土地领有者行列,其地或垦田来源于天皇施入,或寄进、竞买等途径。寺院通过班田赋给而得到的寺田是不课田租的,但寺院领有的垦田在初期阶段是被课田租的。

垦田永年私财法规定,只有事先获得国司的许可,才能开田占地。因此王族、贵族成为大土地领有者的同时,也是其势力与国司、郡司等地方势力相互结合的过程。对于大土地私有化的趋势,自 8 世纪后半叶起,律令制国家就屡屡采取措施加以抑制,但是至 10 世纪,大土地所有问题愈来愈严重,前述的延喜庄园整理令就是在这种状况下出台的。

延喜庄园整理令除了院宫王臣家问题以外,还言及与天皇有关的敕旨田。所谓的敕旨田,始见于天平胜宝年间(749—757)③,是依据天皇的敕旨开垦的田地,多以空闲地、荒废田为开垦对象,不课田租,由国司组织开垦,所需费用从土地所在国的正税中拨付,是天皇领有的土地。

9 世纪以后,敕旨田的新设主要集中在淳和天皇的天长年间(824—

---

① 勝山清次「収取体系の転換」、朝尾直弘ら編『岩波講座日本通史』第 6 卷、岩波書店 1995 年、143—174 頁。

② 在此所言的寄进,是指垦田领有者将开发的垦田进奉给权势者或寺院、神社。

③ "敕旨田"用语,初见于天平胜宝八岁正月十一日〈美浓国移〉(『寧楽遺文』,661 页)。

834)和仁明天皇的承和年间(834—848),伊势、武藏、摄津、下野、长门、备前、下总、美浓等众多的国都成为敕旨田设置国,敕旨田的面积大小不一,大者可达数百町,依然是以荒废田、空闲地为开垦对象。但是,仁和元年(885),光孝天皇将其即位前领有的水田、陆田,无论是位于畿内还是位于畿外,都改定为敕旨田。翌年(886),又敕令将丹后国的丹波、竹野两郡的熟田 143 町 3 段 316 步和荒田 16 町 7 段 70 步定为后院田。①后院田,又称后院敕旨田②,是作为天皇财产的敕旨田。以熟田为敕旨田,反映出敕旨田从 8、9 世纪的"垦田型敕旨田"走向 10 世纪的"熟田型敕旨田"。③ 10 世纪后,除了天皇敕旨田以外,还有太上天皇敕旨田。敕旨田的收益分别成为天皇、太上天皇的日常开支的经济来源。

9 世纪以后,官司领有的土地也趋向庄园化,即所谓的诸司田。诸司田始见于天平宝字元年(757),为了改善学习礼乐、天文、阴阳、历算、医针的学生的捉襟见肘生活,面向大学寮、雅乐寮、阴阳寮、内药司、典药寮,设置公廨田。其后,又为六卫府设置射骑田,作为奖赏武艺超群者的财源。但当时的诸司田的面积大多较小。然而,进入 9 世纪后,诸司田的占地面积也逐渐扩大。例如,天长四年(827),近江国的荒废地 151 町给了弹正台。尤其是 9 世纪后半叶,随着调庸未进、正税未纳的现象日益严重,曾经颇有盈余的官库变得入不敷出。无奈之下,开始动用不动谷支付中央官人的给予。由于军费、赈灾之粮也都源自不动谷,因此为了防止不动谷的锐减造成国家的虚耗,元庆三年(879),在畿内的山城、大和、河内、和泉、摄津 5 国内,设置了官田 4000 町,亦称元庆官田。④ 官

---

① 『日本三代実録』仁和二年八月十六日条。
② 所谓的后院,原指当平安宫的内里无法使用时,作为临时的天皇居所的宅邸,后指作为天皇财产的宅邸、庄园及动产等。文献史料中,"后院敕旨田"一词初见于《续日本后纪》承和二年(835)三月癸丑条,其后渐渐成为敕旨田的主要称呼。
③ 吉川真司「院宮王臣家」,吉川真司编『日本の時代史 5 平安京』,吉川弘文館 2002 年。
④ 『日本三代実録』元慶三年十二月四日条。『類聚三代格』卷十五・易田并公営田・元慶三年十二月四日太政官符。

田的经营方式有直营方式和地子①、租赁三种方式,其收益(收获稻或地子)用于官人给予等方面的公用。官田耕作的稻种,春播时,以正税充用,秋收时,再以收获之稻返还纳入正仓。官田耕作所需的劳力,则"不问土人浪人,择取力田之辈,差为正长,令领其事"②。官田的设置目的是利于中央财政的收入,即"补阙之深图,充虚之远算"③,用以支付诸官司文官、武职的要剧料④、番上粮料⑤等给予。很快,官田就被分割给诸官司,成为诸司田,由诸司各自派人监督官田的耕种。

　　随着庄园的扩大和发展,官省符庄和国免庄的数量也不断地增加。所谓的"官省符庄",是指依据太政官符或民部省符,得到朝廷公认的具有不输租(即租税免除)特权的庄园。⑥ 国免庄是朝廷未公认,但由国司认可的具有不输租特权的庄园。长久元年(1040)发布了新的庄园整理令,停止现任国司以后的新立庄园(国免庄),换句话说,直至前任国司所立的国免庄得到了朝廷的公认,这是有关庄园政策的重大转变。在长久庄园整理令的基础上,宽德二年(1045)出台了宽德庄园整理令,命令停止前任国司以后的新立庄园。天喜三年(1055),再次出台庄园整理令,停止宽德二年以后的新立庄园。这一系列庄园整理令的目的是明确庄园与公领(国司支配管辖的土地)的区别,同时也与新税制——一国平均役的制定密切相关。⑦ 所谓的一国平均役是指无论庄园还是公领,一国内一律征课的造内里役等临时杂役。

---

① 地子是国司租赁乘田(公田)给农民,秋后收取的地租,为收获稻的 1/5(『弘仁式』主税寮式)。

② 『類聚三代格』卷十五·易田并公营田·元庆五年二月八日太政官符。

③ 『類聚国史』卷百五十九·官田·元庆五年十一月廿五日条。

④ 要剧料原是只支付给事务繁忙的官人的给予,所谓"诸司百寮有闲有剧,是以资俸赏赐,或厚或薄",但大同三年(808),对要剧料的给予范围进行改革,"普给众司"(『日本後纪』大同三年九月己亥条)。要剧料给予的范围是四位以下、初位以上的官人,大同四年(809)所定的给予标准是每人每天给米 2 升(『日本後纪』大同四年闰二月庚辰条)。

⑤ 番上是指官人交替出勤的一种勤务形式。其官被称为番上官,是下级官人,如史生、舍人、兵卫等。番上粮料是给番上官的给予。

⑥ 官省符庄可以免除的租税,只限于官省符发布时的庄园熟田,并不包括以后开发的新垦耕地。

⑦ 市田弘昭「王朝国家期の地方支配と荘園整理令」、『日本歴史』445 号、1985 年、19—38 页。

延久元年(1069)发布的延久庄园整理令,是长久庄园整理令、宽德庄园整理令和天喜庄园整理令的总括,在重申停止宽德二年以后的新立庄园的同时,对于宽德二年以前的庄园,命令庄园领有者提交庄园的券契(有关证明材料),并说明庄园的位置及面积等,由记录庄园券契所(简称记录所)进行书面审查,做出认可或停废的书面处理意见,作为记录所的勘奏,向后三条天皇提出,经公卿议定,由后三条天皇最后敕裁,然后再作成太政官符、宣旨下达。延久庄园整理令的意义是,改变了以往的庄园整理事业交由国司完成的做法,由中央政府直接进行庄园整理事务,并且通过书面形式,公卿不仅向天皇誓约,而且还相互誓约遵守公卿议定的内容。①

劳动力是确保庄园经营成功不可或缺的前提。由于无人耕作而荒废的庄园时有所见,不胜枚举。例如,天历五年(951),东大寺领有的越前国道守、铠两庄原本是未垦地,加上无人开发,更成为荒野②;宽弘六年(1009),东寺领有的丹波国大山庄,人民多亡,无人耕作,久以荒废③。初期庄园的劳动力的主要来源之一是"浮浪"者。

律令制下的班田农民,除了交纳田租以外,还被课以沉重的人头税和劳役。因此,不堪忍受国家繁重赋役的人就会离开户籍所在地,逃至他乡。最初,律令制国家对逃亡、浮浪者采取严厉的措施,一旦被抓获,都要被遣送回原籍地。然而随着逃亡、浮浪的人日益增多,朝廷也在不断地调整应对政策。养老五年(721)宣布,根据浮浪者本人的意愿,愿意返回故乡的人,送其返回原籍地;不愿返回或者无法返回原籍地(已被取消户籍④)的浮浪者,则把他们编入现住地的籍账中。天平八年(736),对养老五年的政策加以改进,不是把浮浪者编入其现住地的籍账,而是将

---

① 下向井竜彦「院政への道」、『日本の歴史 07　武士の成長と院政』、講談社 2001 年、206—225 頁。

② 『平安遺文』第 263 号・越前国足羽郡庁牒、386—387 頁。

③ 『平安遺文』第 450 号・東寺伝法供家牒、608—610 頁。

④ 令制规定:全户逃走者,如果 3 年没有抓获,则从计帐中抹去其户;户内之口逃走者,6 年不获,则从计帐中除去其名(養老令・户令)。

浮浪者的名字单独登录在特殊的名簿上,并依照该名簿对浮浪者课征人头税与苦役。① 宝龟十一年(780),朝廷对浮浪采取了更为宽松的政策,无论是否有原籍,只要愿意留在现住地的浮浪人,都可以编入当地的籍账中。编入当地籍账中的浮浪人,原则上是班给口分田的。② 但是由于出现"今年编附给口田,来岁逃亡不还地,遂致人田共隐没"的现象③,延历四年(785),停止宝龟十一年(780)的方针,再次重申天平八年(736)的政策,将浮浪者单独编制名簿(浮浪人帐)。对于身无定处的浮浪者来说,没有口分田,仍然被课征调庸及苦役,处境十分艰难,为了逃避课税,许多的浮浪者逃至各地的庄园领主之下,成为庄园的劳动力。

9 世纪以后,朝廷对浮浪者采取了默认的态度,例如贞观十五年(873),大宰府管内诸国实施班田之际,没有土人(本地人)与浪人(浮浪人)之分,一律班田。④ 庄园内的浪人也得到官方的认同。元庆五年(881)三月,阳成天皇敕令,清和院(已故清和太上天皇的家政机构)所领的近江国大浦庄垦田 28 町 5 段 189 步施舍给延历寺,庄内的浪人同时被寄予寺院,并且命令近江国司负责此事。⑤ 11 世纪以后,有关庄园招集浪人耕作的文献史料更是俯拾即是。例如,万寿元年(1024),石清水八幡宫护国寺领有的美浓国泉江庄,由于前一年的疫病流行,庄内的人都死亡,庄田荒废,所以向国衙请求允许其召募"他国之人民,开发庄田",并得到了国司的同意。⑥ 又如,永承七年(1052),东大寺领有的越后国石井庄的庄司(庄园的经营管理者)大法师兼算刚到庄园,来自邻乡的古志得延,向兼算呈上名簿,成为田堵(承包庄田者),而古志得延以一定的利

---

① 律令国家对浮浪的政策性转变,一方面反映出律令国家无法彻底消除浮浪,只得默认浮浪人的存在;另一方面,也是出于对东北地区统治的需要,国家有意识地将大量的浮浪人移民至陆奥、出羽等国。

② 吉村武彦「律令制国家と百姓支配」、『日本古代の社会と国家』、岩波书店 1996 年、167—198 頁。

③ 『類聚三代格』卷十二・隠首括出浪人事・延暦四年六月廿四日太政官符。

④ 『日本三代実録』貞観十五年十二月十七日条。

⑤ 『日本三代実録』元慶五年三月十一日条。

⑥ 『平安遺文』第 1083 号・太政官牒、1099—1101 頁。

息（地子）将种子农料贷给从邻国招募来的浪人，耕作开田了 20 余町庄田。[①] 古志得延的事例也反映了庄园的开发从庄园领主的直接经营方式向承包给富裕农民的方式演变。[②]

　　随着逃入庄园内的浮浪人增多，给律令制国家中央财政带来的直接影响就是赋税收入的减少，"浮宕之徒集于诸庄，假势其主，全免调庸，郡国宽纵，曾无催征，黎元积习，常有规避"[③]。这也是律令制国家的课税体制发生变化的原因之一。摄关时期，由于受领加强征税，为了逃税，逃入私领庄园内的公领农民不在其数，他们也成为庄园的劳动力主要来源之一。

---

① 『平安遺文』第 873 号·越后国石井庄前司兼算解、926—927 頁。
② 村井康彦「古典荘園の基本構造」、『古代国家解体過程の研究』、岩波書店、1965 年、223—349 頁。
③ 『類聚三代格』卷八·延暦十六年八月三日太政官符。

第四章 律令制国家的官僚体系及其发展

第一节 律令制国家的官制机构

一、中央官僚机构

律令制国家中,官僚制是统治体系的主干,包括官制机构、官人任用、评定升迁、给予体系等内容。本节拟对令制规定的官僚机构的基本组成作一简略的叙述。

令制规定,中央官僚机构由二官、八省、五卫府、一台、二马寮等构成。其中,二官是指太政官、神祇官;八省是指中务省、式部省、治部省、民部省、兵部省、刑部省、大藏省、宫内省;五卫府指卫门府、左右卫士府、左右兵卫府;一台指弹正台;二马寮是左右马寮。

每一官司原则上都是由官(四等官①)、职员(杂任)、徭役劳动者(仕丁、卫士、防人、品部、杂户等)组成的。

---

① 虽然不同的官司,具体的官名不同,但是每一官司都设有长官、次官、第三等官(判官)、第四等官(主典),故称四等官制。

1. 神祇官

神祇官是掌管祭祀及其行政的机构。在律令官制中，神祇官是排列在太政官前面的官职，谓之"神祇者是人主之所重，臣下之所尊，祈福祥，求永贞，无所不归神祇之德。故以神祇官为百官之首"①。由此可见，神祇信仰在国家统治理念中的重要地位。但在实际的官僚行政体系中，神祇官的地位却低于太政官。神祇官的官人包括伯（长官）、大副和少副（次官）、大祐和少祐（第三等官）、大史和少史（第四等官）四等官。此外，四等官之下还设有神部和卜部，负责祭祀的杂务等。

神祇官的主要职责是："掌神祇祭祀、祝部神户名籍、大尝、镇魂、御巫、卜兆、总判官事"②。其中，"大尝"和"镇魂"是律令制下的神祇祭祀体系中的二个祭祀，之所以在神祇官的职责中已有"神祇祭祀"之语，还要单列此二祭祀，是因为二祭祀"殊为人主，不及群庶"③。

2. 太政官

太政官是律令制国家的最高机构，总揽国政，被视为"社稷之镇守，国家之管辖也"，"奉主命而施号令，退奸伪而进贤良，百官之所以法则，万民之所以瞻仰"。④ 太政官内部的官人组织较复杂：

首先，设有太政大臣一人、左大臣一人、右大臣一人、大纳言四人，构成议政官组织，审议国政；⑤

其次，少纳言三人、大外记二人、少外记二人、史生十人，构成秘书局性质的组织。其中，少纳言职掌奏宣小事，请进内印（天皇之印）、传符，进付飞驿函铃，监管外印（太政官之印）及其捺印等；大外记、少外记职掌勘正诏书，勘造奏文，勘署文案，检出稽失等；史生职掌誊写、装潢公文等。

---

① 『令集解』職員令・神祇官条「令釈」。
② 養老令・職員令。
③ 『令集解』職員令・神祇官条所引「義解」问答。
④ 『令集解』職員令・太政官条「令釈」。
⑤ 庆云二年（705）以后，令外官中纳言成为议政官的成员。8 世纪中叶以后，令外官参议也成为构成议政官的成员。

再有,左大辨一人、左中辨一人、左少辨一人、左大史二人、左少史二人、左史生十人、左官掌二人、左使部八十人、左直丁四人,构成左辨官局组织;右大辨一人、右中辨一人、右少辨一人、右大史二人、右少史二人、右史生十人、右官掌二人、右使部八十人、右直丁四人,构成右辨官局组织。左、右辨官局都属于事务局性质的机构,具体负责议政官与诸司、诸国之间的行政事务联络等事务。左辨官局担当与中务、式部、治部、民部四省的事务联络,右辨官局担当与兵部、刑部、大藏、宫内四省的事务联络。

此外,还有巡察使,但不是常置官职,是太政官临时派遣监察地方行政的官员。

3. 八省

八省位于太政官之下,各省大多由若干个职、寮、司等官司组成。省、职、寮均设有四等官职,其具体情况是:省一级的四等官是卿(长官)、大辅和少辅(次官)、大丞和少丞(第三等官)、大录和少录(第四等官);职一级的四等官是大夫(长官)、亮(次官)、大进和少进(第三等官)、大属和少属(第四等官);寮一级的四等官是头(长官)、助(次官)、允(第三等官)①、大属和少属(第四等官)。司一级的官职皆不设次官,只有正(长官)、佑(第三等官)、令史(第四等官)②。各省的职掌分别如下:

(1) 中务省近侍天皇,掌管与天皇、后宫有关的事务,包括侍从、献替、宫中礼仪、审查诏敕文案、受纳上表、宣旨、劳问、监修国史、女官名账、考课、叙位、诸国户籍、租调账和僧尼名籍等。中务省的官人组织中,除四等官以外,还设有职事官,即内记(起草诏敕)、监物(监察出纳,请进仓库钥匙)、主铃(出纳内印、驿铃、传符)、典锁(出纳仓库钥匙)等。中务省位于八省之首,在后述的官位相当制中,中务卿的相当官位比其他七省的长官高一阶,是正四位上。

---

① 寮有大寮、小寮之分,小寮的第三等官为允;大寮的第三等官为大允和少允。
② 司有大司、中司和小司之分,中、小司的第四等官为令史;大司的第四等官为大令史和少令史。

中务省的下属机构有一职六寮三司,即中宫职(担当与皇后有关的事务)、左大舍人寮(指挥大舍人,侍奉天皇)、右大舍人寮、图书寮(保管宫中的图书,担当国史的编纂)、内藏寮(天皇的宝物及日常用品的调度、保管、供进)、缝殿寮(女官及宫人的考课,衣服的裁缝)、阴阳寮(观测天文、气象,编历报时)、画工司(负责宫中的绘画、彩色)、内药司(负责宫中的医疗)、内礼司(负责宫中的礼仪,禁察违法行为)。

(2)式部省掌管文官的人事、培养、行赏等事务,包括文官的名账、考课、叙位、任官、礼仪、论功封赏、朝集、学校等。

"式部之任,务重他省",其中"铨衡人物,黜陟优劣",是其最重要的职责。[①] 律令官员的官职任命,有敕任、奏任、判任和式部判补四种方式。敕任是奉天皇敕令任命官员,直接反映了天皇自己的意志;奏任则是根据式部省提出的任用候选人名单,由太政官遴选,然后向天皇奏报选考结果,得到天皇认可后,宣布任命;判任是式部省遴选官员,式部省把确定的人选呈报太政官申报,得太政官认可后,任命官员;式部判补,顾名思义是式部省遴选、任命官员。尤其是在判任和式部判补两种方式中,都需要式部省铨衡、评估优劣,责任繁重。

式部省的下属机构有二寮,即大学寮(官人育成机构)、散位寮(掌管散位,即有位阶无官职者的名账)。

(3)治部省是掌管姓氏、继嗣、婚姻、祥瑞、丧葬、国忌、蕃客(外国使节)、僧尼等事务的机构。治部省的官人组织中,除了四等官以外,还设有职事官,即大解部和少解部,具体负责与氏姓、系谱有关的诉讼等事务。

治部省的下属机构有二寮、二司,即雅乐寮、玄蕃寮、诸陵司、丧仪司。雅乐寮掌管宫廷音乐,包括文武雅曲、舞、杂乐,以及男女乐人、音声人名账等。玄蕃寮具体管理佛事和对外接待事务,包括掌管佛寺、僧侣名籍、供斋;朝廷接见外国使节的仪式、宴请,在京城罗城门的迎送,以及

---

① 『続日本紀』和銅六年四月丁巳条。

外国使节下榻的馆舍的管理等。诸陵司掌管天皇家之陵、陵户名账。丧仪司掌管丧葬礼仪及用具。

（4）民部省是主管全国的民政事务，特别是财政事务的机构。由于民部省是掌管土地、户籍、租税等律令国家经济命脉的极其重要的官司，所以其长官、次官往往由熟悉实际事务的有力贵族担任。根据令文规定，民部省的具体事务包括掌管诸国户口名籍、赋役、家人、奴婢、桥道、津济、渠池、山川、薮泽、诸国田地等。

民部省的下属机构有二寮，即主计寮、主税寮。主计寮是中央财政预算机构。主税寮是主管国家财政收支，包括"仓廪出纳，诸国田租"①，并监督检查地方财政收支。

（5）兵部省是掌管军政事务，包括武官的人事，即武官的名账、考课、叙位、任官，以及兵士名账、差发兵士、兵器、仪仗、城隍、烽火等军事事务的机构。

兵部省的下属机构有五司，一是兵马司，主管饲养官马的诸国牧、军马、邮驿以及公私牛马；二是造兵司，负责兵器制造和兵器制作工匠的户籍管理等；三是鼓吹司，掌管用于军事或丧仪的鼓笛的调习事；四是主船司，掌管全国的公私船只；五是主鹰司，掌管调教狩猎用的鹰、犬等。

从上述兵部省的五司的职掌可知，全国性的交通通信手段，如驿制、公私的牛马、船只以及烽火等，都掌握在兵部省的手里。

另外，应特别指出的是，兵部省虽然管理武官的人事，但兵部省自身的官员却是文官，由式部省对其进行考课。

（6）刑部省是掌管审判、行刑司法行政事务的机构。律令规定，刑部卿的职责范围包括：诉讼的审理、判决、决疑案、判别良贱、囚禁等。刑部省的官人组织中，除了四等官以外，还设有判事（确定疑犯的罪名、判定诉讼）、解部（负责审讯、拷问疑犯）。

刑部省的下属机构有二司，一是赃赎司（管理分配犯罪者的赃物、赎

---

① 養老令·職員令·民部省·主税寮条。

物、没收的遗失物等）；二是囚狱司（掌管犯人的拘禁、刑罚的执行与监督）。

（7）大藏省是管理国库物资纳入、支出的机构，"掌出纳、诸国调及钱、金银、珠玉、铜铁、骨角齿、羽毛、漆、帐幕、权衡度量、卖买估价、诸方贡献杂物等"[1]。

大藏省的官人组织，除了四等官以外，还设有职事官，即主钥（出纳的责任者）、价长（检查物价的合理性）、典履（掌管靴履、鞍具的制造）、典革（掌管革的染作）等。

大藏省的下属机构有五司：典铸司，掌管铸造金银铜铁、涂饰、琉璃、玉器以及工户户口名籍；扫部司，掌管朝廷行事的会场准备；漆部司，担当漆制品的制作；缝部司，掌管官费衣服的缝制；织部司，掌管锦、绫、绌、罗等纤维品的织造和染色等。

（8）宫内省负责宫廷的一切庶务的机构。包括天皇和皇室的吃、穿、住、行。宫内省的下属机构为一职、四寮、十三司。一职即是负责朝廷宴会烹调的大膳职。四寮即负责土木建筑的木工寮；负责收纳诸国贡上的精米等谷类、分配粮食给诸司的大炊寮；负责管理殿舍、日用器具的主殿寮和负责官人的医疗、培养医师、种采草药的典药寮。十三司则是掌管皇亲名籍的正亲司；负责天皇膳食的内膳司；负责酒、醋酿造的造酒司；负责金属器制造和管理锻户的锻冶司；负责管理、役使官有贱民的官奴司；管理宫中苑池、种植供天皇食用的蔬菜、果树的园池司；负责壁涂等土工事的土工司；管理采女的采女司；掌管供天皇饮用的水、冰的主水司；管理、分配诸国贡上的油脂的主油司；负责宫中诸行事的会场布置、扫除的内扫部司；管理莒陶器皿的筥陶司；以及负责供天皇用的杂染的内染司。

4. 五卫府

卫门府、左卫士府、右卫士府、左兵卫府、右兵卫府是朝廷的军事力

---

[1] 養老令・職員令・大藏省条。

量,共同担负天皇的近卫和宫城的守卫等职能。

卫门府的职责是率领卫士担当外门(宫城门)和中门(宫门)的警卫和开闭,并掌管记载着被许可出入诸门者的名簿(门籍)和物的品名、数量的文书(门牓)。卫门府四等官名称是督(长官)、佐(次官)、尉(第三等官)、志(第四等官)。隼人司是卫门府的下属机构,掌管着在朝廷勤务的隼人(南九州的少数族)。

左右卫士府的职责是率领卫士负责中门(宫门)和宫城内诸官衙的警卫,以及天皇行幸车驾的前后列仗等。左右卫士府的四等官名称是督(长官)、佐(次官)、尉(第三等官)、志(第四等官)。

左右兵卫府的职责是率领兵卫负责天皇的近卫,例如内门(阁门)的警备、天皇行幸时车驾的左右守护等。左右兵卫府四等官名称,大宝令中是率(长官)、翼(次官)、直(第三等官)和志(第四等官),养老令中是督、佐、尉、志。

卫门府与左右卫士府的卫士均来自地方诸国军团的兵士,但是令制没有具体地规定各国上京的卫士人数。根据正仓院收藏的文书,天平十七年(745)五月,右卫士府所辖的卫士人数为 548 人。[①] 因此一般情况下,每府所辖的卫士人数大约在 500—600 人。不过,朝廷依据需要,也可随时地调整上京的卫士数。兵卫府的兵卫来自地方的郡司子弟,令制规定:"凡兵卫者,国司简郡司子弟强干便于弓马者"[②],左右兵卫府各拥有 400 人兵卫[③]。

5. 弹正台

弹正台是日本律令制国家模仿唐代御史台而设置的肃正风纪、纠弹非违的官僚机构。令制下的弹正台的职员构成是:"弹正台,尹一人,掌肃清风俗,弹奏内外非违事。弼一人。大忠一人,掌巡察内外,纠弹非违,余同神祇大佑。少忠二人,掌同大忠。大疏一人,少疏一人,巡察弹正十人,掌巡察内外,纠弹非

---

① 東京大学史料編纂所編『大日本古文書』(編年文書)卷 2・右衛士府移、427 頁。
② 養老令・軍防令・兵衛条。
③ 養老令・職員令・兵衛府条。

违。史生六人。使部卅人。直丁二人。"①

其中,弹正台的长官(尹)和次官(弼)职掌为"弹奏内外非违事"②。所谓的弹奏,是指"事大者奏弹",即如若亲王犯有徒罪以上,或者五位以上官人(太政大臣不在此限)罪至解官的时候,弹正台向天皇奏弹;如若亲王犯杖罪以下,或者五位以上官人罪不至解官,或者六位以下官人非违时,弹正台依照罪人的籍贯(本贯),将罪人移送至相应的断罪官司(刑部省或京职)。③ 弹奏职掌所及的"内外"范围是指京城内外,即"内者,左右两京。外者,五畿七道"。④ 另一方面,弹正台的三等官(大、少忠)、四等官(大、少疏)以及巡察弹正的职掌是"巡察内外、纠弹非违",此"内外"的范围是指宫城内外,即"内者,宫城以内。外者,左右两京"⑤。

弹正台的纠弹非违,其所及对象范围不只局限于官人,例如令制规定:"凡在京有大营造,役丁匠之处,皆令弹正巡行,若有非违,随事弹纠。"⑥平安时代以后,弹正台的职掌也有所变化,如弼以下的官职每月巡察京中,勘弹东西市、诸寺的非违以及客馆、路桥破秽之处;忠以下的官职每日纠察"宫城内外非违及污秽者"。⑦

中央官制中,除了二官八省五卫府一台以外,还设有左马寮、右马寮、左兵库、右兵库和内兵库。左马寮和右马寮掌管饲养、调教官马的事务。左马寮和右马寮的四等官称为头(长官)、助(次官)、允(第三等官)、属(第四等官)。依据《续日本纪》记载,还出现过"马寮监"的官名⑧,一般认为这是位于左马寮和右马寮之上,统一监管二寮的官职。

律令制下的兵库是管理朝廷兵库武器的官司。左右兵库掌管仪仗

---

① 養老令・職員令・弾正台条。
② 根据令制规定中的"次官不注职掌者,掌同长官"的原则(『令義解』職員令・神祇官条),弹正台的次官(弼)的职掌与长官(伊)相同;四等官(大、少疏)的职掌等同于三等官(大、少忠)。
③ 『令集解』職員令・弾正台条集解、公式令・奏弾式条。
④ 『令義解』職員令・弾正台条。
⑤ 『令義解』職員令・弾正台条。
⑥ 養老令・賦役令・営造条。
⑦ 『延喜式』弾正台式。『類聚三代格』巻四・加減諸司官員并廃置事・天長三年太政官符。
⑧ 『続日本紀』和銅四年十二月壬寅条。

及实战用的武器,内兵库掌管天皇用的武器。左右兵库设头、助、允、属四等官职;内兵库的官职是正、佑、令史。

以上所述的中央官司之间,太政官虽位于神祇官、八省、弹正台、卫府等官司之上,但与诸官司并不具有"所管—被管"的直接上下级隶属关系,而是因政务存在的"因事管隶"的统属关系。[①]

二、地方行政机构

1. 诸国的国司与郡司

前已叙述,律令制下的地方行政结构为国—郡—里三级。[②] 根据行政区域规模等要素,诸国有大国、上国、中国、下国之分。诸国的地方行政官(国司)由中央向诸国派遣,任期 6 年(后改为 4 年)。令制对诸国国司的构成、定员和官位的规定,是与诸国的等级相对应的。

一般而言,国司的四等官名称有守(长官)、介(次官)、掾(第三等官)、目(第四等官)。大国,守一人,介一人,大掾一人,少掾一人,大目一人,少目一人;上国,守一人,介一人,掾一人,目一人;中国,守一人,掾一人,目一人;下国,守一人,目一人。根据令制规定,国司(守)的职掌包括:"掌祠社、户口簿账、字养百姓、劝课农桑、纠察所部、贡举、孝义、田宅、良贱、诉讼、租调、仓廪、徭役、兵士、器仗、鼓吹、邮驿、传马、烽候、城牧、过所、公私马牛、阑遗杂物,及寺、僧尼名籍事。"[③]其范围涉及民政、裁判、征税、军事、交通、宗教等诸多方面。

国守每年都要巡行一次其所管辖的诸郡,"观风俗,问百年,录囚徒,理冤枉,详察政刑得失,知百姓所患苦,敦喻五教,劝务农功",同时考察

---

① 井上光貞ら编『日本思想大系 3　律令』公式令补注 11a。
② 郡的前身就是前述的评;五十户构成一里。关于五十户为单位的制度,在前述的大化改新诏中,规定"凡五十户为里"。但是根据出土的木简,飞鸟净御原令以前,评的下一级行政单位的表记不是"里",而是"五十户"。令制下,每里设里长一人,掌管"检校户口、课殖农桑、禁察非违、催驱赋役"(養老令・户令)。
③ 養老令・職員令。

郡司的政绩等。①

国司所在的官衙称为国府。国府一般由国厅、曹司、国司馆、正仓院、国府厨、驿家或国府津等设施构成。② 国厅作为国府的政务、礼仪空间，是举行日常政务、仪式、飨宴等的场所；曹司是处理具体行政事务的官舍；国司馆是国司的居住空间（守馆、介馆、掾馆、目馆）；正仓院是国家性质的仓库群；国府厨是负责国府官人膳食的厨房；驿家是陆上交通的驿制的设施；国府津是水上交通的港口。国府位于交通要道，是律令制交通体系的集结点，利于中央与地方之间的信息传递。

国之下的郡有大郡、上郡、中郡、下郡、小郡之分。20—16 里为大郡；15—12 里为上郡；11—8 里为中郡；7—4 里为下郡；3—2 里为小郡。③ 与国司不同，掌管郡的行政的地方官（郡司），大多出自当地的地方豪族阶层。郡司是律令制国家官僚机构体系的末端，各郡的郡司的构成、定员和官位规定也与郡的等级有关。大郡，大领一人，少领一人，主政三人，主帐三人；上郡，大领一人，少领一人，主政二人，主帐二人；中郡，大领一人，少领一人，主政一人，主帐一人；下郡，大领一人，少领一人，主帐一人；小郡，领一人，主帐一人。其中，大领和少领的职掌是"抚养所部、检察郡事"；主政负责"纠判郡内，审署文案，勾稽失，察非违"；主帐则职掌"受事上抄，勘署文案，检出稽失，读申公文"。④ 关于大领、少领等郡司的选任，养老令·选叙令规定："凡郡司，取性识清廉，堪时务者，为大领、少领。强干聪敏，工书计者，为主政、主帐。其大领外从八位上，少领外从八位下，叙之。其大领、少领，才用同者，先取国造。"

当大领或少领的候选者中存在才干相同者，则优先录用国造氏族出身者。所谓的国造氏族，是指地方的传统豪族势力。与郡的大小无关，

---

① 養老令·户令。

② 佐藤信「宮都·国府·郡家」、朝尾直弘ら編『岩波講座 日本通史』第 4 卷、岩波書店 1994 年、115—145 頁。

③ 養老令·户令。

④ 養老令·職員令。

所有郡的大领的位阶是外从八位上，少领的位阶是外从八位下。

此外，根据律令制规定，诸国须向中央贡送兵卫或采女，这些兵卫或采女皆是郡司的子弟。他们是中央的权威者与郡司（地方豪族）之间的直接联系通道，这也是9世纪以后的王臣家与郡司能够联合对抗国司统治的缘由之一。[1]

律令制并没有规定郡司的任期，也就意味着郡司是可以终身在任的。但实际上，郡司却是10年左右一交替的[2]。郡司的每年勤务考评由国司进行，评定结果以文书的形式呈送中央。

郡府所在的官衙，史料上称为郡家，但考古学者称之为郡衙。根据史料和考古发掘，学界一般认为，郡家（郡衙）由郡厅、曹司、郡司馆、正仓院、厨、驿家等设施构成。郡厅是郡家的政务、礼仪空间；曹司是处理具体行政事务的官舍；郡司馆是郡司的居住空间；正仓院是国家性质的仓库群；厨是负责郡家官人膳食的厨房；驿家是驿制的设施。郡家与国府一样，皆位于交通要道，是律令制交通体系的一部分。

国府和郡家作为地方官衙，是律令制国家对地方统治的行政基本据点，具有政治、财政、宗教、祭祀、文书行政、膳食供给、生产、交通等机能。[3]

律令制国家在地方各国配置的军团，平时由所在国的国司掌管。一个军团的兵士数最多可以达1千人，兵士的供给源是民众征丁。每一军团由大毅（长官）、少毅（次官）统率全军团兵士。大毅（长官）、少毅（次官）以下的编制，分别由旅、队构成，即50名兵士编成1队，由一位队正（五十长）统领；2队编为1旅，由一位旅帅（百长）统领；2旅由一位校尉（二百长）统领。此外，每一个军团还配置一名精通书、算的事务官职（主

---

① 鐘江宏之「郡司と古代村落」、大津透等編『岩波講座 日本歴史』第3巻・古代3、岩波書店 2014年、179—212頁。

② 須原祥二「八世紀の郡司制度と在地」、『史学雑誌』105—7、1996年、77—104頁、159—160頁。

③ 佐藤信「地方官衙と在地の社会」、佐藤信編『日本の時代史4律令国家と天平文化』、吉川弘文館 2002年、145—179頁。

帐）。军团的大毅、少毅也与郡司一样，出自当地的豪族层。由于兵部省是掌管有关兵士征发、武器管理等事宜的官厅，因此军团平时是处于太政官—兵部省—国司—军团这一行政指挥体系的末端的。

2. 京职、摄津职、大宰府

在律令制国家的地方行政分划中，京城、摄津国和大宰府的地位不同于其他的地方诸国，相应地律令制国家在三地所设的官职也区别于诸国的行政机构，即京职、摄津职和大宰府。

（1）京职

京城作为天皇宫城的所在地，是王权统治的政治中心。掌管京城内的民政、征税、断案、治安等事务的行政机构是京职。京职分左京职和右京职。以贯穿京内中央的南北大道（朱雀大路）为基准，大道以东属左京职辖区，大道以西属右京职辖区。左京职和右京职各由大夫（长官）、亮（次官）、大进和少进（第三等官）、大属和少属（第四等官）四等官构成。令制规定的京职（大夫）的具体职责是："掌左京（或右京）户口名籍、字养百姓、纠察所部、贡举、孝义、田宅、徭役、良贱、诉讼、市廛、度量、仓廪、租调、兵士、器仗、道桥、过所、阑遗杂物，僧尼名籍事。"①

若与前述的诸国国司职责相比，京职大夫的职责少了祠社、劝课农桑、鼓吹、邮驿、传马、烽候等项，多了市廛、度量、道桥等事项。这是与京城所具有的都市特性相适应的。左右京职的大夫、亮，其最重要的任务是"兴崇礼教，禁断盗贼"②。如若左右京职不禁止所管辖的京中百姓的"丧葬盛饰奢僭及淫祀之类"的旧习，就要受到弹正台的弹劾。③

为了保证京内的社会治安，左右京职之下，各领兵士 200 余名，但兵士是以 20 人为 1 番，交替勤务的，每番 15 天，因此一般情形下，只有 20 名兵士在京职执行勤务，他们的任务是：平常之时，"卫护宫城，巡管内而

---

① 養老令·職員令·左京職·大夫条。
② 養老令·考課令。
③ 「延喜式」弾正台式。

纠非违，搜□人而守囚禁"等；天皇行幸之时，则"先驱驰道"。①

京职内，除了四等官以外，还设置坊令之职，每四坊设坊令一名，负责"检校户口、督察奸非、催驱赋徭"②。

此外，左京和右京内各设一市，即东市和西市，市内的秩序由东市司和西市司分别管理，东市司和西市司的职责是监督官市上的财物或货物的交易、器物的真伪、度量的轻重、买卖的估价，以及纠察非法等事，一旦在市内出现非违之事，市司有权捕捉、断罪，以保证"市廛不扰，奸滥不行"③。

（2）摄津职

摄津国（今大阪府的西北部及兵库县的东南部）管内的难波津是律令制国家的重要港口。

难波津是濑户内海航路的起端，同时也是流经大阪平原的大和川与淀川汇流的入海口，因此可以说，难波是古代日本的海运与水运的交汇点，自古以来就是交通要冲。6世纪以后，倭王权在难波不仅设置了难波屯仓，而且还建造了接待外国使节的住宿设施等。前已叙述，大化改新后的孝德王权就将宫都迁至难波。此外，天武十二年（683）十二月，天武天皇发布诏令宣布采用陪都制，在难波之地建造副都——难波宫。④

由于难波地区的历史地位非同一般，因此律令制国家对摄津国加以特别对待，准照京职建制，设置摄津职⑤，掌管这一地域的行政事务。与京职相同，摄津职由大夫（长官）、亮（次官）、大进和少进（第三等官）、大属和少属（第四等官）四等官构成。根据令制规定，摄津职（大夫）的职责是："掌祠社、户口簿账、字养百姓、劝课农桑、纠察所部、贡举、孝义、田宅、良贱、诉讼、市廛、度量轻重、仓廪、租调、杂徭、兵士、器仗、道桥、津

---

① 『類聚三代格』軍毅兵士鎮兵事・延暦廿年四月廿七日太政官符。

② 養老令・户令・京条。

③ 養老令・考課令。

④《日本书纪》天武十二年十二月庚午条："凡都城宫室非一处，必造两参。故先欲都难波。是以百寮者各往之请家地。"

⑤ 延历十二年（793），随着难波宫被废弃，摄津职被取消，取而代之的是摄津国国司。

济、过所、上下公使、邮驿、传马、阑遗杂物，检校舟具，及寺、僧尼名籍事。"①

与国司和京职的职掌相比，津济（难波津）、上下公使（从难波津出入的外国使节）、检校舟具（难波津的官船）是摄津职独有的职掌。

（3）大宰府

九州地区是日本列岛与大陆交往的重要门户。自 6 世纪以来，倭王权就在九州北部设置政治、军事据点——那津官家（位于今福冈市）。白村江之役败战后，天智王权在九州北部筑造水城、大野城等防御性设施，同时设置了筑紫大宰府（位于今福冈县太宰府市）。在律令制国家中，大宰府是规模最大的地方行政机构，主要职掌外交、军事及管辖九州地区的诸国、诸岛，素有"远之朝廷"之称。② 其行政机构的官人组织，由主神一人、帅一人、大贰一人、少贰二人、大监二人、少监二人、大典二人、少典二人、大判事一人、少判事一人、大令史一人、少令史一人、大工一人、少工二人、博士一人、阴阳师一人、医师二人、算师一人、防人正一人、防人佑一人、令史一人、主船一人、主厨一人等构成。

与其他地方行政机构不同，大宰府设有主神一职，掌管在大宰府的诸祭祀事务。大宰帅是大宰府的长官，根据位阶制的规定，是相当于四品亲王或从三位诸王、诸臣的官职。令制规定大宰帅的职掌是："掌祠社、户口簿账、字养百姓、劝课农桑、纠察所部、贡举、孝义、田宅、良贱、诉讼、租调、仓廪、徭役、兵士、器仗、鼓吹、邮驿、传马、烽候、城牧、过所、公私马牛、阑遗杂物，及寺、僧尼名籍、蕃客、归化、飨燕事。"③

职掌中的"蕃客、归化（移民）、飨燕（飨宴）"是与外交有关的特殊职责。在大宰府设有招待外国使节的客馆（筑紫馆）④。除了外交窗口的职责以外，军事防卫也是大宰府的主要职掌之一。在九州地区海岸线担当海

---

① 養老令・職員令・摄津職・大夫条。

② 『万葉集』3—302。

③ 養老令・職員令・大宰府・帥条。

④ 9 世纪以后，客馆（筑紫馆）改称为鸿胪馆。

防任务的兵士就是前述的防人。大宰府下设防人司,由防人正和防人佑掌管防人的名簿和装备,负责防人的军事训练等事宜。防人多来自东国,按照令制规定,防人的服役期为3年,但是有不少防人服役期满后仍留在九州,不能返乡。平安时代以后,随着军团兵士制的废止,防人制逐渐瓦解。

大宰府所处的地理位置,交通十分便利,其南是肥前(今佐贺县)、筑后(今福冈县);东面经筑丰地区通往丰前(今福冈县)方向;东南经朝仓地区通往丰后(今大分县)方向。其中,东向和东南向的两条路线都是通向濑户内海的路线,并可远达畿内。此外,御笠川和鹭田川贯穿大宰府全域,非常利于水运。大宰府的北面是四王寺山,东西是四王寺山系的月山和藏司两个小丘陵,南面与辽阔的筑紫平原相连。三面为山和丘陵的地形,与藤原京、平城京和平安京的地形甚为相似。8世纪中叶以后,大宰府成为"人物殷繁,天下之一都会也"①,不仅是地方的政治中心,而且还是经济、文化的汇合中心。

三、东宫的家政机构

东宫是皇太子的居所。春宫坊是管理东宫之内政事的机构,亦可以说是皇太子的家政机构②。根据东宫职员令,春宫坊的四等官构成是大夫一人(长官),亮一人(次官),大进一人、少进二人(第三等官),大属一人、少属二人(第四等官)。关于春宫坊大夫的职责,养老令的规定是"掌吐纳启令、宫人名账、考叙、宿直事"③,其中"吐纳启令"的含义是"纳启于上,吐令于下"④,即向上奏启皇太子,向下宣达令旨。

春宫坊的下属机构有三监、六署,即舍人监、主膳监、主藏监、主殿署、主书署、主浆署、主工署、主兵署、主马署。

---

① 『続日本紀』神護景雲三年十月甲辰条。
② 所谓的家政机构,是为了维持天皇、皇太子、诸王及贵族等的日常生活,分别在各自的家中设置的机构。其中,天皇、皇太子、诸王及三位以上贵族的家政机构,属于律令制国家设置的官僚机构,由国家配置维持机构运转的官吏。
③ 養老令・東宮職員令。
④ 『令義解』職員令・中宮職条。

　　舍人监掌管舍人名账、礼仪及分番事。根据养老令·东宫职员令规定,东宫的舍人数为 600 人。东宫舍人的来源,与天皇身边的内舍人同样,都是五位以上官人的子孙(但不包括三位以上官人的子),须年纪 21 岁以上且无役任者。①

　　主膳监掌管皇太子的进食先尝和诸饮膳事,以及用于东宫财政需要的来自律令制国家的分配物,如绝、绵、糸、布、锹、铁等。此外,主膳监还兼管春米、杂谷及酿酒等。②

　　主藏监掌管东宫所有的金、玉、宝器、锦绫、杂彩、裁缝衣服、玩好之物。

　　主殿署掌管皇太子的汤沐和东宫的灯烛与洒扫,以及东宫内的席荐簀簾苫铺设事。

　　主书署掌管供给东宫的书、药、笔研之类的物品。

　　主浆署掌管饂粥、浆水及果子之类事。

　　主工署掌管土木构造及铜铁器(包括兵器)制造事,其职能相当于同时兼有宫内省的木工寮、土工司及锻冶司三个机构的职能。

　　主兵署掌管主工署所造的兵器、仪仗之类事。

　　主马署掌管供给东宫的乘马及鞍具事。

　　根据日本学者的研究,虽然在内部的具体设置上,春宫坊与管理天皇宫殿之内的宫内省存在着明显的不同,但是从机构的职掌来看,春宫坊的机构构成原理与内廷性质的宫内省相似,并且春宫坊尽管是天皇的继承者——皇太子的家政机构,但却在太政官的直接统括之下,制约皇太子的意志与行动。③

---

① 養老令·軍防令·五位子孫条。

② 《令集解》东宫职员令·主膳监条所引〈古记〉:"兼炊司、酒司",即大宝令阶段,主膳监具有如宫内省大炊寮及造酒司的职能。荒木敏夫氏认为即使养老令实施以后,主膳监依然具有相同的职能(荒木敏夫「東宮機構の原理と構造」,『日本古代の皇太子』,吉川弘文館 1985 年、224—250 頁)。

③ 荒木敏夫「東宮機構の原理と構造」。

四、后宫十二司

后宫十二司是设置在宫城内的天皇居住空间——内里之中的机构，其中的官人皆为女性，被统称为"宫人"，是女性参与律令制国家行政运转的重要途径。在律令制规定中，天皇的嫔、妃、夫人也被纳入官人体系，但只有相关品位的规定，并不担任具体的职事官。

后宫十二司包括内侍司、藏司、书司、药司、兵司、闺司、殿司、扫司、水司、膳司、酒司、缝司，各司的职掌不仅涉及天皇的日常生活，而且还关联着朝政，具体职掌如下：

内侍司，常侍天皇；向天皇传递臣下的上奏、请报；向臣下传达天皇发出的敕令；监督并考核女孺（采女、氏女等）；兼负责内命妇、外命妇的朔日、节日朝参及后宫礼仪。

藏司，掌管天皇的神玺（镜、剑、勾玉）、关契（紧急情况调动兵力通过不破关、铃鹿关、爱发关的符节）、供御衣服、巾栉、服翫（玉等之类）及珍宝、绢帛、赏赐事。

书司，掌管内典、经籍及纸、墨、笔、几案、糸竹之事。

药司，掌管天皇的医药（内药司所制的御药）事。

兵司，掌管天皇的兵器（翫兵器弹弓之类）事。

闺司，掌管宫中诸门的钥匙及其出纳事。

殿司，掌管天皇的舆伞、膏、沐、灯油、火烛、薪炭事。

扫司，掌管天皇的床席、扫洒、铺设事。

水司，掌管向天皇进奉浆水（粟米饭渍水汁）、杂粥之事。

膳司，掌管天皇的御膳、进食先尝、总摄膳馐、酒醴、诸饼蔬果之事。

酒司，掌管酿酒之事。

缝司，掌管裁缝衣服、纂组事，兼管女功及朝参事。

后宫十二司的宫人可以大致分为两大等级，即就任于诸司职事官的上级女官与从事杂任的下级女官。其中，诸司的职事官分别是：

内侍司：尚侍（2人）、典侍（4人）、掌侍（4人）

藏司：尚藏（1人）、典藏（2人）、掌藏（4人）

书司：尚书（1人）、典书（2人）

药司：尚药（1人）、典药（2人）

兵司：尚兵（1人）、典兵（2人）

闱司：尚闱（1人）、典闱（4人）

殿司：尚殿（1人）、典殿（2人）

扫司：尚扫（1人）、典扫（4人）

水司：尚水（1人）、典水（2人）

膳司：尚膳（1人）、典膳（2人）、掌膳（4人）

酒司：尚酒（1人）、典酒（2人）

缝司：尚缝（1人）、典缝（2人）、掌缝（4人）

上述女官之职虽然没有被纳入后述的官位相当制，但是养老令·禄令规定：尚藏准正三位；尚膳、尚缝准正四位；典藏准从四位；尚侍、典膳、典缝准从五位；尚酒准正六位；尚书、尚药、尚殿、典侍准从六位；尚兵、尚闱准正七位；尚扫、尚水、掌藏、掌侍准从七位；掌膳、掌缝准正八位；典书、典药、典兵、典闱、典殿、典扫、典水、典酒准从八位。从各司女官的准官位的设置可以看出，在后宫十二司中，保管象征天皇最高权威与权力的神玺、关契等物的藏司，其地位最高。

与作为职事官的上级女官相对照，后宫十二司的下级女官女孺、采女等则被视为等同于散事官，其待遇分别是：有位者准少初位；无位者的待遇要比有位者少布1端。内侍司、藏司、书司、药司、兵司、闱司、殿司、扫司8司的下级女官是女孺。水司、膳司2司的下级女官是采女。缝司无女孺，但没有分配至其他司的氏女、采女皆在缝司。根据律令制的相关规定，女孺为京、畿内各氏所贡的氏女，年龄在13岁以上30岁以下[①]；采女则由地

[①] 大同元年（806），以13岁以上30岁以下女子"心神易移，进退未定"为由，朝廷下令氏女宜采用30岁以上40岁以下之人（『類聚三代格』卷四·加減諸司官員并廢置事·大同元年十月十三日太政官符）。

方郡司所贡,是郡少领以上的姊妹或女儿或孙女,且相貌端正①。

女性官人的考叙方式与男性官人相同。不过,女性官人每半个月有一次沐浴假,共 3 天,即一个月有 6 天假,比男性官人的一个月 5 天多一天。

五、诸王诸臣的家政机构

律令制规定,一品至四品的亲王与一位、二位、正三位、从三位的高位官人可以设置家政机构,其具体的官职构成如下②:

一品:文学一人,家令一人,扶一人,大从一人,少从一人,大书吏一人,少书吏一人;

二品:文学一人,家令一人,扶一人,从一人,大书吏一人,少书吏一人;

三品、四品:文学一人,家令一人,扶一人,从一人,书吏一人;

一位:家令一人,扶一人,大从一人,少从一人,大书吏一人,少书吏一人;

二位:家令一人,从一人,大书吏一人,少书吏一人;

正三位:家令一人,书吏二人;

从三位:家令一人,书吏一人。

一品至四品的亲王家政机构中的"文学",其职责是"执经讲授",不涉及亲王的家政。家令才是总掌家政机构之人,职责就是总掌家事。扶的职责与家令相同。大从、少从的职责是"检校家事"。大书吏、少书吏则"勘署文案"。诸王诸臣的品位不同,相对应的家政机构的规模也有所不同。

1988 年,根据出土的大量木简的内容,考古学者确定与平城宫遗址的东南角相邻的遗址是长屋王宅邸遗址。长屋王宅邸是占据平城京左

---

① 根据军防令·兵卫条规定,贡采女的郡与贡兵卫的郡不重叠;每国,2/3 的郡贡兵卫,1/3 的郡贡采女。
② 養老令·家令職員令。

京三条二坊一、二、七、八坪的豪宅,其中在八坪的东南隅发现的宽 3 米,长 27.3 米的南北向的沟状土坑中,出土了约 3.5 万枚木简,这些木简所记的纪年集中在和铜四年(711)至灵龟二年(716)之间,学者们将这一木简群统称为"长屋王家木简"。[①] 这些木简中,既有来自天皇宫中的文书,也有从长屋王所领之地送至长屋王宅邸的食物上的货札,还有长屋王宅邸内的事务性文书等。根据木简的内容,不仅可以了解长屋王家族和奉仕于长屋王家的各阶层人的生活状况,以及长屋王家的经济基础等,而且也为人们了解家令机构的详情提供了翔实的资料。

依据长屋王木简的内容,学界目前一般认为,在长屋王宅邸内,以长屋王与其妻吉备内亲王为中心,长屋王的其他夫人及儿女也同住在一起,其中长屋王与吉备内亲王二人分别拥有各自的家政机构。长屋王家的家政机构由"长屋王家令所""政所""务所""司所"等组成,其下属组织包括负责衣食住的"主殿司""大炊司""膳司""菜司""酒司""水取司"等;负责近侍长屋王的帐内、舍人等的"帐内所";负责手工制作的"工司""鞍具作司""铜造所""绵作司""镂盘所""铸物所"等;负责饲养动物的"马司""犬司"等;负责抄写佛经的"书法所"等等。

在上述长屋王家政机构组织中,除了家令、扶、从、大书吏、少书吏等律令官制规定的官吏以外,还有帐内、仕丁、少子、扫守(清扫)、缝殿女(裁缝)、染女(染色)、铸物师、铜造、皮作、矢作、大刀造、沓缝、经师、纸师、书法模人、帙师、医师、女医等从事各种职能的下级役人。这些下级役人的每日给食由政所总负责。有关每日支给米饭的木简是长屋王家木简的主体。

除了长屋王家木简以外,在平城京二条大路路面的壕沟状遗构中,还出土了 7 万 4 千枚木简,时期多为天平八年(736)前后。这一木简群

[①] 奈良国立文化财研究所『平城京長屋王邸宅と木簡』(吉川弘文館、1991 年)、『平城京木簡 1—長屋王家木簡 1—』(奈良国立文化財研究所、1995 年)、『平城京木簡 2—長屋王家木簡 2—』(奈良国立文化財研究所、2001 年)、『長屋王家・二条大路木簡を読む』(奈良国立文化財研究所、2001 年)等等。

被称为"二条大路木简"。根据木简的内容,二条大路木简的主体是有关光明子皇后宫的木简,但其中的一部分是与藤原麻吕家的家政机构相关的,尤有一枚木简上写着"中宫职移兵部省卿宅政所"①,当时的兵部卿是藤原麻吕,藤原四兄弟中最少者,当时的位阶是从三位。1989 年,在平城京左京二条二坊五坪的考古发掘中,发现了大规模的建筑遗址及面向二条大路的门址,因此学者们确定藤原麻吕的宅邸位于左京二条二坊五坪,而与其相邻的三条二坊的旧长屋王宅邸址是光明子皇后宫的所在。

根据木简可知,藤原麻吕家的家政机构所管辖的下级役人中,有负责宅邸警卫、杂务的资人,也有舍人、经师、雇女等。此外,藤原麻吕家的家政机构还与右京职、园池寺,以及奉仕圣武天皇的母亲藤原宫子的中宫职机构和位于平城京外的藤原氏的冈本宅等官司或家政机构之间存在着人与物的交织联系。

第二节　官僚体系

一、官位相当制

在律令官僚制中,"大臣以下、书吏以上曰官。一品以下、初位以上曰位。凡位有贵贱,官有高下。阶贵则职高,位贱则任下。官位相当,各有等差"②,此为官位相当制,也就是官与位之间的对应关系。位是官人的身份标志,位阶则显示官人身份的秩序,位阶的高低影响到官人所任官职的高低。

位的授予对象包括亲王、诸王和诸臣③,其中授予亲王的位被称为品,分为一品至四品 4 阶;诸王的位,有 14 阶,正一位至从五位下;诸臣的位有 30 阶,正一位至少初位下。根据养老令·官位令的规定,品、位

---

① 木簡研究会编『木簡研究』12 号、木簡学会 1990 年、14 頁。
② 『令義解』官位令。
③ "凡皇兄弟、皇子,皆为亲王。女帝子亦同。以外并为诸王"(養老令·継嗣令)。

阶与官职的对应关系如下：

表 4-1　品、位阶与官职对照表

品、位阶	官　　职
一品、正一位、从一位	太政大臣
二品、正二位、从二位	左右大臣
三品、四品	大纳言、大宰帅、八省卿
正三位	大纳言
从三位	大宰帅
正四位上	皇太子傅、中务卿
正四位下	七省卿（除中务卿以外的其他七省卿）
从四位上	弹正尹、左右大辨
从四位下	神祇伯、中宫大夫、春宫大夫
五位上	左右中辨、大宰大贰、中务大辅、左右京大夫、大膳大夫、摄津大夫、卫门督、左右卫士督
五位下	左右少辨、七省大辅、弹正弼、大判事
从五位上	中务少辅、左右大舍人头、大学头、木工头、雅乐头、玄蕃头、主计头、主税头、图书头、左右兵卫督、左右马头、左右兵库头、大国守
从五位下	神祇大副、侍从、少纳言、大宰少贰、七省少辅、大监物、中宫亮、春宫亮、左右京亮、大膳亮、摄津亮、卫门佐、左右卫士佐、皇太子学士、内藏头、缝殿头、大炊头、散位头、阴阳头、主殿头、典药头、上国守、一品家令、职事一位家令
正六位上	神祇少副、大内记、弹正大忠、左右辨大史、正亲正、内膳奉膳、造酒正、兵马正、锻冶正、造兵正、画工正、典铸正、扫部正、内药正、东西市正、官奴正、鼓吹正、园池正、诸陵正、赃赎正、囚狱正、二品家令
正六位下	大宰大监、八省大丞、弹正少忠、中判事、左右大舍人助、大学助、木工助、雅乐助、玄蕃助、主计助、主税助、图书助、左右兵卫佐、左右马助、左右兵库助、内兵库正、土工正、葬仪正、采女正、主船正、漆部正、缝部正、织部正、隼人正、内礼正、内药侍医、大学博士、大国介、中国守

续　表

品·位阶	官　职
从六位上	神祇大祐、大宰少监、八省少丞、中监物、中宫大进、春宫大进、内藏助、缝殿助、大炊助、散位助、阴阳助、主殿助、典药助、主水正、主油正、内扫部正、筥陶正、内染正、舍人正、主膳正、主藏正、上国介、一品家扶、三品家令、职事一位家扶、职事二位家令
从六位下	神祇少祐、少判事、大宰大判事、中宫少进、春宫少进、左右京大进、大膳大进、摄津大进、卫门大尉、左右卫士大尉、大藏大主钥、主鹰正、主殿首、主书首、主浆首、主工首、主兵首、主马首、下国守
正七位上	中内记、大外记、大宰大工、大宰少判事、左右辨少史、大宰大典、八省大录、弹正大疏、左右京少进、大膳少进、摄津少进、卫门少尉、左右卫士少尉、内藏大主钥、防人正、二品家扶、四品家令
正七位下	大宰主神、弹正巡察、左右大舍人大允、大学大允、木工大允、雅乐大允、玄蕃大允、主计大允、主税大允、图书大允、左右兵卫大尉、左右马大允、左右兵库大允、少监物、大主钥、判事大属、助教、医博士、阴阳博士、天文博士、主酱、主果饼、大国大掾
从七位上	少外记、左右大舍人少允、大学少允、木工少允、雅乐少允、玄蕃少允、主计少允、主税少允、图书少允、左右兵卫少尉、左右马少允、左右兵库少允、内藏允、缝殿允、大炊允、散位允、阴阳允、主殿允、典药允、音博士、阴阳师、历博士、书博士、算博士、咒禁博士、大国少掾、上国掾、一品家大从、一品文学、三品家扶、职事一位家大从、职事正三位家令
从七位下	正亲佑、内膳典膳、造酒佑、兵马佑、锻冶佑、造兵佑、画工佑、典铸佑、扫部佑、内药佑、东西市佑、官奴佑、鼓吹佑、园池佑、诸陵佑、赃赎佑、囚狱佑、大解部、大宰博士、大典钥、大藏少主钥、医师、漏剋博士、针博士、一品家少从、二品家从、二品文学、四品家扶、职事一位家少从、职事从三位家令
正八位上	少内记、大宰少典、八省少录、弹正少疏、内兵库佑、土工佑、葬仪佑、采女佑、主船佑、漆部佑、缝部佑、织部佑、隼人佑、内礼佑、少主钥、内藏少主钥、咒禁师、针师、药园师、典履、典革、大宰阴阳师、大宰医师、大宰少工、大宰算师、中国掾、防人佑、大宰主船、大宰主厨

品·位阶	官 职
正八位下	神祇大史、中宫大属、春宫大属、左右京大属、大膳大属、摄津大属、治部大解部、刑部中解部、卫门大志、左右卫士大志、判事少属、主水佑、主油佑、内扫部佑、筥陶佑、内染佑、舍人佑、主膳佑、主藏佑、按摩博士、卫门医师、左右卫士医师、三品家从、三品四品文学、职事二位家从
从八位上	神祇少史、中宫少属、春宫少属、左右京少属、大膳少属、摄津少属、卫门少志、左右卫士少志、左右大舍人大属、大学大属、木工大属、雅乐大属、玄蕃大属、主计大属、主税大属、图书大属、左右兵卫大志、左右马大属、左右兵库大属、少典钥、按摩师、雅乐诸师、左右兵卫医师、马医、四品家从、大国大目
从八位下	刑部少解部、治部少解部、左右大舍人少属、大学少属、木工少属、雅乐少属、玄蕃少属、主计少属、主税少属、图书少属、左右兵卫少志、左右马少属、左右兵库少属、内藏大属、缝殿大属、大炊大属、散位大属、阴阳大属、主殿大属、典药大属、主计算师、主税算师、大国少目、上国目、一品家大书吏、职事一位家大书吏
大初位上	内藏少属、缝殿少属、大炊少属、散位少属、阴阳少属、主殿少属、典药少属、正亲大令史、内膳令史、造酒令史、兵马大令史、锻冶大令史、造兵大令史、画工令史、典铸大令史、扫部令史、内药令史、东西市令史、官奴令史、鼓吹大令史、园池令史、诸陵令史、赃赎大令史、囚狱大令史、画师、大宰判事大令史、一品家少书吏、二品家大书吏、职事一位家少书吏
大初位下	正亲少令史、兵马少令史、锻冶少令史、造兵少令史、典铸少令史、鼓吹少令史、赃赎少令史、囚狱少令史、内兵库令史、土工令史、葬仪令史、采女令史、主船令史、漆部令史、缝部令史、织部令史、隼人令史、内礼令史、挑文师、大宰判事少令史、防人令史、中国目、二品家少书吏
少初位上	主水令史、主油令史、内扫部令史、筥陶令史、内染令史、舍人令史、主膳令史、主藏令史、染师、下国目、三品四品家书吏、职事二位家书吏
少初位下	主鹰令史、主殿令史、主书令史、主浆令史、主工令史、主兵令史、主马令史、职事三位家书吏

在有位的官人中,三位以上者称为"贵",四、五位者称为"通贵",即在律令制国家的官人秩序中,五位以上的官人属于上层集团,被视为贵族阶层。从官位相当制的规定可以看出,律令制国家行政机构中的长官要职都由贵族阶层担任。

以上所述的位阶是内位。此外,还设有外位 20 阶,即外正五位上至外少初位下,与郡司、军毅、国博士等职相对应。但是,神龟五年(728)以后,畿内出身的官人也可以被授予外五位。

律令制国家的官职分为职事官与散官两大类,"凡内外诸司,有执掌者为职事官;无执掌者,为散官"①。所谓的有执掌者,是"官位令有文。职员令有职掌也"②。如若在官位令规定的官名之内,或者职员令记有职掌的官职,则为职事官,其余皆是散官。

在现实中,存在官人的官职与其位阶不相当的情况。如若官人的位("本位")高于官职的位阶,则在官职称谓前加"行"字;相反,如若官人的位低于官职的位阶,则在官职称谓前加"守"字。此外,还存在没有位阶对应的番上官③和无位的官人。

"位,处也;位,列也"④,"朝堂所居,谓之位也"⑤,因此,位阶也是礼秩序的表现⑥。在天皇出席的朝廷礼仪上,官人们列立的先后顺序是依照位阶的高低而排列的,"朝参行立,各依位次为序。位同者,五位以上,即用授位先后;六位以下以齿"⑦。亲王立前,诸王、诸臣各依位次分列,诸王立西,诸臣列东。⑧

---

① 養老令・公式令。
② 『令集解』公式令所引「穴記」。
③ 所谓的番上官,是指轮流勤务的非常勤官人。
④ 『令集解』官位令所引「或説」。
⑤ 『令集解』官位令所引「鄭玄説」。
⑥ 八木充「律令官人制論」、朝尾直弘ら編『岩波講座 日本通史 4』、岩波書店 1994 年、75—111 頁。
⑦ 養老令・公式令。
⑧ 『令義解』公式令義解。

二、官人登庸考试制与荫位制

官人是支撑官僚体制运行的不可缺少的元素。日本律令制国家模仿唐制，实施官人登庸考试制度，以选才授官。官人登庸考试分秀才、明经、进士、明法、书、算 6 类，其考生主要来自设在中央的大学和设在地方的国学。关于大学及国学的入学资格，令制规定："凡大学生，取五位以上子孙，及东西史部子为之。若八位以上子，情愿者听。国学生，取郡司子弟为之。大学生式部补，国学生国司补。并取年十三以上，十六以下聪令者为之。"①

除了世袭掌司朝廷书记的氏——东西史部的子弟，原则上，五位以上官人的子孙可以进入大学学习，如若六位至八位官人的子弟自愿，也可以成为大学生；国学则是面向郡司子弟的教育机构。国学也向大学输送生源，例如书学生和算学生主要来自地方诸国推送的学生。

显然，庶民不在大学和国学所收学生的范畴之内。换句话说，在古代日本社会，庶民阶层与官人阶层之间的等级差异是不可逾越的。

如若官人登庸考试及第，朝廷授予及第者相应的位阶，但位阶都不高。例如，秀才，取博学高才者，其位阶不超过正八位上；明经，取学通二经以上者②，其位阶不超过正八位下；进士，取明闲时务并读文选、尔雅者，其位阶不超过从八位下；明法，取通达律令者，其位阶不超过大初位上③。

对于五位以上官人子弟而言，官人登庸考试制度并不是进入仕途的唯一途径。令制规定，凡五位以上官人子孙者，一旦年满 21 岁，无论是

---

① 養老令・学令。
② 大学设置的明经课程有：《礼记》《左传》《毛诗》《周礼》《仪礼》《周易》《尚书》各为一经，属于选修课程；《孝经》《论语》则是必修课程。根据养老令・学令的规定，通二经者，大经（《礼记》《左传》）中，通一经，且小经（《周易》《尚书》）中，通一经；或者中经（《毛诗》《周礼》《仪礼》）中，通二经。通三经者，四大经、中经、小经中，各通一经。通五经者，大经并通，中小经中，任意通三经。无论是通二经者，还是通三经者、通五经者，都必须兼通《孝经》《论语》。
③ 養老令・選叙令。

否学成,都可以作为荫子孙被授予一定的位阶,具体规定如下①:

a. 凡荫皇亲者,亲王子从四位下;诸王子从五位下;其五世王者从五位下,子降一阶,庶子又降一阶。

b. 凡五位以上子出身者,一位嫡子从五位下,庶子正六位上;二位嫡子正六位下,庶子从六位上;三位嫡子从六位上,庶子从六位下;正四位嫡子正七位下,庶子从七位上;从四位嫡子从七位上,庶子从七位下;正五位嫡子正八位下,庶子从八位上;从五位嫡子从八位上,庶子从八位下。三位以上荫及孙,降子一等。

由于五位以上官人子弟可以通过荫位制度进入仕途,而且相比较官人登庸考试及第者的初始位阶,荫位制的位阶明显要高,因此五位以上官人子弟对进入大学学习的积极性并不高。为了鼓励五位以上官人子弟进入大学,8 世纪后半叶以后,朝廷采取了一系列入学奖励措施,但是效果并不显著。

三、考叙制度

所谓的考叙,就是"计考叙位也"②。"考者,考校功过也。"③凡内外文武初位以上的官人,每年要接受其所在官司的长官的考评,主要是关于一年勤务的"功过行能"。"功过行能"的含义,就是"职事修理为功,公务废阙为过,善恶为行,才艺为能"④。

在考评中,除了官人出勤天数是基本要求外,"善"与"最"是影响官人升降的最重要条项。所谓的"善"有四:"德义有闻者,为一善;清慎显著者,为一善;公平可称者,为一善;恪勤匪懈者,为一善。"⑤而关于勤务评定的"最",不同官司有着不同的定义,例如:

---

① 養老令・選叙令。
② 『令義解』選叙令。
③ 『令義解』考課令。
④ 『令義解』考課令。
⑤ 養老令・考課令。

神祇官的"最"是"神祇祭祀不违常典";

大纳言的"最"是"献替奏宣,议务合理";

中务省少辅以上的"最":"侍从覆奏,施行不停";

式部省少辅以上的"最":"铨衡人物,擢尽才能";

治部省少辅以上的"最":"僧尼合道,谱第不扰";

民部省少辅以上的"最":"户口不滥,仓库有实";

兵部省少辅以上的"最":"铨衡武官,调充戎事";

刑部省少辅以上的"最":"决断不滞,与夺合理";

大藏省少辅以上的"最":"谨于修置,明于出纳";

宫内省少辅以上的"最":"堪供食产,催治所部"。①

依据善、最的有无,常勤官人的勤务优劣被定为九等:

一最以上四善者,上上;

一最以上三善或无最四善者,上中;

一最以上二善或无最三善者,上下;

一最以上一善或无最二善者,中上;

一最以上或无最一善者,中中;

职事粗理,善最不闻者,中下;

爱憎任情,处断乖理,下上;

背公向私,职务废阙,下中;

居官谄诈,贪浊有状者,下下。

而对于轮番勤务的舍人、史生、伴部、使部及散官等的"行能功过",定为三等:

小心谨卓,执当干了者,上;

番上无违,供承得济者,中;

逋违不上,执当亏失者,下。

---

① 養老令·考課令。

经过 6 次即 6 年的每年考核后的官人，根据其 6 年的考核成绩总和，就有可能被授予新的位阶。德行是决定官人升迁的首要因素，"先尽德行，德行同，取才用高者。才用同，取劳效多者"①。

朝廷对于官人授位的方式有三类：敕授、奏授、判授。敕授是内外五位以上的叙位，由太政官依照"三位以上奏裁，五位以上太政官量定奏闻"的原则②，上呈天皇，由天皇决定应授予的位阶。奏授是内外六位以下、内八位以上或外七位以上的叙位，由太政官拟定应授予的位阶，但须上奏天皇获得裁可。判授是外八位或内外初位的叙位，由式部、兵部二省拟定应授予的位阶，太政官审查决定授位。与之相应，任官也有授任、奏任和判任之分。大纳言以上及左右大辨、八省卿、五卫府督、弹正尹、大宰帅为敕任之官。内外诸司主典以上的官及郡领、军毅皆是奏任之官。郡司的主政、主帐及家令等是判任之官。

国司是中央派遣到地方的官人，握有广泛的地方行政权，其行政的好坏，直接关系到社会的安稳和中央财政的保证。因此，对国司的考核方法，与对中央官人的考核略有不同。根据考课令规定，国、郡司的政绩是以户口增益、劝课田农、农产丰殖为主要标准的。户口的增益是以增益前的户口为基准，按增一课丁为一户计。凡有增加课丁，被视为抚育有方。户口增益十户的，政绩加一分，每加一分，则进一等。相反，若户口减损，则被视为抚育乖方，政绩减一分，降一等。同样，农业生产方面以增益前的田地为基准，因开垦等使田地增益者，政绩加二分，每加二分，则进一等；相反，不加劝课，田地损减，则政绩减一分，降一等。

养老三年（719）七月，中央朝廷为了督查国、郡，设置了按察使到地方巡察，检查国司、郡司政绩，并予以评定。考察内容共有 10 项标准，前 5 项是良吏的标准，后 5 项是恶吏的标准；其内容除了考课令的规定之外，也增加了其他考核标准。③ 延历五年（786）四月，太政官以"诸国调庸

---

① 『令義解』選叙令。
② 養老令・考課令。
③ 『類聚三代格』卷七・牧宰事・按察使訪察事条。

支度等物,每有未纳,交阙国用。又群官政绩多乖朝委,虽加戒谕曾无改革"为由,制定戒谕条例,促进国郡政事改革①。此条例得到敕准后予以公布,内容分为奖惩两大部分。奖励部分的内容 8 条,基本上与养老三年按察使巡察的良吏标准一样,既有令条内容的重述,又有若干添加,具体如下:

> 抚育有方,户口增益。
>
> 劝课农桑,积实仓库。
>
> 贡进杂物,依限送纳。
>
> 肃清所部,盗贼不起。
>
> 剖断合理,狱讼无冤。
>
> 在职公平,立身清慎。
>
> 且守且耕,军粮有储。
>
> 边境清肃,城隍修理。

太政官奏文明确指出,国司、郡司、镇将边要之官,在任 3 年之内,政治灼然,政绩达到上述 8 条中的 2 条以上,"五位以上者,量事进阶;六位以下者,擢之不次,授以五位"②。

惩戒部分内容也是 8 条:

> 在官贪浊,处事不平。
>
> 肆行奸猾,以求名誉。
>
> 畋游无度,扰乱百姓。
>
> 嗜酒沉湎,废阙公务。
>
> 公节无闻,私门日益。
>
> 放纵子弟,请讬公行。
>
> 逃失数多,克获数少。

---

① 『類聚三代格』卷七・牧宰事・延暦五年四月十九日太政官奏。
② 『類聚三代格』卷七・牧宰事・延暦五年四月十九日太政官奏。

统摄失方,戍卒违命。

凡国司、郡司、边要镇将,在上述 8 条中犯有 1 条以上者,无论任职年限长短,一律要被"解却见任"。为了强化上述 16 条的施行,大同元年(806),朝廷特别设置了六道观察使。大同四年(809)九月,山阴道观察使菅野真道,为了上述考核标准更具有操作性,根据律令制中的考课令相关条文,以及地方行政的实际情况,对上述 16 条地方官人的考核标准,制定了详细的实施基准,呈报朝廷获得敕准后,由太政官发布官符,在六道广泛推行。[①]

四、官人的禄

日本律令制国家的禄,是以官人品位阶秩序及官僚机构体系为基础的官人经济给予体系。在律令制规定的各种类型的禄中,季禄是具有代表性的官人俸禄,涵盖面广,无论是五位以上的上级官人,还是六位以下的下级官人,只要是中央官僚机关的职事官及大宰府、壹岐、对马的官人,并且出勤天数达到规定的天数,就可以拿到与其官位相应的季禄。季禄每年发放两次,分别在每年的二月上旬、八月上旬颁发,称之为春夏禄和秋冬禄。[②]

禄的财政从国家税收的调庸物中支出,以绢、绵、布、丝、铁、锹等物品为主。和铜四年(711)十月,因铸造了钱币"和同开珎",新的禄法出台,即除了颁给绢、丝等物品以外,一部分的季禄以钱币方式支付,例如职事官,二品、二位,绢 30 疋、系 100 絇、钱二千文;王三位,绢 20 疋、钱一千文;臣三位,绢 10 疋、钱一千文;王四位,绢 6 疋、钱三百文;五位,绢 4 疋、钱二百文,等等。[③] 10 世纪以后,随着地方进贡调庸的滞怠,禄的支给也日渐困难。据延喜十四年(914)的三善清行的"意见封事十二条"中

---

① 『類聚三代格』卷七·牧宰事·大同四年九月廿七日太政官符。

② 养老令·禄令规定,自八月至翌年正月期间,出勤一百二十天以上者,给春夏禄;自二月至七月期间,出勤一百二十天以上者,给秋冬禄。

③ 『続日本紀』和銅四年十月甲子条。

所述,其时国库匮乏,已无物支给季禄,除了公卿以及负责出纳的官司每年仍给予季禄以外,其他官人几乎有五六年间都未曾拿到季禄。

前已叙述,律令制国家的官僚体系中,五位以上的官人属于贵族阶层,不仅政治上,经济上也享受特权。在禄的方面,除了季禄以外,五位以上官人还享有食封或位禄。

古代日本的食封,其初见可以上溯到大化年间(645—649),当时孝德王权意图将豪族的私地、私民收归至王廷,作为替代,王权对豪族支付食封。至天武时代,面向贵族、寺院等的食封制度逐步完善。律令制国家时期,食封作为禄的一种形式,给予皇族、高位高官、有功者等一定数目的封户①。例如,位封是对三位以上的诸王、诸臣,依照位阶的高低给予相应数量的封户②;职封是对太政大臣、左右大臣、大纳言等,依照所任之职给予相应数目的封户③;功封则是对有功绩者,依据功绩的大小给予相应数额的封户。

位封只限于三位以上者,对于四位、五位的贵族,律令制国家依据位阶的高低给予相应的位禄④。庆云三年(706)二月,四位贵族也成为位封的对象,同时三位以上的位封数额增加,从正一位的 600 户至从四位的 80 户不等⑤。但大同三年(808),位封的对象和数额又恢复至令制的规定。

高位高官者,除了食封之外,还享有一定数目的田地。其中,位田的授

---

① 所谓的封户,就是负担食封的户,其所缴纳的租庸调用于相对应的特定者的食封。

② 根据养老令·禄令规定,正一位 300 户;从一位 260 户;正二位 200 户;从二位 170 户;正三位 130 户;从三位 100 户。对于亲王、内亲王的食封,依据品位的高低给予,称为品封,即一品 800 户;二品 600 户;三品 400 户。

③ 养老令·禄令规定:"太政大臣三千户;左右大臣二千户;大纳言八百户"。庆云二年(705),设置中纳言一职,规定中纳言的职封是 200 户(『続日本紀』慶雲二年四月丙寅条)。在《延喜式》的规定中,中纳言的职封是 400 户,参议的职封是 80 户。

④ 关于位禄,养老令·禄令规定:正四位,絁 10 匹、绵 10 屯、布 50 端、庸布 360 常;从四位,絁 8 匹、绵 8 屯、布 43 端、庸布 300 常;正五位,絁 6 匹、绵 6 屯、布 36 端、庸布 240 常;从五位,絁 4 匹、绵 4 屯、布 29 端、庸布 180 常。若是女性贵族,则其位禄为男性的一半。

⑤ 『続日本紀』慶雲三年二月庚寅条。

予对象是五位以上者,依据位阶的大小,给予相应数额的田地①。职田的授予对象只限于大纳言以上的中央官职及国司、郡司、大宰府等地方官职②。

除了上述的令制所规定的禄以外,还存在各种各样的令外禄,例如时服、马料、要剧料等。

时服是律令制国家以衣服料为名给予的禄。在律令制规定中,时服是给予皇亲的禄,亦称"王禄",其给予对象只限于 13 岁以上的皇亲,每年于春季和秋季各发放一次,春季是绝二疋、糸二绚、布四端、锹十口;秋季,绝二疋、绵二屯、布六端、铁四廷。③ 另一方面,奈良时代,也有对非皇亲的官人临时性赐予时服的事例。天平宝字四年(760)十一月,太政官的大臣以下、参议以上的高官依照位阶高低,分别被赐予了相应的夏冬衣服。进入平安时代后,随着大同三年(808)九月平城天皇诏令的颁布,时服的授予对象扩大至中央诸官司的官吏,不再以身份秩序区分,而是凡有职事者,不论官位高低,均依在职勤惰为准颁给时服。④

马料初见于神龟五年(728)三月。当时,配给五位以上官人家的防阁,常有逃跑现象,为此废止了防阁之制,取而代之的是给予马料⑤。所谓的马料,顾名思义是给予养马之料。大同三年(808)九月,与时服同样,马料的授予对象也扩大至中央诸官司的文武职事官。与时服给予绢、布等物不同,马料是用铜钱支付的,由大藏省发放。马料的给予也是

---

① 养老令·田令规定:一品 80 町,二品 60 町,三品 50 町,四品 40 町;正一位 80 町,从一位 74 町,正二位 60 町,从二位 54 町,正三位 40 町,从三位 34 町,正四位 24 町,从四位 20 町,正五位 12 町,从五位 8 町。若是女性贵族,则所得的位田数只有男性贵族的 2/3。

② 根据养老令·田令规定,太政大臣、左右大臣、大纳言的职田分别是 40 町,30 町,20 町;大宰府的官人,自大宰帅至史生,根据官职的高低,分别被给予 10 町至 6 段的大小不等的职田;诸国国司的官人职田,大国守 2 町 6 段,大国介、上国守 2 町 2 段,上国介、中国守 2 町,大上国掾、下国守 1 町 6 段,中国掾、大上国目 1 町 2 段,中下国目 1 町,史生 6 段;郡司的官人职田,大领 6 町,少领 4 町,主政、主帐各 2 町,但如果是田地不足的狭乡则可以不满此数。

③ 養老令·禄令。

④ 『類聚三代格』卷六位禄、季禄、時服、馬料条。

⑤ 防阁,是模仿唐制的制度,于养老三年(719)十二月,与事业、仗身同时设置,配属给五位以上官人家,担负五位以上官人家的警备等事。

一年分为两次，春夏在七月，秋冬在正月。[①]

要剧料也是令外禄的一种。日本史籍上对中央诸官司的事务繁忙的官人称为"剧官"。要剧料开始于养老三年(719)，朝廷选出剧官，赐予其钱。显然，要剧料是对公事繁忙的官人的补贴。大同三年(808)九月，要剧料成为普给中央众官司的禄，除了观察使、坊令以外，根据出勤日，四位以下、初位以上的职事官都给予相应的要剧料，并且将给钱形式改为给米形式。但是弘仁三年(812)，要剧料的发放形式又恢复至给钱。要剧料每月发放，其财源来自律令制国家的税收。9世纪后半叶后，随着地方的纳税滞延，要剧料的给予变得越来越困难。元庆五年(881)，一部分官田的收入被充到诸官司的要剧料的支付。

在律令制规定的禄之外，律令制国家之所以又设置了令外俸禄，其目的是维持京官的生活，保障中央官僚机构的运转。

五、手工业技能者

与中国的律令制不同，日本律令制国家直接统治手工业生产，不仅设有官营工房，而且将手工业技能者也纳入官人体系之中。律令制确立之前，倭王权通过部民制统辖各个技术者集团。律令制国家形成后，手工业技能者所在的中央官僚机构主要有中务省、兵部省、大藏省和宫内省等。根据养老令·职员令规定，各中央官僚机构直接统辖的手工业技能者列举如下。

1. 中务省

(1) 图书寮：装潢手4人，掌装潢经籍；造纸手4人，掌造杂纸；造笔手10人，掌造笔管；造墨手4人，掌造墨。此外，直属图书寮的纸户50户，山代国自十月至三月，每户役一丁，免调和杂徭。[②]

---

① 根据《延喜式》规定，自正月至六月，出勤一百二十五天以上者，给春夏马料；自七月至十二月，出勤一百二十五天以上者，给秋冬马料。即使符合给予马料的条件，但由于各官司享有马料待遇的人数有名额限制，并非所有官人都能获得马料的给予。

② 『令集解』職員令·中務省·図書寮·紙戸条引用「別記」。

（2）内藏寮：典履 2 人，掌缝作靴履鞍具，但不亲手制作①，其职责还包括管理监督百济手部。又，百济手部 10 人，掌杂缝作事，为番役，1 番役 5 人，10 人分为 2 番交替勤务，免调和徭役。此外，直属内藏寮的百济户 10 户，其中左京 6 户，纪伊国 4 户，临时召役，免调和徭役。②

（3）画工司：画师 4 人；画部 60 人。无论是画师，还是画部人，都是识画者。③

2. 兵部省

造兵司：杂工部 20 人，由杂工户之中的合适人选充任。此外，直属造兵司的杂工户 535 户，包括锻户 217 户，甲作 62 户，韧作 58 户，弓削 32 户，矢作 22 户，鞆张 24 户，羽结 20 户，桙刊 30 户，爪工 18 户，楯缝 36 户，幄作 16 户。④ 其中，锻户、甲作、韧作、弓削、矢作、鞆张、羽结和桙刊 8 个工种，每年十月至三月，每户役一丁，免调、役；爪工、楯缝和幄作 3 个工种，临时召役，免徭役。这些工匠共同合作制造各种兵器。

3. 大藏省

直属大藏省的手工业技能者有：典履 2 人，掌缝作靴履鞍具，监督百济手部；百济手部 10 人，掌杂缝作事；典革 1 人，掌杂革染作，监督狛部；狛部 6 人，掌杂革染作。此外，狛户 62 户（忍海户狛人 5 户，竹志户狛人 7 户，村村狛人 30 户，宫郡狛人 14 户，大狛染 6 户），免调、役；纪伊国在狛人、百济人、新罗人共 30 户，免杂徭；百济手部 10 户（左京 8 户，右京 2 户），轮番交替勤务，1 番役 5 人，免调、役。还有，百济户 11 户，临时召役，免调、役；衣染 21 户，飞鸟沓缝 12 户，吴床作 2 户，盖缝 11 户，大笠缝 33 户，模作 72 户，临时召役，免杂徭。⑤

（1）典铸司：杂工部 10 人及杂工户，但是抽取锻冶司、造兵司所管的

---

① 『令集解』職員令・中務省・内藏寮・典履条引用「穴記」。
② 『令集解』職員令・中務省・内藏寮・百济手部条引用「别記」。
③ 『令集解』職員令・中務省・画工司・画部条引用「穴記」。
④ 『令集解』職員令・兵部省・造兵司条引用「别記」。
⑤ 『令集解』職員令・大藏省条引用「别記」。

杂工户之人。此外,还有高句丽、百济、新罗系的杂工人。①

（2）漆部司:漆部 20 人。漆部 10 户,常年每户役,免调、役。此外,泥障 2 户,革张 1 户,临时召役,免徭役。还有限外漆部 5 人,泥障 8 户,革张 3 户,免徭役。②

（3）缝部司:缝部 4 人。缝女部 10 户,常年女役。③

（4）织部司:挑文师 4 人,掌挑锦绫罗等文事;挑文生（以手挑织绫锦文者）8 人。此外,还有直属织部司的染户,其中绯染 70 户,免徭役;蓝染 33 户（倭国 29 户,近江国 4 户）,有 3 户出女 3 人役,其他户每户出男丁采薪木,免调、役④。

4. 宫内省

（1）木工寮:工部 20 人,不限贵贱,只要是木工者,就可充任。⑤

（2）造酒司:酒部 60 人,掌供行觞。此外,造酒司所管的酒户共 185 户,包括倭国 90 户,河内国 70 户,津国 25 户。其中,倭国与河内国的酒户共计 160 户,轮番交替勤务,一番役 80 丁,免调、杂徭;津国的酒户,客飨时召役。⑥

（3）锻冶司:锻部 20 人。锻冶司所管的锻户 338 户,自十月至三月,每户役丁,免调、徭役。⑦

（4）土工司:泥部 20 人。直属土工司的泥户 51 户,轮番交替勤务,一番役 25 丁,免调、徭役。⑧

（5）筥陶司:筥户 197 户,免调、役。⑨

（6）内染司:染师 2 人。

---

① 『令集解』職員令・大蔵省・典鋳司条引用「古記」。
② 『令集解』職員令・大蔵省・漆部司条引用「別記」。
③ 『令集解』職員令・大蔵省・縫部司条引用「古記」。
④ 『令集解』職員令・大蔵省・織部司条引用「別記」。
⑤ 『令集解』職員令・宮内省・木工寮条引用「古記」。
⑥ 『令集解』職員令・宮内省・造酒司条引用「別記」。
⑦ 『令集解』職員令・宮内省・鍛冶司条引用「別記」。
⑧ 『令集解』職員令・宮内省・土工司条引用「別記」。
⑨ 『令集解』職員令・宮内省・筥陶司条引用「別記」。

5. 春宫坊

主工署:工部 6 人。

律令制国家时期,除了上述列举的中央官司以外,地方的国司通过匠丁账也掌握着管内的技能者,一方面向中央官营工房输送各种技能的工匠;另一方面,也使役管内工匠,以确保国司直营的手工业生产。① 此外,造宫省、铸钱司、造东大寺司等令外官司,也都是与手工业生产有关的机构,通过国家权力调动、直辖手工业技能者。

第三节 平安时代的官制变化

一、权官

律令制规定了就任每一官职的人数,即所谓的定员数,例如大宝令·官员令规定:太政大臣一人、左大臣一人、右大臣一人,大纳言四人等等②。8 世纪以后,式部省等事务繁多的官司,首先开始除了令或格所规定的官吏定员数以外,还录用员外官③。其后,地方官中,任用员外官的现象也很普遍。据史料记载,至光仁时代(770—781 年),员外国司"其数实繁,徒有烦扰之损"④。天平神护二年(766)十月,朝廷禁止员外国司前往地方赴任,但是员外国司依然享受与正规国司相同的经济待遇,这对朝廷的财政来说,百弊无一利。宝龟五年(774)三月,光仁天皇敕令:

---

① 浅香年木「律令期における官営工房と在地の手工業生産」,『日本古代手工業史の研究』,法政大学出版局 1971 年、92—145 頁、初出 1961 年。

② 在养老令中,职员令规定中央、地方诸官司的官名、定员、职掌等;后宫职员令规定宫人的职名、定员、职掌等;东宫职员令规定附属于皇太子的诸机构的职名、定员、职掌等;家令职员令规定附属于有品亲王或职事三位以上的机构的职名、定员、职掌等。此外,格(律令的修正法)中,也存在加减诸司或诸国官职、定员数等的相关规定。

③ 《续日本纪》天应元年六月戊子朔条所载的诏令中,有"惟王之置百官也,量才授能,职员有限,自兹厥后,事豫议务稍繁,即量剧官,仍置员外"之句。员外官的相关史料,初见于《续日本纪》养老二年(718)九月庚戌条,从五位下的波多真人与射就任式部省的员外少辅。

④ 『続日本紀』宝龟五年三月丁巳条。

凡历任五年以上的员外国司,一律解任,未满五年者,待到满五年时解任。① 翌年(775)六月,畿内的员外史生以上的员外国司一并被解任。天应元年(781)六月,光仁诏令,除郡司、军毅以外,"内外文武官,员外之任一皆解却"②。随着员外官的停废,同样是定员以外的官——权官则取而代之盛行③。

在员外官停废以前,权官就已经存在了,天平十一年(739)八月十四日的"皇后宫职移"的署名者中,有一名为井上伊美吉的人,冠在其名字之上的官职是"权左卫士大尉"④。"权"字有临时之意,顾名思义,权官是临时代行正官职权的暂代官。例如,宝龟七年(776)十二月,罢免大伴益立的遣唐副使,任命左中辨小野石根和备中守大神末足二人为副使。翌年(777)正月,大伴益立被任命为权左中辨,在小野石根执行遣唐使任务之际,代行左中辨职务。⑤

平安时代以后,权官原有的临时代权的色彩逐渐减弱,而候补正员官的性质渐渐增强,不少权官最终都转正为同一官职的正员官。《延喜式》式部上规定:"凡正员之外特任权官者,不论正权,依位阶次",折射出正任、权任之间并不存在上下级的关系。《小右记》等平安时代的日记中,在记述正任纳言(大纳言或中纳言)与权任纳言(权大纳言或权中纳言)官职时,常常对正任、权任之别不加以区分,统称大纳言或中纳言。

议政官中的权官人数也在不断地增加。根据《小右记》记载,摄关时代的议政官(公卿)定员数是 16 人,但实际上,议政官的人数常常超过定员数。宽和元年(985)十月,在议政官的成员已有 18 人的情况下,藤原

---

① 『続日本紀』宝龟五年三月丁巳条。
② 『続日本紀』天応元年六月戊子朔条。
③ 黒板伸夫「摂関時代における'権官'の性格」、『摂関時代史論集』、吉川弘文館 1980 年、32—64 頁。
④ 『大日本古文書』(編年文書)2、181。
⑤ 遣唐使小野石根在返回日本的途中,不幸遇难。宝龟九年(778)十一月,有关小野遇难的报告送至朝廷,翌月,左少辨藤原鹰取升任左中辨。

义怀仍被任命为参议,使公卿数达到 19 人。① 这 19 人中,不言而喻,存在权官,而且仅权任纳言(权大纳言、权中纳言)就有 4 人②。纳言的含义是,"言纳下言於上,宣上言於下",可谓是"王者喉舌之官"。③ 在大宝令阶段,大纳言的定员为 4 人,但庆云二年(705)四月,因大纳言"任重事密,充员难满",文武天皇敕令,大纳言的定员削减二人,"更置中纳言三人,以补大纳言不足",中纳言的职掌为"敷奏、宣旨、待问、参议"。④ 宝龟二年(771),初见中纳言的员外官,当时正三位的员外中纳言石川丰成转正为中纳言。⑤ 延历二十二年(803)十月,因为没有正员中纳言的空位,藤原乙叡(深得桓武天皇重用的已故右大臣藤原继绳之子)被任命为权中纳言⑥,这是权中纳言首设的肇始。权大纳言的出现晚于权中纳言,天长五年(828)三月,清原夏野被任命为权大纳言。自天长二年(825)四月,大纳言藤原绪嗣升任右大臣以后,大纳言就一直是空位,但就在天长五年这一年,除了清原夏野以外,中纳言良峰安世、藤原三守二人升任为正员大纳言。

根据日本学者的研究⑦,在成为权中纳言的官人中,最初阶段既有外戚或名门之后,也有能干的官吏。但是后来渐渐地权中纳言成为外戚子弟的一种特殊晋升,即以权官为过渡,进一步向上晋升。摄关时期,权中纳言直接升任权大纳言的事例增多,相反,未经权官阶段,直接升任正员中纳言的事例减少。另一方面,正员大纳言中的大多数人也都有权大纳言的经历,例如受到天皇特殊提拔的有能官吏菅原道真,以及后来成为摄政或关白的藤原赖忠、藤原道长等人,更是没有经过正员大纳言阶段,

---

① 『小右記』寛和元年十月十四日条。

② 根据《公卿补任》等史料,宽和元年(985)十月时,藤原朝光、藤原济时为权大纳言;藤原显光、源保光为权中纳言。

③ 『令集解』職員令解。

④ 『続日本紀』慶雲二年四月丙寅条。

⑤ 『続日本紀』宝龟二年三月庚午条。

⑥ 『公卿補任』。在《日本纪略》的记事中,延历二十年(801),藤原乙叡就已成为权中纳言(《日本纪略》延历廿年八月辛丑条)。延历二十五年(806)四月,藤原乙叡转正为中纳言。

⑦ 黒板伸夫「摂関時代における'権官'の性格」。

而是从权大纳言直接晋升为大臣的。与正员纳言相比,权任纳言的任官意义似乎变得越来越大,颇有取代正员纳言的趋向。

二、藏人所

9 世纪以后,律令官制开始发生变化,律令规定以外的官僚机构或官职,即所谓的令外官出现。其中,令外官的代表性机构是藏人所和检非违使。关于藏人所的成立,由于前文已有所叙述,故在此只作一简单介绍。

在律令制的规定中,天皇居住的内里,是后宫十二司的女官的职权专区。臣下向天皇的上奏(奏请)、天皇发出的敕令(宣传),都要通过内侍司的长官尚侍为中间媒介转达。内侍司的长官尚侍,由于其上通天皇、下达官僚的职掌特殊性,随着天皇听政的场所移向内里的趋势,其官位和待遇不断地提高。在令制的规定中,尚侍的给禄只是准从五位,远远低于藏司长官尚藏的准正三位给禄。然而和铜八年(715)二月,尚侍的待遇被提高至准从四位给禄,与藏司的次官典藏相同。① 宝龟八年(777)九月,更是由于尚侍、尚藏职掌的同等重要性,光仁天皇敕令"官位赐禄,理合同等,宜尚侍准尚藏,典侍准典藏"②。宝龟十年(779)十二月,又将内侍司整个机构的规格提升,宣布内侍司"宜准藏司"③。大同二年(807)十二月十五日,尚侍的给禄被提高至"准从三位官"④。9 世纪以后,藤原氏家的女子担任尚侍一职的情形比较多。

"药子之变"事件发生前,弘仁元年(810)三月,嵯峨天皇设置了新的机构——藏人所,任命心腹藤原冬嗣、巨势野足二人兼任藏人头,清原夏野、朝野鹿取等人为藏人,经手重要文书的处理。此后,藏人所成为天皇直辖的常置机构,藏人近侍天皇,职掌涉及诏敕宣传、年中行事、日常生

---

① 『続日本紀』霊亀元年二月丙辰条。
② 『続日本紀』宝亀八年九月乙丑条。
③ 『続日本紀』宝亀十年十二月己未条。
④ 『類聚三代格』卷五・定官員並官位事・大同二年十二月十五日太政官奏。

活等宫中诸事。

藏人所还直接掌握参议以上议政官的出勤情况,仁和二年(886),光孝天皇敕令:外记每日记录的就官厅之座听政的参议以上的名簿,每月的一日、十六日两次进呈藏人所。① 此外,藏人所也有处理诉讼的权限,如延喜二十年(920)六月,近江国史生(国衙的下级官人)丸部安泽提出"申请藏人所裁"的解(下级官司向上级官司的上申文书或者个人的上申文书)申述:延喜十二年(912),丸部安泽被任命为伊势国史生,后转任为近江国史生,但由于丸部安泽在藏人所下辖的供御所勤务,没有前往伊势国赴任,所以没有证明其事务交代完了的伊势国解由状,导致式部省迟迟未承认他的转任,因此丸部安泽请求藏人所裁定,让式部省早日承认其近江国史生的补任。对此,时任右大臣兼藏人所别当的藤原忠平奉敕指示式部省:不必要求解由状,承认丸部安泽的补任。②

藏人,一般都由其他官司的官人兼任。藏人所初设阶段,作为政治性、军事性色彩浓厚的机构,武官、辨官、中务省、式部省的官人兼任藏人的情况比较多,但在9世纪后半叶发生了变化,经济性色彩逐渐增强,内藏寮等内廷性质的官司的官人兼任藏人的情况增多。③ 嵯峨时代开始,在内里,除了藏人所以外,还相继设置了校书所、内竖所、进物所、作物所等诸所机构,这些内廷性质的诸所在9世纪末以后,虽具有一定的独立性,但也直接接受藏人所的命令。④

藏人所的内部组织结构,最初的设置有藏人头、藏人、杂色、所众等官职。此后,藏人所的机构不断扩充,仁和四年(888)十一月,位阶与官职结合,藏人分为五位藏人、六位藏人,其中五位藏人,是从五位以上殿

---

① 『日本三代実録』仁和二年七月三日条。
② 『類聚符宣抄』第八・任符・近江史生丸部安澤解申请藏人所裁事。
③ 玉井力「九・十世紀の藏人所に関する一考察」、名古屋大学文学部国史学研究室編『名古屋大学日本史論集』上巻、吉川弘文館 1975 年、291—323 頁。
④ 玉井力「九・十世紀の藏人所に関する一考察」。佐藤全敏「所々別当制の展開過程」、『東京大学日本史学研究室紀要』第五号、2001 年 3 月、17—44 頁。

上人①中挑选的；而六位藏人，被允许升殿，即可以进入清凉殿的殿上间。宽平九年（897）七月，在藏人头之上设置别当一职，由时任大纳言的藤原时平兼任，统管藏人所。藏人是最接近天皇的男性官人②，每当新旧朝代交替时，新天皇即位以后，都要重新任命藏人所的官人，一般新天皇都会选择自己信赖的人。藤原良房、藤原基经、菅原道真、藤原实赖、藤原师辅等摄关时代政治舞台上的重要人物都曾兼任过藏人头之职。

三、检非违使

检非违使一职，自设置以来，一直被视为"国家之枢机，历代以为重职"的官职③，在维持社会秩序中起着重要的作用。

1. 检非违使的出现

依据现存的文献史料，检非违使初现于弘仁七年（816）。④ 但是由于史料的欠乏，无法确定检非违使之称始用的具体时间。律令官制中，以"使"为名的官职原本多为临时性的职务⑤，因此，弘仁七年时的检非违使，极有可能是临时性设置的职务⑥。

《弘仁式》是成书于弘仁十一年（820）的律令施行细则集，其中规定

---

① 被允许进入清凉殿的殿上间的官人，除了公卿，藏人以外，还有殿上人。所谓的殿上人，是从四位、五位官人中挑选出来的天皇侧近，侍候于清凉殿的殿上间，是天皇任命的一种身份。殿上人制也称升殿制。这一制度是依据以天皇与殿上人的直接关系为基础的原理，建立的新的特权阶层（玉井力「10—11世紀の日本—摂関政治—」、朝尾直弘ら編『岩波講座　日本通史』第6巻・古代5、1995年、1—72頁）。

② 其中，左右近卫府、左右兵卫府的次官以及太政官的弁官常见于藏人头或五位藏人。

③ 『職原抄』下・検非違使条、『群書類聚』第五輯・官職部二。

④ 《文德天皇实录》嘉祥三年（850）十一月己卯条记载了治部大辅兴世书主的传记，其中有："从四位下，治部大辅兴世朝臣书主卒。书主，右京人也。本姓吉田连，其先出自百济"，"（弘仁）七年二月，转为左卫门大尉，兼行检非违使事"的记载。该传记叙述了百济系移民的后裔兴世书主于弘仁七年（816）二月，迁任左卫门大尉之后，同时兼行检非违使的事务。根据此条史料可知，至晚于弘仁七年，检非违使之称即已存在。

⑤ 和田英松『修訂官職要解』平安時代・諸使、明治書院1926年、170—176頁。

⑥ 大饗亮氏认为，《文德天皇实录》嘉祥三年（850）十一月己卯条的记事特别使用"兼行检非违事"一语，而不是"兼任检非违使"，因此折射出弘仁七年时的检非违使并非是依据正式补任令的官职，而是根据临时任务设置的临时性职务（「検非違使の成立」、『律令制下の司法と警察——検非違使制度を中心として』、大学教育社1979年、33—71頁）。

卫门府的检校右京非违者的人员构成是官人、府生、火长。① 关于该规定,一般认为,《弘仁式》编纂之时,检非违使已经成为常设之职,从属于卫门府。② 但是也有学者提出不同的见解,认为弘仁十年(819)以前,检非违使依然是临时之职,《弘仁式》卫门府式的规定是以卫门府为对象的,并非特指检非违使。③《弘仁式》的编纂是与《弘仁格》同时进行的,其时,编纂者对大宝元年(701)至弘仁十年(819)间的"官府之故事""诸曹之遗例"加以选择取舍,将已经颁布的诏敕或者重要的太政官符,原文不动地收入《弘仁格》,而对于诸官司已存在的、可以作为法令补缺或者永例的常例,修改后编入《弘仁式》。④ 因此,无论该条文是否是以检非违使为对象,弘仁十年以前,卫门府内已经存在检察京内非违的职事,这一点可以说是毋庸置疑的。

弘仁十一年(820)以后,检非违使开始频频出现在太政官符或者宣旨之中。例如依据弘仁十一年十一月廿五日的太政官符,当时,犯罪人不纳赎物(赎罪用的物品)的现象日益增多,官吏疲于催征,但徒劳无功;对此,刑部省提出希望太政官命令检非违使催征未纳赎物的应对措施方案,通过上申文书("解")请太政官裁决;太政官依请下达命令,对于未纳赎物的在京犯罪官人,命令刑部省直接以公文书("移"⑤)通函至式部省、大藏省等官司,扣留犯罪官人的俸禄,以抵其未纳的赎物;对于未纳赎物的其他在京人员("杂色人"),命令检非违使催征。从刑部省动议命令检非违使催征未纳赎物来看,当时检非违使已经存在,并非因此事而临时设置。

---

① 『政事要略』卷六十一・糾弾雑事。

② 渡辺直彦「検非違使創始時日に関する一試論」、『日本古代官位制度の基礎的研究』、吉川弘文館 1972 年、297—310 頁。

③ 大饗亮「検非違使の成立」。

④〈弘仁格式序〉:"已经奉敕者,即载本文别编为格。或虽非奉敕,事旨稍大者,奏加奉敕因而取焉。若屡有改张向背各异者,略前存后为省重出。自此之外,司存常事,或可裨法令,或堪为永例者,随状增损总入于式。"(『類聚三代格』)

⑤ 移,是诸官司间的往来公文书,"内外诸司,非相管隶者,皆为移。(養老令・公式令・移式条)。

另外,太政官给检非违使的命令是以宣旨的方式下达的。平安时代的宣旨有两种:一是天皇的敕旨,天皇的意志由后宫的内侍官或者天皇的近侍(藏人)传宣至太政官,然后以太政官的命令——太政官符或官牒的形式下达至诸司、诸国等;二是官宣旨,即对于无须上奏天皇的事项,太政官的议政官审议事项,其审议决定直接以太政官符或官牒的形式下达至诸司、诸国等,这类官宣旨的特点是行文中不写"奉敕"二字。[①] 上述的弘仁十一年十一月廿五日太政官符,全文中未见"奉敕"二字,表明对于刑部省上申的事项,太政官直接作出相关的决定,并未上奏天皇。由此推测,太政官下达给检非违使的宣旨是官宣旨。因此,检非违使具有依宣旨而行动的特点。同时,检非违使被赋予与弹正台相同的纠弹职权,不过同样是须根据临时宣旨行使该权限。[②]

弘仁十二年(821)十一月廿日的官宣旨规定,如若有检非违使因政务而上申的文书,外记应依照检非违使上申文书的内容向太政官的议政官传申。[③] 前已叙述,外记是太政官内的下设官职,其职掌是对天皇诏书、诸司、诸国上奏文的行文加以勘校,以及在太政官厅读申公文。[④] 弘仁十二年外记传申检非违使上申文书规定的出台,不仅折射出检非违使的有关政务上申文书的常态化,即检非违使已成为常置之职,同时也显示出太政官对检非违使所申政务的重视。

由此可知,弘仁十一年以后,检非违使一职日益重要,成为常设之职。关于检非违使的职员构成,贞观十三年(871)的《贞观式》卫门府式规定:佐一人,尉一人,志一人,火长五人,官人从二人(佐从和尉从各一人),志从一人,案主一人。[⑤] 这一职员构成是在卫门府的"检校右京非违

---

① 今江広道「宣旨」、飯倉晴武ら編『日本古文書学講座』第 3 巻・古代篇Ⅱ、雄山閣 1979 年、65—94 頁。

② 『類聚三代格』断罪贖銅事・天長九年七月九日太政官符。

③ 『類聚符宣抄』外記職掌・弘仁十二年十一月廿日宣旨。

④ 关于外记的职掌,令制规定为"勘诏奏及读申公文、勘署文案、检出稽失"(養老令・職員令・太政官条)。

⑤ 『政事要略』巻六十一・糾弾雑事・貞観式条。

者"的基础上发展而成的,并且继承了检校京内非违的职能。① 延长五年(927)完成的《延喜式》,其规定的检非违使的职员构成是:佐一人,尉一人,志一人,府生一人,火长九人(看督长二人,案主一人,四人佐尉从各二人,志从一人,府生从一人)。② 此外,承和元年(834),当时的参议、从四位上的左大辨、左中将文室秋津被任命兼职检非违使的长官——别当,由此检非违使的官职构成与律令制规定的诸官司同样为四等官制,即别当(长官)、佐(次官)、尉(三等官)、志(四等官),检非违使的官厅——检非违使厅也随之成立,最终完成从"临时之职"向"常置官司"的转化。③

2. 检非违使的职能

从检非违使的名称可以看出,检察非违事是检非违使的主要职责。"非违"一语的含义是"非者,非法也。违者,违法也"④,或是"非,非法也;违,违制也"⑤。检非违使从平安时代一直延续至室町时代,随着政治与社会背景的不同,其职掌也有所变化。上述的《贞观式》和《延喜式》规定的检非违使的组织结构,虽然在名称和定员人数方面略有不同,但是检察京内非违的职掌始终没有变化,即"巡检京中"是检非违使自成立以来的基本职能之一。

检非违使出现之前,平安京内的治安秩序,白昼由京职维持,夜间由

---

① 《贞观式》卫门府式规定的开首有"前式凡检校右京非违者"一语,"前式"二字表明该条规定是对《弘仁式》卫门府式·检校右京非违条的修订。《贞观式》的编纂方针是仅收录弘仁十一年(820)至贞观十年(868)期间对《弘仁式》修订与增补的部分;如果是修订《弘仁式》的条文,则以"前式"二字表示《弘仁式》已存在该条文(虎尾俊哉『延喜式』、吉川弘文館 1964 年、43—52 頁)。

② 『延喜式』左卫门府·检非违条。

③ 宽平六年(894),因为"囚徒满狱,科决犹迟",故"定左右检非违使厅每日行政";翌年,再次重申左右检非违使厅"行其政,不可隔日"(『政事要略』卷六十一·糺弹雑事·宽平七年二月廿一日别当宣)。天历元年(947),废置右检非违使厅,以左检非违使厅为检非违使厅(《政事要略》卷六十一·纠弹杂事·天历元年六月廿九日别当宣)。

④ 『令集解』職員令·弹正台条引用的朱記。

⑤ 『政事要略』卷六十一·糺弹雑事·弹正職条。

卫府巡察①；当京职管理不力时，中央官僚机构或者卫府临时介入的情况也时有发生②。此外，弹正台也担负着巡察京中，纠弹非违的职责。在由京职、卫府、弹正台构成的律令制京中治安维持体系之外，增设检非违使之职的缘由是与弘仁年间的社会状况密切相关的。检非违使常置化的弘仁年间（810—824），特别是弘仁三年（812）以后，自然灾害接踵不断，饥馑、疫病频频袭击平安京。弘仁九年（818）发生饥馑时，饿死在京中道路两旁的饥民触目皆是，朝廷下令督促左右京职掩埋路边的遗骸。③ 弘仁六年（815），由于京中的接待外国使节的客馆成为疾病民众的寄身之处，"遭丧之人，以为隐处，破坏舍垣，污秽庭路"，朝廷命令弹正台并京职共同检校。④ 面对饥馑、疫病，虽然朝廷采取了赈济等应对措施，但是灾异必然给京中的治安带来不安稳的因素。弘仁十三年（822）二月七日太政官符就明言，当时的"两京之内犯盗者众"，贼盗律规定的量刑已无法起到惩肃的作用，必须加大对犯盗者的力度。⑤ 弘仁十四年（823），位于平安宫的大藏省仓库——长殿，曾两度遭遇窃盗放火。平安宫是象征天皇权威的建筑，盗贼如此胆大，不仅可以窥见当时京内治安的实态，而且也显示出京内治安维持体系的力不从心。在这种社会背景下，以维持京内秩序为主要职掌的检非违使应需而生，为律令制京内治安维持体系补充力量。由于禁断盗贼需要一定的军事能力，而卫门府的官衙又位于宫外⑥，最便于捕盗囚盗，因此检非违使出自卫门府也折射出律令制国家在

---

① 令制规定下的卫府是五卫府，进入平安时代后，发展演变为六卫府制（左右近卫府、左右卫门府、左右兵卫府）。大同二年（807），左、右近卫府成立。翌年（808），卫门府被取消，并入卫士府。弘仁二年（811），左右卫士府改称为左右卫门府。因此，检非违使的基盘——卫门府，实际上是令制规定的卫门府和左右卫士府的综合体。

② 例如庆云三年（706）三月，当时的京城（藤原京）内外，"多有秽臭，良由所司不存检察。自今以后，两省五府，并遣官人及卫士，严加捉搦，随事科决，若不合与罪者，录状上闻"（『続日本紀』慶雲三年三月丁巳条）。

③ 『日本紀略』弘仁九年四月丙子条。

④ 『日本後紀』弘仁六年三月癸酉条。

⑤ 『類聚三代格』断罪贖銅事・弘仁十三年二月七日太政官符。

⑥ 『拾芥抄』宮城部。

设置新职务时的考量。同时,从后述的京中赈济事例可以看出,检非违使与京职、卫府之间是相互配合,共同完成朝廷下达的任务。

除了巡检京中以外,检非违使还有拷决犯盗、纠弹非违等基本职能。"拷决犯盗"的职掌,表明盗犯即犯有强盗或窃盗罪的人是检非违使的执法对象。《文德天皇实录》天安元年(857)十月丁亥条记载,夜间,有女子进入平安宫内的藏殿偷盗衣服,被抓捕后,送到检非违使。又有《日本三代实录》元庆八年(884)六月廿三日条记载,夜间,有偷盗之人进入民部廪院仓,盗取米一斛五斗,被巡夜者抓捕;偷盗人想用刀自杀,但未死,转到检非违使,被送入监狱。律令制国家的京城既是"帝皇之邑",也是"百官之府,四海所归"之地。① 每到夜间,除非是特殊的情况,人们不能在京内随意走动,京内的巡夜任务由卫府的兵士担当。② 同时,卫府也担当天皇居住的宫城的警卫。藏殿、民部廪院都是位于平安宫内的设施,偷衣女与盗米人也都是夜间偷窃,因此抓捕他们的"行夜者"很可能就是执行夜间巡逻任务的卫府官兵。如若按照律令制的规定,"卫府纠捉罪人,非贯属京者,皆送刑部省";贯属京者,皆送京职。③ 也就是说,卫府依据所捕罪人的籍贯(本贯),将罪人或移送至刑部省,或移送至京职。但是在上述二史料的记事中,被捕后的偷衣女和盗米人不问籍贯,都被移交给检非违使,实例佐证了检非违使是总辖犯盗罪人的机构。

检非违使对于犯有强盗或窃盗罪的人,具有量刑和行刑的权限,不论罪行的轻重,皆发配犯人服劳役。但是在贞观年间(859—877)之前,检非违使的量刑权受到一定程度的限制,即对于犯有徒刑以上(死、流、徒)的犯盗之犯,检非违使不具有量刑权,须将犯人移送至刑部省,由刑部省具体定罪量刑。④ 不过,对于徒刑之下(即杖、笞)的犯人,检非违使

---

① 『続日本紀』和銅元年二月戊寅条。
② 養老令·宮衛令·京路条。
③ 『令義解』獄令·犯罪条。
④ 『政事要略』卷八十一·糺弾雑事·長徳三年十一月十六日別当宣称:"依盗窃之犯,入徒役之辈,贞观以往,移刑部省,任法断定。乃是先定罪名,次及决配者也。"

拥有量刑权。律令制国家裁判制度的特点是将五罪（死、流、徒、杖、笞）的量刑权、行刑权分配至诸官司而形成审级制度。[1] 根据律令制规定，在京的诸官司对于杖刑以下罪可以决断量刑，但是对于徒刑以上的罪，除京职以外，诸官司都不具有量刑权，"罪当徒以上者，直送刑部，不得断勾"[2]。仅从量刑权限有否这一点来看，初期的检非违使与其他在京诸官司并无区别。

随着时间的推移，检非违使的执法对象范围不断扩大。贞观十二年（870），限定检非违使"自今以后，自非强窃二盗及杀害、斗乱、博戏、强奸等外，一切不可执行者"[3]。又，制定于贞观十七年（875）的《检非违使式》规定："盗人不论轻重，停移刑部。别当直著钛，配役所令驱使"[4]，以及"私铸钱之辈，停送铸钱司者，着钛与盗人同，令没入资财田宅"[5]。由此以后，不仅对强盗、窃罪二罪犯人的量刑权从刑部省转至检非违使手中，而且铸钱司对私铸钱犯人的量刑、行刑权也被移至检非违使。

检非违使自成立以来被赋予的另一重要职掌，就是与弹正台相同的纠弹非违的职掌。关于这一点，《检非违使式》有如下规定："凡使之所掌，准弹正弹事，并依临时宣旨行之"。[6] 此外，《延喜式》规定弹正台，"凡新有立制宣旨者，告示检非违使"[7]。弹正台的职责中，纠弹非违虽然始终是弹正台的大要务，但并不是弹正台的唯一职掌。[8] 而检非违使相同于弹正台的职掌是纠弹职掌，且是依据临时宣旨行使的。

现存的文献史料中，检非违使在禁色、衣服装束、乘车骑马等方面纠

---

① 前田禎彦「摂関期裁判制度の形成過程——刑部省・検非違使・法家」、『日本史研究』第 339 号、1990 年 11 月、121—153 頁。

② 『令義解』獄令・犯罪条義解。

③ 『政事要略』卷六十一・紀弾雑事・貞観十二年七月廿日当宣。

④ 『政事要略』卷八十四・紀弾雑事・延長七年九月十九日太政官符所引「検非違使式」。

⑤ 『西宮記』卷二十一・成勘文事所引「検非違使式」。

⑥ 『政事要略』卷六十一・紀弾雑事・昌泰三年八月十三日勘文。

⑦ 『延喜式』弾正台式。

⑧ 『政事要略』卷六十一・紀弾雑事・昌泰三年八月十三日勘文中，有"使式既称准弾正弾事。台式非必为弾事"之句。

察非违的事例比较多。例如,贞观年间以后,平安宫、平安京频频发生火灾,无论是贵族还是民众都是人心惶惶,因此直至仁和年间(885—889),政府都采取禁制深红色的措施,并且敕令检非违使纠察穿着深红色衣者。例如有一次,左卫门权佐兼任检非违使的小野春风,发现右大臣源多身穿深红色裤子,于是小野春风在源多的面前跪下,请求源多脱去深红色的衣服;源多虽然不高兴,面带愠色,但由于小野春风是遵循敕命,只好默然无言,回到自己的宅邸,将深红色衣服脱去,不敢穿着。该事例说明官位不高的检非违使行使的纠弹权限,甚至可以上及高官位的左大臣、右大臣。

承和六年(839),由于犯人逃走或者盗贼隐遁时,弹正台不堪追捕,于是发布敕令规定,弹正台与检非违使虽然配置不同,但纠弹违法的职责是一样的,因此在纠弹违法,需要追捕的情况时,弹正台和检非违使相互沟通,派遣检非违使长等,"随事追捕"。① 由此,检非违使开始被赋予追捕由弹正台纠弹的犯人的权限。又,《延喜式》在有关弹正台的规定中,有"凡犯人逃走,令检非违使追捕"条项。② 也就是说,弹正台拥有派遣检非违使追捕犯人的权限。由此推测,检非违使的地位可能低于弹正台③。

检非违使除了基本职掌以外,其临时性的职能也非常多。检非违使执行的临时政务各种各样,执法的对象不仅有非法违制的犯法人,也有违令之事。例如,在山城国爱宕郡贺茂神社以东 1 里多的地方,有一道场"冈本堂",是"神户百姓奉为贺茂大神所建立"的佛堂,但是天长年间(824—834),被检非违使拆毁。④ 令制规定,如果在寺院之外别立道场,则"须科违令,毁去道场"⑤。据此推断,建在贺茂神社近旁的道场是被视

---

① 『続日本後紀』承和六年六月乙卯条。
② 『延喜式』弾正台式(黒板勝美编『新订增补国史大系・26 ・延喜式』、916 頁)。
③ 大饗亮「検非違使の成立」。
④ 『続日本紀』天長十年十二月癸未朔条。
⑤ 『令義解』僧尼令・非寺院条義解。

为违令建筑而被拆毁的。山城国爱宕郡,近邻平安京,属于京郊性质的地区,检非违使在京郊毁废佛堂的行动,表明检非违使的权限所及的地区范围已从京中延伸至京郊地区。

检非违使不单是执法者,而且每当遇到水害、饥馑等灾异之时,还是政府对灾民实施赈恤措施的具体执行者。例如,承和四年(837)十月,因阴雨连绵,谷价飞涨,平安京内的民众疾病者众多,检非违使与京职、左右卫门府的官人一同受命对京中受灾者进行人数统计、分类并赈灾;嘉祥元年(848)八月,平安京遇到水害,检非违使随左大臣一同巡察京中受灾情况;仁寿元年(851)八月,平安京水灾后的赈灾也是由检非违使负责实施的。

此外,检非违使还担负着多种任务,例如释典祭日、都堂讲宴之时,检非违使"禁遏堂下滥行之辈"①;私铸钱者的田宅、财物由检非违使没收,等等。贞观十六年(874)以后,检非违使追捕犯人的权限从京中延伸至平安京周边的诸国。

3. 检非违使与律令制官僚机构的关系

从官职补任的形式来看,检非违使属于宣旨职,而不是通常的除目官。② 所谓的宣旨职,是指根据宣旨而补职的官职。因此,检非违使亦被称为"诏使""宣下使"③。除目官则是指经过官职任命仪式(除目)的任官。补职检非违使的官人皆是兼任,其本官多是卫门府的官职。

14世纪的北畠亲房在其著《职原钞》中,认为检非违使是合并"卫府追捕、弹正纠弹、刑部判断、京职诉讼"职能的机构,即"并归使厅"论。④据此,不少学者侧重检非违使与律令制诸官司之间的对立性,认为检非违使的设置及其权力的扩大意味着检非违使逐渐吞噬律令制诸官司的实权,最终导致律令官僚制成为有名无实的体制。但是事实上,检非违

①『延喜式』左右衛門府式。
②『政事要略』卷六十一・糺弾雑事・天元五年正月廿五日問答。
③『政事要略』卷六十九・糺弾雑事・天元元年惟宗允亮勘文。『職原钞』下・検非違使条。
④『職原钞』下・検非違使条。

使成立以后,在相当长的时间里,卫府、弹正、刑部、京职等诸行政机构依然在维持官人秩序、社会秩序方面,发挥着重要的作用。

律令制规定的诸官司之间,其相互统属关系大致可以大分为以下两类①:

① "相管隶"关系,即具有直接上下级隶属关系的官司间的"所管-被管"关系。例如省与其管内的寮之间、国与其辖内的郡之间的关系等。

② "因事管隶"关系,即无"相管隶"关系的官司间,因政务而存在的管隶关系。例如太政官与神祇官、八省、弹正台、卫府、京职、诸国之间的统属关系。

作为宣旨职的检非违使直属律令制国家的最高权力核心,显然与律令官制的诸官司之间,不存在"所管-被管"的统属关系,而是非"相管隶"关系。

检非违使与太政官之间的关系,从前述的弘仁十一年十一月廿五日太政官符可知,是太政官依循刑部省的上申请求("解"),以"宣旨"的形式下令检非违使职掌催征杂色人的未纳赎物的。检非违使与刑部省之间虽然不存在着统属关系,但是刑部省可以通过太政官间接地影响检非违使的职掌。又,弘仁十三年二月七日太政官符是应检非违使的"解"(上申文书)而颁布的法令,法令的内容分为两部分:前半部引用了检非违使"解"的内容,即检非违使以律令规定为依据,申述关于犯有强盗罪和盗窃罪的人的服役年限,作为当时的现行法——弘仁九年(818)颁布的法令规定过于简单,导致犯人无轻罪或重罪之分,都将命丧劳役之处,请求明文规定犯罪人的服役年限;后半部是依据检非违使的上申,具体地规定了犯盗者的服役年限。② "解"是诸官司向太政官上申时的必用文书格式。由此推知,与其他诸官司同样,太政官和检非违使之间也是"因事管隶"的统属关系。

---

① 井上光贞ら编『日本思想大系 3　律令』公式令補注 11a、646—648 頁。
② 『類聚三代格』断罪贖銅事・弘仁十三年二月七日太政官符。

　　另外，如前所述，弹正台具有让检非违使出动追捕犯人的权限，因此弹正台与检非违使之间虽然不属于完全的"因事管隶"关系，但也存在着一定的"因事管隶"关系，可称之为"有限因事管隶"关系。①

　　因此根据统属关系来看，检非违使与其说是"归并"律令制诸官司的职能，不如说是分担诸官司自身难以完成的事务。因此，检非违使的成立并非是以削弱律令制下的各官僚机构职能为目的的，而是对律令官僚制行政能力的补强，以巩固律令制国家的统治。②

　　此外，如同上述的弘仁十三年二月七日太政官符，检非违使作为法令的执行者，根据社会现实状况，向上通报法令实施中的问题，对法令的实施细则提出建议，在完善法令方面起着重要的作用。这一点在日后也尤为明显。也就是说，作为奉宣旨而行职的检非违使，直接接收最高权力核心层的指令，一方面与律令制诸官司相互配合，从各自的侧面维护律令制国家，另一方面，在维持京中治安、纠弹违犯等行职的过程中，摈弃律令官僚体制的层层传达，直接地将最高权力核心层的意志或政策达至社会各层，并将社会状况或政策执行情况直接反馈至最高权力核心层，从而加强律令制国家对社会各阶层的控制。

---

① 王海燕：《日本平安时代检非违使与律令制国家》，《历史研究》2013 年第 2 期，第 171—181 页。
② 井上满郎「検非違使の成立」、「平安時代軍事制度の研究」、吉川弘文館 1980 年、104—131 頁。王海燕：《日本平安时代检非违使与律令制国家》。

第五章　都市的生活

第一节　平城京的诸相

一、平城京的布局

　　藤原京是古代日本最早的规划性都城,但是,藤原京所在的奈良盆地南部,整个地形南、东高,西、北低,不利于表现坐北朝南的天皇的最高权威。此外,据《续日本纪》庆云三年三月丁巳条记载,当时,藤原京的京内外多有秽臭。庆云三年(706)恰是文武天皇开始考虑迁都的前一年,因此藤原京的都城环境问题可能也是促使迁都的原因之一。

　　平城京的整体都城布局包括宫域和京域两大部分。宫域位于京域的北部中央,设在地势较高的北侧丘陵上。京域由左京、右京和外京三部分构成,其中左京和右京分别位于南北走向的中轴线朱雀大路的东西两侧,外京是指左京向东突出的部分①。

---

① 外京一词是日本学者关野贞于 1907 年所创,并不是原有的历史名称。在古代,外京部分属于左京。

1. 京域

京域内实行条坊制,由纵横走向的大小路将京域的平面划分成棋盘方格状。南北走向的为"坊"大路,左京和右京各有 4 条,外京 3 条;东西走向的为"条"大路,共有 9 条。① 条、坊大路相交后所围的四方空间称为"坊"。每坊的规模为边长约 533 米的正方形,坊内有东西、南北各 3 条小路,将坊进一步细分成 16 个小正方形,即 16 个坪(町)。

平城京内的大小路两侧都挖有侧沟,用以排水。道路的宽度因重要性的不同而各不相同,如果以两侧沟的中心距离作为道路宽度,朱雀大路约宽 74 米,平城宫南面的二条大路约 37 米,其他条坊大路为 24—9 米不等,小路则多为 7—6 米。②

平城京不是四周围有城墙的都城,只是在都城的南端建筑了一面城墙,即罗城。单面的罗城显然没有防御的意义,是体现平城京内外的境界性标志。罗城的中央开了唯一的罗城门,此门亦恰位于京域中轴线的南端。根据考古调查,罗城门是平城京内(包括平城宫)最大的门,建在东西约 41.3 米、南北约 16.3 米的基坛上。③ 平城京的中轴线朱雀大路就是北起平城宫朱雀门,南止罗城门。有关平城京罗城门的史料记载,最早见于《续日本纪》天平十九年(747)六月己未条的"于罗城门雯"记事。宝龟八年(777),遣唐大使佐伯今毛人出发时,到了罗城门就称病返回了京内。罗城门作为京城门,当外国使节进入平城京时,在罗城门外的三桥举行相关的迎接礼仪。

---

① 近年,根据考古发掘调查结果,左京九条的南边可能曾存在"十条"条坊,但于 730 年之前就已变成耕地(渡辺晃宏「平城京の構造」、田辺征夫・佐藤信編『古代の都 2 平城京の時代』、吉川弘文館 2010 年、24—60 頁)。

② 町田章「平城京の構造」、『平城京』、ニュー・サイエンス社 1986 年、26—27 頁;館野和己「平城京の都市計画と住人」、『古代都市平城京の世界』、山川出版社 2001 年、13—18 頁;小澤毅「平城京の条坊と宅地」、『日本古代宮都構造の研究』、青木書店 2003 年、298—301 頁。

③ 井上和人「平城京羅城門の再検討」、『奈良国立文化財研究所年報 1998—Ⅰ』、1998 年、12—13 頁。

　　"市"是都城布局中不可缺少的部分。自藤原京开始,古代日本的都城建设都有规划性地设置市。平城京在左京和右京分别设置了东市和西市,两市皆位于京域的南部,东市在左京八条三坊,西市在右京八条二坊,相对于朱雀大路,二者虽然位置不对称,但规模大小相同,各占地4坪。东市内有东堀河南北贯穿,西市内有通向西堀河(秋篠川)的水路,便于商品的运输。

　　居住在京域的人,有贵族、下级官人及其家属、僧尼和工商业者等。根据考古调查,贵族的宅邸,尤其是占地达1坪以上的豪宅,几乎都位于五条大路以北,靠近平城宫;反之,下级官人的居住地集中于京域南端的八条大路和九条大路一带,住宅面积狭小,多为占地16分之1坪、32分之1坪的住宅。

　　除了宅地、官市以外,京域内还有寺院建筑。随着定都平城京,药师寺、大安寺、元兴寺、兴福寺等前代所建寺院也移迁至平城京,分布在五条大路以南或外京东端。不仅如此,在平城京还建造了许多新的寺院,例如,东大寺、法华寺、唐招提寺、西大寺、西隆寺等,这些新的寺院大多建在五条大路以北。

　　2. 宫域

　　平城京的北部中央是平城宫的宫域,占地左京的一条一坊、二条一坊、一条二坊一坪—八坪、二条二坊(一、二、七、八)和右京的一条一坊、二条一坊。平城宫的平面形状与平城京相似,以边长1公里的正方形区域为基本,东边部分向东突出,突出部分为东西265米、南北755米。宫城的四周筑有宽约3米、高5米的宫墙,墙外侧有沟。每面宫墙开三宫门,共有十二宫门。其中,南面的三宫门为壬生门、朱雀门、若犬养门;西面的三宫门为玉手门、佐伯门、伊福部门;北面的三宫门为海犬养门、猪使门、丹比门;东面的三宫门为县犬养门、建部门、小子部门(的门)。

　　关于平城宫的内部结构,考古学者在平城宫遗址内发现了两个相互独立的大极殿·朝堂院遗迹,学术界将其分别称为第一次大极殿·朝堂院区和第二次大极殿·朝堂院区①。第一次大极殿·朝堂院区位于宫的中央区,正对平城宫的正门——朱雀门;第二次大极殿·朝堂院区则位于宫的东区,正对的宫门是壬生门。

第一次大极殿·朝堂院区由奈良时代前半期的大极殿院和朝堂院构成。大极殿院遗迹呈现长方形,东西宽约 176.6 米,南北长约 317.7 米,其中,北端是 2 米高的台状地,大约占遗迹面积的 1/3,大极殿就建在其上;台状地以南是广场,占遗迹面积的 2/3。大极殿院四周设有回廊,南面回廊的中央开有门,是连接大极殿院和朝堂院的通路。朝堂院位于大极殿院的南面,呈长方形,东西宽约 212 米,南北长约 283 米。朝堂院的建造时间晚于大极殿院,四周有掘立柱墙相围,院内大部分是碎石铺地的广场,在东西两侧各建有南北相列的 2 栋朝堂建筑物。

天平十二年(740)至天平十七年(745)年间,圣武天皇离开平城宫,相继迁至恭仁宫、难波宫、紫香乐宫。天平十七年(745)五月,圣武天皇又迁回平城宫。由于在建造恭仁宫时,把平城宫内的大极殿移筑至恭仁宫,所以圣武天皇重返平城宫后,在宫内的东区重新建造大极殿,由此给平城宫的内部结构带来了新的变化。在奈良时代后半期,第一次大极殿的旧址上也建有殿舍,是称德天皇居住的西宫。

第二次大极殿·朝堂院区位于第一次大极殿·朝堂院区的东侧,由大极殿院、朝堂院和朝集殿院组成。大极殿院的规模为南北长约 84.7 米,东西宽约 118 米,四周有回廊相围,大极殿位于其中,南面回廊的中央开有门,连接大极殿院和朝堂院。朝堂院位于大极殿院之南,东西宽约 177 米,南北长约 274.3 米,12 栋朝堂建筑分列于院内的东、西、南侧。朝堂院和壬生门之间,设有朝集殿院,东西宽约 177 米,南北长约 124 米,2 栋朝集殿建筑分列东、西侧。第一次大极殿·朝堂院区的 4 栋朝堂建筑在奈良时代后半期一直存续。在第二次大极殿·朝堂院区的下层

---

① 有关平城宫大极殿·朝堂院遗迹的考古资料主要引自小澤毅「平城宮中央区大極殿地域の建築平面」、『日本古代宫都構造の研究』、331—361 頁;奈良国立文化財研究所『平城宮発掘調査報告』XⅣ、1993 年。

中,发现了奈良时代前半期的大规模殿舍和朝堂院遗迹。这说明平城宫内存在两个朝堂院区并列的结构。

内里是天皇的居住区域,位于第二次大极殿·朝堂院区的北面,其规模为东西约 177 米,南北约 185.9 米。[①] 与大极殿、朝堂院的瓦建筑不同,内里的建筑全部使用传统的木掘立柱技术。除了大极殿、朝堂院和内里以外,平城宫内还有官厅和苑池等设施,目前可以确认的是,第一次大极殿·朝堂院区的西侧,自北向南有西池(鸟池)、左马寮和右马寮;西宫北侧和内里北侧分别是奈良时代后半期的大膳职和内膳司;内里的东侧有造酒司;朝集殿院的南侧是奈良时代后半期的兵部省、式部省和神祇官,以及奈良时代前半期的式部省。此外,平城宫向东突出部分的南半部是皇太子所在的东院(东宫)。

平城宫以北,还有禁苑性质的松林苑。与藤原京的都城理念相比,平城京更多地是借鉴了唐长安城的都城布局,即禁苑、宫城居北以及京城以中央大道为中轴线、左右对称的棋盘状布局。然而,平城京的外京和平城宫的东院的存在,使得都城的布局实际上并非呈现严格性的对称状。

二、佛都的平城京

10 世纪前半叶的《延喜式》,将东大寺、兴福寺、元兴寺、大安寺、药师寺、西大寺和法华寺列为平城的七大寺。再加上新药师寺和唐招提寺二寺,并称为平城京的九大寺。其中,兴福寺、元兴寺、大安寺和药师寺的建立可以追溯至 7 世纪,是随着定都平城,迁移至平城京的。东大寺、西大寺、法华寺、新药师寺和唐招提寺则是平城京的新建寺院。

东大寺位于平城京的东郊。本书第六章叙述了东大寺建造的过程,

---

① 内里在平城宫的位置虽然没有变化,但是其规模在奈良时代前半期和后半期略有不同,前半期的内里近乎正方形,边长约 177 米(小澤毅「平城宮中央区大極殿地域の建築平面」,『日本古代宮都構造の研究』)。

在此不再赘述。东大寺创建前，寺地境内除了金钟寺以外，还有行基创建于和铜元年(708)的天地院，天平五年(733)建造的羂索院，天平十年(738)开始营造的福寿寺，等等。

兴福寺位于外京，左京三条七坊一带，寺地面积大约是 16 町或 20 町[①]。兴福寺是藤原氏的氏寺，传承缘起于天智八年(669)，为了祈愿藤原镰足病愈康复而建的山阶寺，后移至大和国高市，即厩坂，改称厩坂寺。定都平城京后，藤原镰足之子藤原不比等继承先志，建立兴福寺伽蓝，即以中门、金堂、讲堂为南北中轴线的伽蓝。养老四年(720)八月，藤原不比等故去。同年十月，由国家开始建造兴福寺佛殿的事业，设置临时官僚机构——造兴福寺佛殿司。藤原不比等周忌时，元明太上天皇和元正天皇命令右大臣长屋王建造的北圆堂完工。神龟三年(726)，为了祈愿元正太上天皇病情早日痊愈，圣武天皇发愿造像药师三尊像和建立东金堂，药师三尊像被放置在东金堂。天平二年(730)，光明皇后发愿建造五重塔。天平六年(734)，光明皇后为了母亲橘三千代的冥福，发愿建西金堂。平安时代以后，弘仁四年(813)，藤原冬嗣在兴福寺境内建造了南金堂。

元兴寺也是位于外京，左京四条七坊—五条七坊。寺内的建筑有金堂、讲堂、五重塔、僧房等。元兴寺的缘起可以追溯至苏我马子发愿建造的飞鸟寺，是苏我氏的氏寺，后也被称为法兴寺。与大安寺、兴福寺相比，法兴寺移至平城京的时间相对晚迟，是在国家于寺院新址建成新伽蓝后，寺格才迁至平城京，是为元兴寺。位于飞鸟地区的原寺依然存在。元兴寺的基本伽蓝是以金堂院为中心，用环廊连接中门和讲堂，将金堂围绕其中；金堂院的东西有塔院。

大安寺位于左京六条四坊—七条四坊，寺地的面积达 15 町。寺内建有金堂、讲堂、塔院和僧房等堂宇。在文献史料中，大安寺的缘起传承追溯圣德太子的熊凝村道场，经过舒明时代的百济大寺，天武时代的高

---

① 《兴福寺流记》所引的《宝字记》是 16 町，《延历记》是 20 町。

市大寺，文武时代的藤原京大官大寺之后，大宝元年（701）始见大安寺之名。天平元年（729），从唐归国的僧侣道慈遵循圣武天皇之意，以唐长安的西明寺伽蓝为范本，主持大安寺的改造事业。大安寺的基本伽蓝是以中门、金堂、讲堂、食堂为中轴线，寺院的东西塔院建在寺院南大门以南。据《大安寺伽蓝缘起并流记资财帐》记载，天平十九年（747）时，大安寺的僧侣达 887 名。大安寺的兴盛略见一斑。

药师寺位于右京六条二坊，占地 12 町。寺内有金堂、讲堂、三重塔、僧房等建筑。药师寺缘起于天武九年（680），天武天皇为了祈祷皇后康复，开始兴建寺院。天武天皇死后，寺院的营造依然继续进行。持统二年（688），作为天武天皇殡宫期间诸行事的一个环节，在药师寺举行了无遮大会。文武二年（698），位于藤原京的药师寺构造完成，"诏众僧令住其寺"①。定都平城京以后，药师寺的寺格从藤原京迁移至平城京。位于藤原京的寺更名为本药师寺。药师寺的基本伽蓝以金堂为中心，金堂的东西两边分别建有一塔，环廊连接中门与讲堂，将金堂及东西二塔环绕在其中。

西大寺位于右京一条三坊—四坊，占地 31 町。天平宝字八年（764）九月，孝谦太上天皇为了祈愿平定藤原惠美押胜之乱，发愿造立金铜四天王像和寺院。翌年（765），西大寺开始建造，建有安置金铜四天王像的四王院。天平神护二年（766）十二月，重新登上天皇位的称德女皇行幸西大寺。神护景云元年（767）起，设立造西大寺司，由国家主导的西大寺扩建事业开始。西大寺的基本伽蓝以中门、药师金堂、弥勒金堂为南北中轴线，没有设置讲堂。寺院还建有十一面堂院、塔等建筑。

法华寺位于左京一条二坊—二条二坊，紧邻平城宫东院之东，原是藤原不比等旧宅，藤原光明子在成为皇后之前的居处，天平十七年（745）五月，圣武天皇返都平城京时，舍宅为宫寺。法华寺名初见于天平十九

---

① 『続日本紀』文武二年十月庚寅条。

年(747)①,后被赋予总国分尼寺兼大倭国的国分尼寺的地位。天平宝字五年(761),为了光明皇太后的一周年忌日的法会,在法华寺境内的西南隅建造阿弥陀净土院。

　　新药师寺位于平城京之外,在东大寺的南面,创建于天平十九年(747),是为了祈愿患病的圣武天皇早日康复,由光明皇后发愿建造,同时造立七佛药师像。新药师寺亦称香药寺,寺内有九间佛堂、塔、僧房等建筑。宝龟十一年(780)正月,寺内的西塔被落雷击中,烧毁。应和二年(962),因为台风,新药师寺内的主要建筑多遭破坏。

　　唐招提寺位于右京五条二坊,占地4町,创建于天平宝字三年(759),原是新田部亲王的旧宅,是为鉴真而建的寺院。天平胜宝五年(753),鉴真历经千辛万苦,终于从大唐抵达日本。翌年(754)二月,鉴真入平城京,住锡东大寺唐禅院。天平宝字三年,鉴真移住唐招提寺。唐招提寺的伽蓝与其他寺院有所不同,寺内的南北中轴线上建有中门、金堂、讲堂、食堂和羂索堂,以环廊连接中门和金堂,金堂·讲堂之东有塔院,金堂·讲堂之西有戒坛院,讲堂东西是僧房。其中,讲堂的建筑用材来自平城宫的朝集殿建筑。

　　除了以上九大寺院以外,平城京内还有其他众多的寺院林立,例如后述的行基在平城京内建立的寺院就有菅原寺、长冈院等。根据《续日本纪》的记载,养老四年(720)时,平城京的寺院数达到48寺。② 其中,既有国家经营的寺院,也有贵族的氏寺,还有僧侣、信者所建寺院,由此可见当时的佛教信仰在各阶层盛行的程度。

三、平城京的市

　　平城京内的东西二市,根据关市令规定,市的开闭时间是"恒以午时集,日入前,击鼓三度散(每度各九下)"。开市时,店铺("肆"或

---

① 『正倉院文書』天平十九年四月六日法華寺務所牒,见『大日本古文書』(編年文書)2、667。
② 『続日本紀』養老四年八月壬午条。

"廛")都必须明确标明所经营的商品名称,如"绢肆""布肆"等等,物价由市司根据货物质量定夺,货物的品质分上中下三等,每等的价格又分上中下三等,因此同类货物有九等价格。① 圣武天皇迁都恭仁京的翌年(741),平城京的东西二市也被迁移至恭仁京。所谓市的迁移,就是市人的迁徙。② 天平十七年(745)五月,在圣武天皇决定从恭仁京回都平城京之后,原本从平城京移至恭仁京的市人,又是"晓夜争行相接无绝"地迁回平城京。③

　　市人是指在市内拥有店铺的人,"专事商贾,不预他业"④。平城京最早的一部分市人来自地方诸国,灵龟元年(715)六月,地方诸国的 20 户被迁徙到平城京经商。⑤ 市人所经营的商品种类多种多样。关于平城京东西二市的流通商品,根据正仓院文书可以略知一二。在正仓院保存的东大寺写经所的钱用帐文书中,屡见有关在东西二市买物的记录,例如"二部般若经钱用帐"记载了天平宝字六年(762)十二月二十一日,写经所以 160 文钱雇车两辆,将在东西二市买的绝等物运回写经所,并付给从东西二市搬运所买之物的役夫食物费 77 文。⑥ 人们在平城京的东西二市,可以买到很多物品,既有米、小麦、盐、酱、醋、蔬菜等食品,也有薪、炭、锅、瓮、笔、墨、纸等用品以及各种织物等,特别是还有调叶荐、交易绵、庸布等调庸物或交易杂物。⑦

　　律令制国家的税收体制以实物贡纳为基本,因此官司运转的必要费用、官人的季禄等国家财政的支出,自然也主要是以实物形式支付

---

① 养老令・关市令规定:"凡市,每肆立标题行名。市司准货物时价为三等。"对此,《令义解》解释道:"凡物各有上、中、下三品,即其价值。亦物别各有上、中、下三等。故总有九等沽价。"
②《日本纪略》延暦十三年七月辛未朔条在记录长冈京的市迁移平安京时,也明确记载:"迁东西市於新京,且造厘舍,且迁市人"。
③『続日本紀』天平十七年五月丁卯条。
④『類聚三代格』卷十九・禁制事・貞観六年九月四日太政官符。
⑤『続日本紀』霊亀元年六月丁卯条。
⑥『大日本古文書』(編年文書)5、315—316。
⑦「奉写二部大般若経錢用帳」(正倉院文書)、竹内理三編『寧楽遺文』中巻所収、東京堂出版1977 年、563—569 頁;『大日本古文書』(編年文書)16、90—104。

的。毋庸多言,仅有这些织物、铁器等实物是无法满足官人们所有的日常生活需求的。因此,律令制国家允许官人进行买卖交易,将所得之物换成铜钱,然后再用铜钱买进自己的所需之物。官人交易的场所可以在东西市之内,也可以在东西市之外,但是不允许皇亲及五位以上官人派遣自己的从者、家人或奴婢在东西市之内开设固定店铺。①

不过,神龟五年(728)三月,开始允许外五位的家人、奴婢居住市廛,开店经营。前已叙述,外五位原本是授予地方(畿外)出身者的位阶。虽然神龟五年三月,圣武朝廷出台了有关内外五位差等的规定,一部分畿内出身者也被授予外五位。② 但是,外五位的家人等可以在东西二市开店的规定,意味着地方豪族也可以介入都城的市的流通经济。

除了官人的交易活动以外,官司也可以通过东西市司,或通过市人进行商品交易。例如,平城宫遗迹出土的1枚木简记载了如下内容③:

【正】东□(市?)交易钱计绝廛人服部

【反】真吉

这枚木简是与铜钱穿在一起的标牌,说明钱的来历:在东市,一个名叫服部真吉的绝廛之人卖出绝的钱。因为木简的出土地在平城宫内,所以推测所卖的绝很可能是来源于某个官司的。④ 木简所记的"东市交易钱",应该就是某官司委托绝廛的服部真吉贩卖织物之后的所得。⑤

都城是官司、官人的集中之地,如果同一种调庸物同时且大量地在东西二市进行交易,必然会造成滞销的情况,这时,调庸物的交易活动就会延伸至其他各地。天平宝字六年(762)十二月,造东大寺司写经所为

① 养老令·杂令规定:"凡皇亲及五位以上者,不得遣帐内资人及家人、奴婢等,定市肆兴贩。其于市沽卖、出拳,及遣人于外处贸易往来者,不在此例。"
②『類聚三代格』卷五·定内外五位等级事·神龟五年三月廿八日太政官奏。
③ 奈良国立文化財研究所『平城宫発掘調査出土木简概報』17、1984年、16頁。
④ 館野和己『古代都市平城京の世界』、山川出版社2001年、50—51頁。
⑤ 参照館野和己「市と交易——平城京東西市を中心に—」、上原真人ら編『列島の古代史4 人と物の移動』、岩波書店2005年、87—125頁。

了把从节部省(大藏省)领到的官司运转经费——调绵卖出换成钱,动员其下属的官人四处销售调绵,其中一部分调绵在难波市(毗邻港口难波津的官市,由摄津职负责掌管)卖出。有些官人则拙于交易,在规定的期限内无法完成被分派的定额任务,只好用自己的收入垫付。[1]

远距离交易的商品并不局限于调庸物。日本最早的佛教志怪小说集《日本灵异记》记述了这样一个故事:一名叫楢磐岛的商人,住在平城京的左京六条五坊,圣武时代,楢磐岛向大安寺借了30贯本钱,前往位于日本海沿岸的港口敦贺津做交易,然后,将购进的货物用船运回平城京。[2] 楢磐岛所借的30贯钱,是要连本带利地还给寺院的。因此可以说,当时的寺院也是介入商业交易活动的。

此外,入日的外国使节所携带来的物品也是交易对象之一。律令规定,凡是官司未交易之前,其他人不得私自与外国使节团进行交易。因此,在舶来品的交易中,官衙及官人就有了优先权。神护景云二年(768)十月,称德天皇赐给左右大臣等人大宰绵,用以购买新罗的交关物(来自新罗的交易物)[3]。这一事例显示出皇亲、贵族对舶来品的需求,由此活跃了远距离的交易活动。在流通经济中,皇亲、贵族也起着不可忽视的作用。

律令制国家对于在市廛所卖商品的价格、品质等都有着严格的规定,例如,官私之间的交易,商品的价格以中等品质的价格为准;若买卖奴婢,皆要经过其所在地的官司,奴婢的原主人要将自己写的卖契文、保人的保证书,申送官司,获得官司判署之后,才能立券契,买卖交易;卖家出售的商品不可以滥竽充数,横刀、枪、鞍、漆器之类的物品,皆要题上或刻上制作者的姓名;若有伪劣商品,则没收于官;若缺斤短两,则退货;交易之时,价格不能偏离时价等等。[4] 然而,不遵守国家规定

---

[1] 『大日本古文書』(編年文書)16、71—78、340—341。
[2] 『日本靈異記』中卷·第廿四。
[3] 『続日本紀』神護景雲二年十月甲子条。
[4] 養老令·関市令。

的情况时有发生。[①] 皇亲、贵族、官司、寺院等主导的流通经济,可以说是律令国家财政体制的辅助手段。但是,随着日后的律令国家收取体系的变化、官人给予制的解体,"私富"逐渐成为国家财政的重要支撑,流通经济也发生了变化。[②]

此外,古代日本都城的市和市人的存在,不仅仅有商业上的意义,东西二市还是对罪人执行刑罚的场所,市人则是行刑的见证者。

四、官人的出勤与休假

平城京内,每日的早与晚都会响起告知时间的鼓声,即开门鼓和闭门鼓。[③] 随着响彻的鼓声,平城京的京城门(罗城门)和平城宫的宫门每日开启或关闭。同时,在中央官司勤务的官吏也随着鼓声出勤或退朝。因此,官人需要在开门鼓响起之前,到达勤务之地,等待开门。下级官人多居住在平城京的南端,而中央官司却多设在平城宫之内,因此下级官人每天徒步从住处至官厅的单程时间大概是 1 个小时,也就是说,要比出勤时间提早 1 个小时左右出家门。出勤后,即使中午的退朝鼓响起,也不意味着一天的勤务结束,可能需要继续工作。此外,五卫府、中务省、宫内省等官司的官人可能需要值夜勤。

对于常勤官人(即各官司的四等官及技术官人等,亦称长上官),每出勤 5 天,休假 1 天。中务省、宫内省官人和五卫府武官的休假,与其他官司有所不同,另给假 5 天。这是因为中务、宫内二省担负着与天皇有关的事务,而五卫府则事关平安宫和平安京的安全,因此相比其他官司,

---

① 延历十七年(800),当时"诸国交易先立沽价,贵时强与贱价,贱时诈注贵直",进而导致官交易物受损(『類聚三代格』卷十九·禁制事·延曆十七年十月十九日太政官符)。虽然这是平安时代的事例,但由此可以推测平城京也存在类似情况。

② 荣原永远男「律令国家の经济构造」,歴史学研究会、日本史研究会編『講座　日本歴史』第 1 卷、東京大学出版社 1984 年、299—338 頁。

③ 养老令·宫卫令·开闭门条规定:"凡开闭门者,第一开门鼓击讫,即开诸门。第二开门鼓击讫,即开大门。退朝鼓击讫,即闭大门。昼漏尽,闭门鼓讫,即闭诸门。理门不在闭限。京城门者,晓鼓声动则开,夜鼓声绝则闭。"

优遇 5 天假期。

律令制国家的班田制,对官人也分配口分田。但是作为都城的平城京内,并没有水田。因此,除了事五休一的休假制以外,中央官人每年还放两次田假,一次在五月,一次在八月,每次十五天。由于各地气候有所差异,插秧、收割的时间各有先后,因此关于田假的日期,国家并没有统一规定,而是依据官人的各自情况,允许灵活性放田假。①

凡常勤官人(长上官),如果其父母在畿外,可以享受探亲假。探亲假每三年享有一次,时间为 30 天。但已因公务路过家乡,看过父母的人,则不再给探亲假,必须公事完毕后返回岗位,并重新计算时间,时满三年再享受探亲假。

各官司的官人还享有每年的律令制国家的统一节日假,即正月元日、七日、十六日,三月三日,五月五日,七月七日,十一月的大尝日等。②

诸司官人有事时,可以请事假。关于事假的给假天数,律令制规定,五卫府的五位以上武官有事可请假三日,京内文官三位以上者,有事可给事假五日,五位以上者给十日。六位以下者则由所在官司根据实际情况给假。凡超出上述天数或要远出畿外的,须上报朝廷核批,本官司不得擅自决定。

被外任的官人,在被任命后至赴任前,有准备假("装束假")。根据任命地的远近给假时间不同。任命地在近国的,给假二十天,远国的给四十天,距离在两者之间的三十天。

诸司职事官人逢丧时,则有丧假。根据养老令·丧葬令,父母丧亡,需服丧一年。为此,官人若遭父母丧,在奔前须办理解除官职手续,待服丧完毕后再办理复职手续。其若夫、祖父母、养父母、外祖父母亡故也可给丧假三十日。

---

① 『令義解』假寧令。
② 『令義解』雑令。

五、写经师的生活

日本的写经即抄写佛经事业初见于天武二年（673）。持统八年（694）五月，持统王权将《金光明经》100 部送置地方诸国，命令诸国国司每年正月读《金光明经》。从百部《金光明经》的存在，可以推测当时可能存在着官营的写经事业，但由于没有具体的相关史料，因此无法论证。律令制国家形成后，在中书省所管的图书寮的职掌中，包括佛经的保管与抄写，并且图书寮内有写书手、装潢手、造纸手、造笔手、造墨手等技术人员，可以进行抄写佛经的写经活动。养老六年（722）十一月，为了元明太上天皇的一周忌，元正天皇命令抄写《华严经》80 卷、《大集经》60 卷、《涅槃经》40 卷、《大菩萨藏经》20 卷和《观世音经》200 卷，共 400 卷。① 这一写经事业或许就是在图书寮主导下进行的。

天平年间（729—749），圣武天皇和光明皇后大力推动国家性的写经事业。由此，写经机构——写经所也随之兴起。天平元年（729），光明皇后的家政机构——皇后宫职设立。在皇后宫职的主管下，设有写经所，进行写经事业。除此以外，在天平六年（734）的"圣武天皇敕旨写经御愿文"中，写经机构的名称是写经司，司的长官由治部卿从四位上门部王兼任。② 另外，在正仓院文书中，"写经司"之官司名也屡屡出现。写经司的成立时间不明，而且天平十四年（742）以后的正仓院史料中，不见"写经司"的踪影。

福寿寺是依光明皇后发愿而建的寺院。天平十三年（741），皇后宫职管下的写经所从宫中移入福寿寺，设立福寿寺写一切经所。天平十四年（742），福寿寺与金钟寺二寺统合为金光明寺，写经所也改名为金光明寺写经所。天平十九年（747），金光明寺写经所变为东大寺写经所，由造东大寺司所管，进行《光明皇后愿经》（《五月一日经》）的写经事业。之

---

① 『続日本紀』養老六年十一月丙戌条。
② 『大日本古文書』（編年文書）24、45。

后,天平宝字四年(760),光明皇太后发愿的《坤宫官一切经》写经事业,也于东大寺写经所进行。但是天平宝字八年(764),东大寺写经所一度停止了写经活动,直至神护景云四年(770),才重开写经活动,进行称德天皇发愿的写经事业。再开写经活动的东大寺写经所,被称为奉写一切经所。

除了官立的写经所以外,一些皇族、贵族的私宅里也设置写经所,进行写经活动。例如,吉备内亲王北宫的写经,圣武天皇的藤原北夫人的北大家写经,藤原仲麻吕宅的写经等等。

写经所由经师、装潢、校生、题师等组成。根据天平十四年六月的福寿寺写一切经所申请经师布施物事的上申文书(解),当年二月五日至四月二十九日的福寿寺写经所有经师 19 人,装潢 2 人,校生 3 人。① 又,天平十四年六月一日至十一月三十日,在金光明寺写一切经所进行写经活动的职员,有经师 25 人,装潢 2 人,校生 5 人,题师 2 人。② 天平十五年十月至十二月,金光明寺写一切经所从事过写经活动的职员,经师至少有 36 人,装潢至少 1 人,校生至少 3 人③。由此可知,写经所的写经人员数是变化的。

经师的录用是经过试笔考试选择的,由太政官和诸司官人实施试字考查,其笔势严谨者才会被录用。对被录用的经师,写经所提供衣服,称之为"净衣"。经师等的给予,被称为"布施"。布施以布、绌、绵等实物或钱支付。不少经师是来自其他官司的下级官吏,例如根据天平胜宝八岁的经师上日账,当时的经师中,有紫微中台舍人、左大舍人、右大舍人、图书寮书生、式部省散位、散位寮散位、大膳式膳部。④

经师、装潢、校对的报酬是根据工作量和出错率的多少而定的。下面是福寿寺写一切经所于天平十四年六月三日提出的申请经师布施物

---

① 『大日本古文書』(編年文書)8、60—63。
② 『大日本古文書』(編年文書)8、155—159。
③ 『大日本古文書』(編年文書)8、352—357。
④ 『大日本古文書』(編年文書)10、335—374。

事上申文书(解)中,关于天平十四年二月五日至四月二十九日的经师劳动报酬的一段摘录①:

坂合部文麻吕　写纸二百十四张二百八麁、六张结愿②,钱一千五十二文

古赖小僧　写纸二百二十一张二百十七张麁、四张结愿,钱一千九十三文

丸部石敷　写纸二十九张二十八张麁、一张结愿,钱一百四十二文

忍坂成麻吕　写纸三百六十一张三百五十张麁、十一张结愿,钱一千七百七十二文

汉净麻吕　写纸三百四十张三百三十六张麁、四张结愿,钱一千六百八十八文

阿刀息人　写纸五百六十五张五百五十五张麁、十张结愿,钱二千七百九十五文

上述是根据经师抄经的数量,需要支付给经师的报酬数,但按照《经师校生等布施食法等定文》规定,实际上报酬常用实物的形式发放,相应的实物报酬标准是③:经师抄写经的本文,每满纸四十张,给8.5尺宽的布一端;抄写注经纸三十张,给8.4尺宽的布一端。但是如果有误写、脱字等情况,一经校对发现,都要扣除一定的报酬。校对者按校正的质量、数量计算报酬,以校纸五百张,给布一端。装潢师以装潢纸四百张给布一端。

写经所的经师等虽然可能是应写经事业的需要,临时性地在写经所进行写经活动,但也有经师长期在写经所抄经,生活清贫艰苦。并且写经师、装潢师和校对者的生活单调又艰辛,长时间地在夏热冬寒的狭小的工作室内日夜伏案工作,大多落下了职业病。

在天平十一年(739)的一切经写经司的上申文书("一切经写司解申司内稳便事")中,记录了经师们提出的改善劳动条件的六点请求,具体

---

① 『大日本古文書』(编年文書)8、60—63。

② "麁",麁经,系指经的本文;"结愿",经文的跋和注文。

③ 『寧楽遺文』中卷,第570页。

如下①：

（1）召经师且停事。纸少人多，请求暂时停止增加人手；纸张有了以后，再增加人手。

（2）欲换净衣事。所穿净衣是去年（738）二月发给的，或坏或脏，虽洗涤，但依然有臭，请求给予替换。

（3）经师假休事。请求给经师每月五天的休假。

（4）装潢并校对生食粗恶事。装潢和校对生的饭食一直是黑米饭，请求改给中品精食。

（5）请经师等药分酒事。因久坐案几前，经师等胸痛、脚麻痹，请求每三天给一次酒。

（6）经师等每日麦给事。以前每天给麦饭，但后中断，请求恢复每日给麦饭的待遇。

上述 6 点请求从一个侧面折射出经师等人的工作状况。其中，第（5）项显示出由于长期伏案抄写佛经，血液循环不好是许多劳作在写经所里的经师共有的病疾。正仓院文书中，保存了不少经师因病请假的上申文书。在此，列举写经所经师因病请假的若干实例如下：

① 宝龟元年（770）十月七日，某经师因"身病"，申请假日三天②。

② 神护景云四年（770）③八月二日，长江田越麻吕申请假日二十天，原因是脚病突然复发，站立不安，加之，每天"痹痛弥增"，需要治疗④。

③ 神护景云四年（770）八月八日，坂合部滨足申请假日，申请理由是自八月五日起赤痢，休息三天仍不见好转，请求假日至病情平息⑤。

④ 神护景云四年（770）八月十一日，念林宅成因"不堪身力"，申请假日五天⑥。

---

① 『大日本古文書』（编年文书）24、116—118。
② 『大日本古文書』（编年文书）17、561。
③ 神护景云四年十月时，年号改为宝龟，因此同年十月以后为宝龟元年。
④ 『大日本古文書』（编年文书）17、566。
⑤ 『大日本古文書』（编年文书）17、563。
⑥ 『大日本古文書』（编年文书）17、562。

⑤ 神护景云四年（770）八月十一日，刑部广滨为治眼病，申请假日十天①。

经师的病因，主要是疫痢、疮、腰疾、腿疾、疲乏、眼疾等。这些疾病大多是由于写经所的劳动环境差、超强度劳动和营养不良造成的。大多数经师都是在不堪病痛，甚至病情可能危及生命时，才请假求医、休息的。

除了抄写佛经以外，经师等还有参加礼佛等行事的职责。依据正仓院保存的天平二十年（748）八月至天平胜宝元年（749）八月的"经师等上日账"，大初位下伊福部宿祢男依在这一年内，出勤日共 148 天，催令写题经三千四百二十九卷，奉铸大佛二次，供奉礼佛七次②。

曾经盛大的写经事业，随着奈良时代末期的天皇皇统的更替，逐渐走向衰退。延历八年（789）三月，造东大寺司也被废止。

第二节　平安京的生活

一、平安京的布局

与前代的平城京、长冈京相同，平安京也是以唐长安城为范本的，其规模为南北 1753 丈（约 5.2 公里），东西 1508 丈（约 4.5 公里）③。京域由左京和右京组成，以南北走向的朱雀大路为中轴线，中轴线以东为左京（亦称洛阳），以西为右京（亦称长安）。除了朱雀大路外，京域内还设有多条南北、东西走向的大小道路，纵横交错，构成一个一个小方形区划，使得京域的平面呈现棋盘状。根据《延喜式》记载，朱雀大路的宽度为 28 丈（约 84 米）；其他大路的宽度不尽相同，南北走向大路有 12 丈（约 35.8 米）、10 丈（约 29.8 米）、8 丈（约 23.8 米）三种规格，东西走向大路有 17 丈（约 50.7 米）、12 丈、10 丈、8 丈四种规格；小路的宽度基本上都

---

① 『大日本古文書』（編年文書）17、563。
② 『大日本古文書』（編年文書）10、335—337。
③ 『延喜式』左右京職式。1 丈＝2.9847 米。

为 4 丈（约 11.9 米）；每一小方区划（町）的边长是 40 丈（约 119.2 米）。①随着时间的推移，平安京的布局也逐渐有所变化。早期平安京内的主要配置如下：

1. 平安宫

平安京的中央北部是天皇所在的平安宫，其规模为东西 384 丈（约 1146 米），南北 460 丈（约 1372 米）。平安宫四周筑有宫墙，共开有 14 个宫门：

南面：自东向西有美福门（壬生御门）、朱雀门、皇嘉门；

北面：自东向西有达智门、伟鉴门、安嘉门；

东面：自北向南有上东门、阳明门、待贤门、郁芳门；

西面：自北向南有上西门、殷富门、藻壁门、谈天门。

其中，朱雀门是平安宫的正门；伟鉴门也称玄武门，民间称之为"不开门"。② 宫门的建造主要由地方诸国分别负担，例如尾张、美浓二国造殷富门，越前国造美福门，等等。随着天皇的政务空间逐渐移向内里，离内里最近的宫门——阳明门成为臣下的通用门。

平安宫主要由内里、大极殿、朝堂院、丰乐院等殿舍以及官衙建筑群等构成。内里是天皇处理日常政务处所及生活空间，被建在平安宫的北半部。若以伟鉴门与朱雀门的连接线为平安宫的南北中轴线的话，则内里虽位于南北中轴线之上，但其位置偏于东。内里的四周筑有内外两道墙，即内里的内郭与外郭。内郭所围区域的规模为东西 57 丈（约 170.1 米），南北 72 丈（约 214.9 米）；外郭所围区域的规模是东西 73 丈（约 217.9 米），南北 100 丈（约 298 米）。外郭、内郭的四面分别开有门，其中，外郭的门名是：

南面：宫城门、修明门、建礼门、春花门

北面：式乾门、朔平门、北西门

西面：宜秋门

---

① 『延喜式』左右京職式。

② 『拾芥抄』中·宫城部。

东面:建春门

内郭的门名是:

南面:永安门、承明门、长乐门

北面:徽安门、玄辉门、安喜门

西面:武德门、阴明门、游义门

东面:嘉阳门、宣阳门、延政门

在上述的诸门中,外郭南面的建礼门经常是举行礼仪的场所。外郭与内郭之间建有中和院、采女町、内膳司等与天皇起居相关的官舍。内郭之内以宫殿建筑为主,共建有 20 余个殿舍,其中,紫宸殿为内里的正殿,是举行即位、朝贺、御前会议、节会等各种礼仪的场所;位于紫宸殿西北侧的清凉殿则是天皇常住的殿舍,也是天皇与群臣面对面,举行御前会议的空间;在紫宸殿、清凉殿等的北方,是后妃居住空间。

内里之南设有大极殿、朝堂院(八省院)和丰乐院。大极殿位于朝堂院之北,二者相连构成大极殿·朝堂院区域。该区域位于平安宫的南北中轴线上,南北长度是 156 丈(约 464.9 米);大极殿的东西宽度是 42.4 丈(约 126.6 米),朝堂院的东西宽度为 64 丈(约 191 米)。[1] 大极殿·朝堂院区域的四周建有外围墙,共开有 16 个门:

南面:自东向西有长乐门、应天门、永嘉门

北面:自东向西有永阳门、嘉喜门、昭庆门、永福门、应义门

东面:自南向北有含耀门、感化门、宣政门、通阳门

西面:自南向北有章义门、敬法门、章善门、显亲门

在朝堂院的南侧用复道回廊构成了一道内郭,自东向西开有三门:章德门、会昌门、兴礼门。昭庆门—大极殿—会昌门—应天门构成大极殿·朝堂院区域的南北中轴线。在这个中轴线的两侧,设有朝堂院的12 堂:

---

① 寺升初代「平安宫の復元」、古代学協会、古代学研究所编编『平安京提要』、角川書店 1994
年、143—170 頁。

东侧的外列:(自北向南)昌福堂、含章堂、承光堂、明礼堂

西侧的外列:(自北向南)延久堂、含嘉堂、显章堂、延禄堂

中轴线之东:(自北向南)晖章堂、康乐堂

中轴线之西:(自北向南)修式堂、永宁堂

在会昌门和应天门之间还有两座朝集堂分列于中轴线的左右两侧。在平安时代前期,大极殿和朝堂院分别是每日早朝时,天皇以及臣下所在的场所。

朝堂院的西邻建有丰乐院,是举行国家性质的飨宴礼仪的场所。丰乐院的建造晚于内里、大极殿·朝堂院。丰乐院四周也筑有围墙,主要有8门:

南面:丰乐门

西面:自南向北为福来门、万秋门、立德门

北面:不老门

东面:自北向南为阳禄门、延明门、开明门

丰乐院的北部中央设有正殿——丰乐殿。丰乐殿南面的庭中,东西各设置两堂,分别是:东侧的显阳堂、观德堂,西侧的承欢堂、明义堂。四堂南面通过回廊设仪鸾门。不老门—丰乐殿—仪鸾门—丰乐门构成丰乐院的南北中轴线。另外,仪鸾门与丰乐门之间的中轴线对称设置两堂,分别是,东侧延英堂,西侧招俊堂。在不老门与丰乐殿之间的中轴线上建有清暑堂,其东西对称有东华堂和西华堂。

在内里、大极殿·朝堂院和丰乐院的周围,布有律令制国家的官僚制行政机构中的诸官司——太政官、神祇官、中务省、式部省、治部省、民部省、兵部省、刑部省、大藏省和宫内省,以及左右兵卫府、左右近卫府、左右马寮等。但并非所有的官司都位于平安宫内,左右卫门府、大学寮、左右京职、东西鸿胪馆等官司被设在平安宫之外、京域之内。

2. 东市、西市

东市、西市是设在平安京内的官市,以朱雀大路为轴,对称地位于左京和右京的南部。平安京的东、西二市是从长冈京迁来的。显然,市具

有一定的连续性,在都城经济生活中是不可缺少的配置。东、西二市内分别设有管理市的市司官衙。

　　有关市人的信息被登录在专门的籍账,即市人籍账中,由市司统一管理。平安京东市共有 51 家店,西市共有 33 家店。东西两市内的店铺,大多以所售商品命名。在东西二市交易的商品,既有锦、绫、罗、布等织物,也有米、盐、油、酱、干鱼等食品和针、笔、墨、陶器等生活用品,以及珠、玉、兵器、牛马牲口等等。平安京的东西二市是交替开市的,每月十五日前是东市,十六日以后是西市。为了满足平安京人的日常生活需要,有些日常必需品在东西二市都有贩卖。例如,弘仁十一年(820)规定,锦绫、绢、调布、丝、绵、纩、染物、缝衣、绩麻、针、染革、油、土器、带幡、牛等 10 余种物品,东西二市都可以贩卖。但是,这 10 余种物品于承和二年(835)又被规定只允许在西市贩卖。然而,随着平安京的住人逐渐集中于左京,承和七年(840),前述 10 余种物品在东西二市又都可以贩卖了。承和九年(842),因为西市司提出异议,最后这 10 余种物品又改为只允许在西市贩卖。由此也可以窥见左京的繁华,右京的萧条。[1] 在《延喜式》规定中,东西二市贩卖的品种分别如下[2]:

　　东市:东绝、罗、丝、锦、幞头、巾子、缝衣、带、纩、布、苎、木绵、栉、针、沓、扉、笔、墨、丹、珠、玉、药、太刀、弓、箭、兵具、香、鞍桥、鞍褥、鞯、镫、障泥、鞦、铁并金器、漆、油、染草、米、木器、麦、盐、酱、索饼、心太、海藻、果子、蒜、干鱼、马、生鱼、海菜等;

　　西市:绢、锦绫、丝、绵、纱、橡帛、幞头、缝衣、裙、带幡、纩、调布、麻、绩麻、栉、针、扉、杂染、蓑笠、染草、土器、油、米、盐、未酱、索饼、糖、心太、海藻、果子、干鱼、生鱼、牛等。

　　可以看出,丝、幞头、缝衣、纩、栉、针、扉、染草、油、米、索饼、心太、海藻、干鱼、生鱼等品种在东西二市均可经营。市场的秩序由市司维持。

---

① 『続日本後紀』承和九年十月庚辰条。
② 『延喜式』左右京職・東西市司式。

令制规定,市司职责是掌管"财货交易、器物真伪、度量轻重、买卖估价、禁察非违事"①。但是,有些商品的定价权有时并不握在市司的手中。例如,关系到民众饥饱问题的粮食价格。弘仁三年(812),由于平安京的米价贵,为了降低米价,嵯峨朝廷将官仓之米投入市场。贞观八年(866),因为地方运至平安京的米价涨高,朝廷通过下达太政官符,宣布提高京中的米价,并且规定统一涨幅,即白米 1 升涨 14 文,黑米 1 升涨 12 文。②贞观九年(867),全国发生饥荒,粮食的价格高腾,为此,朝廷在左右京内分别设置了常平所,以平价贩卖官仓中的米粮,平安京以及周边的民众纷纷前往购买,可谓是"来买者如云"③。毋庸置议,在特定情况下,国家的最高决策层直接介入管理京中的米价。

爱宕郡的大原(位于今京都市左京区)是薪炭的产地。编撰于 12 世纪中期的《本朝无题诗》中,收录了辅仁亲王写的一首诗④:

> 卖炭妇人今闻取,家乡遥在大原山。
>
> 衣单路险伴岚出,日暮天寒向月还。
>
> 白云高声穷巷里,秋风增价破村间。
>
> 土宜自本重丁壮,最怜此时见首斑。

这首诗描述了大原的妇人将薪炭挑至平安京内买卖的辛劳。由此可以看出,在平安京内交易的物品,不仅来源于官物,即来自地方诸国向中央贡进的调庸,也来自平安京周边民众的直送。⑤

3. 东寺、西寺

平安京与平城京同样建有罗城门作为京域境界性的标志。在平安京内,罗城门的左右两侧对称性地设有东寺和西寺。桓武天皇即位后,

---

① 養老令・職員令・东市司条。
② 『日本三代実録』貞観八年二月十六日条。
③ 『日本三代実録』貞観九年四月廿二日条。
④ 『本朝无題詩』卷二・見売炭婦(《群書類従》第九辑)。
⑤ 北村優季「平安京の社会と経済」、笹山晴生編『古代を考える平安の都』、吉川弘文館 1991 年、158—183 頁。

为了抑制以往平城京(亦称南都)的寺院势力对政治的影响,对佛教界采取了整肃的政策方针。在从平城京迁都长冈京时,平城京的寺院都被留在平城京,长冈京的都城布局中也没有寺院的位置。平安京建设时,同样没有将平城京的寺院移至新京,而是新建寺院,即东寺和西寺。

东寺、西寺作为官寺,寺域广大,各占地 8 町。弘仁三年(812)二月,屏风 1 帐、障子 46 枚施入东寺,障子 46 枚施入西寺。十月,作为官家功德封物的封户停施入东大寺,而改施入东寺和西寺。十一月,已故的桓武天皇的女儿伊都内亲王的垦田 772 町施入东寺和西寺。由此可见天皇及朝廷的扶持对东寺和西寺的影响之大。[①] 弘仁十四年(823),嵯峨天皇将东寺赐给空海。此后,东寺成为真言宗的总寺院。与东寺相对,西寺是中央僧官机构——僧纲所的所在地,主要祭祀天皇、皇后的灵,由国家直接经营。

二、平安京人的居住

根据日本学者的研究成果,初期居住在平安京的人口总数大约是 12 万—13 万左右,包括贵族、官人以及一般庶民等各阶层。[②] 除了官衙、寺院和市场的占地外,京域内的大部分地都是住宅地。

平安时代的贵族邸宅,其代表性的建筑样式是寝殿造。所谓寝殿造,是古代中国的宫殿、住宅形式传入日本以后的变异。寝殿造的构造一般是:主屋是朝南的寝殿,在寝殿东西两侧对称地列有对屋,这些对屋通过渡殿等廊的结构,与寝殿相连;同时,东对屋、西对屋还分别向南延伸出廊,在廊中开有东中门、西中门,廊的南端设有钓殿或泉殿;寝殿的正南面建有庭院,院中有池,池中筑有小岛、桥等。寝殿造实际上并不是利于日常生活的建筑样式,但贵族们的邸宅主要是举行宴会、礼仪的空

① 堀裕「平安京と寺々—平安初期の構造と歴史」、西山良平・鈴木久男編『古代の都 3 恒久の都 平安京』、吉川弘文館 2010 年、237—256 頁。
② 井上満郎「平安京の人口について」、『京都市歴史資料館紀要』10 号、1992 年、73—86 頁。

间,因此开放式的寝殿造成为主流。① 永延二年(988)九月,摄政藤原兼家在其新造的二条京极第举行宴会,参加者"诵诗句,唱歌曲,河阳游女等群集",盛宴的程度被称为"希代之事"②。

位于左京二条二坊的关白藤原赖通的邸宅(高阳院)是采用寝殿造结构的著名邸宅之一。宽仁三年(1019),藤原赖通开始建造高阳院;治安元年(1021)十月,藤原赖通搬进高阳院。藤原赖通的邸宅占地4町(东西8丈,南北8丈),其庭中掘池、作山、立石,"高大庄丽,无可比类"③。高阳院的布局以寝殿造为基本,同时又有所变化,不仅寝殿的南面设有南池,而且还有东池、后池,池水相连环绕寝殿。④ 但是并非所有的贵族邸宅,都采用寝殿造的结构。根据考古发掘,平安京右京六条一坊五町的贵族邸宅遗迹等,其主屋的南面都未设有园池。⑤

平安京内,除了贵族的豪宅以外,也存在着许多被称为"小屋"("少屋")、"小宅"等的建筑。在11世纪之前,所谓的"小屋",一般是指规模小且简陋的住宅;小宅则是相对于贵族邸宅或寺院而言的小规模住宅⑥。

由于平安京的自然地形,右京比左京低湿,渐渐地平安京的中心移向左京。身处10世纪后半叶的庆滋保胤,将亲眼所见的左京和右京于20年间的变迁记录在了其著书《池亭记》中。据庆滋保胤的描述,西京(右京)人家渐渐稀少,几乎成了"幽墟",西京的人都是"有去无来",房屋都是"有坏无造",只有无家可归者,或者不惧贫贱者,或者隐居、逃亡者才以西京为栖身之处。西京曾有一豪宅,"华堂朱户,竹树泉石,诚是象外之胜地",豪宅的主人是显赫之人,门客众多,仅邻近豪宅的门客之居

---

① 太田静六「平安盛期における貴族の邸宅」、『寝殿造の研究』、吉川弘文館1987年、149—153頁。
② 『日本紀略』永延二年九月十六日条。
③ 『小右記』治安元年九月廿九日条、万寿元年十一月九日条等。
④ 太田静六「平安盛期における貴族の邸宅」、『寝殿造の研究』、235—263頁。
⑤ 山田邦和「右京全町の概要」、古代学協会、古代学研究所編『平安京提要』、311—358頁。
⑥ 西山良平「平安京の小屋と小宅」、西山良平、藤田勝也編『平安京の住まい』、京都大学学術出版会2007年、135—166頁;木村徳国「やおよびや類——上代国語における建築と住居」、『上代語にもとづく日本建築史の研究』、中央公論美術出版1988年。

就有数十家。然而豪宅的主人遭到左迁,屋舍也不知何故被火所烧,门客纷纷迁居。后来豪宅的主人虽然返回平安京,但也不重修宅邸,其子孙也不居住,任其荒芜,"荆棘镶门,狐狸安穴"。另一方面,东京(左京)的四条大路以北,成为住居集中的空间,既有贵族的豪宅,也有贫者的小屋,鳞次栉比,一家遇火灾或盗贼,邻家也难避灾难。住在有权势的贵族豪宅近旁的贫穷者,房屋虽破,却不能翻修,并且高兴时不能大声笑,悲哀时不能放声哭;若有贵族初置宅邸或者扩大住宅面积时,贫穷者的小屋还要被吞并。①

虽然与左京相比,右京逐渐萧条,但并没有成为幽墟,不仅依然有人居住,而且右京的京职官衙也没有被废置,只是在庆滋保胤等贵族们的眼中,右京渐渐成为不属于贵族世界的空间。② 而在贫富聚集的左京,居住者的道德与身份高低、经济能力无关,富者未必就有德,贫穷者未必就不知耻。例如,当时的贵族的邸宅流行"或穿垣引水,或壅水侵(浸)途",将平安京内的水路的水引入自己的宅邸内,把污秽排往墙外,而且不加清扫,对于这种影响平安京生活环境的行为,朝廷虽然屡屡发布禁令,但都无济于事。③

贵族们的居住形式多种多样,既有花费巨资营造豪宅者,也有迟迟不建自宅者;既有居住在自家邸宅者,也有寄居他人之家者。以《池亭记》的作者庆滋保胤为例,他"常思损益",没有建造自己的住宅,而是长期寄居在别人的家里,直至临近50岁时,才在六条大路以北,卜地初建自己的邸宅。④ 在平安京,寄居他人之家是非常普遍的社会现象。根据《日本三代实录》的记载,唐人崔胜移民日本后,长达28年都没有自己的住宅,贞观十三年(871)被命令寄住在右京五条一坊的庶人伴中庸的宅地。元庆元年(877),崔胜上言道:"归化之后,廿八年於兹矣。未有立锥

① 『池亭記』,转引自『本朝文粹』卷十二。
② 京楽真帆子「平安京の空間構造」、『平安京都市社会史の研究』、塙書房 2008 年、221—242 頁。
③ 『類聚三代格』卷二十・天長五年十二月十六日太政官符、貞観十八年七月廿三日太政官符。
④ 『池亭記』。

之地,曾无处身之便。平生之日,无复所愁。身亡之后,妻孥何赖,请永给此宅,以为私居。"①由此可以看出,对于没有自己的住宅而长期寄住他人之宅的人来说,其死后,他的家人就可能要面临无处可居的状况。

除了长期性的寄住以外,还有临时性的寄居。② 此外,不少贵族结婚后,并不居住在自家,而是前往妻子家居住,这也可以说是寄居形态的一种。例如,深受一条天皇和藤原道长信任的藤原行成,结婚后,离开自己居住的宅邸,搬到妻子家,与岳父、岳母同住,但是当他的妻子死后,他就搬出了岳丈家。

平安京内还存在不少空闲地,其原因或是"贫家疏漏徒余空地",或是"高门占买曾不作营"。③ 此外,还有一个原因就是离开京都前往地方赴任的官人,其住宅由于无人照料,渐渐地变为荒墟。④

三、贵族的日常生活

《枕草子》《源氏物语》等平安女流文学所描写的贵族,多是沉溺于男女情爱之中,颇为颓废的空虚形象。由于紫式部、清少纳言等作者都是平安时代的人,因此这些文学作品也从另一个侧面反映了平安贵族的生活状态。但是,贵族还具有作为政治家、官僚的侧面,他们活跃在平安时代的政治舞台上,发挥着重要的作用。可以说,贵族的生活并不是单一化的,而是具有多元多面性的。

《九条殿遗诫》是藤原师辅给其子孙留下的家训,其中谈及贵族的日常生活规范,例举如下⑤:

a. 每日起来后,首先唱诵自己的属星(出生年的属星,十二生年对应的属星分别是:子年—贪狼星;丑、亥年—巨门星;寅、戌年—禄存星;卯、

---

① 『日本三代実録』元慶元年六月九日条。
② 京楽真帆子「平安京における居住と家族」、『平安京都市社会史の研究』、23—65 頁。
③ 『類聚三代格』卷十六・天長四年九月廿六日太政官符。
④ 西山良平「平安京の空間」、『都市平安京』、京都大学学術出版会 2004 年、11—40 頁。
⑤ 『九条殿遺誡』(『群書類従』第 27 輯)。

酉年—文曲星；辰、申年—廉贞星；巳、未年—武曲星；午年—破军星）7
遍；其次，取镜照面；再次，看历，知晓当日的吉凶；其后，取杨枝向西洗
手；念诵佛名以及所尊之神；记录前日的事情；

　　b. 不可天天梳头，3 天梳 1 次；

　　c. 不可每天剪手脚指甲，丑日剪手指甲，寅日剪脚指甲；

　　d. 5 天沐浴 1 次，但需择吉日沐浴，而一日、十八日、午日、亥日等日
都是不可沐浴的恶日；

　　e. 每日吃两次饭，早晚二餐，勿多饮食，不可不遵守饮食时间。

　　由上可以看出，10 世纪的贵族生活中，存在着许多禁忌。这些禁忌
既有缘于日本固有的信仰，也有从中国传入的阴阳思想的影响。[1] 此外，
不少贵族每日还有写日记的习惯，记录前一天所经历的事情。

　　贵族男子在成年之后即可结婚，但关于成年的年龄，却没有明确的
规定。根据养老令的规定可知，男子 15 岁以上、女子 13 岁以上可以婚
嫁；而另一方面，普通民众的男子，年至 17 岁时，开始成为课赋的对象。[2]
因为皇亲、贵族不在课税对象的范畴中，所以从男子的法定结婚年龄与
课口年龄的差异来看，似乎可以推测在古代日本，身份不同的人，其成年
的年龄也不同。[3]

　　在日本的正史中，有关成人式的记载始见于《续日本纪》和铜七年
（714）六月庚辰条，当时，14 岁的皇太子（首皇子，即以后的圣武天皇）"加
元服"。所谓的"加元服"，即男子在头上加冠，是象征着成年的仪式。
又，延历七年（788）正月，15 岁的皇太子安殿亲王（后为平城天皇）"加元
服"。由此可知，在 8 世纪，皇太子的元服年龄一般是 14 岁或 15 岁左右。

① 黒板伸夫「平安時代の生活——禁忌の世界」，『平安王朝の宮廷社会』，吉川弘文館 1995 年、
　　253—263 頁。
② 『養老令』戸令。
③ 中国的各代皇帝王朝对于不同身份的人，其成年年龄的规定也不同，一般是天子、诸侯、皇太
　　子 12—15 岁，诸王 15 岁，庶民则是 15—20 岁（花房卓尔「元服仪礼の理想と现实——元服の
　　实施年龄をめぐって」，『广岛大学文学部纪要』（40），1980 年、1—20 頁）。由于日本的律令、
　　礼制的许多内容都源自中国，因此在成年年龄方面同样存在接受中国影响的可能性。

9世纪时,由于出现了幼帝,因此存在即位在先,元服在后的情况,但是天皇、皇太子的元服年龄基本上也在14岁、15岁左右①。然而,自10世纪末的一条天皇开始,天皇的元服年龄趋向低龄化。7岁即位的一条天皇,11岁时举行了元服仪式。此后,天皇、皇太子的元服年龄几乎都在11岁至13岁之间。

元服后的男子即可结婚。在平安时代,贵族子弟元服之夜,有一种名为"添卧"的陪睡习俗,表示成人后的性自由。对于皇族、贵族阶层来说,其子女存在政治地位继承问题,因此为了得到社会的承认,结婚需要举行结婚仪式。贵族的结婚仪式由在女方举行的"露显""三日饼""新枕仪"等仪式组成。

平安时代贵族的婚姻虽然亦有一夫一妻情况,但基本制度是一夫多妻制。关于贵族妻子们的称呼多种多样,包括嫡妻、正妻、本妻、正室、北方、北政所、次妻、副妻、继妻、权妻、权北方、妾妻、妾等,虽然每一称呼都没有具体的定义,但可以看出同一人的妻子与妻子之间似乎也存在着地位的差异。② 贵族的婚姻状态既有夫妻同居婚,也有被称为"妻问"③的走婚。其中,同居婚包括夫方提供住居型(居住在夫家;或者虽与夫家分居,但居所是夫方提供的住房)和妻方提供住居型(居住在妻家;或者居所是妻方提供的住房)两种类型。④

以摄关时期的荣耀荣华的藤原道长及其子藤原赖通为例,永延元年(987),藤原道长与时任左大臣源雅信的女儿源伦子结婚后,第二年(988),就又与源高明的女儿源明子结婚。虽然源伦子和源明子都是藤

---

① 中村義雄「成年期」、『王朝の風俗と文学』、塙書房 1962 年、118—168 頁。

② 梅村惠子「摂関家の正妻」、義江明子編『日本家族史論集 8 婚姻と家族・親族』、吉川弘文館 2002 年、158—198 頁。

③ 所谓的"妻问",是指男子在日暮之后走访女子的住处,一夜共眠,待鸡鸣天将晓时男子再返归自己的家。"妻问"一词的原意是向女子求爱,但实际上,在古代日本的婚姻模式中,妻问和走婚的界线较模糊。

④ 関口裕子「婚姻居住規制の実態」、『日本古代婚姻史の研究』下、塙書房 1993 年、371—418 頁;栗原弘「古代の離婚における女性の地位について」、義江明子編『日本家族史論集 8 婚姻と家族・親族』、272—292 頁。

原道长的妻子,但二人的地位似乎有所不同。藤原道长与源伦子是同居状态,一起住在妻方提供的土御门第宅;而与源明子的婚姻则是走婚状态,藤原道长不定期地走访源明子的住处——高松殿①。因此,可以说源伦子相当于正妻,而源明子则是妾妻②。

藤原赖通是藤原道长的长子,为源伦子所生。宽弘六年(1009),18岁的藤原赖通与具平亲王的女儿隆姬结婚。经过一系列仪式之后,藤原赖通开始走婚具平亲王的宅第——六条殿。因为担心藤原赖通在朝夕走婚的路上会有遭遇"百鬼夜行"的危险,具平亲王在平安京内,为女儿和女婿营造新的邸宅(高仓殿)。翌年(1010),藤原赖通与隆姬的婚姻状态由走婚变为同居。③ 长和四年(1015),三条天皇与藤原道长商量,想将自己的女儿褆子内亲王下嫁给藤原赖通。但是,藤原赖通顾忌隆姬的存在,迟迟没有答应,于是藤原道长劝说道:"只有一位妻子的男子是痴人。"④虽然褆子内亲王下嫁的事最终并没有实现,不过,藤原道长的一席话反映了当时贵族普遍拥有多妻的婚姻状态。

平安时代也存在着最终走向离婚的不稳定婚姻。不过,当婚姻状态是走婚的形式时,丈夫多长时间未造访妻子就可以认定是离婚比较难判断。关于女方可以主动离婚的前提条件,依照律令制的规定有二⑤:

(1)已有婚约但尚未完婚的女性,如果订婚后的3个月之内男方不到女方走婚,或者不见男方踪影的时间达到1个月(逃亡)或1年以上(没落外蕃),或者犯有徒罪以上的罪行,则允许女方主动离婚;

(2)已成婚的女性,如果住在同一里的男方和女方互不来往三个月,

---

① 藤原道长在日记——《御堂关白记》中,记述前往源明子住处事时、常使用"行近卫御门(高松殿)"之语(『御堂関白記』寛弘六年七月十九日条等)。

② 山中裕『藤原道長』、吉川弘文館 2008 年、14—23 頁。与藤原道长同时代的藤原实资在其日记——《小右记》中,将源明子直接称为藤原道长的妾妻(『小右記』長保元年七月三日条、長和元年六月廿九日条)。

③ 『栄花物語』巻八・はつはな。

④ 『栄花物語』巻八・はつはな。

⑤ 養老令・戸令。『令集解』戸令。

则允许女方主动离婚。

虽然根据男方离开的原因,女方主动离婚所需要等待的时间有所不同,但实际上,等待时间最短的情况也要至少 2 年以上,才可以改嫁。若是男子要离婚,必须女方有"七出"情况时才可提出,即无子(生女被视为无子)、淫泆、不奉侍男方父母、口舌、盗窃、妒忌、恶疾。男方必须手书离婚理由,并由双方父母在理由书上签署,或押手印,呈官司允准。女方提出离婚时,如在公婆丧期,或者结婚时贫贱,现在已摆脱贫贱而成为显贵的情况,就不予受理。受到丈夫弃离的女性,可取回嫁妆等财物。

从法律规定的视角来看,女性在离婚中处于比较被动的地位。在平安时代,被丈夫抛弃的女性依然要等待丈夫数年以上,确定丈夫不再归来后,才可能选择再婚,也就是女性在离婚中仍然处于不利的位置,离婚的主动权掌握在男性的手中。①

此外,古代日本普通民众的婚姻也是走婚形式,但是无需举行结婚仪式,男女之间只要互相有意,男性就可以开始走婚,经过多年,婚姻关系稳定后,婚姻方式亦会从走婚移向同居,即或在女方之家,或在男方之家,或者建新家同居。②

四、贵族的教育

在律令制国家的中央官僚机构中,担负培养知识与技术人才职责的机构主要有大学寮、典药寮和阴阳寮等。典药寮是负责诊疗官人的医疗机构,兼负培养医师的职责。阴阳寮主要负责观测天文气象、卜占、造历、报时等,并兼负培养阴阳寮诸学科(阴阳、历、天文、漏刻)学生的职责。但是,大学寮与典药寮、阴阳寮不同,是专事教育、培养官人的机构。根据养老令的规定,大学寮的内部构成是:"头一人,掌简试学生及释奠

---

① 栗原弘「離婚と再婚」,『平安時代の離婚の研究——古代から中世へ』、弘文堂 1999 年、221—266 頁。
② 義江明子「古代の村の生活と女性」、女性史総合研究会編『日本女性生活史 1 原始・古代』、東京大学出版会 1990 年、143—180 頁。

事。助一人。大允一人。少允一人。大属一人。少属一人。博士一人，掌教授经业，课试学生。助教二人，掌同博士。学生四百人，分受经业。音博士二人，掌教音。书博士二人，掌教书。算博士二人，掌教算术。算生三十人，习算术。使部二十人。直丁二人。"①

　　头、助、允、属、使部、直丁是大学寮的事务官及其下属。博士、助教、音博士、书博士、算博士是在大学教授学问的教官，其中，博士和助教教授经业，精通明经②；音博士教授音韵；书博士教授书法。跟随博士和助教学习明经的学生共 400 人，亦被称为明经生，是大学的主要教育、培养对象③。

　　关于成为大学生的资格，除世袭文官东西史部的子弟以及六位以下、八位以上官员子弟的情愿者以外，主要是五位以上贵族的子孙。即大学主要是面向贵族子孙的教育机构。不过，即使是贵族子孙也并非都能进入大学学习。式部省在有资格进入大学学习的人中，挑选 13 岁至 16 岁的聪明伶俐者，只有被挑中的人才能成为大学生。④

　　前已叙述，大学面向学生设置的明经课程有：《礼记》《左传》《毛诗》《周礼》《仪礼》《周易》《尚书》各为一经，属于选修课程；《孝经》《论语》则是必修课程。各课程所使用的教科书分别是《礼记》《周礼》《仪礼》《毛诗》四经，郑玄注本；《周易》，郑玄或王弼注本；《尚书》《孝经》二经，孔安国或郑玄注本；《左传》，服虔或杜预注本；《论语》，郑玄或何晏注本。不言而喻，大学是传授儒学的重要教育机构。学生一旦选修一经，首先通读、熟读经文，然后讲解经文之意。对于通过二经以上且希望进入仕途的学生，大学寮首先举行考试（举送试），然后将通过举送试的学生作为举人推送至太政官。举人须参加律令制国家的官人录用考试。对于合

---

① 養老令・職員令。
② 養老令・学令。
③ 『類聚符宣抄』卷九・長德元年八月十九日太政官符。
④ 律令制国家的教育机构中，除了大学以外，还有设在地方诸国的国学。国学的学生亦称国学生，来自郡司子弟。国学生中，如若有通二经者（后述）且情愿继续学习者，则申送式部省，通过考试后，可以进补为大学生。

格者,国家依据其成绩,予以录用并授以相应的位阶。对于虽然不擅长于言表,但熟习文章,才能堪比秀才、进士的学生,大学寮也可以将其推举为举人。大学生的在学年限至多9年。如果学生在学9年达不到举人的资格,则大学寮将解退其人。

养老令规定的大学寮职员组成中,音博士和书博士之下没有设置相应的音学生与书学生。关于不设置音学生的理由,主要是因为学习明经的学生都必须先随音博士学习,读五经的音,然后才是学习五经的含义,因此音博士之下就没有设置音学生。① 另一方面,书学生并不是没有任何设置。养老令·学令中就有规定:"凡书学生,以写书上中以上者,听贡。"贡人是指国学推送的学生②。据此可以推测,书学生的生源来自地方诸国推送的擅长书法的学生。

除了明经生和书学生以外,大学里还有算学生。算学生共有30人,跟随算博士学习算术,"辨明术理,然后为通",所学习的算经包括《孙子》《五曹》《九章》《海岛》《六章》《缀术》《三开重差》《周髀》《九司》。③ 在大学设置的诸科④中,算科的地位较低,因此算学生主要来自地方诸国推送的学生⑤。天平二十一年(749),算学生定员数改定为20人⑥。

随着时代的变迁,大学的学科设置也时有变化。例如,神龟五年(728),大学寮增设"律学博士二人、直讲三人、文章学士一人、生廿人"⑦。律学博士、直讲、文章学士(亦称文章博士)是教官,分别教授律令、儒学、文学。两年后的天平二年(730),再次对大学寮的职员组成作了调整:"直讲四人(一人文章博士),律学博士二人,已上同助教。明法生十人,

---

① 『令義解』職員令・大学寮条。弘仁八年(817),始置音学生4人(『弘仁格抄』式部下,『日本紀略』弘仁八年四月丙午条)。
② 『令集解』考課令・貢人条。
③ 養老令・学令。
④ 所谓大学的科,是指教官与学生配对存在的学科(早川庄八「奈良時代前期の大学と律令学」、『日本古代官僚制の研究』、岩波書店1986年、397—436頁)。
⑤ 細井浩志「奈良時代の暦算教育制度」、『日本歴史』第677号、2004年、1—16頁。
⑥ 『令集解』職員令・大学寮条所引的天平十一年六月八日格。
⑦ 『類聚三代格』加減諸司官員并廃置事・神亀五年七月廿一日敕。

文章生廿人,简取杂任及白丁聪慧,不须限年多少也。得业生十人,明经生四人、文章生二人、明法生二人、算生二人,并取生内人性识聪慧艺业优长者,赐夏人别绝一疋、布一端,冬绝二疋、绵四屯、布二端,食料米日二升,坚鱼、海藻、杂鱼各二两,盐二夕。"① 除了神龟五年(728)已设的直讲、文章博士和律学博士以外,明确地增设了明法生、文章生,其生源来自涉及庶民阶层的杂任、白丁。并且还从明经生、文章生、明法生和算生中选出学业优秀者,作为得业生,由国家供给其夏冬衣装以及食粮。

前已叙述,由于荫位制的存在,贵族子弟对进入大学学习的积极性并不高。为了鼓励贵族子弟进入大学,大同元年(806),平城天皇发布敕令,要求王族以及五位以上的贵族的所有子孙,只要年龄在 10 岁以上,都必须进入大学学习。但是,入学年龄小同时也成为大学教育内容浅显低下的一个原因。② 弘仁三年(812),取消了贵族子弟必须进入大学学习的规定。但是,增加贵族出身的学生的方针并没有发生变化。弘仁十一年(820),规定只有三位以上贵族的子孙才具有成为文章生的资格。③ 又,天长元年(824)再次要求五位以上官人的 20 岁以下的子孙,都必须进入大学学习经史,并规定只有完成学业的人,才能被录用为官人,即"学业足用,量才授职"④。

除了国家经营的大学以外,9 世纪以后,出现了由贵族创建的诸氏学舍。《日本后纪》记载的和气清麻吕传记中,记述了:"(和气清麻吕)有六男三女。长子广世,起家补文章生。延历四年坐事被禁锢。特降恩诏,除少判事。俄授从五位下,为式部少卿,便为大学别当。垦田廿町入寮为劝学料","大学南边以私宅置弘文院,藏内外经书数千卷,垦田卅町永充学料,以终父志焉。"⑤ 由此可知,和气清麻吕的长子和气广世是文章生

---

① 『令集解』職員令・大学寮条所引的天平二年三月廿七日官奏。
② 久木幸男「九世紀大学寮の諸相」、『日本古代学校の研究』、玉川大学出版部 1990 年、108—167 頁。
③ 『本朝文粹』卷二・天長四年六月十三日太政官符。
④ 『類聚三代格』公卿意見事・天長元年八月廿日太政官符。
⑤ 『日本後紀』延暦十八年二月乙未条。

出身,兼任大学寮长官(大学别当)之时,除了把其所领的垦田 20 町捐入大学寮,用于大学寮鼓励学生学习的费用以外,还为了实现其父的心愿,在自己的私宅建立弘文院,藏有佛典、儒学等书籍数千卷,并将其所领的垦田 30 町固定用于维持弘文院所需的费用。史料没有明确记载弘文院的创建时期,根据和气广世出任大学寮长官的时间,一般认为弘文院大约创建于 8 世纪末 9 世纪初。①

继弘文院之后,弘仁十二年(821),时任右大臣的藤原冬嗣在弘文院之南,以自己的私宅建立了劝学院,并将自己的部分食封收入作为维持劝学院的经费②。劝学院的目的是为藤原氏一族中的勤学之辈提供衣食及住宿,以保证藤原氏一族的子弟能够顺利地进入仕途。③ 劝学院作为藤原氏一族的设施本来独立于大学寮,但在贞观十四年(872)十二月十七日的太政官符中,言及劝学院与大学寮的关系:"(劝学院)是赠太政大臣正一位藤原朝臣冬嗣去弘仁十二年所建立也。即为大学寮南曹。但不被管寮家。创业年深,内外闻远。"④

即,劝学院成为大学寮的附属设施——大学别曹,但是大学寮不介入劝学院的管理。也就是说,劝学院表面上是官的设施,实际上依然是私学的性质。劝学院的财政资源,一部分来自藤原氏出身的大臣的捐献,除了创始人藤原冬嗣以外,还有藤原师伊、藤原兼通、藤原赖通等等,藤原氏的"代代丞相寄入封物于劝学院"的寄文皆有轴纽⑤;另一个重要的财政来源则是劝学院所领的庄园⑥。

寄宿于劝学院的学生中,既有大学寮的在学学生,也有接受入大学

① 桃裕行「平安時代初期の大学寮の盛容と大学別曹の設立」、「上代学制の研究」、吉川弘文館 1983 年复刊版(初出 1947 年)、49—243 頁。
② 根据《续日本后纪》承和三年五月甲子条记载,藤原冬嗣将其食封总收入的一半,即 1000 户封户的收入用于施药院、劝学院二院的维持经费。
③ 久木幸男「大学寮の衛星的諸機関——別曹・国学・私学」、「日本古代学校の研究」、209—274 頁。
④ 『類聚三代格』正倉官舍事・貞観十四年十二月十七日太政官符。
⑤ 『小右記』治安三年十一月十九日条。
⑥ 桃裕行「平安時代初期の大学寮の盛容と大学別曹の設立」。

前教育的学生。① 藤原氏出身的元杲是 10 世纪的僧侣，根据他的自传，他 9 岁时进入劝学院，成为劝学院的小学生。② 清和天皇、阳成天皇等天皇元服时，常常命令劝学院的小学生十数人或数人，陪伴天皇一同元服。例如，贞观六年（864），清和天皇元服时，劝学院的身高达 4 尺 5 寸以上的藤原氏儿童 13 人，遵从诏令元服③；元庆六年（882），阳成天皇元服时，命令劝学院的身高 4 尺 5 寸以上的藤原氏儿童十余人，加冠元服④；天禄三年（972），圆融天皇元服时，劝学院学生 4 人一同元服⑤；宽仁二年（1018），后一条天皇元服时，劝学院学生 5 人同时元服⑥。

劝学院作为藤原氏的学舍，"贻善诱於一门，故藤氏之生，犹多才子"，于是平城天皇之孙在原行平仿效劝学院，于元庆五年（881），在劝学院的旁边创建了奖学院，资助出自皇室的氏族的学生。⑦ 奖学院的运营经费与劝学院相同，来自庄园、食封的收入等。⑧ 仁和四年（888），时任大纳言的在原行平上表请求准允奖学院等同于劝学院，成为大学寮的附属设施。昌泰三年（900），奖学院终于也成为大学寮的南曹。

在弘文院、劝学院、奖学院之外，贵族创设的学舍还有学馆（官）院。学馆院建于劝学院之后，奖学院之前。根据《文德天皇实录》记载，嵯峨天皇的皇后橘嘉智子与其弟橘氏公共同创建了学舍——学馆院，作为橘氏一族学书之处，其目的是"劝诸子弟，诵习经书"⑨。学馆院的建立时间大约是在橘氏公任职右大臣的时期，即承和十一年（844）至承和十四年

---

① 久木幸男「大学寮の衛星的諸機関——別曹・国学・私学」。
② 『元杲自伝』（『続群書類従』第八輯・傳部）。
③ 『日本三代実録』貞観六年正月戊子朔条。
④ 『日本三代実録』元慶六年正月二日条。
⑤ 『日本紀略』天禄三年正月三日条。
⑥ 『日本紀略』寬仁二年正月三日条。
⑦ 『本朝文粹』卷五・高丘五常「為在納言建立奨学院状」。
⑧ 久木幸男「大学寮の衛星的諸機関——別曹・国学・私学」。
⑨ 『文德天皇実録』嘉祥三年五月壬午条。

(847)之间。① 康保元年(964),学馆院也成为大学别曹。

　　成为大学别曹之后的劝学院、奖学院和学馆院,虽然内在性质依然是氏族管理的私学性质的机构,但是作为名义上的官的设施,也得到了推举学生任官的特权。例如,三个学院每年或隔年可以各自在本院学生中,推荐 1 人出任地方官(国掾)。这种同时具有私与官双重性格的大学别曹的出现,暗喻着作为国家机构的大学寮的权威性开始趋向衰退。

第三节　平安京的灾害

一、洪水

　　平安京的主要灾害有洪水、地震、疫病、大风、火灾等。在此,对平安京所遇的洪水、地震和疫病作一简单介绍。

　　日本列岛山地多,平原少。包括火山地、丘陵山地在内的山地面积大约是全土的 75%。与此对照的是平原和盆地大多规模小,散布在山地之间,几乎都是由河川堆积作用而形成的冲积平原、冲积盆地。弥生时代以后,水稻农耕技术在日本列岛上传播,河川是水田灌溉体系中不可缺少的要素。因此,相对于山地,冲积平原、冲积盆地是人口集中,具有很高经济价值的地域。再则,日本列岛气候湿润,年间降雨量大,多集中于梅雨、台风季节,加之河川短而湍急,当降雨量集中时,河川急速增水,极易造成泛滥成害。自古以来,对于生活在日本列岛上的人们来说,水害是常发性灾害。

　　平安京的东西两侧分别有鸭川和桂川,下大雨时,两河极易泛滥,因此洪水是平安京屡屡遭遇的自然灾害。例如,天安二年(858)五月二十二日,洪水涌进平安京,桥梁断绝,道路成川,流死者众多②;延长七年

① 桃裕行「平安時代初期の大学寮の盛容と大学別曹の設立」、久木幸男「大学寮の衛星的諸機関——別曹・国学・私学」。
②『日本文徳天皇実録』天安二年五月壬午条。

(929)八月十五日,因白昼的暴雨,造成夜间的洪水泛滥,平安京七条大路以南车马不通,平安京以南的田地如海,谷种漂流,溺死者众多①;天元三年(980)七月十五日,夜里大雨,洪水使得东京和西京的道路变成大河,房屋被冲走,损失严重②,等等。平安京洪水之例,可谓是举不胜举。由于鸭川和桂川的水害给平安京的居民生活带来很大的影响,因此平安时代,对于两河的治水,是由中央政府直接管理和采取措施的。

桂川古时也称葛野川。从天皇行幸或禊行事的场所来看,迁都平安京后的初期,相比较鸭川,葛野川受到朝廷的更多关心。③ 自古以来,葛野川就常常泛滥。5世纪以后,大陆系移民秦氏开始定居于畿内地区,尤以京都盆地为中心。为了防止桂川泛滥,将河水有效地利用为灌溉之水,秦氏建造出"天下"无人比肩的葛野大堰④。即使至平安时代,在平安京的防水灾措施中,葛野大堰依然起着重要的作用,一旦决堤,则洪水就会直接危及平安京。⑤

针对葛野川的泛滥,中央政府不断地采取相应的治水、防水对策。例如,延历十九年(800)十月,征山城、大和、河内、摄津、近江、丹波等国的劳役1万人,修理葛野川堤⑥;大同元年(806)九月,由于水浸噬河堤,加上无人监修,导致河堤多处毁害,于是朝廷命令卫门府、卫士府负责左右京的堤沟,勤加修补⑦;大同二年(807)十一月,朝廷命令修造大井川

---

① 『日本紀略』延長七年八月十五日条。
② 『日本紀略』天元三年七月十五日条。
③ 亀田隆之「平安京の治水」、『日本古代治水史の研究』、吉川弘文館 2000 年、25—61 頁。
④ 葛野大堰在日本律令制国家时期发挥着重要的作用。例如,养老令·杂令规定"须修治渠堰者,先役用水之家",《令集解》杂令条引用〈古记〉的注释是:"先役用水之家,谓不堪修理者,差发人夫修治,以近及远。假令葛野川堰之类,是以用水之家不合堪修治也"(『政事要略』交替雑事·溝池堰堤条)。〈古记〉以葛野川堰为例说明国家动员劳力修治水利设施的情况,既反映出葛野大堰的规模具有典型性,同时也佐证该堰的重要性。
⑤ 『法輪寺縁起』。又,据《日本三代实录》贞观十七年二月九日条记载,承和年间(834—848),葛野大堰决堤,朝廷直接命令僧侣道昌受修筑大堰,也显示出大堰的重要性。
⑥ 『日本紀略』延暦十九年十月已巳条。
⑦ 『日本後紀』大同元年九月癸巳条。

（葛野川）的堰堤①；大同三年（808）六月和七月，为了防止葛野川泛滥，朝廷分别命令亲王、诸司职事官、内亲王及内命妇出役夫，修防堤和掘河川的流路②。此外，平安京迁都后，至晚于天长元年（824）之前，朝廷开始设置防葛野川使（亦称防葛野川所），负责葛野川（桂川）的防灾治水。防葛野川使的长官（别当）的任期初为三年，天长八年（831）时改为四年③。贞观三年（861），防葛野川使被废止，葛野川的管理交由地方政府（山城国）接管。

另一方面，相对于桂川的鸭川，作为天皇行幸或禊行事场所的相关记事，初见于《日本纪略》弘仁五年（814）六月甲午条，伊势斋宫前赴伊势神宫之际，在鸭川河畔举行了禊行事。此后，在鸭川举行禊行事成为常态，相应地在葛野川举行的禊行事显著减少，这与位于鸭川流域的贺茂神社的地位提高密切相关。④　与葛野川同样，鸭川的泛滥也频频对平安京的居民造成很大的损害。以下列举数例：

①　天安二年（858）五月，阴雨不断，造成鸭川与葛野川两河泛滥。

②　仁和三年（887）八月，因大风雨，鸭川与葛野川同时泛滥，道路被淹没。

③　天庆元年（938）六月，鸭河大溢，水进入平安京内，造成许多人和住宅漂流。

④　应和二年（962）五月，洪水造成平安京内的道路不通，鸭川堤防决堤。

鸭川的治水始终是平安京防灾的重要问题。为了防止鸭川堤防的破坏，贞观十三年（871）发布禁止在鸭川堤防旁边耕作水田或陆田的命令。白河法皇曾叹息"天下三不如意"，其中被列在首位的就是贺茂之水

---

①『日本紀略』大同二年十一月庚子条。

②『日本後紀』大同三年六月壬申条、七月辛丑条。

③『類聚三代格』卷五・天长八年十二月九日太政官符。

④ 亀田隆之「平安京の治水」。鸭川的上游亦被表记为贺茂川。

（鸭川）。① 由此可见，鸭川的水害一直是中央政府心悬的大事。与防葛野川使同样，天长元年（824）之前，防鸭川使（防鸭川所）设立，负责鸭川的治理。贞观三年（861），中央政府废止了防鸭川使，将鸭川的管理权移交给山城国。但与葛野川使不同的是，防鸭川使很快又被恢复了，由检非违使的官人兼任的情况也不在少数。

二、地震

自古以来，日本列岛就是多地震之地。平安京大地震的记录，初见于桓武天皇迁都平安京的三年后，即延历十六年（797）八月，平安京遭遇了地震和暴风，左右京的坊门及众多的民众房屋倒塌。进入 9 世纪后，大地震也多次袭击平安京。

元庆四年（880）十二月六日子时，平安京遭遇大地震，自夜间至晨旦，震动 16 次，平安宫大极殿的西北隅基坛的长石破裂，平安宫的城墙及平安京内的房屋倒坍或受损无数。② 其后，余震不断，直至翌年（881）。

仁和三年（887）七月三十日，日本发生南海大地震，畿内及七道的诸国同时大震，摇动时间甚长，受害程度严重。光孝天皇走出仁寿殿，在紫宸殿的南庭搭帐篷避难。在平安京内，诸官司的仓库及东西京的房屋接连坍塌，被压死者众多，甚至有人惊吓致死。此次地震还引发大海啸，摄津国受害最重。

进入 10 世纪后，承平八年（938）四月十五日，平安京发生大地震，平安宫的四面宫墙多被破坏；内膳司的房屋倒坍，造成 4 人被压死。③ 另外，平安京内的房屋也受害严重。其后的十六日、十七日，余震不断，有人在大震中劫后余生，但却在余震中丧生。同年八月三日，平安京发生大的余震，但文献史料中没有相关受灾的记录。八月六日，再遇大余震

---

① 『平家物語』卷一·「願立」。
② 『日本三代実録』元慶四年十二月乙丑条。
③ 『貞信公記』天慶元年四月十五日条。

两次,虽然地震的强度不及四月十五日,但也是非同寻常的地震,宫中城墙又是多处损坏,京内的贵族宅邸也有不同程度的损害,平安京的人们惶恐万分,皆到屋外露天避难。①

天延四年(976)六月十八日,平安京遇到了前所未有的大地震。其时,"地大震,其响如雷",宫城内的诸官司建筑多遭破坏倒塌,京内的房屋也多倒坍,其中包括八省院、丰乐院、东寺、西寺、极乐寺、清水寺、圆觉寺等,仅被清水寺倒坍建筑压死的人数就有50人。② 圆融天皇及其皇后也都走出寝殿,在庭院中搭帐幕避难。十八日之后,余震连日不断,经历大震考验的一些建筑,在余震中倒坍。

从现存的文献史料来看,天延四年大地震之后的近100年里,平安京虽然也是频频发生地震,但地震似乎没有给平安京的人们带来特别大的影响。但是延久二年(1070)十月二十日,大地震再次袭击平安京,京中家家筑墙倾倒。此后,宽治年间(1087—1094),平安京数度大地震。在政治史上,这个时期恰是院政时代的开幕。

三、疫病

在古代日本,疫病的流行时时发生,不仅造成社会人口的减少,有时还会给政治带来很大的影响,例如奈良时代的天平九年(737)的疱疮流行,处于政治核心部的藤原四兄弟相继病亡,使得藤原四子政权突然终焉。平安京作为首都,人口密度大,流动人口多,一旦疫病流行,往往规模比较大。

大同二年(807)至大同三年(808),全国各地遭疾疫,平安京也不例外,疫病流行,染病者、病亡者众多,甚至出现街上尸骸横卧的现象。作为应灾措施,朝廷数度遣使送药给京中的病者,或赈济京中的病者,或让京中的病者接受治疗;并遣使埋敛街上的尸骸。

---

① 『本朝世紀』天慶元年八月六日条。
② 『日本紀略』貞元元年六月十八日条。

9世纪,平安京流行的疫病主要有疱疮、咳病及赤痢等。其中,疱疮流行的事例可以举例如下:

① 仁寿三年(853)二月起,平安京及畿外流行疱疮,死者甚众。仁明天皇的皇子成康亲王也在这场流行疫病中丧生。

② 延喜十五年(915)九月开始,平安京及诸国流行疱疮和赤痢。醍醐天皇也被传染上疾病。这一年的疱疹流行,直接影响到翌年(916)的正月元日朝贺礼仪及正月宴会停止举行。

③ 天历元年(947)六月起,疱疮流行。七月,平安京中的患者渐多。八月,疱疹已经侵入平安宫之中,村上天皇及朱雀太上天皇都被传染上疱疮。同时在平安京中,还流行赤痢。据《日本纪略》天历元年十月五日条记载,这一天,村上天皇的女御藤原述子因患疱疹中分娩,失去生命,年仅15岁。由此可知,直至十月,疱疹的流行依然没有结束。

④ 天延二年(974)八月起,疱疹流行。九月,圆融天皇亦染上疱疹。

⑤ 正历四年(993)八月,流行疱疹,一条天皇亦染上疱疹。同年的五、六月间,有咳逆疫流行。翌年(994)三月以后,平安京及诸国疫病蔓延;四月、五月、六月三个月,因为疫病,朝廷数度举行仁王会。正历六年(995),疫病势头不减;二月改年号为长德;四月五月之间,殊甚;至七月,包括关白藤原道隆在内,许多议政官成员染病身亡。

⑥ 长德四年(998)从夏季至冬季,各地疫疮流行。六、七月间,平安京内死者众多。疫疮之名是赤斑疮。

⑦ 宽仁四年(1020)自春季至夏季,疱疮流行,众多皇族与贵族罹患疱疮。

⑧ 延久四年(1072)五月以后,疱疮流行,作为皇太子的宽仁亲王也染上疱疮。

⑨ 承历元年(1077)六月,疱疮流行。八月,故右大臣源师房的女眷染疱疹而亡。

从上述事例⑤可知,993年至995年,三年间,平安京疫病不断。平安京的道路上,卧在街头的病人连绵不断,为此平安京内的街头设置了临时房屋,用以收容病人,然后再以车运或人背的方式将病人送往药师寺,但是病死在街上的人数不胜数,弥漫着尸臭味,过往的行人都掩鼻而过,被鸟、犬吃剩下的骸骨充斥着街巷。① 当时,京内盛传:左京三条南油小路有1口小井,饮其水者,皆免疫病。于是,不论男女老少、身份贵贱,纷纷涌向这口小井,或直接饮用,或提桶取水。这次规模大、时间长的疫病大流行,仅正历五年(994)四月至七月就有"京师死者过半,五位以上六十七人"的记录留存下来。② 此后,长德四年(998)赤斑疮流行。长保元年(999)至长保二年(1000),来自九州的疫病蔓延平安京。这两次疫病流行也都造成京内死者甚众的景象。这一时期恰是摄关政治正在走向鼎盛的时期,而平安京却处在疫病不断来袭的恐慌之中。

第四节 中央与地方之间的交通

一、七道制

在律令制国家,为了确保中央政令向地方迅速地传达,地方向中央准时地运输调庸物以及征服虾夷的军队派遣等等,以都为中心,呈放射状延伸的通向地方诸国的道路交通网是必不可缺的,其体系就是五畿七道制。其中,五畿是指位于畿内地区的山城、大和、河内、摄津、和泉五国;而七道既是指从都城通往地方的官道,也内含与官道密切相关的行政划分的含义。由于七道上,每相隔一定距离就设置驿家,故亦称驿路、驿道。

所谓的七道,是指东海、东山、北陆、山阴、山阳、南海、西海七条官道。天武十二年(683),天武天皇向全国派遣官人和技术人员,划定地方诸国的境界。但是划定诸国之境,是一件复杂的工作,涉及各方的利益,所以第一年没有完成。第二年(684)十月,天武天皇又派官人和技术人

---

① 『本朝世紀』正暦五年四月廿四日条。
② 『日本紀略』正暦五年七月廿八日条。

员继续确定诸国之境。在界定国境时,除了依山岳河川等自然地形而定的情况以外,有些地方的国境是道路为界线的。基于国境界的划定,行政区划的七道制也随之诞生。天武十四年(685)九月,为了"巡察国司、郡司及百姓之消息",天武天皇向除北陆道以外的六道派遣了使者。[①] 如此以道为单位派遣使者,显示出七道制已初步建立。

进入 8 世纪以后,七道制日臻完善,成为律令制国家的重要制度。当中央向全国各地同时派遣使者时,一般都是以五畿和七道为单位,每道的使者沿着被任命的道,通过诸国,执行使命。又,当中央向全国同时发布命令时,也是以五畿和七道为对象,作成 8 份文书,每道的诸国传阅文书,收到正本的国,抄写副本后,再将正本送至下一国。七道制的具体划分如下。

(1)东海道

东海道有十五国,分别是:伊贺、伊势、志摩、尾张、参河、远江、骏河、伊豆、甲斐、相模、武藏、安房、上总、下总、常陆。

沟通京城与东海道诸国及东海道诸国间的道路,始自铃鹿关,终至常陆国,被称为"东海大道"。名为大道,并非都是平坦大道,实际上险峻山道,急流险渡甚多,常常是山道、海道相并,如"武藏国虽属山道,兼承海道"[②]。除山道、海路之外,东海道境内河流多,架桥或置船渡相当普遍。设有船渡的河流,有尾张与美浓交界的墨俣河,尾张的草津渡,参河的饱海河、矢作河,远江、骏河交界的大井河,骏河的阿倍河,下总的太日河,武藏的石濑河,武藏、下总交界的住田河等。

(2)东山道

东山道有八国:近江、美浓、飞驒、信浓、上野、下野、陆奥、出羽。

依据《延喜式》可知,平安京赴东山道的官道,从京城出发时,东山道与东海道、北陆道同道共用,出京城后逐渐分道。

---

① 『日本書紀』天武十四年九月壬子条。
② 『続日本紀』宝亀二年十月条。

东山道山路多,翻越众多高山峻岭是该道的特征。如保福寺峠、碓冰坡、神坂峠等都是险峻山道,其中神坂峠为最高,标高达 1592 米。在《续日本纪》中,屡见东山道的道路建设的记载,如大宝二年(702)十二月壬寅条有"始开美浓国歧苏山道"的记载。和铜六年(713)七月戊辰条载:"美浓、信浓二国之堺,径道险隘,往还艰难,仍通吉苏路。"

关于上述的歧苏山道和吉苏路,学界有不同的解读,有学者认为是两条不同的路,但大多学者则认为是同一条路,只不过前者是说这条道路的开建,后者则是说道路建成并开通了。之所以开建歧苏山道或吉苏路,是因为东山道主道上的神坂峠等高山,在积雪期行路特别困难,为解困而修建了迂回路。①

东山道向东北地区的延伸,是随着对东北虾夷族的征伐进程,逐步推进的。《续日本纪》养老三年(719)闰七月丁丑条记载"石城国始置驿家一十处",表明从常陆国向陆奥国的驿路的开通。

天平九年(737),圣武政权派军征伐陆奥国多贺、玉造、新田、牡鹿、色麻等诸栅地区的虾夷。四月,征伐军增"常陆、上总、下总、武藏、上野、下野等六国骑兵总一千人",开辟山道、海道,不但征服了虾夷,而且打通了陆奥多贺栅至出羽国大室驿站的道路。此道路的开辟过程十分艰难,征伐军是边征战边建道的。关于开道的情况,《续日本纪》记载:"新开通道总一百六十里,或剋石伐树,或填涧疏峰。从贺美郡至出羽国最上郡玉野八十里,虽总是山野,形势险阻,而人马往还无大艰难。从玉野至贼地比罗保许山八十里,地势平坦,无有危崄。狄俘等曰:从比罗保许山至雄胜村五十余里,其间亦平,唯有两河,每至水涨,并用船渡。"②

(3)北陆道

北陆道有七国,即若狭、越前、加贺、能登、越中、越后、佐渡。以沿日本海岸北上的官道贯穿所属诸国。

---

① 木本雅康「東山道—山坂を越えで」、木下良編『古代を考える 古代道路』、吉川弘文館 1996年、93頁。
② 『続日本紀』天平九年四月戊午条。

北陆官道是由水路和陆路构成的交通路。从陆路而言,在《日本书纪》中已见大化三年(647)设置渟足栅,翌年(648)设置磐舟栅的记载,表明当时北陆道已通到越后国的北端。① 7 世纪末,为了征讨虾夷的需要,越后国和佐渡国受命修营石船栅,北陆道成为朝廷向北拓展疆域的前沿基地。元庆二年(878)镇压出羽国的虾夷叛乱时,越中、越后两国受中央朝廷之命向官军输送军粮。

以水路而言,从京城经琵琶湖与日本海相连的航运,是北陆道漕运调庸物的主要通道。在日本海沿岸河流的入海口,建有诸多港口("国津"),如越前的比乐凑、三国凑,能登的加岛津,越中的曰理凑,越后的蒲原津凑,以及佐渡的国津等。

《续日本纪》宝龟九年(778)九月癸亥条记载:"送高丽使正六位上高丽朝臣殿嗣等,来着越前国坂井郡三国凑。敕越前国,遣高丽使并彼国送使,宜安置便处,依例供给之。但殿嗣一人,早令入京。"该史料表明北陆道也是一条对外交流的通道,时有外国使节、商人的船漂至日本海沿岸。

(4) 山阴道

山阴道有八国,即是丹波、丹后、但马、因幡、伯耆、出云、石见、隐岐八国。

贯通山阴道的交通路,可分为前段和后段。前段,即三丹地区(丹波、丹后、但马)的交通,是以丹波为起点的,一是由丹波通向丹后,一是由丹波通向但马。后段,是从三丹地区通向因幡、伯耆、出云、石见的道路。从三丹地区到因幡,也是有二条路线,一条是从但马直通因幡,另一条是从三丹地区转入山阳道的播磨、美作抵达因幡,这条路称为"因幡路"。两条路分别进入因幡后会合,延伸至伯耆、出云、石见三国。

(5) 山阳道

山阳道由沿濑户内海的播磨、备前、备中、备后、安艺、周防、长门和

---

① 『日本書紀』大化三年是藏条、大化四年是藏条。

美作八国构成。

山阳道是日本列岛最大且最重要的干道。在奈良时代,此道的起点是平城京,平安时代则是平安京,终点是西海道的大宰府。

在日本史籍中,有关山阳道的记载,首见于天武十四年(685)九月,佐味少麻吕被任命为山阳道使。山阳道既是西海道、山阳道诸国调庸的运输线,又是唐及朝鲜半岛的外交使节,从大宰府进入京城的通路。因此,对山阳道的建设和维修,尤其受到历代天皇的重视。史籍记载和考古资料表明,山阳道的沿途设有驿馆,以接待外国使节等。延历二十五年(806)五月,桓武天皇曾发布过一道敕令:"敕备后、安艺、周防、长门等国驿馆,本备蕃客,瓦葺粉壁。顷年百姓疲弊,修造难堪,或蕃客入朝者,便从海路。其破损者,农闲修理。但长门国驿者,近临海边,为人所见,宜特加劳,勿减前制,其新造者,待定样造之。"[①]敕令内容既反映了朝廷对山阳道沿线驿馆建设的高度重视,同时也表明,所建驿馆皆是"瓦葺粉壁"的建筑。"瓦葺粉壁"的建筑,不仅是出现在蕃客宿息的驿馆,而且一般的驿家也多是"瓦屋赭垩"的建筑。这从山阳道诸国的驿家遗迹中发现的古瓦等遗物也得到了印证。

官道上的驿馆、驿家的修缮费,大多是由各国从正税中拨付的。据《续日本纪》记载,天平元年(729)四月,"为造山阳道诸国驿家,充驿起稻五万束"[②]。又据《延喜式》规定,诸国正税中用于驿家修理费的支出,正常情况下,播磨国四万束,备前国一万束,备中国一万束。[③]

根据考古学调查发掘,落地遗址的播磨国野磨驿家遗迹发现了 10 米左右宽的道路。播磨国小犬丸遗迹中发现的布势驿家道路,是削山埋谷建成的,道宽只有 7 米。备前国津高驿,也是削丘陵斜面建成的道路,是长 400 米的直线道路,宽约 6 米。[④] 因此,古代道路是依自然地理条件

① 『日本後紀』大同元年五月丁丑条。
② 『続日本紀』天平元年四月癸亥条。
③ 『延喜式』主税式・諸国本稲条。
④ 高橋美久二「古代道路研究の現状と課題」、『歴史地理学』42—3,2000 年 6 月、37—49 頁。

建设的,官道的宽度并不统一。

(6) 南海道

南海道由纪伊、淡路、阿波、赞歧、伊予、土佐六国构成。六国中,纪伊地处本州岛的南端;淡路位于大坂湾深处,在本州岛与四国岛之间;阿波、赞歧、伊予、土佐四国皆在四国岛上,与纪伊隔海相望。

由于日本列岛的海岛众多,海岸线曲折绵长,因此日本列岛的太平洋一侧和日本海一侧,以及濑户内海沿岸,自古以来就有不少自然良港,海运一直是重要的经济命脉。各地的调庸、特产等等,大多通过海路运至港口,再通过陆路或河运转送京城。南海道的地理环境,决定了其交通以海路为主的特点,即从总体上看,海路是南海道交通的重要部分。

天平胜宝八岁(756)十月,孝谦政权做出决定,山阳道和南海道诸国的春米,"自今以后,取海路漕送"①。

《延喜式》对南海道的海路也多有记载,如民部式规定:"凡山阳、南海、西海道等府国,新任官人赴任者,皆取海路。仍令缘海国依例给食。"②这些规定均表明海路在南海道对外联络中的重要性。

关于南海道诸国间的陆路交通,在淡路岛内有始自由良驿经福良驿,抵达岛南端的石隈驿的官道。在四国岛上,有起自阿波国府经赞歧国到伊予国国府的陆路官道。至于土佐国的交通,有从伊予国穿越山地的国道。但由于山地高峻,行程远且险,因此养老二年(718)五月,土佐国曾上书朝廷,"公私使直指土佐,而其道经伊予国,行程迂远,山谷险难。但阿波国境土相接,往还甚易,请就此国,以为通路",建议修建从阿波国直通土佐的道路。③

土佐国的请求得到了朝廷的允准。此后,通向土佐的官道有了两条,分别经由伊予或阿波。即使如此,与其他诸道相比,南海道的交通依

① 『続日本紀』天平勝宝八歳十月丁亥条。
② 『延喜式』民部式下。
③ 『続日本紀』養老二年五月庚子条。

287

然是比较艰险的。延历十五年(796)，朝廷曾下达命令："南海道驿路迥远，使令难通，因废旧路通新道。"①延历二十四年(805)，又发敕令，命令"土佐国带驿路郡，加置传马五匹，以新开之路山谷峻深也"②。这些措施，表明平安时代以后，中央政府依然关注和强化南海道交通道路的建设。

(7) 西海道

西海道的范围包括九国二岛，九国是筑前、筑后、肥前、肥后、丰前、丰后、日向、大隅、萨摩等国，二岛为对马岛和壹岐岛。由于地处边陲，是军事和对外交流的要地，因此，西海道上的诸国及对马、壹岐二岛皆由大宰府管辖。

西海道的交通以大宰府为中心，向四方呈放射状，建有与西海道上各国相通的官道。其中有三条贯通干道，一是从大宰府出发至丰前国国府，南下，可直通丰后、日向、大隅、萨摩、肥后、筑后，然后回到大宰府的迂回干道。二是从大宰府直接南下，经筑后、肥后、萨摩、大隅、日向、肥后、丰后、筑前然后返回大宰府的迂回干道。三是从大宰府经肥前国府至岛原半岛的肥前路以及经筑前、肥前的沿海岸的登望驿，并由此渡海前往壹岐、对马的壹岐、对马路。除外，尚有若干支路与干道联结，如肥后北部与丰后南部间建有阿苏路。

二、驿传制

古代日本的驿传制是驿制和传制的总称。驿传制始自大化二年(646)，其年实施的改新诏书第二条中有置"驿马、传马"，"造铃契，定山河"的内容③。进入奈良时代，驿传制进一步完善。和铜四年(711)，律令制国家"始置都亭驿。山背国相乐郡冈田驿、缀喜郡山本驿、河内国交野

---

① 『日本紀略』延暦十五年二月丁亥条。
② 『日本後紀』延暦二十四年四月甲辰条。
③ 『日本書紀』大化二年正月甲子朔条。

郡楠叶驿、摄津国岛上郡大原驿、岛下郡殖村驿、伊贺国阿闭郡新家驿"①。其中"都亭驿"和"驿"主要指平城京内及周边近畿地区的重要驿站,也可以说是由京城通向地方各国的交通路上的驿站。"都亭驿",一般认为是平城京内的驿站,似是京城通向全国干道的起点驿站。山背国相乐郡冈田驿、伊贺国阿闭郡新家驿是沿东海道的驿站。绶喜郡山本驿、河内国交野郡楠叶驿、摄津国岛上郡大原驿、岛下郡殖村驿是沿山阳道的驿站。这些驿站的设置显示出律令制国家的交通体制的完善和确立。

　　日本的驿传制是模仿唐的驿传制建立的。奈良时代除主干大道设置驿站外,在其他支路上也设置驿站。但平安时代则基本上是沿七道的主干道路设置驿站。

　　关于驿站的设置,令制规定:"凡诸道须置驿者,每卅里置一驿,若地势阻险及无水草处,随便安置,不限里数。"②可见原则上是每三十里置一驿站。每一驿站置驿长一人,从驿站下属的驿户中选能干者担任。驿长受国司管辖。驿站均配有驿马。令制规定:"凡诸道置驿马,大路廿匹,中路十匹,小路五匹。使稀之处,国司量置,不必须足,皆取筋骨强壮者充。"③

　　驿马由驿户饲养。为维持运营,专设驿田,以收获的驿田稻,作为驿户的费用,包括驿使的伙食及购买马匹等。驿站的具体事务由驿户出驿子专门从事。驿马是朝廷使者往返京城及地方诸国间所用的交通工具。与驿马同时并存的还有传马。关于传马,以往一般认为是国府与各郡、郡与郡之间联络时所用的交通工具,但近年来的研究表明,传马不单是国府与所属各郡,郡与郡之间联络时所用的交通工具,而且也是朝廷与地方联系的主要交通工具之一。不论朝廷使节,抑或国司派遣的赴京

---

① 『続日本紀』和铜四年正月丁未条。

② 養老令·厩牧令。

③ 養老令·厩牧令。

使,均可以根据事情的急缓,利用驿马或传马,"事急者乘驿(马),事缓者乘传马"①。所谓"事急者乘驿(马)",系指国家有军机等紧急事时,需要以最快速度送达,这时用驿马。最快的方式之一是"驰驿","凡国有急速大事,遣使驰驿向诸处",一日行十驿以上(返程亦同)②;方式之二是"飞驿","每驿代人马往,不见行程",接力传递③。"飞驿"一般在最紧急事态发生时,如天皇的令旨或中央急需下达给京外诸国司或军事驻所的文书时采用。所谓"事缓者乘传马",系指送递相对不急的文件时,一般采用一日八驿方式(返还六驿以下)。

律令制对朝廷派遣的朝集使利用驿马的范围有具体规定:"凡朝集使,东海道坂东,东山道山东,北陆道神济以北,山阴道出云以北,山阳道安艺以西,南海道土佐等国及西海道,皆乘驿马,自余各乘国马。"④

"坂东",是骏河与相模界坂;"山东"是信浓与上野的界山;"神济"是越中与越后的界河。也就是说凡出差上述界限以外地方,皆可乘驿马。乘驿马或传马者,皆须凭驿铃和传符。驿铃、传符的使用,依据使者的地位高低,配给的驿铃与传符数也不一样:"凡给驿传马,皆依铃传符剋数(事速者,一日十驿以上。事缓者八驿。还日事缓者,六驿以下)。亲王及一位,驿铃十剋,传符卅剋。三位以上,驿铃八剋,传符廿剋。四位,驿铃六剋,传符十二剋。五位,驿铃五剋,传符十剋。八位以上,驿铃三剋,传符四剋。初位以下,驿铃二剋,传符三剋。""其驿铃传符还到二日之内,送纳。"⑤

所谓的"剋",其意是匹。奉事出使,行前至中务省主铃处领取驿铃、传符,沿途凭所持铃符在驿站取马。任务完成返回后,二日之内,必须将所领铃符交回。如若还交延误或不交,则予以处罚。除中务省主铃管理

---

① 『令集解』公式令所引『穴記』。
② 養老令・公式令。
③ 『令集解』公式令所引『朱記』。
④ 養老令・公式令。
⑤ 養老令・公式令。

铃符外,地方诸国也配备一定数量的铃符,养老令·公式令规定:"凡诸国给铃者,大宰府廿口,三关及陆奥国各四口,大上国三口,中下国二口。其三关国者,各给关契二校,并长官执,无次官执。"

关于驿站、驿马、传马数,据《延喜式》兵部省记载,平安时代的情况大致如下:

① 全国共设置驿站401个,其中畿内9,东海道55,东山道861,北陆道40,山阴道36,山阳道56,南海22,西海道97。

② 兼设传马的驿站共有133个,其中东海道33,东山道43,北陆道11,山阴道15,西海道31。

③ 驿站配有的驿马,全国总计有3486匹,其中畿内93,东海道465,东山道826,北陆道203,山阴道230,山阳道954,南海道110,西海道605。

④ 传马数总计697匹,其中东海道170,东海道221,北陆道66,山阴道75,西海道165。

从以上数据可以得出如下结论:第一,设置驿站最多的是西海道(97)、东山道(86),都离京城路程较远,且是边防要地。西海道还是对外交流的窗口;第二,并非每一国的驿站都配有传马,山阳道和南海道没配有传马;第三,配备驿马数量较多的国,大多是位于战略或交通要地的地方诸国,如山阳道的播磨(190匹)、周防(160匹),西海道的筑前(185匹),东山道的陆奥(169匹)、信浓(165匹)、近江(158匹)。

除了陆路驿站外,在河川之岸还设有水驿。养老令·厩牧令规定,水驿不配备马匹,可根据繁闲程度,置船四只以下,二只以上,并随船配男丁。但如果是水陆两用的驿站,则船马并置。津渡是用舟船运送过往者和货物的交通,例如东海道,尾张、美浓两国的界河墨俣河,尾张的草津渡,三河的饱海、矢作两河,远江、骏河两国的界河大井河,骏河的阿倍河,下总国的太日河,武藏国的石濑河,武藏、下总的界河住田河等,均设有津渡,置有渡船。但是,与马相比,船的航行会被天气所左右,因此水驿的使用并不广泛。

8世纪末,驿和传的使用区别逐渐消失。延历十五年(796)以后,驿站的新置、停废及驿路的变更等有关驿传制的新措屡屡出台,驿路和传路被统合,道路体系设置更加合理化。①

---

① 木下良「古代の交通体系」、朝尾直弘ら編『岩波講座日本通史 5 古代 4』、岩波書店 1995 年、189—222 頁。

第六章　奈良、平安时代的信仰

第一节　奈良时代的神祇祭祀与佛教

一、律令制国家的神祇祭祀

在律令制国家的二官八省的中央官僚机构中，神祇官是与太政官相并列的机构，负责国家性质的神祇祭祀。国家祭祀的神祇是"天神地祇"，"自天而下坐曰神，就地而显曰祇"，"天神者，伊势、山代鸭、出云国造斋神等是也。地祇者，大神、大倭、葛木鸭、出云大汝神等是也"。① 根据成书于延长五年（927）的《延喜式》，律令制国家的天神地祇总数是3132座。② 令制下的神祇祭祀大致可以分为四时祭和临时祭两大类，其中，四时祭是指每年四季的惯例祭祀，例如春季的祈年祭、镇花祭，夏季的神衣祭、大忌祭、三枝祭、风神祭、月次祭、镇火祭、道飨祭，秋季的大忌祭、风神祭、神衣祭、神尝祭和冬季的相尝祭、镇魂祭、大尝祭（新尝祭）、月次祭、镇火祭、道飨祭等。

---

① 『令集解』職員令・神祇官条所引的「古记」「迹记」。『令義解』神祇令。
② 『延喜式』神祇九・神名帳。

祈年祭,兴起于天武时代(672—686)①,是每年二月举行的"总祭天神地祇"的祭祀。天皇并不出席祈年祭,祭祀由神祇官主持。其时,百官以及全国官社的神职聚集在神祇官厅,神祇官下属的中臣氏②官人宣读祝词,同为神祇官下属的忌部氏③官人向全国官社颁予币帛(即班币帛),以祈求神祇护佑年岁无灾、风调雨顺、谷物丰收。根据《延喜式》等文献史料,举行祈年祭的日期,后固定于二月四日。

律令制国家管理下的神社被分为官社和非官社两大级别,其中,官社是指登录在神祇官所管的官社账(也称神名账)的神社。例如,根据成书于8世纪的《出云国风土记》记载,当时出云国共有399所神社,其中184所为官社,215所为非官社。④ 祈年祭之时,因为要举行向全国的官社班币帛的仪式,所以官社的神职就必须进京接受币帛。对于远离京城的官社来说,"道路僻远,往还多艰",因此延历十七年(798)九月,朝廷取消了远离京城的官社神职上京的规定,由官社所在国的国司代替神祇官向官社颁予币帛。⑤ 由此有了官币社和国币社之分,前者是指在神祇官接受币帛的官社,后者是指在国衙接受币帛的官社。《延喜式》记载的3132座神祇中,737座被供奉于官币社,2395座被供奉于国币社。⑥ 官币社与国币社所受到的待遇并不相同,以祈年祭为例,神祇官颁予官币社的币帛种类有绢布类、武器类、鱼介类、海藻类、酒、盐等,而国司颁予国币社的币帛种类很少,只有丝、绵两种。⑦

---

① 关于祈年祭兴起的时间,存在天智朝说、天武朝说和大宝二年说三种不同的见解。目前,多数学者认为天武朝说的可能性最大。
② 中臣氏是自古以来专事祭祀的氏族,以神话中的专司祭祀的天儿屋命为祖神。乙巳政变的功臣中臣镰足即出身于中臣氏。
③ 忌部氏与中臣氏一样也是自古以来专事祭祀的氏族,以神话中的专司祭祀的天太玉命为祖神。
④ 『出雲国風土記』総記。
⑤ 『類聚国史』卷十・祈年祭・延暦十七年九月癸丑条。
⑥ 『延喜式』神祇一・四時祭上。
⑦ 西宮秀紀「神祇祭祀」、上原真人等編『列島の古代史7 信仰と世界観』、岩波書店2006年、11—49頁。

镇花祭,三月举行。春花飞舞之时,也正是疫病易于流行之际,因此为了镇遏疫病,祭祀大神、狭井二神。大神与狭井二神实际上是同一个神的不同侧面,狭井被视为大神的荒魂。① 镇花祭的举行场所是大神神社(位于今奈良县樱井市)。祭事之际,大神神社与狭井神社(今大神神社内)的神职首先前往神祇官接受币帛,然后返回神社祭祀。根据《延喜式》,神祇官授给的币帛有绢布类、鹿皮、鹿角、铁、黄蘗、酒、盐等物。

神衣祭,一年举行 2 次,四月和九月在伊势神宫举行。祭祀前,服部氏、麻绩氏率领织女织造神衣②。祭祀之日(《延喜式》规定为十四日),以神衣献奉给神灵。

大忌祭和风神祭,都是一年举行 2 次的祭祀,祭祀时间分别是在四月和七月。大忌祭在广濑神社(位于今奈良县北葛城郡)举行,其祭祀的目的是祈祷神灵使“山谷水变成甘水,浸润苗稼”,“五谷成熟”。③ 风神祭在龙田神社(位于今奈良县生驹郡)举行,是祈愿风调雨顺的祭祀。大忌祭和风神祭常常是同时举行,朝廷派遣五位以上官位的使者参加祭仪。《延喜式》进一步规定,朝廷派出的参加大忌、风神祭的使者为五位以上的王族或官人各 1 人、六位以下的神祇官官人各 1 人。同时,大和国(广濑神社和龙田神社所在国)国司也须有次官以上的官人 1 人专当此祭事。

三枝祭,四月在率川大神神御子神社(简称率川神社,位于今奈良市子守町)举行,因为以三枝花装饰祭祀用的酒樽,故名三枝祭。祭事之际,率川神社的神职首先前往神祇官接受币帛,然后返回至神社祭祀。

月次祭,一年举行 2 次,分别是六月和十二月在神祇官厅举行。祭祀举行之日,百官及特定的诸神社的神职集于神祇官厅,中臣氏宣祝词,忌部氏向诸官社的神职颁予币帛,以祈求神灵护佑。《延喜式》规定,月

---

① 在古代日本,同一的神的灵魂被视为具有和魂与荒魂两面性。平常之时,和魂出现,性格平和;战争或灾害之时,荒魂出现,但接受祭祀后,荒魂可以转变为和魂。

② 服部氏负责织成绢制神衣(和妙衣),麻绩氏负责织成麻制神衣(荒妙衣)。

③『令集解』神祇令·大忌祭条引用的令释。

次祭奉币的神祇数为304座（198所神社）①，是全国总神祇数3132座的近1/10。月次祭结束之后，当日的晚上，神祇官及其相关下属的官人在宫中设置祭祀场所，举行天皇与神祇共食的神今食祭祀仪式。

镇火祭，一年举行2次，举行时间分别是六月和十二月。顾名思义，镇火祭的目的是为防火灾。祭祀的地点是在宫城的四方外角，由神祇官下属的卜部氏官人钻火而祭。

道飨祭，一年举行2次，分别是在六月和十二月举行。祭祀的日期由卜占决定。祭祀之时，在京城四隅的大道上，由卜部氏以牛皮及鹿皮、猪皮等祭物举行祭祀仪式，其目的是"令鬼魅自外来者不敢入京师"，所以"预迎於路而飨遏"②。

神尝祭，九月在伊势神宫举行的祭祀，与九月的神衣祭同日举行。"尝，犹试也。言试尝新谷之始，以祭神祇。"③祭祀之际，朝廷派遣奉币使（也称例币使）供币帛于伊势神宫。《延喜式》规定，朝廷派往伊势神宫的奉币使的成员中，既有王族五位以上者，也有神祇官下属的中臣氏、忌部氏官人等。

相尝祭，十一月上卯日在特定的诸官社举行。其时，诸官社的神职将神祇官颁予的币帛奉献于各神社供奉的神前。相尝祭所祭的神祇数71座（41所神社）④，不同的神社所得到的神祇官的币帛，其品种与数量不尽相同，但都是律令制国家税收中的当年的调庸初物（荷前）以及新谷。币帛种类大致有绢布类、鱼介类、海藻类、酒料稻等。

镇魂祭，十一月寅日（上卯日后的寅日）在宫内省厅举行，是佑护天皇的魂不游离出身体之外的祭祀。镇魂意为镇安，即"人阳气曰魂。魂，运也。言招离游之运魂，镇身体之中府"⑤。祭祀之日，宫内省厅设立神

---

① 『延喜式』神祇一·四时祭上。
② 『令義解』神祇令。
③ 『令集解』職員令·神祇官·大嘗条所引「令释」。
④ 『延喜式』神祇二·四时祭下。
⑤ 『令義解』職員令·神祇官·镇魂条。

座，大臣以下的官人参入，内侍捧入天皇的御衣匣，神祇官下属的御巫、猿女氏等官人歌舞祭神。所祭之神有神魂、高御魂、生魂、足魂、魂留魂、大宫女、御膳魂、辞代主和大直神。

大尝祭①（新尝祭），每年的十一月中卯日或下卯日在宫中举行②。新尝祭是与祈年祭相呼应的收获季节的祭祀，由天皇亲自向诸神座供奉用当年新谷③做成的供物（神酒、神馔），感谢神祇佑护新谷收获；同时天皇自己也在神座前饮食供物，即天皇与神祇共食仪式。干支顺序中，新尝祭的卯日位于寅日和辰日之间，如前所述，寅日举行镇魂祭，而辰日则举行全体官人参加的酒宴（丰明节会）。镇魂祭与新尝祭都具有与天皇自身有关的特点，二者之间存在着密切的关联性。此外，新尝祭举行之日，在神祇官厅，神祇官的官人向特定的 198 所神社（304 座神祇）的神职颁予币帛。④

与上述的四时祭不同，临时祭是"凡常祀之外应祭者，随事祭之，非辨官处分，不得辄预常祭"⑤。例如，新天皇的践祚大尝祭；遣唐使、遣新罗使、遣渤海使出发前以及归国后的祭祀；干旱时节的祈雨祭等等。

二、律令制下的寺院与僧尼

如前所述，在平城京的都城布局中，寺院是重要的构成要素。养老四年（720）八月，右大臣藤原不比等病重，元正天皇命令"都下四十八寺

---

① 在神祇令中，每代天皇即位以后，首次举行的以新谷祭祀神祇的祭祀，也被称为大尝祭（践祚大尝祭）。每代天皇的践祚大尝祭的举行日期依据即位日期而定，七月以前即位者，当年举行；八月以后即位者，翌年举行。但如果新天皇是在前天皇死后即位的，则不论即位的月份，践祚大尝祭都在新天皇即位年的翌年举行。

② 若当月有 3 个卯日，大尝祭于中卯日举行。若当月只有 2 个卯日，则在下卯日举行大尝祭（『令义解』神祇令·下卯大尝祭条）。

③ 新尝祭所用的当年新谷是官田的稻、粟。每年的十月二日，神祇官的卜部氏官人在大炊寮卜定当年应进献新尝祭用稻、粟的国郡。

④ 『延喜式』神祇二·四时祭下。

⑤ 『延喜式』神祇三·临时祭。

一日一夜读药师经",祈愿藤原不比等病愈。① 虽然无法知晓"都下"的48所寺院是否都位于平城京内,但可以想象平城京内建有相当数量的寺院。② 前已叙述,随着迁都平城京,原位于藤原京或飞鸟地区的药师寺、大官大寺、飞鸟寺等官治寺院相继迁移至平城京,或沿用旧寺名,或改称新寺名。此外,葛城寺(葛城氏寺)、纪寺(纪氏寺)等氏族寺院也迁至平城京。除此以外,平城京内的新建寺院也是不断涌现,除前述的东大寺、兴福寺、西大寺以及唐招提寺以外,还有不少贵族或官人新造的氏寺。

律令制下的寺院,创建之后,只有得到朝廷授予的"题额"(或称"额题",额为寺额之意),才意味着其存在获得了国家的认可,可以合法地拥有土地,即寺田。由于令制没有限定寺院占有土地的具体数量,因此在奈良时代的初期,寺院尽可能地多占土地,其数无限。针对寺院滥占土地的现象,和铜六年(713)十月,元明政权宣布限制寺院持有寺田的面积,如果寺田的面积超出规定,那么超出部分就要被国家没收。

然而,为了占有土地,获得经济利益,各地相继出现了不少有名无实的寺院,有的寺院在草堂营造刚刚动工之际,就争先恐后地向朝廷请求"额题",而寺院设施尚未完成,仅装饰了幢幡之后,就开始占有土地;有的寺院不修房舍,"马牛群聚,门庭荒废,荆棘弥生",佛像饱尝尘灰,佛典受尽风雨;有的寺院虽然堂塔皆成,但既无僧尼居住,也未闻礼佛之声,檀越(施主)子孙总握土地权,专养自己的妻儿,而不供养众僧。③ 灵龟二年(716)五月,元正天皇宣布寺院合并令,以消除有名无实的寺院,并要求寺院对其所有的财物、田园建立账簿,以便于国司、国师(地方各国的僧官,后述)、众僧和施主的共同检校。养老五年(721),元正政权命令东海道、东山道、北陆道、山阴道、山阳道、南海道六道的按察使以及大宰府巡查各自所辖行政区域内的寺院,推动寺院合并令的实施。

此外,令制明确禁止寺家买地:"凡官人、百姓并不得将田宅园地舍

---

① 『続日本紀』養老四年八月壬午条。
② 岡本東三『古代寺院の成立と展開』、山川出版社2002年、84—85頁。
③ 『続日本紀』霊亀二年五月庚寅条。

施及卖易与寺。"①但是,寺家买地现象屡见不鲜。天平十八年(746)三月,圣武政权对京畿内寺院买地的违法行为严加禁止;五月,朝廷又宣布"禁诸寺竞买百姓垦田及园地永为寺地"之令②。天平胜宝元年(749)七月,孝谦政权对各寺院拥有的垦田数量作了上限的限制,多者4000町,少者100町。③ 然而,中央政权的诸项措施似乎见效甚微,寺家买地的行为屡禁不止,延历二年(783)六月,桓武政权再次发令严惩卖地给寺院的官人以及姑息寺家买地的官司。

除了寺院以外,佛教传播的另一个关键要素是僧尼。在律令制国家,僧尼是一种社会身份。关于俗家人成为僧尼的资格、手续等,律令没有规定,但是僧尼的剃发出家(得度),必须得到官司的许可,即官度。如果"私作方便,不由官司出家"④,则为私度僧。依照令制规定,不仅私度僧本人,而且私度僧的师父及其所在寺院的僧官等知情者都要被勒令还俗,除此以外还要受到刑律上的惩罚,"户婚律云:私入道及度之者,杖一百,已除贯者徒一年;寺三纲知情者,与同罪者"⑤。官度的僧尼出家后,其名被登录在僧尼名籍,同时从户籍消名。僧尼名籍是记录僧尼出家年月、修业年数及德业等内容的籍簿,由京职及诸国的国司作成,每六年更新一次,一式三份,一份保留在京职或国司,一份送中务省,一份送治部省。⑥ 僧尼名籍送往中务省,只是为了"拟御览而已"⑦,而真正主管佛寺及僧尼名籍的中央官司是治部省的玄蕃寮。

有志成为僧尼的在家人——被称为优婆塞(男)、优婆夷(女)的在俗佛教信者,首先要经过净行阶段,即在师父的指导下,学习读经、诵经等学业。优婆塞、优婆夷的净行时间长短不一,根据正仓院文书保留下来

---

① 養老令・田令。
② 『続日本紀』天平十八年三月戊辰条、五月庚申条。
③ 『続日本紀』天平勝宝元年七月乙巳条。
④ 『令集解』僧尼令・私度条所引「令釈」。
⑤ 『令集解』僧尼令・私度条所引「令釈」。
⑥ 養老令・雑令。
⑦ 『令義解』職員令・中務省条。

的数量众多的优婆塞贡进文书,最长的净行时间甚至达到 20 年以上[1]。优婆塞、优婆夷的修业内容也各自不同,以籍贯为山背国爱宕郡贺茂乡冈本里的鸭县主黑人的修业为例,鸭县主黑人 15 岁开始修行,至天平六年(734)时,年龄 23 岁,净行 8 年,修业读经、杂经和诵经,其具体内容分别如下[2]:

读经	法花经一部	最胜王经一部
	涅槃经一部	方广经一部
	维摩经一部	弥勒经一部
	仁王经一部	梵纲经一部
杂经	合十三卷	
诵经	方广经上卷	观世音经
	多心经	诵陀罗尼
	羂索陀罗尼	佛顶陀罗尼
	大般若陀罗尼	法花经陀罗尼
	虚空藏经陀罗尼	十一面经陀罗尼
	八名经陀罗尼	七佛八菩萨陀罗尼
	结界唱礼具	

当优婆塞、优婆夷的识经论的程度堪比僧尼之时,即可申请得度出家。经过道俗(寺院的僧人或官司的官人等)的推举,达到得度水平的优婆塞、优婆夷的名字作为"度人"上报给主管官司机构,由官司依据"度人"的才能或修行,最后确定得度者的名单。优婆塞、优婆夷在净行期间,所修学业的具体内容,律令制国家本来是不过问的,但是天平六年(734)十一月,圣武政权规定:"度人"必须能够背诵《法华经》1 部或《最胜

---

[1] 籍贯河内国丹比郡野中乡的船连次麻吕,9 岁开始修行,师父为兴福寺的僧侣禅光,天平十四年(742),在其 30 岁之时,申请得度,净行时间为 21 年(『大日本古文书』(编年文书)2、323—324)。

[2] 『大日本古文书』(编年文书)1、583—584。

王经》1 部，并且修得礼佛的仪式，净行 3 年以上，才能被推举得度。①《法华经》全称《妙法莲华经》，《最胜王经》全称《金光明最胜王经》，两部佛典作为护国经典受到律令制国家的重视，天平十三年（741）的国分寺、国分尼寺的佛教政策就是以《最胜王经》和《法华经》为基本构筑护国体制的（后述）。

僧尼得度出家之时，被授予由治部省发行的证书（公验），以证明其僧人身份。治部省授予僧尼的公验有三种，即得度公验（度缘）、受戒公验（戒牒）和受位公验，分别于僧尼得度之时、受戒之时、受师位（僧的位阶）之时给予。每当授予新的公验时，收回旧的公验，并且在旧公验上面注明"毁"字。② 如果僧尼死去或者犯罪还俗，其所持公验随之被收回销毁。此外，入师位、迁寺或还俗者的公验也要被收回，而且在其公验的纸后，具体注明收回的原因，加盖官印，放在治部省保管。

除了治部省官僚机构以外，律令制国家对僧尼的统制还采用僧官制度。首先，在佛教界的内部，设置僧纲管理、教导僧尼。僧纲由僧正、僧都和律师构成，僧都又有大僧都、少僧都之分。令制规定，僧纲必须是"用德行能化徒众，道俗钦仰，纲维法务"的僧侣，一经任命为僧纲，除非其犯有过错受到十日苦役以上刑罚或者因年老病弱而无法胜任者，否则不得撤换。③ 僧纲由京内诸寺僧人推举，天皇任命，常住药师寺④。其次，在地方诸国设置国师，负责管理、教导其辖内的僧侣，以及检校其国内寺院的财物等。国师创设于大宝二年（702），其在任年限等同于俗官（国司）⑤，

---

① 『続日本紀』天平六年十一月戊寅条。
② 『令集解』僧尼令・任僧綱条、準格律条所引養老四年二月四日格。
③ 『令集解』僧尼令・任僧綱条。
④ 药师寺是奈良时代僧纲机构的所在寺院，平安时代以后，僧纲机构移至平安京的西寺。
⑤ 奈良时代，国司的在任年限几番变更：令制规定为 6 年；庆云三年（706）二月，改为 4 年（《令集解》选叙令・迁代条引用的庆云三年二月十六日格）；天平宝字二年（758）十月，改回 6 年（『続日本紀』天平宝字二年十月甲子条）；天平宝字八年（764）十一月，再次变为 4 年（『続日本紀』天平宝字八年十一月辛酉条）。

延历三年(784)五月,桓武天皇发布敕令,国师的在任年限以 6 年为限①。再有,每一寺院内实施三纲制,即上座、寺主、都维那,统率寺院内的僧侣以及管理寺院的事务。

　　与俗家人的待遇相比,律令制国家对僧尼采取了一定的优遇措施,如免除僧尼的课役等。但是在体现佛教普济众生思想的社会实践活动以及僧尼的日常生活方面,律令制却作了诸多的规定。根据养老令·僧尼令,原则上,僧尼必须常住在寺院内,为国家祈祷及进行教学钻研。如若僧尼为了精进练行要出外乞食或者欲居山林禅行修造,则僧尼所在寺院的三纲连署,然后在京寺院经僧纲、玄蕃寮,地方诸国寺院经国郡司上报治部省,获得许可后,才能付诸实现,不过居山林修行者的行动依然受到当地官人的监督,不能随意离开修行的地点。另外,律令制国家还禁止僧尼借天文灾异现象批评国家的政策,使得百姓动摇;禁止僧尼在寺院之外设立道场,聚众说法以及擅说罪福的因果;禁止僧尼饮酒、食肉、服五辛(蒜、葱之类);除特定的场合,僧尼不得互入对方的寺院;禁止僧尼房中留宿异性;禁止僧尼焚身舍身等等。这些限制规定反映出律令制国家在运用佛教的佑护王权思想的同时,抑制佛教集团及僧尼偏离王权轨迹的可能性,以确保佛教从属于王权。

三、行基的活动

　　虽然律令制国家限制僧尼在寺院外的布教,但是依然有僧人致力于佛教的社会实践活动,其中最为有名的是道昭和行基。7 世纪中叶,道昭留学唐王朝,从师于玄奘三藏。留学归国后,在元兴寺东南角,道昭建立了禅院,当时的"天下行业之徒,从和尚学禅焉"。其后,道昭离开禅院,"周游天下,路傍穿井,诸津济处储船造桥"。然而,周游 10 余年的道昭

---

① 『続日本紀』延暦三年五月辛未朔条。延历十四年(795)八月,国师改称为讲师,并为终身制,但是延历二十四年十二月,讲师的在任年限又改为 6 年(『貞観交替式』延暦廿四年十二月廿五日太政官符)。

最终还是被朝廷请回禅院里居住，其在寺院外的活动被中断。文武四年(700)三月，72 岁的道昭坐化，依据他的遗嘱火葬。①

行基是时代上晚于道昭的僧侣，出生于天智七年(668)，逝于天平二十一年(749)。天武十一年(682)，15 岁的行基出家。日本的中世时代，关于行基，存在各种传承，例如，成书于镰仓时代的《三国佛法传通缘起》，记载行基的师父是道昭。根据正史所载的行基传以及出土的行基墓志铭，行基初出家时，就阅读了"瑜伽唯识论"，并且一读"即了其意"；行基"苦行精勤，诱化不息"，布教于京内与乡村，在他的追随者中，既有僧人，也有俗家人，"动以千数"，其所到之处，人人争相礼拜。② 庆云二年(705)，行基在其故乡和泉国大岛郡创建了寺院——大须惠院。

养老元年之时，为了逃避课役，逃离家乡而浮浪四方的百姓日益增多。不少浮浪者投入王臣家门下，寻求王臣家庇护，或希望成为王臣家的资人③，或求得度出家。此外，令制规定，跟随僧尼的俗人从者(童子)应是年纪不得超过 17 岁，这是因为 16 岁以下者是无须负担赋役的不课口。但事实上，僧尼的俗家人从者中，年纪超过 17 岁的现象也是屡见不鲜。④ 在这种背景下，僧人与俗家人共存的行基集团及其进行的宗教活动使朝廷感到了危险，担忧行基集团会导致僧俗秩序混乱、民众忘记经济生产活动。养老元年(717)四月，元正天皇发布诏令，布告村里，禁止当时不隶属寺院的愈来愈多的私度僧以及僧尼不遵守律令规定等违法行为。在元正天皇的诏文中，特别指名道姓地指责行基及其弟子的宗教活动："方今，小僧行基并弟子等，零叠街衢，妄说罪福，合构朋党，焚剥指臂，历门假说，强乞余物，诈称圣道，妖惑百姓。道俗扰乱，四民弃业。进

---

① 『続日本紀』文武四年三月己未条。

② 「行基大僧正墓志」、竹内理三编『寧楽遺文』下卷、東京堂出版 1977 年、970 頁。『続日本紀』天平勝宝元年二月丁酉条。

③ 资人是律令制国家允许五位以上的有位者或者身居大臣、大纳言之位者所拥有的从者。根据令制规定，资人免除课役。

④ 养老元年五月，元正天皇发布诏令禁止王臣家私收浮浪人为资人，并重申有关僧尼的俗人从者的令制规定(『続日本紀』養老元年五月丙辰条)，由此可以窥见当时违法现象的普遍性。

违释教,退犯法令。"①

依据元正诏文的描述,行基及其弟子或者在街巷或者是一家一家地布教,形成以共同信念为纽带的团体,并且宣传其已得圣道。在诏文列举出的行基及其弟子的扰乱僧俗秩序的诸项行为中,有一条是"强乞余物","余物"的含义是指衣服财物之类。令制规定,僧尼在外捧钵告乞时,不得乞讨食物以外的物品。根据隋朝僧侣慧远撰写的《大乘义章》,僧尼有6种食生活方式,即乞食、第乞、不作余食法食、一座食、一揣食(亦名节量)和不中后饮浆,其中乞食者又有上、中、下三品之分,上品之人不吃僧食及檀越(施主)请食,只是捧钵乞食,"一者为自,省事修道;二者为他,福利世人"②。显然,捧钵乞食是佛教界推崇的一种僧尼的宗教性实践活动。因此,相比律令制国家主张的僧尼居寺护国,行基及其弟子的托钵化缘不仅更能体现佛教的普济思想,而且还是行基集团获得经济来源的主要手段。③

养老年间(717—724),追随行基的众人中,既有下级官人、地方豪族,也有农民、浮浪人,更有女性信者。④ 根据养老六年(722)七月的太政官奏文,当时的平城京内,在僧尼的布教下,一些身为人妻的女性成为信者,并且自剃头发,私度为尼,不顾双亲和丈夫,带着孩子离开家,或者"负经捧钵乞食于街衢之间",或者"寄落于村邑害身烧指,聚宿为常",这种现象被朝廷视为"初似修道,终挟奸乱,永言其弊,特须禁断"。⑤

虽然元正政权对行基及其弟子的宗教活动颇加指责,明令禁止,但是却看不到依据律令采取处罚行基集团的措施。行基集团仍然在不断地发展,继续从事佛教的社会实践活动。灵龟二年(716)至神龟二年

---

① 『続日本紀』養老元年四月壬辰条。
② 『大乗義章』卷第十五・浄義,引自『大正藏』卷44,第764页。
③ 田村圓澄「行基と僧尼令」,『日本佛教史2　奈良・平安時代』,法藏館1986年,185—205页。
④ 勝浦令子「行基の活動における民衆参加の特質——都市住民と女性の参加をめぐって」,『史学雑誌』91—3、37—58页。
⑤ 『続日本紀』養老六年七月己卯条。『類聚三代格』僧尼禁忌事・養老六年七月十日太政官謹奏。

(725)，行基在畿内地区先后创建了恩光寺、登美院、石凝院、高渚院、高渚尼院、山崎院七寺，作为其布教活动的据点，其中登美院、石凝院建于养老年间。

神龟三年(726)以后，行基的活动开始不只局限于布教，而且还借用"知识"(追随僧尼，与佛道结缘，行造寺、造佛、写经等善行的事或人)的地方豪族的财力，亲自率领弟子、信者等在各地的交通要塞进行架桥、筑池、开沟渠等交通及灌溉设施的建造。这既是有利于普通民众的救济实践活动，当时的民众就尊称行基为菩萨，也是有利于律令制国家对地方统治的社会事业。同时，随着行基的足迹，由其建立的寺院(修行之院)也在不断地出现。

天平三年(731)八月，圣武天皇发布诏令，有条件地允许追随行基的优婆塞、优婆夷等出家，即，必须是如法修行者，且男性年龄在 61 岁以上，女性年纪在 55 岁以上。① 在该诏文中，行基被称为"法师"，与养老元年诏文对行基使用贬称"小僧"形成鲜明对照。显而易见，朝廷对待行基及其宗教活动的态度发生了转变。得到朝廷认可的行基，在畿内地区的布教活动进一步活跃。根据《行基年谱》记载，行基创建的寺院数，天平三年(731)3 寺，天平五年(733)2 寺，天平六年(734)5 寺，天平九年(737)3 寺。

天平十五年(743)十月，圣武天皇发愿铸造卢舍那佛金铜像。随后，行基率领弟子向民众筹集建造大佛的资金。天平十七年(745)正月，圣武天皇任命行基为大僧正。至此，曾经遭到指责的行基及其社会实践活动不仅得到王权的认可，而且他还成为推进王权佛教事业的一分子，这种变化是与圣武朝的佛教政策密不可分的。

四、圣武朝的佛教政策

圣武时代(724—749)，长屋王之变、藤原广嗣之乱等政治事件的发

---

① 『続日本紀』天平三年八月癸未条。

生，以及连续不断的饥馑、疫病，都给圣武王权的统治带来了不安稳的因素。神龟六年(729)六月，即长屋王事件发生后的 3 个多月后，平城宫内以及畿内、七道诸国，即从中央到地方同时举行讲读《仁王经》的法会(仁王会)。前已叙述，《仁王经》是内含佑护王权思想的护国经典，根据学者的研究，奈良时代的仁王会，往往是在王权、国家发生危机之际临时举行，以祈愿国土的安宁。① 除了《仁王经》以外，《金光明经》《最胜王经》《法华经》和《大般若经》等也被视为护国经典，通过定期或临时举行讲读、转读这些特定的护国经典的法会，祈愿佛佑护国家的平安。

护国经典的法会举行之际，僧人们所使用的经典的制作与颁布是在国家、王权主导下进行的。② 例如《金光明经》有多种汉译本，在日本，《金光明经》成为护国经典以后，地方各国使用的版本也不尽相同，既有北凉昙无识译的《金光明经》(4 卷)，也有隋宝贵集成的《合部金光明经》(8卷)。神龟五年(728)十二月，朝廷向地方诸国颁布《金光明最胜王经》(唐义净译，10 卷)，每国 1 部，以此统一地方各国使用的经典版本。

写经即抄写经典、疏等，被认为是一种积功德的行为。如前所述，天平年间(729—749)，在国家、王权的推动下，开展了大规模的写经事业，其中最为有名的事例是皇后光明子发愿的一切经写经事业③。皇后光明子本人是佛教信仰者，成为皇后以后，利用佛教树立自己的权威。在登上皇后之位的翌年，即天平二年(730)，光明子设置了悲田院，并在皇后宫设立施药院。悲田、施药两院都是社会福利性质的机构，用"以疗养天下饥病之徒"④，从而显昭皇后的普济广救的形象。天平七年(735)，在唐

---

① 中林隆之「護国経典の読経」、平川南等編『文字と古代日本 4　神佛と文字』、吉川弘文館 2005 年、175—194 頁。

② 本郷真紹「奈良平安時代の宗教と文化」、歴史学研究会、日本史研究会編『日本史講座　律令国家の展開』、東京大学出版会 2004 年、191—222 頁。

③ 现存的皇后光明子发愿的一切经写经事业中抄写完成的各经典，其末尾都附记着天平十二年五月一日的光明子的愿文，因此也称五月一日经。

④ 『続日本紀』天平宝字四年六月乙丑条。

留学 17 余年的僧侣玄昉随日本遣唐使回国，并带回经论 5000 余卷。① 天平八年(736)，开始了以玄昉从唐王朝带回日本的经论为底本的写经事业。该写经事业是皇后光明子为了供养父母以及祈愿天皇的统治永延安宁而发愿的，历经 20 年，于天平胜宝八岁(756)结束，所抄写的经文包括大乘小乘的经律论、贤圣集传、别生经、疑伪经、录外经、章疏等，总数约达 6500 卷。② 带回唐朝经论的玄昉也受到圣武天皇的重用，直接被任命为僧纲的最高官——僧正。

　　除了写经事业以外，造佛、造寺事业也是意在巩固国家和王权的手段。天平九年(737)三月，圣武天皇诏令地方诸国各造释迦佛像 1 尊，胁侍菩萨 2 尊，并写大般若经 1 部。③ 天平十二年(740)六月，"令天下诸国，每国写法华经十部，并建七重塔焉"④。天平十三年(741)，经历了藤原广嗣之乱的圣武天皇，出于"欲使国家永固"的目的，诏令天下诸国建造金光明四天王护国之寺(国分寺)和法华灭罪之寺(国分尼寺)二寺，并规定：国家给每国的国分寺的封户为 50 户，水田 10 町，国分尼寺是水田 10 町；国分寺的僧人数为 20 人，国分尼寺为 10 人；国分寺内造有 1 座七重塔，塔内放置金字金光明最胜王经 1 部；每月八日，国分寺、国分尼寺的僧尼，必须转读最胜王经，每至月中，诵戒羯磨；每月的斋日，禁止渔猎杀生。⑤ 然而，诸国的国司对于国分寺的建造并不积极，直至天平十九年(747)年末，有的地方的国分寺甚至尚未开工。为此，天平十九年十一月，朝廷派出官人前往七道的诸国，督促各国的国分寺建造，同时，对国分寺、国分尼寺增加田地，其数量分别是 90 町和 40 町，由此，国分寺拥有田地达到 100 町，国分尼寺为 50 町。⑥ 天平胜宝元年(749)七月，孝谦

---

① 『続日本紀』天平十八年六月己亥条。
② 勝浦令子「佛教と経典」、上原真人等編『列島の古代史・7・信仰と世界観』、岩波書店 2006 年、51—88 頁。
③ 『続日本紀』天平九年三月丁丑条。
④ 『続日本紀』天平十二年六月甲戌条。
⑤ 『続日本紀』天平十三年三月乙巳条、天平十九年十一月己卯条。
⑥ 『続日本紀』天平十九年十一月己卯条。

政权规定诸寺院可以拥有的垦田面积,其中,国分寺为 1000 町,国分尼寺是 400 町。① 天平宝字八年(764)十一月,称德政权向诸国下达了由 4 条内容构成的"勤造国分寺并禁犯用寺物"太政官符,其中 1 条的内容是:国分寺的寺封(封户)及寺田的地子由国分寺收纳,如果国司要动用,必须听从国师的意见。② 这一措施意在从经济上保证国分寺的运营。天平神护二年(766)八月,进一步将国分寺、国分尼寺的寺田耕营责任者由国司移向寺院的三纲。

天平十五年(743)十月,辗转于迁都之中的圣武天皇发愿铸造卢舍那佛金铜像,宣言要"尽国铜而镕像,削大山以构堂",以其"天下之富"与"天下之势"造此佛像,并动员所有阶层的人们,哪怕是"持一枝草一把土"也要协助铸造佛像事业。③ 这尊卢舍那佛金铜像,又称东大寺大佛,其铸造的完成历经多年。在发愿铸造卢舍那佛金铜像后不久,圣武天皇在紫香乐宫宣布:为造奉卢舍那佛像,开土建造佛像的寺地,即甲贺寺之地。一般认为,位于滋贺县甲贺郡信乐町黄濑的寺院遗址即是甲贺寺的所在。天平十六年(744)十一月,在甲贺寺举行了开始建造卢舍那佛像体骨柱的仪式,圣武天皇亲自参加,平城京的大安寺、药师寺、元兴寺和兴福寺的众僧会集。此后,由于迁都等事宜,在甲贺的卢舍那佛像铸造事业停止。天平十七年(745)五月,圣武天皇返都平城京;八月,在大和国添上郡山金里(平城京的东郊),圣武天皇以袖运土,为佛像的台座加土,重新开始卢舍那佛像的铸造事业。造佛之地是在大和国的国分寺——金光明寺(金钟寺)。天平十八年(746)十月,圣武天皇、元正太上天皇、光明皇后行幸金钟寺,点燃一万五千七百余杯灯火供养卢舍那佛,数千僧人参加了供养仪式④。天平十九年(747)九月,卢舍那佛像的主体开始铸造。同年(747),随着铸造卢舍那佛像事业的推进,金光明寺改称

---

① 『続日本紀』天平勝宝元年七月乙巳条。
② 『類聚三代格』卷三・国分寺事・天平宝字八年十一月十一日太政官符。
③ 『続日本紀』天平十五年十月辛巳条。
④ 『続日本紀』天平十八年十月甲寅条。

为东大寺。天平胜宝元年(749)十月,经过 3 年的时间,8 次的铸造,卢舍那佛像的主体基本完成。其后,天平胜宝元年十二月至天平胜宝三年(751)六月,铸造佛像的螺发 966 个;天平胜宝四年(752)三月,开始涂金作业,四月,在涂金作业尚未完成的状态下,举行了大佛开眼供养仪式。①卢舍那佛金铜像共耗费铜量达 739560 斤②,并且铸造大佛的铜是"西海之铜"③。

天平二十一年(749)正月,圣武天皇请大僧正行基为其戒师,受菩萨戒出家,法名胜满。同年(749)四月一日,圣武天皇行幸东大寺,光明皇后、阿倍内亲王及群臣百寮随行,在尚未完成的卢舍那佛像前,圣武天皇"北面对像",由橘诸兄宣读诏词,诏词中,圣武天皇自称为"三宝之奴"。④由此,圣武天皇将自己定位在佛与众生之间,其政治性目的是在其权威衰落的背景下,通过佛教秩序进而获得更大的权威。⑤

天平年间的造佛、造寺事业间接地造成律令制国家原先对寺院建立、僧尼得度的严格限制政策变得松弛。天平七年(735)六月,圣武政权停止了自灵龟二年(716)以来的寺院合并政策,改为督促各寺院不得懈怠寺内设施的修造。天平十九年(747)十二月,敕令诸国,若有百姓情愿造塔,则听任其愿望。同时,得度者的数量也大幅增多。数百人同时得度的现象已是司空见惯,数千人同时得度的情况也时有发生,例如神龟二年(725)九月,为了攘除地震灾异,同时官度 3000 人出家;天平十七年(745)九月,圣武天皇身体不豫,为祈愿天皇康复,同时官度 3800 人出

① 『東大寺要録』卷一。
② 『東大寺要録』卷二・大佛殿碑文。
③ 『東大寺要録』卷二・銅銘文。奈良时期的铜主要来源于周防、长门二国,而且正仓院收藏的"丹里文书"中的"造东大寺牒长门国司",也证实长门国的铜确有送至东大寺。"造东大寺牒长门国司"是造东大寺司收到长门国发来的铜之后,写给长门国司的文书。根据文书内容可知,长门国送来的 26474 斤铜品质不一,生铜中下品居多,熟铜中又有未熟铜,使得造东大寺司非常不满(『大日本古文書』(編年文書)25、155—157)。
④ 『続日本紀』天平勝宝元年四月甲午朔条。
⑤ 本郷真紹「奈良佛教と民衆」、佐藤信編『日本の時代史 4 律令国家と天平文化』、吉川弘文館 2002 年、180—202 頁。

家;天平二十年(748)十二月,因祭祀当年故去的元正太上天皇,同时官度僧尼各 1000 人。[1] 得度的容易性导致众多的僧尼中,难免存在修行、学问等欠佳之人。天平胜宝六年(754),唐僧鉴真应日本方面的邀请,历经万难抵达日本。翌年(755),鉴真就在东大寺设立戒坛院,加强戒律的贯彻。

天平胜宝八岁(756),圣武太上天皇病逝。光明皇太后将圣武太上天皇遗留下来的宝物奉献给东大寺卢舍那大佛[2],折射出光明皇太后及孝谦女皇继续沿袭圣武朝佛教政策的方针。

第二节　平安时代的祭祀

一、神社祭祀

自 8 世纪末开始,一些原本在律令制国家规定之外的祭祀逐渐地被纳入国家祭祀体系,使得国家祭祀的数目不断增加,如春日祭、平野祭、园韩神祭、贺茂祭、松尾祭、大原野祭等等。延历二十年(801)五月,桓武政权发布太政官符,对于懈怠国家祭祀事及犯有诸禁忌者,依据诸祭祀的重要性,规定了科以被物的具体种类和数量。在该太政官符列举出的诸国家祭祀中,除了大忌祭、风神祭、镇花祭、三枝祭等令制规定的祭祀以外,还有平野祭、园韩神祭、春日祭等源自氏族祭祀的祭事。[3]

平野祭是在平野神社举行的祭事,每年两次,时间分别在四月和十月的上申日。根据《延喜式》的规定,平野祭所祭祀的神祇是今木神、久度神、古关神和相殿比卖神四神。其中,今木神是桓武天皇的生母高野新笠的出身氏族——和氏的氏神;久度、古关二神是朝鲜系的灶神。[4] 前

---

[1] 『続日本紀』神亀二年九月壬寅条、天平十七年九月癸酉条、天平二十年十二月甲寅条。

[2] 这些宝物后被收藏于正仓院,一直保留至今。

[3] 『類聚三代格』科祢事·延暦廿年五月十四日条。

[4] 義江明子「平野社の成立と変質」、『日本古代の氏の構造』、吉川弘文館 1986 年、188—214 頁。

已叙述,高野新笠是来自朝鲜半岛的移民的后裔。平野神社位于平安宫之北(今京都市北区),建于延历年间(782—806),桓武天皇将今木、久度、古关三神合祀,其意图是祈愿其母系的祖神佑护桓武皇统的长久。①正是因为如此,《延喜式》规定,桓武天皇的后人无论是王族还是改姓为臣者,都必须参加平野祭。②

春日祭是在春日神社(位于今奈良市春日野町)举行的祭事,于每年二月、十一月的上申日祭祀鹿岛神、香取神、枚冈神和比卖神四神。春日祭形成于8世纪后半叶,本是藤原氏的氏族祭祀,9世纪以后成为国家祭祀。③嘉祥三年(850),藤原冬嗣之女藤原顺子所生的文德天皇即位,同年九月,春日神社即被称为"春日大神社",其地位升至与伊势神宫、贺茂神社相提并论。④贞观十一年(869)二月,春日祭举行之时,鹿岛、香取、枚冈、比卖四神又被统称为"春日大神",护佑"天皇朝廷宝位无动","天下平安,风雨随时,五谷丰登"。⑤

与平野祭、春日祭同样,被视为平安时代象征性祭祀的还有贺茂祭。在律令制规定中,根据祭祀前的行斋时间长短,国家祭祀被分为大祀、中祀和小祀三级,"一月斋为大祀,三日斋为中祀,一日斋为小祀"⑥。律令制只对践祚大尝祭的行斋时间作了规定(散斋一月、致斋三日⑦),对其他祭祀的行斋时间并没有规定。在《延喜式》的规定中,践祚大尝祭为大祀;祈年祭、月次祭、神尝祭、新尝祭、贺茂祭等为中祀;大忌祭、风神祭、镇火祭、三枝祭、相尝祭、镇魂祭、镇火祭、道飨祭、园韩神祭、松尾祭、平野祭、春日祭、大原野祭等为小祀。显然,贺茂祭的地位高于平野祭、春日祭等。

---

① 義江明子「平野社の成立と変質」。
② 『延喜式』太政官式。
③ 義江明子「春日祭祝词と藤原氏」、『日本古代の氏の構造』、215—251頁;土橋誠「氏神祭祀と「春日祭」、岡田精司編『古代祭祀の歴史と文学』、塙書房1997年、129—174頁。
④ 『文德天皇実録』嘉祥三年九月乙丑条。
⑤ 『日本三代実録』貞観十一年二月八日条。
⑥ 養老令・神祇令。
⑦ 養老令・神祇令。

　　贺茂祭是每年的四月中酉日在贺茂神社举行的祭事。贺茂神社原是贺茂县主氏①的氏社,天平年间(729—749)的末期,贺茂神社分立为上下二社,即上贺茂神社(亦称贺茂别雷神,位于今京都市北区)和下鸭神社(亦称贺茂御祖神社,位于今京都市左京区)。②

　　关于贺茂祭的起源,《本朝月令》引用《秦氏本系账》记载:"妖,玉依日子者,今贺茂县主等远祖也。其祭祀日乘马矣。志贵岛宫御宇天皇之御世,天下举国,风吹雨零。尔时,敕卜部伊吉若日子令卜,乃贺茂神崇也。撰四月吉日马系铃,人蒙猪影而驱驰,以为祭祀,能令祷祀。因之五谷成熟,天下丰年,乘马始于此也。"③

　　依据传承,贺茂祭由贺茂建角身命、玉依日子的后裔创立,"志贵岛宫御宇天皇"是指6世纪的钦明大王④,虽然关于该条史料形成的年代尚存有疑问,但目前学界一般认为贺茂祭的兴起时间可以追溯至6世纪。在传承中,贺茂祭的起源被归于贺茂神作祟,导致不利于农业生产的"风吹雨零"的自然现象(灾害)出现⑤,人们为了克服异常气候,驱赶风雨之类自然灾害,向神祈祷风调雨顺、五谷丰收而举行祭祀。根据传承的描述,贺茂祭的最初形态是:以铃系马,由头戴野猪形假面的人策马快奔。

　　律令制国家形成以后,贺茂神被视为天神之一⑥。但是,贺茂祭并没有被纳入国家祭祀的体系。不过,中央政权始终关注贺茂祭。《续日本

---

① 贺茂氏是以贺茂川(鸭川)流域为势力据点的有力豪族。《山城国风土记》逸文记载的传承中,贺茂氏的祖先贺茂建角身命是神话中的神武天皇的御前神。
② 井上光贞「カモ県主の研究」,『井上光贞著作集』第1卷、岩波書店1985年、73—124頁。
③ 『本朝月令』贺茂祭事(『群書類従』第六辑)。
④ 志贵岛宫是钦明大王的王宫。关于该王宫,各史料的汉字表记不尽相同,例如《古事记》表记为"师木岛宫",《日本书纪》的表记是"矶城岛金刺宫",但日语读音都是相同的。
⑤ 《秦氏本系帐》没有记载自然灾害的具体时间,关于钦明时期自然灾害的史料,只见于《日本书纪》钦明二十八年(567)条,即"郡国大水。饥,或人相食,转傍郡谷以相救"。贺茂祭的起源是否与这年的饥馑有关,无史料可考证。
⑥ 《令集解》神祇令・天神地祇条解:"天神者,伊势、山城鸭、住吉、出云国造斋神等类是也。地祇者,大神、大倭、葛木鸭,出云大汝神等类是也。(中略)自大汝神以上,古记亦无别也。"

纪》文武二年(698)三月辛巳条记录了"禁山背国贺茂祭日,会众骑射。"据此可知,7世纪末的贺茂祭,不仅聚集的人数众多,而且还有骑马射箭的环节。显然,文武政权对于贺茂祭时的聚众骑射,似乎非常不安,下令予以禁止。但值得留意的是,在中央政权的禁令中,并没有禁止贺茂祭本身的举行。

文武二年的禁令发布后,似乎没有达到预期的效果,贺茂祭依然是众人汇集,并举行骑射行事。大宝二年(702),文武政权再次发令:"禁祭贺茂神日,徒众会集执仗骑射,唯当国之人不在禁限。"①虽然此次禁令的内容仍然是禁止贺茂祭时的众人"执仗骑射",但与文武二年禁令不同的是,贺茂神社所在国——山背国的民众没有在禁限范围之内。从这条禁令的表述来看,每年参加贺茂祭的人不限于当国的民众,由此可见当时的贺茂祭是具有一定规模的民间祭祀。

和铜四年(711),元明天皇诏令:"贺茂神祭祀日,自今以后,国司每年亲临检察焉。"②在该条诏令中,没有具体的禁止内容,只是要求国司亲临贺茂祭,检察祭祀的秩序,折射出朝廷在允许贺茂祭的同时,加大了对贺茂祭的管理力度。

神龟三年(726),圣武政权全面禁止民众参加贺茂祭。③但是事隔十余年后,天平十年(738),圣武天皇敕令:"比年以来,祭贺茂神之日,会集人马,悉皆禁断。自今以后,任意听祭,但祭礼之庭勿令斗乱。"④重新允许民众参加贺茂祭,但严禁祭祀时发生斗乱情况。天平九年(737),疫病蔓延日本列岛,"公卿以下,天下百姓,相继没死不可胜计"⑤。天平十年的正月,阿倍内亲王被立为皇太子,成为史无前例的女性皇太子。同年四月,为了"国家隆平",圣武天皇诏令诸国举行转读最胜王经三天的行

---

① 『続日本紀』大宝二年四月庚子条。
② 『続日本紀』和銅四年四月乙未条。
③ 『本朝月令』賀茂祭事。
④ 『類聚三代格』祭并幣事・天平十年四月廿二日敕。
⑤ 『続日本紀』天平九年是年条。

事。由此推测,天平十年,圣武政权对于民众参加贺茂祭的方针的转变可能是与当时的政治和社会的状况有关。①

延历十三年(794)以后,随着平安京的定都,贺茂神社成为近邻京城的神社,因而受到王权、政权的格外重视,贺茂祭也由此渐渐地成为平安时代重要的国家祭祀。弘仁十年(819),贺茂祭的级别达到"准中祀"②。根据成书于9世纪以后的《仪式》等史料记载,每年的四月中酉日举行贺茂祭,若出现四月只有两个酉日的情况,则于下酉日举行。作为贺茂祭仪式的一部分,在中酉日之前,还举行斋王御禊仪式和贺茂祭警固仪。斋王御禊的仪式场所是鸭川的河边。出自皇女或王女的斋王乘坐牛车,随从人员簇拥斋王之车的前后左右,从位于紫野(平安京北郊)的斋院前往鸭川。其时,平安京内的许多贵族以及庶民在道路两旁观看斋王御禊队伍的行进。贺茂祭警固仪是在中未日或中申日举行的仪式③,其时,大臣召唤六卫府各府的佐以上官人各一人至内里,宣布"欲为贺茂祭,故如常奉固卫"④。贺茂祭结束后,还有解阵仪式。

中酉日当日举行的贺茂祭,依照仪式的先后顺序以及场所,仪式流程包括⑤:祭日的卯时四刻(早晨6点半),作为敕使的奉币使等人至内里,上奏参拜贺茂神社之状;天皇视看奉币使等的乘马,并赐禄;其后,奉币使等移至内藏寮,行解除(祓除)仪,就座;内藏寮供馔行酒,完毕之后,奉币使等出宫,等候斋王;与斋王会合后,一行人前往贺茂神社;先至下社,在下社的前面,斋王"暂留社头幄,脱御衣裳更着清服",换轿前往神社,至社殿前,斋王下轿步行,就社前的左殿座,奉币使奉币、宣读祝词;

---

① 岡田精司「奈良時代の賀茂神社」、岡田精司編『古代祭祀の歴史と文学』、塙書房1997年、247—275頁。
② 『類聚国史』賀茂大神・弘仁十年三月甲午条。
③ 贺茂祭警固仪的举行时间,9世纪时几乎都在中申日举行,但进入10世纪以后,发生变化,多定在中未日(三宅和朗「平安時代の賀茂祭」、『古代の神社と祭り』、吉川弘文館2001年、113—150頁)。
④ 『儀式』賀茂祭警固儀。
⑤ 『儀式』賀茂祭儀。

其后,在马场有走马仪式;下社的仪式结束后,斋王、奉币使等一行前往上社,进行相同的仪式。

贺茂祭时,斋王、奉币使等及其随从一行的人数多达数百人,列队壮观。天延三年(975)的太政官符规定,参加贺茂祭的官人,其随从的人数依其位阶而定,"四位八人,五位六人,六位四人",但是随着时间的推移,逐渐地"人心崄岨,好率多数,或七八十人,或五六十人,带弓箭,着绫罗,奔走于骑马之后,眩耀于尘埃之中。枭恶之士相加,动致斗乱伤害,是尤杂人猥聚,各争威权之所致也"①。针对贺茂祭使行列中的官人的随从人数众多以及不符合身份的着装,朝廷屡屡推出禁制,但见效甚微。例如,长和二年(1013)四月十九日明令规定:贺茂祭使的随从人数,从者不可超过二十人,童不可超过六人,并且禁止着织物,童装束不得着二袭。②然而就在5天后举行的贺茂祭使行列中,近卫府使的左少将藤原忠经、马寮使的左马权头藤原保昌等人的随从都超过了规定。其中,藤原忠经的随从是"童十人,着织物,杂色并舍人相合五十人,杂色四十余人皆着绢狩衣、袴";藤原保昌的随从是"童八人,着缣衣、袴,杂色、舍人相加五十人"。③无论是随从的人数还是着装,藤原忠经、藤原保昌等人都远远地违背了朝廷的规定。④

贺茂祭使行列中,官人的随从人数的庞大以及着装的华丽之所以屡禁不止,其重要的原因是每当贺茂祭举行时,平安京内观看贺茂祭行列的人数众多。⑤这些观众中,不仅有贵族,而且还有普通的庶民。依据绘成于12世纪后半叶的《年中行事绘卷》的描绘,贺茂祭的当日,身份高的人家搭出看台,普通的民众则席地而坐或登梯,观看贺茂祭使队列的行进。⑥因此,贺茂祭的举行,也让贵族、官人有了炫耀各自威势的机会。

---

① 『政事要略』卷七十・糺弹杂事・天延三年三月一日太政官符。
② 『小右記』長和二年四月十九日条。
③ 『小右記』長和二年四月廿四日条。
④ 『小右記』長和二年四月廿九日条。
⑤ 三宅和朗「カモ神社の二つの祭り」、『古代の神社と祭り』,1—15頁。
⑥ 『年中行事絵卷』卷十六。

平安时代,连接天皇与神社祭祀的手段主要是通过天皇派遣使节奉币前往神社祭祀。但是 10 世纪后,天皇亲往神社祭祀的事例也屡见不鲜。例如,天庆五年(942)四月,朱雀天皇行幸贺茂神社,"奉神宝币帛走马",答谢诸神护佑朝廷平息了承平、天庆之乱[1];天元二年(979)三月,圆融天皇行幸石清水神社;一条天皇于在位期间(986—1011),也屡屡行幸石清水神社、贺茂神社等神社。此后的各代天皇也都将亲自行幸神社作为祭祀体制中的重要一环节。

二、神宫祭祀

一提起日本的神祇祭祀,人们往往会联想到祭祀空间——神社。但是,祭祀天照大神的场所却被称为伊势神宫。《古事记》《日本书纪》的神代篇中,日本的八大岛国土是由伊奘诺尊(男神)和伊奘冉尊(女神)二位天神创造的。二位天神所生诸神中,包括天照大神、月神和素戈鸣尊。天照大神是日神,为天上(高天原)的统治者。月神统治夜之食国。素戈鸣尊则治理海原(根国)。在神话传说中,日本列岛(即苇原中国)原本是由素戈鸣尊的儿子大国主神统治的,然而天照大神认为她的子孙应该是苇原中国的统治者,于是天照大神派使者降到苇原中国,说服大国主神及其子孙"让国";其后,天照大神派她的孙子琼琼杆尊统治苇原中国。天照大神的传说无疑与日本列岛固有的太阳神信仰有着密切关联,不过《古事记》《日本书纪》中的天照大神同时具有太阳神和皇祖神二重性格,以强调天皇权力的正当性[2]。

伊势神宫位于三重县伊势市,由内宫和外宫构成。内宫位于伊势市的宇治,也被称为皇大神宫,奉祀天照大神;外宫位于伊势市山田,亦称丰受大神宫,祭祀丰受大神。关于内宫的起源,《日本书纪》记载了如下

---

[1] 『日本紀略』天慶五年四月廿九日条。
[2] 坂本太郎ら編『日本古典文学大系 67　日本書紀』上・補注 1—36、岩波書店 1967 年、554—555 頁。

的传承：

① 崇神六年，为了平息内乱，祭祀神祇，以前都是在王宫之内祭祀天照大神、倭大国魂二神，但是由于畏敬神势，委托丰锹入姬命王女，于大和的笠缝邑祭祀天照大神。其时，建立了祭祀设施——矶坚城神篱①。

② 垂仁二十五年，倭姬命王女替换丰锹入姬命王女祭祀天照大神。为了求寻"镇坐大神之处"，倭姬命王女转至近江、美浓等地，最后到达伊势，此时，天照大神教诲倭姬命王女："是神风伊势国，则常世之浪重浪归国也。傍国可怜国也。欲居是国"。于是，依循"大神教"，在伊势国建立了祭祀天照大神的"祠"，并在"祠"旁的五十铃川边建立了倭姬命王女居住的斋宫②。

依照上述①②记事，祭祀天照大神的场所似乎最初并非是在伊势，而是经历了王宫内→王宫外（笠缝邑）→伊势的迁移过程。然而在成书早于《日本书纪》的《古事记》中，崇神六年的丰锹入姬命王女对天照大神的祭祀是在伊势举行的。加之，《日本书纪》有关崇神、垂仁期的记载本身就存在着编纂者加笔润色的可能性。因此，关于内宫的成立，尚有许多不明之处。有学者认为，伊势神宫原是祭祀地方神的神社，后随着倭王权向东的势力延伸，成为祭祀天照大神的神社。③

较之内宫，外宫的成立时间相对要晚。根据成书于 9 世纪初的《止由气宫仪式帐》，某天，天照大神在雄略大王的梦中言道：只有我一神镇坐伊势，十分寂寞，而且膳食也不如愿，让镇坐丹波国的御馔都神（丰受大神）来陪伴我吧。雄略大王遵循天照大神的神意，在伊势的山田原之地建造了外宫，奉祀丰受大神。此后，丰受大神朝夕司掌天照大神的膳食④。这一传说的可信性也尚有待考证。不过，丰受大神作为食物神被

---

① 『日本書紀』崇神六年条。
② 『日本書紀』垂仁廿五年三月丙申条。
③ 直木孝次郎「天照大神と伊勢神宮の起源」、『日本古代の氏族と天皇』、塙書房 1964 年、241—268 頁。
④ 『止由気宮儀式帳』等由気太神宮院事（『群書類從』神祇部）。

奉祀,反映出其与农业生活有关的性格。

　　伊势神宫地位的提高始于天武、持统时代。前已叙述,壬申之乱时,天武天皇通过遥拜天照大神的举动,表现己方的正当性,鼓舞己军的士气。胜利后的天武天皇,派遣自己的女儿大来皇女作为天照大神宫(伊势神宫)的斋王前往伊势神宫旁的斋宫居住,奉仕天照大神。不仅如此,天武天皇的其他女儿也屡屡被派遣参赴伊势神宫。至持统时代,伊势神宫的地位进一步提升。持统六年(692)三月,持统天皇派遣使者奉币前往伊势神宫、大倭神社、住吉神社和纪伊神社向诸神报告建设新宫——藤原宫之事。又,同年十二月,持统天皇派遣使者前往伊势神宫、住吉神社、纪伊神社、大倭神社以及菟名足神社,奉上新罗使送来的物品。不过,这一时期的伊势神宫,虽然被朝廷列在了诸神社的首位,但是其地位尚未超越其他神社。[1]

　　律令制国家形成后,伊势神宫开始被称为伊势大神宫(或为伊势太神宫)。和铜元年(708),在宣布开始着手建造新都——平城京以后,元明天皇派遣使者前往伊势神宫奉币,向神祇报告"营平城宫之状"[2]。显然,与前述的藤原宫之时的复数神社不同,伊势神宫是唯一的报告对象,显示出伊势神宫的地位不同于其他神社[3]。天平二年(730),圣武政权规定:朝廷派向伊势神宫的奉币使必须是五位以上的官人[4]。天平胜宝九岁(757),孝谦政权又规定:伊势神宫奉币使由中臣氏专任,不得任命其

---

[1] 直木孝次郎「古代の伊勢神宮」、『直木孝次郎古代を語る4　伊勢神宮と古代の神々』、吉川弘文館 2009 年、6—37 頁。初出 1960 年。

[2] 『続日本紀』和銅元年十月庚寅条。

[3] 天平十三年(741),圣武天皇从平城京移都恭仁京,其时,"遣使于伊势大神宫及七道诸社,奉币以告迁新京之状"(『続日本紀』天平十三年正月癸巳条)。在此,虽然伊势神宫并不是唯一的报告对象,但却是唯一被记名的神社,依然可以看出伊势神宫地位的特殊性(直木孝次郎「奈良時代の伊勢神宮」、『日本古代の氏族と天皇』、283—309 頁)。

[4] 『続日本紀』天平二年閏六月甲午条。

他姓氏出身的官人①。虽然该规定并没有得到贯彻执行②，但是朝廷对于伊势神宫奉币使的特别规定，反映出伊势神宫的地位超越其他神社。

在伊势神宫举行的祭祀分为年中行事与临时祭两大类。年中行事中，最主要的祭祀有六月与十二月的月次祭，以及九月的神尝祭，总称三节祭。无论是月次祭还是神尝祭，都是举行祭祀之月的十五日、十六日为外宫的祭日，十六日、十七日为内宫的祭日。在内宫与外宫各自的两天的祭祀行事中，第一天的祭事是由祢宜（内宫：荒木田氏。外宫：度会氏）等出身于当地的神职官人向天照大神或丰受大神进献御馔；第二天的祭事内容则是向天照大神或丰受大神进献朝廷的币帛，斋王、大神宫司、奉币使等来自中央的官人参加。③

除了每年固定的年中行事以外，遇到国家大事之时，朝廷也会临时派遣使者前往伊势神宫向伊势大神奉币报告。如前所述，每当朝廷决定迁都，都要派遣使者向伊势大神报告。又如，国家的对外关系之事也与伊势大神有着密切的关联。天平九年（737），归国的日本遣新罗使向朝廷报告："新罗国，失常礼，不受使旨。"④接到遣新罗使的报告后，圣武政权一方面就应该如何应对新罗，广泛地征求众官人的意见，另一方面派遣使者前往伊势神宫、大神社以及筑紫的住吉社、八幡社、香椎宫奉币报告"新罗无礼之状"⑤。大神社等诸社都是有征讨新罗传承的神社，由此可以类推，伊势大神也同样被赋予了与征讨新罗有关的性质。天平宝字三年（759），在日本与新罗两国关系的趋向恶化的情势中，淳仁政权开始企划并着手准备征讨新罗计划。经过 3 年的时间，征讨新罗的准备就绪后，朝廷首先遣使前往伊势神宫奉币报告。⑥ 虽然征讨新罗计划最终并

---

① 『続日本紀』天平宝字元年六月乙未条。
② 《古语拾遗》载："胜宝九岁，左弁官口宣：'自今以后，伊势大神宫币帛使，专用中臣，勿差他姓者'。其事虽不行，犹所载官例，未刊除。"
③ 『皇太神宫儀式帳』年中行事并月記事。『止由氣宮儀式帳』三節祭等并年中行事月記事。
④ 《续日本纪》天平九年二月己未条。
⑤ 《续日本纪》天平九年四月乙巳条。
⑥ 《续日本纪》天平宝字六年十一月丁丑条。

没有付诸实现,但是仍然可以窥见伊势大神的军事性格。[①]

　　作为祭祀皇祖神——天照大神的伊势神宫,其性质被赋予了与天皇的统治相关的一面。天皇的即位、年号的改定等大事自不必说,甚至天皇或皇太子出现健康问题时,都要请伊势大神保佑康复。天平胜宝七年(755),圣武太上天皇身体不豫。为此,孝谦政权在向历代天皇的陵派遣使者奉币祈愿的同时,也向伊势神宫奉币祈祷圣武太上天皇痊愈。神护景云四年(770),称德天皇去世的 3 天前,朝廷派遣了奉币使前往伊势神宫,似乎是与称德天皇的不豫有关。另一方面,伊势神宫与皇太子健康的关联,始见于 8 世纪末。宝龟八年(777)年底起,皇太子山部亲王身体欠佳,久久不愈。为了祈愿山部亲王康复,朝廷采取各种措施,包括寺院诵经、大赦天下等,也派遣使者奉币于伊势神宫及天下诸神祈愿。翌年(778)十月,恢复健康的山部亲王,亲自前往伊势神宫,向伊势大神表示感谢。又,延历九年(790)九月开始,皇太子安殿亲王寝膳不安,久不康复。同样为了祈祷安殿亲王的健康,朝廷先后采取了命令寺院诵经以及遣使前往伊势神宫祈愿等措施。延历十年(791)十月,康复了的安殿亲王与前述的山部亲王相同,亲自前往伊势神宫,向伊势大神致谢。

　　值得注意的是,在被立为皇太子的过程中,山部亲王和安殿亲王二人具有相似点,即各自的前任皇太子——他户亲王和早良亲王都是在围绕着王位继承的血腥味浓重的争斗中,被废、丧生。因此,山部亲王和安殿亲王的患病,在当时似乎就被人们联想至与怨灵作祟有关。[②] 康复后的山部亲王和安殿亲王,在众多助其痊愈祈祷的寺院和神社中,单单选择伊势神宫亲自表示致谢,一方面可以佐证伊势神宫的超越性地位,另一方面也可以看出,二人似乎意图通过强调皇祖神的护佑,以表现其皇

[①] 直木孝次郎:"奈良时代の伊势神宫"。

[②] 他户亲王是受其母井上内亲王的冤案牵连而被废的,且与井上内亲王同时死亡。山部亲王患病后,朝廷命令改葬井上内亲王的墓,并将其墓称为"御墓",相当于为井上内亲王平反(《续日本纪》宝龟八年十二月乙巳条)。关于安殿亲王的患病原因,当时占卜的结果就是源自于早良亲王的怨灵作祟,为此诸陵头等官人前往早良亲王死亡的淡路岛,"奉谢其灵"(《日本纪略》延历十一年六月癸巳条)。

太子地位的正当性。

在文献史料中，天皇行幸伊势神宫的事例极为少见。天皇、朝廷与伊势神宫祭祀之间的联系主要通过斋王、奉币使、宫司连接。[①]　其中，无论是与天皇的关系，还是性别，斋王都与奉币使、宫司有着很大的不同，是由皇族女性担任的。虽然在前述的伊势神宫起源传说中，丰锹入姬命王女属于斋王性质的人物，但是一般认为，史料上可以确证的最早事例是天武天皇的女儿大来皇女。天武二年（673）四月，天武天皇决定送大来皇女侍奉天照大神宫时，首先令大来皇女移住泊濑斋宫，让其洁斋。翌年（674）十月，大来皇女才前往伊势神宫。朱鸟元年（686）九月，天武天皇病亡。不日，大来皇女的同母弟弟大津皇子因被指谋反而被赐死。同年十一月，由于大津皇子的缘故，大来皇女从伊势返回飞鸟。其后，持统天皇没有任命新的斋王。由此推测，当时斋王制尚处在初创期，并未固定下来。

文武二年（698），文武天皇派遣当耆皇女侍于伊势斋宫。伊势斋宫是斋王在伊势的居所。3 年后，文武五年（701），泉内亲王替代当耆皇女成为斋王。当耆皇女是天武天皇的女儿，泉内亲王则是天智天皇的女儿。因此，二人是文武天皇的姑母或姨母。同年（701），文武政权将附属于斋王的官司——斋宫司定为相当于律令官制的寮的机构。庆云三年（706），文武天皇的另一位姑母——三品的田形内亲王替代泉内亲王侍于伊势神宫。这一时期，斋王的选定方式以及替代的原因皆为不详。

养老五年（721），元正天皇任命首皇子（即圣武天皇）的女儿井上王（后为井上内亲王）为斋王。被选定为斋王以后，只有 5 岁的井上王即日移居平城宫北池边的新造宫开始洁斋。其时，以时任右大臣的长屋王为首的威仪护送队伍簇拥幼小的斋王移宫。[②]　神龟四年（727），井上斋王结

① 榎村寛之「国家祭祀の中の斎王制度」、「律令国家による伊勢神宮祭祀の掌握について」、『律令天皇制祭祀の研究』、塙書房 1996 年、23—25、418—420 頁。
② 『政事要略』年中行事所引「官曹事類」養老五年九月十一日条。

束了 6 年的在京洁斋,前往伊势斋宫,随从的斋宫寮官人达 121 人。① 神龟五年(728),圣武政权明确规定了斋宫寮的组织结构,即由斋宫寮及其下属机构(主神司、舍人司、藏部司、膳部司、炊部司、酒部司、水部司、殿部司、采部司、扫部司、药部司等)构成。② 天平二年(730),圣武天皇诏令:"供给斋宫年料,自今以后,皆用官物。不得依旧充用神户庸调等物。"③宣布斋宫和斋宫寮每年运营所需的经费(斋宫年料)将由国家财政支付。而在此以前,斋宫的财政经费是来源于伊势神宫的神户贡上的调庸之物。斋宫机构的整备以及国家财政的保证,意味着在圣武时代,斋王制度得到确立与完善。

随着光仁天皇即位,王统从天武系移向天智系,宝龟三年(772),光仁天皇的女儿酒人内亲王被选定为伊势斋王,暂居于春日斋宫洁斋。宝龟五年(774)九月,酒人内亲王的在京洁斋结束,从平城京出发前赴伊势。在斋王出发前的 1 个月,朝廷派遣使者祓净天下诸国。此后,这一仪式成为斋王入伊势之前的一个必要环节④。关于酒人内亲王何时从伊势返回京城,结束斋王生涯,史料上没有明确的记载,但可以确定的是,返回京城的酒人内亲王成为桓武天皇的后宫,其诞下的朝原内亲王被桓武天皇任命为斋王,从延历四年(785)至延历十五年(796),作为斋王在伊势度过了 11 年。

进入 9 世纪以后,"凡天皇即位者,定伊势太神宫斋王"⑤成为惯例。也就是说,斋王的选定成为新天皇继承皇位的诸仪式中的重要一环⑥。斋王是采用卜定的方式选定的,由神祇官的官人在未婚的内亲王(天皇

---

① 『続日本紀』神亀四年八月壬戌条。

② 関晃監修、熊田亮介校注・解説『狩野文庫本類聚三代格』廃置諸司事・神亀五年七月廿一日敕,吉川弘文館 1989 年。

③ 『続日本紀』天平二年七月癸亥条。

④ 《延喜式》斋宫式规定:"凡斋王将入太神宫,在前七月若八月,同时遣大祓使。左右京一人,五畿内一人,七道各一人。"

⑤ 『延喜式』斋宫式。

⑥ 榎村寛之「即位・大嘗祭と斎王卜定の関係について」,『律令天皇制祭祀の研究』,110—133 頁。

的姊妹或女儿）范围内卜定，如若没有适任的内亲王，则从未婚的女王（非内亲王的皇族女性）中卜定。平安时代的皇室子女一般都是在母亲的娘家成长的。因此，当卜定某位内亲王或王女为斋王以后，天皇的敕使以及神祇官的官人一同前往被卜定者所在之家，告知卜定的结果。

《延喜式》斋宫式规定，在斋王得知卜定结果的同时，即刻在自宅中开始自身的洁斋。同时，宫中卜定便所，作为斋王的初斋院。斋王在自宅中的洁斋持续一段时间后，从自宅移居宫中的初斋院，开始在宫中的洁斋。在将要入居初斋院之时，斋王先要前往河边参加被禊仪式，然后才能进入初斋院。斋王在初斋院的洁斋大约是 1 年的时间。其后，斋王再次更换洁斋的空间，从初斋院移居位于宫外的野宫，继续洁斋。在野宫的洁斋也是 1 年。在被卜定为斋王后的第 3 年的九月，斋王结束在京的洁斋，前往伊势。斋王从京城出发之前，朝廷要举行"斋王群行"仪式，原则上天皇应该亲临该仪式，"以小栉加（斋）王额"，赋予斋王以天皇代行者的身份。[①] 但是 9 世纪后半叶以后，天皇不出席斋王群行仪式的情况时有所见。例如贞观三年（861）举行的斋王群行仪式，清和天皇就没有出席，而且这一事例成为后世天皇不亲临斋王群行仪式的样本。[②]

前已叙述，进入平安时代以后，贺茂神社的地位逐渐上升。嵯峨天皇与平城太上天皇之间对立之时，嵯峨天皇派遣使者前往贺茂神社奉币祈愿己方的胜利，并许愿如若贺茂大神助其胜利，就让皇女侍奉大神。嵯峨天皇胜利之后，任命女儿有智子亲王为初代的贺茂斋王。[③] 由此，贺茂斋王制度建立。《延喜式》规定，"凡天皇即位，定贺茂大神斋王。仍简内亲王未嫁者卜之"[④]。与伊势斋王同样，如若没有适任的内亲王，则在未婚的女王中卜定。据此，天皇即位后，朝廷必须同时选定伊势斋王和

①『西宫記』群行。『江家次第』斋王群行。榎村寛之「斋王発遣礼儀の本質について」、『律令天皇制祭祀の研究』、182—225 頁。
②『本朝世紀』天慶元年九月十五日条。
③『賀茂皇太神宮記』（『群書類従』神祇部）。
④『延喜式』斋院司式。

贺茂斋王。例如清和天皇即位后,神祇官于贞观元年(859)十月五日,卜定恬子内亲王为伊势斋王,仪子内亲王为贺茂斋王,其中,恬子内亲王是清和天皇的异母姐姐,仪子内亲王是清和天皇的同母妹妹。贺茂斋王的出现意味着伊势斋王不再是唯一的斋王,而且从就任斋王与天皇的血缘来看,整体上讲,特别是进入摄关时代以后,贺茂斋王较之伊势斋王更近于天皇。[①] 从这一点来看,随着平安时代国家祭祀的多样化,伊势神宫祭祀的重要性也就相对地被减弱了。

三、神佛融合

在佛教传入日本列岛的伊始,虽然有所谓的崇佛、排佛之争把佛和神放在对立的位置,但是从佛被称为"蕃神"(外来神)这一点可以看出,佛与神之间自一开始就存在相互融合的可能性。律令制国家形成后,佛教成为镇护国家的宗教,佛与神同被放在护佑国家的位置上。另一方面,随着佛教在民间的广泛传播,佛与神有了更多的直接接触的机会。这些都为神佛的融合提供了前提条件。

8 世纪以后,各地开始出现神宫寺。所谓的神宫寺,是指设置在神社近旁的、供奉神的寺院。成书于 8 世纪后半叶的《藤氏家传》记载了位于越前国(今福井县)的气比神宫寺的由来:灵龟元年(715)"(藤原武智麻吕)尝梦遭一奇人,容貌非常。语曰:'公爱慕佛法,人神共知。幸为吾造寺,助济吾愿。吾因宿业,为神固久,今欲归依佛道修行福业,不得因缘,故来告之。'公疑是气比神,欲答不能而觉也。仍祈曰:'神人道别,隐显不同,未知昨夜梦中奇人是谁者。神若示验必为树寺。'於是神取优婆塞久米胜足置高木末,因称其验。公乃知实,遂树一寺。今在越前国神宫寺是也。"[②]这段传承讲述了越前国的气比神某日托梦给藤原武智麻吕,

---

① 富樫美惠子「摂関期の斎宮・斎院の選定と斎王忌避の思想」、『寧楽史苑』第 47 号、2002 年、26—39 頁。
② 『家伝』下。

表达想脱离神的宿业、归依佛道的愿望；为此，藤原武智麻吕在越前国建立了神宫寺。

　　毋庸说，上述记事中含有传说的成分，但是脱离神身、归依佛法的思想，在不少神宫寺建立的缘起中都有所体现。例如，位于若狭国（福井县）的若狭比古神愿寺的缘起，养老年间（717—724），"疫疠屡发，病死者众，水旱失时，年谷不稔"，若狭比古神对和赤麻吕讬言："我禀神身，苦恼甚深，思归依佛法，以免神道，无果斯愿致灾害耳。汝能为吾修行者"；于是，和赤麻吕建道场、造佛像，号称神愿寺①。又如，位于伊势国的多度神宫寺的缘起亦是与神讬言有关，根据延历二十年（801）书成的《多度神宫寺伽蓝缘起并资财帐》，多度神宫寺由僧侣满愿于天平宝字七年（763）建立。其时，满愿禅师居住在多度神社以东的道场，敬造阿弥陀佛像，有人来称神讬言："我多度神也。吾经久劫作重罪业，受神道报，今冀永为离神身，欲归依三宝。"于是，满愿禅师在多度神社所在的多度山的南边，建造小堂，供奉神像，称之为多度大菩萨。②

　　为希望脱神归佛的神建立神宫寺的说法，实际上是僧侣们借助人们对神的信仰以达到传播佛法的目的，即在佛教的传播中融合了神祇信仰的因素。如，若狭比古神愿寺是为"大神修行"③；多度神宫寺则是"种种所修功德，先回施于多度大神，一切神等增益威光，永隆佛教，风雨顺序，五谷丰稔"④。

　　神佛的融合不仅体现在供奉神祇的神宫寺，而且还表现在欢喜佛法、守护佛法的诸神的出现。其中，最为有名的是宇佐八幡大神。宇佐八幡神是诞生于丰前国宇佐（今大分县宇佐市）地区的神，镇座于宇佐八幡宫。根据制定于承和十一年（844）的《宇佐八幡宫弥勒寺建立缘起》，由于祭祀宇佐八幡神的小山田社"其地狭溢"，神龟二年（725），始造宇佐

① 『類聚国史』卷 180・天長六年三月乙未条。
② 『多度神宮寺伽藍縁起并資財帳』（『三重県史』資料篇・古代（上）・付録）。
③ 『類聚国史』卷 180・天長六年三月乙未条。
④ 『多度神宮寺伽藍縁起并資財帳』。

八幡宫,同时在宇佐八幡宫之东建造弥勒禅院;天平三年(731),宇佐八幡宫正式成为官币社。① 天平十二年(740),藤原广嗣之乱时,朝廷派往九州平定反乱的大将军大野东人曾向宇佐八幡神祈愿胜利。翌年(741),为了感谢神的护佑,圣武政权不仅称宇佐八幡宫为"八幡神宫",而且向宇佐八幡宫奉纳了"秘锦官一头,金字最胜王经、法花经各一部,度者十人,封户,马五疋"及"令造三重塔一区"。② 显然,从赋予神宫以佛典、三重塔、得度人数等措施来看,宇佐八幡神已被朝廷定义为欢喜佛法的神了。天平胜宝元年(749)十二月,宇佐八幡宫的神职——祢宜尼大神社女乘坐紫色轿,参拜东大寺的大佛,孝谦天皇、圣武太上天皇、光明皇太后一同前往;同时,朝廷还授予宇佐八幡神一品的品位,理由是在东大寺的大佛建造出现困难时,宇佐八幡神讬言:神我率领天神地祇佑助大佛造立完成。③ 8世纪末,八幡大神被授予大菩萨称号,成为既是神又是佛的佛神——八幡大菩萨④。

　　宇佐八幡神宫的周边也建有神宫寺,例如前述的弥勒禅院。根据弥勒寺建立由来的传说,天平九年(737),宇佐八幡神讬言:"我当来导师弥勒慈尊,欲祟,迁立伽蓝奉安慈尊,一夏九旬之间,每日奉拜慈尊者。"于是,依照大神的愿望,奏报朝廷,于翌年(738),将弥勒禅院移建至宇佐八幡宫的境域之内,由此八幡宫弥勒寺成立。⑤ 显而易见,八幡宫弥勒寺的由来传说,没有宣扬脱神归佛的思想,而是强调宇佐八幡神对佛的守护。因此,神佛融合的形态并非是单一化的,有些神宫寺甚至与神社无关,只

---

① 中野幡能注『宇佐八幡宫弥勒寺建立缘起』(神道大系编纂会『神道大系神社编・47・宇佐』、神道大系编纂会1988年)。

② 『続日本纪』天平十三年闰三月甲戌条。

③ 『続日本纪』天平胜宝元年十二月丁亥条。

④ 有关八幡大菩萨的称号,史料上始见于延历十七年(798)十二月廿一日太政官符(『新抄格勅符』第十卷抄)。根据《宇佐八幡宫弥勒寺建立缘起》的记载,延历二年(783),宇佐八幡神讬宣:"吾无量劫中化生三界,修善方便,导济众生,吾是大自在王菩萨",由此被加号"护国灵验威力神通大自在王菩萨"。

⑤ 中野幡能注『八幡宇佐宫于讬宣集』(神道大系编纂会『神道大系神社编47　宇佐』,神道大系编纂会1988年)。

是与自然神信仰相结合。①

进入 9 世纪以后,神佛融合进一步发展。天安三年(859)二月,朝廷派遣的奉币八幡大菩萨使前往宇佐八幡宫,奉纳币帛、财宝、神马,向八幡大菩萨报告知清和天皇即位事。同年(859)四月,奈良大安寺的僧侣行教奉太政大臣藤原良房之命参拜宇佐八幡神宫,在八幡大菩萨前不停地诵读佛经 3 个月后,行教返回平安京,奏请朝廷,声称八幡大菩萨向他托宣:"吾深感应汝之修善,敢不可忍忘,须近都移坐,镇护国家,汝可祈请者。"②于是,朝廷下令在男山(位于今京都府西南部)造立六宇宝殿。翌年(860),宝殿造成,安置八幡神像,石清水八幡宫成立。在男山,原有一所寺院,名为石清水寺,佛堂面朝东向,石清水八幡宫建成后,朝东的佛堂被改造为面朝南向,寺名更改为护国寺,成为石清水八幡宫的神宫寺。石清水八幡宫,在创建之时,没有设置神职,宫寺的事务由僧侣掌管,至贞观十八年(876),始置神主,但是实权依然掌握在僧侣的手中。此后,与石清水八幡宫与护国寺同样的神社和寺院一体化的宫寺盛行,成为神佛融合的重要标志之一。

第三节 平安时代的佛教

一、天台宗的发展

最澄出生于神护景云元年(767),近江国滋贺郡人。自幼崇信佛道,12 岁时,进入近江国分寺,成为近江大国师行表的弟子;15 岁时,补国分寺僧之缺,得度出家;20 岁时,在东大寺受戒,成为正式的僧侣。受戒之后,最澄登上位于京都东北方的比睿山,在山中结草为庵,开始了山林修行。身在山中的最澄读《法华经》《金光明经》等大乘经典,尤其关注《大

---

① 上田正昭「神仏習合史の再検討」、『京都府埋蔵文化財論集』第 6 集、京都府埋蔵文化財調査研究センター 2010 年、269—282 頁。

② 『石清水八幡宮護国寺略記』(石清水八幡宮社務所『石清水八幡宮史料従書』二、統群書類従完成会 1976 年)。

乘起信论疏》《华严五教章》等华严的章疏,由于华严宗的学说中内含大量的天台宗的学说,因此最澄通过披览华严的章疏,知晓天台学说的存在,并以天台的释义为指南。延历十六年(797),最澄被任命为内供奉十禅师之一。《法华经》是天台教学的基本经典。延历十七年(798)十一月,最澄在比睿山创立法华十讲法会。此后,该法会每年举行。奈良时代,南都(平城京)的七大寺(东大寺、兴福寺、元兴寺、大安寺、药师寺、西大寺、法隆寺)是三论宗、成实宗、法相宗、俱舍宗、华严宗、律宗六宗学派(即所谓的南都六宗)的教学研究活动中心,聚集着各宗学派的博达之人。延历二十年(801)十一月,最澄邀请南都七大寺的 10 位高僧到比睿山讲演法华等经典,"听闻六宗之论鼓"①。由此可以推想,在最澄的思想形成过程中,南都佛教各学派起到了重要的作用。

延历二十一年(802),和气氏在高雄山寺(和气氏寺)举行法会,最澄作为法会的讲师之一,应和气弘世(和气清麻吕之子)的邀请,在法会上讲说《法华经》。以此为契机,桓武天皇开始关注最澄的天台教学。奈良时代后期以来,三论宗和法相宗之间相互争理,各自坚持己说,批评他说。最澄的天台学说让桓武天皇耳目一新:"所说甚深妙理,七个大寺,六宗学生,昔所未闻,曾所未见,三论法相久年之诤,焕然冰释,照然既明,犹披云雾而见三光矣。"②最澄在给桓武天皇的上表文中,阐述了天台与三论、法相的不同,即"三论与法相二家,以论为宗,不为经宗也",而"天台独斥论宗,特立经宗","论"与"经"的不同是"论者此经末,经者此经本。舍本随末,犹背上向下也;舍经随论,如舍根取叶"。③ 同年(802)九月,桓武天皇就可否兴隆天台教学一事,询问和气弘世。于是,和气弘世与最澄相商,二人终日计议"弘法之道",最后由最澄上表文给桓武天皇,请求派遣留学僧前往唐朝学习天台宗的妙义。在上表文之际,最澄自己并无赴唐求法之意,但是桓武天皇却认为最澄是前往唐朝学习天台

---

① 『日本高僧伝要文抄』第二・傳教大師伝。
② 『日本高僧伝要文抄』第二・傳教大師伝。
③ 『日本高僧伝要文抄』第二・傳教大師伝。

教义的不二人选，诏令最澄亲自赴唐求法。由于最澄从未学习过汉音，不懂唐朝语言，因此为了学习天台宗义时便于咨询，他上表桓武天皇，请求让其"幼学汉音，略习唐语"的弟子义真随他一同去唐朝。① 延历二十三年（804）七月，最澄一行携带金字妙法莲华经 1 部（8 卷，外标金字）、金字无量义经 1 卷、普贤观经 1 卷以及屈十大德疏 10 卷、本国大德争论 2 卷、水精念珠 10 贯、檀龛水天菩萨 1 躯等物，乘坐遣唐使团 4 条船中的第 2 船，从肥前国出发，九月抵达明州（宁波）。②

　　明州上岸之后，最澄身体不适，待到病好痊愈，于唐贞元二十年（804）九月十五日，出发前往台州。九月二十六日，最澄一行抵达台州，谒见刺史陆淳，并赠送金 15 两以及筑紫的斐纸、笔、墨等物。陆淳推辞金物，最澄通过翻译请陆淳以金买纸，抄写天台止观。陆淳命令天台宗第七祖兼天台山修禅寺座主的道邃组织人员抄写天台经典。道邃是天台第六祖湛然的弟子。同月（九月）下旬，最澄一行巡礼天台山国清寺，受到了群僧的欢迎。当时，台州刺史陆淳邀请道邃在台州龙兴寺讲说天台的"摩诃止观"等。从国清寺返回台州的最澄不仅亲耳聆听了道邃的讲学，而且还师从道邃学习天台教学。之后，道邃给最澄授菩萨戒。此外，湛然的弟子、天台山佛陇寺的座主行满感叹最澄不远万里来唐求法的精神，亦向最澄传授天台之法，并赠送天台法华宗疏记等 82 卷。③ 在接受道邃、行满的正统天台学的传授并求得天台法华宗疏记 102 部（200余卷）经论以后，翌年（805）三月下旬，最澄一行从台州出发返回明州，等待归船回日本。在等船的间隙，四月初，最澄以"台州所求目录之外，所欠一百七十余卷经并疏等，其本今见具足，在越州龙兴寺并法华寺"为由，前往越州④。当时，泰岳灵严寺镇国道场大德、内供奉的顺晓和尚恰在龙兴寺附近修行。顺晓和尚是密宗的正统传人，其师父新罗僧义林是

---

① 『顕戒論縁起』請求法訳訳語表一首。
② 『顕戒論縁起』大唐明州向台州天台山牒一首。
③ 『日本高僧伝要文抄』第二・傳教大師伝。
④ 『顕戒論縁起』大唐明州向越府牒一首。

密教大日经系的创立人——印度僧善无畏的弟子。在越府峰山顶道场，最澄入灌顶坛，接受顺晓和尚的灌顶传法，其时，作为传法的证明，顺晓和尚授给最澄三部三昧耶的印信①，由此，最澄成为顺晓的弟子，也就是善无畏的法曾孙。在越州龙兴寺，最澄求得真言等并杂教迹等 102 部（115 卷）以及种种的密教灌顶道具②。之后，最澄从越州回到明州，继续等待返回日本的船。五月十八日，遣唐使的第一船、第二船从明州同时出发，驶向日本。来唐之时，最澄乘坐的是遣唐使船队中的第二船，但是在返回日本时，遣唐大使藤原葛野麻吕安排最澄乘坐第一船。六月五日，第一船到达了对马岛下县郡。

回到日本后，最澄向桓武天皇复命，献上从唐朝求得的经疏等物。桓武天皇欣喜，立即将天台诸典籍流布天下，并为南都七大寺抄写七份最澄带回的天台经典。同年（805）八月，桓武天皇请最澄在内里举行悔过读经仪式，最澄献上了从唐朝请来的佛像。同月（八月），在桓武天皇的旨意下，高雄山寺建立了日本最初的灌顶道场。九月，遵循桓武天皇的敕令，在高雄山寺设立毗卢遮那都会大坛，道证、修圆、勤操、正能、延秀、广圆等来自南都六宗的 8 位高僧，接受最澄的灌顶传授三部三昧耶。③ 此外，桓武天皇还命令最澄在内里行毗卢遮那法。灌顶传法和毗卢遮那法都是密教的仪式，对于志在弘扬天台宗的最澄而言，桓武天皇对密教的注目恐怕是出乎他的意料之外的。

延历二十五年（806）正月三日，最澄向桓武天皇上表，请求朝廷正式承认新法华宗（即天台宗），提出将年分得度者④的人数定为 12 人，其中"华严宗二人；天台法华宗二人；律宗二人；三论宗三人，加小乘成实宗；法相宗三人，加小乘俱舍宗"⑤。不言而喻，最澄的上表是将天台宗的地

---

① 在密教中，印信是证明阿阇梨传法的文书，由阿阇梨授予给弟子。

②『顕戒論縁起』越州求法略目録并鄭審則詞一首。

③『顕戒論縁起』賜向唐求法最澄伝法公験一首、伝三部三昧耶公験一首。

④ 年分度者制度是国家管理僧尼的手段之一，规定每年得度的人数一定。自持统朝时期以来，国家规定的年分度者的人数一直是 10 人。

⑤『顕戒論縁起』請加新法華宗表一首。

位提至与南都六宗相提并论的高度。对于最澄的上表,朝廷反应迅速,翌日(四日)即询问僧纲的意见;五日,僧纲上表同意最澄的意见;二十六日,朝廷宣布诸宗年分度者数及各宗学业内容,其中,各宗年分度者的人数依如最澄的上表文。天台宗的两名年分度者的学业分别被规定为:一人读大毗卢遮那经,一人读摩诃止观。大毗卢遮那经是密教的经典,摩诃止观是天台宗的主要论书。显然,密教被纳入了天台教学的体系之中。对于最澄来说,密教只是其赴唐求法时的意外收获,而且由于时间仓促的缘故,其所掌握的密教修法也是不完全的。因此随着与承袭正统密教的空海的关系破裂(后述),弘仁七年(816)以后,最澄开始专心致力于弘扬天台教学。

弘仁四年(813)以后,最澄与南都六宗之间的教义对立日益激烈化,其中最为有名的是与法相宗高僧德一之间的理论之争。弘仁八年(817),最澄前往东国布教,聆听最澄讲法的东国民众人数以成千上万计。[①] 其时,德一住在奥州会津的惠日寺。最澄主张一切众生成佛论,即一乘说。对此,德一撰书《佛性抄》批判最澄,阐述法相宗的三乘说,即众生分为声闻定性、缘觉定性、菩萨定性、不定性、无定性五类,其中只有声闻、缘觉、菩萨可以成佛。最澄著书《照权实镜》予以反驳。由此,拉开了最澄与德一之间的旷日持久的争论战,即所谓的三一权实争论。在这场争论战中,双方你来我往地撰书反论对方,德一著有《佛性抄》《中边义镜》《慧日羽足》《遮异见章》等;最澄著有《照权实镜》《法华去惑》《守护国界章》《决权实论》《法华秀句》等。

从东国返回比睿山以后,弘仁九年(818)三月,最澄召集门人,宣布舍弃其在东大寺戒坛所受的戒律(具足戒,小乘戒),要在比睿山建立大乘戒坛。五月,最澄上呈"天台法华宗年分学生式",奏请嵯峨天皇准允天台宗年分得度者受大乘戒,即天台的年分得度者首先受十善戒,成为

---

① 根据《元亨释书》卷一·延历寺最澄传记载:"东州经塔会,上野绿野寺豫场者九万人,下野大慈寺五万人,东民向化如斯。所过诸州类之。"

菩萨沙弥,其度缘盖官印;然后在得度之年,受佛子戒(大乘戒),成为菩萨僧,其戒牒盖官印;成为菩萨僧之后,须在比睿山居住 12 年,不出山门,修学两业(遮那学业和止观学业)。八月,最澄又上呈"劝奖天台宗年分学生式",再次请求嵯峨天皇允许天台宗年分得度者的得度、授戒同时在比睿山举行。关于最澄的奏请,嵯峨天皇交给僧纲审议,然而基于南都六宗立场的僧纲却提出了反对的意见,因此朝廷没有给最澄答复。翌年(819)三月,最澄上呈"天台法华宗年分度者回小向大式",明确表示要在比睿山建立大乘戒坛,天台宗年分得度者不许受小乘戒。对此,僧纲集中南都七大寺的意见,上表嵯峨天皇,反对最澄建立大乘戒坛,并且由于最澄的上奏没有通过僧纲和玄蕃寮,因此僧纲依据僧尼令的规定,还要追究最澄的违法行为。于是,最澄著书《显戒论》,痛批僧纲的上表文。弘仁十三年(822)六月,最澄在比睿山的中道院圆寂,终年 56 岁。不久,嵯峨天皇敕许在比睿山设立大乘戒坛,最澄的夙愿得以实现。

由于天台宗的教相判释原本是不包含密教经典的,因此为了与真言宗对抗,天台教学的密教化就成为最澄的弟子们的迫在眉睫的课题。承和五年(838),从博多津出发的遣唐使团中,派往唐王朝的留学僧、请益僧共有 7 位僧侣,其中有两位天台宗僧侣,一是圆仁,一是圆载。抵达唐王朝后,圆仁因其身份是请益僧(短期留学僧),没被允许前往天台山,但是在山东半岛,新罗僧向圆仁推荐了五台山。于是,圆仁前往五台山求法巡礼,后又到长安学习密宗,并就在天台智顗确立的天台宗的教相判释(即根据内容、说法顺序等,判断佛教经典的优劣,也称五时四教或五时八教)中应把密教经典放在什么位置上的问题,询问长安醴泉寺的宗颖,并且得到满意的回答。承和十四年(847),经历了会昌废佛的圆仁终于回到了日本。其后,圆仁以在唐王朝求法的成果的基础上,进一步发展了融合密教的天台教学。

仁寿三年(853),天台宗的另一僧侣圆珍,乘坐唐商之船前往唐王朝。圆珍的求法,借鉴着圆仁的入唐经验,先后在天台山、长安求法巡礼。天安二年(858),圆珍乘商船回到日本。回国后的圆珍,请求朝廷准允弘传显密两宗，得到许可。至此，最澄创立的天台教学，经过圆仁、圆珍等人的努力得以完成。

二、空海与真言宗的创立

空海出生于宝龟五年（774），赞岐国多度郡人（今香川县善通寺市），俗姓佐伯直。15 岁时，跟着舅舅阿刀大足，读习《论语》《孝经》以及史传等，并兼学文章。18 岁时，进入大学，学习《毛诗》《尚书》《左氏春秋》，博览经史。就在这一时期，有一沙门向空海呈示《虚空藏求闻持法》，"其经说，若人依法，读此真言一百万遍，乃得一切教法文义暗记"，于是空海"信大圣之诚言"，弃学从佛，周游阿波、土佐等国修行佛道，"自此慧解日新，下笔成文"，于延历十六年（797）著成《三教指归》一书①。空海在《三教指归》中，引经据典地对比儒学、道家和佛教，最后得出佛教真理胜于儒道二家的结论，决意皈依佛门。31 岁之时，即延历二十三年（804），空海得度出家。②

延历二十三年（804）七月六日，以藤原葛野麻吕为大使的遣唐使团的船队从肥前国出发，空海搭乘藤原葛野麻吕所在的第一船前往唐朝留学求法。最澄也是随同此次遣唐使前往唐朝的，不过最澄乘坐的是第二船。八月十日，空海搭乘的第一船抵达福州长溪县赤岸镇以南的海口，但因为从此地去福州的路山谷险隘，担行不稳，于是船向福州，十月三日到达福州。其时，空海为大使藤原葛野麻吕起草了"为大使与福州观察使书"，向福州官员阐述日本使者的来意。此外，空海还撰写了"与福州观察使入京启"，声明自己的留学期限只有 20 年，期望唐朝的官员能够让自己早日前往长安，寻求名师。

同年（804）十一月初，空海随同大使藤原葛野麻吕一行从福州出发

---

① 『続日本後紀』承和二年三月庚午条。
② 关于空海得度、受戒的时间，诸史料的记载有所不同，主要有 22 岁说、30 岁说、31 岁说（川崎庸之「空海の生涯と思想」、川崎庸之注『日本思想大系 5　空海』、405—436 頁）。本书采用正史《续日本后纪》的 31 岁说。

前往长安城,经过1个多月的日夜兼程,终于在十二月下旬,抵达唐王朝政治中心——长安城。翌年(805)二月,大使一行离开长安前往明州,踏上了归国之途。空海则留在长安,住在西明寺,并游历长安城中的诸寺,历访名德高僧,偶遇青龙寺的惠果和上。惠果是不空的弟子,兼得密教两大体系——金刚顶经系(金刚界)和大日经系(胎藏界)的修法。惠果乍见空海,就含笑欢喜地说:"我先知汝来,相待久矣。今日相见,大好大好,报命欲竭无人付法,必须速办香花入灌顶坛。"[①]于是,空海从师惠果,学习密教。六月上旬,空海入学法灌顶坛,受胎藏法;七月上旬,再受金刚界法;八月上旬,受传法阿阇梨位的灌顶,兼请真言教文,胎藏、金刚两部曼荼罗道具种种法物等。惠果在授法之后不久,即劝空海早日归国,弘扬密教,"以奉国家,流布天下,增苍生福,然则四海泰,万人乐,是则报佛恩、报师德"[②]。在以惠果为师之前,空海还以罽宾国僧般若三藏和北印度僧牟尼室利三藏为师,学习梵语和教法等。同年(805)十二月,惠果圆寂。空海撰写了惠果的碑文(《大唐神都青龙寺故三朝国师灌顶阿阇梨惠果和尚之碑》)。翌年(806),实现了留学目的的空海,途经越州归国。

大同元年(806)四月,空海到达越州,收集内外经书(儒、道、佛的经律论疏等);八月,从明州乘船出发回国。十月,空海将从唐朝带回的经律论疏章传记216部(共461卷),以及两部曼荼罗(三昧耶曼荼罗、法曼荼罗)、传法阿阇梨肖像、法具等物编成目录(《请来目录》),上呈朝廷。在《请来目录》中,空海提到"顿教之中,有显有密,于密藏也,或源或派。古之法匠,泳派攀叶。今之所传,拔乎柢竭"[③],强调其所承的不空—惠果法系的密教是不同于以往的新密教。此外,空海还对比了显教与密教二者的不同,即"夫显教则谈三大之远劫,密藏则期十六之大生。迟速胜劣,犹如神通跛驴;仰善之客,庶晓其趣矣;教之优劣、法之滥觞,如金刚

---

① 空海『御請来目録』、祖風宣揚会編『弘法大師全集』第1辑、吉川弘文館1910年、69—104頁。
② 空海『御請来目録』。
③ 空海『御請来目録』。

萨埵五秘密仪轨及大辩正三藏（空海）表答等中广说"，强调显教的成佛需要经过三大阿僧祇劫的修行，其速度仿佛跛驴，而密教则是即身成佛（十六之大生），如同神通，可谓是"顿中之顿，密藏当之"①。然而，归国后的空海，似乎并没有马上得到朝廷的重视。大同二年（807），空海远离平安京，住在筑前的观世音寺，直至嵯峨天皇即位的大同四年（809）。

大同四年（809）二月，空海登上比睿山，与最澄相见，此后二人来往密切。与空海的长期留学不同，最澄在唐时间短暂，而且求法的重心是天台教学，密教不过是意外的接触。但是，如前所述，最澄回国后，反而是密教更受到朝廷的重视。因此，为了弥补其所承密教的不足，最澄向空海借阅了大量的密教经论进行誊抄，并派弟子前往空海门下修得真言秘法。不仅如此，最澄在给空海的信件中，常常落款署名是"弟子最澄""求法弟子最澄"或者"永世弟子最澄"等自谦用语，显示出在密教方面，最澄自认是空海的弟子。

大同四年（809）七月，依据嵯峨朝廷的安排，空海住锡高雄山寺（后改名为神护寺）。高雄山寺也是最澄受到朝廷瞩目的出发点。弘仁元年（810）十月，空海上表文"奉为国家请修法表"，请朝廷允许其率领诸弟子，自来月（十一月）一日起，在高雄山寺念诵《仁王经》《守护国界主经》《佛母明王经》等佛经，修"护国护家"之法。弘仁三年（812）十一月，空海在高雄山寺开灌顶道场，举行金刚界灌顶仪式，最澄由于其在唐时未学真言法，也从比睿山来到高山雄寺，入坛接受灌顶。一个月后，在高山雄寺，空海又举行了胎藏界灌顶仪式，共有 145 人接受灌顶，最澄及其诸弟子也在其中。② 由于梵文真言的学习比较难，最澄问空海：几个月可以学得大法仪轨？空海回答："三年毕功"。于是，最澄决定先回比睿山，以后再来学真言。③ 翌年（813）正月，最澄派遣圆澄、泰范等诸弟子前往高山雄寺受学真言教法。圆澄等人未修得大法即返回比睿山，只有泰范一人

---

① 空海『御請来目録』。
② 『弘仁三年高雄山灌頂歴名』，『続群書類従』第 26 辑上・釈家部所收，第 306—310 頁。
③ 『傳教大師消息』円澄書状，『続群書類従』第 28 辑上・釈家部所收，第 390—391 頁。

决意留在空海的门下，不再返回比睿山。

　　泰范是最澄极其器重的弟子之一，弘仁三年（812）五月，最澄患染病疾，写下一份遗言，在遗言的起始部分，首先就指定泰范为山寺总别当。但是也就在这一年（812）的六月，由于寺内的纷争，泰范有了暂离比睿山之意，曾向最澄请暇。但是令最澄万万没有想到的是，弘仁四年（813），泰范前往高雄山寺，就一去不复返。弘仁七年（816）五月一日，最澄给泰范写了一封信，强调"盖舍劣取胜世上常理，然法华一乘真言一乘，何有优劣"①，表达了空海的真言教学并没有胜出天台教学，劝说泰范能够回心转意，再回到比睿山。对于最澄的这封信，泰范本人并没有回复，而是由空海代笔给最澄写了封回书，予以拒绝。针对最澄的天台、真言二者之间没有胜劣的说法，空海反驳道："虽然法应之佛，不得无差，显密之教，何无浅深，法智两佛，自他二受，显密别说，权实有隔，所以耽执真言之醍醐，未遑啜尝随他之药。"②显然，最澄和空海二人不仅在泰范问题上存在分歧，而且在对天台教学和真言教学的基本认识上也是立场不同。最澄曾向空海提出借请《理趣释经》的请求，但被空海断然回绝。在"答睿山澄法师求理趣释经书"中，空海措辞严厉地写道："虽然显教一乘，非公不传，秘密佛乘，唯我所誓，彼此守法，不遑谈话"，"夫秘藏兴废，唯汝我。汝若非法而受，我若非法而传，则将来求法之人，何由得知求道之意。非法传受，是名盗法，即是诳佛。又秘藏奥旨，不贵得文，唯在以心传心。文是糟粕，文是瓦砾，爱糟粕瓦砾，则失粹实至实，弃真拾伪，愚人之法。愚人之法，汝不可随，亦不可求。"③空海与最澄之间的友好关系走向终焉。

　　弘仁七年（816）六月，为了能在高野山建修禅道场，空海上表朝廷请求准允，得到了朝廷的肯定回答。弘仁十四年（823）正月，嵯峨天皇将平安京的东寺赐给空海，让其建立密教道场。于是，空海从高雄山寺移居

① 『傳教大師消息』円澄書状。
② 『性霊集』卷第十・叡山澄和上啓返報書。
③ 『性霊集』卷第十・答叡山澄法師求理趣釈経書。

东寺。同年(823)十月,朝廷又明文规定居住在东寺的真言宗僧侣的定员数为 50 人,并强调东寺是密教的道场,"若无僧者,令传法阿阇梨临时度补之","莫令他宗僧杂任"。① 这一年,旱疫猖獗,年谷不登,平安宫内也是频频发生火灾。十月,在皇后院,空海行息灾之法,三天三夜。十二月,空海又在平安宫中的清凉殿,与大僧都长惠、少僧都勤操等高僧一起,行大通方广之法。此后,空海还曾在神泉苑行法祈雨。天长元年(824),淳和天皇任命空海为少僧都。天长七年(830),空海升任大僧都。承和元年(834)十二月,空海上奏朝廷,请求在每年正月宫中举行的讲读金光明经的御斋会,允许真言宗的僧侣结坛修法。对此,仁明天皇敕令准允,并将密教修法定为御斋会的恒例仪式。承和二年(835)正月,朝廷应空海的请求,批准真言宗年分度者的人数为 3 人。由此,真言宗得到了与南都六宗以及天台宗相提并论的地位。同年(835)三月,空海于高野山圆寂,终年 62 岁。

第四节 古代日本国家的灾害认识

一、神话中的灾害认识

日本是地壳运动而形成的岛国。日本列岛上的人们不断经受地震、火山、海啸、干旱、台风、洪水等自然灾害的考验。由于不同时代的人们对于自然灾害的认知程度不同,其防灾、应灾的能力及行动也有所不同。在不具有如今科学知识的古代,面对自然灾害的破坏性威力,人们对于赖以生存的自然往往会畏敬与畏惧。古人的这种灾害认知以神话传说的形式流传、变化,世代相承,对后世文化产生不可忽视的影响。

在目前遗存的文献史料中,古代日本的神话传说最早形诸文字是在8 世纪,作为正史的《古事记》《日本书纪》分别记述了以皇室传承为中心的融合氏族传承、民间传承的神话传说;而地方志性质的《风土记》则记

---

① 『類聚三代格』経論并法会請僧事・弘仁十四年十月十日太政官符。

录了各地相传的旧闻逸事。在此以《古事记》《日本书纪》《风土记》所记载的神话传说为中心，叙述古代日本人对自然灾害的认知。

1. 创世神话中的灾害意识

《古事记》《日本书纪》的神话体系中，记载了关于日本列岛的起源、天皇家系谱的起源、农作物的起源等起源神话。《日本书纪》神代上篇的开篇，对有关天地宇宙的形成叙述道："古天地未剖，阴阳不分，浑屯如鸡子，溟涬而含牙，及其清阳者，薄靡而为天；重浊者，淹滞而为地，精妙之合抟易，重浊之凝竭难。故天先成而地后定。"①

"天先成而地后定"的天地分离神话所表达的宇宙起源论，是源于中国道家思想的天地开辟神话的影响。② 基于这一宇宙观，古代日本的神话，首先构建了天上世界（"高天原"）及其诸神，然后再由天神创造日本列岛以及岛上的万物、生灵。

在《古事记》叙述的神话中，日本列岛由伊邪那岐命、伊邪那美命（《日本书纪》分别称伊奘诺尊、伊奘冉尊）男女二神"创世"。天神赐伊邪那岐命、伊邪那美命二神一把"天沼矛"（《日本书纪》称"天之琼矛"）命令他们去创造"海上漂浮之国"。于是，伊邪那岐命、伊邪那美命二神站在天空的浮桥上，向漫漫大海垂下天神赐给的玉矛，用矛搅动海水，被搅动的海水发出咕噜咕噜的声鸣；当二神从大海中向上提起玉矛后，矛尖上的海水垂滴落下，遂成一岛；由此，伊邪那岐命、伊邪那美命二神从天上降临地上。神话中关于二神造岛的描述并非凭空想象，而是来自古代日本人对自然界本身活动的认知。据《日本书纪》记载，天武十三年（684）十月十四日夜晚，日本列岛发生了前所未有的大地震，山崩河涌，房屋倒塌，人民及六畜多死伤，并且当天晚上，"有鸣声，如鼓闻于东方，有人曰：伊豆岛西北二面，自然增益三百余丈，更为一岛。则如鼓音者，神造是岛响也"③。从该条史料可知，当时的人们已经认识到地壳变动产生岛屿

① 『日本書紀』神代上・第一段・本文。
② 王金林：《日本人的原始信仰》，宁夏人民出版社 2005 年，第 98 页。
③ 『日本書紀』天武十三年十月壬辰条。

时，伴随着巨大的声响。这与伊邪那岐命、伊邪那美命二神造岛时海水鸣响的描述颇为相似。《古事记》《日本书纪》所传承的神话体系大约形成于天武时代①，由此推断，伊邪那岐命、伊邪那美命二神以矛造岛的过程，是以古代日本人对于海底地壳运动造成新岛出现的自然现象的观察为基础，经过《古事记》《日本书纪》编纂者润色而成的神话。

　　神话中，岛屿造好后，伊邪那岐命、伊邪那美命二神便从天上降至岛上，开始创生诸岛屿及诸神。创生的诸岛包括淡道之穗之狭别岛（淡路岛）、伊豫之二名岛（四国岛）、筑紫岛（九州岛）、伊伎岛（壹岐岛）、津岛（对马岛）、大倭丰秋津岛（本州岛）等八大主要岛屿及其他岛屿；诸神包括掌管海、川、山、木、草野、风、火等的神，及掌管农业生产、灌溉用水、食物等的神。据《古事记》所述，伊邪那岐命、伊邪那美命二神共造出 14 个岛，35 个神。②

　　在诸岛、诸神诞生后，《古事记》《日本书纪》的神话开始言及灾害的威力，首先表现的典型事例是伊邪那美命之死。伊邪那美命生火神时，因炙伤而病卧在床，其间，伊邪那美命的呕吐物化为金山神（矿物神），其屎化为土神，其尿化为水神和掌管农耕生产之神，最终伊邪那美命病亡，命归黄泉国。伊邪那美命病中生成的四神，说明古代日本人已了解火在冶金、制作土器、农业生产方面的作用③，反映出古代日本人已意识到火在农耕社会中所具有的双重性质，既是人类生存、生活中不可缺的物质，又具有威胁生命的威力。

　　伊邪那美命死后，伊邪那岐命悲痛至极。他拔出佩戴在身上的剑，斩断火神之颈，剑上的血分别化生成雷神、日神和溪谷水神。④ 在古代，

---

① 岡田精司「記紀神話の成立」、朝尾直弘ら編『岩波講座日本歴史 2 古代 2』、岩波書店 1975年、290—330 頁。

② 『古事記』上卷。

③ 倉野憲司・武田祐吉校注『日本古典文学大系 1　古事記祝詞』、岩波書店、1958 年、60 頁。

④ 在有关火神被杀的神话传说中，除了火神之血化生为诸神的传说以外，亦有火神之身化生为诸神的传说，所化之神还有山神等。例如，在《日本书纪》神代上·第五段·一书第七所载的相关的神话中，火神被伊奘诺尊斩为三段，三段分别化为雷神、山神和水神。

雷电和太阳都是火之源,而水的性质则是克火的。火神之血同时化生成火源之神和克火之神的神话,透视出古代日本人对于火的自身特性的认知。

　　伊邪那岐命为见伊邪那美命一面,追至黄泉国。然而,当看到伊邪那美命不仅遍身蛆虫,而且头、胸、腹、阴、左右手、左右足被八雷神①盘踞时,伊邪那岐命畏恐地逃离了黄泉国。其时,八雷神等率黄泉军追赶,伊邪那岐命用桃子击退了雷神等。"用桃避鬼"观念源自古代中国,《山海经》《淮南子》等经典中都有言及。值得注意的是《古事记》《日本书纪》关于雷神的认知。伊邪那岐命怒斩火神后,火神之血化生而成的诸神中包括雷神,其具体神名是石拆神、根拆神和石筒之男神②。其中,除了石筒之男神的神名含义不详以外,石拆神的含义是具有劈开岩石威力的神,根拆神的含义是具有劈开树根威力的神。③ 由雷神名的含义可以推断出,古代日本人对于雷的威力怀有畏惧感。而雷神出现在黄泉国,折射出在古代日本人的意识里,雷具有灾害性的一面。伊邪那岐命以桃避雷场景的描述,也可以说是出自同一意识,强调雷的危害性。这一点在文献史料中可以得到佐证,推古二十六年(618)因造船舶之需伐木时,有人说:"霹雳木也,不可伐",但是主持造船的官人却以"其虽雷神,岂逆皇命耶"为由,采伐了树木,于是"大雨雷电之"④。

　　伊邪那岐命、伊邪那美命二神的神话,不仅蕴含了古代日本人对自然及自然灾害的认识,而且还表达了人类应对自然灾害或死亡时的积极态度。当伊邪那岐命逃至阴阳分界的黄泉比良坂,用巨石堵住坂路,与追赶而来的伊邪那美命相向而立时,二神进行了诀别的对话,伊邪那美

---

① 《古事记》上卷所载的八雷神是:大雷、火雷、黑雷、拆雷、若雷、土雷、鸣雷、伏雷。《日本书纪》神代上·第五段·一书第九所记的八雷神分别是:大雷、火雷、土雷、稚雷、黑雷、山雷、野雷、裂雷。

② 石拆神、根拆神和石筒之男神三神名是《古事记》的汉字表记,对应的《日本书纪》表记分别是磐裂神、根裂神和儿磐筒男神。

③ 倉野憲司·武田祐吉校注『日本古典文学大系·1·古事記祝詞』,岩波書店 1958 年、62 頁。

④ 『日本書紀』推古二十六年是年条。

命说：吾夫君，今日如此对我，我一日绞杀你国中的千人。伊邪那岐命回答：吾妻妹，你若如此行为，我就一日建立一千五百个产屋。① 其含义就是，如若伊邪那美命每日让一千人死，那么伊邪那岐命就每日让一千五百人出生。二神的对话虽然表达出人类无法阻止或防范自然灾害或死亡发生的无奈，但同时也传递了一种人类顽强求生和不断繁衍的积极意识。

2. 灾害神素戋呜尊

《古事记》《日本书纪》所记的有关诸神的神话中，素戋呜尊神话是非常有名的神话之一。在《古事记》的汉字表记是建速须佐之男命，亦记为"速须佐之男命"；在《日本书纪》中的汉字表记是素戋呜尊。本书统一将该神名记为素戋呜尊。

根据《古事记》上卷、《日本书纪》神代上篇的叙述，伊邪那岐命（伊奘诺尊）在黄泉比良坂与伊邪那美命（伊奘冉尊）诀别后，因为伊邪那美命所在的黄泉国是"凶目污秽之处"，于是为了禊祓，他前往九州岛的筑紫日向之地，以涤去身上的"浊秽"。伊邪那岐命在禊祓的过程中，又生成了诸多的神。其中，洗左眼时，天照大神，即日神（《古事记》记为"天照大御神"）诞生；洗右眼时，月读尊，即月神（《古事记》记为"月读命"）诞生；洗鼻时，素戋呜尊诞生。② 伊邪那岐命委任天照大神治理高天原，月读尊治理夜之食国，素戋呜尊治理海原。③ 在《古事记》《日本书纪》的神话体系中，相对于天照大神的天皇家祖神，素戋呜尊则被描述为具有破坏力的神。《古事记》《日本书纪》神话虽然是政治神话，但是其塑造的诸神是以自然现象为原型的，具有自然现象神格化的特征。④ 素戋呜尊可以说就是自然灾害的神格化。

---

① 『古事記』上卷。
② 《日本书纪》神代上·第五段·正文等记载了另一种传说，即天照大神、月读尊、素戋呜尊是由伊奘诺尊（伊邪那岐命）和伊奘冉尊（伊邪那美命）共生的神。
③ 关于三神分治神话，《古事记》记载了一种传承，《日本书纪》记述了四种传承，本文在此使用的是《古事记》的传承。
④ 三宅和朗「古代の神々と光」、『史学』75—4，2007 年、379—410 頁。

素戈呜尊的哭泣可以使青山变成枯山,河海变成干河,最后造成"恶神之音,如狭蝇皆满,万物之妖悉发"的灾害状态。[1]

不仅如此,当素戈呜尊前往高天原去见姐姐天照大神,其上天时,"山川悉动,国土皆震"[2]。据此,有学者推断,素戈呜尊是日本神话中的地震神。[3]

素戈呜尊到了高天原后,也将破坏力带到了那里。日本的神话把天照大神所在的高天原描绘成典型的农耕社会。在那里,田园繁茂,人们春耕秋作,男耕女织,和谐相处,生活平静而安逸。而素戈呜尊到来,给高天原的农业生产及生活带来了影响。素戈呜尊在高天原做出的破坏性举动包括[4]:

① 春天,在已经春播过的田地,素戈呜尊再施播种,并且毁坏田畔、田埂;秋天,庄稼成熟,丰收在望时,素戈呜尊将天斑驹放到田地里,让其破坏庄稼;

② 秋收后,天照大神用新谷举行新尝祭之时,素戈呜尊暗中将其屎放入举行祭祀的宫殿中;

③ 天照大神在斋服殿编织神衣时,素戈呜尊把剥了皮的天斑驹投入殿内,惊动天照大神,造成梭子伤至天照大神;等等。

素戈呜尊的行为激怒了天照大神,一气之下,天照大神躲进天石屋户,闭门不出,致使天地世界昏黑,没有昼夜之分,陷入黑暗无秩序状态。面对这场危机,高天原的众神紧急聚集,各尽其能,解决危机,使得天照大神走出天石屋户,日神之光照满天下,天地的秩序重又恢复。

天石屋户神话作为树立天照大神的主宰神地位的王权神话而著称。

---

[1] 『古事記』上卷。

[2] 『古事記』上卷。《日本书纪》的描述是:素戈呜尊"升天之时,溟渤以之鼓荡,山岳为之鸣响"(《日本书纪》神代上·第六段·正文)。

[3] 保立道久『歴史のなかの大地動乱—奈良·平安の地震と天皇』、岩波書店 2012 年、174—179 頁。

[4] 『日本書紀』神代上·第七段·本文。大意相近的内容,在《古事記》上卷和《日本书纪》神代上·第七段·一书第一、一书第二、一书第三中亦有记述。

然而,从灾害意识的视点来看,面对素戈呜尊所带来的灾害,天照大神消极地躲进石屋,给宇宙世界造成了更大的危机。由此可以窥视出古代日本人面对灾害时的无奈。这种意识的体现或许与《古事记》《日本书纪》神话体系形成的天武年间(672—686)日本列岛频频发生地震有关。① 此外,作为政治神话,以天皇家祖神天照大神为核心的天上王权是以天皇为首的地上王权的映像,聚集在高天原解决危机的众神,都是臣系中央豪族的祖神。② 天石屋户神话的意图在于强调天照大神是保证宇宙世界秩序的不可欠缺的中心存在,同时也表达了王权遇到灾害克服危机的理念,从克服自然灾害的危机视角,阐述以天皇为首的王权统治的正当性。

高天原的危机解决后,众神商议对素戈呜尊的惩罚,决定剃其胡须,拔其手足指甲,将其驱逐出高天原。

素戈呜尊离开高天原,降到苇原中国,成为治退怪物的英雄。

在《古事记》《日本书纪》的神话体系中,苇原中国(日本列岛)是位于高天原与黄泉国之间的地上世界。素戈呜尊被逐出高天原后,最终降临在出云国的肥河上(今岛根县斐伊川上游)。其时,遇到国神夫妻围绕一童女在哭泣。国神夫妻每年都有一个女儿被八岐大蛇(《古事记》表记为"八俣远吕智")所吞,已经有八个女儿被吞,今年大蛇又要来吞童女。大蛇身有八头八尾,背上长有松柏,身长蔓延八谷八丘,其腹常血烂。素戈呜尊让国神夫妻酿造了烈性酒,并盖八间临时房屋("庪"),每间临时房屋内各置一口槽,将酒注入槽内等候大蛇。大蛇果然来到,八头各饮一槽酒,饮醉伏寝,素戈呜尊乘机拔剑斩断大蛇。蛇尾中藏有一把神剑,素戈呜尊将神剑献给了天照大神。

八岐大蛇神话将八头大蛇描绘为对人类有害的怪物。根据古地理的复原,斐伊川(肥河)是沿花岗岩地带而流下的河流,自古以来就时常

① 在《日本书纪》天武纪中,时时看到关于日本列岛地震的记事,仅大地震就有 4 次,除了前已列举的天武十三年大地震以外,天武四年(675)、天武七年(678)和天武十一年(682)也发生了大地震。
② 冈田精司「記紀神話の成立」。

泛滥,从上流流下的真砂或真砂土堆积在河床形成天井川(即悬河),屡屡引发洪水。① 八岐大蛇神话就是以这一自然环境为背景的,八岐大蛇背上长大树、腹中常烂的形象,可以说与斐伊河蜿蜒且分歧的河路的自然景观相符。同时,素戈鸣尊斩断大蛇的神话传承,可以说是英雄战胜水害的写照。

3. 神话传说中的灾害意识的变化

在《古事记》《日本书纪》的神话体系中,大国主神是素戈鸣尊的神裔。在《出云国风土记》中,大穴持命(大国主神)甚至被视为"造天下大神"。大国主神的兄弟众多,共有八十神,但是众兄弟神对大国主神颇为不善,几番迫害,大国主神不得已逃至素戈鸣尊所在的根国。在根国,通过了素戈鸣尊给他的蛇、蜈蚣、蜂、大火等考验,与素戈鸣尊的女儿偷了素戈鸣尊的大刀、弓矢和天沼琴逃出根国,回到苇原中国,驱逐兄弟众神,成为苇原中国的统治者。由于大国主神具有农耕神的性质②,因此他所经历的种种灾难似是古代日本农耕社会所遇到的虫害、火灾等自然灾害的体现。

苇原中国平定神话是《古事记》《日本书纪》神话体系中的重要政治神话之一。对于大国主神治理的苇原中国,高天原的天照大神认为应由其子正哉吾胜胜速日天忍穗耳命(以下略称为天忍穗耳命)统治,遂命天忍穗耳命去降临苇原中国。天忍穗耳命遵命从天而降,但当他站在天浮桥上俯瞰苇原中国时,认为苇原中国存在许多荒暴的"国津神",就返回高天原,请天照大神采取措施。于是,高皇产灵尊高御产巢日神(《古事记》记为高御产巢日神)和天照大神,以苇原中国"多有萤火光神及蝇声邪神,复有草木咸能言语"为由,数次派遣天神"拨平苇原中国之邪

---

① 須藤定久「砂と砂浜の地域誌(24)　出雲平野と宍道湖・斐伊川の砂」,『地質ニュース』671号,2010 年 7 月,39—52 頁。
② 神田典城「大国主神話の一断面—農耕神話の側面から」,『研究年報』27、1980 年、209—225 頁。

鬼"①。最后派遣的建御雷神和天鸟船神二神②，从高天原降临到出云国，他们拔出剑，剑锋向上将剑立在地上，并盘坐在剑锋之上，向大国主神说明来意：天照大神和高御产巢日神欲降其子孙君临此地，故先遣我二神驱除平定，你意如何？③　面对天神的意愿及胁迫，大国主神同意让国。遂后，二天神平定了苇原中国。其后，天照大神派其孙天津彦彦火琼琼杵尊降临统治苇原中国。

苇原中国平定神话中，天神讨伐的对象不仅有被称为"邪神"或"邪鬼"的苇原中国的荒暴神，而且还有"能言的草木"或"草木石类"。有学者认为，苇原中国平定神话原本并不是政治神话，只有"讨伐邪神"的内容，是《古事记》《日本书纪》的编纂者加入了"大国主神让国"内容之后，才使之成为政治神话的。④　如若排除《古事记》《日本书纪》编纂者加入的政治性内涵，从人类在自然环境中拓展生存空间的视角来看，那么天照大神派其子孙统治苇原中国，将其势力范围从高天原拓展至苇原中国的神话，可以说照应了人类开发自然环境的行为，所谓的"邪神""邪鬼"则是指人类开发时所遇到的来自自然界的困难或灾害。而高天原几番派天神平定苇原中国的荒暴神的叙述，似是表现人类开发行为与自然环境的对峙意识。这种意识不仅反映在《古事记》《日本书纪》的政治神话体系中，而且在《日本书纪》《风土记》等文献所记载的各地神话传说中也时时有所体现。

《常陆国风土记》记载了一个古老传说，玉穗宫大八洲所驭天皇（5 世纪的继体大王）治世时期，常陆国行方郡（今茨城县行方郡）有一名叫箭括氏麻多智的人，在芦苇之地开垦新田，但是他的开垦遭到了"夜刀神"（蛇神）⑤的反对。其时，夜刀神聚集而来，左右设障，阻扰箭括氏麻多智

① 『日本書紀』神代下・第九段・本文。
② 《日本书纪》神代下・第九段・本文所记的二神名是：经津主神和武甕槌神。
③ 『日本書紀』神代下・第九段・本文。
④ 岡田精司「記紀神話の成立」。
⑤ 所谓的夜刀神，是头上有角的蛇神。根据民间传说，如若遇到夜刀神，逃避时不能回头看它，否则其危害人类的程度，可以达至"破灭家门，子孙不继"（『常陆国風土記』行方郡条）。

耕佃。于是箭括氏麻多智大怒,身披盔甲,手执大杖,打杀驱逐,把夜刀神赶到山口,挖沟树标,对夜刀神说:以沟和标为界,"自此以上听为神地,自此以下须作人田,自今以后,吾为神祝(祭神之人),永代敬祭,冀勿祟勿恨"①。依照所言,箭括氏麻多智设立神社祭奉夜刀神,得以继续开垦耕田。此后,箭括氏麻多智的子孙世世代代祭祀夜刀神。在人与夜刀神分界共存、相安无事多年以后,人类对自然的开发再次导致与夜刀神的对峙。孝德时代(645—654 年),行方郡的地方官壬生连麻吕下令在山谷处筑造池堤,其时,夜刀神聚集池边,久久不肯离开,阻碍了池堤工事。壬生连麻吕大声言道:修池堤是为民之举,神祇岂能不听从天皇的教化?! 同时命令从事造池堤劳役的民众看见杂物、鱼虫之类,不要惮惧,可以"随尽打杀"。此令一出,蛇神隐避,筑池堤工程顺利完成。②

上述的民间传说展现了古代日本人对周边自然环境不断开发的画面,而箭括氏麻多智、壬生连麻吕二人都是在对自然环境开发过程中,战胜蛇神的英雄人物。但是,二者在对待蛇神的态度上却是有区别的。5世纪的箭括氏麻多智对自然神具有浓厚的畏敬意识,面对夜刀神的聚集抵抗,采取了驱逐蛇神至另界的对策,做到人与神分界共同生存,并且世代供奉蛇神。显示出古代日本人已经朴素地意识到人类的开发行为对自然环境造成的破坏,可能会受到自然的报复性灾害。然而,相似的灾害认识,在 7 世纪的壬生连麻吕身上似乎看不到,相反却可以说是无畏无惧。从箭括氏麻多智到壬生连麻吕对自然神的畏敬与畏怖程度发生变化,一是由于随着时代的推移,古代日本人对自然界的认知逐渐深入,对于有能力克服的灾害性自然现象,古代人的畏怖感不断地弱化;③二是神话传说中的政治性因素使然,《风土记》是在中央朝廷指示下编纂的地方志,传承内容的选择本身就具有一定的政治性,因此在壬生连麻吕传

---

① 『常陸国風土記』。
② 『常陸国風土記』。
③ 北条勝貴「災害と環境」、北原糸子編『日本災害史』、吉川弘文館 2006 年、17—40 頁。

说中,偏重表现地方的自然神服从天皇之威,淡化人们对自然神抵抗的畏怖。[①]

二、灾害与治政

1.地震

在有关古代地震的史料记载中,不少史料只是简单地记录"地震"二字,并没有进一步的具体描述。最早触及古代人们对地震认识的史料是《日本书纪》推古七年(599)四月辛酉条:"地动舍屋悉破,则令四方,俾祭地震神。"当时的人们将无法预知、控制的地震视为神,通过祭祀的形式,祈求不再发生地震。

天武年间(672—686),地震频频发生。其中,天武七年(678)十二月,筑紫国大地震,地裂宽二丈、长三千余丈,百姓的屋舍多有倒塌。有一户人家本来住在丘冈上,地震后,整个房屋迁移他处。[②] 5年以后,天武十三年(684)十月十四日夜晚,日本列岛发生了前所未有的大地震:"逮于人定大地震,举国男女叫唱,不知东西。则山崩河涌,诸国郡官舍及百姓仓屋、寺塔神社,破坏之类不可胜数,由是,人民及六畜多死伤之。时,伊予汤泉没而不出;土佐国田苑五十余万顷没为海。"[③]前述的伊豆岛附近新生的岛就发生在这次大地震中。

天武时代的政治中心在飞鸟地区,而史料提及的伊予、土佐(左)和伊豆岛都位于日本列岛的太平洋沿岸,伊予、土佐是四国岛的二国,位于飞鸟地区的西面;伊豆岛处于飞鸟地区的东面,在今静冈县的东部,大地

[①] 事实上,古代日本人对于开发自然环境并非无所畏惧,例如,根据日本学者北条胜贵的研究,在流传于日本列岛各地的传说中,树木神对于人类砍伐树木的抵抗行为大致有九种类型:① 被伐的树木再生;② 被伐的树木流血;③ 人类无法采伐;④ 发出呻吟声;⑤ 出现异类;⑥ 伐树者及相关者染病、死亡;⑦ 造成灾害;⑧ 虽然被伐,但纹丝不动;⑨ 其他(树变形、消失等)。(北条胜贵「伐採抵抗伝承・伐採儀礼・神殺し」、増尾伸一郎等編『環境と心性の文化史』下、勉誠出版 2003 年、51—144 頁。)这些类型的流布反映出古代日本人已经认识到人类的开发可能导致灾害,并且对此抱有不安和恐惧。

[②] 『日本書紀』天武七年十二月是月条。

[③] 『日本書紀』天武十三年十月壬辰条。

震的波及范围之广,可以说是达到了"举国"的程度。从土佐国的 50 余万顷的田苑被海水淹没的记载推测,这场大地震极有可能伴随着海啸。

8 世纪以后,有关地震发生时的描述也渐渐具体化,例如灵龟元年(715),五月二十五日,远江国地震,山崩导致河道阻塞,数十日后,堰塞湖决口,淹没 170 余民家的房屋、仓库以及田苗等①;翌日(二十六日),参河国(三河国)也发生地震,国内的 47 所正仓受到破坏,百姓的屋舍也多有塌陷②。

同时,随着律令制国家形成,中国的灾异思想开始被用于地震等自然灾害的解释与说明。养老五年(721)正月二十四日、二十五日连续两日地震,二十七日,元正天皇诏令:"至公无私,国士之常风。以忠事君,臣子之恒道焉。当须各勤所职退食自公,康哉之歌不远。隆平之基斯在。灾异消上,休征叶下。宜文武庶僚,自今以去,若有风雨雷震之异,各存极言忠正之志。"③

又,天平六年(734)四月七日,大地震,"坏天下百姓庐舍,压死者多,山崩川壅,地往往拆裂不可胜数"④,皇家山陵、有功王墓以及各国的神社都有受损的情况。四月十七日,圣武天皇诏令:"地震之灾,恐由政事有阙,凡厥庶寮勉理职理事,自今以后,若不改励,随其状迹,必将贬黜焉。"⑤四月二十一日,圣武天皇派遣使者慰问平城京内以及畿内百姓的疾苦,并诏令:"比日,天地之灾,有异于常,思,朕抚育之化,于汝百姓有所阙失欤。今故发遣使者问其疾苦,宜知朕意焉。"⑥大地震之后,余震频繁。圣武天皇于同年(734)七月再次强调:"顷者,天频见异,地数震动。良由朕训导不明,民多入罪,责在一人,非关兆庶",并且实施大赦天下。⑦

---

① 『続日本紀』霊亀元年五月乙巳条。
② 『続日本紀』霊亀元年五月丙午条。
③ 『続日本紀』養老五年正月甲戌条。
④ 『続日本紀』天平六年四月戊戌条。
⑤ 『続日本紀』天平六年四月戊申条。
⑥ 『続日本紀』天平六年四月壬子条。
⑦ 『続日本紀』天平六年七月辛未条。

在元正天皇和圣武天皇的诏令中，都把地震的发生与政事有阙相联，强调臣下的责任，要求臣下以忠事君，尽职尽责。二者不同的是，圣武天皇在阐述臣下的责任的同时，也反省自身的责任，即对百姓的训导及教化有所欠缺，进而在朝廷应对地震的措施之中，添加了与表现天皇德政有关的措施。

天平十六年（744）五月，位于九州岛的肥后国发生大地震。地震之时，雷雨交加，官舍、民宅、田地、仓库等被水淹没，280余处发生山崩，数十人被压死。① 天平十七年（745）四月二十七日，美浓通夜地震，连续三天三夜，美浓国橹（城楼）、馆、正仓、佛寺堂塔、百姓庐舍处处倒塌。进入五月后，虽然不知具体的地震地，但有地震异常、地裂水涌的记录在史，尤其是一日至十日连续10天，地震日夜不止。这一时期正是圣武天皇几番迁都的时期，频繁的地震促使圣武天皇决意返迁回平城京。同时，推崇佛教的圣武天皇命令京师诸寺的僧侣转读《最胜王经》，又令大安寺、药师寺、元兴寺、兴福寺4寺的僧侣读《大集经》，并让僧侣在平城宫读《大般若经》，祈求佛的法力平息地震。

8世纪后半叶，虽然地震时有发生，但有关史料大多为简单的记载。其中，宝龟六年（775）十月二十四日，为了请神拂去地震、风雨所带来的灾害，举行了大祓行事。② 显然，在8世纪，尽管朝廷相继将中国的灾异思想、佛教的镇护思想引入对地震的认识之中，但是日本列岛固有的地震与神相关的认识依然存在。

进入9世纪，大地震再次降临日本列岛。弘仁九年（818）七月，关东地区的相模、武藏、下总、常陆、上野、下野等国发生了大规模的地震，"山崩谷埋数里，压死百姓不可胜计"③。八月，朝廷派遣使者巡视灾区，对于受灾严重的地区加以赈恤，同时嵯峨天皇诏令："朕以虚昧，钦若宝图，抚育之诚，无忘武步，王风尚郁，帝载未熙，咎惩之臻，此为特甚。如闻，上

① 『続日本紀』天平十六年五月庚戌条。
② 『続日本紀』宝龟六年十月甲申条。
③ 『類聚国史』災異・地震・弘仁九年七月是月条。

野国等境,地震为灾,水潦相仍,人物凋损。虽云天道高远不可得言,固应政术有亏致兹灵谴,自贻民瘼,职朕之由,薄德厚颜,愧于天下。静言厥咎,实所兴叹。岂有民危而君独安,子忧而父不念者也。所以殊降使者,就加存慰。其有因震潦,居业荡然者,使等与所在官司,同斟量,免今年租调,并不论民夷,以正税赈恤,助修屋宇,使免饥露,压没之徒速为殡葬,务尽宽惠之旨,副朕乃眷之心。"①

根据嵯峨天皇的诏令可知,弘仁九年大地震带来了次生灾害——洪水,由于地震和洪水,民众的房屋荡然无存,生者露宿饥饿,死者无法得到敛葬。此外,在嵯峨天皇的诏令中,还可以看到中国的灾异思想,即地震的发生是由于为政者的治政有缺,受到神灵的谴责所致。为了表现体恤子民的德政,嵯峨天皇采取了赈恤所有灾民的措施,并且对于家业荡然无存者,命令使者与国司一同斟量免除这些灾民的一年的租、调。九月,嵯峨天皇再次发布诏令,强调其虽然勤于政事,但是"比者地震,害及黎元。吉凶由人,殃不自作。或恐涣汗乖越,方失氓心。降兹厚谴,以警勖欤。畏天之威,不遑宁处,决之龟筮,时行告咎",依照圣武天皇的前例,"令天下诸国,设斋屈僧,於金光明寺,转读金刚般若波罗蜜经五日,兼遣修禊法,除去不祥",欲借助神、佛之力移去灾害②。

弘仁九年大地震的 9 年后,即天长四年(827),从七月至十二月长达 5 个月,平安京的有感地震持续不断。1 天之内地震数次的记录屡屡可见,时为大震,时为小动,时为地声如雷的地震。为了祈求地震停止,十二月十四日,淳和政权请百位僧侣在大极殿转读大般若经 3 天。翌年(828),地震依然不断,大地震也时有发生。在淳和天皇诏令中有"朕以菲虚丕绍睿业,道谢藏用,化惭中孚,春冰兢兢,日慎无倦,秋驾懔懔,夕惕何忘。而薄德靡昭,翘情未高,至和有亏,咎徵荐臻。顷者,坤德愆叙。山崩地震,妖不自作,咎寔由人,疑是八政或乖,一物失所欤,静言厥过,

---

① 『類聚国史』災異・地震・弘仁九年八月庚午条。
② 『類聚国史』祈祷・弘仁九年九月辛卯条。『類聚国史』災異・地震・弘仁九年九月辛卯条。

责在朕躬,夤畏天威,无忘鉴寐"的内容。在强调自己作为天皇勤于治政的同时,反省地震发生的原因或许是因为政事的有失,并将责任归结于自身。①

对于淳和天皇的自我承担责任,时任右大臣的藤原绪嗣等上表:"臣等伏见去月廿九日明诏,坤德愆叙,山崩地震。引咎圣躬,寄喷睿虑。臣等恐伏愧惭,如真炎炭。夫谴谪之来,或缘股肱,灾害之兴,未必元首。是以贪扰生蝗,喷非汉主,专擅震地,罪归宋臣。臣等翼亮未效,天工永旷,不曾涓尘於和爕,讵可仿佛於平均,遂使臣下之过,翻为君上之劳。方知铿锵荣章,为焦心之佩,槐棘垂阴,非凉身之地。不任屏营慊恳之至,奉表以闻。"②

藤原绪嗣等在表文中阐述地震的发生并非天皇之责,而是臣下之过。虽然与淳和诏令同样将地震发生的原因归结于人政的有失,但是臣下承担责任的说法也就意味着淡化天皇薄德的认识。换句话说,藤原绪嗣等人似乎有树立天皇圣君形象的倾向。

天长七年(830)正月三日,在出羽国的秋田城发生了前所未有的大地震。根据出羽国飞报给朝廷的地震信息,正月三日的辰刻,秋田城"大地震动,响如雷霆",城郭、官舍、民舍、寺院的建筑以及寺院的佛像顿时倒塌,处处地裂,有的地方地裂20余丈,甚至30余丈;城边的大河秋田河,"其水枯竭,流细如沟,疑是河底辟分,水漏通海欤",而另外两条河(添河、霸别河)形成堰塞湖,河水泛滥,河两岸的百姓们纷纷逃至山岗。大地震之后,余震不断,风雪不止,次生灾害造成的后果不可预测。由于出羽国是朝廷对虾夷的前哨之地,因此大地震还直接关系到边防的安危,为此,朝廷应出羽国的请求,派出援兵500人③。四月,淳和天皇诏令,再次阐述地震是政道有亏、神灵谴责的表象,并以中国的汉王朝为范本,以修德攘灾,派遣特使前往出羽国赈济灾民,免除受损严重的灾民的

---

① 『類聚国史』災異・地震・天长五年七月壬子条。
② 『類聚国史』災異・地震・天长五年八月甲子条。
③ 『類聚国史』災異・地震・天长七年正月癸卯条。

当年租调。此外,自正月发生地震至四月,经过 3 个月的时间,仍然有丧生者尚未得以埋葬。当时在陆奥、出羽管辖范围之内流行疫病,或许就是地震的次生灾害。五月,为了镇除地震与疫病之灾,百名僧侣在平安宫的大极殿转读大般若经 7 日。

承和八年(841)五月,伊豆国发生大地震,人与物或损伤,或被压没。恰在地震发生之前,肥前国阿苏郡的神灵池出现枯竭现象。于是,五月和六月,仁明天皇先后两次诏令卜占地震之变及池水干枯是否是旱疫和兵事的预兆,并且还命令选择吉日良辰,派遣使者向诸神奉币,祈愿国家平稳。七月,仁明天皇诏令对地震灾区实施赈济措施,其中言及地震的发生是"灵谴不虚,必应秕政",但是并未有"薄德""寡德"之类的文字表现。[1] 由此推测,尽管地震依然被视为治政有亏的表象,但是与天皇自身的德政的关联似乎是有意识地被弱化了。

贞观十年(868)七月,播磨国"地大震动,诸郡官舍,诸定额寺堂塔皆悉颓倒"[2]。此后,余震不断,平安京也时时有震感。闰十二月,朝廷派遣使者前往摄津国的广田神社与生田神社奉币,卜求广田大神、生田大神佑护天下平安、五谷无损。

贞观十一年(869)五月,陆奥国发生大地震。地震之时,剧烈的摇动使人无法站立,被埋在倒塌房屋之下的人不知其数。随之,发生了海啸,许多人来不及逃生被海水吞没。九月,朝廷任命陆奥地震使,令其前往陆奥国抚恤灾民。十月,发布了赈恤诏令,其中言及:"朕(清和天皇)以寡昧,钦若鸿图,修德以奉灵心,莅政而从民望。思使土之内,同保福於遂生。编户之间,共销於非命。而惠化罔乎,至诚不感。上玄降谴,厚载亏方。如闻,陆奥国境,地震尤甚,或海水暴溢而为患,或城宇颓压而致殃。百姓何辜。罹斯祸毒,忡然愧惧,责深在予。今遣使者,就布恩煦。使与国司,不论民夷,勤自临抚。既死者尽加收殡,其存者详崇振恤。其

---

① 『続日本後紀』承和八年七月癸酉条。
② 『日本三代実録』貞観十年七月十五日条。

被害太甚者,勿输租调。鳏寡孤,穷不能自立者,在所斟量,厚宜支济。务尽矜恤之旨,俾若朕亲覯焉。"①该诏令尽管将地震发生的责任归于天皇自身,但是却没有表现修德攘灾理念的文字。

贞观十一年,对于朝廷而言是个多事之年,在陆奥大地震发生的前两天,新罗的海贼乘船袭击了大宰府的博多湾,掠夺了丰前国的年贡绢绵;七月,肥后国大风雨,"官舍民居颠倒者多,人畜压死不可胜计",潮水涨溢,"自海至山,其间田园数百里,陷而为海"②。此外,被移民至各地的虾夷浮囚也反乱起事,等等。这一年(869)的十二月,朝廷分别派遣使者前往伊势神宫和清水神社奉币,向诸神告知地震、风水灾、兵乱等事,祈求神灵的护佑。同时,命令诸国转读金刚般若,以镇谢地震、风水以及厌胜新罗之兵。此后,地震与天皇德政相连的认识鲜见文献,而为禳除地震之灾举行神事、佛事的记事却是屡屡可见。

2. 疫病

即使在科学发达的今天,人类依然对疫病存在着恐惧。有关6世纪之前的日本列岛发生疫病的情况,由于史料的欠缺,不得详知。③ 6世纪的疫病记事始见于《日本书纪》钦明纪。钦明十三年(552),百济的圣明王派遣使节,给倭国送来了释迦佛金铜像、幡盖、经论等佛物。为此,钦明大王向群臣询问倭国是否也可以正式地引入佛教,群臣间出现了赞成与反对两种意见。其中,反对者的理由是:"我国家之王天下者,恒以天地社稷百八十神,春夏秋冬祭拜为事。方今改拜蕃神,恐致国神之怒。"④于是,钦明大王将百济赠送的佛像交给了赞成敬佛的苏我稻目,令其礼拜佛像。但是此后,倭国疫病流行,病亡、病残者越来越多,无法治疗。反对引入佛教的群臣们借此机会上奏钦明大王,声称疫病的流行是因为

---

① 『日本三代実録』貞観十一年十月十三日条。
② 『日本三代実録』貞観十一年七月十四日条。
③ 虽然在《日本书纪》崇神纪中,也有关于疫病的记事,但是由于崇神纪本身的史料可信性比较低,所以在此不加引用。
④ 『日本書紀』欽明十三年十月是日条。

未听他们的提言,建议尽早丢弃佛像。依从这些大臣的意见,钦明大王令人将佛像投弃至河中,并火烧了伽蓝。在此,疫病的流行被认为是外来的"蕃神"招致"国神"愤怒的结果。

敏达十四年(585),倭国又一次流行疫病,病死者众多。一部分大臣再次将疫病流行的原因归于苏我氏兴行佛教。于是,敏达大王下令禁断佛教。苏我氏所建的佛塔、佛殿、佛像或被烧毁,或被投入江中。但是不久,敏达大王自身染上天花,倭国内也接连不断地有人患天花死亡,当时许多人传言这是因为烧佛像之罪而引起的疫病。[1] 在6世纪的倭国,疫病的流行与外来佛教的传播被紧密关联,被视为神怒结果。

由于文献史料的限制,有关7世纪日本列岛的疫病流行情况不明。8世纪以后,每当疫病流行时,中央朝廷往往一方面向疫区遣医送药,一方面派遣使者奉币神社,或者命令僧侣转读佛经,通过举行神事、佛事祈求消除疫病之灾。庆云三年(706),平城京、畿内地区及纪伊、因幡、参河、骏河、河内、出云、备前、安艺、淡路、赞岐、伊豫等国相继发生疫病流行,百姓死亡者众多。为此,文武政权于宫中放立用泥土制成的土牛,举行驱除疫鬼的大傩行事。大傩行事源自中国,行事举行时,被除疫鬼的中心人物是面戴黄金四目假面、身披熊皮扮作方相氏的人,以及120名侲子(10岁以上12岁以下的少年),方相氏执持斧钺与盾,扬声击盾三次,然后在宫中移动,象征逐除疫鬼。[2] 在唐人李邑撰著的《金谷园记》中,关于疫鬼与方相氏,叙述道:"阴气将始来,阴阳相激,化为疫疠之鬼,为人家作病。黄使方相氏黄金四目,身着朱衣,手把桿盾,作傩傩声,以驱疫鬼。"[3]显然,唐代人对疫病的认识与神无关,而是建立在阴阳思想之上的。因此,大傩行事的举行也就意味着中国的疫鬼思想被融入古代日本人对疫病的认识。中国疫鬼思想的影响在天平宝字二年(758)八月发

---

[1]『日本書紀』敏達十四年三月丙戌条。
[2]『江家次第』卷十一·追傩;『西宫記』卷十一·追傩事。
[3]『金谷園記』、『江家次第』卷十一·追傩。李邑的《金谷园记》早已散佚,但在日本的文献史料中,时见佚文。

布的淳仁天皇诏令中也得以佐证。当时,太史上奏淳仁天皇,预测翌年(759)将发生水旱疾疫之灾。为了避免水旱疾疫之灾的发生,淳仁天皇命令天下诸国,无论男女老少,都要念诵摩诃般若波罗蜜多,所谓的"摩诃般若波罗蜜多者,是诸佛之母也,四句偈等受持读诵,得福德聚不可思量。是以天子念,则兵革灾害不入国里。庶人念,则疾疫疠鬼不入家中,断恶获祥莫过於此"①。"疾疫疠鬼"之语的使用,可以说是中国疫鬼思想的反映。不过,神护景云四年(770)六月,平城京以及畿内地区疫病流行,朝廷在平城京的四隅与畿内的十堺举行祭祀疫神的行事。此后,祭祀疫神的记事屡屡可见。由此推知,8世纪的后半叶,人们对疫病的认识,从以往的神祇思想和疫鬼思想中,逐渐地派生出主掌疫病的神——疫神。

圣武时代(724—749年),疫病猖獗,屡屡发生全国性的疫病流行。②

天平九年(737)疫病流行时,五月,圣武天皇发布诏令,言及"朕以不德,实致兹灾。思布宽仁,以救民患"③。八月,圣武天皇再发诏令,又一次强调"朕之不德,致此灾殃,仰天惭惶,不敢宁处",宣布免除百姓的当年租赋等;同时,命令诸国对各自管辖境内的"能起风雨为国家有验神"供奉币帛,并向大宫主、御巫、坐摩御巫、生岛御巫及诸神祝部等神职人员授予爵号④。此外,为了祈求天下的太平以及国土的安宁,僧侣700人,在宫中的15处,转读大般若经、最胜王经,并且允许近千人出家剃度⑤。

圣武天皇是在祈求神佛无效时,才将自己的责任与疫病流行的原因联系在一起的。这一特点在9世纪的平城政权、文德政权也有所反映。大同二年(807)十二月,大宰府、平安京相继疫病流行。翌年(808),疫病

---

① 『続日本紀』天平宝字二年八月丁巳条。
② 『日本書紀』天平七年八月乙未条、丙午条、是歳条。
③ 『続日本紀』天平九年五月壬辰条。
④ 『続日本紀』天平九年八月甲寅条。
⑤ 『続日本紀』天平九年八月丙辰条。

蔓延至地方诸国,为了祈除疫病,正月,朝廷命令诸官大寺以及畿内七道诸国奉读大般若经;二月,平城天皇亲至大极殿,祈祷名神;三月,令诸国七天之内同时讲说《仁王经》,并在天皇居住的内里及中央官僚机构的官衙、左右京职的官衙之内,也讲说《仁王经》。然而,疫病的势头依然不减,死亡者众多。五月,平城天皇发布诏令,宣布对疫区的民众免除当年之调等措施。在平城天皇的诏令中,有"顷者,天下诸国,饥馁繁兴,疫疠相寻,多致夭折。朕之不德,眚及黎元,抚事责躬,怒焉疚首,或恐政刑乖越,上爽灵心,漫汗烦苛,下贻人瘼,此皆朕之过也"的内容。[①] 对于疫病的肆虐,平城天皇明言是由于自身的不德或者治政的失当所造成,承担了疫病流行的责任。

又,仁寿三年(853)二月,日本列岛发生全国性的疱疮(天花)流行,死者众多。为了攘除灾疫,三月,百名僧人在大极殿,连续3天转读大般若经;四月十日,文德政权派遣使者前往伊势神宫,请除灾疫;四月二十六日,文德天皇宣布大赦天下、免除疫区百姓徭役等措施。在诏令中,文德天皇同样言及自身责任与疫病流行的关联,即"当春夏阳和之时,草木皆有以芽。而吾百姓愁病之人,或阽於死亡。朕之不德,抚育乖方"[②]。

如前所述,每当疫病流行时,朝廷往往通过举行神事、佛事,以期盼神佛的法力镇息疫病。与神事多在神社举行不同,举行攘除疫病的佛教行事的空间既有寺院、官衙,也有天皇所在的宫殿,甚至还有人们日常生活的空间。前述的淳仁天皇命令男女老少念诵摩诃般若波罗蜜多的事例,要求人们"起坐行步,口闲皆尽念诵摩诃般若波罗蜜。其文武百官人等向朝赴司道路之上,每日常念勿空往来"[③]。在 8 世纪,佛教的祈除疾病行事的主要形式是转读佛经。在祈除行事上,屡屡被诵读的佛经是般若经(金刚般若经、大般若经、仁王经)。古代的人们认为"般若之力不可

①『日本後紀』大同三年五月辛卯条。
②『文德天皇実録』仁寿三年四月丙戌条。
③『続日本紀』天平宝字二年八月丁巳条。

思议",可以"拯夫沉病,兼防未然"①。进入 9 世纪以后,除了转读佛经之外,僧侣们还通过举行修法、法会等形式,以求攘除疫灾。修法是密教的祈愿仪式,由此可以看出天台宗、真言宗等平安时代的新佛教在攘灾方面的运用。例如,弘仁十四年(823)三月,因为发生疫病,嵯峨政权命令百位僧侣在东大寺举行以药师如来为本尊的药师法,祈愿消除疫疾。又如,嘉祥三年(850)正月,为了"镇国家、攘疫病",求于佛力,仁明天皇命令诸国修灌顶经法。② 延长七年(929)三月,平安京及其周边诸国疫病流行,死者充斥着平安京的路街,当时醍醐政权听说真言教中有"除疫死法",就命令天台宗的座主——尊意"早修此法,攘灾疫者",于是,尊意率领 30 位僧侣在平安宫的丰乐院 7 天昼夜不断地修不动法。③

正历五年(994)三月以后,平安京以及诸国疫病蔓延,一条政权举行了各种攘除疫病的神事、佛事,但是都没有抑制疫病的势头。六月二十七日,在京都的北野船冈山上,朝廷举行御灵会,祭祀疫神,命令僧人讲读《仁王经》,其时,平安京的人们招集伶人奏乐,不计其数的男女老少汇集于御灵会,向疫神奉上币帛。众多百姓的聚集并非源自朝廷的命令,而是出自百姓们的自愿。④ 显然,当时的人们对于长久不息的疫病流行极其不安,自身也积极地参与攘除疫病的相关行事。

3. 凶年

凶年是指五谷不丰之年。干旱、水灾、疫病、虫害、战乱等天灾人祸都是影响农业收成的重要原因。农业的歉收直接导致的社会现象就是饥馑。

日本文献史料记载的最早饥馑,发生在钦明二十八年(567),当时因为水灾,倭国的部分地域出现饥馑。⑤ 推古三十一年(623),从春季至秋

---

① 『続日本後紀』承和二年四月丁丑条。
② 『続日本後紀』嘉祥三年正月丙午条。
③ 『扶桑略記』延長七年三月条。
④ 『日本紀略』正暦五年六月十七日条;『本朝世紀』正暦五年六月廿七日条。
⑤ 『日本書紀』欽明廿八年条。

季,霖雨洪水,五谷不登。3 年之后,即推古三十四年(626),自三月至七月,倭国再次遭遇霖雨不断。连续的自然灾害造成农作物歉收,导致社会的大饥馑,"老者噉草根而死于道垂,幼者含乳以母子共死"①。在古代社会,饥馑对经济、社会的影响时间较长,常常是两年以上。② 两年后(628 年),推古女王离世。根据《日本书纪》的记载,推古女王留下了薄葬的遗嘱,其理由是"比年五谷不登,百姓大饥"③。天武五年(676)夏季,大旱。天武政权向四方的诸神祇奉献币帛祈愿,同时也请僧侣祈求法力,但是天依然不下雨,造成该年五谷不丰,民众饥荒。从推古女王的遗嘱以及天武政权祈愿神佛的对策,可以看出在 7 世纪,天皇或大王的责任似乎并没有与凶年的发生原因直接相连。

8 世纪以后,农业生产作为律令制国家的支柱性产业,被比喻为"农者,天下之本也"④,"惟王经国,德政为先;惟帝养民,嘉谷为本"⑤。庆云元年(704),由于夏季发生旱灾,导致当年的五谷不登。对此,文武政权采取了免除当年田租、课役等应对措施。翌年(705),文武天皇诏令:"朕以菲薄之躬,托于王公之上,不能德感上天仁及黎庶,遂令阴阳错谬,水旱失时,年谷不登,民多菜色。每念於此恻怛於心。宜令五大寺读金光明经,为救民苦。天下诸国,勿收今年举税之利,并减庸半。"⑥文武天皇虽然在诏文中将旱灾发生、谷物歉收、民众饥馑的原因与自身的德相连,但只是强调自身的德不能感及上天,所以责任主要还是在于上天。不过,随着时间的推移,政事的失缺与凶年的关联被进一步强调。

养老四年(720),水旱两灾并至,导致秋粮不收,再加之虾夷人、隼人的反乱,社会处于不安稳的状态。翌年(721)二月,平城京的上空出现了日晕(即所谓的白虹贯日)的天文现象。为此,元正天皇非常不安,几番

---

① 『日本書紀』推古三十四年是歳条。
② 荒川秀俊『飢饉の歴史』,至文堂 1967 年,第 1—6 頁。
③ 『日本書紀』推古三十六年九月戊子条。
④ 『続日本紀』神護景雲元年四月癸卯条。
⑤ 『日本後紀』延暦十八年六月戊寅条。
⑥ 『続日本紀』慶雲二年四月壬子条。

发布诏令,命令臣下谏言政事,其中的一道诏令中有:"世谚云:岁在申年,常有事故。此如所言,去庚申年,咎征屡见,水旱并臻,平民流没,秋稼不登,国家骚然,万姓苦劳","今亦去年灾异之余,延及今岁;亦犹风云气色,有违于常。朕心恐惧,日夜不休。然闻之旧典,王者政令不便事,天地谴责以示咎征,或有不善,则致之异乎。今汝臣等位高任大,岂得不罄忠情乎。故有政令不便事,悉陈无讳,直言尽意,无有所隐。朕将亲览。"①由此可知,对于养老四年的凶年现象,朝廷最初仅仅用世间流传的申年多事的说法加以解释,但是日晕天象出现后,政事的因素开始被提及,甚至认为灾异是天地对政事有失的谴责。也就是说,中国的天人感应思想被应用到解释灾异发生的原因上,即灾异是人政有失的反映。

天平十八年(746),平城京及其周边地区发生旱灾,年谷不稔。翌年(747),畿内地区发生饥馑。为此,圣武天皇下达免除左右京田租的诏令:"自去六月,京师亢旱。由是奉币帛名山,祈雨诸社,至诚无验,苗稼燋凋。此盖朕之政教不德於民乎。宜免左右京今年田租。"②同样,是祈求诸神祇无效之后,圣武天皇将灾异的原因归结于自身的政教没有德至民众。与前代相比,人君的责任被进一步强调。

进入平安时代后,一旦出现饥荒,朝廷一般采取赈济、免租税等应对措施,并且通过举行神事、佛事,祈求神与佛转祸为福,但是却较少地言及政事与凶年之间的关联。贞观十七年(875)十一月,阴阳寮根据《黄帝九宫经》预言翌年(876)是三合年(即被称为大岁、客气、太阴的三神相合),将会发生"毒气流行、水旱摄并、苗稼伤残、灾火为殃、寇盗大起、兵丧疾疫竞并起",为此上奏朝廷:"弭灾之术,既在祈祷。夫祸福之应,譬犹影响。吉凶之变,慎与不慎也。当此时,人君修德施仁,自然销灾致福。"③阴阳寮的上言说明,进入9世纪以后,凶年的发生依然被视为天皇德政有失的结果,向神佛的祈祷只是寄予消灾的手段。但是,这种理念

① 『続日本紀』養老五年二月甲午条。
② 『続日本紀』天平十九年七月辛巳条。
③ 『日本三代実録』貞観十七年十一月十五日条。

至 10 世纪开始有了改变。

昌泰元年(898)十二月发布的太政官符中有"每年正月,修吉祥悔过者,为祈年谷攘灾难也。其御愿之趣,格条已存。而顷年水旱疫疬之灾,诸国往往言上。盖时代浇薄,人情懈倦,修行御愿不如法乎。宜下知诸国,令长官专当其事,率僚下讲读师,相共至诚,如说修行,广为苍生,祈求景福"的内容。①

吉祥悔过是以吉祥天为本尊的法会,初见于天平宝字八年(764)。神护景云元年(767),为了祈愿"天下太平,风雨顺时,五谷成熟,兆民快乐",称德天皇命令畿内七道诸国的国分寺,在每年的正月"修吉祥天悔过之法"②。承和六年(839),仁明天皇曾以僧侣懈怠为由,一度下令将举行吉祥悔过的场所从国分寺移至国衙的府厅。上述的昌泰元年的太政官符,是醍醐政权命令诸国的国司长官亲掌吉祥天悔过举行之事。该太政官符将凶年发生的原因归于诸国在修吉祥悔过之法时,"人情懈倦,修行御愿不如法"。显然,在灾异的原因中,人政的因素被淡化,取而代之的是神佛之力。关于这一点,从平安后期的藤原通宪(1106—1159)在其撰集的《法曹类林》中的阐述也可以得到佐证:"攘厄会期丰年者,莫过于仰佛神之感应。因兹曩代圣主,每有异难,所被修是等祈祷也。抑崇神之道,币帛最一也。早奉币京畿七道诸国名神,可销彼灾也。""又尊佛事之中,吉祥悔过者,殊胜之御愿也。""国司专当其事,撰定知行之僧侣,如说可令修行也。然则国土之丰平不期而来,内外之诸难不攘而止矣。"③即佛神的感应是丰年抑或凶年的决定因素,而佛神的感应取决于奉神尊佛行事的举行,与政事的善劣无关。

---

① 『類聚三代格』卷二・造佛佛名事・昌泰元年十二月九日太政官符。
② 『續日本紀』神護景雲元年正月己未条。
③ 『法曹類林』卷 226・公務三十四。

第七章　奈良、平安时代的对外交流

第一节　与唐王朝的交流

一、遣唐使的派遣

　　如前所述,倭国首次向唐王朝派遣使节是在舒明二年(630)八月,这一年也是唐王朝大破突厥之年,意味着东亚世界的情势将要发生变化之年。白雉四年(653),孝德王权派出了倭国的第 2 次遣唐使;白雉五年(654),孝德王权再次派出遣唐使。倭国派遣第 4 次遣唐使是在齐明五年(659),以大使坂合部石布、副使津守吉祥为首的遣唐使分乘 2 艘船,从难波津出发,大使与副使分别在不同的船上。大使坂合部石布乘坐的船,在前往唐朝的途中横遭逆风,漂至南海之岛,被当地的岛人所灭,大使也因此丧生。仅有 5 人偷了岛人的船,得以逃到括州,由当地的唐朝官人送至洛阳。副使津守吉祥所乘的船在越州余姚县靠岸。将大船及船上之物留在余姚之后,津守吉祥等人行至越州的州治会稽县,利用驿马前往洛阳。当时,唐高宗在洛阳接见了倭国的遣唐使。在觐见唐高宗时,遣唐使以虾夷人男女 2 人奉示唐皇帝。在此之前的遣唐使向唐皇帝献上的只是琥珀、玛瑙等物①,这次不远万里带虾夷人赴唐,是向唐皇帝显示齐明王权在日本列岛的统治力。同年(659)的十一月一日,倭国遣唐使参加了唐朝的冬至之会,自夸"所朝诸蕃之中,倭客最胜"②,即在参列冬至之会的诸国使节之中,津守吉祥等人最有风采。然而,由于唐朝当时已经决定在翌年(660)与新罗联合讨伐百济,或许是为了防止情报的泄漏,唐朝禁止倭国的使节归国。659年底,唐高宗对倭国遣唐使下敕旨:"国家(唐朝)来年必有海东之政,汝等倭客不得东归",遣唐使一行"遂匿西京(长安),幽置别处。闭户防禁,不许东西。困苦经年"③。直至661年,第4次遣唐使才得以返回倭国。此时,齐明女王已在九州筑紫的朝仓橘广庭宫,准备亲征朝鲜半岛。

白村江之役败战后,天智王权害怕唐军来袭,大力强化国内边境的防御性工事建设。但实际上,唐王朝当时的着重点是高句丽,并没有进攻日本列岛的意图,而是期望朝鲜半岛南部尽快地恢复安定。在白村江之役的翌年(664),唐朝将被唐军俘虏的原百济王子扶余隆送回朝鲜半岛,任命其为熊津都督。其后,五月,唐驻百济的镇将刘仁愿派遣朝散大夫郭务悰出使倭国,"进函与献物"表示通好之意。④ 但是,刚刚战败的倭国不解唐使的来意,以郭务悰等人"非是天子使者,百济镇将私使"为由,作出"使人不得入国,书亦不上朝廷"的判断。⑤ 不过,天智王权还是谨慎地对待唐使,以"镇西将军、日本镇西筑紫大将军"的名义(实际是天智大王之意)特书一函致"在百济国大唐行军总管",解释不允许郭务悰"入国"(入京)的理由,并宴请及赠物于郭务悰等人,折射出当时的倭国在与唐王朝交往时的戒备与谨慎并存的心态。665年八月,由唐皇帝的敕使刘仁愿见证,新罗文武王与扶余隆于熊津歃血盟誓"各除宿憾,结好和

①《新唐书》载:"永徽初,其王孝德即位,改元曰白雉,献虎魄大如斗,码瑙若五升器。"
②『日本書紀』齐明五年七月戊寅条。
③『日本書紀』齐明五年七月戊寅条所引「伊吉连博德书」。
④『日本書紀』天智三年五月甲子条。
⑤『善隣国宝記』天智三年条所引的「海外国記」。

亲"①。同年(665)九月,以朝散大夫沂州司马上柱国刘德高为首的唐朝使节团抵达倭国,总人数254人,前次的唐使郭务悰也在其中。② 这次,天智王权认可了刘德高的唐使身份。十二月,刘德高等人离开倭国时,倭国派出守大石等人作为送唐使(第5次遣唐使)使节,陪送唐使返回中国。③

666年末,借高句丽王权内讧之际,唐王朝决定出兵高句丽。667年,新罗也加入了征讨高句丽的军事行动,直逼平壤。同年(667)的十一月,唐驻百济的镇将刘仁愿派遣熊津都督府熊山县令上柱国司马法聪,送665年赴唐的第5次倭国遣唐使返回筑紫大宰府。而在司马法聪归国时,倭国也派出送使伊吉博德、笠诸石(第6次遣唐使),送唐使返回朝鲜半岛。唐驻百济的镇将几番派遣使节赴日,是与唐王朝对朝鲜半岛的战略思维有关的。唐王朝之所以出兵助新罗消灭百济,用唐将刘仁轨的话说,就是若想要消灭高句丽,就要先讨伐百济("主上欲灭高丽,先诛百济")。④ 平定百济之后,刘仁轨再次上奏唐高宗,其中有"陛下(高宗)若欲殄灭高丽,不可弃百济土地","百济、高丽旧相党援,倭人虽远,亦相影响"等句。⑤ 由此可见,对倭外交是唐王朝讨平高句丽行动中的一个环节。与此相对应,倭国派遣送使的举措也有利于倭国及时了解朝鲜半岛的情势动向。

668年,高句丽灭亡。天智八年(669),天智政权派遣使节河内鲸前

---

① 『三国史記』新羅本紀·文武五年八月条;《旧唐书》百济传。
② 『日本書紀』天智四年九月壬辰条。
③ 666年正月,唐高宗与皇后则天在泰山之顶举行封禅典礼。据《旧唐书》刘仁轨传载,举行泰山封禅仪式时,在白江村之役战胜倭军的唐将、带方州刺史刘仁轨,"领新罗、百济、耽罗(济州岛)、倭四国酋长赴会"。关于参加泰山封禅仪式的倭国使者,有的学者认为是被唐军俘虏的倭人,有的学者认为是第5次遣唐使守大石等人。送使刘德高归国的守大石等人离开倭国的时间是665年十二月十四日以后,因此从行程的距离来看,如果守大石等人去参加泰山封禅仪式,时间上是存在疑问的。
④《资治通鉴》唐纪·龙朔二年七月丁巳条。
⑤《旧唐书》刘仁轨传。

往唐朝(第 7 次遣唐使),祝贺唐王朝平定高句丽。① 这是倭国在 7 世纪内最后一次派出遣唐使。670 年以后,曾经与唐朝结盟的新罗,不仅支持旧高句丽余部对唐的反乱,而且趁机与唐朝对立,军事进攻唐军镇守的旧百济地区。天智十年(671)十一月,唐朝使节郭务悰等 600 人以及送使沙宅孙登等 1400 人,共 2000 人乘船 47 艘抵达倭国。② 同年十二月,天智大王病亡。翌年(672)三月,大友皇子的近江朝廷派人将天智大王故去的消息通知滞留在筑紫的郭务悰等,郭务悰等将唐的国书和信物交给近江政权的来人;五月,近江朝廷赠送给郭务悰等人甲胄、弓矢、织物等物品之后,郭务悰等人回唐。

大宝元年(701)的正月二十三日,文武政权任命了以粟田真人为持节使、高桥笠间为大使、坂合部大分为副使的遣唐使(第 8 次遣唐使)。事隔 30 年后,日本与唐朝的国交再次开启。由于"风浪暴险不得渡海"的缘由,此次遣唐使真正出发的时间是翌年(702)六月③。此后,直至宽平六年(894),日本朝廷又相继 12 次计划派遣遣唐使,其中有 8 次成行。

遣唐使作为临时之职,其官职的编制构成在令制中并没有相应的规定,不同时期的编制不同,但原则上大都是四等官的构架以及配以若干随员的体制。大宝元年任命的遣唐使编制由执节使、大使(长官)、副使(次官)、大·中·小位(第三等官,大中小位各 1 人)、大·少录(第四等官,大录 1 人、小录 2 人)等官职构成。其中,执节使是持有天皇授予的节刀的官人,象征其是天皇的全权代表。灵龟二年(716)任命、养老元年(717)出发的第 9 次遣唐使的编制构成是押使、大使(长官)、副使(次官)、大·少判官(第三等官,大判官 1 人、少判官 2 人)、大·少录事(第四等官,大小录事各 2 人)。押使与执节使同样,也是地位高于大使的官人,持有天皇授予的节刀。此后,遣唐使的官职编制基本固定为大使、副

① 关于此次遣唐使的目的,日本史料没有涉及。《册府元龟》卷 970·外臣部·朝贡三载:咸亨元年(670),"倭国王遣使贺平高丽"。《新唐书》日本传中也有相同记载。
② 『日本書紀』天智十年十一月癸卯条。
③ 『続日本紀』大宝二年六月乙丑条。

使、判官、录事（或主典）。一般情况下，大使、副使的人数各1人①，判官、录事各4人②。除了四等官以外，遣唐使团中还有随员：知乘船事、译语、请益生、主神、医师、阴阳师、画师、史生、射手、船师、音声长、卜部、留学生、学问僧、傔从、杂使、音声生、玉生、锻生、铸生、细工生、船匠、柂师、傔人、挟秒、还学生、水手长、水手等③。这些随员中，既有学习唐文化的留学生、僧侣，也有祭祀、医疗、翻译、航海等各种技术、技能人才。8世纪以后的遣唐使团所乘的船只数，一般是4艘④，若以1艘船承载120人左右来计算，遣唐使团的规模至少达四五百人以上，甚至更为庞大。例如，灵龟二年（716）任命、养老元年（717）出发的第9次遣唐使的人数为557人⑤；天平四年（732）任命、天平五年（733）出发的第10次遣唐使的人数为594人⑥；承和元年（834）任命、承和五年出发的第16次遣唐使的人数为651人⑦。

在诸国使节会集的唐朝，遣唐使个人的形象与表现直接影响到唐皇帝及其他国使节甚至普通唐人对日本国的评价，而且摄取唐制度、文化是遣唐使的重要使命之一，因此，出身、学识、修养、容姿等都是朝廷选拔遣唐使时所考虑的重要因素。⑧从最终选定的人选来看，遣唐使往往出自名门或遣唐使世家，学识渊博，仪容端庄，受到唐人的赞叹。例如，据《续日本纪》记载，第8次遣唐使的执节使粟田真人在楚州盐城县（今江苏盐城）上岸，当地人只与粟田真人交谈几句话后，就感叹道："或闻，海东有大倭国，谓之君子国，人民丰乐，礼仪敦行。今看使人，仪容大净，岂

---

① 天平胜宝二年（750）任命、天平胜宝四年（752）出发的遣唐使，以及宝龟六年（775）任命、宝龟八年（777）出发的遣唐使，都设置副使2人。
② 『続日本紀』天平四年八月丁亥条。
③ 『延喜式』大藏省式。
④ 宝龟九年（778）任命、宝龟十年（779）出发的遣唐使是送唐客使，其时的船为2艘。
⑤ 『扶桑略記』灵龟二年八月同月条。
⑥ 『扶桑略記』天平五年七月庚午日条。
⑦ 『帝王編年記』承和四年丁巳条。
⑧ 森克己『遣唐使』、至文堂1966年、94—100頁。

不信乎。"①《旧唐书》日本传也称赞粟田真人"好读经史,解属文,容止温雅"。如果说日本史料或许存在自夸的可能性的话,那么中国正史史料对粟田真人的评价应该是可信的。

不过,遣唐使也不尽是表现温文尔雅的一面,有时也展现强势的一面,如在唐王朝举行的元日朝贺、冬至之会等诸国使节会集的重要行事上,遣唐使就会有意识地强调、展现日本有优越于其周边诸国及地区的国际地位。例如,(唐)天宝十二年(753)正月元日,唐玄宗在大明宫含元殿接受百官、诸国使节的朝贺,日本遣唐使也在其中。唐朝官员依照唐朝与诸国之间的利害、亲疏、远近关系安排了诸国使节的座次,其中,东畔第一新罗、第二大食,西畔第一吐蕃、第二日本。针对唐朝的这一安排,日本遣唐使向唐朝官人提出异议:"自古至今,新罗之朝贡日本国久矣,而今列东畔上,我反在其下,义不合得。"②对于日本遣唐使的抗议,唐朝方面是如何应对的呢?根据遣唐使的自述,唐朝官人最终对调了日本和新罗使节的座次,即东畔第一日本,西畔第二新罗。③

在唐滞留期间,遣唐使如饥似渴地汲取唐文化养料。对于他们的学习需求,唐皇帝也给予了许多方便。例如,717年,第9次遣唐使多治比县守等人抵达唐朝以后,提出参拜孔子庙堂、寺院、道观的请求,唐朝允诺,而且还许可遣唐使在市购买物品(唐禁止出口的物品除外)④;又,多治比县守等人想请儒士授经学,于是唐玄宗就命令四门助教赵玄默去鸿胪寺教他们⑤;再如,天平胜宝二年(750)任命、天平胜宝四年(752)出发的第12次遣唐使藤原清河等人,在唐玄宗的特许下,参观了拥有大量书

---

① 『続日本紀』慶雲元年七月甲申朔条。
② 『続日本紀』天平勝宝六年正月丙寅条。
③ 『続日本紀』天平勝宝六年正月丙寅条。《东大寺要录》所引《延历僧录》中也有类似记载。由于没有中国文献史料的佐证,对于遣唐使的自述,学界内存在事实说和虚构说两种认识。即使是事实,最终的调换座次是否就意味着唐朝认同日本遣唐使的主张呢?学者们也是存在不同看法的。
④《册府元龟》卷974·外臣部·褒异·开元五年十月乙酉条。
⑤《旧唐书》日本传。

籍的唐朝廷书库（府库）以及三教殿。① 每次的遣唐使，在离开唐朝时都携带大量的书籍、唐物返回日本，其中，既有唐皇帝所赐之物，也有遣唐使在市场用皇帝给的赐物换买来的书籍。② 养老三年（719）正月，全体成员都安全归国的第9次遣唐使，皆穿着唐朝授予的朝服拜见元正天皇。翌月，朝廷即命令百姓衣服采取唐式的右襟之制，同时模仿唐制，规定职事官上朝执笏。天平宝字五年（761）八月，在第13次遣唐使高元度等归国时，唐朝将甲胄、刀、枪、矢等兵器的样品赐予高元度等。翌年（762）正月，大宰府就造出"其制一如唐国新样"的绵袄胄。③ 日本朝廷之所以能够快速地吸收、采用唐式制度与事物，与不少遣唐使归国后担任朝廷的重要官职不无关联。④

　　将唐文化带回日本列岛的另一个重要群体是访唐的留学生和留学僧侣。无论是留学生，还是留学僧侣，都有长期留学和短期留学之分，即学问生、学问僧是长期者，请益生、请益僧是短期者⑤。访唐的留学生中，最有名的是阿倍仲麻吕和吉备真备，二人都是随第9次遣唐使于717年前往唐王朝的，当时，阿倍仲麻吕20岁，吉备真备22岁。阿倍仲麻吕在唐的太学完成学业之后，"慕中国之风，因留不去，改姓名为朝衡"⑥，经过唐朝的国家考试，在唐朝廷内担任官职。阿倍仲麻吕喜好书籍，与李白、王维等唐代诗人有着广泛的交往。752年，以大使藤原清河为首的遣唐使参观唐朝廷书库及三教殿时，给他们做向导的就是阿倍仲麻吕。753年，阿倍仲麻吕与大使藤原清河同乘一条船准备返回故里，然而途中遇逆风，漂至唐南面的驩州（今越南境内），二人只得折回中国，阿倍仲麻吕继续留在唐朝廷就任官职，终生未能回到日本。

　　与阿倍仲麻吕官仕唐朝廷不同，吉备真备学成归国，以其个人的学

---

① 『東大寺要録』所引「延暦僧録」。
②《旧唐书》日本传。
③ 『続日本紀』天平宝字六年正月丁未条。
④ 森克己「遣唐使の文化活動」，「遣唐使」，至文堂1966年、101—106頁。
⑤ 请益生、请益僧都是已有深学造诣者，为了学问或佛教上的疑义，入唐请教。
⑥《旧唐书》日本传。

识和才能,扬名于日本朝廷。在唐 17 年期间,吉备真备"研览经史、该涉众艺"①,是为硕学之士。天平六年(734)十一月,吉备真备随第 10 次遣唐使回到日本,带回了与律令制国家统治制度相关的礼乐、历法、兵器等方面的文物及书籍,包括唐礼 130 卷、太衍历经 1 卷、太衍历立成 12 卷、测影铁尺 1 枚、铜律管 1 部、铁如方响写律管声 12 条、乐书要录 10 卷、弦缠漆角弓 1 张、马上饮水漆角弓 1 张、露面漆四节角弓 1 张、射甲箭 20 支、平射箭 10 支等。② 其中,太衍历在唐王朝也是刚使用数年的最新历法。天平胜宝四年(752),吉备真备再次启程前往中国,不过他的身份已是遣唐使的副使了。

与留学生赴唐学习唐朝的礼制、法律、经史、文学、医术等各种学问相比,留学僧侣访唐的目的则有所不同,他们的主要目的是巡礼求法。随着唐朝佛教各宗派的兴衰发展轨迹,不同时期的留学僧侣,其赴唐学习的宗派也有所不同,初有三论宗、法相宗,后有律宗、华严宗、天台宗、密宗等。日本佛教史上两位重量级人物——最澄与空海都是随第 17 次遣唐使来唐的留学僧侣。在唐的留学僧侣不仅自身学习佛教的教义、法式等,而且还收集大量的佛典,佛像、佛画、法具等带回日本。例如,与吉备真备同时前往中国的学问僧玄昉,天平七年(735)携带经论 5000 余卷及诸佛像返回日本。③

除了书籍和唐物以外,人才的渴求与迎送也是遣唐使赴唐的目的之一。每次遣唐使船在中国的停留时间往往只是一两年的时间。但是,随遣唐使来唐的学问生、学问僧的学习或求法常常需要更长的时间,因此他们只有等待下一次遣唐使船来唐,才有机会归国,而这一等就可能是 10 年以上。不少留学生、留学僧侣在唐生活的时间长达 10 余年或者更长的时间,有些人甚至因为长期使用唐人的语言而生疏了自己的母语(日语)。例如,于延历二年(783)左右归国的高僧行贺,25 岁前往唐王朝留学,

① 『続日本紀』宝亀六年十月壬戌条。
② 『続日本紀』天平七年四月辛亥条。
③ 『続日本紀』天平十八年六月己亥条。

学习唯识、法华二宗，在唐滞留时间长达 31 年之久。据载，行贺刚回国时，为了考查他的学问，东大寺的僧侣明一对行贺"难问宗义"，行贺"颇有所塞"，支吾对答；于是，明一怒骂："费粮两国，学植肤浅，何谓朝寄，不实归乎"；行贺惭愧不已，大哭，"久在他乡，频忘言语"。①

遣唐使赴唐迎接的人中，不只是留学生、留学僧侣，还有滞留在中国的遣唐使官员。如为了接回前述的藤原清河，日本朝廷于天平宝字三年（759）专门派出"迎入唐大使使"高元度前往中国，遗憾的是，因道路多难，藤原清河最终也未能回到日本。

当然，也有唐人随遣唐使到日本。这些唐人中，既有使节，也有去日本传法的僧侣，其中最著名的就是鉴真大师。天平五年（733），日本僧荣睿、普照随第 10 次遣唐使至唐留学，当时"唐国诸寺三藏大德皆以戒律为入道之正门，若有不持戒者，不齿于僧中"②，而日本尚无传戒之人，为此，荣睿、普照首先请洛阳大福光寺道璿律师乘第 10 次遣唐使船前往日本，然后二人边留学，边寻请高僧。742 年，荣睿、普照拜访了在扬州大明寺宣讲戒律的律宗高僧鉴真，邀请鉴真东渡日本传法。鉴真收到邀请后，首先问他的弟子是否有人愿意前往，由于"彼国太远，性命难存，沧波淼漫，百无一至"，鉴真的弟子中没有人表示愿意赴日，于是，鉴真决定"诸人不去，我即去耳"③。由于种种原因，鉴真及其随行弟子前后 5 次尝试东渡都没有成功，历经磨难。其间，鉴真的眼睛失明，荣睿也病死在中国。753 年十一月第 6 次东渡，鉴真一行乘坐第 12 次遣唐使副使吉备真备的船，从苏州出发，一个月后抵达日本。天平胜宝七年（755），鉴真在东大寺建立戒坛院，给圣武太上天皇、光明皇太后等人授戒，从此，日本授戒制度形成。鉴真还为日本带入了大量的佛像、佛画、法具以及天台宗、律宗相关典籍等，对日后日本佛教的发展影响匪浅。

---

① 『扶桑略記』延暦廿二年二月己未条。『類聚国史』卷 147・撰書・延暦廿二年三月己未条。
② 『唐大和上東征傳』。
③ 『唐大和上東征傳』。

二、唐使的访日

与日本多次派出遣唐使相比，8世纪以后，唐朝皇帝向日本派遣使节只有1次。宝龟八年(777)出发的遣唐使，于翌年(778)正月抵达唐长安城，三月谒见唐皇帝代宗。四月，唐代宗命令中使赵宝英等人携带给日本的答信物，前往日本国。听到这一消息后，日本遣唐使力陈路途遥远，即"本国行路遥远，风漂无准"，如若使节前往日本，则"冒涉波涛，万一颠踬，恐乖王命"，期望代宗能够改变想法，停止派遣使节前往日本。但是代宗却回答说："朕有少许答信物，今差宝英等押送，道义所在，不以为劳"，依然坚持自己的命令。[1] 无奈之下，遣唐使只能接受代宗的决定。然而，不幸被遣唐使言中，在前往日本国的途中遇到暴风雨，唐使赵宝英与日本遣唐副使小野石根乘坐的第1船倾覆于海，赵宝英、小野石根等人溺水身亡；唐使判官孙兴进乘坐的第3船，虽遇逆风，多处损坏，但总算漂至日本大宰府管辖之地。

面对唐使的来临，如何把握迎接唐使外交礼仪的尺度，成为当时的光仁政权首先要确定的问题。宝龟九年(778)十月二十三日，与唐使孙兴进同船抵达九州的遣唐使判官小野滋野，迅速向中央朝廷报告唐使抵日的消息，并请求依据"蕃例"礼遇唐使。小野滋野的"蕃例"究竟是视唐朝为日本的"蕃国"，还是将日本作为唐的"蕃国"呢？准确含义不得而知，想必光仁政权也不太清楚小野滋野的本意，所以在接到报告之后，中央朝廷一方面指示大宰府慰问(劳问)唐使，一方面命令小野滋野迅速入京，以了解具体情况。[2] 十一月九日，朝廷派中央官员前往大宰府慰问(劳问)唐使。

在采取上述应对措施的同时，光仁政权开始着手准备迎唐使入京的诸般事宜。首先，为了迎接唐使进入平城京，命令左京和右京"差发六位

---

① 『続日本紀』宝龟九年十月乙未条。
② 『続日本紀』宝龟九年十月庚子条。

以下子孙,堪骑兵者八百人"①;其次,为了外交礼仪的需要,命令陆奥、出羽二国向中央进虾夷人二十人②。与迎接新罗使、渤海使的骑兵队相比,迎接唐使入京的骑兵队在组成规格上要高出一等,不仅有虾夷少数族,而且左右京征调的骑兵是六位以下官人的子孙,而迎接新罗使的骑兵队是由地方诸国的骑兵组成的。③

宝龟十年(779)四月,唐使在前往平城京的行进途中,"左右建旗,亦有带仗"。面对唐使显示大唐威仪的昭彰众目的做法,中央朝廷派出的领唐客使不知如何应对为好,向朝廷请示接待唐使的礼仪规格,同时列举出接待新罗使或渤海使的礼仪规格,以及遣唐使在唐所受的礼仪规格,供朝廷参考;光仁政权指示以"别式"礼遇唐使,也就是采取区别于接待新罗使、渤海使的礼仪;同时对于唐使的"建旗""带仗"行为,也采取了折衷对策,不允许"建旗",但准允"带仗"。④唐使抵达平城京之时,光仁政权派出骑兵200人、虾夷20人的仪仗队在平城京的罗城门之外迎接。⑤

唐使入京后,要举行唐使谒见天皇并呈上唐王朝国书与信物的仪式。这时,关于光仁天皇应以何种身份接受唐皇帝的国书,出现了争议⑥:一种意见是唐为大国,日本为小国,所以日本应以中国的"藩国"身份接待唐使;另一种意见是无论国的大小强弱,己国的君主永远高于他国的君主,应把唐使视为"藩客"对待。尽管后者的意见得到大多数人的赞成,但最终天皇依然采纳了前者的意见,从座位上走下来,接受唐使呈上的唐王朝国书。宝龟十年(779)五月,唐使辞行、归国,光仁政权为了

---

① 『続日本紀』宝龟九年十二月丁亥条。
② 『続日本紀』宝龟九年十二月戊戌条。
③ 参王海燕:《8世纪日本的外交礼仪与空间》,《古代日本的都城空间与礼仪》,第106—120页。
④ 『続日本紀』宝龟十年四月辛卯条。
⑤ 『続日本紀』宝龟十年四月庚子条。
⑥ 参《栗里先生杂著》卷8《石上宅嗣补传》所载的大泽清臣本"壬生官务家文书"。关于此条史料的传承经过尚存在不明之处,但是史料中所反映的两种对唐观,应该是属实的(森公章「古代日本における対唐館の研究」,『古代日本の対外認識と通交』,吉川弘文館1998年、35—37頁)。

给唐使送行,新造船只 2 艘,并派遣送唐客使,携带信物,护送唐使返回中国。

　　从唐使在日本所受到的礼遇规格,以及与其有关的日本朝廷内部的不同意见可以看出,尽管律令制下的日本在对外意识上将唐朝时期的中国视为对等的"邻国",但在现实中,日本必须承认中国的大国地位,对等外交只是一个概念而已。

三、遣唐使的终止

　　遣唐使船从日本前往中国的航路主要有 3 条,即北路、南岛路、南路。其中,北路也称新罗道,7 世纪的遣唐使多走此路线。北路从九州北部的筑紫出发,经对马、壹岐二岛,穿过济州海峡,沿朝鲜半岛西海岸线北上,横渡黄海,在山东半岛的登州或莱州靠岸上陆,然后走陆路至长安。南岛路,8 世纪前半叶的遣唐使船一般利用此航路,从筑紫出发后,沿九州沿岸南下,经种子岛、屋久岛、奄美大岛、德之岛、冲绳等西南诸岛,然后选择合适的地方横渡东海,在长江口一带靠岸上陆。南路是 8 世纪后半叶以后的航路,航程最短,从筑紫出发,向西南行至肥前国松浦郡的值嘉岛(平户、五岛列岛),等待顺风,直接横渡东海,至长江口一带靠岸上陆。在 3 条航路中,北路相对最为安全,但由于这条航路需要通过朝鲜半岛的西海岸,因此日本与新罗两国之间的关系好坏会直接影响到遣唐使对这一航路的利用。这也是 8 世纪以后,遣唐使多采用南岛路或南路航路的原因所在。除主要 3 条航路以外,第 13 次遣唐使高元度一行走了一条取道渤海的路线:随渤海国使节从日本敦贺出发,穿过日本海北上,在渤海国东京龙泉府附近上陆,通过渤海国前往长安。

　　在波涛海浪中往返于日本与中国之间的遣唐使船,航行中一旦遇到狂风巨浪,船只很容易翻覆或偏离方向任意漂流,不少人丧生大海或漂至某岛被当地人所害。为了防止遣唐使全体官员同时遇难而无法完成使命的情况发生,遣唐使的大使、副使、判官通常分乘不同的船只。在遣唐使出发前,往往会有向神祇祈愿遣唐使平安的祭祀行事。遣唐使的随员中也有主神、阴阳师、卜部等与祈祷航海平安有关的人员。因此，每位遣唐使及其他乘船同行者对渡海的危险都是非常清楚的。然而不是每个人都怀有殊死之心，所以在遣唐使船出发前，出现临阵逃脱的人也就不足为奇了。宝龟六年（775）任命的第 15 次遣唐使，于宝龟七年（776）出发，行至肥前国松浦郡，由于没有等到顺风，不得已返回筑紫，准备翌年（777）再出发渡海。可是，到了次年顺风之时，遣唐大使佐伯今毛人却称病留在平城京。无奈之下，光仁政权只好命令副使小野石根持节代行大使职责，由此派出了没有大使的遣唐使团。又如，承和元年（834）任命的第 18 次遣唐使，于承和三年（836）从肥前国松浦郡出发入海，但是半路漂回，船只受损；翌年（837），船只修成，再度出发，再次遭遇逆风，漂至壹岐岛、值贺岛；承和五年（838），第 3 次出发，终于成功。但是在出发前，由于大使藤原常嗣所乘的第 1 船漏水，所以命令将原由副使小野篁乘坐的第 2 船换为藤原常嗣乘坐的第 1 船，为此，小野篁非常不满，认为换船使得他乘坐"危器"，藤原常嗣的做法是损人利己的行为，因此佯病不肯上船，留在了日本。事后，小野篁以抗旨之罪被流放到隐岐岛。[①]

　　遣唐使及其随员不畏艰险，将唐文化带回日本，对日本律令制国家的发展有着功不可没的作用。作为官派的遣唐使，其所需的经费开支皆由国家承担，其中包括给唐朝的信物（贡物）、给遣唐使及其随员的赐物及奖赏、造船的费用、船上生活的必备物品等等。《延喜式》大藏省规定，日本给唐皇帝的贡物有：银 500 大两、水织绝和美浓绝各 200 疋、细绝和黄绝各 300 疋、黄丝 500 钧、细屯绵 1000 屯，别送彩帛 200 疋、叠绵 200 帖、屯绵 200 屯、纻布 30 端、望陀布 100 端、木绵 100 帖、出火水精 10 颗、玛瑙 10 颗、出火铁 10 具、海石榴油 6 斗、甘葛汁 6 斗、金漆 4 斗。这些都是惯例性的贡物，除此以外，日本也会应唐王朝的特殊要求准备贡物。例如唐王朝因为"安史之乱"，兵器多毁，需要大量牛角制作新弓，唐皇帝听说日本多有牛角，于是在遣唐使高元度归国之际，向其表达了希望日

---

① 『続日本後紀』承和五年十二月己亥是日条；『日本文徳天皇実録』仁寿二年十二月癸未条。

本能贡进牛角。为此,天平宝字五年(761)高元度归国后,转达了唐王朝的要求,日本朝廷马上让东海、东山、北陆、山阴、山阳、南海等道的地方诸国贡牛角7800只①,并任命了第14次遣唐使,准备将牛角送给唐王朝。但是由于船只破损、风向不顺等客观原因,此次遣唐使未能成行。

遣唐使及其随员所受的待遇也是优厚的。出发之际,无论是大使、副使,还是船匠、水手,都按规定给予一定量的物品②:

大使　绝60疋、绵150屯、布150端。

副使　绝40疋、绵100屯、布100端。

判官　绝10疋、绵60屯、布40端。

录事　绝6疋、绵40屯、布20端。

知乘船事、译语、请益生、主神、医师、阴阳师、画师各绝5疋、绵30屯、布16端。

史生、射手、船师、音声长、新罗和奄美等译语、卜部等各绝4疋、绵20屯、布13端。

杂使、音声生、玉生、锻生、铸生、细工生、船匠等各绝3疋、绵15屯、布8端。

傔人、挟杪各绝2疋、绵12屯、布4端。

留学生、学问僧各绝40疋、绵100屯、布80端。

还学僧　绝20疋、绵60屯、布40端。

水手长　绝1疋、绵4屯、布2端。

水手绵　4屯、布2端。

除此之外,还赐予大使、副使额外的砂金等物。如承和三年(836),仁明天皇赐予遣唐大使藤原常嗣砂金200两,御衣一袭,白绢御被二条;副使小野篁砂金100两,御衣一袭,赤绢被二条。③ 这些费用对国家财政来说,实为不小的负担。

---

① 『続日本紀』天平宝字五年十月辛酉条。
② 『延喜式』大藏省式・入蕃諸使条。
③ 『続日本後紀』承和三年四月壬辰条。

　　9 世纪以后,遣唐使派遣的时间间隔渐长,最终趋向停派。宽平六年(894)八月二十一日,宇多政权任命菅原道真为遣唐大使,纪长谷雄为副使。此次遣唐使的任命,距离前次的承和元年(834)的遣唐使派遣有 60 年之久的间隔。然而,任命遣唐使还不足一个月,九月十四日,菅原道真就上奏朝廷,请求诸公卿议定停止派出遣唐使。宽平五年(893)三月时,在唐的日本僧侣中瓘委托唐商人王讷给日本朝廷捎来了"录记",报告其所见所闻的唐朝社会状况。菅原道真在上奏文中,以中瓘报告的"大唐雕弊"的萧条状况和以往的遣唐使"或有渡海不堪命者""或有遭贼遂亡身者"为由,建议朝廷暂时停派遣唐使。① 实际上,宽平六年七月,也就是任命遣唐使的前一个月,由菅原道真起草的太政官给中瓘的返牒中,引用了中瓘所报告的唐朝状况是"久阻兵乱,今稍安和",并且告知中瓘"朝议已定,欲发使者"。② 显然,仅仅相隔两个月,菅原道真对中瓘的"录记"内容给出了不同的解读。由此可以推测,菅原道真之所以提出暂时停派遣唐使的建议,表面上的原因是"大唐雕弊"以及航海的危险,实际上在其背后还有当时日本国内频发灾异、遣唐使派遣的财政负担、新罗贼的侵寇等更深层的原因。③ 菅原道真撰定的遣唐使停止申请,很快就有了公卿议定的结果。九月三十日,朝廷宣布"停遣唐使"④。此后,菅原道真等人的遣唐使之职在相当长的时间里都没有被解除,因此一般认为,宽平六年停派遣唐使的决定中,并没有废止遣唐使制度的含义。不过随着唐王朝的灭亡,日本朝廷再也没有派遣遣唐使的必要了。

　　9 世纪以后,来往于中国与日本之间的唐商或新罗商的船只增多。承和年间派遣的第 18 次遣唐使,于 839 年在唐王朝的楚州,因为遣唐使

① 『菅家文草』卷九・請令諸公卿議定遣唐使進止状。
② 『菅家文草』卷十・太政官牒在唐僧中瓘報上表状。
③ 鈴木靖民「遣唐使の停止に関する基礎的研究」、『古代対外関係史の研究』、吉川弘文館 1985 年、253—308 頁。
④ 『日本紀略』宽平六年九月己丑其日条。

的船只破损,雇了9只"新罗船",从中国出发返回日本。① 承和五年从日本出发的遣唐使,事实上是成行的最后的日本遣唐使,此后,唐商或新罗商的商船成为往返于日本和中国之间的人们的重要交通工具。

表 7-1　遣唐使表

任命次序	任命初始的大使、副使名	任命时间	最终出发的大使、副使名	出发时间	归国时间	备注	出典
1	犬上御田锹 药师惠日	同任命		舒明二年(630)	舒明四年(632)		《日本书纪》
2	吉士长丹(大使) 吉士驹(副使)	同任命		白雉四年(653)	白雉五年(654)		《日本书纪》
	高田首根麻吕(大使) 扫守小麻吕(副使)	同任命		同上		途中遇难	《日本书纪》
3	高向玄理(押使) 河边麻吕(大使) 药师惠日(副使)	同任命		白雉五年(654)	齐明元年(655)		《日本书纪》
4	坂合部石布(大使) 津守吉祥(副使)	同任命		齐明五年(659)	齐明七年(661)	大使所在之船途中遇难	《日本书纪》
5	守大石 坂井部石积	同任命		天智四年(665)	天智六年(667)	送唐使刘德高等人	《日本书纪》
6	伊吉博德 笠诸石	同任命		天智六年(667)	天智七年(668)	送唐使司马法聪	《日本书纪》
7	河内鲸	同任命		天智八年(669)		贺唐平定高句丽	《日本书纪》
8	粟田真人(执节使) 高桥笠间(大使) 坂合部大分(副使)	大宝元年(701)	粟田真人(执节使) 坂合部大分(大使) 许势祖父(也称巨势邑治)(副使)	大宝二年(702)	庆云元年(704)(执节使) 庆云四年(707)(副使) 养老二年(718)(大使)		《续日本纪》

---

① 『続日本後紀』承和六年八月己巳条。

续　表

任命次序	任命初始的大使、副使名	任命时间	最终出发的大使、副使名	出发时间	归国时间	备注	出典
9	多治比县守(押使)阿倍安麻吕(大使)藤原马养(副使)	灵龟二年(716)	多治比县守(押使)大伴山守(大使)藤原马养(副使)	养老元年(717)	养老二年(718)		《续日本纪》
10	多治比广成(大使)中臣名代(副使)	天平四年(732)	同任命	天平五年(733)	天平六年(734)(大使)天平八年(736)(副使)天平十一年(739)(判官)		《续日本纪》
11	石上乙麻吕(大使)	天平十八年(746)	中止			《怀风藻》石上乙麻吕传载,天平年间(729—749),石上乙麻吕被任命为入唐大使。日本学者考证出的具体时间是天平十八年	東野治之「天平十八年の遣唐使派遣計画」、『正倉院文書と木簡の研究』、塙書房1977年
12	藤原清河(大使)大伴古麻吕(副使)	天平胜宝二年(750)	藤原清河(大使)大伴古麻吕(副使)吉备真备(副使)	天平胜宝四年(752)	天平胜宝五年(753)(副使)	鉴真大师随行东渡抵日。藤原清河及阿倍仲麻吕等人所乘的第一船途中遇逆风,折回中国	《续日本纪》
13	高元度(迎入唐大使使)	天平宝字三年(759)	同任命	天平宝字三年(759)	天平宝字五年(761)		《续日本纪》

续　表

任命次序	任命初始的大使、副使名	任命时间	最终出发的大使、副使名	出发时间	归国时间	备注	出典
14	仲石伴(大使)石上宅嗣(副使)	天平宝字五年(761)	中止			天平宝字六年(762),罢免石上宅嗣的副使,以藤原田麻吕为副使。遣唐使船原计划4艘,但因船破损,遣唐使规模缩小至2艘船,大使、副使的使命由判官替代,但终因无便风,未能成行	《续日本纪》
	中臣鹰主(大使)高丽广山(副使)	天平宝字六年(762)					
15	佐伯今毛人(大使)大伴益立(副使)藤原鹰取(副使)	宝龟六年(775)	小野石根(副使)大神末足(副使)	宝龟八年(777)	宝龟九年(779)	归途时,唐使同行赴日。途中,4船中3船遇暴风巨浪,唐使赵宝英、遣唐副使小野石根等人遇难丧生	《续日本纪》
16	布势清直(送唐客使)	宝龟九年(779)	同任命	宝龟十年(780)	天应元年(781)		
17	藤原葛野麻吕(大使)石川道益(副使)	延历二十年(801)	同任命	延历二十三年(804)	延历二十四年(805)	最澄、空海等人随船同往入唐	《日本纪略》
18	藤原常嗣(大使)小野篁(副使)	承和元年(834)	藤原常嗣(大使)	承和五年(838)	承和六年(839)	圆仁等人随船同往入唐	《续日本后纪》
19	菅原道真(大使)纪长谷雄(副使)	宽平六年(894)	中止				《日本纪略》

第二节　与新罗的交往

一、往来与摩擦交错的时代

在律令制国家时期,作为临时官职的遣新罗使,与遣唐使一样,其编制也采用四等官制以及配以若干随员的体制。文武四年(700)任命的遣新罗使由大使(长官)、小使(次官)、大·少位(第三等官,大少位各 1 人)、大·少史(第四等官,大少史各 1 人)构成。[①]《延喜式》规定的遣新罗使的编制构成中,在入新罗使一职以下,有判官、录事、大通事、史生、知乘船事、船师、医师、少通事、杂使、傔人、锻工、卜部、柂师、水手长、狭秒、水手等官人及随员。[②]

律令制下的日本将新罗视为臣属日本的"蕃国"。新罗孝昭王死后的翌年(703),新罗向日本派遣使节,告知孝昭王的死讯。对此,文武天皇对新罗使下诏文表示慰问之意,其中一段写道:"朕思,其蕃君虽居异域,至於覆育,允同爱子。虽寿命有终人伦大期,而自闻此言哀感已甚。"[③]文武天皇将新罗国王称为"蕃君"并视同"爱子",毫不掩饰地表现新罗是日本臣属国的意识。对此,在 8 世纪初期,新罗不但没有在表面上流露出不快,而且从形式上满足日本对其提出的朝贡要求,以维持两国间的良好关系。

然而,随着新罗与唐之间关系的修复,新罗对日本的对等态度则逐渐显露,两国之间的摩擦时有发生。天平四年(732)正月,新罗使金长孙一行携带各种财物,以及鹦鹉(1 只)、鸲鹆(1 只)、蜀狗(1 只)、猎狗(1只)、驴(2 头)、骡(1 头)等赠物抵达日本。[④] 这是自神龟三年(726)以来,隔了 5 年之久的新罗使的入日。但是,金长孙等人在九州滞留了 1 个多

① 『続日本紀』文武四年五月辛酉条。
② 『延喜式』大藏省式·入諸蕃使。
③ 『続日本紀』大宝三年闰四月辛酉朔条。
④ 『続日本紀』天平四年正月丙寅条、五月庚申条。

月之后,大宰府的官人才召见他们,询问新罗使的来意。五月,新罗使一行入京,向圣武天皇呈上种种物品,并请求日本允许新罗对日派遣使节的周期固定化,即3年1次。日本朝廷答允了新罗的要求。① 显然,3年1次的约定可以使新罗、日本两国间的使节来往定期化,但是与当时新罗几乎每年的正月都派遣使节前往唐王朝贺正相比,3年1次遣使入日的定期化要求,反映出新罗一方面希望延续平稳的与日本的外交关系,另一方面也开始表现出其对日本的对等意识。②

天平六年(734)年底,新罗使节金相贞一行抵达日本。翌年(735)二月,金相贞一行入京,但是,日本却以"新罗国辄改本号,曰王城国"为由,责令新罗使即刻归国。③ 天平八年(736),日本的遣新罗使在新罗受到了"新罗国失常礼,不受使旨"的待遇④。日本与新罗之间的关系趋于紧张,日本朝廷甚至有人主张应该发兵征伐新罗。此后,天平十年(738)、天平十四年(742)和天平十五年(743),新罗先后3次派遣使节出使日本,但都被日本朝廷以各种理由阻挡于大宰府。特别是天平十五年(743)入日的新罗使,将新罗送给日本的赠物的名义从朝贡意义的"调"改为土特产意思的"土毛",使日本朝廷极为不满,认为新罗使的改称行为是"大失常礼"。日本朝廷遂作出"告以失礼之状,便即放却"的决定,对新罗使不加礼遇,令其即刻归国。⑤ 与日本对新罗的强硬态度相对应,新罗于742年也不接受日本派往新罗的使节。⑥ 日本与新罗之间的国交来往一时间中断。

天平胜宝四年(752),恰是东大寺大佛开眼供养之年。同年正月,日本向新罗派出了遣新罗使。与此呼应,闰三月,新罗也派出了以新罗王

---

① 『続日本紀』天平四年五月壬戌条。
② 鈴木靖民「天平初期対新羅関係」、『古代対外関係史の研究』、171—174頁。
③ 『続日本紀』天平七年二月癸丑条。
④ 『続日本紀』天平九年二月己未条。
⑤ 『続日本紀』天平十五年四月甲午条。
⑥ 《三国史记》景德王元年十月条。

子金泰廉为首的 700 余人的使节团，分乘 7 艘船出使日本。① 对于这次新罗使的来临，日本朝廷非常重视，派出使者至天智、天武、元明等诸先帝的陵寝，祭告新罗来使之事。六月，金泰廉率 370 余人入京，在谒见孝谦天皇时，金泰廉说道："新罗国者，始自远朝，世世不绝，舟楫并连，来奉国家。今欲国王亲来朝贡进御调。而顾念一日无主，国政绝乱。是以遣王子韩阿飡泰廉代王为首，率使下三百七十余人入朝。兼令贡种种御调。谨以申闻。"②金泰廉的一番话，使孝谦天皇非常高兴，认为新罗派遣王子金泰廉入日，并且"贡进御调"，反映了新罗王的勤诚，应该嘉奖，并且要求新罗"从今以后，国王亲来，宜以辞奏；如遣余人入朝，必须令赍表文"③。这个要求反映出金泰廉一行没有携带国书出使日本，换句话说，尽管金泰廉在口头上号称新罗王对日本"朝贡进御调"，但实际上真正体现新罗对日本认识的正式文书——国书却没有出现。

翌年（753）的正月，在唐朝的朝贺仪式上，就发生了日本与新罗两国使节争座次之事；八月，日本朝廷派出的遣新罗使小野田守等人前往新罗，然而新罗王以日本使节傲慢无礼为由不予接见，小野田守等人没有完成使命便返回了日本。由此，呈现好转趋势的两国关系再度恶化。事实上，新罗始终没有改变其对日本的对等性外交态度，752 年的庞大的新罗使节团的示好，只不过是出于新罗自身的政治需求而已。当时的新罗正处在与渤海国对立的状况中。752 年，在日本首先派出遣新罗使的情形下，出于自国战略性的考虑，新罗向日本派出了使节，并携带大量的货物，如金属工艺品、香料、器物、染料等，以示友好。此外，这一年的新罗使的出使日本，似乎与东大寺的大佛开眼也有着密切关联，金泰廉一行在归国之前，曾前往东大寺礼拜大佛④。

---

① 『続日本紀』天平勝宝四年閏三月己巳条。
② 『続日本紀』天平勝宝四年六月己丑条。
③ 『続日本紀』天平勝宝四年六月壬辰条。
④ 鈴木靖民「正倉院の新羅文物」、『古代対外関係史の研究』、417—432 頁；李成市「正倉院所藏新羅毡貼布記の研究——新羅・日本間交易の性格をめぐって」、『古代東アジアの民族と国家』、岩波書店 1998 年、315—379 頁。

　　755 年，唐朝发生"安史之乱"。758 年，日本的遣渤海使小野田守等人从渤海国返回日本，向朝廷报告唐朝"安史之乱"的详细情况。翌年（759），以藤原仲麻吕为首的中央政府决定策划征讨新罗。759 年六月，"令大宰府造行军式，以将伐新罗"①；八月，派遣大宰帅三品船亲王前往供奉应神大王、神功皇后的香椎庙，"奏应伐新罗之状"②；九月，为了征讨新罗，动员诸国，开始造船 500 艘（北陆道诸国 89 艘，山阴道诸国 145 艘，山阳道诸国 161 艘，南海道诸国 105 艘），计划 3 年之内造成③。也就是说，日本朝廷计划在天平宝字六年（762）下半年左右征讨新罗。与此同时，日本与渤海国之间的使节往来也颇为频繁④，一方面日本通过渤海国了解有关唐朝局势的消息，另一方面日本在征讨新罗问题上谋求与渤海国的合作、同盟关系⑤。

　　天平宝字四年（760）九月，就在日本方面积极地进行征讨新罗的准备时，新罗派出使节金贞卷出使日本，距上次天平胜宝四年（752）新罗来使，已是时隔 8 年时间。为此，日本朝廷派遣陆奥按察使藤原惠美朝獦等人前往大宰府，询问金贞卷等人的来意，金贞卷回答说："不修职贡，久积年月，是以，本国王令贲御调贡进。又无知圣朝风俗言语者，仍进学语二人。"⑥听完金贞卷的回答后，藤原惠美朝獦指责新罗：凡是"执玉帛行朝聘"，就应该忠信并有礼义，但是新罗既不忠信，又欠缺礼仪，这种本末倒置的行为使日本轻视新罗。又，新罗王子金泰廉入日时曾说过：依照古来的惯例，供奉日本；其后，日本派遣小野田守出使时，新罗国无礼拒

① 『続日本紀』天平宝字三年六月壬子条。
② 『続日本紀』天平宝字三年八月己亥条。
③ 『続日本紀』天平宝字三年九月壬午条。
④ 天平宝字年间（757—765），渤海使节入日共 3 次，其时间分别是天平宝字二年（758）、天平宝字三年（759）、天平宝字六年（762）；日本派出遣渤海使共 4 次，其时间分别是天平宝字二年、天平宝字四年（760）、天平宝字六年、天平宝字七年（763）。此外，天平宝字三年的迎入唐大使度高元度等人是经渤海国来唐的。
⑤ 酒寄雅志「八世紀における日本の外交と東アジアの情勢」，『渤海と古代の日本』，校倉書房 2001 年、219—226 頁。
⑥ 『続日本紀』天平宝字四年九月癸卯条。学语是指学习日本语言的人。

见,使得小野田守没有完成使命而归国;新罗王子尚且无信用,更何况身份较低的使者(金贞卷)呢? 藤原又对金贞卷说:使人(金贞卷)身份低微得不足以让日本以宾相待,宜即刻返回新罗,告知汝国:"以专对之人、忠信之礼、仍旧之调、明验之言",四个条件具备了,才宜遣使来日本。① 从藤原惠美朝獦对金贞卷说的几番话中可知,对于753年新罗王拒见日本遣新罗使小野田守一事,日本方面始终耿耿于怀,这也可以说是日本、新罗两国间关系再次恶化的直接导火索;而正在推进征讨新罗计划的日本,对待新罗的态度非常强硬,提出了新罗来使必备的4个条件,居高临下地推行以日本为中心、新罗为从属的日本律令制国家的对外意识。

天平宝字五年(761)十一月,藤原仲麻吕政府任命节度使,征调筑前、筑后、肥前、肥后、丰前、丰后、日向、大隅、萨摩、纪伊、阿波、赞歧、伊予、土佐、播磨、美作、备前、备中、备后、安艺、周防、远江、骏河、伊豆、甲斐、相模、安房、上总、下总、常陆、上野、武藏、下野等国的兵船、兵士、郡司子弟、水手,开始习练弓马、五行之阵以及制造兵器。② 翌年(762)十一月,征讨新罗的各种准备就绪,朝廷派遣使者奉币于伊势大神宫、香椎庙以及天下神祇,告知众神将要征伐新罗事。然而,进入天平宝字六年(762)以后,由于孝谦太上天皇与淳仁天皇之间的矛盾激化,以藤原仲麻吕为主导的政权变得岌岌可危、摇摇欲坠,自然无暇顾及征讨新罗计划。其后,由于藤原仲麻吕的垮台,征讨新罗计划也随之付诸东流了。

征讨新罗计划停止以后,新罗数次向日本派遣使节,但是新罗使节大都止步于大宰府。其中,宝龟五年(774)三月,新罗使金三玄率领235人的使节团抵达大宰府,光仁政权派出官员前往大宰府询问新罗使的来意,金三玄明确表示新罗国与日本的两国关系是对等的,强调自己不是"贡调之使",而是奉新罗国王之命,"请修旧好每相聘问",所带之物是"土毛"(特产)而不是"御调"。面对金三玄表现出的对等性态度,日本责

---

① 『続日本紀』天平宝字四年九月癸卯条。
② 『続日本紀』天平宝字五年十一月丁酉条。

难道:"新罗元来称臣贡调,古今所知,而不率旧章,妄作新意,调称信物,朝为修好。以昔准今,殊无礼数",并且不允许金三玄等人入京,令其从大宰府尽快返回新罗。① 宝龟九年(778),唐使判官高鹤林与日本遣唐使判官海上三狩乘坐的第 4 船,从唐楚州盐城县出海后,漂至耽罗岛,高鹤林与海上三狩等人被岛人扣留。为了迎回海上三狩等人,宝龟十年(779)二月,日本派出遣新罗使下道长人等前赴新罗。同年七月,下道长人、海上三狩等人从新罗回到日本,新罗的使节金兰荪等人也携带方物,一同抵达日本。翌年(780)正月,新罗使金兰荪等人参列了光仁天皇出席的元正朝贺仪式。但是,金兰荪等人并没有持表函(国书),谒见光仁天皇时,只是口头上转达了新罗王之言。对此,光仁天皇在给新罗王的国书中,要求以后的新罗使应携带表函出使日本,如若没有表函,则新罗使不得入境。② 然而,金兰荪一行之后,新罗就再没有向日本派遣使节了。此后,以新罗商人为中心的民间往来渐趋替代国家官方之间的交往,例如弘仁五年(814)十月,新罗商人 31 人一同抵达日本③;还有不少商人向日本朝廷献上包括驴、山羊、鹅等动物的礼物④。此外,随着新罗国内因权力争斗,混乱局势不断出现,也有不少新罗人移居日本。

二、新罗商人的往来

9 世纪以后,日本曾数次为了与遣唐使有关的事宜,派遣使节前往新罗。承和三年(836),因为担心遣唐使藤原常嗣等人乘坐的船在渡海时遭遇风浪漂至新罗,仁明政权派出使节纪三津出使新罗,与新罗事先打招呼,万一日本遣唐使的船漂到新罗境内,希望新罗能够护送遣唐使前往唐王朝。可是,纪三津在出使新罗时,称自己的使命是"专来通好",与日本给新罗的太政官牒的内容不太相同,招致新罗的质疑,认为纪三津

---

① 『続日本紀』宝龟五年三月癸卯是日条。
② 『続日本紀』宝龟十一年二月庚戌条。
③ 『日本後紀』弘仁五年十月丙辰条。
④ 『日本紀略』弘仁九年正月丁酉条、弘仁十一年五月甲辰条。

是"假伪非实"的使者。于是新罗的执事省针对纪三津的"诈称朝聘"致书日本太政官，以"大国"的宽宏大量饶恕纪三津之罪，即"恕小人(纪三津)荒迫之罪，申大国(新罗)宽弘之理"①。新罗以"大国"一词明确地表达视新罗与日本为对等国的态度。这对于始终视新罗为"蕃国"的日本来说，其冲击是可以想象的，日本从此与新罗断绝国交。② 但是，日本与新罗之间的民间交往依然延续不断，新罗商人络绎不绝地往返于大陆与日本之间交易。③

张保皋(又称张宝高、张弓福)是9世纪前半叶活跃于唐、新罗、日本三地的重要的新罗商人。根据日本入唐僧侣圆仁的日记《入唐求法巡礼行记》，位于山东半岛突端的赤山法华院是张保皋所建。张保皋曾在唐徐州从军，当时是军中一小将。他后来返回新罗，在新罗王权的允许下，以海路之要的清海镇(今韩国全罗南道)为据点发展势力，是新罗王任命的清海镇大使，拥有军事力量。839年，新罗王族金祐征在张保皋的军事支持下，夺得新罗王位，即神武王。为神武王登上王位立下汗马功劳的张保皋被委任为感义军使。然而，神武王就在即位的当年患急疾死去，其子继承王位，是为文圣王。即位后的文圣王依然予权张保皋，任命张保皋为镇海将军。841年，张宝皋在清海镇揭竿而起对抗新罗朝廷，其起因是张保皋欲嫁女于文圣王，进一步提高其对新罗王权的影响力，但是朝臣们以张保皋出身低贱为由加以反对。最终，张保皋的反乱以其被金阎丈暗杀收场。

承和七年(840)，张保皋曾经向日本遣使贡献马鞍等方物，但日本认为"人臣无境外之交"④，拒绝了张保皋欲与日本官方交往的意图，并退还了张保皋所献之物，允许使者的随身之物在民间估价交易⑤。不过，此

---

① 『続日本後紀』承和三年十二月丁酉条。
② 日本的正史之一《续日本后纪》的编纂者恐怕"后之观者莫辨得失"，于是全文载录了新罗执事省给日本太政官的牒书(《续日本后纪》承和三年十二月丁酉条)。
③ 『続日本後紀』承和二年三月己未条。
④ 『続日本後紀』承和七年十二月己巳条。
⑤ 『続日本後紀』承和八年正月戊辰条。

后,日本仍继续允许张保皋的部下及船只前往日本进行贸易。

　　承和九年(842)正月,暗杀张保皋的金阊丈派遣使者李少贞抵达大宰府,告知张保皋的死讯,并向日本提出要求,期望能够引渡滞留在日本的张保皋的部下李忠等人及货物。李少贞原本是张保皋的部下,现在又作为金阊丈的使者出使日本,所以日本朝廷并不信任李少贞,认为李忠的去向应该由李忠自己决定。李忠的最终结果如何不得而知,可是李忠的货物却被前筑前国守文室宫田麻吕扣押。当时在日本,无论是官人还是富裕庶民都热衷于舶来品,对新罗商人运来的货物皆"踊贵竞买"。因此朝廷规定:新罗商人抵达大宰府后,其船上的货物不能马上进入民间交易市场,而是首先从中选出送往中央朝廷的"适用之物",剩下来的物品才可以由大宰府官人检察,"遍令交易,其直贵贱,一依估价。若有违犯者,殊处重科,莫从宽典"①。但是,张保皋在世之时,身为筑前国守的文室宫田麻吕却违反朝廷的规定,为了购买唐物,预付了大量的货款(绢)。然而张保皋的突然死亡,使得文室宫田麻吕经济损失惨重,为了弥补损失,文室宫田麻吕采取了扣押张保皋部下货物的行动。文室宫田麻吕的行为,让中央朝廷非常恼火,责令大宰府取回文室宫田麻吕扣押之物。②

　　同年(842)八月,大宰大贰藤原卫向朝廷呈文,提出 4 条请求,其中的第 1 条是请求禁止一切新罗人入境。对此,朝廷的决策是"德泽洎远,外蕃归化,专禁入境,事似不仁,宜比于流来,充粮放还。商贾之辈飞帆来着,所赍之物任听民间令得回回,了速放却"③。虽然日本朝廷没有禁止一切新罗人入境,但是却禁止新罗人移居日本,对于欲移居日本("归化")的新罗人,视同漂来("流来")之人,给予粮食放其返回新罗;对于新罗商人,则允许其民间交易,当船上货物全部交易完毕之后,立即让商人

---

① 『類聚三代格』卷十八・夷俘并外蕃人事・天长八年九月七日太政官符。
② 承和十年(843)十二月,因张保皋之死遭受财物损失的文室宫田麻吕,被自己的从者告发谋反,被流放至伊豆国。
③ 『続日本後紀』承和九年八月丙子条。

返回新罗。①

※　※　※

9世纪末，朝鲜半岛陷入内乱，各地武装力量兴起，新罗王的统治力衰弱。10世纪初，朝鲜半岛进入后三国时代，即后百济、后高句丽、新罗三国鼎立的时代。918年，后高句丽王弓裔的部下王建夺取王权，并驱逐了弓裔，自立高丽国。936年，高丽统一朝鲜半岛。其间，延喜二十二年（922）和延长七年（929），后百济王甄萱的使节携带国书与信物抵达对马岛，表达了欲与日本交好的意愿，但日本认为甄萱是新罗的臣下，以"人臣之义，已无外交"②为由，拒绝了后百济的通交要求，并且不接受后百济的赠物。此外，高丽在统一朝鲜半岛以后，也数次派遣使节寻求与日本的国交，但都被日本拒绝，透现出日本在对外关系上的消极态度。

第三节　日本对外关系中的渤海国

一、对渤海国外交的端绪

神龟四年（727）九月，渤海国王大武艺派出的使节高仁义等24人漂至虾夷之地，高仁义等16人被杀，只有高齐德等8人免于死难，携带国书及方物抵达出羽国③，由此拉开了日本与渤海国之间的国交往来④。

大武艺在国书中，自称渤海是统领诸蕃、恢复旧高句丽领域，并有扶余遗俗的大国，欲与日本"亲仁结援""永敦邻好"⑤。大武艺开启与日本通交的目的，旨在与日本结成同盟，并以此牵制新罗，防止与唐王朝交好的新罗介入到渤海国与唐王朝之间的紧张关系中。渤海国尽管在对日

---

① 『類聚三代格』卷十八・夷俘并外蕃人事・承和九年八月十五日太政官符。
② 『扶桑略記』延長七年五月廿一日条。
③ 『続日本紀』神龜四年十二月丙申条。
④ 渤海国位于中国的东北地区，是由粟末靺鞨人大祚荣于698年建立的。
⑤ 『続日本紀』神龜五年正月甲寅条。

本的外交辞令上态度较为低恭,但实际上却是以同等国的姿态与日本通交的。[①] 渤海使的不请自来,对于日本来说,可谓是求之不得的事情,因为此时正是日本与新罗关系趋向恶化之时。日本视渤海国为高句丽的后继国,从两国通交的伊始,就将渤海国看作是臣属于日本的"蕃国"。渤海使高齐德等人到达出羽着陆之后,圣武政权派出使节慰问,并赠送给渤海使日本的服装;高齐德一行入平城京后,再次受到衣服、冠、履的赠予。如此频繁地向渤海使节赠送日本律令制下的冠服,既表现了日本对渤海国来使的欢迎,也体现了以日本为中心、以渤海国为从属的意识。此外,高齐德等人还作为"蕃客"参加了日本的元日朝贺礼仪以及大射等正月行事。神龟五年(728),高齐德一行归国时,日本也派出了送渤海使使一同前往渤海国,从此开启了两国使节互相往来的历史。但是,日本与渤海国各自对两国关系的认识上的差异,为日后两国在通交的过程中产生摩擦埋下了伏笔。

732年,大武艺派遣其部下攻打山东半岛的登州,渤海国与唐王朝的关系恶化到极点。其时,唐玄宗令新罗出兵攻击渤海国的南境,新罗响应唐朝的出兵之令与唐军会合攻击渤海国,只是由于"山阻寒冻、雪深丈余",兵士死者过半,无功而还。[②] 然而,在736年左右,渤海国与唐王朝的关系却出现了转机:736年三月,大武艺遣其弟前赴唐王朝;翌年(737),又遣使前往唐朝献方物。[③] 738年,大武艺病卒,其子大钦茂即位。从此,渤海国重又采取与唐王朝交好的方针,频繁派遣使节赴唐王朝献贡,并在政治制度、文化等方面学习唐朝制度。根据《唐会要》记载,唐开元二十六年(738),渤海国派遣使节,向唐朝请求唐礼及三国志、晋书、三十六国春秋等典籍[④]。762年,唐皇帝册封大钦茂为渤海国王。

---

① 酒寄雅志「八世紀における日本の外交と東アジアの情勢」、『渤海と古代の日本』、198—202頁。
②《旧唐书》渤海传。
③《册府元龟》卷975•外臣部•褒异二•开元二十四年三月乙酉条、同二十五年四月丁未条。
④《唐会要》卷36•蕃夷请经史•开元二十六年六月二十七日条。

随着渤海国与唐王朝关系的改善、通好,渤海国对日本的对等态度日渐显现。天平胜宝四年(752)九月,渤海使慕施蒙等人出使日本,这是自天平十一年(739)以来时隔十余年后渤海国再次向日本派遣使者。翌年(753)五月,慕施蒙一行谒见孝谦天皇,献上信物。但是,在慕施蒙等人所携来的外交文书中,没有任何渤海国王对日本天皇称臣的文字表述。为此,日本在天皇致渤海王的国书中,责难渤海国的使人没有携带国书,还特别引用《高丽旧记》所载的高句丽给日本的上表文内容,即"族惟兄弟,义则君臣",强调高句丽对日本"或乞援兵,或贺践祚,修朝聘之恒式,效忠款之恳诚"的故事,要求作为高句丽后继国的渤海国进呈称臣的上表文(国书)。①

但是,渤海国似乎并没有理会日本的称臣要求。宝龟二年(771)六月,渤海国使者壹万福使节团抵达日本,此次的使节团是自渤海国向日本遣使以来规模最大的。依据日本方面的要求,壹万福等人于同年十二月二十一日入平城京。翌年(772)正月,壹万福等人参列了光仁天皇即位以来举行的第1次元日朝贺仪式,其后谒见了光仁天皇,并献上信物。可是,壹万福所呈上的国书中,日期下面不仅没有注明渤海国王(大钦茂)的官品、姓名,而且在国书的末尾,渤海国王还自称"天孙"。对于天皇也自称"天孙"的日本来说,这是无论如何不能接受的,因此不仅指责渤海国王将渤海、日本两国的关系从"兄弟"改为"舅甥"(渤海=舅,日本=甥)的行为,而且,日本以渤海使节所呈上的表文"违例无礼"为由,将渤海国的表文与信物退返给壹万福。为了完成使命,万不得已之下,壹万福等人"改修表文,代王申罪",国书风波才告一段落。② 此后,渤海国虽然在外交文书中将两国关系的表述恢复至"如兄如弟"③,然而渤海使所进的表函依然时而被日本指责为"违例无礼"或"进表无礼",时而被

---

① 『続日本紀』天平勝宝五年六月丁丑条。
② 『続日本紀』宝龟三年正月丁酉条、庚子条、丙午条;同年二月癸丑条。
③ 『続日本紀』宝龟四年六月丙辰条。

斥责为"体无定例,词多不逊"①。显然,日本执著地坚持以渤海国为臣属国的意识。与此相比,渤海国依据自国的政治经济需要以及与唐王朝的政治关系的变化,灵活地调整对日本的外交方策,时而明确地表现与日本对等的态度,时而从表面形式上迎合日本的要求。

二、渤海国使节的商贸性格

在宝龟二年(771)渤海使节团之前,渤海国向日本派出的使节团规模都相对比较小,至多为数十人②,所乘之船规模也不大,穿过日本海时,小船泛海,非常危险,时时有可能被淹没,如若船漂至日本东北地区的少数族虾夷之地着陆,还有"遭罹夷害"的危险③。但即使是海途艰险,渤海国向日本派遣使节的热情并没有减弱,尤其是宝龟二年(771),以壹万福为首的渤海国使节团规模,从以往的数十人一下升至 325 人,船数也达到 17 艘船,平均每艘船的人数约 20 人。使节团最初漂至出羽国的"贼地",后被日本朝廷安置在常陆国。同年(771)十二月,壹万福一行 40 人被允准入京,履行使节的使命。④ 40 余人入京,表明使节团的其余 200 余人被留在了常陆国。这 200 余人中极可能存在以经济交流为目的渤海商人。因此不少学者认为,宝龟二年的渤海使节团是渤海国对日交往的目的从政治性向经济性变化的转折点⑤。

平安时代以后,与渤海使节频繁出使日本不同,日本于 812 年以后就不再派遣遣渤海使了⑥。延历十五年(796),渤海国向日本提出渤海使

---

① 『続日本紀』宝亀四年六月戊辰条、宝亀十年十一月乙亥条;『日本後紀』延暦十五年十月壬申条等。
② 依据《续日本纪》的记载,771年之前,渤海向日本派遣使节共 6 次,其规模分别是:神龟四年(727),24 人;天平十一年(739),40 人;天平胜宝四年(752),75 人;天平宝字二年(758),23 人;天平宝字三年(759),人数不详;天平宝字六年(762),23 人。
③ 『類聚国史』卷 93・殊俗・渤海・延暦十五年十月己未条。
④ 『続日本紀』宝亀二年十月丙寅条、同年十二月癸酉条。
⑤ 酒寄雅志『東北アジアのなかの渤海と日本』、「八世紀における日本の外交と東アジア情勢」、『渤海と古代の日本』、120—125、226—228 頁。
⑥ 最后的日本遣渤海使是于弘仁二年(811)出发、同年返回的林东人等人,因渤海"国王之启,不据常例",没有接受渤海的外交文书即归国(《日本后纪》弘仁二年四月庚寅条、同年十月癸亥条)。

节入日定期化的要求。对此,延历十七年(798)日本的回答是:"巨海之无际,非一苇之可航,惊风踊浪,动罹患害,若以每年为期,艰虞叵测,间以六岁,远近合宜",将渤海使节入日的周期定在 6 年 1 次,至于人数,则不限多少。① 然而,渤海国认为 6 年的时间间隔太长,期望日本能够缩短渤海使团入日的时间间隔,于是翌年(799),日本允诺渤海国的请求,对渤海使节的入日,时间上不设置年限,换句话说,渤海使节可以随时入日受到礼遇。② 天长元年(824),日本更改前例,规定渤海使入日的周期间隔为 12 年 1 次。③ 但是,渤海国并没有理会日本的年限规定,经常间隔两三年就向日本派遣使节,其使节团的规模也基本固定在百人左右。对于频繁入日的渤海使团,天长三年(826)时的右大臣藤原绪嗣曾评价道,所谓的渤海国使节,实际上就是商旅团,日本将他国商旅作为官方的使节对待,实为国家的损失。④

从日本立场来看,在日本对渤海使的外交礼仪中,渤海使向天皇呈上信物(方物)和天皇赐物给渤海使的两个环节,是视觉性表现日本以渤海为从属意识的重要部分。而从经济交流的视角看,赠答性的物物交换,也是渤海国实现与日本贸易的一种途径。渤海使节带入日本的物品种类有貂、虎、罴、熊、豹等各种兽皮及人参、蜂蜜等土特产。其中,兽皮是古代日本贵族的喜爱之物。日本东北地区也盛产兽皮,每当少数族虾夷朝贡之时,对于虾夷所贡的方物,王臣诸家竞相买走"好皮",而留下的"恶物"进官。⑤ 贵族们竞相购入兽皮的原因是,兽皮是可以体现贵族社会地位的服饰之一。《延喜式》规定:参议以上及非参议三位可以用豹皮;参议以上可以穿着貂裘;五位以上者可以用虎皮及罴皮鞍韂。⑥《江家次第》记载,在日本与渤海两国的交往史上,有一则兽皮着衣攀比的轶

① 『類聚国史』卷九十三・殊俗・渤海上・延暦十七年五月戊戌条。
② 『類聚国史』卷九十三・殊俗・渤海上・延暦十八年四月己丑条。
③ 『類聚三代格』卷十八・夷俘并外蕃人事・天長元年六月廿日太政官符。
④ 『類聚国史』卷九十三・殊俗・渤海下・天長三年三月戊辰朔条。
⑤ 『類聚三代格』卷十九・禁制事・延暦廿一年六月廿四日太政官符。
⑥ 『延喜式』弾正台。

闻：在渤海使节出席的春日祭仪式上，醍醐天皇之子重明亲王身着 8 件黑貂裘，而来自渤海国的使节却只着 1 件黑貂裘，重明亲王的装束使得渤海使节非常羞愧。① 重明亲王此举被视为起到了向渤海国炫耀日本国力的作用。

除了渤海国的本国特产以外，渤海使也是唐物传入日本的重要途径。例如贞观元年（859），渤海使乌孝慎将当时唐朝最新的历法《长庆宣明历经》带去日本②；又如，贞观十八年（876）十二月抵达日本的渤海使杨中远，曾想以珍玩玳瑁酒杯等物呈献给日本天皇，但遭到了拒绝③。日本给渤海使的回赠物，品种以绢、𬘓、丝、绵为主，偶有黄金、水银、金漆、海石榴油、水精念珠、槟榔扇等物。

对于入日的外国使节所携带的物品的交易，律令规定："凡官司未交易之前，不得私共诸蕃交易"④。以贞观十三年（871）十二月抵日的渤海使团的交易为例，此次使节团以大使杨成规为首，共 105 人，在加贺国靠岸。但是，翌年（872）的正月，平安京流行疫病，死亡者众多，当时的人们认为疫病之源是由渤海使节带进日本的，因此社会上散布着"渤海客来，异土毒气之令然"的流言。尽管日本朝廷允许杨成规等 20 人于五月入京，但最终以阴阳寮的占卜之言（"就蕃客来朝，可有不祥之征"）为由，没有让渤海使谒见清和天皇⑤；对于此次渤海使团携来的货物，五月二十日，内藏寮与渤海使交易；二十一日，允许京师的人（平安京居住者）与渤海使交易；二十二日，允许诸市廛的商人与渤海使及其随员私下互相交易⑥。

---

① 『江家次第』卷五·春日祭。
② 日本自天平宝字七年（763）以来一直使用唐的大衍历。贞观三年（861），大衍历被停用，始用长庆宣明历，直至江户时代。
③ 『日本三代実録』元慶元年六月廿五日条。
④ 養老令·関市令。
⑤ 『日本三代実録』貞観十四年正月廿日条、同五月十九日条。
⑥ 『日本三代実録』貞観十四年五月廿日条、廿一日条、廿二日条。在允许市廛商人与渤海使团私相交易的二十二日这一天，日本朝廷还送给渤海使等人官钱 40 万，并召唤市廛商人卖物给渤海使，这样鼓励商人与渤海使交易的措施极为少见，这或许是对没有允许渤海使谒见天皇的一种补偿。

　　如前所述,在平安时代,舶来品深受人们的追捧,"商旅"性的渤海使团所携来的货物也不例外。渤海使团通常在越前、能登、加贺、但马等日本海沿岸的诸国靠岸,然后被安置在当地的接待渤海使节的设施——客馆或便处住宿,受到优待。在渤海使团的停留之地,上至王臣家的专使,下至国司、百姓,争相与渤海使团进行贸易。元庆六年(882)十一月,以渤海大使裴颋为首的105人使节团在加贺国靠岸,中央朝廷即刻指示加贺国:安置渤海客于便处,并"禁制私回易客徒所赍货物"①。从另一个角度看,这条指示也说明当时与渤海使团私下互相贸易的情况非常多。

三、渤海国的终焉

　　渤海国王大钦茂在位57年(737—793),其间,对内引进唐朝的政治制度,对外扩大疆域,使得拂涅、铁利等靺鞨诸部臣属于渤海国。大钦茂死后,由于其子宏临早死,大钦茂的族弟元义登上王位。元义性情猜虐,即位不过一年,就被国人所杀。在国人的推举下,宏临之子华玙继承了王位。不久,华玙死亡,大钦茂的少子嵩邻即位。在围绕着王位继承的权力抗衡过程中,国人阶层逐渐成为能够左右王权政治的势力,而王权自身则开始呈现弱化的迹象。② 818年,大钦茂血统的最后一位王(明忠)故去,大祚荣的弟弟野勃的后裔——大仁秀继承王位。大仁秀"颇能讨伐海北诸部,开大境域"③,加之此后的彝震、虔晃、玄锡3代王数次派遣留学生前往唐长安的太学学习古今制度,使得渤海国渐渐成为海东盛国。在达到全盛时期以后,9世纪末,渤海国开始走向衰落。926年,日益强大的契丹击败渤海国,在其地建立了东丹国。

　　随着渤海国的灭亡,日本与渤海两国的国交落下了帷幕。至此,日本律令制国家的以唐朝为"邻国",以新罗、渤海等国为"蕃国"的对外关

---

① 『日本三代実録』元慶六年十一月十七日条、廿八日条。
② 酒寄雅志「渤海の史的展開と国際関係」、『渤海と古代の日本』、69—72頁。
③ 《新唐书》渤海传。

系意识也走向终焉。延长七年(929)十二月,东丹国的使者裴璆等人在丹后国靠岸,欲与日本建立邦交。渤海国时代,裴璆曾作为渤海国使节出使日本2次。现在第3次入日的裴璆,在日本官人询问其来意时,强调自己"本虽为渤海人,今降为东丹之国"的身份,并且陈述许多契丹王的"罪恶"。翌年(930)四月,日本以"一日为人臣者,岂其如此乎"和"东丹国失礼义"为由,拒绝了东丹国的建交要求。①

在拒绝东丹国建交要求前后,后百济、吴越、高丽等国也都曾派遣使节,意图与日本建立邦交,但无一例外地被日本拒绝。这是日本为了避免卷入当时的中国、朝鲜半岛的动乱之中,有意识地采取的外交"孤立"政策。②

第四节　10世纪以后的日本对外交流

一、与高丽的交流

高丽统一朝鲜半岛的翌年(937),曾经送牒状给日本,但是高丽牒状的具体内容不详。天庆二年(939),高丽使节再送广评省牒状抵达大宰府。对此,日本以大宰府名义返牒,回却高丽使节,拒绝了与高丽的正式国交。但其后,高丽船停靠对马岛或者高丽人漂至日本的记事屡屡可见。

长德三年(997),大宰府收到了来自高丽的三通牒状,送牒之人不是高丽人,而是往来于日本与高丽之间的日本人。三通牒状分别是送给"日本国""对马岛司"和"对马岛"的牒状。牒状的具体内容不详,但日本一方认为高丽牒状"有使辱日本之句",由此大宰府建议征兵役,警固要害;也有公卿猜想牒状不似是高丽国牒,可能是大宋国的谋略。最后,日

---

① 『扶桑略記』延長八年四月朔日条。
② 石上英一「古代国家と対外関係」、歴史学研究会、日本史研究会編『講座日本歴史2』、東京大学出版会1984年、247—286頁。

本没有给高丽返牒，只是给大宰府下达了太政官符，命令通过商人口头向高丽转达日本指责高丽违背礼仪之意；同时，还决定对携带高丽牒状至日本的大宰府日本人要治罪，不准其再前往高丽。①

　　宽仁三年（1019），刀伊人（居住于高丽北方的女真族）沿着朝鲜半岛东侧沿岸南下。三月末，数千刀伊人乘船 50 余艘，袭击对马、壹岐二岛，其中，壹岐岛的官人及岛民几乎全部被杀掠。② 四月七日以后，刀伊人开始攻击博多湾的周边地区，并以筑前国的能古岛为据点，与警固要塞的大宰府的官军多次激战。初始，大宰府的官军由于没有兵船，无法追击乘船的刀伊人；但十日、十一日两天，北风猛烈，使得刀伊人无法进攻，大宰府的官军不仅赢得了营造兵船 38 艘的时间，而且得以在刀伊人上陆的地方布置兵力，守株待兔。十二日再战之时，刀伊人不敌大宰府的官军，乘船逃去，大宰府的官军以兵船乘胜追击。十三日，刀伊人攻劫肥前国的村间，遭到当地兵士的抵御，刀伊人败阵离去，日本的外敌来袭危机终于解除③。

　　从日本逃去的刀伊人，在途中遭到高丽军队的歼灭。其后不久，高丽派遣使节郑子良等人，护送被刀伊人虏去的日本百姓 270 人至对马。④ 翌年（1020）二月，郑子良一行抵达大宰府，中央朝廷对大宰府下达太政官符，以大宰府的名义给高丽返牒，并赠送禄物给郑子良等人。但是，日本对高丽的态度却依然是没有积极交好举动的。

　　承历三年（1079）十一月，当时，高丽国王文宗苦于中风之疾，听说日本有"能理疗风疾医人"，于是高丽委托往返于日本与高丽之间的日本商人王则贞，向日本朝廷转交高丽国礼宾省牒以及锦、绫、麝香等物，期望日本能于翌年（1080）的早春派遣医术高超的医生前往高丽，为文宗治疗

---

① 『小右記』長德三年六月十二日条、十三日条。
② 『朝野群載』卷二十·異国·擊取刀伊国賊徒状；『小右記』寬仁三年四月十七日、十八日条。
③ 『朝野群載』卷二十·異国·擊取刀伊国徒状；『小右記』寬仁三年四月廿五日条。
④ 『小右記』寬仁三年九月廿二日条。

中风,并强调"若见功效,定不轻酬"①。王则贞返回日本后,将高丽的外交文书及方物呈交给了大宰府。承历四年(1080)二月,大宰府向朝廷报告高丽求医之事,请求太政官的裁定。关于是否应该向高丽派遣医生问题,中央朝廷数次举行阵定合议。在闰八月五日的阵定上,公卿们经过讨论,决定向高丽派遣医生。然而,在同月十四日的阵定上,当商议派往高丽的医生人选时,又出现反对向高丽派遣医生的意见,其理由是,如果派去的医生治疗没有功效,就会成为日本的耻辱。就在公卿们的意见忽左忽右的时候,当时的关白藤原师实梦见其父藤原赖通,告知不应该向高丽派遣医生。于是以藤原师实之梦为依据,最终做出不向高丽派遣的决定。其后,经过反复的文字推敲,日本以大宰府的名义作成给高丽的外交文书,指责高丽委托商人而不是派遣使节传递牒状,以及牒状没有遵守"封函之礼",因此"双鱼犹难达凤池之月,扁鹤何得入鸡林之云",并退却了高丽送来的方物。②

　　尽管没有与高丽建立国交关系,但是对于民间贸易,日本则是允许的,所谓的"商人往反(返)高丽国,古今之例也"③。例如,据《高丽史》记载,1073年,前述的日本商人王则贞与松永年等42人前往高丽,所带的贸易品有"螺钿鞍桥、刀、镜匣、砚箱、梳、书案、画屏、香炉、弓箭、水银、螺、甲等物",并且王则贞等人的船被允许从海道前去高丽国的京城开城。④ 从王则贞携带的物品可以看出,当时日本与高丽之间交流的贸易品种类。

二、与吴越国的交流

　　五代吴越国(907—978)是以杭州为都的钱氏政权。在中国佛教发展史上,尊崇佛教的吴越国王钱氏一族积极推进佛教发展是非常有

---

① 『朝野群載』卷二十・異国・高麗国礼賓省牒。
② 『朝野群載』卷二十・異国・承暦四年日本国大宰府牒。
③ 『朝野群載』卷二十・異国・承暦四年日本国大宰府牒。
④ 《高丽史》文宗二十七年七月丙午条。

名的。承平五年(935)九月,吴越国商人蒋承勋抵达日本,由此吴越国与日本的交流开始记载于史册。日本史料明确记载的吴越国商人名字,除了蒋承勋以外,还有季盈张、蒋衮、俞仁秀、张文遇、陈仁爽、陈仁满等人。

承平六年(936)七月,蒋承勋与季盈张等人再次驶船至大宰府,他们携带了来自吴越国王(钱元瓘)的赠物。对此,八月,日本朝廷以左大臣藤原忠平的名义,给吴越国王写了封书信。两年后,天庆元年(938),蒋承勋第3次抵日。中书省少监物源兴国拿了蒋承勋的货,但还没有支付款项就亡故了。大宰府上申中央朝廷,询问如何处理。于是公卿商议决定,命令大宰府用大宰府的财政——府库之布支付给蒋承勋。天庆三年(940),左大臣藤原仲平向吴越王赠送书信,该书信也应是由商人传递的,但文献史料没有记载传递书信的商人之名。蒋承勋第4次赴日是在天历七年(953),同样捎带了吴越国王的书信和赠物。对此,日本朝廷以右大臣藤原师辅名义回信吴越国王,亦托蒋承勋带回吴越国。

另一位吴越国商人蒋衮,于天庆八年(945)七月,与俞仁秀、张文遇等人到达日本,大宰府上报中央朝廷决裁,获得安置许可。两年后,天历元年(947),蒋衮携带吴越国王书信再次至日本。对此,日本以当时的左大臣藤原实赖的名义回信,由著名文人大江朝纲撰写,并送日本土产砂金二百两。[1] 往返于吴越国和日本的吴越国商人,不仅是为了自身的商品贸易的经济利益,而且还担负着传送两国的国书或赠物的政治使命。[2] 天历五年(951)六月九日,在天皇的忌火御膳仪式上使用了秘色瓶。众所周知,秘色青瓷是吴越国的特产。

在吴越国与日本的交流中,通过僧侣和商人,佛教方面的交流也非常显著。由于唐末、五代的废佛以及兵乱,中国的许多佛教经典散佚,佛教教学也走向衰落。当吴越国王钱俶得知日本有许多在中国已经散佚

---

[1] 『本朝文粋』卷七・奏状下・為清慎公報吴越王書加沙金送文。
[2] 西冈虎之助「日本と呉越との交通」、「西冈虎之助著作集」第三卷、1984 年。

的天台宗教典时，就希望能从日本请得这些佛典。于是，吴越国天台的德韶和尚书信日本天台宗提出了请天台宗典籍的请求。当时的日本天台座主延昌看到德韶的书信后，派延历寺僧侣日延携带天台宗教典前往吴越国。天历七年（953），日延乘坐蒋承勋的船出发前往吴越国。至吴越国后，日延受到了吴越国的重视，吴越国王钱俶亲自相见，并授予紫衣。天德元年（957），日延携带新修符天历、佛教经典和佛教以外的经典上千卷，以及吴越国王钱俶所赠送的宝箧印经塔等，从吴越国返回日本。①

在《古经跋语》中的《往生西方净土瑞应删传》一卷条中，有如下文字：

　　　　吴越国水心禅院住持主兴福资利大师赐紫道诜敬造舍、日本国大师初导传持、

　　天德二年（岁次戊午）四月廿九日（庚辰本曜紫宿）延历寺（度西海）沙门日延（大唐吴越州□日赐紫慧光大师、初导传写之得焉）。

上述史料说明，日延曾抄写杭州水心禅院住持道诜重修的《往生西方净土瑞应删传》。水心禅院，原寺名为水心寺。作为日延与水心寺的交流延长线，永延元年（987），水心寺僧侣齐隐乘坐宋商朱仁聪的船抵达日本。翌年（988）正月，与当时正在西海道托钵的天台宗僧侣源信相见，源信将自己撰写的《往生要集》赠送给齐隐。长德元年（995），齐隐再次乘坐朱仁聪的船到日本，同时将杭州奉先寺住持源清的两封信和源清著《法华示珠指》带至日本。源清在信中，向日本天台宗提出请求，希望能得到《仁王般若经疏》等天台教典。奉先寺曾是位于西湖边上的大寺院，由吴越国王钱俶建立。源清是天台宗山外派的代表者之一。然而，对于源清的著作，日本天台学者评价为"其文肤浅"②，并且日本朝廷命令日本天台宗的僧侣书写质疑或反驳，显然日本天台宗对于中国天台宗山外派是持拒绝否定的态度。长保三年（1001），齐隐带着日本给源清的反馈书

① 『大宰府神社文书』年欠大宰府政所牒（『平安遗文』9—4623）。
② 『元亨释书』卷四·庆祚伝。

信及教典,从日本返回杭州。[1] 在齐隐归国前,源信于长保二年(1000)再次与齐隐相见,并委托齐隐将自己的著作《因明论疏四相违略注释》《纂要义断注释》赠送给唐长安慈恩寺窥基的弟子们。

第五节　古代国家的征夷

一、8 世纪前半叶的征夷行动

日本古代国家受华夷思想的影响,将日本列岛上持有不同文化的东北部虾夷、西南部隼人等少数族视为"夷狄"。前已叙述,齐明四年(658)至齐明七年(661),齐明女王三度派遣军队远征虾夷,被征服的虾夷部落臣服并朝贡倭王权。律令制国家形成以后,陆奥、出羽、越后等国的国司拥有对虾夷的"飨给、征讨、斥候"的权限。同时,在虾夷人居住的地区内设置城栅,有组织地迁移东国等国的民众作为栅户,移民城栅。城栅内设置政厅,主政的官人是常驻城栅的城司,由国司中的一人担任。随着律令制国家对虾夷之地的逐渐深入,与虾夷人的军事冲突也不断地发生。

和铜二年(709)三月,为了进一步扩大律令制国家统治的领域,元明政权以陆奥、越后两国的虾夷人,"野心难驯,屡害良人"为由,军事征讨虾夷。[2] 在这次征夷中,动员了远江、骏河、甲斐、信浓、越前、越中等国的兵役,兵分两路,分别任命左大辨巨势麻吕为陆奥国镇东将军,民部大辅佐伯石汤为征越后虾夷将军,并将代表天皇大权的节刀和军令授予二位将军。同年(709)七月,为征虾夷,朝廷命令诸国将兵器送往出羽栅,并命令越前、越中、越后和佐渡四国送船 100 艘给征狄所。八月,举行了征夷后的论功行赏。翌年(710)正月,虾夷与隼人出现在元日朝贺礼仪上,

---

[1] 西冈虎之助「源信を中心とせる日宋文化の交涉」(『西冈虎之助著作集』第三卷);速水侑「源信」(吉川弘文館、1988 年)。

[2] 『続日本紀』和銅三年三月壬戌条。

可以说是显示了和铜二年征夷的成果。

和铜五年(712)，元明政权新置出羽国，由越后国的出羽郡和陆奥国的最上郡、置赐郡组成。和铜七年(714)，元明天皇敕令尾张、上野、信浓、越后等国割分出 200 户，作为栅户移民出羽国。[①] 同时，农耕社会的养蚕技术，也根据政令在出羽国推行。灵龟二年(716)，当时的中纳言巨势万吕上言道："建出羽国，已经数年，吏民少稀，狄徒未驯。其地膏腴，田野广宽，请令随近国民，迁于出羽国，教喻狂狄，兼保地利。"[②]巨势万吕的进言得到元正政权的采纳，信浓、上野、越前、越后四国各出 100 户的民众移民至出羽国。实际上，在前一年(715)，相模、上总、常陆、上野、武藏、下野六国就有富民千户移民至陆奥国[③]。毋庸多言，移民充边是律令制国家控制虾夷之地的重要手段。其后，养老元年(717)初，信浓、上野、越前、越后四国，每国出 100 户，共 400 户移民出羽栅。[④] 养老三年(719)，东海、东山、北陆三道的民众，共 200 户移民出羽栅。[⑤]

养老四年(720)九月，陆奥的虾夷反乱，杀了中央朝廷派遣官按察使上毛野广人。中央朝廷得到消息后，迅速派遣征夷军前往陆奥国，镇压反乱；同时也向出羽国派出征狄军。翌年(721)四月，征夷军和征狄军同时收兵回朝。养老四年的二月，在虾夷反乱之前，大宰府也上报中央朝廷，隼人反乱，杀了大隅国守阳侯麻吕；朝廷也是派出了征隼人军，前往镇压。一年里，中央朝廷同时向日本列岛的两端远征，反映出律令制国家边疆政策的展开。[⑥]

神龟元年(724)，元正天皇让位，圣武天皇刚刚即位不久的三月，陆奥国发生虾夷反乱，陆奥国大掾佐伯儿屋麻吕被杀。圣武政权即刻任命

① 『続日本紀』和銅七年十月丙辰条。
② 『続日本紀』霊亀二年九月乙未条。
③ 『続日本紀』霊亀元年五月庚戌条。
④ 『続日本紀』養老元年二月丁酉条。
⑤ 『続日本紀』養老三年七月丙申条。
⑥ 伊藤循「古代国家の蝦夷支配」、鈴木靖民編『古代蝦夷の世界と交流　古代王権と交流 1』、名著出版 1996 年、169—214 頁。

征讨虾夷的大将军，教坂东九国组成的三万人大军习练骑射及布阵，并将军资送至陆奥镇所，派出大军镇压虾夷反乱。① 五月，又任命镇狄将军派出征狄军队，镇压出羽国的虾夷。同年（724）十一月，征讨虾夷行动结束。

养老四年和神龟元年的虾夷反乱被镇压之后，律令制国家在陆奥国设置镇守府，扩大在陆奥国驻留常备军的规模。天平九年（737）二月至四月，圣武政权开始了新一轮的征夷行动，动员常陆、上总、下总、武藏、上野、下野等六国骑兵总一千人，深入虾夷之地，"开道而行"，"尅石伐树，或填涧疏峰"，在征服山道和海道两道的虾夷的同时，开通出羽栅与陆奥国府（多贺城）之间的道路。②

此后，天平宝字二年（758）十月开始，律令制国家征发陆奥国的浮浪人以及坂东骑兵、镇兵、役夫、夷俘等，建造陆奥国的桃生城和小胜栅。与此前后，在出羽国也建造了雄胜城。天平宝字三年（759），在出羽国，新置雄胜、平鹿二郡以及玉野、避翼、平戈、横河、助河等驿家；在陆奥国设置岭基等驿家。神护景云元年（767），陆奥国建成伊治城。翌年（768），朝廷宣布"陆奥国管内及他国百姓，乐住伊治、桃生者，宜任情愿，随到安置，依法给复"政策，鼓励民众移居伊治、桃生二城。③ 神护景云三年（769），称德天皇敕令，陆奥国的桃生、伊治二城"厥土沃壤，其毛丰饶，宜令坂东八国，各募部下百姓，如有情好农桑，就彼地利者，则任愿移徙，随便安置。法外优复，令民乐迁"④，再次强调迁居伊治、桃生二城的益处。在日本律令制国家的虾夷统治策略中，移民充边始终是拓疆安边的重要手段。

---

① 『続日本紀』神龟元年三月甲申条、四月丙申条、四月癸卯条。
② 『続日本紀』天平九年四月戊午条。山道是指东山道向北延长的交通路。海道是指山道（东山道）在玉造驿（宫城县大崎市）附近分支，经过北上川下游的桃生郡和牡鹿郡，通向三陆沿岸方面的交通路。
③ 『続日本紀』神護景雲元年十月辛卯条；神護景雲二年十二月丙辰条。
④ 『続日本紀』神護景雲三年二月丙辰条。

二、三十八年的征夷战争

宝龟五年(774)七月,陆奥国上报中央朝廷:海道的虾夷反乱,焚烧桥梁,堵塞道路,隔断往来,攻击桃生城;桃生城内的镇守之兵已抵挡不住虾夷的攻击;根据事态,陆奥国司兴兵讨伐虾夷,但尚不知交战的伤亡人数。于是八月,光仁天皇敕令坂东八国,"陆奥国如有告急,随国大小,差发援兵二千以下五百以上,且行且奏,务赴机要"[①]。然而,当中央朝廷依据陆奥国镇守将军等所请,下令征讨虾夷时,陆奥国镇守将军等人又改口说,海道虾夷的反乱是"狗盗鼠窃,虽时有侵掠,而不致大害,今属茂草攻之,臣恐后悔无及",对此,光仁天皇以陆奥国镇守将军等"轻论军兴"为由,下达敕令"深谴责之"。[②] 同年十月,陆奥国镇守将军等率军直击位于险峻地势的虾夷"巢穴",遂使虾夷"穷寇奔亡,降者相望"。[③] 于是,朝廷即刻遣使慰问,并赐予御服和彩帛。翌年(775)十一月,朝廷遣使前往陆奥国,对平息虾夷反乱的以镇守将军为首的有功人员加以论功行赏。

宝龟七年(776)二月,陆奥国上言请求朝廷发兵二万人,在四月讨伐山道、海道二道的虾夷;应陆奥国的要求,光仁天皇敕令出羽国发军士四千人,征伐雄胜城以西侧的虾夷。[④] 此次征夷行动并不局限于陆奥国,也波及出羽国。同年(776)五月,出羽国志波村的虾夷,与官军交战,官军不敌;朝廷急发下总、下野、常陆等国的骑兵支援。宝龟七年(776)开始的征夷一直持续至宝龟九年(778)。宝龟九年六月,朝廷对陆奥、出羽两国的国司以下征战有功者论功行赏。

宝龟十一年(780),陆奥国发生以上治郡大领伊治公呰麻吕为首的叛反。伊治公呰麻吕原本是虾夷部落首长,臣服后被任命为上治郡大领,在宝龟年间的征夷中有功,赐位外从五位下。但是,由于出身虾夷,

---

① 『続日本紀』宝亀五年七月壬戌条、八月己巳条。
② 『続日本紀』宝亀五年八月辛卯条。
③ 『続日本紀』宝亀五年十月庚午条。
④ 『続日本紀』宝亀七年二月甲子条。

他经常受到非虾夷出身者官员的歧视,尤其是牡鹿郡大领道岛大楯,对伊治公砦麻吕甚为无礼,每次相遇共事,皆将伊治公砦麻吕视为夷俘对待,因此两人结怨颇深。宝龟十一年二月,为了讨伐虾夷,陆奥国按察使纪广纯建议筑造觉鳖城。三月,纪广纯委派道岛大楯、伊治公砦麻吕共同率领俘军筑造觉鳖城。由于道岛大楯的侮辱,伊治公砦麻吕暗生反叛之念,自己作为内应,鼓动浮军反乱,先杀道岛大楯,然后率众在伊治城杀死了纪广纯;数日后,进入多贺城,抢掠、焚烧府库之物。①

伊治公砦麻吕反乱发生后,中央朝廷派出征东、镇狄军两支征夷大军,对陆奥和出羽的虾夷同时征伐。但是,由于虾夷居于地势峻险之地,官军平息虾夷反乱并非容易之事,加之征东军行动迟缓,不但发兵既已失时宜,而且"夏称草茂,冬言襖乏"而不进军征讨②,使得宝龟十一年的征夷无法在当年内速战速决。翌年(781),光仁天皇让位,桓武天皇即位。同年九月,桓武政权对征夷有功者论功行赏,征夷行动暂告一段落。

前已叙述,桓武天皇时代的国家两大事业是造都和征夷。延历七年(788)七月,参议左大辨兼春宫大夫纪古佐美被任命为征东大将军。十二月,桓武天皇亲授节刀给纪古佐美。翌年(789)三月,东海、东山、坂东诸国集兵五万余,会合于陆奥国多贺城,分道进入虾夷之地,开始了桓武时代的征夷行动。同时,朝廷派遣使节前往伊势神宫奉币,向天照大神报告征夷之事。

然而,官军渡河扎营后,自三月二十八日至五月十二日,就一直停滞在衣川没有前进。得知消息的桓武天皇敕令敦促征东大将军纪古佐美等迅速出击。在桓武天皇的催促下,征夷官军兵分三路讨伐虾夷,但在胆泽地区(岩手县奥州市),官军遇到了虾夷首领阿弖流为率领的虾夷人的顽强抵抗,数次交锋,官军伤亡众多,最终对胆泽地区的虾夷的征讨以官军的失败而告终。九月,持节征东大将军纪古佐美返回京城,上交节

---

① 『続日本紀』宝亀十一年三月丁亥条。
② 『続日本紀』宝亀十一年十月己未条。

刀。对于征夷失败的结果,桓武天皇敕令大纳言藤原继绳等人勘问征东大将军、副将军等人,让每个人申述理由,叙述延误军机而导致败军的情况。勘问之后,桓武天皇发布敕令,对纪古佐美等人分别给予了一定程度的惩罚。在处理失职将军的同时,对于征夷中的有功者则论功行赏。

延历十年(791)七月,大伴弟麻吕被任命为征夷大将军,坂上田村麻吕等人被任命为征夷副将军。但是征夷行动的实施却是延历十三年(794)。该年正月,征夷大将军大伴弟麻吕被授予了象征天皇权威的节刀。同时,朝廷派遣使者前往天智大王山陵、光仁天皇山陵及伊势神宫,祭告征伐虾夷事。五月,以派征夷大军为由,停止了五月五日节的马射行事。六月,征夷副将军坂上田村麻吕率军征讨虾夷。① 九月,朝廷为了迁都平安京和征夷事,奉币帛于诸国的名神,祈求神祇的护佑。十月二十八日,桓武天皇发布迁都之诏的时日,征夷大将军大伴弟麻吕奏上征夷的战果:斩首 457 级,捕虏 150 人,获马 85 匹,烧虾夷居住集落 75处。② 翌年(795)正月,征夷大将军大伴弟麻吕返回平安京,上交节刀。二月,对征夷有功者论功行赏。

桓武时代的第 3 次征夷的准备,始于延历十六年(797)。这年的十一月,坂上田村麻吕被任命为征夷大将军。延历十九年(800)十月,朝廷任命征夷副将军。翌年(801)二月,坂上田村麻吕被赐节刀,标志着征夷行动的正式开始。征夷大将军坂上田村麻吕率领 4 万大军③,所向披靡,制伏胆泽、志波的虾夷。同年(801)十月,坂上田村麻吕上交节刀,征夷行动结束。十一月,对征夷有功者论功行赏。

延历二十一年(802)四月,前述的虾夷首领阿弖流为率部降服。七月,阿弖流为随坂上田村麻吕入京。八月,朝廷决议斩首阿弖流为等虾夷首领。阿弖流为等人被斩首之前,坂上田村麻吕曾说情,希望能留下阿弖流为等人的性命,但朝廷的公卿们以"野生兽心,反覆无定。傥依朝

---

① 根据《日本后纪》弘仁二年五月壬子条载,延历十三年,桓武政权征军十万,讨伐虾夷。
② 『日本紀略』延暦十三年十月丁卯条。
③ 『日本後紀』弘仁二年五月壬子条。

威获此枭师,纵依申请,放还奥地,所谓养虎遗患也"为由,坚持了斩首的决定。① 同年(802),坂上田村麻吕被任命为造陆奥国胆泽城使,负责建造胆泽城。翌年(803),坂上田村麻吕又作为造志波城使主管建造志波城。

此后,延历二十三年(804)正月,坂上田村麻吕再次被任命为征夷大将军。同时,调武藏、上总、下总、常陆、上野、下野等国的糯和米,作为征夷时的军粮,运输至陆奥国小田郡中山栅。但是,延历二十四年(805)十二月,在桓武天皇面前,藤原绪嗣与菅野真道二人论述"天下德政",藤原绪嗣直言当时的"天下所苦,军事与造作也"。桓武天皇采纳了藤原绪嗣的意见,停止了继续征夷和造都的计划。

弘仁二年(811)正月,嵯峨政权在陆奥国新设置了和我、稗缝、斯波三郡。四月,朝廷以"夷狄干纪,为日已久,虽加征伐,未尽诛锄"②,"余烬犹遗,镇守未息"③为由,任命文室绵麻吕为征夷将军。此次征夷的特点是只征发了陆奥、出羽两国的兵力。文室绵麻吕的征夷使得虾夷的"巢穴破覆",终于"边戎解却"④。同年(811)十二月,对征夷有功者论功行赏。自宝龟五年(774)至弘仁二年(811)的古代国家的征夷,被学界统称为"三十八年战争"。

第六节 律令制国家的外交礼仪及其空间

一、对新罗使的外交礼仪及其空间

在日本律令制国家时期,礼制被视为国家统治的重要支柱,即所谓"治国之大体者有四:一曰仁义,二曰礼制,三曰法令,四曰刑法之类"⑤。

---

① 『日本紀略』延曆廿一年八月丁酉条。
② 『日本後紀』弘仁二年四月壬午条。
③ 『日本後紀』弘仁二年十二月甲戌条。
④ 『日本後紀』弘仁二年十二月甲戌条。
⑤ 『令義解』選叙令・考満応叙条義解。

　　另一方面,律令制国家的对外意识也是通过接待外国使节的外交礼仪而具体表现的。根据《续日本纪》等文献史料记载,律令制下的外交礼仪,大致由边境的存问、研问,入京迎使的派遣,郊劳,京内的客馆安置、慰劳,使节的国书信物呈献,宴会、授位、赐禄,使节归国之际的国书答信物赐予等诸仪式构成。[①] 而且,为了体现以日本为中心的世界观,正月前入京的外国使节都要参列朝廷的元日朝贺仪式。

　　文武元年(697)至天平四年(732),新罗国向日本共派遣了 11 次使节。其中,除大宝三年(703)的告丧使,以及因元明太上天皇亡故而止步于筑紫的养老五年(721)的新罗使外,其余的新罗使皆被允许入京。尤其是养老三年(719)以前,律令制国家对新罗使的入京非常重视。

　　文武元年(697)十一月,日本为了迎接新罗使入京,特意从中央派出海陆两路的领客使前往筑紫迎接。对外国使节派遣海陆两路的领客使,这在持统时代以前(包括持统时代)是不曾有的礼遇,表明文武时代以后的日本在对外关系上对新罗的重视。

　　庆云二年(705)十一月,为了迎接新罗使入京,中央朝廷征发诸国骑兵并任命正五位上的纪古麻吕为骑兵大将军。新罗使入京时动用骑兵队迎接可以说是 8 世纪以后的特点。7 世纪日本外交礼仪中,有以装饰马队迎接外国使节入京的事例,因此骑兵队伍应该说是装饰马队的一种承袭,但无论是规模还是威势,都要比装饰马队大得多。和铜七年(714)十一月,为了新罗使金元静等廿余人的入朝礼仪时的仪仗队,中央朝廷动员了畿内七道的骑兵,共 990 人;十二月,新罗使进入平城京时,从六位下布势人、正七位上大野东人率领骑兵 170 人,在罗城门外的三崎迎接。[②] 在三崎举行的入京仪式属于郊劳性质。骑兵队伍的隆重迎接可以说是具有双重含义的,不仅体现了日本对新罗使的重视,而且也向新罗显示了日本律令制国家的威势。

---

① 田島公「日本の律令国家の『賓礼』—外交儀礼より見た天皇と太政官」、『史林』68—3、1985 年。
② 『続日本紀』和銅七年十一月乙未条、十二月己卯条。

这一时期入京的新罗使几乎都参加了元日朝贺礼仪以及其他正月的年中行事。元日朝贺礼仪在大极殿·朝堂院举行,本来是通过全体官人朝拜天皇,反映以天皇为顶点的国内统治秩序的礼仪。但是新罗使的参列给元日朝贺礼仪带来了更多的含义。庆云三年(706)的元日朝贺礼仪上,"天皇御大极殿受朝,新罗使金儒吉等在列。朝廷仪卫有异于常。"[①]据此可知,有新罗使参列的元日朝贺礼仪,其朝廷上的仪卫不同以往。为迎接此次新罗使,朝廷向地方诸国征调了骑兵,因此"有异于常"的表述也许与征调的骑兵有关。但是,在《仪式》《延喜式》等史料中,都明确规定外国使节朝拜时,仪卫必须不同寻常[②],所以元日朝贺礼仪的仪卫的不同,实际上是向全体官人以及新罗使显示天皇的威势,强调日本中心、新罗臣属的日本律令制国家的世界观。但是养老三年以后,新罗使选择的赴日时间似乎是有意识地要避开参加日本的元日朝贺礼仪。

出使日本的新罗使参加的日本朝廷的正月行事,还有大射等礼仪。《续日本纪》灵龟元年(715)正月己亥条载:"赐大射于南闱。新罗使亦在射列。赐绵各有差。"

大射的场所"南闱"为南门之意,一般认为就是大极殿的南门。[③] 除了元日朝贺礼仪及正月行事以外,对外国使节来说,最重要的礼仪就是谒见天皇递交国书及呈上信物仪式。关于新罗使谒见天皇的场所,文献史料中没有明确记载。谒见天皇礼仪完毕后的数日内,要举行宴会款待外国使节,并举行赐禄仪式。招待新罗使的宴会场所几乎都是朝堂,赐禄的对象包括新罗王及新罗使。

---

① 『続日本紀』慶雲三年正月丙子朔条。
② 『儀式』元正朝賀儀;『延喜式』左右近衛府式·左右兵衛府式·左右衛門将式の大儀条。
③ 『新日本古典文学大系 続日本紀』霊亀元年正月己亥条の補注。

表 7-2 日本对新罗使的外交礼仪及其空间（出典：《续日本纪》）

抵日年月	西历	到达地	入京仪式	元日朝贺参列	飨宴场所	叙位	国书赐给	备考
文武元年十月	697	筑紫		○				派遣迎使至筑紫
文武四年十一月	700							新罗的告丧使
大宝三年正月	703				难波馆			新罗的告丧使
庆云二年十月	705			○	朝堂	○	○	征发诸国骑兵迎新罗使
和铜二年三月	709				朝堂			右大臣藤原不比等在辨官厅内会见
和铜七年十一月	714	筑紫	○		中门			派遣迎使至筑紫，差发入朝仪卫的骑兵、新罗使参列大射
养老三年五月	719							赐宴、赐禄
养老五年十二月	721	筑紫						从大宰府放还使者
养老七年八月	723				朝堂			
神龟三年五月	726				朝堂			赐禄
天平四年正月	732				朝堂			入京前，在大宰府召唤使者
天平六年十二月	735							新罗使入京，但被返却
天平十年正月	738				大宰府			派遣官使至大宰府。放还使者
天平十四年二月	742				大宰府			派遣官使至大宰府。放还新罗使
天平十五年三月	743	筑前						派遣官使至筑前。放还使者
天平胜宝四年闰三月	752				朝堂·难波馆			向山陵报告新罗王子来朝
天平宝字四年九月	760							不将使者视为宾客，放还
天平宝字七年二月	763							派遣官使，询问使旨
天平宝字八年七月	764	博多津						派遣官使至大宰府，问来使的由绪
神护景云三年十一月	769	对马岛			大宰府			派遣官使至大宰府，问新罗使的使旨

续　表

抵日年月	西历	到达地	入京仪礼	元日朝贺参列	飨宴场所	叙位	国书赐给	备考
宝龟五年三月	774							派遣官使至大宰府，问来使理由。从大宰府放还
宝龟十年十月	779			○	朝堂	○	○	唐使高鹤林抵日、入京。参列大射和踏歌

二、对渤海使的外交礼仪及其空间

日本对渤海国的居高临下的外交态度，同样具体反映在对待渤海使的外交礼仪及其空间方面。入京的渤海使，若是正月身在京城，则几乎都要参列元日朝贺礼仪及其他的正月行事礼仪。除了元日朝贺礼仪以外，根据《续日本纪》《日本后纪》等史料的记载，关于渤海使参加其他正月行事礼仪的事例，可以举例如下：

① 神龟五年(728)正月，甲寅(十七日)，圣武天皇在平城宫的中宫(内里)接见渤海使节高齐德等人。其后，高齐德与日本的五位以上官人一起出席天皇赐予的宴会。席间，有大射相关行事宴会之后，与其他五位以上官人同样，受到天皇的赐禄。

② 天平十二年(740)正月，甲午(七日)，圣武天皇赐宴渤海国使节己珎蒙等人于平城宫的朝堂，并送渤海国王及己珎蒙等人赠物。癸卯(十六日)，渤海国使节与日本的百官一同出席设在朝堂的天皇赐宴。甲辰(十七日)，圣武天皇御大极殿南门，观看大射行事；五位以上的官人弓射后，渤海使己珎蒙等也被命令参加弓射环节。丁巳(三十日)，圣武天皇在中宫阁门，聆听己珎蒙等演奏渤海国乐，并赐帛绵给渤海使。

③ 天平宝字三年(759)正月，庚午(三日)，渤海国使节杨承庆等人向淳仁天皇呈上渤海国王的表文及赠物。乙酉(十八日)，渤海国使节与日本的五位以上官人一同出席在朝堂举行的天皇赐宴。丙戌(十九日)，在内里举行射礼，渤海国使节也被唤去参加。

④ 天平宝字四年(760)正月,丁卯(五日),渤海国使节高南申等谒见淳仁天皇,呈递渤海国王的赠物,以及日本遣唐使藤原河清的上表文。己巳(七日),孝谦太上天皇及淳仁天皇御阁门,五位以上官人及渤海国使节依仪列立。己卯(十七日),在内里举行射礼,渤海使节被令观看射礼。

⑤ 天平宝字七年(763)正月,丙午(三日),渤海使节王新福呈上赠物。庚戌(七日),渤海使节与五位以上官人一同出席宴会,其时,有唐乐演奏。庚申(十七日),淳仁天皇御阁门,在朝堂飨宴五位以上官人及渤海国使节、文武百官主典以上,作唐、吐罗、林邑、东国、隼人等乐,奏内教坊踏歌,赐绵给供奉踏歌百官人及渤海国使节。

⑥ 宝龟十年(779)正月,丙午(五日),渤海国使节张仙寿等呈上赠物。戊申(七日),在朝堂飨宴五位以上官人及渤海国使节张仙寿等。丁巳(十六日),于朝堂飨宴五位以上官人及渤海国使节,赐禄。己未(十八日),在内里举行射礼,渤海国使节亦在弓射之列。

⑦ 延历十八年(799)正月,壬子(七日),平安宫的丰乐院尚未完成,在平安宫大极殿前的龙尾道上搭临时殿,桓武天皇临御,渤海国使节出席;命令五位以上官人宴乐,渤海国使节也参加。辛酉(十六日),桓武天皇御大极殿,飨宴群臣及渤海国使节,奏乐并于庭踏歌。癸亥(十八日),恒武天皇在朝堂院观射,五位以上官人射之后,渤海国使节弓射。

⑧ 弘仁二年(811)正月,壬寅(七日),宴五位以上官人及渤海国使节。壬子(十七日)嵯峨天皇御丰乐院,观看大射,渤海国使节被赐角弓,并以角弓参与射礼。乙卯(二十日),嵯峨天皇派坂上田村麻吕等官人在朝集院飨宴渤海国使节。

⑨ 弘仁六年(815)正月,己卯(七日),宴五位以上官人及渤海国使节,奏女乐。戊子(十六日),嵯峨天皇御丰乐院,宴五位以上官人及渤海国使节,奏踏歌,赐禄。

⑩ 弘仁十一年(820)正月,庚辰(七日),宴五位以上官人及渤海国使节于丰乐殿。己丑(十六日),嵯峨天皇御丰乐殿,奏踏歌,宴群臣及渤海

国使节,赐禄。

⑪ 弘仁十三年(822)正月,己亥(七日),嵯峨天皇御丰乐殿,宴群臣及渤海国使节。戊申(十六日),嵯峨天皇御丰乐殿,宴五位以上及渤海国使节,奏踏歌;渤海国使节打毬,赐绵为赌;所司奏乐乐,渤海国使节舞蹈,赐禄。

从以上事例来看,参加正月行事礼仪的渤海使所受的礼遇几乎等同于日本朝廷的官人。特别是天平十二年(740)正月,渤海使在天皇面前奏本国乐之后,天皇赐物给渤海使,这种献上和赠答的互酬关系反映了当时的渤海国对日本采取了表面上从属的外交态度。

律令制国家时期的日本外交礼仪,无论是内容还是礼仪空间都与唐朝的宾礼相似。在唐王朝的宾礼中,唐王朝根据与周边诸国、诸民族的政治关系,决定皇帝接见及宴请外国使节的场所。太极宫或大明宫内的外朝、中朝是礼遇对等国家使节的空间;而内朝则是礼遇臣属国、朝贡国使节的空间。同样,在古代日本,外交礼仪空间的设定也与日本与诸国之间的双边关系有关。如新罗和渤海国虽然同被日本视作"蕃国",但是与渤海国相比,新罗更加不满日本的对外意识,不断地表达要与日本采取对等外交的意志。因此在平城宫内,新罗使节谒见天皇和宴会两仪式,都在大极殿及朝堂举行。但是,与渤海使节有关的宫内外交礼仪则常常在中宫(内里)举行。

古代中国的宾礼中,宴会是通过在同一空间下共食的方式,向外国使节显示皇帝的德行,达到君臣或主宾关系进一步融洽的目的。但是,在古代日本的宴会礼仪中,除了具有亲密关系的侍臣以外,天皇几乎不与臣下或外国使节在同一空间共食。所以日本古代外交礼仪中的宴会,似乎不具备体现天皇的德行和进一步融洽天皇与外国使节关系的功能。换句话说,古代日本的外交礼仪是体现国与国政治关系的礼仪,而表现天皇的慈惠(德)的性格相对较弱。这是与古代日本天皇制的特质有关的。

第八章　古代日本文化诸相

第一节　文字与文学

一、汉字的普及

公元 5 世纪,汉字开始成为倭王权内政外交中必不可少的工具。倭王武(雄略大王)于 478 年遣使向南朝宋的皇帝递交的汉文上表文,其开首就是"封国偏远,作藩于外,自昔祖祢,躬擐甲胄,跋涉山川,不遑宁处"①,整篇文书多处引用中国史书、经典,采用俪文体,文笔流畅。一般认为,这一外交文书极有可能是出自到日本列岛的大陆移民之笔。

此外,在日本各地出土的 4—5 世纪的金石文也都是汉字铭文。其中,熊本县江田船山古坟大刀铭文是:

治天下获□□□卤大王世,奉事典曹人名无 利 弖,八月中,用大铁釜并四尺廷刀,八十练 九 十振三寸上好 刊 刀。服此刀者长寿子孙洋

---

① 《宋书》倭国传。

々得□恩也。不失其所统。作刀者名伊太 和 ,书者张安也。①

该铭文记述了大刀由奉事于"治天下获□□□卤大王"的典曹人无利弖所造,铭文由张安书写。从"张安"之名可以判断他是中国系的移民。另外,通过"治天下"三字表现了"获□□□卤大王"的权威。又,埼玉县稻荷山古坟的铁剑铭文如下:

> 表:辛亥年七月中记,乎获居臣上祖名意富比垝,其儿多加利足尼,其儿名弖已加利获居,其儿名多加披次获居,其儿名多沙鬼获居,其儿名半弖比

> 里:其儿名加差披余,其儿名乎获居臣,世々为杖刀人首,奉事来至今,获加多支卤大王寺在斯鬼宫时,吾左治天下,令作此百练利刀,记吾奉事根原也

这把铁剑上的铭文叙述了乎获居臣及其祖先世世代代作为杖刀人首奉事大王的谱系,列举了乎获居臣及其祖先共 8 代之名,同时强调在获加多支卤大王的斯鬼宫佐治"天下"。同样用"治天下"三字表现大王的权威。

熊本县江田船山古坟大刀和埼玉县稻荷山古坟的铁剑都是 5 世纪中叶以后的金属器,出现在地方有力豪族的墓中,显现出地方豪族也运用汉字记述其与倭王权的联结及其在倭王权中的作用,从而表现自己的政治地位和权势。另外,在石川县能美市和田山 23 号墓出土的 5 世纪末的须惠器中,发现有 2 个须惠器刻有文字,分别是"未"和"二年"。加之,江田船山古坟大刀铭中有"八月中",稻荷山古坟铁剑铭中有"辛亥年七月中",显示出汉字的中国历在 5 世纪中叶以后已经传入日本列岛的可能性。②

6 世纪,倭王权在税收管理及人口名簿作成等方面,启用大陆系移民,运用汉字,使得文字作为国内统治的手段,进一步提高其重要性。

---

① 东京国立博物館编『江田船山古墳出土国宝银象嵌铭大刀』、吉川弘文館 1993 年、62 頁。
② 田中史生「漢字文化と渡来人—倭国の漢字文化の担い手を探る—」、国立歴史民俗博物館;小倉慈司『古代東アジアと文字文化』、同成社 2016 年、5—30 頁。

　　大陆僧侣也是传播汉字、汉文的重要群体。据《日本书纪》推古元年四月己卯条记载，厩户皇子（圣德太子）随高丽僧慧慈学习佛教经典，同时也向博士觉哿学习汉文典籍。

　　7 世纪以后，除了从大陆到日本列岛的使节、僧侣、移民以外，官方派遣的留学生、留学僧群体出现，他们从日本列岛出发前往中国大陆学习大陆文化，然后返回日本列岛，成为向倭王权的统治层传递、传授大陆文化的重要群体。645 年的"乙巳政变"之前，中大兄与中臣镰足就曾经一同以从唐朝归来的南渊请安为师，学习"周孔之教"①。

　　8 世纪，日本进入律令制时代，行政文书是官僚机构运转的重要构成，无论是律令格式，还是中央与地方间、诸官司之间、官司与个人之间的政务、事务文书都使用汉字、汉文。实行律令制时，国家的大学、国学等教育机构专门教授汉籍，学习汉字、汉文更是成为贵族、官人们的必修课。

　　在考古发掘调查中，日本各地出土了很多木简。木简是以木板为书写材料的资料，既有用于诸官司之间日常事务联系的文书木简，也有与人的移动或物的运输有关的付札木简，还有用废弃的木简练习汉字的习书木简等。其中，从习书木简的内容来看，习书的摹本，既有《千字文》《论语》《老子》等典籍，也有律令的条文等。以下列举数例有关《千字文》或《论语》的习书木简。

　　① 平城京药师寺遗迹出土的《千字文》习书木简②

　　　　　［正］　池池天地玄黄
　　　　　　　　　宇宙洪荒日月
　　　　　　　　　灵龟二年三月
　　　　　　　　　（背面略）

　　"天地玄黄，宇宙洪荒"是《千字文》的开头之句。

----

① 『日本書紀』皇極三年正月乙亥朔条。
② 奈良国立文化財研究所『平城宫発掘調査出土木簡概報』12、1978 年、19 頁。

② 藤原宫遗迹出土的《论语》习书木简①

　　　［正］　子曰学而不□

　　（背面略）

《论语》为政篇有"子曰：学而不思则罔，思而不学则殆"之句。

③ 长野县屋代遗迹出土的《论语》"习书木简"②

　　　［正］　亦乐乎人不知而不□（愠?）

　　（背面略）

《论语》学而篇中的"有朋自远方来，不亦乐乎。人不知而不愠，不亦君子乎"，是众所周知的名句。此外，德岛县的观音寺遗址也出土了记有《论语》学而篇中的一节内容的木简。习书木简出现于各地，反映出文字在地方的普及。③

二、日语的文字化

在学习汉字、汉文，吸收大量汉语词汇的同时，古代日本人开始尝试用汉字表记日语的方法，进而实现日语的文字化。用汉字表记日语的方法有二：一是对语义与日语相同的汉字或汉语词汇，采用汉字表记，日语读法，即汉字的训读；二是对日本的人名、地名等专有名词，以与日语发音相近的汉字表记，即借用汉字的音表现日语的发音。④ 其中，脱离汉字原意，作为表音文字表记日语的汉字，也就是后世所称的"万叶假名"。

在近年的考古发掘中，发现了 7 世纪末至 8 世纪初的以万叶假名音注汉字音的木简，学者们称之为"音义木简"。例如，在滋贺县北大津遗

---

① 木简学会『木簡研究』1、1979 年、14 頁。
② 木简学会『木簡研究』22、2000 年、257 頁。
③ 新井重行「習書、落書の世界」、平川南ら編『文字と古代日本 5　文字表現の獲得』、吉川弘文館 2006 年、217—232 頁。
④ 犬飼隆「日本語を文字で書く」、上原真人ら編『列島の古代史　ひと・もの・こと6 言語と文字』、岩波書店 2006 年、11—44 頁。

址出土的木简上,记有"赞^{田须}_久""粍^{久皮}_之"等内容。"赞""粍"(实为"精"的异体字)后面的小字就是万叶假名,表记汉字的读音,即"赞"的读音为"田须久(タスク)",粍的读音为"久皮之(クハシ)"。① 又如,奈良县飞鸟池遗迹出土的木简,也是以万叶假名表记汉字的音读,即"熊^汙_吾""逦^左_布""蜚^皮_伊"等,"熊"的音读为"汙吾(ウグ)","逦"的音读为"左布(サフ)","蜚"的音读为"皮伊(ハイ)"。②

汉字的训读和万叶假名的出现,使得书写日语成为可能,为长期流传的民间口头传承的文字化创造了条件,最终使日本的口口相传的传承得以用文字记录下来,流传后世。《古事记》《风土记》和《万叶集》等日本古典名著,都是汉字日本化的结晶。

如前所述,《古事记》是日本最早的典籍,成书于和铜五年(712)。编纂者太安万侣在该书的序言中阐述了《古事记》成书的经纬:经历了壬申之乱的天武天皇听说以往编纂的帝纪及系谱传承,多有违背事实的虚假部分,因此命令川岛皇子、忍壁皇子等人,编纂帝纪,核实王统传承,删除虚伪,确定事实,以传后世。当时 28 岁的舍人稗田阿礼为人聪明,过目不忘,记忆力超群,于是天武天皇命令他暗记帝纪及王统传承。但由于天武天皇逝去,帝纪及王统传承的撰录没有完成。和铜四年(711)九月,为了继续完成天武天皇的编纂帝纪及王统传承事业,元明天皇诏令太安万侣撰录"稗田阿礼所诵之敕语旧辞"以献上。太安万侣依照诏令,仔细筛选,最后撰录成 3 卷(自天地开辟始,迄止于推古朝)献呈元明天皇。③

由于稗田阿礼暗记的是口口相传的传承,因此在整理稗田阿礼所诵的帝纪及旧辞时,太安万侣遇到了难以用汉字表现"上古之时,言意并朴"的传承叙事的情况,即如若只使用训读汉字(语义与日语相同的汉字表记,但读音为日语读音),则由于缺少助词、助动词等日语元素,使得叙

---

① 木简学会编『日本古代木简選』、岩波書店 1990 年、189 頁。
② 木简学会『木简研究』21、1999 年、22 頁。
③ 『古事記』序。

事容易词不达意；如若完全依照读音，无视汉字的原意，只将汉字作为表音文字，借用汉字的音表记日语的读音，则由于没有表意的功能，致使无法解读语义，达不到语与语、句与句、文与文按语意区分，使得叙事冗长。为此，太安万侣采用或者一句之中交叉使用音读汉字与训读汉字，或者一事之内全部使用训读汉字记述；并且对于难涩难懂的地方，采用注释的方法；姓名等专用名词，则使用表音汉字注音。由此，《古事记》虽然全部用汉字表记，但是序文、正文以及正文中的歌谣，各自的表记方法不尽相同，序文是标准的汉文体，正文是变异的汉文体（即所谓的日语化汉文），歌谣则是一音节一字的表音汉字表记。① 下面引录《古事记》上卷开篇的一段叙事，可以略见《古事记》变异汉文体的特点：

> 天地初发之时，於高天原成神名，天之御中主神。_{训高下天云阿麻。下效此。}此高御
> 产巢日神。次神产巢日神。此三柱神者，并独神成坐而，隐身也。次国
> 稚如浮脂而，久罗下那州多陀用弊流之时，_{流字以上十字以音。}如苇牙因萌腾之物而
> 成神名，宇摩志阿斯诃备比古迟神。_{此神名以音。}次天之常立神。_{训常云登许，训立云多知。}此二
> 柱神亦独神成坐而，隐身也。

此段文字是描述天地开辟之时，天界的五柱天神。其中，小字"训高下天云阿麻"是注释"高"字之下的"天"字，虽然其意依然是"天"，但读音为"阿麻（アマ）"（训读）；小字"流字以上十字以音"，注释"久罗下那州多陀用弊流"10 个汉字，与汉字的原意无关，只是被用来表记日语的读音（クラゲナスタダヨヘル），意为"像海月水母一样漂浮"；"宇摩志阿斯诃备比古迟神"后面的小字"此神名以音"，解释"宇摩志阿斯诃备比古迟"是神名的音读（ウマシアシカビヒコヂ）；而小字"训常云登许，训立云多知"，则是标注"常"字的训读为"登许（トコ）"，"立"字的训读为"多知（タチ）"。

---

① 倉野憲司校注『古事記』解説，『日本古典文学大系 1 古事記・祝詞』，岩波書店 1970 年、19—23 頁。

　　在奈良时代完成的《风土记》中，全部内容或部分内容保留至今的播磨、常陆、出云、肥前、丰后 5 国的风土记是依据上述的和铜六年诏令而作成的。以《播磨国风土记》为最早，成书于灵龟二年（716）以前；其次是《常陆国风土记》，养老二年（718）以前完成；此后，《出云国风土记》成书于天平五年（733），《肥前国风土记》《丰后国风土记》于天平十一年（739）以前相继完成。其中，《出云国风土记》保留最为完整。《风土记》的文辞，虽然各国并不统一，但多以当时流行的四字句为基本，写成达意的汉文，而且出自《周易》《尚书》《文选》《亦雅》等中国古代典籍的词汇也是不计其数；在将自古传承下来的"旧闻异事"文字化时，则与《古事记》的处理方式相同，即或采用变异的汉文，或使用漂亮的标准的汉文。①

　　当汉字的训读与万叶假名被运用到天皇发布的诏书中时，这种变异汉文体就被称之为"宣命体"。《续日本纪》中，宣命体的诏书俯拾皆是，例如开卷即有文武天皇于文武元年（697）八月的即位诏，诏书由 3 段文字组成，其中第 1 段内容为②：

　　　诏曰：现御神止大八岛国所知天皇大命良麻止诏大命乎，集侍皇子等、王等、百官人等、天下公民，诸闻食止诏。高天原尔事始而，远天皇祖御世中、今至麻弖，天皇御子之阿礼坐牟弥继继尔，大八岛国将知次止，天都神乃御子随母，天坐神之依之奉之随，此天津日嗣高御坐之业止，现御神止大八岛国所知倭根子天皇命，授赐止负赐布贵支高支广支厚支大命乎受赐利恐坐弖，此乃食国天下乎调赐比平赐比，天下乃公民乎惠赐比抚赐牟止奈母，随神所思行佐久止诏天皇大命乎，诸闻食止诏。

　　此段文字是文武天皇向臣下阐述其即位的正当性，大意是：自高天原肇世以来，历代天皇代代相传延续至今，受天神之委托，对岛国行使统治权；现在承前天皇（持统）让位，新帝（文武）领治天下，抚惠天下公民。

---

① 秋本吉郎校注『日本古典文学大系 2 风土紀』解説、岩波書店 1971 年、21 頁；矢嶋泉「伝承の記述」、平川南ら編『文字と古代日本 5 文字表現の獲得』、吉川弘文館 2006 年、8—35 頁。
② 『続日本紀』文武元年八月庚辰条。

诏书的表记由大小汉字构成,其中,小字是借用汉字的音,表记日语的动词活用形、助词、助动词等。例如,文中的止、良、麻、尔、弓、牟、母、之、布、支、乎、比、奈、佐、久等字,分别对应日语的卜、ラ、マ、ニ、テ、ム、モ、シ、フ、キ、ヲ、ヒ、ナ、サ、ク。宣命体诏书虽然全部使用汉字,但行文却是依照日语的语顺,由此天皇通过语言所表达的语威,不会因语言文字化而削弱。①

在万叶假名的使用过程中,渐渐地流行使用简单易写的字体书写万叶假名。其中一种字体是汉字的草书体,9 世纪以后,开始出现使用草书体的草假名(女手②),至 9 世纪末,草假名被进一步简化,最终形成了平假名;另一种字体是省略汉字的一部分字画,由此创出片假名。

三、文学

1. 歌集

奈良、平安时代的歌集,大致可以分为和歌与汉诗两种类型,和歌的代表作是《万叶集》《古今和歌集》等;汉诗则有《怀风藻》《凌云集》《文华秀丽集》《经国集》等。

(1)《万叶集》

《万叶集》是奈良时代编纂的日本最古老的歌集,编纂者不详,成书时间不详。全书共 20 卷,收录和歌多达 4500 余首,歌句以万叶假名表记。依据和歌的内容、表现,编纂者将所收录的和歌分类归纳,例如,杂歌、相闻、挽歌等类。杂歌是在举行各种礼仪、天皇行幸、宴会等时所作的歌;相闻是有关男女恋情、兄弟情谊、亲人问候等的歌;挽歌则是对逝者追悼或有关死亡的歌。《万叶集》的歌体主要有长歌、短歌、旋头歌等,其中,长歌的叙事性强,是《万叶集》的特点之一;短歌的抒情性强,平安时代以后,成为和歌的主要歌体;旋头歌是源于民谣的歌体。

① 春名宏昭「宣命体」、平川南ら編『文字と古代日本 5 文字表現の獲得』、153—166 頁。
② 女手,原有的含义是后宫女性使用的文字。

《万叶集》汇集的和歌,时代跨越百年以上,不同时代的歌风以及代表性歌人都有明显的不同。学者们根据代表性歌人所处的时代以及歌风的特点,一般将《万叶集》的作品时代分为 4 期,即①:

第 1 期为壬申政变(672 年)之前。代表性作者是皇族歌人,例如,舒明大王、齐明大王、天智大王、有间皇子、额田王等。歌风以抒发朴素情感、捕捉自然景物为特点。这一时期的作品中,时有相似的和歌,虽然编纂者以题词或注释区别作品,但是题词往往冠以皇族之名,隐没了真正的歌人之名。

第 2 期自壬申政变以后至平城迁都(710 年)。代表性歌人是柿本人麻吕,他的生卒年月不详,是活跃于持统时代(687—697)的歌人。在柿本人麻吕的作品中,有关皇室的赞歌以及给皇族的挽歌、献歌,占了很大的比重,折射出壬申政变以后,以天皇为中心的集权性政治的推进。柿本人麻吕的作品,运用枕词、序词、对句、叠句等技巧,以华丽的修辞润色作品,将咏歌的对象(自然或世事)与自我浑然融为一体,打动了无数人的心灵。除了柿本人麻吕等非皇族歌人以外,天武天皇、持统天皇、大津皇子、大伯皇女等皇族歌人也是这一时期的代表性歌人群体。

第 3 期的上限是平城迁都,下限是天平五年(733)。迁都平城京以后,由于上层贵族对文化的热情,使和歌的创作愈加成熟,不仅题材多样,而且表现手法洗练。这一时期,涌现出一批有不同风格的歌人,是奈良时代歌人最活跃的时期,其中最具代表性的歌人是山上忆良、大伴旅人、山部赤人等。

山上忆良作为歌人,似乎在持统时代就已崭露头角。② 大宝二年(702)他作为遣唐使的随员(遣唐使少录)前往唐王朝。在唐期间,曾作

---

① 高木市之助ら校注『日本古典文学大系 4 万葉集 1』解説、岩波書店 1957 年、13—23 頁;青木和夫「天平文化論」、朝尾直弘ら編『岩波講座日本通史 4』、岩波書店 1994 年、283—289 頁。
② 《万叶集》收录的持统四年(690)九月,持统天皇行幸纪伊国时,川岛皇子御作歌,"或云,山上臣忆良作"(卷 1—34)。

歌一首思念故乡，收录于《万叶集》[①]。山上忆良对汉文学、和歌造诣较深，对汉籍、佛典信手拈来，擅长作叙事歌，感叹人生的苦恼与贫穷的苦难，关注社会贫富的差距与悬隔，这在和歌史上是非常少见的。其著名的歌作有《贫穷问答歌》《思子歌》等。

大伴旅人是奈良时代有名的文武双全的歌人，曾任征隼人持节大将军，制压九州南部的少数族隼人。晚年时他一度被任命为大宰帅，离开平城京前往九州就任。在九州期间，大伴旅人推动了九州歌坛的发展，常在邸宅举行和歌会，其作歌活动也多集中于这一时期。与山上忆良一样，大伴旅人也精通汉诗和佛典，他的歌作既真情流露，又意境温雅。

与山上忆良、大伴旅人感叹世间人生不同，山部赤人的歌风是以平淡的叙景歌为特色，歌咏自然之美，对后世的《古今和歌集》的歌风影响颇大。

《万叶集》的第 4 期为天平六年（734）至天平宝字三年（759）时期。这一时期的代表性歌人是大伴家持。大伴家持的父亲就是大伴旅人，其姑母大伴坂上郎女也是著名歌人。大伴家持自幼受到和歌的熏陶，其歌风纤细、优美，巧妙地将歌人的无尽忧郁与风景相互映照。大伴家持与《万叶集》的编纂也有着密切的关联，不仅他自己的作品大量地被《万叶集》所收，而且防人歌的收录也与之有关。

防人歌是在北部九州戍边的东国防人及其家属所咏之歌。被《万叶集》收录的防人歌约有百首。防人歌虽然作歌技巧稚嫩，但是表露真情实感，例如"乡风日日吹，妹言无人传"[②]等诗句，朴素地表达了远离故乡的防人思念家人的无奈、哀愁等心情。

（2）《古今和歌集》

《万叶集》以后，唐风文化盛行，汉诗流行。相比之下，在朝廷仪式

---

① 『万葉集』卷 1—63。

② 『万葉集』卷 20—4353。

上,不见和歌踪影,和歌似有衰落之势。但是,从 9 世纪中叶开始,和歌再次兴起。

嘉祥二年(849)三月,在仁明天皇 40 岁之时,奈良兴福寺的僧侣献上祝贺长歌 1 首,其中一段内容的大意是:祈愿佛神佑护天皇治世万代,遂倚仗此国(日本)之本词,不假唐词书记,不雇汉学博士,传承的日本倭之国是语威的幸国。① 这首长歌被贞观十一年(869)完成的《续日本后纪》全文收录,对于正史收录此首和歌的原因,编撰者藤原良房等人叙述道:"倭歌之体,比兴为先,感动人情,最在兹矣。季世陵迟,斯道已坠。今至僧中,颇存古语,可谓礼失则求之於野。故采而载之。"② 前已叙述,藤原良房是开启摄关政治的核心人物。因此和歌中兴,被认为是体现摄关政治确立的文化现象。

延喜五年(905),在醍醐天皇的敕令下,纪贯之、纪有则、凡河内躬恒、壬生忠岑等人编撰的《古今和歌集》完成。《古今和歌集》是日本最早的敕撰和歌集,卷首有以平假名撰写的序文,卷末附有内容基本相同的汉文序。全书 20 卷,收集了《万叶集》以后至编撰者时期的和歌约 1100 首,其中歌咏自然和恋情的和歌居多。编撰者以类聚的编纂方法,将收集的和歌分类归纳于春、夏、秋、冬、贺、离别、羁旅、物名、恋、哀伤、杂体等部类。依据歌人的时代,《古今和歌集》所收的作品时代,一般被分为 3 期:

第 1 期是作者不详时代,这一时期的和歌是《万叶集》向《古今和歌集》过渡期间的作品,存有《万叶集》的遗风。

第 2 期是六歌仙时代,即僧正遍照、在原业平、小野小町、大伴黑主、文屋康秀、喜撰法师 6 位歌人活跃的 9 世纪中后叶时代。《古今和歌集》的编撰者在卷末的汉文序中,将 6 位歌人称为"近代存古风者",并对 6 人的歌作了评价:遍照"尤得歌体,然其词华而少实,如图画好女

----

① 『続日本後紀』嘉祥二年三月庚辰条。
② 『続日本後紀』嘉祥二年三月庚辰条。

徒动人情"；在原业平"其情有余，其词不足，如萎花虽少色彩而有熏香"；文屋康秀"巧咏物，然其体近俗，如贾人之着鲜衣"；喜撰"其词华丽而首尾停滞，如望秋月遇晓云"；小野小町"古衣通姬之流也，然艳而无气力，如病妇之着花粉"；大伴黑主"颇有逸兴，而体甚鄙，如田夫之息花前"。

第 3 期是编撰者时代，即 9 世纪末叶至 10 世纪初。代表性歌人除了纪贯之等人以外，还有伊势、素性法师等。这一时期的歌人对于和歌本质的认识，在《古今和歌集》卷末的汉文序中明确记载道："夫和歌者，托其根於心地，发其华於词林者也。人之在世，不能无为，思虑易迁，哀乐相变，感生於志，咏形於言。是以逸者其声乐，怨者其吟悲，可以述怀，可以发愤，动天地、感鬼神、化人伦、和夫妻，莫宜于和歌。"虽然《万叶集》也有抒情性的短歌，但是《古今和歌集》的歌风与《万叶集》相比，有了很大的变化，不仅从感性到理性，从具体到普遍，从朴素到洗练，而且汉诗的影响也渗入至和歌的创作中①。

（3）《怀风藻》

汉诗的兴起始自天智时代（667—671 年），据《怀风藻》序文载：天智大王即位后，"旋招文学之士，时开置醴之游。当此之际，宸翰垂文，贤臣献颂。雕章丽笔，非唯百篇"。只可惜在后来的壬申政变中，这些诗文都变成了灰烬。天平胜宝三年（751），日本现存最古的汉诗集《怀风藻》完成。但是，诗集的编撰者不详，长期以来，各种推测纷纭，莫衷一是。《怀风藻》编撰者的编纂目的是"不忘先哲遗风"，因此以"怀风"为诗集名。② 全书 1 卷，收录诗作 120 首，绝大多数是五言诗，也有数首七言诗。诗作的作者包括大友皇子、大津皇子、文武天皇、藤原不比等、长屋王等政治人物。

《怀风藻》收录的汉诗，以侍宴、应诏诗为最多，其次有咏物、述志、言

---

① 大谷雅夫「歌と詩のあいだ」，上原真人ら編『列島の古代史 6 言語と文字』，岩波書店 2006 年、201—238 頁。

② 『懐風藻』序。

志等诗。不少诗都受到了中国六朝诗、初唐诗的影响①。诗中也多见与儒家、道家思想有关的诗句,例如大友皇子的五言诗《侍宴》②:

　　　　皇明光日月,帝德载天地。

　　　　三才并泰昌,万国表臣义。

又如,葛野王(大友皇子之子)所作的五言诗《游龙门山》③:

　　　　命驾游山水,长忘冠冕情。

　　　　安得王乔道,控鹤入蓬瀛。

此外,《怀风藻》的诗作中,也有仿拟中国诗人之作的作品。例如,纪末茂所作的一首五言诗《临水观鱼》④:

　　　　结宇南林侧,垂钓北池浔。

　　　　人来戏鸟没,船渡绿萍沈。

　　　　苔摇识鱼在,缗尽觉潭深。

　　　　空嗟芳饵下,独见有贪心。

　　中国南朝陈的诗人张正见,曾作诗《钓竿篇》,其中有"结宇长江侧,垂钓广川浔","人来水鸟没,辑度岸花沈","莲摇见鱼近,纶尽觉潭深","空嗟芳饵下,独见有贪心"等诗句,纪末茂的诗作被认为是临摹了张正见的诗。⑤虽然《怀风藻》存在模仿中国诗人的诗作,但是也有许多自创的汉诗,甚至有些诗句的用词还借鉴了和歌的表现手法。⑥

　　(4)《凌云集》《文华秀丽集》《经国集》

　　9世纪初,三部敕撰的汉诗集《凌云集》《文华秀丽集》《经国集》完成。关于汉诗集的编撰目的,《凌云集》的序文引用魏文帝(曹丕)的"文章者

---

① 小岛宪之校注『日本古典文学大系69懷風藻・文華秀麗集・本朝文粹』解説、岩波書店1979年、11—15頁。

② 『懷風藻』淡海朝大友皇子二首・侍宴。

③ 『懷風藻』葛野王二首・遊竜門山。

④ 『懷風藻』判事紀末茂一首・臨水観魚。

⑤ 小岛宪之校注『日本古典文学大系・69・懷風藻・文華秀麗集・本朝文粹』懷風藻補注25。

⑥ 大谷雅夫「歌と詩のあいだ」。

经国之大业，不朽之盛事"之句，一语点明了文学与政治的关联。

《凌云集》（又称《凌云新集》）成书于弘仁五年（814），由小野岑守、菅原清公等人奉嵯峨天皇之命编纂，收录了延历元年（782）至弘仁五年（814）期间的汉诗90首。全诗集以平城太上天皇（2首）、嵯峨天皇（22首）的御制诗为最先，其后作品的编排顺序，基本上是以作者的官位高低顺序为先后的，充分显示出《凌云集》的政治性。

《凌云集》编成后，新的汉诗不断涌出，未超出4年，就已经"卷盈百余"①。于是，藤原冬嗣奉嵯峨天皇的敕令，组织菅原清公等人再编诗集。弘仁九年（818），新的诗集《文华秀丽集》完成。该诗集共收录诗作148首，分为3卷，对《凌云集》未收入的诗作也"议而录之"②。诗集采取"以类题叙，取其易阅"的编纂方法③，将同一或相似的题材编于同一部类（篇）。全书共有11篇，分别是游览、宴集、饯别、赠答、咏史、述怀、艳情、乐府、梵门、哀伤、杂咏等。诗集所收的诗作中，以嵯峨天皇的诗最多，共有34首，淳和天皇的诗也有8首，并且臣下的诗作也多是以天皇为中心的应制诗（奉天皇之命所作的诗）、奉和诗（臣下应和天皇之诗的诗）。

《文华秀丽集》所收的诗作，不仅有日本人的诗，而且还有出使日本的渤海国使节的诗。例如，"宴集""赠答"篇中，收录了渤海国大使王孝廉5首诗，录事释仁贞1首诗。其中王孝廉的"奉敕陪内宴诗1首"及仁贞的"七日禁中陪宴诗1首"，从题名就可以看出日本将渤海视为从属国的意识。此外，文人官人与渤海使节也有以诗交流，相互赠诗，汉诗在当时日本对外交流舞台上的重要性略见一斑。

在《文华秀丽集》的诗题中，中国历史人物汉高祖、张良、司马迁、王昭君等人都成为吟咏的对象。弘仁年间（810—824），嵯峨天皇曾在朝廷举行《史记》的讲书礼仪，在讲书完毕的宴会上，君或臣都会以诗舒谈心

---

① 『文華秀麗集』序。
② 『文華秀麗集』序。
③ 『文華秀麗集』序。

得。《凌云集》中就有贺阳丰年所作的"史记竟宴,赋得大史自序传1首"。《文华秀丽集》更是收录了嵯峨天皇的"史记讲竟,赋得张子房,1首"、良岑安世的"赋得季札,1首"、仲雄王的"赋得汉高祖,1首"、菅原清公的"赋得司马迁,1首"。此外,在"乐府"篇中还收录了以王昭君为题材的君臣唱和之作,在此抄录嵯峨天皇的"王昭君"诗1首:

弱岁辞汉阙,含愁入胡关。

天涯千万里,一去更无还。

沙漠坏蝉鬓,风霜残玉颜。

唯余长安月,照送几重山。

天长四年(827),奉淳和天皇之命编纂汉诗集的良岑安世、滋野贞主等人进上《经国集》。在《经国集》的序文中,诗文的政治性亦被提及,即"(文章者)宣上下之象,明人伦之叙","经国而无穷,是知文之时义大矣"。

《经国集》兼收《文华秀丽集》的遗漏作品,作品的时代起自庆云四年(707)迄止天长四年(827),包括赋17首,诗917首,序51首,对策38首,编成20卷(现存6卷)。无论是作品数,还是文章的类别,《经国集》都远远地超过《凌云集》《文华秀丽集》。《经国集》不仅有嵯峨太上天皇、淳和天皇以及文人、官人的作品,而且还收录了空海的诗作,其中两首七言诗《南山中新罗道者见过》和《在唐观昶法和尚小山》,是显示空海的"国际性"的诗作,抄录如下①:

吾住此山不记春,空观云日不见人。

新罗道者幽寻意,持锡飞来恰如神。

——《南山中新罗道者见过》

看竹看花本国春,人声鸟弄汉家新。

见君庭际小山色,还识君情不染尘。

——《在唐观昶法和尚小山》

① 『経国集』卷十。

2. 小说、随笔

(1)《日本灵异记》

《日本灵异记》，全称《日本国现报善恶灵异记》，是日本最早的佛教志怪小说集。作者是奈良药师寺的僧侣景戒。根据《日本灵异记》卷下第 38 缘中的景戒自述，他曾有过一段私度僧的经历，延历十四年（795）就任药师寺的传灯住位。《日本灵异记》的成书时间不详，一般认为是在弘仁十三年（822）左右完成。全书共辑录 116 个故事，分为上、中、下三卷，每卷依照故事内容所叙及的时代顺序先后编排，上卷从雄略时代至神龟四年（727）；中卷从天平元年（729）至天平宝字三年（759）；下卷从孝谦•称德时代（749—758，764—770）至嵯峨时代（809—823）。

关于编撰《日本灵异记》的初衷，在上卷的序文中有所叙及，主要缘于景戒对当时世人的"方好鄙行，翘利卷贪财物"和"欲他分惜己物"等人心的腐败堕落，欲以"善恶之报如影随形，苦乐之响如谷应音"的因果报应理念，奉劝人们"却邪入正，诸恶莫作，诸善奉行"。[①] 因此，景戒"从所闻选口传，侃善恶，录灵奇，愿以此福，施群迷，共生西方安乐国"[②]。

由于《日本灵异记》编撰的宗旨是定位在扬善止恶、善恶报因上，所以因果应报的故事占主流，既有善有善报、恶有恶报的故事，也有关于人性善恶两面孰强孰弱导致的吉凶结果的故事，总体而言，依然是善因吉果的故事偏多。如同《日本国现报善恶灵异记》全称书名，在其编撰的故事中，景戒尤其强调"现报"思想，显示因果关系的现实性。例如，《日本灵异记》下卷所载的第 23 个故事"用寺物复将写大般若建愿以现得善恶报缘"，讲的是一个名叫大伴忍胜的人欲写大般若经，但因使用氏寺的物品，遭受谗言被迫害致死，在地狱中被投入沸水之釜后，釜冷破裂得以生还，这是因为写经的功德使得"用物之灾"变成非地狱之罪。在《日本灵异记》中，善者善报、恶者恶报的因果报应，是不问身份高低的，无论是天

---

① 『日本霊異記』上卷•序。
② 『日本霊異記』下卷•跋文。

皇、皇族，还是庶民、乞食者，都无法逃出因果报应之网，甚至将长屋王之死事件也与因果报应的理念相联系。①

《日本灵异记》还记录了不少与观音信仰有关的故事。例如，"凭念观音菩萨得现报缘"的故事，其内容是：老师行善留学高句丽，遇到战乱，在逃亡途中行至河边，无船摆渡之时，行善心念观音，即刻出现老翁与船。帮助行善渡河之后，老翁和船马上消失。此后，行善造观音像，终身供奉。景戒在故事的结尾处感叹道：观音的威力不可思议啊。② 观音信仰传入日本后，首先流行于贵族阶层，而在《日本灵异记》中，信奉观音者除了僧侣以外，多为庶民的俗男、俗女，其信仰的观音也有圣观音、千手观音、十一面观音等，折射出观音信仰当时在庶民阶层中的渗透及流行。③

《日本灵异记》叙述的故事舞台，既有以景戒所在的平城京为中心的畿内地区，也有畿外地区，甚至是日本列岛之外。其中不少是在国府、国分寺的附近，或者市、津等交通便利、人群聚集的地方。故事的主人，虽然是上自天皇、皇族，下至庶民、乞食者，但在畿外地区，则以地方豪族、富裕阶层为主。④

关于《日本灵异记》的编撰，景戒直言其受到了唐代的《冥报记》《般若验记》(《金刚般若经集验记》)的影响。⑤《冥报记》成书于唐永徽年间(650—655)，编撰者为唐临，是一部记录南北朝至唐初的因果报应故事的志怪小说集。《般若验记》成书于唐开元六年(718)，编撰者是孟献忠，是《金刚般若波罗蜜经》的灵验记，其中也引用了《冥报记》的内容。

---

① 《日本灵异记》中卷所载"恃己高德刑贱形沙弥以现得恶死缘"的故事中叙述说：天平元年(729)二月八日，元兴寺准备大法会，长屋王奉敕负责众僧的供食。其时，一沙弥未经允许至盛饭处，捧钵受饭，长屋王见之，用牙笏敲沙弥的头，沙弥头破血流。两日后，长屋王被人诬陷谋反社稷，最终自杀，可谓是"现报"。

② 『日本霊異記』上卷・第六。

③ 佐原作美「日本霊異記における観音信仰譚の構造」、『駒沢短大国文』29、1999 年、1—17 頁。

④ 塩入秀敏「『日本霊異記』説話の伝達について」、『上田女子短期大学紀要』第 30 号、2007 年、25—40 頁。

⑤ 『日本霊異記』上卷・序。

　　《日本灵异记》的故事多以变异汉文体表记，为此，景戒在各段故事的末尾附有难懂汉字的读音或意释。对于歌谣的表记，采用万叶假名一字一音。

　　《日本灵异记》作为日本最古老的佛教志怪小说集，对后世的《三宝绘词》《本朝法华验记》《今昔物语集》等著作影响很大。

　　(2)《源氏物语》

　　物语文学最早出现于奈良时代，《竹取物语》是日本文学史上最早的物语作品。随着假名文字的发明，以及女性作家的加入，至平安后期物语文学兴盛。被称为"古物语""昔物语"的《源氏物语》之前的物语，大致有两类，一是讴歌贵族日常生活为主的"歌物语"。这类作品写实性强，很少有虚构；二是以传说、神话为基础，或虚构空想世界、人物，反映文学作品所在时代的世态和人的价值取向的"创作物语"。

　　平安时代后期的物语文学作品，较为重要的有《源氏物语》《狭衣物语》《堤中纳言物语》《荣花物语》等。其中，以《源氏物语》最为有名。

　　《源氏物语》亦称《光源氏物语》《光源氏》《源氏》《紫物语》等。《源氏物语》的作者，一般认为是紫式部。紫式部出身于中下层贵族家庭，是平安时代中期的女性作家，出生年月不详。紫式部的父亲是藤原为时，也是著名的学者、诗人，在花山时代曾任式部丞等官职。紫式部的本名不详，"式部"来自藤原为时的官职名。长德二年(996)，藤原为时被任命为越前国守，离开平安京，前往越前国，其时紫式部也随父一同前往越前国。长德四年(998)，紫式部与藤原宣孝结婚，二人年龄相差如同父女。长保三年(1001)四月，藤原宣孝故去，紫式部开始了寡居的生活，埋头于文学创作。宽弘二年(1005)，藤原道长注意到紫式部的文才，推荐她为中宫藤原彰子的侍从。紫式部进入宫中，成为女房[1]。由于自小受到父

---

[1] 10世纪后期至11世纪中期，平安宫内里的女性，其地位等级大分为后(中宫、皇后、皇太后、太皇太后)、御息所(女御、更衣)、女房、女官(女房以外的下级女官)、从女(下仕、女童)(吉川真司「平安時代における女房の存在形態」、『律令官僚制の研究』、427—465頁)。在内里，天皇、皇后、中宫、女御等之处都有许多女房奉仕。

亲的熏陶,紫式部具有很好的汉诗文知识。

关于紫式部为何创作《源氏物语》及其创作的过程,学者们有多种推测,但无论如何,《源氏物语》是以紫式部所在的一条时代为基础,以作者的才能及女性细腻的感性而缀成的作品。据《紫式部日记》记载,一条天皇曾经让女房朗读《源氏物语》给他听,听完后,一条天皇对《源氏物语》作者的才能赞誉不已。

《源氏物语》是一部长达五十四卷的长篇小说,分为三部,第一、二部描写一位被降为臣籍的皇子光源氏的贵族生涯。第三部则描写光源氏之后以匂宫、薰中将为代表的年轻贵族的生涯。在战前的日本,《源氏物语》曾经被认为是好色文学,但是战后,《源氏物语》作为贵族文学,除了作为小说的技巧、构想、文体等方面以外,其所反映的当时历史环境下的生活、社会、思想、历史等相关问题也都开始受到注目。

《源氏物语》绘合卷描写了一个场景:为了迎合喜好绘画的冷泉帝,光源氏打算献上代代珍藏的画卷,但是因为其中有描写《长恨歌》《王昭君》的绘画,被认为不吉,所以最终光源氏放弃了献画之事。《长恨歌》《王昭君》绘画的代代相传,折射出平安时代贵族对中国文化的喜爱。此外,《源氏物语》梅枝卷中提到,光源氏在为爱女明石姬的成女式作准备时,大宰府的大宰大贰献上了香料等唐物。这也是当时平安时代贵族热衷海外奢侈品的写照。

(3)《枕草子》

在日本的文学史上,《枕草子》是最早的随笔文学作品,创作于10世纪末11世纪初,与《源氏物语》一同被誉为平安时代文学的双璧。《枕草子》的作者清少纳言,是有名歌人清原元辅的女儿,天元四年(981)左右与陆奥守橘则光结婚,育有一子,但不久即离婚。橘则光是当时有名的武将,《江谈抄》《宇治拾遗物语》《今昔物语》中都有橘则光勇武击退盗贼的故事。在《枕草子》中,橘则光的名字也多次出现。后来,清少纳言与摄津守藤原栋世再婚。正历四年(993)左右,清少纳言进入宫中,成为奉仕一条天皇的中宫藤原定子的女房。清少纳言是女房名,"清"字是取自父姓清原氏;"少纳言"一般是源自父亲或丈夫等亲属的官职名,但在清少纳言的亲属中无人就任过少纳言一职,因此为何被称为"少纳言",原因不明。

中宫定子是藤原道隆之女,藤原伊周的妹妹。关于清少纳言创作《枕草子》的契机,根据《枕草子》卷末跋文,是缘于内大臣藤原伊周赠送高级和纸给一条天皇和中宫定子的事情,当时定子问:帝(一条天皇)用纸书写《史记》,那中宫用纸书写什么呢? 清少纳言答道:枕吧。于是,定子采纳了清少纳言的建议,将纸张赐予清少纳言,让其写"枕"。

《枕草子》由300余段组成,根据内容,大分为类聚章段、日记章段和随想章段三部分,其中既有以自然为题材的文章,也有对奉仕中宫定子时代的回忆。前已叙述,以长德元年(995)藤原道隆的故去为界,中关白(藤原道隆)一家的命运从荣华走向没落,在政治权力争斗中,藤原伊周败于藤原道长;在后宫,藤原道长的女儿彰子进入一条天皇后宫,形成"一帝二后",中宫定子的地位被分享。长保二年(1000)十二月,中宫定子因分娩而亡故。清少纳言奉仕中宫定子的初始,恰是中关白家全盛期,因此清少纳言目睹了主人家的盛衰。中宫定子死后,清少纳言也离开了皇宫。但在《枕草子》中,清少纳言并没有苦情地描写中宫定子的境遇,也极少言及中宫定子的悲运,而是运用笔锋描写围绕着中宫定子的明快氛围及荣华世界,体现了作为中宫女房的清少纳言在创作时的记事选择态度与用心。

清少纳言亲笔所写的《枕草子》已经失传。现存的传本大致分为杂纂本(三卷本系和能因本系)与类纂本(堺本系和前田家本系)两大系统四种。其中杂纂本是指类聚章段、日记章段和随想章段混杂排列的版本;类纂本则将相同类型章段归纳排列。一般认为,三卷本是最接近原型的版本。

3. 日记文学

古代的日记,最初主要是有关天皇起居、宫廷行事或公事、官人活动等的记录,后出现有关寺院或僧侣游方足迹,特别是前往中国王朝的僧侣的见闻记录。在现存文献史料中,《日本书纪》齐明纪引用的《伊吉连博德书《难波吉士男人书》可以说是最早的日记。前已叙述,圆仁是随遣唐使前往唐王朝的僧侣,其日记《入唐求法行礼巡记》被誉为与玄奘的《大唐西域记》及《马可·波罗游记》相提并论的"东亚三大旅行记"之一。平安时代以后,除了《内记日记》《外记日记》《殿上日记》等公事日记,贵族的个人日记也很流行,例如藤原忠平的《贞信公记》、藤原师辅的《九历》等。这一潮流孕育了平安时代的日记文学。

平安时代的日记文学是指日记以假名文字书写,并不局限于逐日活动的记录,而是包括作者对事物的感受、追忆和自我反省、自我观察等主观性叙述以及和歌的文学作品。由于这一文学作品群中,女性的作品是主流,因此也被称为女流日记文学。平安时代的日记代表作主要有《土佐日记》《蜻蛉日记》《和泉式部日记》《紫式部日记》《更级日记》等。

《土佐日记》,亦表记为《土左日记》,其作者是纪贯之,他也是前述的《古今和歌集》编撰者之一。纪贯之本身是男性,却假借女性身份撰写《土佐日记》。延长八年(930),纪贯之被任命为土佐守,从平安京前往土佐国赴任。土佐守的任期结束后,纪贯之于承平四年(934)十二月从土佐国出发,踏上返回平安京的旅程,经过 55 天的行程,承平五年(935)二月抵达平安京。《土佐日记》是纪贯之以日记体记述从土佐国返回平安京的 55 天旅程的纪行文,其中既有写实性的记录,亦有虚构性的描写,每日都配有一首和歌。同时,《土佐日记》的行文中,也表现了对亡儿的追怀,以及对世俗的讽刺,对和歌的批判等。

《蜻蛉日记》的作者是藤原道纲母,即藤原道纲的母亲,亦是藤原兼家的妻子。《蜻蛉日记》主要是记述作者在天历八年(954)至天延二年(974)期间的婚姻生活,细腻地描写了作为藤原兼家妻子的喜怒哀乐,对藤原兼家与其他女性通好的嫉妒、愤怒、叹息,以及对儿子藤原道纲的母爱等心境。其中,以和歌表现心情的手法屡屡可见。

《和泉式部日记》也被称为《和泉式部物语》,作者是和泉式部,其父亲大江雅致曾是式部丞。和泉式部的第一任丈夫橘道贞是和泉守,因此其后她的女房名和泉式部就由丈夫的任国和父亲官职组成。恋爱体质的和泉式部一生中曾与多位男性贵族有过恋爱关系。作为歌人,其所作的恋歌也是让世人赞叹不已。紫式部在《紫式部日记》中,就曾评价和泉式部是情书与和歌非常优美,但素行却无法恭维的女性。和泉式部曾与冷泉天皇的三男为尊亲王相爱,但是长保四年(1002)为尊亲王病亡。其后,和泉式部又与为尊亲王的弟弟敦道亲王恋爱,《和泉式部日记》就是描写和泉式部与敦道亲王恋爱的作品,以长保五年(1003)四月至翌年(1004)正月的二人恋爱交往为中心,以第三人称的视点叙述,具有物语文学的性格。宽弘四年(1007),敦道亲王亡故。之后,和泉式部成为奉仕一条天皇的中宫彰子的女房。除了《和泉式部日记》外,和泉式部还有其他歌集问世,如《和泉式部集》《和泉式部续集》等作品。

《紫式部日记》是《源氏物语》作者紫式部的另一部作品,记录了紫式部作为一条天皇的中宫彰子的女房,于宽弘五年(1008)秋至宽弘七年(1010)正月,对宫中的人和事的细致的观察以及紫式部自己的心境,其中宽弘五年的记事占了日记的大约三分之二。紫式部在《紫式部日记》中,对同僚的女房们的尖锐批评是该日记的特点之一,除了上述的对和泉式部的评价以外,对《枕草子》的作者清少纳言的评价尤为有名①。

《更级日记》的作者是菅原孝标女,即菅原孝标的女儿。菅原孝标是菅原道真的五世孙,出身学问之家。作者母亲的姐姐是《蜻蛉日记》的作者藤原道纲母。《更级日记》成书于康平三年(1060)前后,与《蜻蛉日记》相同,也是作者晚年的回忆录,记录了作者从 13 岁的宽仁四年(1020)至52 岁的康平二年(1059)的人生。日记从作者的父亲菅原孝标在上总国任期已满,一家人从上总国踏上返回平安京的旅途开始记叙,此次旅途中的见闻占据了作品的大约五分之一。《更级日记》的后半部分描述了作者成为宫廷女房和结婚的经历,还有丈夫死后的心境等等,折射出作者周围人际关系的变化。

---

① 紫式部在日记中评价清少纳言是脸上挂有骄傲表情的、自以为了不起的人,好像很机敏的样子,但她书写的汉字,仔细一看,存在很大的不足。

第二节　美术与乐舞

一、绘画

日本的美术起源可以追溯至绳文时代,陶器上的纹样、陶俑的造型都是最早的原始艺术。5 世纪至 7 世纪,以九州的北部、中部为中心,集中出现了壁画系的古坟,在石棺、石室、墙面等上以彩色、线刻描绘纹样或绘画,具有该特色的古坟被称之为装饰古坟。除了九州地区,在鸟取县、香川县、茨城县、福岛县等地也发现了装饰古坟。初期装饰古坟的绘画多为直弧文、同心圆等抽象的几何图形纹样,所用色彩以赤色为主。6 世纪以后,装饰古坟中出现人物、动物等形象化的绘画,色彩的运用也呈现多样化,例如赤、青、黄、白、绿、黑等色。尽管这一时期的绘画技法、色彩运用等技能较之以前都有了向上的提高,但是与 7 世纪以后的绘画相比,仍处于原始绘画的阶段。①

5 世纪后半叶,在从朝鲜半岛移居日本列岛的技术系移民中,就有擅长绘画技术的人,这些绘画人才被倭王权编入画部。② 随着佛教的传入,百济在赠送佛像、佛具等佛教法物的同时,也将身怀造寺技术的技能者作为礼物赠送给倭国。例如敏达六年(577),百济国王派遣使节赠送给倭国经论若干卷,以及律师、禅师、比丘尼、咒禁师、造佛工、造寺工 6 人。③ 此外,前已叙述,崇峻元年(588),飞鸟寺创建之际,百济又向倭国赠送寺工、露盘博士、瓦博士、画工等技能工。来自百济的画工、造寺工、造佛工,为倭国带来了表现佛教主题的画题、构图等绘画形式,以及大陆的绘画制作技巧,这可以说是古代日本绘画史上的历史性转折点。④

---

① 百橋明穂「絵画と画師」、上原真人ら編『列島の古代史 5 専門技能と技術』、岩波書店 2006 年、11—52 頁。
② 『日本書紀』雄略七年是歳条。
③ 『日本書紀』敏達六年十一月庚午朔条。
④ 百橋明穂「絵画と画師」。

位于奈良县明日香村的高松塚古坟是建造于 7 世纪末 8 世纪初的古坟，1972 年，在其内部发现了大陆风格的色彩鲜艳的壁画。石室的东壁绘有 4 人男子像、日像、青龙、4 人女子像；西壁有 4 人男子像、月像、白虎、4 人女子像；北壁有玄武像；南壁因盗墓的缘故，壁画损伤较大，一般推测应有朱雀像；石室顶板上，绘有星宿图。青龙、白虎、玄武、朱雀的四神图以及日月天文图，在中国和朝鲜半岛的壁画墓中，也是常见的壁画题材。

距离高松塚古坟不远处的龟虎（キトラ）古坟，是时代晚于高松塚古坟的壁画古坟。1998 年以后，考古学者对石室内部进行了多次调查，判明龟虎（キトラ）古坟的壁画题材也包括日月天文图，以及青龙、白虎、朱雀、玄武的四神图。此外，还有子、丑、寅、卯等十二支兽头人身持物像。不少学者认为，十二支兽头人身持物像，与佛教美术的十二神将的表现似乎有着异曲同源的关联。[1]

古代日本绘画史的发展，与佛教有着密不可分的关联，因为壁画是佛堂、佛塔等佛教建筑不可欠缺的部分。天智九年（670）四月，创建于 7 世纪前半叶的法隆寺发生火灾，寺内的建筑全被烧尽。[2] 其后，法隆寺进行了重建。现存的法隆寺西院伽蓝是建于 7 世纪末 8 世纪初的木造建筑物群，由金堂、塔、讲堂等建筑构成，其中金堂的建造时间最早，大约是和铜年间（708—715）以前。金堂的四壁绘有壁画，1949 年因火灾遭到了破坏，烧损的壁画由大小 12 面壁画组成，绘画主题包括释迦净土图、阿弥陀净土图、弥勒净土图、药师净土图、半跏思维菩萨像、观音像、势至像、圣观音像、文殊像、普贤像、十一面观音像，其中释迦、阿弥陀、弥勒、药师各佛的净土图分别是大面壁画。在药师净土图中，倚坐中央的本尊药师如来，其上方左右一对飞天，药师如来的左右两侧除了胁侍菩萨、罗汉以外，还各绘有 2 神将，就是药师十二神将中的 4 神将。从绘画技法

---

① 百桥明穗「絵画と画師」。
② 『日本書紀』天智九年四月壬申条。

而言,法隆寺的金堂壁画以赤、青、黄、绿、黑、白等各种色彩的颜料描绘出多彩的世界,与敦煌莫高窟壁画的绘画技巧相似。①

7世纪以后,随着佛教的兴隆,寺院的不断建造,画工的需求量增大,为了更好地掌控和管理绘画技术及画工,推古十二年(604),推古政权开始实施画师制,即设置“画师”之姓,赐予伴造氏族,如黄书(黄文)画师、山背画师、簀秦画师、河内画师、楢画师等,并令其氏族世代承袭绘画制作技术。律令制国家确立之后,在中务省下,设置画工司负责宫中的绘画、彩色等事务。大同三年(808),画工司被并入内匠寮。

奈良时代的画师、画工们与律令制国家的造寺事业同样有着密切的关联。尤其是建造东大寺的大佛,许多画师、画工都参与了制作,隶属画工司的人员更是不例外。例如天平宝字二年(758),为了彩色大佛殿的天顶,画工司派出18位画师、画工至造东大寺司。② 此外,造东大寺司也拥有大量的画师,根据天平胜宝九年(757)的绘花盘所解文,为了描绘花盘、大佛殿图、大佛殿垂木花纹彩色,造东大寺司的下属机构绘花盘所动员了56位画师③。

除了佛教绘画外,奈良时代以后,山水画、人物画等世俗画也颇为流行,尤其是屏风画。在东大寺的献物账中,记录了许多屏风的名称,如《山水画屏风》《古人画屏风》《舞马屏风》《素画夜游屏风》《鸟毛立女屏风》等。其中,《鸟毛立女屏风》(又称《树下美人图》)是保留至今的为数不多的奈良时代珍品之一,现收藏于正仓院。此画以墨描绘了位于树下的一位身着唐风装束的女子,并在女子的颜面部等若干处进行了部分着色,显示出高超的绘画技法。

随着密教的兴盛,9世纪至10世纪的绘画主要是曼陀罗、密教画像

---

① 真鍋俊照「仏教図像の表現と理論」、『印度学仏教学研究』54—2、2006年3月、260—269頁。
② 『正倉院文書』天平宝字二年二月廿四日「画工司移」「造東大寺司召文」(『大日本古文書』[編年文書]4、259—261)。
③ 天平勝宝九歳二月廿四日「絵花盤所解」(『大日本古文書』[編年文書]4、222)。

及祖师高僧像三类。① 11 世纪以后,佛画的生硬感开始趋向柔和,人物像的表现丰富,并采用俯瞰画法表现自然环境。例如,摄津国绘师秦致贞于延久元年(1069)绘制的法隆寺绘殿的《圣德太子绘传》障子画,是在同一画面里,表现圣德太子一生的事迹,在俯瞰画法的构图下,人物、建筑与山水背景融为一体。该障子于江户时代被改装为屏风,现收藏于东京国立博物馆。

二、雕刻

6 世纪后半叶,造佛工即制作佛像的技能工也是百济国王赠送给倭国的技能人才。7 世纪以后,随着飞鸟寺、班鸠寺(法隆寺)等官寺的建造,佛像制作也日趋兴盛。鞍作鸟是 7 世纪前半叶的知名造佛师,推古十三年(605)被推古王权任命为造佛工,负责建造飞鸟寺的铜佛像、绣佛像各 1 尊。推古三十一年(623),鞍作鸟又造成法隆寺金堂释迦三尊像。在法隆寺金堂释迦三尊像的光背铭文中,鞍作鸟的称号是"司马鞍首止利佛师"②。鞍作鸟(止利)的祖父是司马达等(或表记为司马达止),根据《扶桑略记》记载,司马达等是从大陆移居日本列岛的移民,信奉佛教,在大和国安置下来后,即刻供奉佛像。因此,鞍作鸟是出自信仰佛教之家。鞍作部是制作马具的技术集团,自然也就精通金属铸造技术,所以鞍作鸟成为造佛师,被任命为金铜佛像的制作者是有其原因的。

鞍作鸟制作的法隆寺金堂释迦三尊像,是受到中国南北朝时期佛像形制影响的代表性作品。7 世纪中叶以后,随着隋唐的写实性的佛像风格以及雕刻技术传入日本,鞍作鸟式的造佛风格逐渐趋向衰落。不过 7 世纪中叶,由著名佛师汉山口直大口所制作的佛像,依然延续着鞍作鸟式的造佛风格。③ 汉山口直大口,又称山口大口费,山口直是东汉氏的一

---

① 田中英道「『マニエリスム』美術—平安時代の美術」、「日本美術全史」、講談社 2012 年、167—207 頁。
②「金銅釈釈迦三尊造像記」(癸未年三月)、竹内理三編『寧楽遺文』、962 頁。
③ 根立研介「仏師の世界」、上原真人ら編『列島の古代史 5 専門技能と技術』、129—164 頁。

族,因此汉山口直大口与鞍作鸟同样,是大陆系移民的后裔。白雉元年(650),孝德大王诏令汉山口直大口雕刻千佛像。另外,根据法隆寺金堂的木造广目天像光背铭文,该木造广目天像也是汉山口直大口的作品①。

7世纪后半叶,造寺、造佛事业之所以盛行,究其原因,除了倭王权推行的国家性佛教兴隆政策以外,也有佛教信仰普及等因素。例如,持统六年(692)五月,"出云国若倭部臣德太理,为父母作奉菩萨"②。此外,佛像还被用作倭王权教化少数族虾夷的道具。持统三年(689)的正月,持统王权赐给虾夷沙门道信佛像1尊。同年七月,又赐虾夷沙门自得金铜药师佛像、观世音菩萨像各1尊。③

持统十一年(697)六月,因为持统天皇生病,群臣百寮发愿造佛像;同年七月,在药师寺举行了佛像开眼仪式。这次佛像开眼仪式可能与药师寺金堂的药师三尊像有关,该药师三尊像是呈现初唐风格的青铜雕刻佛像。

奈良时代以后,虽然律令制对造寺、造佛官司的设置没有规定,但是每当官寺建造之际,朝廷都会相应地设置临时的令外官司——造寺司,如造大安寺司、造药师寺司、造东大寺司等,其中以造东大寺司的规模为最大。造寺司的下属机构中,设有造佛所,组织木工、佛师、画工、装潢工、铜工、铁工、纸工等技能人才制作佛像。

奈良时代的佛像最典型的代表作,是金铜铸造的东大寺卢舍那佛像。除了金铜佛像以外,奈良时代的佛像雕刻像,还有木雕像、干漆像、塑像等。

干漆像是使用漆和麻布制作的佛像,其制作技术基于7世纪从中国传至日本的"夹纻"技法,制作方法有两种:一是脱干漆(脱活干漆)法;一是木心干漆法。脱干漆法是先用泥土大致地塑造出佛像的造型,然后再用漆将麻布一层一层地漆贴至泥塑佛像造型上,大致漆七八层麻布或更

---

① 「木造広目天造像記」(白雉元年)、竹内理三編『寧楽遺文』、962頁
② 「金銅観音菩薩造像記」(出雲鰐淵寺藏,台座銘)、竹内理三編『寧楽遺文』、965頁。
③ 『日本書紀』持統三年正月壬戌条、七月壬子朔条。

多的麻布层;等漆干燥以后,将中心的泥塑佛教造型取掉,变成空心佛像,然后再在佛像的表面用漆、彩色等加以修饰,最终完成佛像的制作。木心干漆法是先用木材大致地制作出佛像的雏形,再通过厚涂刻苎漆(混有木屑末、沉香的漆)的方法表现出佛像的细部,即木心佛像。不过,木心干漆法也存在先制作出已有细部表现的木造佛像,再薄涂刻苎漆的情况。干漆像的代表性作品有兴福寺八部众像(脱干漆法)、圣林寺十一面观音像(木心干漆法)、唐招提寺鉴真和上像(脱干漆法)等。脱干漆法使用优质漆,费用成本较高。相比之下,木心干漆法可以使用低质漆,因此 8 世纪后半叶以后,木心干漆法逐渐流行。

塑像是指泥塑佛像。塑像的制作技术是从大唐传入日本的,首先将心木绕上稻草或绳,然后抹上厚厚的泥土(所用的泥土的土质,最内层是颗粒较粗的土,最外层则使用混入动物胶或纤维质的细土),干燥之后,再使用漆箔(用漆贴金箔)、色彩等装饰佛像。代表性塑像有和铜四年(711)的法隆寺五重塔塑像群等。

与铜造、干漆造、塑造等制作佛像技术相比,木雕具有简单、成本低的特点。飞鸟时代就已使用木雕技法制作佛像,如中宫寺弥勒半跏像等。奈良时代后期,木雕佛像再次盛行。木雕技法有一木造和寄木造两种。所谓的一木造,是以一根木材雕刻出佛像的主体,佛像的手臂、脚部可以有其他木材。与此相对,寄木造是使用两根以上木材制作佛像主体的技法,佛像的头部与身体部分别在不同的木材上雕刻,然后组装而成。奈良时代的木雕像的代表作有唐招提寺讲堂的木雕像等。《日本灵异记》中,有不少关于私度僧或俗人制作木雕佛像的故事,由此可以略见当时民间多流行木造佛像。

9 世纪以后,金铜佛像、塑像、脱干漆像都渐渐少见,而木雕像、干漆并用系木雕像则成为佛像的主流。随着真言密教、天台密教的建立,密教系美术出现,多面、多眼、多臂的佛像或者带有冰冷、妖艳等神秘色彩的佛像逐渐增多,其代表性佛像是东寺讲堂诸尊佛像、观心寺如意轮观音像等。10 世纪以后,拥有僧名的佛师开始出现,并活跃在或官方或个人的造佛事业中,佛师已成为不属于任何官衙的技能者。[1] 摄关时期的代表性佛师是康尚、定朝父子,他们在自己开设的私人性质的工房内,为朝廷、摄关家创造出许多佛像作品,现存的平等院凤凰堂阿弥陀如来像就是藤原赖通发愿,由定朝制作的。这尊佛像为寄木造,其表现手法洗练,形象淳美,是后世佛像的典范。

三、乐舞

日本列岛的乐舞传统,最早可以追溯到弥生时代。在弥生时代遗址中,普遍可见埙、笛之类的乐器。[2] 中国的文献中也记载了倭人歌舞的史料,在倭人的丧葬习俗中,人死后,其棺柩要停丧 10 余日,在这段时期,丧主哭泣,其他人则歌舞、饮酒。这一习俗表明歌舞是古代日本固有的殡丧礼仪的重要组成部分。从文化人类学的角度来看,殡丧礼仪中的歌舞是祈望亡灵再生或者镇制亡灵的手段。[3]

在《古事记》《日本书纪》所记载的神话中,也多有歌舞的记载。例如《日本书纪》叙述的神话中,女神伊奘冉尊在火神诞生时被灼而亡后,"土俗祭此神之魂者,花时亦以花祭。又用鼓吹幡旗歌舞而祭"[4]。又如《古事记》也有仲哀大王在乞请"神之命"时,弹拨"御琴"请神降临的描述。[5] 此外,根据《常陆国风土记》,在常陆国香岛郡,每年的四月十日有"设祭灌酒"的习俗,其时,"男女集会,积日累夜,饮乐歌舞"[6]。

7 世纪以后,在中央集权性政治秩序建立过程中,随着倭王权不断汲取中国的礼制理念,音乐和歌舞也成为表现君臣秩序的道具。645 年的"乙巳政变"之前,苏我虾夷父子专擅朝权,屡屡做出僭越王权的事情,其

---

[1] 根立研介「仏師の世界」。
[2] 荻美津夫「音楽と舞」、上原真人ら編『列島の古代史 5 専門技能と技術』、237—272 頁。
[3] 山下晋司「葬制と他界観」、大林太良編『日本の古代 13 心のなかの宇宙』、中央公論社 1987 年、240—242 頁。
[4] 『日本書紀』神代卷上・第五段一書第五。
[5] 『古事記』中卷・仲哀記。
[6] 『常陸国風土記』香島郡。

中之一就是苏我虾夷在其祖庙使用了与其政治地位不符的八佾舞①。天武四年(675)二月,天武天皇命令大倭、河内、摄津、山背、播磨、淡路、丹波、但马、近江、若狭、伊势、美浓、尾张等国,献上各地"百姓之能歌男女及侏儒伎人",显示出中央王权对地方诸国的乐舞加以统括的意图。② 天武十四年(685)九月,天武天皇再次发布与歌舞有关的诏令:"凡诸歌男、歌女、笛吹者,即传己子孙,令习歌笛"③,将歌舞作为世袭的技能,以确保艺人们所拥有的才艺世世代代传承。

律令制建立以后,乐舞人才的培养和管理被纳入国家制度之内,建立了相应的官僚机构。即,在治部省之下设置雅乐寮,负责宫廷音乐与歌舞的教习。凡是祭祀、佛会、节会以及宴请"蕃客"等之际,雅乐寮的官人都要率领歌人或乐人等有才艺者参加并演奏,成为诸仪式不可或缺的组成部分。有关雅乐寮的组织构成与职能,养老令的规定是:头一人,掌文武雅曲、正舞、杂乐、男女乐人、音声人名帐,试练曲课事;助一人;大允一人;少允一人;大属一人;少属一人;歌师四人,二人掌教歌人、歌女,二人掌临时取有声音,堪供奉者教之;歌人四十人;歌女一百人;舞师四人,掌教杂舞;舞生百人,掌习杂舞;笛师二人,掌教杂笛;笛生六人,掌习杂笛;笛工八人;唐乐师十二人,掌教乐生,乐生六十人,掌习乐;高丽乐师四人,乐生二十人;百济乐师四人,乐生二十人;新罗乐师四人,乐生二十人;伎乐师一人,掌教伎乐生,其生以乐户为之;腰鼓师二人,掌教腰鼓生,腰鼓生也来自乐户;使部二十人。直丁二人;乐户。"④其中,高丽、百济、新罗乐师的职掌同于唐乐师,各乐相应的乐生职掌也同于唐乐的

---

① 八佾舞在儒家礼乐理念中,是只有天子才可以使用的舞乐。孔子在《论语》八佾一篇中,认为身为卿大夫的季子在自己的祖庭使用八佾舞的行为是违背为臣之道的,可谓"是可忍也,孰不可忍也",《日本书纪》的记述与《论语》近似,所以有的研究者认为,《日本书纪》编撰者可能只是模仿《论语》以八佾舞之例论述苏我氏的僭越行为,而八佾舞实际上并没有被引入日本的礼制体系中(小林直弥「日本における宮廷楽舞の研究——八佾舞をめぐって」,「日本大学芸術学部紀要」43、2006 年、27—38 頁)。
② 『日本書紀』天武四年二月癸未条。
③ 『日本書紀』天武十四年九月戊午条。
④ 養老令・職員令。

乐生。

从构成人员数量就可以看出,雅乐寮是一个大寮,其长官雅乐头的官位是从五位。雅乐寮的歌者、舞者以及演奏者所习练的雅曲、正舞和杂乐的体系大致分为两种:一是日本列岛本土系歌舞;一是外来系乐舞。① 另外,雅曲和正舞有文武之分,"带刀为武、无刀为文"②。

1. 传统性乐舞

日本列岛本土系的歌舞有久米舞、五节舞、田舞、倭舞、楯节舞、筑紫舞、小垦田舞等。

久米舞,原是臣服于倭王权的久米部的歌舞。久米部,又称来目部,是隶属于大伴氏的军事集团。在《古事记》《日本书纪》记述的神话传承中,记载了咏颂久米一族军事胜利的歌谣,即久米歌(来目歌)。根据《令集解》,久米舞的舞式原本是由大伴氏弹琴,由佐伯氏③执刀舞蹈,意为"斩蜘蛈(蜘蛛)"④。雅乐寮教习的久米舞,就是宫廷礼仪组成部分的久米舞,表演者人数是弹琴者2人,舞者8人,没有大伴氏、佐伯氏之分⑤,但在舞姿、音声等方面都有一定的规定⑥。平安时代以后,久米舞主要用于大尝祭的节会上。

五节舞与田舞,都是祈祝五谷丰登的舞蹈。天平十五年(743)五月五日宴会上,皇太子阿倍内亲王亲舞五节舞。其时的圣武天皇诏书中,天武天皇被视为五节舞的创始者。⑦ 但是,实际上五节舞很可能是从田

① 井上光贞ら編『日本思想大系3　律令』職員令補注17a、岩波書店1976年、521—522頁。
② 『令集解』職員令・雅楽寮引用的「古記」。
③ 律令制建立之前,佐伯氏是率领军事集团佐伯部的氏族,负责大王的警卫等。
④ 在《古事记》《日本书纪》的神话传承中,有"土蜘蛛"一语,似乎是指某地区的尚未臣服于倭王权的地方豪族(井上光貞ら編『日本古典文学大系67 日本書紀上』補注3—17)。
⑤ 『令集解』職員令・雅楽寮所引「別記」雅楽大属尾張浄足説。
⑥ 《日本书纪》的编纂者在神武即位前纪戊午年八月条记录的"来目歌"的末尾加注:"今乐府(雅乐寮)奏此歌者,犹有手量大小及音声巨细。此古之遗式也。"
⑦ 『続日本紀』天平十五年五月癸卯条。

舞分离出来的舞蹈①。天智十年(671)五月五日的宴会上,就曾举行过田舞。根据《续日本纪》的记载,天平十四年(742)正月的踏歌会以及天平胜宝元年(749)十二月在东大寺时举行的八幡大神杜女礼拜仪式上,都演奏了五节田舞。五节田舞的名称,说明存在当时五节舞和田舞尚未完全分离的可能性。② 天平胜宝四年(752)四月九日,东大寺的大佛开眼仪式上,雅乐寮及诸寺演奏了种种音乐,并且还有王臣诸氏献上五节、久米舞、楯伏、踏歌等歌舞,"东西发声,分庭而奏"③。其中虽然有五节舞,但没有出现田舞。而在贞观元年(859)十一月的大尝祭节会上,"多治氏奏田舞,伴、佐伯两氏久米舞,安倍氏吉志舞,内舍人倭舞,入夜宫人五节舞"④,显然,这时田舞与五节舞已经分离,是分别作为独立的歌舞被演奏的。

倭舞,也称大和舞、和舞。一般认为,倭舞是起源于大和地方的歌舞。据《仪式》记载,在春日祭、大原野祭、平野祭、践祚大尝祭等祭祀时,倭舞都是必演奏的歌舞。

楯节舞,亦称楯卧舞、楯伏舞,是 10 人之舞,舞时皆披甲执刀楯。⑤文献史料中,有关楯节舞的记载非常少。一般认为这是以身体伏楯的舞姿表现臣服含义的舞蹈。⑥

2. 外来系乐舞

外来系乐舞包括度罗舞、唐乐、高丽乐、百济乐、新罗乐、伎乐舞等。⑦

度罗舞是婆理舞、久太舞、那禁女舞、韩与楚夺女舞 4 种舞的统称,

① 林屋辰三郎「古代芸能の儀礼化と伝承者」、『中世芸能史の研究』、岩波書店 1960 年、157—164 頁。
② 林屋辰三郎「古代芸能の儀礼化と伝承者」。
③ 『続日本紀』天平勝宝四年四月乙酉条。
④ 『日本三代実録』貞観元年十一月十九日条。
⑤ 『令集解』職員令・雅楽寮引用「別記」雅楽大属尾張浄足説。
⑥ 林屋辰三郎「古代芸能の儀礼化と伝承者」。有学者认为,以楯为道具的楯节舞是受到中国持干戚舞影响的一种表现武德的乐舞(新川登亀男「儀礼の言葉と『もの』」、『日本古代の儀礼と表現——アジアの中の政治文化』、吉川弘文館 1999 年、113—120 頁)。
⑦ 『令集解』職員令・雅楽寮引用「別記」雅楽大属尾張浄足説。

其中,婆理舞 6 人,2 人持刀楯舞,4 人持桙站立;久太舞 20 人;那禁女舞 5 人,3 人是舞人,2 人花取;韩与楚夺女舞,女舞者 20 人,5 人披甲带刀。[1] 关于度罗舞的由来,《续日本纪》天平宝字七年(763)正月庚申条有"(淳仁天皇)饷五位以上及蕃客、文武百官主典以上於朝堂,作唐、吐罗、林邑、东国、隼人等乐"的记载,因此一般认为,吐罗舞就是度罗舞。但是有关吐罗的所在,存在多种见解,例如,中亚的吐火罗说、东南亚的堕罗说等。[2]

唐乐是指从唐王朝传入日本的音乐,使用合笙、筝、横笛、鼓、方磬、箪篥、尺八、箜篌、箫、琵琶等乐器演奏。根据前引的雅乐寮组织结构可知,雅乐寮专门设置唐乐师掌教乐生,其中包括合笙师、挡筝师、横笛师、鼓师、歌师、方磬师、箪篥师、尺八师、笃篌师(箜篌师)、舞师等。天平三年(731)七月,圣武政权对雅乐寮的杂乐生定员数作了规定,其中,唐乐生定员数为 39 人,并且明确记载无论出身是否是大陆移民系氏族,只要是胜任学习唐乐者,皆可选为唐乐生。[3] 天平胜宝九岁(757),唐乐生人数增至 60 人,但是嘉祥元年(848)九月,又减至 36 人。[4] 随着遣唐使的派遣,唐代的乐器、乐书可以直接传入日本。天平七年(735)四月,从唐朝归来的吉备真备向朝廷进献唐礼、太衍历经等书籍的同时,还献上了"铜律管一部、铁如方响、写律管声十二条、乐书要录十卷"[5]等。也有不少音乐人跟随遣唐使团前往唐朝学习,例如以琵琶才艺著称的藤原贞敏,从小爱好音乐,好学古琴,尤擅弹琵琶。他于承和五年(838)随遣唐使团前往唐王朝,在那里遇到琵琶大师刘二郎。藤原贞敏赠送刘二郎砂金 200 两,请刘二郎传授调曲,两三个月间,藤原贞敏学尽了琵琶妙曲。刘二郎又赠送藤原贞敏曲谱数十卷,并把自己的女儿嫁给藤原贞敏。刘二郎的女儿擅长琴筝,因此藤原贞敏又学得新声数曲。翌年(839),藤原

① 『令集解』職員令・雅楽寮引用「別記」雅楽大属尾張浄足説。
② 林屋辰三郎「東洋的楽舞の伝来と雅楽寮」,『中世芸能史の研究』,184—193 頁。
③ 『続日本紀』天平三年七月乙亥条。
④ 『類聚三代格』卷四・加減諸司官員并廃置事・嘉祥元年九月廿二日太政官符。
⑤ 『続日本紀』天平七年四月辛亥条。

贞敏归国前,刘二郎赠送紫檀、紫藤琵琶各 1 面。归国后,藤原贞敏曾担任雅乐寮的次官雅乐助。①

　　百济乐、新罗乐和高丽乐是从朝鲜半岛三国传入日本的音乐,统称三国乐。百济乐传入日本列岛的时期可以追溯至 6 世纪后半叶。钦明十五年(554)二月,百济国王曾应钦明王权的要求,给倭国送去易博士、历博士、医博士及 4 名乐人。② 百济乐使用的乐器有篌篌、横笛、韩琴等。令制规定的雅乐寮百济乐师定员 4 人,分别是笒篌师(篌篌师)、横笛师(兼歌)、韩琴师(后改为莫目师③)、舞师各 1 人,掌教乐生。④ 百济乐生的定员数,天平三年(731)七月规定为 26 人,挑选乐生的范围被限定在百济系移民的后裔之中。⑤ 百济乐生定员数,嘉祥元年(848)九月减至 7 人。⑥

　　新罗乐初见于天武十二年正月⑦,因被视为祥瑞的三足雀的出现,天武天皇大赦天下、免除百姓课役,并举行宴会,其时在庭中演奏高丽、百济、新罗三国乐,以及小垦田舞。新罗乐生的定员数,天平三年(731)七月的规定是 4 人,并只能从新罗系移民或后裔中挑选乐生。养老令规定新罗乐生的定员数 20 人,嘉祥元年九月又减至 4 人。齐衡二年(855)十二月,新罗乐师一职被取消。

　　高丽乐是传入日本列岛的高句丽音乐。雅乐寮的高丽乐师定员初为 3 人,分别是舞师、散乐师、篌篌师各 1 人,掌教乐生。⑧ 养老令定员数为 4 人。大同四年(809)三月,雅乐寮杂乐师的定员数被重新规定,但高

---

① 『日本三代実録』貞観九年十月四日条。
② 『日本書紀』欽明十五年二月条。
③ 『類聚三代格』巻四・加減諸司官員并廃置事・大同四年三月廿一日太政官符。
④ 『令集解』職員令・雅楽寮引用「別記」雅楽大属尾張浄足説。
⑤ 『続日本紀』天平三年七月乙亥条。
⑥ 『類聚三代格』巻四・加減諸司官員并廃置事・嘉祥元年九月廿二日太政官符。
⑦ 虽然《日本书纪》允恭四十二年正月条记载:新罗国王听闻允恭大王亡故的消息后,"贡上调船八十艘及种种乐人八十",并且到了难波津以后,"皆素服之,悉捧御调且张种种乐器,自难波至于京,或哭泣,或舞歌,遂参会於殡宫也",但是,由于史料的可信性问题,所以无法依据该史料确定新罗乐传入日本列岛的时期。
⑧ 『令集解』職員令・雅楽寮引用「別記」雅楽大属尾張張浄足説。

丽乐师仍然是 4 人,分别是横笛师、箜篌师、莫目师、舞师各 1 人。① 关于高丽乐生的定员数,天平三年(731)七月的规定是 8 人,在高句丽系移民的后裔中选拔乐生;养老令规定高丽乐生的定员数是 20 人,嘉祥元年(848)九月减至 18 人。由此可以看出,在三国乐中,高丽乐受重视的程度日益增强,嘉祥元年九月制定的乐生定员数,与百济乐和新罗乐的乐生大幅减少相比,高丽乐生的规模只有微小的变化。

伎乐舞亦称吴乐。伎乐舞是通过百济移民传入日本的。推古二十年(612),百济人味摩之移民倭国,他自荐自己有伎乐舞特长,“学于吴,得伎乐舞”②。于是推古王权让味摩之教授伎乐舞,其中有真野首弟子、新汉济文两名少年学得伎乐舞,将此舞传承下来。伎乐舞是使用假面具和鼓、笛等乐器的乐舞,尤其是腰鼓为伎乐舞特有的乐器。大同四年(809)三月,伎乐师的定员数从养老令规定的 1 人增至 2 人。③

伎乐舞与佛教也有着密切的关联。朱鸟元年(686)四月,为了飨宴滞留在筑紫的新罗使节,川原寺(位于奈良县明日香村)的伎乐舞的乐具被搬运至筑紫演奏。寺院与伎乐舞的关联,在《法隆寺伽蓝缘起并流记资财帐》中也有看到,当时的法隆寺有伎乐具 11 具,其中包括师子(狮子)、吴公、金刚、迦楼罗、力士、波罗门醉胡等各种假面 11 种。当举行大佛前的供养,或者天皇行幸寺院,或者寺院迎接高僧等的时候,在寺院或寺院外常常上演伎乐舞。④ 天平胜宝四年(752)四月九日举行的东大寺大佛开眼会上,参与演奏的伎乐鼓击者多达 60 人。⑤ 每年的四月八日或七月十五日佛教斋会之时,平安京的东寺、西寺以及奈良的大安寺、西大寺等寺院都会演奏伎乐舞。⑥

---

① 『類聚三代格』卷四・加減諸司官員并廃置事・大同四年三月廿一日太政官符。
② 『日本書紀』推古二十年是歳条。
③ 『類聚三代格』卷四・加減諸司官員并廃置事・大同四年三月廿一日太政官符。
④ 新川登亀男「伎楽の受容と行事」、『日本古代の儀礼と表現——アジアの中の政治文化』、281—287 頁。
⑤ 『東大寺要録』卷二。
⑥ 『延喜式』雅楽寮。

9 世纪以后,在吸收外来系乐舞的基础上,日本化的乐舞开始不断涌现。例如,承和十二年(845)正月,已逾百岁的尾张滨主在平安宫表演了自创的和风长寿乐舞,观看的人达千人之多。① 此外,同时期也出现了固有的本土系歌谣与外来系管弦结合的声乐曲,如"催马乐"就是其中之一,这是一种以荜篥、龙笛、笙、筝、琵琶、笏拍子组成的管弦乐作伴奏,数名歌人合唱的乐舞新形式。催马乐在 9 世纪前半叶就已流行。据载,贞观元年(859)逝去的皇族广井内亲王,"以能歌见称,特善催马乐歌。诸大夫及少年好事者,多就而习之"②。至 10 世纪末,随着外来系乐舞的日本化,以及本土系歌舞与外来系乐舞的相结合,日本独特性的雅乐最终形成。

第三节　平安时代的年中行事

一、年中行事的设置

所谓的年中行事,是指每年举行的时节恒例仪式。在平安时代的宫廷、贵族政治生活中,年中行事是仪式与时间的结合,具有维持国家秩序的重要意图。"年中行事"一词出现得比较晚,史料上始见于仁和元年(885)。这一年,太政大臣的藤原基经献上了"年中行事障子"(屏风),并将屏风立在了内里的清凉殿之内。③ 依据现存的《年中行事御障子文》,藤原基经所献的"年中行事障子"上,写着一年中要举行的宫廷行事大约有近 290 项④,显示出年中行事的成熟性。不过,年中行事的设立并不是

---

① 『続日本後紀』承和十二年正月乙卯是日条。
② 『日本三代実録』貞観元年十月廿三日条。
③ 《年中行事秘抄》载:"仁和元年三月廿五日,太政大臣昭宣公,献年中行事障子。今案,彼年始被立年中行事障子欤"。《师远年中行事》里书等史料中,也有几乎相同的记事,但所记的藤原基经献年中行事障子的时间是"仁和元年五月二十五日"。
④ 现存的《年中行事御障子文》被收录在《续群书类从》公事部,其所记的年中行事共计 291 条,其中正月 48 条,二月 18 条,三月 10 条,四月 40 条,五月 10 条,六月 22 条,七月 15 条,八月 21 条,九月 10 条,十月 24 条,十一月 29 条,十二月 34 条,月中行事 10 条。但是由于后世设置的北野祭、吉田祭等行事也在其中,因此一般认为,《年中行事御障子文》虽然是以仁和元年的"年中行事御障子"为原型,但也存在着后世之人的加笔(所功『「年中行事」の成立」、『平安朝儀式書成立史の研究』、国書刊行会 1985 年、543—561 頁)。

一蹴而就的，而是经过长期发展、演变而形成的。

根据《三国志·魏书·倭人传》所引用的《魏略》记载，在 3 世纪以前，日本列岛上的人们并不知道"正岁四节"，只是依据"春耕秋收"的生产过程来计算一年的时间。6 世纪后半叶，文献史料中有关中国历法传入日本列岛的记事，最早见于《日本书纪》钦明十五年二月条，百济为倭国送来了历博士。推古时代(593—628)，倭国开始使用历日。①《日本书纪》所记载的推古十六年(608)的倭国致隋皇帝的国书中，就写有季节性的问候语——"季秋薄冷"，"季秋"一词指九月，是源自于中国历的用语，由此也可以窥见中国历在推古王权的政治、外交等方面的应用。

7 世纪以后，随着以大王(天皇)为顶点的中央集权体制的一步一步地形成，与之相适应，中国的顺时行政的思想也逐渐运用至王权国家的统治之中。律令制国家规定每年的正月一日、正月七日、正月十六日、三月三日、五月五日、七月七日、十一月大尝日为国家的节日。此外，律令制还规定了正月十五日进薪礼、正月中旬射礼、二月和八月释奠等礼仪。每至节日之时，原则上，朝廷都要举行相应的礼仪及宴会。但是，由于种种原因而不举行节日行事的情况也时有发生。例如，养老五年(721)年末，元明太上天皇去世，翌年(722)的元日朝贺礼仪停止举行；延历十年(791)五月，因为日本列岛频频旱灾，桓武天皇诏令停止五月五日节宴，等等。节日行事的举行是以使用历日为前提的。日本律令制国家的造历机构是阴阳寮，每年的十一月一日，阴阳寮都将做成的翌年历送至中务省，由中务省向天皇奏上。上奏给天皇的历包括天皇用的御历和颁布用的颁历，其中，颁布用的颁历在上奏天皇以后，由太政官颁给中央官僚机构的诸官司，同时向地方的国司、郡司颁发颁历的抄本。另一方面，十一月一日上奏给天皇的御历是具注历，即由历日和历注(列记历日的凶吉、禁忌等)构成的历。天皇用的御历还有七曜历，是在每年的正月朔日

---

① 『政事要略』年中行事·十一月一·中务省奏御历事条记载："儒传云：以小治田朝十二年岁次甲子正月戊申朔，始用历日。"

上奏给天皇的。七曜历是记载日、月和土星、木星、火星、金星、水星运行的天文历。

阴阳寮造历时,所依据的历法是从中国传来的历法。推古十年(602),百济的僧侣观勒将历书等书籍携带至倭国,当时,观勒所传的历法极有可能是南朝刘宋的元嘉历。[①] 持统四年(690),持统天皇即位。其后不久,宣布并用元嘉历和唐朝的仪凤历(亦称麟德历)。文武元年(697),文武天皇即位后,元嘉历被停用。天平宝字七年(763)八月,淳仁朝廷宣布"废仪凤历,始用大衍历"。[②] 大衍历是唐僧一行受唐玄宗之命编纂的历法,在唐开元十七年(729)至上元二年(761)期间,作为官历被唐王朝使用。日本的天平宝字七年改历之时,唐王朝已经停用了大衍历。[③] 天安元年(857),历博士大春日真野麻吕向朝廷请求依据唐朝的五纪历造历。由此,五纪历开始与大衍历并用。五纪历是唐王朝在唐宝应元年(762)至建中四年(783)期间所使用的官历。贞观元年(859),渤海国使节给日本带来了当时唐王朝正在使用的《长庆宣明历经》。大春日真野麻吕试用唐的新历法之后,向朝廷奏请改历,建议使用宣明历。贞观三年(861),清和政权宣布停旧历,改用宣明历。宣明历一直沿用至江户时代的贞享元年(1684)。中国历法的长期使用,意味着在古代日本的时间意识中,自然会嵌入中国的因素。

进入9世纪后,历注受到贵族社会的极度重视。大同二年(807),平城天皇以历注"并出堪舆杂志,非举正之典"为由,诏令删除历注。[④] 但是弘仁元年(810),公卿们上奏嵯峨天皇请求恢复历注,认为"历注之兴,历代行用,男女嘉会,人伦之大也;农夫稼穑,国家之基也"。[⑤] 由此可以看

---

① 冈田芳朗「中国暦法の渡来と始行」、『日本の暦』、木耳社1972年、49—61頁。

② 『続日本紀』天平宝字七年八月戊子条。

③ 天平七年(735)四月,入唐留学生吉备真备向圣武朝廷献上大衍历经1卷、大衍历立成12卷等,将当时唐朝最新的历法带入日本(『続日本紀』天平七年四月辛亥条)。不过,改历非同小可,从大衍历的传入直至使用,其间经过了28年。

④ 『日本後紀』弘仁元年九月乙丑条。

⑤ 『日本後紀』弘仁元年九月乙丑条。

出,贵族社会把历注视为人们生活活动的原点,即历的时间观念已经深深地刻入贵族的意识形态中。① 与之相应,将礼秩序与时间秩序相结合的仪式编纂事业也被进一步推进。弘仁十二年(821),嵯峨天皇命令时任右大臣的藤原冬嗣等7人编纂仪式书,即《内里式》。

《内里式·序》叙述道:"盖仪注之兴,其所由来久矣。所以指晓舆人纳于轨物者也。皇上虽以樽酌,节文未具。览之者多歧,行之者滋惑。""於是,抄撅新式,采缀旧章,频要修缉,□斯朝宪,取捨之宜,断于天旨,起于元正,讫于季冬,所常履行,及临时军国诸大小事,以类区分,勒成三卷,庶其升降之序,隆杀之仪,披文即晓,临事靡滞,各修厥职,守而弗忘,众免阅书,义近于此。"②据此可知,在《内里式》编纂以前,早已存在有关诸仪式的规定("仪注")。《内里式》的编纂者们对"旧章""新式"进行整理、汇总及补正后,由嵯峨天皇决定内容的取舍。《内里式》由3卷构成,依照一年的时间顺序,记载自正月至十二月在宫中举行的恒常与临时行事的仪式。《内里式》是弘仁十二年以前的宫廷行事的集成,至淳和时代(823—833),宫廷行事的仪式又有了新的变化,为此淳和天皇命令时任右大臣的清原夏野等4人对《内里式》进行修订。天长十年(833)二月,清原夏野等人呈上了修订版的《内里式》。《内里式》的现存本中所收录的恒例行事主要有正月的元正受群臣朝贺式、七日会式、八日赐女王禄式、上卯日献御杖式、十六日踏歌式、十七日观射式,四月的奏成选短册式、贺茂祭日警固式、奏铨拟郡领式,以及五月五日观马射式、五月六日观马射式、七月七日相扑式、七月八日相扑式、九月九日菊花宴式、十一月进御历式、十一月奏御宅田稻数事、十一月新尝会式、十二月进御药式、十二月大傩式等。根据学者的研究,《内里式》现存本的内容只是原本的部分抄录或残阙本,原本的篇目多于现存本③。与令制规定相比,

---

① 細井浩志「時間・暦と天皇」、網野善彦ら編『岩波講座天皇と王権を考える8コスモロジーと身体』、岩波書店 2002 年、127—150 頁。
② 『内裏式』。
③ 所功「『内裏式』の成立」、『平安朝儀式書成立史の研究』、13—63 頁。

《内里式》所记的宫廷行事的数量、内容都有明显的增加,折射出年中行事在 9 世纪初期的发展。

贞观年间(859—877),《贞观仪式》编纂而成。一般认为,现存的《仪式》即是《贞观仪式》。《仪式》由 10 卷组成,内含有关祭祀、恒例与临时行事等仪式共 77 项[1],无论是数量还是内容都比《内里式》更为丰富、详细。由此可以窥见宫廷行事逐渐扩充、细化的趋势。年中行事体系正是在这种趋势中被确立的。

依据行事的内容,平安时代的年中行事大致可以分为三大类,即政务系行事、节日系行事、神事与佛事系行事。[2] 限于篇幅的关系,本章选择节日系的若干行事为论述对象。

二、正月行事

正月作为一年的开始,是年中行事最多的月。在藤原基经的《年中行事御障子文》中,仅正月行事就列有 48 条项。现择其要者予以记述。

1. 元旦四方拜

9 世纪以后,元旦之时,天皇首先要礼拜四方诸神,即所谓的元旦四方拜。关于元旦四方拜的成立时间,学者们的意见不甚统一,主要有两种见解:一是嵯峨时代(809—823)说[3];一是宇多时代(887—897)说[4]。关于元旦四方拜的仪式流程,根据编纂于 11 世纪末 12 世纪初的《江家次第》的记载,简要列之如下[5]:

---

[1] 『儀式』。

[2] 遠藤基郎「年中行事認識の転換と『行事暦注』」、十世紀研究会編『中世成立期の政治文化』、東京堂出版 1999 年、227—283 頁。

[3] 所功「『元旦四方拝』の成立」、『平安朝儀式書成立史の研究』、371—391 頁。

[4] 井上亘「元旦四方拝成立考——その立制過程と王権」、『日本歴史』566 号、1995 年 7 月、69—86 頁。

[5] 『江家次第』巻一・正月・四方拝。

a. 鸡鸣(丑时)时分,扫司设御座三所。一所是拜属星之座,座前烧香置华燃灯。一所是拜天地之座,座前置华烧香。一所是拜陵之座。

b. 天皇端笏北向,称所属之星名字,行再拜礼。咒文:贼寇之中,过度我身。毒魔之中,过度我身。毒气之中,过度我身。毁厄之中,过度我身。五鬼六害巡中,过度我身。五兵口舌之中,过度我身。厌魅咒咀之中,过度我身。万病除愈,所欲随心,急急如律令。

c. 北向再拜天,西北向再拜地。接着,拜四方。

d. 端笏遥向二陵,两段再拜。

e. 天皇拜礼结束后,扫司撤御座,书司撤香华。

而 10 世纪的《西宫记》记载的元旦四方拜仪式,归纳如下[1]:

a. 年除夕夜的追傩行事结束后,天皇用主殿寮供上的热水沐浴。

b. 鸡鸣时分,扫部司(寮)的官人在清凉殿的东庭布置举行四方拜的仪式空间,即在用四扇屏风围成的空间中,设置拜属星、拜天地、拜陵 3 个御座,每个御座前烧香、置花,另外拜属星御座前点燃灯明。藏人奉御笏,等候仪式的开始。

c. 寅时,天皇衣着黄栌染衣[2]进入屏风内,首先北向,称属星名,行再拜礼;其次,念咒文;接着北向,再拜天,西向拜地,然后拜四方,拜二陵,两段再拜。

《江家次第》与《西宫记》的内容相互补充,是了解元旦四方拜的重要史料。但是,二者的叙述也有出入之处,例如关于天皇拜地时的朝向,《江家次第》是西北向,《西宫记》则是西向,显示出元旦四方拜的仪式细节也是因时而变的。

天皇是在寅时开始依次礼拜属星、天、地、四方、二陵(父母陵)的。

---

[1] 『西宮記』正月・四方拜。《西宫记》是平安时代的代表性仪式书之一,编撰者源高明(914—982)是醍醐天皇之子。

[2] 弘仁十一年(820)二月,嵯峨天皇诏令:"其朕大小诸神事及冬奉币诸陵,则用帛衣。正受朝则用衮冕十二章。朔日受朝、日聴政、受蕃国使、奉币及大小诸会,则用黄栌染衣"(『日本紀略』弘仁十一年二月甲戌条)。

元旦四方拜行事为何定在寅时开始，成书于 15 世纪的《江次第钞》的解释是："三代正朔不同。周以建子之月为正，今十一月也。商以建丑之月为正，今十二月也。夏以建寅之月为正，今正月也。本朝制从夏之时，故以建寅为岁首，以寅时为一日之始。盖正月者，一年之始。一日者，一月之始。寅者，一日之始。一刻者，一时之始。四方拜者，万机之始也。一年之行事起於四方拜，终於追傩，循环而不已。"①即古代日本遵从中国夏朝之时，以元日寅时为一年的开始时刻，为此在寅刻举行象征"万机之始"的元旦四方拜。

实际上，年中行事使用夏时不是古代日本的独特之处，而是从中国传入的。隋代的杜台卿在其所著的《玉烛宝典》中就写道："夏、殷及周，正朔既别，凡是行事，多据夏时。"②《日本国见在书目录》一书编纂于 9 世纪后半叶，是当时日本所传存的汉籍书籍目录，其中即有《玉烛宝典》。因此，毋庸置疑，《玉烛宝典》在 9 世纪时已传入日本。

天皇的元旦四方拜由拜属星、拜天地四方、拜二陵 3 部分组成，每一部分的仪式都包含着中国文化的影响。③ 属星信仰与中国的北斗七星信仰密切相关，《五行大义》所引的《黄帝斗图》阐述了人与北斗七星的关系："一名贪狼，子生人所属。二名巨门，丑、亥生人所属。三名禄存，寅、戌生人所属。四名文曲，卯、酉生人所属。五名廉贞，辰、申生人所属。六名武曲，己、未生人所属。七名破军，午生人所属。"④不同时辰诞生的人与北斗七星中的各星相对应。

有关《五行大义》传入日本的史料见于天平宝字元年（757）十一月孝谦天皇发布的敕令，在该敕令规定的阴阳生的必修科目中，《五行大义》是其中之一。此外，《五行大义》进一步阐述诵念属星的作用，即"七星之

---

① 『江次第钞』正月・四方拜。
② 《玉烛宝典》正月孟春。
③ 所功「『元旦四方拜』の成立」。
④ 《五行大义》论七政篇。

名,并是人年命之所属,恒思诵之,以求福也"①。从元旦四方拜时的咒文内容也可以看出,天皇拜属星的意图在于祈愿属星护佑国家不受贼寇、毒魔、厄运、兵戎、疾病等灾异侵扰,以求得统治的安定。而咒文的用语、文字则折射出中国道教的影响。②

敬拜天地四方的理念源自中国的儒家思想。《礼记》曲礼下载:"天子祭天地,祭四方,祭山川,祭五祀,岁遍。诸侯方祀,祭山川,祭五祀,岁遍。大夫祭五祀,岁遍。士祭其先。"这段文字论述天子、诸侯、大夫、士各自所行的祭祀,依据身份的尊卑不同而不同,其中只有天子才可以祭祀天地、四方。在平安时代,元日之时,不仅天皇,庶人也可以拜四方,只是庶人的四方拜始于卯时,时间上比天皇晚一个时辰,并规定"庶人不拜天神",而且庶人是向乾方位(西北)拜天,向坤方位(西南)拜地。因此,虽然只是通过时间和方位的不同来区别天皇和庶人的四方拜,但是在体现天皇敬拜天地四方的唯一性上,与上述的中国儒家思想是相通的。不过,中国天子的祭天地、祭四方是依循时节,分别在都城的四郊(东郊、南郊、西郊、北郊)举行;而日本天皇的元旦四方拜行事则是集中于元日,在宫中举行。关于天皇的元旦四方拜仪式为何规定北向拜天、西北向拜地,藤原公任(966—1041)撰写的《北山抄》的解释是:"其阳起於子。阴起於未,至於戌。五行大义曰:土受气於亥,云云。以阳气所起为天,以阴气所起为地,尤可然乎。又皇天上帝在北,仍天子北向拜天。庶人不拜天地,又可异一人之仪,仍任寻常例,向乾坤拜之耳。"③也就是说北向拜天的理论依据源自"阳起於子""以阳气所起为天"以及"皇天上帝在北";地的方位,依照寻常例应该是阴气所起的未(西南)方位,而采用天皇西北向拜地,其真正的意图在于区别天皇与庶人的不同。

敬拜二陵仪式则与中国的元日祭祖习俗相近。根据《四民月令》记

---

① 《五行大义》论诸神篇。
② 所功「『元旦四方拜』の成立」。
③ 『北山抄』正月・元日拝天地四方事。

载，汉代之时，中国有"正月之旦，是谓正日。躬率妻孥，洁祀祖祢"的习俗①。日本并没有中国式的宗庙制度，但亦存在"山陵如宗庙"的认识②。7世纪末，天武天皇曾亲拜其母之陵或"祭皇祖御魂"③。律令制国家形成后，不见天皇亲拜山陵（皇陵）的事例，不过，天皇遣使向山陵奉币、报告国家大事的事例屡屡可见。同时，儒家"孝"的理念在律令制国家统治中，也起着非常重要的作用。大宝二年（702），文武天皇诏令："上自曾祖，下至玄孙，奕世孝顺者，举户给复，表旌门闾，以为义家焉"④，通过免赋税等奖励手段提倡孝顺。而每当有人献上被视为祥瑞的白龟时，就会有"天子孝，则天龙降，地龟出"或者"王者德泽洽则神龟来，孝道行则地龟出"等强调天皇"孝"与"德"的语句出现在天皇的诏敕令中。⑤ 由此可以推断，元旦四方拜的拜二陵与儒家的孝理念有着密切的关联⑥。拜二陵仪式，天皇遥拜的是父母二陵，因此如果天皇的父母依然健在的话，则不举行拜二陵仪式。⑦

　　天皇拜天地四方时，行再拜礼（2次拜）；拜二陵时，行两段再拜礼（4次拜）。对此，《北山抄》有记载："或云，天地四方之神，皆用再拜者，是每陵再拜，总谓两段再拜也。""本朝之风四度拜神，谓之两段再拜。本是再拜也。而为异三宝及庶人，四度拜之，仍称两段也。天地四方，依唐土风，只用再拜。阴阳家诸祭如之，二陵任本朝例，各两段再拜也。"⑧也就是说，敬拜天地四方的再拜礼是受唐代礼仪的影响。这也从另一个侧面反映出元旦四方拜仪式中的中国元素。

────────────

① 《四民月令》正月。
② 『続日本後紀』承和七年五月辛巳条。
③ 『日本書紀』天武八年三月丁亥条、天武十年五月己卯条。
④ 『続日本紀』大宝二年十月乙卯条。
⑤ 『続日本紀』養老七年十月乙卯条、天平十八年三月己未条。
⑥ 清水潔「『元旦四方拝』成立考」、『神道史研究』46—2、1998年4月、2—26頁。
⑦ 『江家次第』正月・四方拝事。
⑧ 『北山抄』元旦拝天地四方事。

2. 元日朝贺礼仪

元日的辰刻,天皇在大极殿接受群臣的贺拜。在文献史料上,古代日本的元日朝贺最早见于大化二年(646)[①]。7世纪的元日朝贺礼仪的仪式,由于史料记载的简略,因此无法复原整体全貌。前已叙述,天武八年(679),天武天皇发布诏令,规定诸王及百官只能向天皇以及至亲或氏族的长者行正月拜贺之礼。这一规定被日后的律令制继承。[②] 律令制国家形成以后,元日朝贺礼仪成为国家礼仪中的最重要礼仪之一,具体的仪式细节也在不断地完善。大宝元年(701)在大极殿举行的正月朝贺礼仪,其时大极殿的正门树立画有金乌像的幢旗,其左立日像幡、青龙幡、朱雀幡,其右立月像幡、玄武幡、白虎幡,毋庸多言,这些旌旗上的日、月、青龙、朱雀、玄武、白虎的画像是中国阴阳五行思想的体现。此外,前已叙述,新罗国、渤海国的使节参列元日朝贺礼仪的事例屡屡可见,因此元日朝贺礼仪也是律令制国家表现以日本为中心的对外理念的舞台。

和铜三年(710)的元日朝贺礼仪上,出现了隼人、虾夷人等少数族,他们向中央朝廷贡献方物,表示对天皇的臣服,当时,在宫门外的道路的左右两旁,整齐地排列着骑兵队,向隼人、虾夷人展示律令制国家的威势。天平四年(732)开始,在元日朝贺礼仪上,天皇身着冕服接受群臣朝贺,天皇的冕服与中国的传统样式相同,显示出中国礼制的影响。[③] 通过派遣遣唐使,日本朝廷能够比较及时地获知有关唐代礼仪的最新信息,由此元日朝贺礼仪逐渐吸收唐礼因素。[④] 例如延历十八年

---

① 《日本书纪》大化二年正月甲子条记有"贺正礼毕,即宣改新之诏"。近年来,也有学者认为,元日朝贺礼仪可能在7世纪初就已经被纳入王权的礼制中了(藤森健太郎「八世紀までの即位儀礼と朝賀儀礼」,『古代天皇の即位儀礼』,吉川弘文館2000年、160—213頁)。

② 《续日本纪》文武元年闰十二月条:"禁正月往来行拜贺之礼。如有违犯者,依净御原朝庭制,决罚之。但听拜祖父兄及氏上者。"养老令·仪制令规定:"凡元日,不得拜亲王以下。唯亲戚及家令以下不在禁限。"

③ 青木和夫ら校注『新日本古典文学大系13　続日本紀』(二)補注11—20、岩波書店1990年、550頁。

④ 藤森健太郎「八世紀までの即位儀礼と朝賀儀礼」。

(799)的元日朝贺礼仪,因为渤海国使节参列,仪式上的拜礼由4次拜改为再拜,并停止了拍手礼。又,弘仁九年(818),嵯峨天皇发布诏令:"朝会之礼及常所服者,又卑逢贵而跪等,不论男女,改依唐法"①,由此可以推测,元日朝贺礼仪之礼也依照唐朝之仪有所改动。《内里仪式》《仪式》等仪式书中,详细地记述了元日朝贺礼仪的仪式步骤,现略要如下②:

a. 元日的前一日,装饰大极殿,布置举行元日朝贺仪的礼仪空间,包括设座、设位、树乌形幢等幢幡旗,等等。

b. 元日,卯时三刻以前,仪仗队阵列;有司各执威仪物列立;大臣以下官人入朝集堂等候。

c. 辰刻,天皇乘舆入大极殿的后房。稍后,皇后也入后房。

d. 皇太子就座。

e. 群臣依次参入,就位。

f. 天皇身着冕服就高御座。其后,皇后身着礼服就座。

g. 皇太子跪奏新年贺辞。

h. 天皇唤侍从于御座前,敕答新年辞令。侍从奉诏宣制。皇太子称唯、拜舞(拜谢之礼)。

i. 王公、百官、"蕃客"拜贺,奏贺者、奏瑞者立奏贺辞。

j. 天皇敕答新年贺辞。奏贺者奉诏宣制。百官称唯、拜舞;武官站立,振旗称"万岁"。

k. 天皇离座,退出,进入后房。皇后随之。

l. 群官依次退出。

根据日本学者的研究,与唐朝的元正朝贺礼仪相比,上述的日本元日朝贺仪式可以说是唐礼的缩小简约版③。朝贺礼仪之后,天皇需要赐宴群臣,举行宴会(节会),即"凡元日朝贺毕,赐宴次侍从以上"④。即使

①『日本紀略』弘仁九年三月丙午条。
②『内裏儀式』元旦受群臣朝賀式并会。『儀式』元正受朝賀儀。
③所功「朝賀」儀文の成立、「平安朝儀式書成立史の研究」、392—426页。
④『延喜式』太政官式。

元日朝贺礼仪因故不举行,元日的宴会也必定举行。[①]

9世纪后半叶以后,元日朝贺礼仪常常因各种理由而停止举行,逐渐地被小朝拜所替代。小朝拜,顾名思义是小规模、小范围的元日朝拜礼仪。与在大极殿举行的百官元日朝贺不同,小朝拜是在清凉殿举行,其时,只有王卿以下、六位以上中的被允许升殿的殿上人向天皇拜贺。如若元日朝贺礼仪不举行,则举行小朝拜;如若元日朝贺礼仪举行,则小朝拜既可以举行也可以不举行。[②] 延喜五年(905),醍醐天皇以小朝拜是"私礼","王者无私"为由,敕令停止小朝拜之仪。然而延喜十九年(919),时任右大臣的藤原忠平上奏醍醐天皇请求恢复小朝拜之仪。天元五年(982),圆融天皇也曾想以"私礼"为由,停止小朝拜,但是遭到了公卿们的反对。在摄关时代,小朝拜成为元日举行的恒例礼仪。

3. 正月七日节

有关正月七日节的记事,始见于《日本书纪》推古二十年(612)正月丁亥(七日)条,推古女王"置酒宴群臣"[③]。由于《日本书纪》中的正月七日之宴的记事集中在天武纪、持统纪,因此一般认为,正月七日节是在天武至持统时期确立的。[④]

律令制国家形成以后,正月七日被定为国家的法定节日。初期的正月七日节的行事主要由叙位、赐宴、赐禄和音乐奏舞等组成。[⑤] 正月七日节的行事也是体现律令制国家对外关系理念的重要场所。新罗国使节、渤海国使节参加正月七日节会的事例屡屡可见。根据《仪式》规定,外国使节参加正月七日节会的仪式,首先是身着本国的服装参加节会的叙位

---

① 《内里式》正月·会条:"按旧记,天应以往,纵虽废朝,元日必会。延历以来,受朝贺日赐宴,若经三日风雨不止者,虽不受朝贺,犹有宴飨。"

② 『北山抄』正月·小朝拜事条:"若有朝拜之时,还宫后有此事,或又无之。"《年中行事抄》正月·小朝拜事条所引〈藏人式〉:"若无朝贺,有小朝拜。或虽有朝贺,犹有小朝拜。"

③ 虽然《日本书纪》景行五十一年正月条中也记载了正月七日的宴会,但是由于景行纪的史料可信性存在着疑问,所以在此采用《日本书纪》推古二十年正月丁亥条是正月七日节会的初见史料之说。

④ 倉林正次「正月儀礼の成立」、『饗宴の研究』(儀礼編)、桜楓社1987年再版本、258—280頁。

⑤ 倉林正次「正月儀礼の成立」。

仪式,然后更换服装,穿着天皇赐予的日本朝服出席宴会。

8 世纪中叶后,青马开始出现在正月七日节会上。著名歌人大伴家持为参加天平宝字二年(758)正月七日节会,曾预先作歌一首:水鸟鸭羽色青马,今观者长寿。① 此外,延历九年(790)正月,因桓武天皇母亲的葬礼尚未举行,七日"停御览青马"②。因此,观览青马已经成为当时的正月七日节会的一项行事。正月七日节会上,观览青马仪式时所用的马匹数是 21 匹。③ 关于正月七日观览青马仪式的理念由来,诸多仪式书都认为是源自中国。例如,《师光年中行事》解释:"礼记云:迎春於东郊,以青马七疋。注云:七小阳之数也。时改正月,小阳也。青春也。马为阳,故用七疋也。"④《年中行事秘抄》的解释是:"帝皇世纪云:高辛氏之子,以正月七日恒登岗,命青衣人令列青马七疋,调青阳之气。马者主阳,青者主春,岗者万物之始,人主之居,七者七耀之清征,阳气之温始也。"⑤

对于为何使用 21 匹青马,《江次第钞》引用《宽平御记》:"礼记云:以青马七疋。而用二十一疋者,三七之数也。三阳数、七日数之由。"⑥据此可知,正月七日节会增加观览青马行事的意图在于强调迎春之阳。《日本文德天皇实录》仁寿二年(852)正月甲戌(七日)条载:"(文德天皇)幸丰乐院,以览青马,助阳气也,赐宴群臣如常。"这一正史史料佐证了上述诸仪式书对于观览青马的注释。

进入 10 世纪以后,正月七日节会上所使用的马匹由青马改为白马。⑦

---

① 『万葉集』卷 20—4494。译文为意译。
② 『政事要略』年中行事廿九引用的天慶元年(延暦九年之误)記文。
③ 『内裏式』七日会式、『西宮記』正月・七日節会等。
④ 『師光年中行事』正月・七日節会及叙位事。
⑤ 『年中行事秘抄』正月・七日節会及叙位事条。
⑥ 『江次第钞』正月・七日節会。
⑦ 《江次第钞》载:"今案,用白马见十节记。故今贡苇毛马也。又,青白相色也,极白者青故也"(『江次第钞』正月・七日節会)。也就是说,白马节会上使用的马不一定是纯白马,也有可能是苇毛马或者青白相色的马。苇毛马的毛色最初并非全白,随着年龄的增长逐渐变白。

天历元年(947)，正月七日节会也被称为"白马宴"或"白马节会"。① 关于使用白马的缘故，《年中行事秘抄》有释解："十节云：马性以白为本。天有白龙，地有白马，是日见白马，即年中邪气远去不来。"② 即，之所以改用"白马"，是为了希望一年中不受"邪气"侵扰。《十节记》一书已散佚，关于此书是中国人所撰，还是日本人所撰，中日学界存在着不同的见解。③ 在古代日本，自古以来就有向神祇奉献神马祈雨或者祈止雨的习俗。《延喜式》临时祭式规定：祈愿雨降时，奉献黑马；祈愿雨止时，奉献白马。在阴阳五行思想中，日晴是阳气的表现。因此在助阳气的理念上，祈晴的白马与前述的青马并无差异。可以说，正月七日节的观览青马或白马仪式既是吸收中国文化的体现，同时似乎也存在日本固有文化的因素。

根据《内里式》等仪式书，正日七日节会的仪式流程大致是：

a. 七日这天，天皇乘舆至丰乐院。

b. 内侍将应叙位者名单交给大臣，兵部省进行"御弓奏"，即献上造兵司为正月七日制作的弓和种种箭矢。

c. 进行叙位式，接受叙位者起立，并拜舞。

d. 举行观马仪，左右马寮官人牵引青马(白马)进入庭中，天皇观览。

e. 观马仪结束后，赐宴于群臣。

平安时期的正月七日节会，9世纪前半叶多在丰乐院的丰乐殿举行，但是逐渐地在紫宸殿举行的事例增多，最终正月七日节会成为在紫宸殿举行的仪式。

10世纪以后，供若菜也成为正月七日的宫中行事。④ 所谓的若菜，

---

① 《日本纪略》天历元年正月七日条始见"白马宴"。《日本纪略》天历二年正月七日条则是始见"白马节会"之称的记事。

② 《年中行事秘抄》正月・七日节会及叙位事条。

③ 刘晓峰氏认为，《十节记》是中国的岁时著作(刘晓峰：《〈十节记〉新考》，《东亚的时间——岁时文化的比较研究》，中华书局2007年，第75—95页)。山中裕氏认为，《十节记》可能是日本人所作(山中裕「平安期の年中行事」，塙书房1972年，293页)。

④ 《公事根源》记载的最初供若菜行事是延喜十一年(911)。《师光年中行事》则记载："延喜十八年(918)正月七日辛巳，后院进七种若菜。"

是指春天刚刚冒芽的蔬菜。《年中行事秘抄》列举了正月七日供若菜行事所用的材料,有荠、繁萎、芹、菁、御形、须须代、佛座 7 种菜。关于举行供若菜行事的意义,《年中行事秘抄》中有引文:"金谷云:正月七日,以七种菜作羹食之。令人无万病。十节云:采七种作羹尝味何?是除邪气之术也。"①因此举行供若菜行事是出于祈愿身体健康的目的。

供若菜行事的源渊也可以追溯至中国的岁时行事。《荆楚岁时记》记载:"正月七日为人日,以七种菜为羹。"关于人日的解释,《玉烛宝典》引用了魏朝董勋的《问礼俗》之说,即"正月一日为鸡,二日为狗,三日为猪,四日为羊,五日为牛,六日为马,七日为人",但是《玉烛宝典》的撰者杜台卿却认为,"未之闻也,似臆语耳,经传无依据"②。由此可知在隋代以前,人日之说被视为"臆说",没有被纳入儒家的经传之中。唐代时,正月七日的人日行事盛行,并且进入了皇宫中。日本的《年中行事秘抄》引用了关于人日的另一种传承:"荆云,吕氏俗例云:其初七日,楚人取南北二山之土,以作人像一头,令向正南,建立庭中,集宴其侧,却阴起阳。即,以人北为冬气拒阴气之祸,以人南为春气招阳气之祐,故名云人日也。"③

结合前述的有关青马的诸说来看,平安时代以后的正月七日节会在吸收中国的正月七日行事时,似乎比较侧重阴阳五行理念以及避邪因素。

4. 正月十六日踏歌

所谓的踏歌是指脚踏地,合拍歌舞的行事。关于踏歌行事的伊始,《年中行事秘抄》十六日节会事条载:"天武天皇三年正月,拜朝大极殿。诏男女无别,暗夜有踏歌事。"据此,踏歌的起源似乎可以追溯到天武时代。但是在《日本书纪》中,有关踏歌的记载最早见于持统纪。即:持统七年(693)正月十六日,"汉人等奏踏歌";持统八年(694)正月十七日,"汉人奏请踏歌",十九日,"唐人奏踏歌"。④ 值得注意的是,在持统时代,

①『年中行事秘抄』正月・上子日内藏司供若菜事条。
②《玉烛宝典》正月孟春・七日条。
③『年中行事秘抄』人日事条。
④『日本書紀』持統八年正月丙午条、辛丑条、癸卯条。

奏踏歌的是汉人、唐人,即大陆移民系的乐人。这说明踏歌并不是日本列岛的固有行事,而是从大陆传来的外来行事。

在中国,汉晋时期就已盛行踏歌。《西京杂记》戚夫人侍儿言宫中乐事中有:"十月十五日,共入灵女庙,以豚黍乐神,吹笛击筑,歌上灵之曲,既而相与连臂踏地为节,歌赤凤凰来。"①"连臂踏地为节,歌赤凤凰来"一句即是踏歌的描述。虽然该逸文不是有关正月踏歌的记事,但是从在庙中踏歌这一点来看,踏歌具有与神祇交流的性格。唐代以后,正月十五日观灯节吸收了踏歌因素。根据《朝野佥载》的记载,先天二年(713)的正月十五日、十六日,唐长安城"夜不闭城门,於京安福门外作灯轮,高二十丈,衣以锦绮,饰以金玉,簇之如花树。宫女千数,衣罗绮曳锦绣,辉珠翠施香粉","妙简长安,万年少女妇千余人,衣服、花钗、媚子亦称是,於灯轮下踏歌。三日三夜,欢乐之极,未始有之"。显然,踏歌是观灯节中的一项行事。

与唐朝不同,在平安时代的年中行事中,正月踏歌是独立的节会。律令制规定正月十六日是国家性节日之一。8世纪初时,正月十六日节会多采用飨宴形式,即天皇赐宴百官,宴会上奏诸方乐。② 但是,进入天平年间(729—749),踏歌开始成为正月十六日节会的重要行事。《续日本纪》天平二年(730)正月辛丑(十六日)条载:"天皇御大安殿,宴五位以上。晚头,移幸皇后宫。百官主典以上陪从,蹈歌且奏且行,引入宫里,以赐酒食。"当时的皇后光明子并不居住在平城宫内,而是在自己的娘家——藤原不比等宅邸。因此,依据史料的记述推测,陪从圣武天皇的百官们是从平城宫出发一路上边踏歌边行进到光明皇后的住处的。

又,天平十四年(742)正月十六日,圣武天皇御大安殿,飨宴群臣,酒酣时,奏祝愿农耕丰收的舞乐(五节舞和田舞),然后圣武天皇命令"少年童女踏歌"③。这一时期的踏歌没有男女之别,是男女共同歌舞的行事。

---

① 《西京杂记》卷三。
② 倉林正次「正月儀礼の成立」、『饗宴の研究』(儀礼編)、280—311頁。
③ 『続日本紀』天平十四年正月壬戌条。

但是,天平神护二年(766)正月,称德政权宣布禁断京中畿内的踏歌事。延历十六年(797)七月,桓武天皇发布敕令:"男女有别,至于会集,混殽无别,宜加禁制",实施禁止男女会集的政策。[①] 翌年(798),因为酒醉后乱行导致男女无别、上下失序、斗殴、违法败俗等事件的增多,桓武政权宣布禁止京中畿内夜祭歌舞事。《延喜式》弹正台式更是规定"凡京都踏歌,一切禁断"。由此,普通民众逐渐远离踏歌行事,也就是说,踏歌渐渐地成为贵族社会的专有行事。

延历年间(782—806)以前,正月十六日节会上的群臣既是观踏歌者,也是踏歌者,当宫人的踏歌[②]表演结束后,群臣身着天皇所赐的榛揩衣踏歌。大同年间(806—810),平城天皇停止了踏歌节会。但是弘仁年间(810—824),嵯峨天皇又恢复了正月十六日节,不过节会上的群臣只是宫人踏歌的观众,而自身不再是踏歌者了。[③]

9世纪末,宫中的踏歌行事分为男踏歌和女踏歌,分别于正月十四日和十六日举行。[④] 根据《西宫记》,男踏歌和女踏歌的仪式分别简述如下[⑤]:

男踏歌:

a. 天皇幸清凉殿。王卿依召参上。内藏寮赐王卿酒肴。

b. 歌人起调子进入清凉殿的东庭,踏歌周旋3次,列立在天皇的面前,言吹、奏祝词;然后,奏此殿曲,就座。

c. 王卿以下,下殿劝杯,行酒三四巡后,歌人吹调子,唱竹河曲,起座,列立。歌曲唱后,舞人舞进,内侍赐绵,舞人退出。赐禄于弹和琴者,

---

① 『日本紀略』延曆十六年七月甲午条。

② "宫人踏歌"始见于《内里式》十六日踏歌式,被后世的史料中频频使用。《令义解》后宫职员令解对"宫人"的解释是:"宫人,谓妇人仕官者之总号也。"

③《内里式》十六日踏歌式的行间小注记有:"延历以往,踏歌讫。缝殿寮赐榛揩衣,群臣着榛揩衣踏歌。讫,共跪庭中,赐酒一杯,绵十屯。即夕,令近臣丝引。至于大同年中,此节停废。弘仁年中更中兴,但丝引、榛揩、群臣踏歌并停之。"

④ 大约在天元年间(978—982),男踏歌行事被停止,不再举行(山中裕「平安朝の年中行事の特質と意義」、『平安朝の年中行事』、157—160頁)。

⑤ 『西宫記』踏歌事、十六日女踏歌。

奏我家曲,弹和琴者退出天皇向舞人、弹琴人等赐禄。舞人一行前往位于京中的各所踏歌,拂晓时返回,赐禄。

女踏歌:

a. 天皇幸紫宸殿①。王卿以下参入。供御膳,赐臣下馔;供御酒,赐给臣下。

b. 吉野国栖人奏风俗乐,雅乐寮的乐人奏立乐,内教坊的舞妓入场,踏舞、唱歌,然后退出。

c. 群臣拜舞。

关于男踏歌行事中的言吹、祝词的意义,《年中行事秘抄》引用仁和五年(889)正月十四日的《踏歌记》之文写道:"议者多称,踏歌者,新年之祝词,累代之遗美也。哥颂以延宝祚,言吹以祈丰年。岂啻纵乐游於管弦,惜时节於风景而已哉,宜依承和事实,以作每岁长规。"②据此推知,正月十四日踏歌行事的言吹、祝词意在祈愿国家安定、农作丰收。从这点来看,男踏歌行事与前述的五节舞、田舞有相通之处。

踏歌乐曲的词章多是颂扬太平盛世,祝愿皇权永长。例如,延历十三年(794)十一月,在桓武天皇迁都平安京翌年(795)的正月十六日节会上,朝廷举行了盛大的踏歌,宫女们边歌边舞,唱美新京,祈愿平安,颂歌皇权万年春,其歌词全文如下③:

山城显乐旧来传	帝宅新成最可怜			
郊野道平千里望	山河擅美四周连	新京乐	平安乐土	万年春
冲襟乃眷八方中	不日爰开亿载宫			
壮丽裁规传不朽	平安作号验无穷	新京乐	平安乐土	万年春
新年正月北辰来	满宇昭光几处开			
丽质佳人伴春色	分行连袂舞皇垓	新京乐	平安乐土	万年春

_____

① 根据《内里式》十六日踏歌式,平安时代初期的正月十六日踏歌是在丰乐院举行的。

② 『年中行事秘抄』正月・十六日節会事条。

③ 『類聚国史』歳時三・踏歌・延暦十四年正月乙酉条。

　　　　卑高咏泽洽欢情　　中外含和满颂歌

　　　　今日新京太平乐　　年年长奉我皇庭 新京乐 平安乐土 万年春

又如,《朝野群载》所记的踏歌《万春乐》章曲内容是:

　　　　我皇延祚亿千龄。万春乐　　元正庆序年光丽。万春乐

　　　　延历休期帝化昌。万春乐　　百辟陪筵华幄内。天人感呼

　　　　千般作乐紫宸场。万春乐　　我皇延祚亿千龄。万春乐

　　　　人霈湛露归依德。万春乐　　日暖春天仰载阳。万春乐

　　　　愿以佳辰掌乐事。天人感呼　　千千亿岁奉明王。万春乐

从歌词的内容也可以看出踏歌行事的祈愿性格。

5. 正月射礼

日本的正月射礼形成于 7 世纪,是在日本固有的元日射戏习俗基础上,吸收了中国礼制的理念及仪式的礼仪。[①] 令制规定中,正月射礼亦被称为大射,于正月中旬举行,其时亲王以下、初位官人以上者都要弓射。庆云三年(706)正月,文武朝廷宣布了"大射禄法",依照官位及射中箭靶的位置,对参加者赐禄。进入平安时代以后,举行大射的日期先是在正月中旬,后来逐渐固定在正月十七日。《内里仪式》《内里式》《仪式》规定的正月十七日射礼的仪式简要如下[②]:

a. 射礼举行的前十日,兵部省简定亲王以下、五位以上能射者二十人。如不足,可从六位以下官人中选取。被选定的人员选定后,集中在兵部省南门弓庭进行练习。

b. 十七日,天皇幸丰乐殿。皇太子及群臣相继入座。

c. 兵库寮击钲,射者入场。木工寮悬靶。

d. 弓射开始。兵部省的官人唱名,射者就射位射之。中靶者受禄。射者弓射的先后顺序是:亲王以下、五位以上者、诸卫府、天皇临时敕令指

---

① 王海燕:《射礼与空间——以 7 世纪为中心》,《古代日本的都城空间与礼仪》,浙江大学出版社 2006 年,第 131—148 页。

② 『内裏儀式』十七日観射式。『内裏式』十七日観射式。『儀式』十七日観射儀。

名的五位以上者、近卫和兵卫的后参者、带刀舍人。如果外国使节参加,则外国使节子在五位以上者之后,用本国的弓矢射。

e. 弓射全部结束后,皇太子及群臣退出。天皇乘舆回宫。

与律令制的射礼规定相比较,平安时代的正月射礼上,实际弓射的人已不是令制规定的全体官人,而只是由 20 位五位以上的能射者作为代表。但是,历代天皇重视射礼的程度并没有减弱。大同年间(806—810),平城天皇以扰民、疫病等原因,先后停止了正月七日、十六日以及三月三日、五月五日节会。但他没有废止射礼,只是将射礼的举行时间从正月推延至九月,理由是:正月诸节日的杂事繁多,乃是无暇之月,而九月时节凉爽,宜举行射礼。唐朝盛行九月九日行射礼,因此平城天皇选择九月举行射礼,或许是受唐朝射礼的影响。嵯峨天皇即位后,又恢复了正月十七日举行射礼。其后的淳和天皇更是直言射礼的重要性,即"射礼者国家大事,不可□而阙"[1]。

然而,自 9 世纪中叶以后,天皇不亲临射礼的情况开始逐渐增多。例如文德天皇在位的 8 年间(850—858),不亲临正月十七日射礼的事例就有 6 例。又如,清和天皇在位 18 年间(858—876 年),几乎每年都举行正月十七日的射礼,但是清和天皇亲临射礼的事例只有 5 例,而且贞观七年(865)以后的射礼都在天皇所居住的内里的南面正门——建礼门前举行。与之相应,《西宫记》所记的十七日射礼仪式,出现了建礼门仪和丰乐院仪两部分,大要如下[2]:

建礼门仪:

a. 诸卫阵列,兵部省槌鼓。

b. 天皇御。王卿、六位以上官人就座。

c. 亲王、五位以上的射者依次弓射。其后,诸卫府射者弓射。

d. 天皇退。

---

[1] 『類聚国史』十七日射礼・天长二年正月辛酉条。
[2] 『西宫記』十七日射礼。

丰乐院仪:

a. 天皇幸丰乐院。王卿以下、六位以上官人参入就座。

b. 兵库寮击钲鼓,射手入。木工寮悬靶。

c. 公卿、五位以上的射手依次弓射。供御膳。

d. 击退鼓。群臣再拜。天皇退。

虽然《西宫记》记录了建礼门仪和丰乐院仪,但实际上从贞观七年 (865)以后,建礼门前举行正月十七日射礼的事例占压倒性的多数。至 10 世纪中叶以后,不仅丰乐院举行射礼的事例,而且天皇亲临射礼的事 例也几乎不见。[①] 此外,与《内里仪式》等仪式书所记的正月十七日射礼 相比,《西宫记》的射礼仪式中,没有了关于外国使节弓射的内容,从一个 侧面反映出渤海国灭亡之后的日本外交礼仪的衰退。

9 世纪以后,接续正月十七日的射礼,正月十八日举行赌射(亦称赌 弓)行事。正月十八日的赌射初见于天长元年(824),"赌射,右近卫、右 兵卫并胜之"[②]。依据《西宫记》《北山抄》等仪式书,赌射行事的仪式可以 归纳如下[③]:

a. 天皇出御。王卿参入、就座。

b. 左右近卫大将依次向天皇上奏射手奏。

c. 木工寮悬靶。筹刺(统计中靶数者)就座。

d. 近卫府、兵卫府的射手(近卫府各 10 人,兵卫府 7 人)参入弓射。

e. 每二人同时弓射,胜方获得赌物(赏物),负方被罚酒。如此竞赛性 弓射最多可以进行 10 轮。全部结束后,胜方欢呼,奏胜负舞。

f. 天皇退。公卿退出。

与正月十七日射礼相比,十八日赌射的射手是以近卫府、兵卫府为 中心的卫府官人,其他的亲王、公卿不射。正月十八日赌射的场所,初与

①　天历二年(948),村上天皇幸丰乐院观射礼(『日本紀略』天暦二年正月十七日条)。这是天皇 亲临在丰乐院举行的正月射礼的最终事例。

②　『類聚国史』射礼・天長元年正月戊辰条。

③　『西宫記』十八日赌弓;『北山抄』十八日赌射事。

正月十七日射礼相同，在丰乐院，后移至内里的射场。赌射是表现天皇与其近侍集团，即亲王、公卿、卫府官人之间的礼秩序的礼仪。①

三、三月三日节

三月三日节也是律令制国家的法定节日。作为节日行事，曲水宴可以说是三月三日节的重要标志。所谓的曲水宴，是指宴会在水边举行，水中浮杯，参加者依水而坐，赋诗咏歌。汉诗集《怀风藻》，其中收录了若干首颂咏三月三日曲水宴的诗。例如山田三方所作的一首五言诗《三月三日曲水宴》②：

> 锦岩飞瀑激，　春岫晔桃开。
> 不惮流水急，　唯恨盏迟来。

山田三方，其名亦表记为山田御方、山田御形。他曾出家为僧，前往新罗留学，后还俗。和铜三年（701）他被授从五位下，养老四年（720）被授从五位上。山田文笔优美。《三月三日曲水宴》这首五言诗是山田三方尚为从五位下之时作品，因此是 701 至 702 年间作品，描述了 8 世纪初桃花开时的曲水宴画面。

三月三日曲水宴源自中国。《荆楚岁时记》记载了"三月三日，四民并出江渚池沼间，临清流为流杯曲水之饮"的习俗。三月三日行事本是三月上巳日的修禊之俗，并未固定在三日。先秦时代，郑国之俗，三月上巳，人们于溱水、洧水"招魂续魄，祓除不祥之故也"③。汉代时，三月上巳，"官民皆洁于东流水上，曰洗濯祓涂，去宿垢疢为大洁。洁者，言阳气布畅，万物讫出，始洁之矣"④。曹魏之后，上巳行事固定在三日举行。⑤

---

① 大日方克己「射礼・賭弓・弓場始——步射の年中行事」、『古代国家と年中行事』、吉川弘文館 1993 年、7—39 頁。
② 『懐風藻』大学頭從五位下山田史三方三首。
③《太平御览》时序部・春上。
④《后汉书》礼仪志上。
⑤《晋书》礼志下：季春上巳之仪"自魏以后，但用三日，不以上巳也"。

西晋以后,三月三日曲水宴开始盛行。① 至唐代,三月三日成为重要的节日,各代皇帝或举行大射仪式,或赐群臣宴于曲江池,等等。在唐代的三月三日行事中,依然保留着祓禊的性质。例如景龙四年(710)三月三日,唐中宗"幸临渭亭修禊饮,赐群官柳桊以辟恶"②;又如,白居易作有《三月三日祓禊洛滨诗》,都佐证了这一点。

再看古代日本的三月三日节,在引入曲水宴的同时,上巳禊祓的意识也随之传入。在《怀风藻》收录的汉诗中,有一首背奈王行文所作的五言诗《上巳禊饮应诏》③:

> 皇慈被万国,帝道沾群生。
>
> 竹叶禊庭满,桃花曲浦轻。
>
> 云浮天里丽,树茂苑中荣。
>
> 自顾试庸短,何能继睿情。

这首诗的写作年代不明,但推测可能是神龟年间(724—729)④。诗作者在应诏诗中使用"禊饮""禊庭"等用语,表明上巳禊祓因素已经存在于当时的三月三日节宴会中。延历十一年(792)三月三日,桓武天皇"幸南园,禊饮,命群臣赋诗,赐绵有差";翌年(793)三月三日,桓武天皇"禊于南园,令文人赋诗,五位以上及文人赐禄有差"⑤。这两年的三月三日恰与三月上巳日重合,由此推测,桓武天皇的禊宴是基于上巳禊祓意识而举行的。

平安时代以后,大同三年(808),平城天皇以三月是桓武天皇及其皇后的登遐之月为由,下令停废三月三日节会。其后,虽然嵯峨天皇恢复

---

① 《梦粱录》卷二:"上巳之辰,曲水流觞,起于晋时。"
② 《旧唐书》中宗本纪・景龙四年三月甲寅条。
③ 『懐風藻』大学助背奈王行文。
④ 倉林正次「三月三日節」,『饗宴の研究』(文学編)、桜楓社1987年再版本、15—61頁。
⑤ 『類聚国史』三月三日・延暦十一年三月丁巳条、延暦十二年三月辛巳条。

了三月三日节①,但是文献史料上重见曲水宴却是宽平二年(890)②。此后,作为三月三日节行事的曲水宴再次盛行。《西宫记》记载了平安时代的曲水宴的仪式,概述如下③:

a. 天皇出御。王卿参上。

b. 置纸笔于文台。敕令献诗题。博士书题,通过上卿进献天皇。天皇阅览。诗题定后,重新誊写一份,奏进天皇,同时抄题给参加曲水宴的文人。

c. 给酒肴,三献④。奏乐。

d. 文人进文献序。

e. 展读文人所作诗文。

f. 适当之时,天皇给出自己所作的诗文("御制")。由讲师读御制。

g. 赐禄。

《日本纪略》记载了若干三月三日曲水宴的具体诗题,例如宽平三年(891)的"花时天似醉"、应和元年(961)的"花水落桃源"、应和二年(962)的"仙桃夹岸开"、康保三年(966)的"春水桃花浪"等。⑤ 又,在天德三年(959)的三月三日曲水宴上,村上天皇作诗"水映红桃色"。⑥ 从这些诗题可以看出,平安时代的曲水宴多兼有赏桃花的性质。《年中行事秘抄》所引的《宇多天皇御记》载:"宽平二年二月卅日丙戌,仰善曰:正月十五日七种粥、三月三日桃花饼、五月五日五色粽、七月七日索面、十月初亥饼等,俗间行来以为岁事。自今以后,每色辨调,宜供奉之。于时,善为后

---

① 山中裕「平安朝の年中行事の特質と意義」、「平安朝の年中行事」、173—178 頁。

②《日本纪略》宽平二年三月三日条:"太政大臣於殿上命饮宴,令赋三月三日於雅院赐侍臣曲水饮之诗矣,参议橘朝臣应和作序。"

③『西宫記』三月・曲水宴。

④ 三献是酒宴之仪,上菜肴、劝客酒三杯、下菜肴为一献;其后,同样仪式再反复进行两次,共为三献。

⑤『日本紀略』宽平三年三月三日条、应和元年三月三日条、应和二年三月三日条、康保三年三月三日条。

⑥『日本紀略』天德三年三月三日条。

院别当,故有此仰。"①即在民间有三月三日食桃花饼的习俗,而且宽平二年(890)以后,宫中也遵循此习俗。

《年中行事秘抄》同时还记载了三月三日食草饼的行事。桃花饼与草饼是否是同一种食物不得而知。关于食草饼的习俗,《文德天皇实录》记载:"此间,田野有草,俗名母子草,二月始生,茎叶白脆。每属三月三日,妇女采之,蒸捣以为糕,传为岁事。"②据此可知,草饼是使用俗名为母子草的植物做成的糕。

关于食草饼习俗的源头,《年中行事秘抄》追溯至周幽王时代:"昔周幽王淫乱,群臣愁苦。于时,设河上曲水宴,或人作草饼奉于王。王尝其味为美也。王曰:此饼珍物也,可献宗庙。周世大治遂致太平。后人相传以作草饼,三月三日进于祖灵,其心矣。心悦无咎,草饼之兴从此始。"③即草饼原是祭祀祖先的食物。又,根据《荆楚岁时记》,三月三日时,荆楚之地的习俗是"取黍麴菜汁作羹,以蜜和粉,谓之龙舌料,以厌时气"④。黍麴菜即鼠曲草,俗名茸母,也就是日本的母子草。⑤ 因此,日本的草饼可能就是类似于荆楚的龙舌料的食物。如若确是如此的话,日本的三月三日食草饼也是与"厌时气"(镇时节的恶气)有关的习俗。

摄关时代以后,三月三日时,不仅有宫廷的曲水宴,而且还有贵族家的曲水宴。其中最为有名的是摄关家的曲水宴。宽弘四年(1007)三月三日,时任左大臣藤原道长在其私邸举行了盛大的曲水宴。参加者包括公卿、殿上人以及文人等,水边设座,辰时下大雨,无奈从水边撤座,但是申时天晴,复又在水边设座。依照唐代之仪,酒杯浮水而流,人们取杯畅饮,作诗,诗题是"因流泛酒"。翌日(四日),诗文作成,开始讲诗,其后赐

---

① 『年中行事秘抄』正月・七種粥条。
② 『文德天皇実録』嘉祥三年五月壬午条。
③ 『年中行事』三月・三月三日草餅事。
④ 《荆楚岁时记》三月三日条。
⑤ 王毓荣:《荆楚岁时记校注》,文津出版社 1988 年,第 138 页。松村任三编『日本植物名匯』、丸善製本所 1884 年、87 頁。

物。① 与宫廷的三月三日曲水宴相比,贵族家的曲水宴具有时间上的变通性,除了上述藤原道长家的曲水宴持续两日以外,宽治五年(1091),时任内大臣的藤原师通家的曲水宴是在三月十六日举行的。这显示出贵族家的曲水宴只是单纯的水边诗宴,并不具禊祓性质的因素。② 另外,贵族家的曲水宴也是遵循唐代之仪举行的,可见唐文化对日本贵族社会的深入影响。

四、五月五日节

日本的五月五日行事最早见于推古十九年(611)。在《日本书纪》中,推古时代的五月五日行事被称为"药猎",是众臣身着盛装在郊外举行的行事。天智时代(662—671),五月五日行事的内容从郊外的纵猎向宫中礼仪演变。至天武时代(672—686)阶段,随着以天皇为中心的集权性秩序的逐渐形成,五月五日行事也有了新的变化,射礼成为主要的内容。

律令制国家形成后,五月五日被定为国家的法定节日。就在大宝令制实施的大宝元年(701)的五月五日,文武皇命令群臣中五位以上官人走马,并亲自观览。由此可知,走马是律令制国家五月五日礼仪中的一项重要行事。所谓的走马,是展示五位以上官人所献的马匹,即表现臣下服从天皇的仪式。除了走马以外,骑射、宴会、乐舞也是五月五日礼仪的组成部分。神龟元年(724)五月五日,刚刚即位的圣武天皇在平城宫的重阁中门观览"猎骑",参列者上至一品王族,下至庶民,"勇健堪装饰者,悉令奉猎骑事"③。猎骑的内容虽然不甚详明,但是从采用"猎"字表述这一点来看,此时的五月五日礼仪依然具有狩猎的性格。不过,至神龟四年(727)的五月五日节,礼仪内容的名称发生了明显的变化,

---

① 『御堂関白記』寛弘四年三月三日条、三月四日条。
② 倉林正次「三月三日節」。
③ 『続日本紀』神亀元年五月癸亥条。

圣武天皇所观览的不再是"猎骑",而是"饰骑、骑射"①。从"猎骑"到"骑射"的表记变化,意味着五月五日礼仪的狩猎性质渐渐地淡化,取而代之的是骑马弓射标靶的竞技性活动。此后,骑射成为五月五日礼仪的固定仪式。

宴会、乐舞也是 8 世纪五月五日礼仪的重要内容。天平元年(729)五月五日,圣武天皇在平城宫北面的松林苑"宴王臣五位以上"②;天平十五年(743)五月五日,圣武天皇"宴群臣于内里,皇太子亲舞五节"③。古代日本的宴会是主办者通过在同一空间共同饮食这一手段,以谋求与参加者之间的和睦关系。④ 前已叙述,圣武时代,非皇亲出身的光明子被立为皇后、其女阿倍内亲王被立为皇太子,这些都是史无前例的举措,必然会遭到一些贵族的反对。因此,对圣武王权来说,与群臣结成密切的关系是非常重要的。这或许就是举行五月五日礼仪的重要意图之一。皇太子阿倍内亲王在五月五日宴会上所舞的五节舞,原是天武天皇为了巩固统治秩序所创造的礼乐,圣武朝承袭后,成为教导君臣父子伦理的舞乐。⑤ 此舞被认为是承袭田舞的女舞。⑥ 天智十年(671)五月五日举行的宴会上,曾奏过田舞。显然 8 世纪五月五日礼仪不仅在形式内容上,而且在礼仪的政治意图运用方面,都可以看到 7 世纪五月五日礼仪的映影。

平安时代以后,基于"马射之道于武尤要"⑦的理念,五月五日礼仪受到朝廷的重视。《弘仁式》规定:"凡五月五日,天皇览骑射并走马","五位以上进走马,亲王一品八疋、二品六疋、三品四疋,太政大臣八疋,左右

① 『続日本紀』神亀四年五月丙子条。
② 『続日本紀』天平元年五月甲午条。
③ 『続日本紀』天平十五年五月癸卯条。
④ 榎村寛之 a.「飲食儀礼からみた律令王権の特質」、『日本史研究』440 号、1999 年、24—35 頁;
　　b.「天皇の饗宴」、網野善彦ら編『岩波講座天皇と王権を考える9生活世界とフォークロア』、岩波書店 2003 年、25—28 頁。
⑤ 『続日本紀』天平十五年五月癸卯条。
⑥ 林屋辰三郎「古代芸能の儀礼化と伝承者」、『中世芸能史の研究』、岩波書店 1960 年、157 頁。
⑦ 『類聚国史』蔵時四・五月五日・天長元年三月乙亥条。

大臣六疋,大纳言三疋,三位四位参议二疋,一位二位三疋,三位二疋,四位五位一疋"。①《弘仁式》撰定于弘仁十一年(820),是大宝元年(701)至弘仁十年(819)颁布的式的集成者,因此上述的规定是弘仁式撰定以前的五月五日节的总括。《内里式》《仪式》等仪式书记录了五月五日节的仪式,现简略整理如下②:

a. 未明,中务省置寻常位于庭中;兵部录率史生、省掌等,计列五位以上官人所贡的走马。

b. 平明,天皇御武德殿。

c. 大臣、皇太子升殿;亲王以下五位以上官人、六位以下官人依顺序进入,再拜。全体官人在所定的位置上就座。

d. 中务省率内药司,宫内省率典药寮献菖蒲。

e. 向皇太子以下参议以上的官人赐续命缕。

f. 供馔。

g. 左右马寮的御马、五位以上官人的贡马依次被牵入展示。

h. 骑射。左右近卫、左右兵卫依次射。

i. 命令五位以上所贡走马竞驰。

j. 雅乐寮奏音乐,群臣再拜退出,天皇车驾还宫。

从上述仪式可知,五月五日节的仪式在平安宫中的武德殿举行,包括骑射、走马、献菖蒲、赐续命缕等仪式。此外,依据《弘仁式》可知,9世纪以后,作为五月五日节行事的一环节,还增设了五月六日竞马行事。其时,天皇亲临观览,由左右近卫府各6人、左右兵卫府各4人以及春宫坊带刀舍人10人表演骑射,皇太子、亲王、五位官人参列。③

天长元年(824),淳和天皇以五月四日是其母亲的忌日为由,停废了五月五日节,但是"事在练武,不可阙如,所以改用四月廿七日"④。在《弘

---

① 『本朝月令』五月五日節事条引用「弘仁官式」「弘仁兵部式」。
② 『儀式』五月五日節儀,『内裏式』五月五日観馬射式、五月六日観馬射式。
③ 『儀式』五月六日儀。
④ 『類聚国史』歳時四・五月五日・天長十年四月戊寅条。

仁式》的规定中,四月二十七日是"御览驹式",天皇至射殿(武德殿)观览马寮所饲的御马的展示。天长十年(833),淳和天皇让位,仁明天皇即位。随即,仁明天皇恢复了五月五日节会。同时,承袭弘仁式的"御览驹式"的四月二十八日(或二十七日)举行的牵驹仪式,也成为五月五日节行事的预前仪式,凡是马寮的御马以及诸国所饲马匹,如果没有经过牵驹仪式,就不能参加五月五日节。由此,由四月二十八日(或二十七日)牵驹式和五月五日、六日骑射式等诸行事构成的五月五日节确立。

五月五日节行事同样是可以溯源至大陆文化的礼仪。推古时代的药猎就具有源自中国的视夏至与五月五日为同一的意识。[①]《本朝月令》等编纂于平安时代的仪式书,在叙及五月五日节的由来时,几乎都追溯至中国的岁时习俗,折射出在平安时代的贵族的意识中,也认同五月五日节行事中蕴含着中国元素。从上述的五月五日节行事的仪式,可以看到献菖蒲、赐续命缕两个环节。《弘仁式》《延喜式》也都规定参列五月五日节行事的百官"皆着昌蒲鬘"[②]。古代中国的历时观中,五月被视为"阴气午逆阳冒地而出"[③]之月。《礼记》中,记有对于五月的认识:"(五月)日长至,阴阳争,死生分。君子斋戒,处必掩身,毋躁,止声色,毋或进,薄滋味,毋致和,节耆欲,定心气。"[④]

在民间,人们将五月称为"恶月"[⑤]。因此,在中国各地的五月五日习俗中,有不少是祈望避攘恶气、祈愿长命的行事。《玉烛宝典》五月条引用《荆楚记》:"(五月五日)民并以新竹筒为筒糭。楝叶插头,五采缕投江,以为避火厄。士女或取楝叶插头,彩丝系臂,谓为长命缕。"又,《荆楚岁时记》五月条载:"五月五日,谓之浴兰节,四民并踏百草之戏,采艾以为人,悬门户上,以攘毒气,以菖蒲或镂或屑以泛酒。"

---

① 王海燕:《7世纪日本的五月五日礼仪》,《古代日本的都城空间与礼仪》,第149—166页。
② 『本朝月令』五月·五日節会事引用「弘仁官式」。『延喜式』太政官式。
③《说文解字》午部。
④《礼记》月令·仲夏之月。
⑤《荆楚岁时记》五月条。

可以看出，日本的着菖蒲鬘、续命缕与荆楚地区的五月五日习俗中的楝叶插头、长命缕几近相同。菖蒲叶和楝叶一样，都是具有芳香的草本，被人们视为可以避病驱邪之物。而长命缕、续命缕实为相同之物，都是五彩丝编成的五色织物。《初学记》岁时部·五月五日条记载："（五月五日）造百索系臂，一名长命缕，一名续命缕，一名辟兵缯，一名五色缕，一名五色丝，一名朱索。"五色织物在五月五日习俗中的含义，《荆楚岁时记》五月条记："以五彩丝系臂，名曰辟兵，令人不病瘟。"也就是说，臂系五色织物，是为了使疾病远离。

在日本正仓院中，藏有圣武天皇的御物——百索缕轴，依据上述《初学记》的解释，百索缕应该就是续命缕，由此似乎可以推测，在圣武时代（724—749），续命缕已是五月五日行事中的重要道具。[1]

同样是在圣武时代，菖蒲也成为五月五日节行事的道具。《续日本纪》天平十九年（747）五月庚辰（五日）条载："（元正）太上天皇诏曰：昔者，五日之节，常用菖蒲为缕。比来，已停此事。从今而后，非菖蒲缕者勿入宫中。"自此以后，菖蒲一直是五月五日节行事中不可缺少的道具。

嘉祥二年（849）五月五日，仁明天皇行幸至武德殿观览骑射，其时，渤海国使节也在座，仁明天皇对渤海国使节说：五月五日，佩戴药玉、饮酒的人长命有福。所谓的"药玉"即是续命缕的别称。[2] 仁明天皇的一番话佐证了五月五日节会时佩戴续命缕与中国习俗相同，是祈愿长寿的表现。元庆七年（883）五月五日节会时，阳成天皇不仅赐在座的亲王公卿续命缕，而且对参列的渤海国使节也"敕赐大使以下、录事以上续命缕，品官已下菖蒲缕"[3]。由此可见，五月五日节会上的续命缕和菖蒲缕同时也是体现佩戴者身份的标志。10 世纪以后，五月五日节会常常被停办，但是即使没有节会，在五月五日这一天，献菖蒲的行事依然会举行。例如应和二年（962）四月，宣布停止当年的五月五日节会，但至五月，仍有三日的

---

① 大日方克己「五月五日節」、『古代国家と年中行事』、40—90 頁。
② 倉林正次「五月五日節」、『饗宴の研究』（文学編）、62—143 頁。
③ 『三代天皇実録』元慶七年五月五日条。

诸卫府献上菖蒲,五日的典药寮献上菖蒲。①　显然,这时的献菖蒲行事与其说是五月五日节会仪式的一项行事,毋如说是五月五日的习俗。

五、朝旦冬至

冬至是一年中白昼最短的日子。在中国,自古以来就有冬至祀天祭祖的习俗。《周礼》载:"以冬日至,致天神人鬼。"②唐朝时冬至祀天的场所是位于长安城南郊的圆丘。此外,自魏晋时期以后,在冬至这一天,皇帝接受"万国及百僚称贺"。魏晋时,冬至朝贺礼是仅次于元旦朝贺礼的礼仪。③　至隋唐时期,冬至朝贺礼更是备受重视,成为与元旦朝贺礼完全相同的礼仪。④　不仅是朝廷,在民间也有冬至互相拜贺的习俗。例如东汉时的冬至,人们先祭祖,然后如正月之俗,"进酒尊长及修刺,谒贺君师、耆老"⑤。日本的入唐僧圆仁在日记中记录了其在扬州所见的唐代冬至之节:"道俗各致礼贺。住俗者,拜官,贺冬至节","贵贱官品并百姓,相见拜贺。出家者相见拜贺,口叙冬至之辞,互相礼拜。俗人入寺,亦有是礼","道俗同以三日为期贺冬至节"。⑥

日本的冬至行事初见于《续日本纪》神龟二年(725)十一月己丑条载:"(圣武天皇)御大安殿,受冬至贺辞,亲王及侍臣等奉持奇玩珍贽进之。即引文武百寮五位以上及诸司长官、大学博士等,宴饮终日,极乐乃罢,赐禄各有差。"这一日的冬至拜贺礼仪是在平城宫的大安殿举行的,参加者是亲王、侍臣⑦、五位以上官人等;仪式包括圣武天皇接受贺辞,亲王及侍从奉进珍品、珍味以及宴饮、赐禄等内容。礼仪的场所在大安殿而不是元日朝贺礼仪的大极殿,而且参加者并非是全体官人,显示出尽

---

① 『日本紀略』应和二年四月廿日条、五月三日条、五月五日条。
② 《周礼》春官宗伯・大司乐条。
③ 《宋书》礼志一。
④ 《隋书》礼仪志四。《新唐书》礼乐志九。
⑤ 《四民月令》十一月。
⑥ 『入唐求法巡礼行记』承和五年十一月廿七日条。
⑦ 『令義解』宫衞令解:"侍臣者,少纳言、侍从、中务少辅以上也。"

管圣武朝廷接受中国的冬至意识,举行了冬至拜贺礼仪,但是与元日朝贺礼仪相比,冬至贺拜礼仪尚主要是天皇与五位以上官人之间的行事。

此后,在神龟五年(728)、天平三年(731)、天平四年(732),也都举行了冬至行事,平城宫内的南苑成为冬至礼仪的场所。[①] 这三次的冬至礼仪的内容包括宴会、赐绚或绵或钱,但没有贺辞、献物等仪式的相关记载。因此,在冬至礼仪中,圣武天皇似乎更加重视体现天皇对臣下恩典的宴会、赐禄仪式。天平四年的冬至宴会参加者是全体官人,而且还恩赦犯人,并对京畿地区的 70 岁以上老人及鳏、寡、茕、独等不能自存者赐绵[②]。毋庸多言,宴会、恩赦和赐绵都是天皇表现其政德的手段,通过这些恩赐,冬至的时间观念也同时向全体官人直至民众普及。天平宝字四年(760)的冬至之日,淳仁天皇也有恩赦犯人的举措。

延历三年(784),十一月朔日与冬至恰为同一天,即所谓的朔旦冬至。为此,桓武天皇敕令:"十一月朔旦冬至者,是历代之希遇,而王者之休祥也。朕之不德,得值於今。思行庆赏,共悦嘉辰。王公以下,宜加赏赐。京畿当年田租并免之。"[③]依照历法,朔旦冬至是每 19 年 1 次。[④] 但是,桓武天皇之所以说延历三年的朔旦冬至是"历代之希遇"的嘉节,是因为延历三年是甲子年。桓武天皇将朔旦冬至嘉节视为王者的吉兆("休祥"),意在强调自己统治的正当性。[⑤]

桓武天皇不仅将朔旦冬至定性为嘉节,而且还引入了中国皇帝的冬至祀天礼仪,于延历四年(785)和延历六年(787),在长冈京的南郊——河内国交野郡柏原举行了祀天神的仪式。相比延历四年的冬至祀天仪

---

① 神龟四年(727)以后,南苑是圣武天皇举行授位、讲佛经等礼仪的场所之一。

② 『続日本紀』天平四年十一月丙寅条。关于"鳏、寡、茕、独不能自存"的解释,在律令制国家时期,就存在多种释说。在此,引用《令义解》户令解的释说,即"六十一以上而无妻为鳏也,五十以上而无夫为寡,十六岁以下而无父为孤(茕)也,六十一以上无子为独也"。

③ 『続日本紀』延暦三年十一月戊戌条。

④ 《江家次第》十一月・朔旦旬:"(延历三年)乃为本朝朔旦冬至甲子元,而后每当十九年必得嘉节者也。"

⑤ 神谷正昌「冬至と朔旦冬至」、『日本歴史』第 630 号、2000 年、4—10 頁。

式,文献史料对延历六年的冬至祀天仪式记载略详。根据《续日本纪》,延历六年的冬至祀天仪式,桓武天皇并没有亲临仪式现场,而是派遣从二位行大纳言兼民部卿、造东大寺司长官藤原继绳代祭;冬至祀天仪式的祭祀对象是昊天上帝,配祀对象是桓武天皇的父亲光仁天皇("高绍天皇")。① 冬至祀天仪式上宣读的祭文,其行文与《大唐郊祀录》等史料所载的冬至祀昊天上帝的天帝祝文相类似。② 桓武天皇举行冬至祀天仪式的意图在于强调自己皇统的正当性,以提高天皇的权威。③ 冬至祀天礼仪并没有成为朝廷的固定仪式,延历六年之后,只有文德天皇于齐衡三年(856)在交野原举行过祭祀昊天上帝的仪式。

延历二十二年(803)十一月朔日,又逢朔旦冬至,皇太子及百官上表祝贺嘉瑞,颂歌桓武天皇。同月十五日(辰日),桓武天皇以朔旦冬至为由,发布诏令实施恩赦,并赏赐文武百官。从此,朔旦冬至作为节日固定下来。甚至为了能实现朔旦冬至,人为地变更历日,贞观二年(860)的朔旦冬至就是一例。依照 19 年 1 次的规律,贞观二年应该是朔旦冬至之年,但是根据历法,这一年的冬至却是十一月二日,朔日与冬至相差 1 天。于是,对于此年该不该设置为朔旦冬至之年,群臣几番讨论,最后以唐太宗于贞观十四年(640)曾改过历日为先例,将朔日推迟一天,即以十一月二日为朔旦冬至。

关于平安时代的朔旦冬至的仪式,依照《新仪式》《西宫记》等仪式书的记载,要略如下④:

a. 公卿献贺表。大臣以下官人参入紫宸殿,列立,第一大臣执表函,登东阶,将表函交给内侍。

b. 天皇御紫宸殿。王卿参上,着座。

---

① 『続日本紀』延暦六年十一月甲寅条。
② 青木和夫ら編『新日本古典文学大系続日本紀』(五)補注 39—29、岩波書店 1998 年、605—606 頁。
③ 河内春人「日本古代における昊天祭祀の再検討」、『古代文化』52—1、2000 年、29—41 頁。
④ 『新儀式』巻五・朔旦冬至事;『西宮紀』十一月・朔旦冬至。

c. 供膳,供酒。

d. 中务省奏御历,六卫府番奏,如常。

e. 三献。

f. 亲王以下列立庭中,拜舞。

g. 天皇退出。

其中,奏御历、番奏是每年的十一月朔日的常例仪式。因此,庆贺朔旦冬至的行事实际上就是献贺表和酒宴两大部分。《政事要略》在叙及朔旦冬至会事的由来时,引用了《易通卦验》的"冬至始人主与群臣左右从乐"一句。① 这大概就是朔旦冬至正行事内含的意义吧。另一方面,自圣武时代的冬至仪式至桓武时代的朔旦冬至行事,都有赦免犯人、赏赐两项内容,但是从延历二十二年(803)以后,赦免犯人和赏赐移至十一月辰日举行,成为这一日举行的新尝祭的辰日节会(丰明宴会)的固定内容②。由此也反映出平安时代的年中行事是日本的传统习俗与外来文化相融合的结晶。

第四节　丧葬礼仪与习俗

一、殡宫礼仪

古代日本的殡宫礼仪是指天皇(大王)亡故后直至埋葬入墓为止的期间内,以停放前天皇(大王)棺柩的殡宫为主要舞台所举行的种种礼仪。在律令制国家形成以前,新天皇(大王)的即位大多是在前天皇(大王)死后进行的,因此前天皇(大王)的死往往会直接诱发各种政治势力之间的权力斗争。

1. 6 世纪的殡礼仪

关于古代日本丧葬习俗的记述,最早见于中国史料。《三国志·魏

---

① 『政事要略』年中行事·十一月·朔旦冬至。
② 神谷正昌「冬至と朔旦冬至」。

书·倭人传》载:"其死,有棺无椁,封土作冢。始死停丧十余日,当时不食肉,丧主哭泣,他人就歌舞饮酒。已葬,举家诣水中澡浴,以如练沐。"《隋书》倭国传也记载:"死者殓以棺椁,亲宾就尸歌舞,妻子兄弟以白布制服。贵人三年殡於外,庶民卜日而瘗。及葬,置尸船上,陆地牵之,或以小舆。"

　　从上述史料可知,古代日本的丧葬习俗主要由殡与葬两大部分构成。其中,殡是指停枢吊丧期,有"丧主哭泣,他人就歌舞饮酒"等习俗。这种殡丧习俗在日本史料《古事记》《日本书纪》记载的神话中,也有所反映。天国玉神之子天稚彦(《古事记》表记为天若日子)中箭死后,其棺枢被放置在专设的"丧屋"中,吊丧期间,"啼哭悲歌"持续了 8 天 8 夜。① 对于这种殡丧习俗的作用,文化人类学的解释主要有两种②:一是认为殡丧期间是期盼死者复活的阶段,也就是说,生者希望用哭泣、歌舞等手段将离去的灵魂呼唤回来,使死者复生;二是认为殡丧习俗源于生者对死亡的恐惧,其目的是为了镇慑亡魂。两种观点虽各有不同,但都是从生死观或灵魂观的视角来诠释古代人的殡丧习俗的。然而,殡丧习俗不仅透示着古代人对于死亡的认识,而且还反映出古代的等级社会。《隋书》倭国传的"贵人三年殡於外""庶民卜日而瘗",反映出"贵人"与"庶民"两类不同社会身份的人,其殡的时间长短存在着差异,社会地位越高,殡的时间越长。由此可见,殡与政治社会的秩序密切相关。

　　5 世纪时,日本列岛出现"治天下"的大王。但是由于史料的局限性,有关 5 世纪大王的殡丧礼仪,无法具体考证。关于 6 世纪大王的殡丧礼仪,《日本书纪》记载了有关敏达大王殡宫的记事。敏达十四年(585)八月,敏达大王在位于译语田的幸玉宫中病亡,于是在王宫之外的河川汇合点广濑建造殡宫停放敏达大王的棺枢。敏达大王的遗孀炊屋姬住守在敏达大王的殡宫中。③

───────────────

① 『古事記』上卷·天若日子段。『日本書紀』神代紀下第 9 段本文。

② 山下晋司「葬制と他界観」、大林太良編『日本の古代 13 心のなかの宇宙』、中央公論社 1987 年、240—241 頁。

③ 『日本书纪』用明元年五月条。

在敏达大王殡宫中,大臣苏我马子"佩刀而诔",由于苏我马子身体微胖,被大连物部守屋嘲笑为:"如中猎箭之雀鸟";而当物部守屋"手脚摇震而诔"时,苏我马子则反嘲道:"可悬铃矣"。由此,苏我马子与物部守屋二人之间的气氛紧张,似有剑拔弩张阵势,在场的三轮逆命令隼人将二人分开。而想要继承王位的穴穗部皇子对于所有人都前往敏达大王殡宫的行为表示不满,愤愤地道:"何故事死王之庭,弗事生王之所也。"①苏我马子与物部守屋之间的互嘲话语虽然多少带有夸张的成分,但二人在诔时都伴有肢体动作的描述想必是实情。在 7 世纪中叶以前的日本列岛,有"为亡人断发刺股而诔"的风俗习惯。上述的苏我马子与物部守屋二人的肢体动作,或许就是源于因悲痛而伤残自身的习俗,是悲哀之情的表现形式。

自钦明时代以来,苏我氏与物部氏之间一直存在着政治上的分歧。敏达大王殡宫中的互相讥讽,正是苏我马子与物部守屋之间对立的写照。大王的殡宫不仅是表达哀悼之情的场所,也被视为诸臣对前大王继续奉仕的空间,是众臣阐明政治立场或态度的舞台。敏达大王的宠臣三轮逆就曾在殡庭发出誓言:"不荒朝廷,净如镜面,臣治平奉仕",表达其对敏达大王的忠心。②

6 世纪之际,大王尚未拥有绝对性的权威,有力豪族对王权的决策具有发言权。每逢有重大决策时,大王要与有力豪族层进行合议,共同决定。在敏达大王殡宫中登场的苏我马子、物部守屋、三轮逆等人,都是作为有力豪族的代表参与合议的成员。毋庸多言,王位继承人的选定是涉及王权的重大决策。当时,王位继嗣的最终人选是在前大王死后,经过合议决定的。因此,前大王死后,围绕着王位继承,诸政治势力之间的较量往往激烈化,造成政治情势的不稳定。敏达大王死后的情势即是如此。

---

① 『日本書紀』敏達十四年八月乙亥条。
② 『日本書紀』用明元年五月条。

敏达大王死后,尽管前述的穴穗部皇子想继承王位,但是在苏我马子的支持下,最终即位的是钦明大王的第四子、有着苏我氏血统的用明大王。用明二年(587)四月,在位不过 1 年多的用明大王病亡。其后,苏我马子与物部守屋之间发生军事对立。军事对垒的结果是,物部守屋死于箭下,物部军败北。同年八月,钦明大王的第十二子、具有苏我氏血统的崇峻大王即位。这期间,敏达大王的棺柩一直没有埋葬。直至崇峻四年(591)四月,敏达大王的棺柩才入葬,其间历经了用明、崇峻两代大王的即位以及用明大王的葬礼,殡丧时间长达 5 年 8 个月之久。

前大王的丧葬与新大王即位的时间前后关联一般有两种情况①:一种是"前大王崩—前大王殡—前大王葬—新大王即位";另一种是"前大王崩—前大王殡—新大王即位—前大王殡—前大王葬"。像敏达大王的殡丧期这样经历了两代新大王即位的情况是很少见的。

2. 7 世纪的殡宫礼仪

殡宫礼仪在 7 世纪得到进一步的发展。《日本书纪》详略不等地记载了 7 世纪的推古、舒明、孝德、齐明、天智、天武 6 代大王或天皇的殡宫礼仪。在此,以天武时代为分界点,介绍 7 世纪殡宫礼仪的演变。

(1) 天武时代之前的殡宫礼仪

推古三十六年(628)三月,推古女王病故,她的殡宫被建在王宫——小垦田宫的"南庭"。与敏达大王的殡宫所在位置相比较,推古女王的殡宫设在了王宫之内,而非依循日本列岛固有的"殡于外"习俗。中国的礼制中,丧礼主要由浴、饭、小殓、大殓、殡、祖、葬和丧等内容构成。《礼记》坊记有"丧礼每加以远。浴于中霤,饭于牖下,小殓于户内,大殓于阼,殡于客位,祖于庭、葬于墓,所以示远"的叙述。其中,殡的客位为堂的西阶,祖的庭为祖庙的中庭,而中国古代宫室建筑的格局是"前堂后室""左祖右社",因此依照礼制的规定,丧礼是沿着室—堂—祖庙的路径,将亡

---

① 井上光贞「古代の王権と即位儀礼」、井上光贞著作集『古代の日本と東アジア』第 5 卷、岩波書店 1986 年、317—318 頁。

者自北向南、自内向外逐渐地移出,最后葬入墓中。如若亡故者是皇帝的话,堂就是指皇宫的正殿①,即在皇宫内举行殡仪式。因此可以认为,推古女王殡宫的位置变化透示出中国礼制理念的影响。

根据《日本书纪》的记载,推古三十六年(628)九月二十日起,在女王的殡宫举行"丧礼",群臣前往殡宫进行诔。4天后,推古女王入葬。在古代中国的丧礼中,诔的含义是"谥"。"谥,行之迹也"②,即在亡者棺柩入墓埋葬之际,诔者向聚集的众人显扬亡者生前的德行③。推古女王殡宫中的群臣的诔也是在葬礼的前夕进行的,由此推测这一时期的诔似乎已经汲取了中国礼制的因素。关于推古殡宫中的群臣诔的具体内容,史料没有详细记载,无从考证,但可以参照推古女王的母亲坚盐媛改葬之时所举行的诔,略见一二。《日本书纪》推古二十年(612)二月庚午条载:"改葬皇太夫人坚盐媛于桧隈大陵。是日,诔于轻术(衢)。第一,阿倍内臣鸟诔天皇之命。则奠灵。明器、明衣之类,万五千种也。第二,诸皇子等以次第各诔之。第三,中臣宫地连乌摩侣诔大臣之辞。第四,大臣引率八腹臣等,便以境部臣摩理势令诔氏姓之本矣。时人云:摩理势、乌摩侣,二人能诔。唯鸟臣不能诔也。"在外界通向王宫小垦田宫的交通要冲——轻术(衢)举行的改葬坚盐媛礼仪,包括奠灵、诔等仪式。其中,诔仪式分为四个步骤:首先,阿倍鸟代诔推古大王之命;其次,诸皇子依次而诔;再次,中臣宫地乌摩侣代诔苏我马子大臣之辞;最后,由于坚盐媛出身于苏我氏,因此境部摩理势代表苏我马子及其他苏我氏臣,诔苏我氏的"氏姓之本",所谓的"氏姓之本"是指苏我氏一族的氏族系谱。对于三位代诔人的表现,除了阿倍鸟以外,摩理势、乌摩侣2人的诔获得了当时人们的认可。代诔人的出现以及世人的评价表明,诔者所表达的内容

---

① 《通典》"凶礼·大丧初崩及山陵制"载:"晋尚书问:'今大行崩含章殿,安梓宫宜在何殿'。博士卞权、杨雍议曰:'臣子尊其君父,必居之以正,所以尽孝敬之心。今太极殿,古之路寝,梓宫宜在太极殿,以周人殡于西阶'"。
② 《说文解字》。
③ 《白虎通》诔:"所以临葬而谥之何。因众会,欲显扬之也"。

已不仅仅是其个人的意志,而且也可能是他人或某个群体甚至是王权的意志。与之相应,言辞表达替代肢体动作成为诔的主要形式。

与敏达大王的殡宫不同,推古大王的殡宫只延续了半年左右。然而,王位继嗣的人选,即使在推古女王葬礼结束后,也迟迟未能确定。最终,在苏我虾夷的支持下,舒明大王登上王位。舒明大王于舒明十三年(641)十月去世,虽然舒明大王的殡宫在其死后不久就已营建,但是皇极女王在她即位后近一年时,即642年十二月,才始发舒明大王丧,并在舒明大王的殡宫中举行诔礼仪。其时,小德巨势臣德太代表大派皇子诔;小德粟田臣细目代表轻皇子诔;小德大伴连马饲代表苏我虾夷诔;息长山田公"奉诔日嗣"。数日后,举行舒明大王的葬礼。所谓的"日嗣"就是天皇(大王)家的王统谱,诔日嗣时,包括列举历代大王的继位顺序。[1] 大派皇子与轻皇子分别是舒明大王的叔辈和侄辈,二人同为具有王位继承资格的皇子,由他人代诔。而舒明大王的儿子、时年16岁的开别皇子(后为天智大王)在舒明大王初殡时,却不由他人代诔,而是自己亲自诔。与亲诔相比,代诔形式可能会使得被代诔者的意志无法准确地被表达出来。换句话说,殡宫已不再是所有皇子都可以任意表达自己政治立场或态度的空间了。同样具有王位继承资格的山背大兄王,甚至连名字都没有出现在殡宫礼仪参列者的名单中。这似乎喻示着围绕王位继承,即使皇极女王已经即位,王族之间对立或抗争的暗流依然存在。据此推断,舒明大王殡宫礼仪中的诔日嗣仪式,其目的之一是强调前大王与新大王之间的王统连续性,即皇极女王继承王位的正统性。

皇极女王让位,孝德大王即位后,推行的一系列政治改革中,包括规定"凡王以下,及至庶民不得营殡"[2],明确地将殡礼仪作为王族身份的象征之一,用以体现身份等级制度。白雉五年(654)十月,孝德大王去世。

---

[1] 坂本太郎ら校注『日本古典文学大系・日本書紀』皇極元年十二月乙未条の頭注、岩波書店 1970年、244頁。
[2] 『日本書紀』大化二年三月甲申条。

与7世纪的其他大王相比,孝德大王殡宫礼仪的延续时间最短,只有两个月。① 这似乎与当时的王权内部分裂情势密不可分。

前已叙述,重祚后的齐明女王具有极强的向外显示倭王权权势的意识,率军西征,图谋朝鲜半岛的百济复兴,但未及远征至朝鲜半岛,齐明女王就于齐明七年(661)七月在筑紫亡没。同年十一月,齐明女王的棺柩被运回飞鸟,殡于飞鸟川边。齐明女王殡宫的延续时间长达五年余之久,齐明女王的葬礼直到天智六年(667)二月才举行。这或许与白村江战役的失败有关,齐明女王迟迟未被下葬,中大兄迟迟没有即位。

天智十年(671)十二月,天智大王病亡于近江大津宫,殡于新宫。关于新宫位于何处、葬礼何时举行,史料中均无记载。这应该与天智大王死后不久发生了内乱(壬申政变)有关。

2. 天武天皇的殡宫礼仪

朱鸟元年(686)九月,天武天皇病亡,殡宫建于飞鸟净御原宫的南庭。天武天皇殡宫礼仪持续了两年之久。持统二年(688)十一月,天武天皇葬于桧隈大内陵。与其他大王(天皇)相比,《日本书纪》对天武天皇殡宫礼仪的过程记载最为详细。依据记载,天武天皇殡宫礼仪主要由发哭(发哀)、诔、奉奠、奏乐(歌舞)等诸仪式构成,以下作一简单概述②。

① 发哭(发哀)

发哭(发哀)是指大声哭泣、哀号的行为。如前所述,在日本固有的殡丧习俗中,有丧主哭泣的习俗,丧主的哭泣可以说是人类面对亲人死亡发出的自然情绪反应。然而天武殡宫礼仪中的哭泣主体,则是上自皇子,下至公卿百寮、外国使节以及僧侣。其中僧侣的发哭(发哀)主要是在殡宫的初营阶段(686年九月)进行,而草壁皇子率众臣的哭泣则多在正月以及葬礼前等特定之日举行。另外,京城里的百姓们以及来访的外

---

① 『日本書紀』白雉五年十二月己酉条:"(孝德)葬于大坂矶长陵"。
② 『日本書紀』朱鸟元年九月条,持统元年正月、三月、五月、八月、九月条,持统二年正月、三月、八月、十一月条。

国使者也在特定的地方,以特定的方式哭泣。① 因此,天武殡宫礼仪中的哭泣已不单纯是自发性的感情表现,而是具有礼制性质的仪式。

②　诔

根据诔的内容以及举行时间的前后,天武天皇殡宫礼仪的诔礼仪大体上可以分为如下三个阶段:

第一,初殡阶段,即天武天皇刚刚亡去时期(686 年九月)。天武天皇的殡宫建成后,诸官司代表、大隅·阿多隼人、倭·河内马饲部的伴造、百济王、各国国造依次前往殡宫进行诔。其中,诸官司代表所诔的内容为诸司之事。将诸官司事宜作为诔的内容是前所未有的事,这不仅反映了天武朝时期中央官僚体制的建设,而且在天武天皇棺椁前禀告诸司事宜的仪式,也可以看作诸司官人依然忠于天武王权的表现。

第二,奉奠阶段(687 年正月—688 年八月)。这一时期的诔的举行,主要是伴随着奉奠或发哭(发哀)的仪式,由特定官人担当,《日本书纪》将之称为"礼也"。另外,在这一阶段内,草壁皇子曾多次率公卿百寮等人至殡宫恸哭。

第三,临葬阶段(688 年十一月)。天武天皇葬礼前数日,草壁皇子率众臣至殡宫恸哭。其时,诸臣各举着写有自己先祖仕奉史的"所仕状"依次而诔,以表世代服属天皇家的忠心。来朝的虾夷人也"负荷调赋"而诔,虾夷人所诔内容虽然不得详知,但从携带贡物这一点来看,想必是与表达朝贡、臣服之意有关。临葬之际,殡宫中又一次举行诔礼仪,由特定的三位官人依次而诔。其中一人"奉诔皇祖等之腾极次第"("日嗣"),即列举天皇家的家谱及政绩②,以示天皇的正统性。

---

① 『日本书纪』持统元年八月丁酉条载:"京城耆老男女,皆临恸于桥西。"另外,持统元年九月甲申(二十三日),新罗使节金霜林一行抵至九州,当得知天武天皇已亡的消息时,金霜林等人立即"皆着丧服,东向三拜,三发哭";持统二年正月壬午(二十三日),朝廷"以天皇崩,奉宣新罗金霜林等",于是,金霜林等人又一次"三发哭"。
② 和田萃「殯の基礎的考察」,『史林』52—5、1969 年。

③ 奉奠·奏乐（歌舞）

奉奠礼仪是向死者之灵奉献供品的仪式。天武天皇殡丧期间，频频举行奉奠礼仪，可以说贯穿始终。奉奠的供品因时而异，多种多样。供品的多样化反映出天武天皇殡宫礼仪不仅继承了传统习俗，而且也吸收了外来文化。这一点在奏乐（舞）礼仪中也能看到。

天武天皇殡宫中的奏乐（歌舞）源于日本固有的停丧习俗，同时还吸收了中国礼乐的理念。在中国礼制中，乐（歌舞）与礼相结合，不仅是统治者常用的治术，而且也是一种表现君王功德的方式。[①] 在天武天皇临葬前举行的殡宫礼仪中，奉奠仪式与诸臣奉诔仪式之间要举行"奏楯节舞"仪式。据日本学者研究，以楯为道具的楯节舞是受到中国持干戚舞影响的一种表现武德的乐舞。[②] 天武天皇是以武力取胜登上王位的，因此殡宫中的楯节舞似是歌颂天武天皇武德的表现。

以上对天武天皇殡宫礼仪进行了概述。在天武天皇殡宫礼仪中，草壁皇子颇具有突出性。尽管挫败了强劲的对手大津皇子，草壁皇子通向王位之路的一个障碍被扫清，但是草壁皇子继承王位的时机似乎也未成熟。这种政治情势或许是造成天武天皇殡宫延续了两年之久的重要原因之一。当时，天武天皇虽死，但其神威犹存。例如，一般情况下，只有当世天皇可以用"天皇"二字的略称加以称呼，可是在持统时代，称呼已故天武天皇时，可以不用谥号而仍用"天皇"二字略称。[③] 在长达两年之久的殡宫礼仪持续期间，草壁皇子之所以率众臣多次出现在殡宫，其中的目的之一是力图利用天武天皇的神威，树立草壁皇子王位继承人形象，确保王权平稳地向以草壁皇子为首的新政治秩序过渡。天武天皇临葬前，群臣各自述说其先祖仕奉朝廷历史之时，草壁皇子也在场。因此

---

① 《白虎通》礼乐载："歌者象德，舞者象功。"

② 新川登亀男「儀礼の言葉と『もの』」、『日本古代の儀礼と表現—アジアの中の政治文化』、吉川弘文館 1999 年、113—120 頁。

③ 持统五年（691）二月壬寅（一日），持统天皇诏公卿等曰："卿等于天皇世，作佛殿经藏，行月六斋。天皇时时遣大舍人问讯。朕世亦如之。故当勤心奉佛法也。"持统所说的"天皇"是指先皇天武而非持统自己。

群臣的诔不仅是面向天武天皇亡灵,同时也可以说是面向天武系王权,面向草壁皇子,这间接地意味着草壁皇子的王位继承人地位已经趋向稳固。

3. 殡宫礼仪的衰退

6、7世纪的大王(天皇)殡宫礼仪无论是形式或内容,还是持续时间的长短,都与当时的王权继承情势有着密切的关联。如前所述,律令制形成以前,王位继承人选基本上是在前天皇(大王)死后确定的。而具有王位继承资格的王族往往又非止一人,存在复数人选,由此围绕着王位继承,各种政治势力需要重新确认、整合彼此之间的政治关系。在以新天皇(大王)为首的新政治秩序确立之前,殡宫礼仪不仅是哀悼前大王(天皇)的礼仪,而且还是旧政治秩序向新政治秩序的过渡时期,也就是王位继承过程中的重要环节。

表 8-1 6—7 世纪日本大王(天皇)丧葬时间

大王(天皇)名	亡日	葬日	时间间隔
钦明	钦明三十二年(571)四月	钦明三十二年九月	5 个月
敏达	敏达十四年(585)八月十五日	崇峻四年(591)四月十三日	5 年 8 个月
用明	用明二年(587)四月九日	用明二年七月二十一日	3 个月
崇峻	崇峻五年(592)十一月三日	崇峻五年十一月三日	0 天
推古	推古三十六年(628)三月七日	推古三十六年九月二十四日	6 个月
舒明	舒明十三年(641)十月九日	皇极元年(642)十二月二十一日	1 年 2 个月
孝德	白雉五年(654)十月十日	白雉五年十二月八日	2 个月
齐明	齐明七年(661)七月二十四日	天智六年(667)二月二十七日	5 年 7 个月
天智	天智十年(671)十二月三日	不明	
天武	朱鸟元年(686)九月九日	持统二年(688)十一月十一日	2 年 2 个月

7世纪末8世纪初,随着以天皇为顶点的中央集权性的律令制国家确立,6、7世纪的以殡为中心的丧礼,开始向以殡、服丧为主的丧葬礼仪

演变。① 现存的养老令中虽没有涉及天皇的丧葬,但对生者服丧时间的长短却有明确规定。例如,臣下为君主、子女为父母必须服丧一年等。② 又,根据有关太上天皇以及天皇丧葬的《续日本纪》记事可知,与6、7世纪大王(天皇)殡宫的长时间延续相比较,自元明太上天皇以后,各代太上天皇或者天皇的殡宫礼仪的时间明显地趋于短期化,大多在1—3周之内;礼仪的场所也从殡宫简略为殡殿。③ 殡殿中的礼仪主要由举哀、诔、奉上谥号等仪式构成。自9世纪中叶起,殡宫(殿)礼仪中的诔与奉上谥号两仪式首先不再举行。至10世纪后半叶,殡宫(殿)礼仪自身也悄然消失了。

殡宫(殿)礼仪的衰退,表明其政治意义逐渐淡化直至丧失。究其缘由,与律令制国家时期的王位继承方法的变化有关。律令制确立后,天皇生前让位于法定王位继承人(皇太子或皇太弟)的王位继承形式,与天皇死后的王位继承形式二者并存,而且前者逐步取代后者成为王位继承方法的主流。天皇的生前让位可以使天皇的生理死亡对王位继承的影响弱化,避免因天皇的去世而造成的王位继承危机。由此,天皇死后的殡宫(殿)礼仪与王位继承的相关性也就逐渐减弱,最终成为一种单纯的丧葬礼仪。10世纪后半叶,随着让位成为王位继承的唯一方式,天皇的死与王位继承完全脱离。④ 即使天皇在位期间亡没,也秘而不宣,以"如在之仪"让位给皇太子,皇太子践祚之后,再举行葬送。⑤ 由于天皇的"无死亡",殡宫(殿)礼仪等与天皇之死相关的礼仪也就没有存在的意义了。

---

① 渡部真弓「古代喪葬儀礼の研究—奈良時代における天皇喪葬儀礼の変遷」,『神道史研究』40—2,1992年、100—124頁。

② 養老令・喪葬令・服紀者条。

③ 渡部真弓「古代喪葬儀礼の研究—奈良時代における天皇喪葬儀礼の変遷」。

④ 堀裕「天皇の死の歴史的位置—『如在之儀』を中心に」,『史林』81—1,1998年、38—69頁。

⑤ 根据《日本纪略》长元九年四月条载,后一条天皇(1008—1036年)在位期间病亡,其时,"暂秘丧事,以如在之仪"让位于皇太子(后朱雀天皇),5日后,入棺柩,"出禁中",开始举行丧葬礼仪。

表 8 - 2　8—9 世纪日本太上天皇、天皇的殡丧时间

名	亡日	葬日	时间间隔
持统太上天皇	大宝二年(702)十二月二十二日	大宝三年(703)十二月十七日	1 年
文武天皇	庆云四年(707)六月十五日	庆云四年十一月十二日	5 个月
元明太上天皇	养老五年(721)十二月七日	养老五年十二月十三日	6 天
元正太上天皇	天平二十年(748)四月二十一日	天平二十年四月二十八日	7 天
圣武太上天皇	天平胜宝八年(756)五月二日	天平胜宝八年五月十九日	17 天
称德天皇	宝龟元年(770)八月四日	宝龟元年八月十七日	13 天
光仁太上天皇	天应元年(781)十二月二十三日	天应二年(782)正月七日	14 天
桓武天皇	延历二十五年(806)三月十七日	延历二十五年四月七日	20 天
平城太上天皇	天长元年(824)七月七日	天长元年七月十二日	5 天
淳和太上天皇	承和七年(840)五月八日	承和七年五月十三日	5 天
嵯峨太上天皇	承和九年(842)七月十五日	承和九年七月十六日	1 天
仁明天皇	嘉祥三年(850)三月二十一日	嘉祥三年三月二十五日	4 天
文德天皇	天安二年(858)八月二十七日	天安二年九月六日	9 天
清和太上天皇	元庆四年(880)十二月四日	元庆四年十二月七日	3 天
光孝天皇	仁和三年(887)八月二十六日	仁和三年九月二日	6 天

因此,在古代日本,天皇(大王)殡宫礼仪的发展不仅是礼制建设的一个侧面,而且还与王位继承密切相关,具有浓厚的政治色彩。同时,天皇(大王)殡宫礼仪的演变也是随着以天皇为顶点的律令体制的形成和发展而同步展开的。律令制以前的王位继承人的选定,虽然前天皇(大王)可以在遗诏中表述自己的意志,但是在多位王位继承候补人中,个人

的资质能力以及有力豪族(群臣)的支持是新大王能够胜出竞争对手,继承王位的主要因素。① 因此,前天皇(大王)死后,以新天皇(大王)为首的政治秩序的产生及确立往往需要一定的时间甚至很长的时间。这也是殡宫礼仪时间长期化的重要原因之一。律令制以后,天皇将选定的王位继承人立为皇太子(或皇太弟),从而保证王位继承人的唯一性与特殊性,避免因天皇之死而引起的王位继承的非连续性。因此,皇太子制度的确立与天皇让位的王位继承形式,同样也是使得律令制下的殡宫礼仪逐渐衰退,直至终焉的原因之一。

二、民众的葬送

在古代日本,土葬是主流的葬法。绳文时代的集落与墓地之间,没有人为的隔开设施,墓地或在生者居住区域内,或与生者居住区域相邻。至弥生时代,生者的集落与死者的墓地用环濠相隔,明确划分生的世界与死的世界。弥生时代的墓葬,随葬品是区分被葬者的社会地位的重要标志。另外,弥生时代的墓地,大部分没有地表上的标志,但墓葬在共同墓地密集分布。进入古坟时代,地表上高高隆起的坟丘成为这一时代墓葬的特征,坟丘墓的形制、规模等成为显示被葬者的社会地位及其权威的要素。大型古坟的建造需要动用人力和物力,是权势的象征,非一般人所葬之地。事实上,在普通古坟中,合葬是比较常见的形制。② 5 世纪后半叶以后,横穴式石室开始出现,石室内安置死者两人以上的情况也不在少数。此外,还存在一种被称为群集坟的古坟形态,即在面积狭小的土地上,古坟高密度地集中。7 世纪初,群集坟逐渐地不再形成,迎来了古坟时代的终末期。大化二年(646)的薄葬令发布后,普通民众是否遵循薄葬令不得而知,但是 7 世纪后半叶,石廓式石室逐渐取代横穴式

---

① 吉村武彦「古代の王位継承と群臣」、『日本古代の社会と国家』、岩波書店 1996 年、106—111、121—122 頁。
② 小林行雄「古墳時代の葬制(三)」、『日本考古学概説』、東京創元社 1951 年、244—252 頁。

石室,大型古坟的筑造及数量也在减少,古坟时代结束。其后,除了土葬以外,也开始出现了火葬等其他的葬法。

1. 火葬

2015 年,三重县西毛谷 A 遗址发现了 7 世纪的墓 7 座,其中 1 座的埋葬设施,是横穴式木室被烧的状态,考古学者推测,当时的人使用木柱和木材搭成横穴式木室,在木室内放置死者遗体,然后用火焚烧。① 考古学者将这种火葬的墓称为竃塚(カマド塚)。目前在日本全国发现的竃塚没有超过 30 例。

7 世纪末 8 世纪初以后,火葬的葬法演变为火化遗体后,将遗骨放入藏骨器,然后再埋入土中。文武四年(700),飞鸟寺僧侣、72 岁的道昭和尚逝去,其弟子遵循和尚的遗言,在飞鸟地区的栗原举行了火葬。这是文献史料记载的火葬初见事例。世间传闻,火葬后,道昭和尚的亲属及弟子相争,都想要和尚的骨灰,忽然飘起一阵风,将骨灰吹散,不知去处,所有的人都惊讶不已。② 僧侣火葬的著名事例还有行基,天平二十一年(749),82 岁的行基在菅原寺坐化,其弟子遵照他的遗嘱,在大和国平群郡生马山的东陵举行火葬,遗骨装入舍利瓶中,埋葬在竹林寺的寺境内。

天皇家的火葬初见于持统太上天皇。大宝二年(702)十二月,持统太上天皇逝去,留下的遗言是:"勿素服举哀。内外文武官釐务如常。丧葬之事务从俭约。"③作为薄葬的一环节,经过 1 年的殡宫礼仪,翌年(703)十二月,持统太上天皇在飞鸟冈被火葬,骨灰与天武天皇合葬在大内山陵。其后,文武天皇、元明太上天皇和元正太上天皇死后,也都采用了火葬的形式。但是,自称为"三宝之奴"的圣武太上天皇死后,却没有被火葬,而是采用了传统的土葬。

除了火葬的天皇和僧侣以外,根据出土的墓志可知,文称麻吕、小治

---

① 三重県埋蔵文化財センタ・中勢道路埋蔵文化財発掘調査整理所「西毛谷 A 遺跡現地説明会資料」,2015 年 10 月。
② 『続日本紀』文武四年三月己未条。
③ 『続日本紀』大宝二年十二月甲寅条。

田安万侣、太安万侣、美努冈万、伊福吉部德足比壳等官人，以及下道圀
胜圀依母夫人(吉备真备的祖母)、吉备真备母杨贵氏等官人家属也都采
用了火葬的葬法。

　　1979 年，在位于奈良市此濑町的茶田的斜坡上，发现了墓圹，内有铜
制墓志，上写有墓主的住所地址、位阶、名字、死亡年月日等，其中墓主之
名是"太朝臣安万侣"，卒于养老七年(723)七月。前已叙述，太安万侣是
《古事记》的编纂者。在太安万侣的墓志之上，放置了收藏火葬骨的木
匣，匣内有火化后的人骨和牙齿，以及 4 颗珍珠。① 太安万侣的墓所在地
相当于平城京的东郊。奈良时代，平城京的北郊、东郊和西郊都有墓地，
其中北方的佐保山是天皇以及有权势的上层贵族所葬之地，其他人的墓
则在东郊或西郊的丘陵上。

　　8 世纪后半叶至 9 世纪前半叶，在东西日本广泛的范围内，火葬墓的
数量增加，尤其是近畿、关东、九州地区的火葬墓，但是进入 10 世纪以
后，火葬墓的数量急速减少。直至中世以后，火葬的葬送方式才再次
流行。

　　火葬也是日本古代文学作品的题材之一，例如活跃于 7 世纪末 8 世
纪初的歌人柿本人麻吕，其众多作品被《万叶集》收录，其中有"土形娘子
火葬泊濑山时"作歌一首和"溺死出云娘子火葬吉野时"作歌二首。② 作
为佛教灵异小说的《日本灵异记》，其作者景戒更是多次言及有关火葬的
故事，例如圣武时代，摄津国东生郡的有钱人(中卷第五)，赞岐国香川郡
的有钱人(中卷第 16)和赞岐国名为衣女的女子(中卷第二十五)故事中，
死后的葬法都是火葬。甚至在景戒的梦中，他自己死后也是火葬③，反映
出普通民众阶层对火葬的接受度较高。

　　此外，律令制规定，在特殊情况下，也采取火化遗体的措施。例如，

---

① 奈良县立橿原考古学研究所编『太安萬侣墓』发掘调查报告书、奈良县教育委员会、1981 年。
② 『万葉集』3—0428、0429、0430。
③ 『日本灵异记』下卷第三十八缘后半部分记载，延历七年(788)三月十七日夜，景戒梦见"景戒
　身死之时，积薪烧死身。爰景戒之魂神，立於烧身之边而见之"。

服劳役的人身亡,在无家人领取遗体的情况下,烧之;出征的普通兵士或者守备九州边要的防人,身死者,遗体烧埋。这种烧埋与散骨习俗有关,即虽然火化遗体,但不筑造墓埋葬。

2. 风葬(遗弃葬)

火葬需要使用大量的薪木,因此对于普通的庶民来说,更多的是采用土葬或者遗弃葬。所谓的遗弃葬,顾名思义就是不埋葬尸体,将遗体放置在大自然中。这种葬法自绳文时代开始就已存在。律令制规定,"凡皇都及道路侧近,并不得葬埋"①。但是根据考古学发掘调查,平城京左京九条三坊九坪附近的东堀河与条间路侧沟的合流点,出土了被认为是青年或壮年人的人头骨片。② 另外,《续日本纪》记载,神护景云三年(769),有人将在佐保川边拾到的骷髅带入平城宫内,厌魅称德女皇。③ 水边或河边的人头骨片、骷髅,很可能是遗弃葬的遗骨,或者是经简单掩埋的遗骨。

元庆七年(883)正月,阳成政权许可从日本海沿岸登陆的渤海国使节入京,为此,中央朝廷命令山城、近江、越前、加贺等渤海国使节入京需要途经的诸国,修理官舍、道路和桥梁,埋瘗路边的死骸。显然,官道两侧被遗弃的遗体不在少数。成书于平安时代末期的《今昔物语集》卷二十九"罗城门登上层见死人盗人语,第十八"记录了由盗贼叙述的一个故事:一个摄津国的男子为了偷盗去了平安京。天色尚明,盗贼躲进罗城门的门楼二层,他看见一个年老白发的老婆婆在拔一个死去年轻女子的头发。盗贼拔出刀恫吓老婆婆,于是老婆婆说,死去的年轻女子无人埋葬,被遗弃在罗城门的门楼上,老人拔头发是为了做假发。盗贼抢了死者穿着的衣服和拔下的头发,以及老婆婆穿着的衣服,逃之夭夭。在门楼上,还有许多遗骸,都是被遗弃的尸体。除了罗城门以外,平安京的其

---

① 養老令・喪葬令。
② 奈良文化財研究所編『平城京東堀河　左京九条三坊の発掘調査』、奈良国立文化財研究所、1983 年。
③ 『続日本紀』神護景雲三年五月丙申条。

他内外诸门也都是遗弃死者或病者的场所。① 天德二年(958)闰七月,在平安京发生了所谓"女鬼"吃人事件,一发狂女子在平安宫待贤门的门前吃死者的头,其后在各个宫门前卧躺的病者也频频被生吃。②

在平安京,鸭川河岸等地方也是遗弃葬集中的场所。承和九年(842)十月,仁明天皇敕令左右京职、东西悲田院"烧敛岛田及鸭河原等骸髅,总五千五百余头"③。"骸髅"意味着尸体已经风化,也就是说,在承和九年之前被遗弃在鸭川河岸等地的遗体数至少在 5500 具以上。贞观五年(863)十月,狗叼着遗骸闯入位于平安宫内的神祇官,为此在建礼门前,举行了大祓行事。天历元年(947)二月,又有狗叼人头、肩、手进入左近卫府少将曹司的事情发生。平安京内的遗弃葬状况由此可略见一斑。

平安京的郊外也存在荒野葬地,其中鸟部野、化野、莲台野(紫野)被称为是平安京的三大葬地。鸟部野是指位于平安京东郊的山城国爱宕郡鸟部乡的荒野,在阿弥陀峰西麓的附近。天长三年(826)五月,淳和天皇的皇子恒世亲王身亡,葬于山城国爱宕郡鸟部寺以南,这是鸟部野作为葬地的初见记事。④ 同年(826)六月,嵯峨太上天皇的皇女俊子内亲王故去,被葬在山城国爱宕郡爱宕寺以南的山,也在鸟部野的范围之内。长保二年(1000)十二月,一条天皇的皇后藤原定子死后,在鸟部野的南边建造灵屋,安置藤原定子的遗体,葬于鸟部野。翌年(1001)十二月,一条天皇的母亲东三条院藤原诠子去世,也被葬在鸟部野。此外,仁和三年(887)五月,施药院被赐山城国爱宕郡鸟部乡梽原村的面积五町的地,用作藤原氏的葬地。⑤

鸟部野也是火化遗体的地方。摄关时代叱咤风云的人物藤原兼家、藤原道长死后,都是先在鸟部野火化,然后遗骨埋在了位于木幡(京都府

---

① 西山良平「平安京の病者と孤児」、『都市平安京』、京都大学学術出版社 2004 年、101—126 頁。
② 『日本紀略』天德二年閏七月九日条。
③ 『続日本後紀』承和九年十月甲戌条。
④ 『日本紀略』天長三年五月丙子条。
⑤ 『日本三代実録』仁和三年五月十六日条。

宇治市)的墓地。治历二年(1066),在鸟部野还发生了僧侣文豪自焚事件。除了土葬和火葬以外,鸟部野也是遗弃葬的地点,甚至有人尚未死亡就被遗弃在鸟部野。例如,《今昔物语集》卷三十一"尾张守□□於鸟部野出人语,第三十"中,一位曾是歌人的老尼病重,其兄认为死在家中不吉,将老尼赶出家门。老尼求助于以前的朋友,但朋友也因有死者不吉的意识,没有收留老尼。于是,老尼到了鸟部野,坐在那里等待死亡。由此可知,古代日本的遗弃葬盛行,不仅是因为贫穷者的经济能力不足,更是与生者对死或死者的认识有着密切的关联。

附　录

一、地图 *

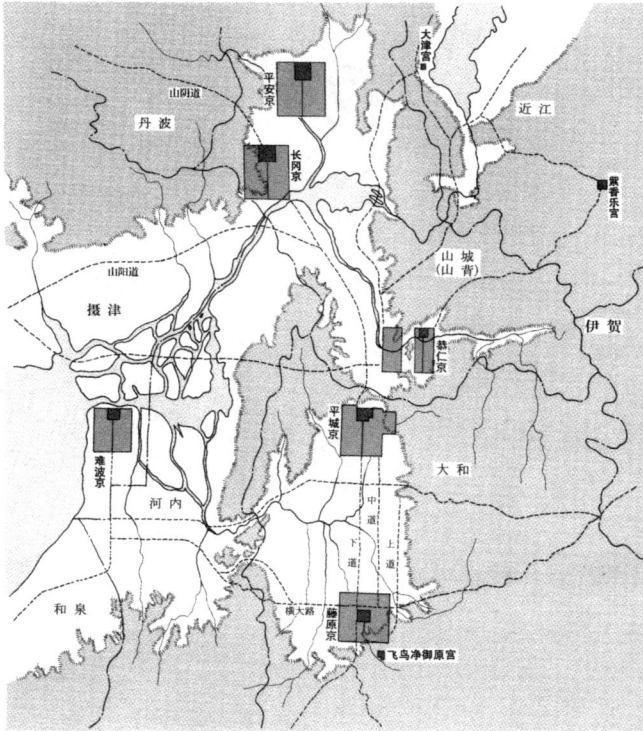

图 1　古代都城位置图

＊ 图 1—图 3 的出典：文化財研究所奈良文化財研究所編『奈良文化財研究所創立 50 周年紀念
　日中古代都城図録』、クバプロ 2000 年。

498

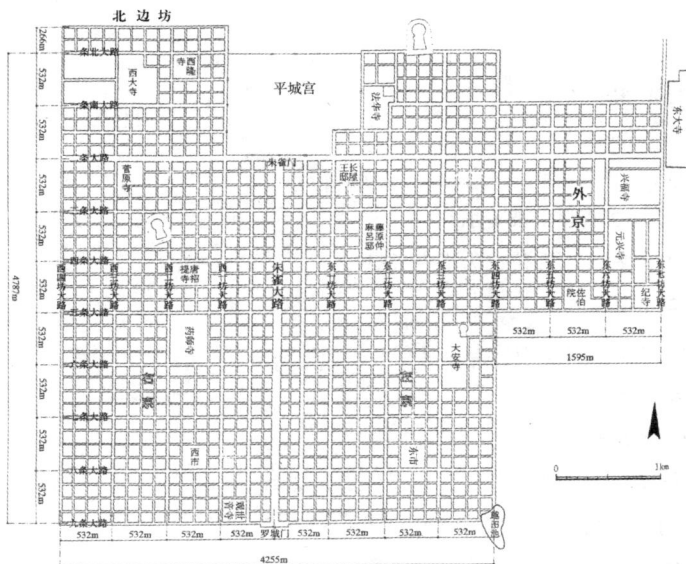

图 2　平城京条坊复原图

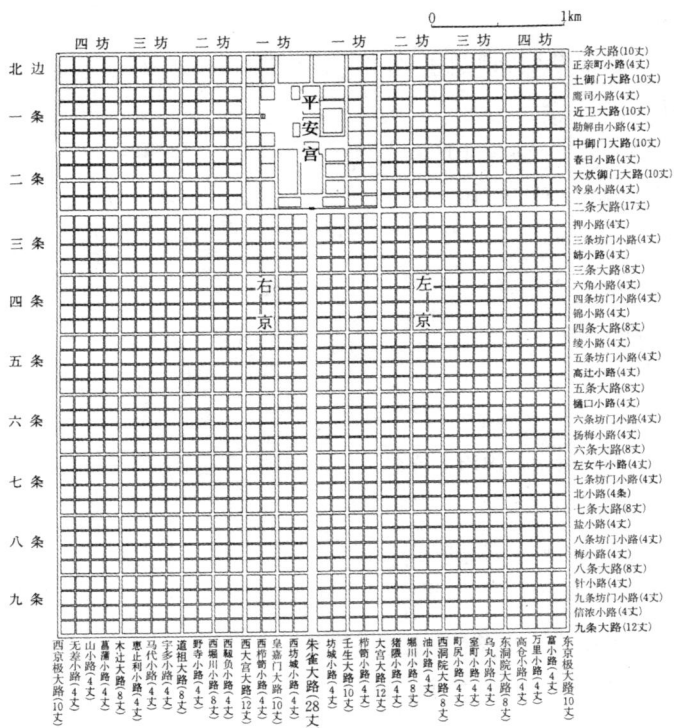

图 3　平安京条坊复原图

二、大事年表

592 年

十一月　崇峻天皇被暗杀。

十二月　额田部即位成为推古天皇。

593 年

四月　厩户皇子被立为皇太子。

594 年

二月　兴隆佛教。

596 年

十一月　飞鸟寺(法兴寺)完工。

600 年

是年　派遣遣新罗、伽耶使。派遣遣隋使。

602 年

十月　百济僧传入历、天文书籍。

603 年

十月　推古女王迁宫至小垦田宫。

十二月　制定冠位十二阶。

604 年

正月　实施冠位十二阶。

四月　制定宪法十七条。

九月　改朝礼。

605 年

四月　高句丽赠送造佛用的黄金。

607 年

七月　派遣遣隋使小野妹子。

608 年

四月　小野妹子归国,隋使裴世清一同抵日。

九月　裴世清归国,小野妹子送使。

610 年

三月　高句丽僧传入纸、墨、碾碨制作技术。

614 年

六月　派遣遣隋使犬上御田锹。

615 年

九月　犬上御田锹归国。

622 年

二月　厩户皇子亡故。

626 年

五月　苏我马子亡故。

是年　爆发大饥馑。

628 年

三月　推古女王亡故。

629 年

正月　田村皇子(舒明)即位。

630 年

八月　派遣遣唐使犬上御田锹。

632 年

三月　犬上御田锹等人归国,唐使高表仁一同抵日。

633 年

正月　高表仁归国。

636 年

是年　爆发大饥馑。

641 年

十月　舒明大王亡故。

642 年

正月　宝皇后(皇极)即位。

643 年

十一月　苏我入鹿攻击山背大兄,山背大兄自尽。

645 年

六月　苏我入鹿被杀；轻皇子(孝德)即位，改元。

十二月　孝德大王迁都难波。

646 年

正月　发布改新之诏。

647 年

是年　制定七色十三阶冠位。

648 年

四月　实施新冠位制。

649 年

二月　制定冠位十九阶。

650 年

二月　改元白雉。

651 年

十二月　孝德大王迁入难波长柄丰碕宫。

653 年

五月　任命遣唐使。

是年　中大兄与孝德不和，率众返回飞鸟。

654 年

十月　孝德大王亡故。

655 年

正月　皇极(齐明)重祚。

658 年

四月　阿倍比罗夫第一次讨伐虾夷。

659 年

三月　阿倍比罗夫第二次讨伐虾夷。

七月　任命遣唐使。

660 年

三月　阿倍比罗夫讨伐肃慎。

661 年

七月　齐明女王亡故于九州。

663 年

八月　白村江之战,倭军战败。

664 年

二月　宣布甲子之宣。

667 年

三月　迁都近江。

668 年

正月　中大兄(天智)即位。

670 年

二月　造"庚午年籍"。

671 年

正月　大友皇子任太政大臣。

九月　大海人皇子隐遁吉野。

十二月　天智大王亡故。

672 年

六月　壬申之乱。

七月　大海人皇子军战胜大友皇子军。

673 年

二月　大海人皇子(天武)即位。

五月　制定中央贵族出身法。

675 年

二月　废止部曲制。

四月　禁止食牛、马、犬肉。

676 年

四月　制定地方豪族出身法。

681 年

二月　开始编纂飞鸟净御原令。

684 年

十月 定八色之姓。

685 年

正月 制定冠位六十阶。

686 年

七月 改元朱鸟。

九月 天武天皇亡故,皇后(持统)称制。

689 年

四月 皇太子草壁皇子亡故。

六月 实施飞鸟净御原令。

690 年

四月 皇后(持统)即位。

七月 造"庚寅年籍"。

691 年

三月 定良贱身份基准。

694 年

十二月 迁都藤原京。

697 年

二月 立轻皇子为皇太子。

八月 持统让位,轻皇子(文武)即位。

701 年

正月 派遣遣唐使粟田真人。

三月 始用大宝年号。

八月 完成大宝律令。

702 年

十二月 持统太上天皇亡故。

704 年

五月 改元庆云。

705 年

是年 爆发大饥馑。

706 年

是年　诸国发生饥馑。

707 年

六月　文武天皇亡故。

七月　阿闭皇女（元明）即位。

708 年

正月　改元和铜。

二月　发布迁都之诏。

八月　铸造和同开珎。

710 年

三月　迁都平城京。

711 年

十月　制定蓄钱叙位法。

712 年

正月　《古事记》完成。

713 年

五月　命令诸国编纂《风土记》。

714 年

六月　立首皇子为皇太子。

715 年

九月　元明让位，冰高内亲王（元正）即位，改元灵龟。

716 年

八月　派遣遣唐使。

717 年

十一月　改元为养老。

718 年

是年　藤原不比等等人受命撰定养老律令。

720 年

五月　《日本书纪》完成。

九月　藤原不比等亡故。

721 年

十二月 元明太上天皇亡故。

722 年

闰四月 制定开发良田一百万町计划。

723 年

四月 推行三世一身法。

724 年

二月 元正女皇让位,首皇子(圣武)即位,改元神龟。

729 年

二月 发生长屋王事件,长屋王自尽。

八月 立藤原光明子为皇后,改元为天平。

732 年

四月 任命遣唐使多治比广成。

733 年

是年 平城京及诸国饥馑、疫病众。

734 年

四月 发生大地震。

737 年

是年 疫病大流行。

738 年

正月 立阿倍内亲王为皇太子。

740 年

九月 发生藤原广嗣之乱。

十二月 迁都恭仁京。

741 年

二月 建立国分寺之诏。

743 年

五月 宣布垦田永年私财法。

十月 造立大佛之诏。

744 年

二月　圣武天皇迁都难波宫。

745 年

五月　还都平城京。

十一月　设置公廨稻。

747 年

二月　多国发生饥馑。

九月　始造大佛。

748 年

四月　元正太上天皇亡故。

749 年

四月　圣武天皇自称"三宝之奴",改元天平感宝。

七月　圣武让位,阿倍内亲王(孝谦)即位,改元天平胜宝。

750 年

九月　任命遣唐使藤原清河。

751 年

十一月　《怀风藻》完成。

752 年

四月　东大寺大佛开眼供养。

753 年

是年　西海道诸国歉收。

754 年

正月　鉴真随遣唐使抵日。

756 年

四月　京畿发生疹疫。

五月　圣武太上天皇亡故。

757 年

五月　实施养老律令。

七月　发生橘奈良麻吕之变。

八月　改元天平宝字。

758 年

八月　孝谦天皇让位，大炊王（淳仁）即位。

760 年

正月　任命藤原仲麻吕为大师。

三月　多国发生疫病。

六月　藤原光明子亡故。

762 年

是年　平城京及多国发生饥馑。

763 年

五月　鉴真去世。

八月　停用仪凤历，始用大衍历。

764 年

九月　藤原仲麻吕之乱。

十月　淳仁天皇被废，孝谦（称德）太上天皇重祚

765 年

正月　改元天平神护。

闰十月　道镜为太政大臣禅师。

是年春夏　多国发生饥馑。

766 年

十月　道镜为法王。

767 年

八月　改元神护景云。

770 年

八月　称德女皇亡故，白壁王被立为太子。

十月　白壁王（光仁）即位，改元宝龟。

773 年

正月　立山部亲王为皇太子。

774 年

四月　诸国疫病者众。

775 年

六月　任命遣唐使佐伯今毛人。

776 年

八月　诸国发生蝗灾。

是年　征伐陆奥国的虾夷。

777 年

四月　因遣唐使佐伯今毛人患病,派遣副使。

778 年

十二月　任命遣唐使。

781 年

正月　改元天应。

四月　光仁天皇让位,山部亲王(桓武)即位。

七月　富士山发生喷发。

十二月　光仁太上天皇亡故。

782 年

八月　改元延历。

783 年

六月　禁止新设定额寺及扩大寺领。

784 年

十一月　迁都长冈京。

785 年

九月　藤原种继被暗杀。

十一月　立安殿皇子为皇太子。

787 年

十一月　桓武天皇在交野祭祀天神。

790 年

是年　发生饥馑,秋冬豌豆疮流行。

792 年

六月　始行健儿制。

794 年

十月 迁都平安京。

795 年

十一月 废止东国防人。

797 年

二月 《续日本纪》完成。

八月 禁止王臣家等的私营田。

799 年

五月 停止派遣遣新罗使。

800 年

二月 停废蓄钱叙位。

三月 富士山发生喷发。

801 年

八月 任命遣唐大使。

802 年

正月 富士山发生喷发。

804 年

七月 遣唐使船出发(最澄、空海)。

806 年

三月 桓武亡故。安殿亲王(平城)即位。

五月 改元大同。

808 年

是年春夏 疫病流行。

809 年

四月 平城天皇让位,神野亲王(嵯峨)即位。

十二月 平城太上天皇移至平城宫。

810 年

三月 设置藏人所。

九月 药子之变。改元弘仁。

814 年

六月　《新撰姓氏录》完成。

816 年

二月　初见检非违使。

818 年

七月　发生关东大地震。

821 年

正月　《内里式》完成。

823 年

正月　天下大疫。

二月　实施公营田制。

四月　嵯峨天皇让位,大伴亲王(淳和)即位。

824 年

正月　改元天长。

830 年

正月　出羽国发生大地震。

十月　《弘仁格式》撰成。

833 年

二月　《令义解》撰成。淳仁天皇让位,正良亲王(仁明)即位。

834 年

正月　改元承和。任命遣唐使。

十二月　施行《令义解》。

837 年

六月　疫病流行。

840 年

五月　淳和太上天皇亡故。

841 年

十二月　《日本后纪》完成。

842 年

七月　嵯峨太上天皇亡故。发生承和之变。

八月　禁止新罗人入国。

846 年

八月　定调庸物缴纳率。

848 年

二月　上总国的俘囚反乱。

六月　改元嘉祥。

850 年

三月　仁明亡故,道康亲王(文德)即位。

851 年

四月　改元仁寿。

853 年

二月　疱疮流行。

854 年

十一月　改元齐衡。

857 年

正月　停大衍历,始用五纪历。

二月　藤原良房为太政大臣。改元天安。

858 年

八月　文德亡故,惟仁亲王(清和)即位。

859 年

四月　改元贞观。

863 年

是年春　咳逆病流行。

864 年

正月　清和元服。

五月　富士山发生喷发。

866 年

闰三月　应天门烧毁。

八月　藤原良房为摄政。

九月　应天门之变。

868 年

闰十二月　施行《贞观交替式》。

是年　《令集解》完成。

869 年

四月　《贞观格》完成。

五月　陆奥国大地震、海啸。

八月　《续日本后纪》完成。

871 年

八月　《贞观式》完成。

872 年

正月　平安京咳逆病流行。

九月　藤原良房亡故。

874 年

三月　开闻岳发生火山喷发。

876 年

十一月　清和天皇让位,贞明亲王(阳成)即位。

877 年

四月　改元元庆。

878 年

九月　发生关东大地震。

879 年

十一月　《日本文德天皇实录》完成。

十二月　设置元庆官田。

880 年

十月　出云国发生大地震。

十二月　清和太上天皇故去。平安京发生地震。

884 年

二月　阳成天皇让位,时康亲王(光孝)即位。

885 年

二月　改元仁和。

887 年

七月 发生南海大地震。

八月 光孝天皇亡故,恢复皇族籍的源定省(宇多)即位。

十一月 藤原基经位居关白。

888 年

六月 发生阿衡事件。

889 年

四月 改元宽平。

892 年

五月 《类聚国史》完成。

894 年

九月 停止派遣遣唐使。

897 年

七月 宇多让位,敦仁亲王(醍醐)即位。宇多撰著《宽平御遗诫》。

898 年

四月 改元昌泰。

901 年

正月 菅原道真左迁大宰府。

七月 改元延喜。

八月 《日本三代实录》完成。

902 年

三月 发布延喜庄园整理令。

905 年

四月 《古今和歌集》完成。

908 年

十二月 颁布《延喜格》。

911 年

五月 命令勘解由使编纂交替式。

914 年

四月 三善清行提出意见封事 12 条。

915 年

是年　疱疮流行。

919 年

七月　实施田租率分制。

921 年

正月　勘解由使进上《内外交替式》《延喜交替式》。

923 年

十一月　改元延长。

930 年

九月　醍醐天皇让位,宽明亲王(朱雀)即位。醍醐天皇亡故。

931 年

四月　改元承平。

935 年

二月　平将门之乱开始。

936 年

六月　藤原纯友之乱开始。

937 年

十一月　下达追讨平将门的太政官符。

938 年

四月　平安京发生大地震。

五月　改元天庆。

939 年

十二月　平将门进攻上野、下野两国国府,自称新皇。

940 年

二月　平将门之乱平息。

941 年

六月　藤原纯友之乱平息。

946 年

四月　朱雀让位,成明亲王(村上)即位。

947 年

四月 改元天历。

950 年

二月 规定依贡纳调庸杂物数量定受领的功过。

957 年

十月 改元天德。

959 年

正月 吴越国持礼使进国书。

961 年

二月 改元应和。

964 年

七月 改元康保。

967 年

五月 村上天皇亡故,宪平亲王(冷泉)即位。

七月 颁布《延喜式》。

968 年

八月 改元安和。

969 年

三月 安和之变。

八月 冷泉天皇让位,守平亲王(圆融)即位。

970 年

三月 改元天禄。

973 年

十二月 改元天延。

974 年

六月 祇园御灵会初举行。

976 年

六月 山城、近江发生大地震。

七月 改元贞元。

978 年

十一月　改元天元。

982 年

十月　《池亭记》著成。

983 年

四月　改元永观。

984 年

八月　圆融天皇让位，师贞亲王（花山）即位。

十一月　发布永观庄园整理令。

985 年

四月　改元宽和。

986 年

六月　花山天皇出家、让位，怀仁亲王（一条）即位。

987 年

四月　改元永延。

989 年

八月　改元永祚。发生大台风。

990 年

十一月　改元正历。

995 年

正月　改元长德。

五月　藤原道长被赋予内览权限。

999 年

正月　改元长保。

三月　富士山发生喷发。

1001 年

是年　《枕草子》著成。

1004 年

七月　改元宽弘。

1007 年

是年　《源氏物语》著成。

1011 年

六月　一条天皇让位,居贞亲王(三条)即位。一条天皇亡故。

1012 年

十二月　改元长和。

1015 年

是年春夏　咳病流行。

1016 年

正月　三条天皇让位,敦成亲王(后一条)即位。藤原道长任摄政。

1017 年

四月　改元宽仁。

十二月　藤原道长任太政大臣。

1021 年

二月　改元治安。

是年春夏　疾疫流行。

1024 年

七月　改元万寿。

是年夏秋　赤斑疮流行。

1027 年

十二月　藤原道长亡故。

1028 年

七月　改元长元。

1032 年

十二月　富士山发生喷发。

1036 年

四月　后一条天皇亡故,敦良亲王(后朱雀)即位。

1037 年

四月　改元长历。

1040 年

六月　发布长久庄园整理令。

十一月　改元长久。

1044 年

十一月　改元宽德。

1045 年

正月　后朱雀天皇让位、亡故,亲仁亲王(后冷泉)即位。

是年　发布宽德庄园整理令。

1046 年

四月　改元永承。

1053 年

正月　改元天喜。

三月　藤原赖通建立平等院凤凰堂。

1055 年

三月　发布天喜庄园整理令。

1058 年

八月　改元康平。

1065 年

八月　改元治历。

1068 年

四月　后冷泉天皇亡故,尊仁亲王(后三条)即位。

1069 年

二月　发布延久庄园整理令。

四月　改元延久。

闰十月　设置记录庄园券契所。

1072 年

十二月　后三条天皇让位,贞仁亲王(白河)即位。

是年　疱疮流行。

1073 年

五月　后三条太上天皇亡故。

1074 年

八月　改元承保。

1077 年

十一月　改元承历。

1081 年

二月　改元永保。

1083 年

三月　富士山发生喷发。

1084 年

二月　改元应德。

1086 年

十一月　白河天皇让位,善仁亲王(堀河)即位。进入院政时代。

三、参考书目

史料

《三国志》,中华书局,1973 年。

《宋书》,中华书局,1974 年。

《隋书》,中华书局,1973 年。

《旧唐书》,中华书局,1975 年。

《新唐书》,中华书局,1975 年。

《三国史记》(铸字本)(学习院大学东洋文化研究所)、三秀舍、1986 年。

『古事記』(『日本古典文学大系』1)、岩波書店、1970 年。

『日本書紀』(『日本古典文学大系』67、68)、岩波書店、1974 年、1970 年。

『続日本紀』(『新日本古典文学大系』12～16)、岩波書店、1998 年、1996 年、2000 年、2001 年。

『日本後紀』(『新訂増補国史大系』)、吉川弘文館、1975 年。

『続日本後紀』(『新訂増補国史大系』)、吉川弘文館、1988 年。

『日本文德天皇実録』(『新訂増補国史大系』)、吉川弘文館、1984 年。

『日本三代実録』(『新訂増補国史大系』)、吉川弘文館、1981 年。

『万葉集』(『日本古典文学大系』4～7)、岩波書店、1957 年、1959 年、1960 年、1962 年。

『令義解』(『新訂増補国史大系』)、吉川弘文館、1981 年。

『令集解』(『新訂増補国史大系』)、吉川弘文館、1982 年。

『律令』(『日本思想大系』3)、岩波書店、1976 年。

『日本霊異記』(『日本古典文学大系』70)、岩波書店、1967 年。

『風土記』(『日本古典文学大系』2)、岩波書店 、1971 年。

『懐風藻』(『日本古典文学大系』69)、岩波書店、1979 年。

『日本紀略』(『新訂増補国史大系』)、吉川弘文館、1979 年。

『類聚国史』(『新訂増補国史大系』)、吉川弘文館、1979 年。

『百錬抄』(『新訂増補国史大系』)、吉川弘文館、1979 年。

『延喜式』(『新訂増補国史大系』)、吉川弘文館、1971 年。

『小右記』(『増補史料大成』)、臨川書店、1968 年。

『政事要略』(『新訂増補国史大系』)、吉川弘文館、1974 年。

『扶桑略記』(『新訂増補国史大系』)、吉川弘文館、1999 年。

『帝王編年記』((『新訂増補国史大系』)、吉川弘文館、1999 年。

『類聚三代格』(『新訂増補国史大系』)、吉川弘文館、1974 年。

『朝野群載』(『新訂増補国史大系』)、吉川弘文館、1938 年。

『上宮聖徳法王帝説』(『日本思想大系』2)、岩波書店、1975 年。

『本朝文粋』(『新日本古典文学大系』27)、岩波書店、1992 年。

『類聚符宣抄』(『新訂増補国史大系』)、吉川弘文館、1965 年。

『平安遺文』(竹内理三編)、東京堂、1947～1976 年。

『寧楽遺文』(竹内理三編)、東京堂、1977 年。

『大日本古文書』(編年文書)、東京帝国大学、1901～1940 年。

『善隣国宝記・新訂続善隣国宝記』(田中健夫編)、集英社、1995 年。

『儀式・内裏式』(渡辺直彦校注)、神道大系編纂会、1980 年。

『御堂関白記』(上、中、下)(東京大学史料編纂所編)、岩波書店、1952～1954 年。

『栄花物語』(『新編日本古典文学全集』33)、小学館、1998 年。

著书

王海燕:《古代日本的都城空间与礼仪》,浙江大学出版社,2006 年。

王金林:《简明日本古代史》,天津人民出版社,1988 年。

王金林:《汉唐文化与古代日本文化》,天津人民出版社,1996 年。

王金林:《日本人的原始信仰》,宁夏人民出版社,2005 年。

寺沢薫『日本の歴史 2 王権誕生』、講談社、2000 年。

上原真人ら編『列島の古代史 4 人と物の移動』、岩波書店、2005 年。

上原真人ら編『列島の古代史 5 専門技能と技術』、岩波書店、2006 年。

上原真人ら編『列島の古代史 6 言語と文字』、岩波書店、2006 年。

上原真人等編『列島の古代史 7 信仰と世界観』、岩波書店、2006 年。

西嶋定生『倭国の出現』、東京大学出版会、1999 年。

石母田正『日本の古代国家』、岩波書店、1986 年。

鈴木靖民『古代対外関係史の研究』、吉川弘文館、1985 年。

鈴木靖民編『古代蝦夷の世界と交流 古代王権と交流 1』、名著出版、1996 年。

宮地正人ら編『新体系日本史 1 国家史』、山川出版社、2006 年。

和島誠一編『日本の考古学 III 弥生時代』、河出書房新社、1980 年。

近藤義郎ら編『日本の考古学 IV 古墳時代』上、河出書房新社、1970 年。

近藤義郎ら編『日本の考古学Ⅴ 古墳時代』下、河出书書新社、1980 年。

近藤義郎『前方後円墳の時代』、岩波書店、1983 年。

熊谷公男『日本の歴史 3 大王から天皇へ』、講談社、2001 年。

平川南ら編『文字と古代日本 1 支配と文字』、吉川弘文館、2004 年。

平川南ら編『文字と古代日本 3 流通と文字』、吉川弘文館、2005 年。

平川南ら編『文字と古代日本 5 文字表現の獲得』、吉川弘文館、2006 年。

平川南『漆紙文書の研究』、吉川弘文館、1989 年。

平川南『日本の歴史 第 2 巻 日本の原像』、小学館、2008 年。

黛弘道『律令国家成立史の研究』、吉川弘文館、1982 年。

唐代史研究会編『隋唐帝国と東アジア世界』、汲古書院、1979 年。

岸俊男『日本古代の宮都の研究』、岩波書店、1988 年。

平野邦雄『大化前代政治過程の研究』、吉川弘文館、1985 年。

森公章編『日本の時代史 3 倭国から日本へ』、吉川弘文館、2002 年。

寺崎保広『藤原京の形成』、山川出版社、2002 年。

朝尾直弘ら編『岩波講座 日本通史』第 4 巻、岩波書店、1994 年。

朝尾直弘ら編『岩波講座 日本通史』第 6 巻、岩波書店、1995 年。

佐藤信編『日本の時代史 4 律令国家と天平文化』、吉川弘文館、2002 年。

町田章『平城京』、ニュー？サイエンス社、1986 年。

館野和己『古代都市平城京の世界』、山川出版社、2001 年。

小澤毅『日本古代宮都構造の研究』、青木書店、2003 年。

直木孝次郎『飛鳥奈良時代の研究』、塙書房、1981 年。

吉田孝『律令国家と古代の日本』、岩波書店、1983 年。

中村修也『平安京の暮らしと行政』、山川出版社、2001 年。

歴史学研究会、日本史研究会編『講座 日本歴史 1』、東京大学出版会、1984 年。

歴史学研究会、日本史研究会編『講座 日本歴史 2』、東京大学出版会、1984 年。

歴史学研究会、日本史研究会編『日本史講座 2 律令国家の展開』、東京大学出版会、2004 年。

歴史学研究会、日本史研究会編『日本史講座 3 中世の形成』、東京大学出版会、2004 年。

石母田正『日本古代国家論』第 1 部、岩波書店、1973 年。

井上光貞ら編『隋唐帝国の出現と日本』、学生社、1981 年。

森克己『遣唐使』、至文堂、1966 年。

森公章『古代日本の対外認識と通交』、吉川弘文館、1998 年。

李成市『古代東アジアの民族と国家』、岩波書店、1998 年。

酒寄雅志『渤海と古代の日本』、校倉書房、2001 年。

山内晋次『奈良平安期の日本とアジア』、吉川弘文館、2003 年。

黒板伸夫『摂関時代史論集』、吉川弘文館、1980 年。

加藤友康編『日本の時代史 6 摂関政治と王朝文化』、吉川弘文館、2002 年。

大津透『日本の歴史 6 道長と宮廷社会』、講談社、2001 年。

大津透ら編『岩波講座 日本歴史』第 2 巻・古代 2～第 5 巻・古代 5、岩波書店、2014 年～2015 年。

山中裕ら編『平安貴族の環境』、至文堂、1994 年。

吉村武彦『日本古代の社会と国家』、岩波書店、1996 年。

森田悌『平安時代政治史研究』、吉川弘文館、1978 年。

吉川真司『律令官僚制の研究』、塙書房、1998 年。

吉川真司編『日本の時代史 5 平安京』、吉川弘文館、2002 年。

吉川真司等編『列島の古代史 3 社会集団と政治組織』、岩波書店 2005 年。

大林太良編『日本の古代 13 心のなかの宇宙』、中央公論社、1987 年。

林屋辰三郎『中世芸能史の研究』、岩波書店、1960 年。

新川登亀男『日本古代の儀礼と表現——アジアの中の政治文化』、吉川弘文館、1999 年。

松原弘宣編『古代王権と交流 6 瀬戸内海地域における交流の展開』、名著出版、1995 年。

鬼頭清明『古代の村』、岩波書店、1986 年。

木下正史・佐藤信編『古代の都 1 飛鳥から藤原京へ』、吉川弘文館、2010 年。

田辺征夫・佐藤信編『古代の都 2 平城京の時代』、吉川弘文館、2010 年。

西山良平・鈴木久雄『古代の都 3 恒久の都 平安京』、吉川弘文館、2010 年。

荒木敏夫『日本古代の皇太子』、吉川弘文館、1985 年。

荒木敏夫『古代天皇家の婚姻戦略』、吉川弘文館、2013 年。

吉川真司『天皇の歴史 2 聖武天皇と仏都平城京』、講談社、2011 年。

佐々木恵介『天皇の歴史 3 天皇と摂政・関白』、講談社、2011 年。

西山良平『都市平安京』、京都大学学術出版会、2004 年。

四、索引

后　记

　　2008 年,《日本通史》主编王新生教授发来邀请函,让我承担本丛书古代卷的写作。当时,我正在执笔东方文化集成的《日本古代史》一书,对于自己能否写出两本不同的日本古代史通史,实在没有信心。所以我颇为踌躇。经过认真的思考,我最后应诺了此任。事实上,也正如自己所担心的一样,随着对日本古代史的不断深入研究,越来越感觉到自己学识的不足。

　　在本卷的撰写过程中,无论是编写大纲,抑或初稿内容,都经过了多次的增删、易稿,尽最大努力使本书稿具有新的内容和特色。现在上样的书稿,除了保持日本国家的形成和发展基本主线,同时关注了社会史方面,尤其是灾害史的史事。

　　2011 年 3 月 11 日,日本发生了东日本大震灾。3 月 31 日,因为工作的需要,我抵达了关西机场。由于当时访日的外国人极少,我第一次有了外国人办理海关手续的速度快于日本本国人的经历。随后一年在日工作与生活,身处灾后的日本社会中,我深深地感受到在直面自然灾害和人为灾害时,人类的坚韧与无奈,再次认识到历史不仅是人与人的关系史,亦是人与自然的关系史。这是我开始关注古代日本灾害史的契机，也是本书增加相关灾害史内容的缘由。

由于个人的学识有限，在驾驭通史的资料和叙述方式时，难免有错误或不妥之处。敬请各位先学、同仁和读者斧正。